白话资治通鉴

第十册

卷第二百二十三至卷第二百四十四
（唐纪三十九至唐纪六十）

〔宋〕司马光 著
萧祥剑 主编

团结出版社

目录

资治通鉴卷第二百二十三　唐纪三十九 ……………………………1
资治通鉴卷第二百二十四　唐纪四十 ……………………………… 26
资治通鉴卷第二百二十五　唐纪四十一 …………………………… 52
资治通鉴卷第二百二十六　唐纪四十二 …………………………… 80
资治通鉴卷第二百二十七　唐纪四十三 ………………………… 107
资治通鉴卷第二百二十八　唐纪四十四 …………………………132
资治通鉴卷第二百二十九　唐纪四十五 …………………………155
资治通鉴卷第二百三十　唐纪四十六 ……………………………179
资治通鉴卷第二百三十一　唐纪四十七 ………………………… 201
资治通鉴卷第二百三十二　唐纪四十八 …………………………226
资治通鉴卷第二百三十三　唐纪四十九 …………………………255
资治通鉴卷第二百三十四　唐纪五十 ……………………………277
资治通鉴卷第二百三十五　唐纪五十一 ………………………… 304
资治通鉴卷第二百三十六　唐纪五十二 …………………………328
资治通鉴卷第二百三十七　唐纪五十三 …………………………353

资治通鉴卷第二百三十八　唐纪五十四 …………………………… 380
资治通鉴卷第二百三十九　唐纪五十五 …………………………… 408
资治通鉴卷第二百四十　唐纪五十六 …………………………… 435
资治通鉴卷第二百四十一　唐纪五十七 …………………………… 459
资治通鉴卷第二百四十二　唐纪五十八 …………………………… 487
资治通鉴卷第二百四十三　唐纪五十九 …………………………… 510
资治通鉴卷第二百四十四　唐纪六十 …………………………… 541

资治通鉴卷第二百二十三　唐纪三十九

起癸卯（公元763年）七月，止乙巳（公元765年）十月，共两年三个月。

【题解】本卷记录了公元763年七月至765年十月的史事，共两年又三个月，正当唐代宗广德元年到永泰元年十月。此时期，安史之乱已经平定，由于代宗平庸，依赖宦官，处理安史之乱善后不当，事事姑息，是非不明，逼反仆固怀恩，形势急转，唐朝再次陷入危机。仆固怀恩两次与回纥、吐蕃连兵，一度攻占长安，代宗蒙尘，所幸郭子仪被重新起用，和好回纥，大破吐蕃，才又使唐王室转危为安。

代宗睿文孝武皇帝上之下

广德元年（癸卯，公元763年）

秋季，七月，在壬寅日（初一），各位大臣上尊号为宝应元圣文武孝皇帝。壬子日（十一日），大赦天下，并且改年号为广德。各个讨伐史朝义的将军都被晋升了官位，增加了爵位和封邑个个都不大相同。册命回纥可汗作为颉咄登蜜施合俱录英义建功毗伽可汗，任命可敦作为娑墨光亲丽华毗伽可敦；左、右杀以下的许多官员都有封爵和赏赐。

戊辰日（二十七日），杨绾向唐代宗呈上了贡举的一些详细的办法：秀才考问二十条经书大义，五道对策题；对于国子监推荐出来应举的人，必须先由国子博士推荐给国子祭酒，国子祭酒的考试通过之后就晋升到了尚书省，和乡贡的办法一样。对于考明法科的人，就委任刑部考试。有些人以为明经科、进士科已经实行了很长时间，所以不能够马上革除。虽然这个办法还没有实行，但是有识之士却认为这个想法特别好。

任命仆固玚作为朔方行营节度使。

吐蕃入侵大震关，并且攻陷了兰、廓、河、鄯、洮、岷、秦、成、渭等各州，还取得河西、陇右两个地区的全部土地。唐朝自从武德（高祖年号）以后，就开始开辟和扩展边疆地区，土地和西域地区相连接，都分别设置了都督、府、州、县。在开元年间，还设置了朔方、陇右、河西、安西、北庭的各个节度使来进行统治，并且每年还征发太行山东边的壮丁作为守御的士兵，缯帛作为军队上用的物资；开荒屯田，来保障军队的供给；并且设置了监牧，养一些牛和马；驻扎在城镇进行守御和防护巡逻的士兵，万里之间前后都能够互相看见。等到安禄山造反的时候，守卫边疆的那些精锐士兵都被调回国中去进行支援，称为行营（军营行止不定，故名）。所以留下来的士兵都是些单薄衰弱的，慢慢地被少数民族所侵吞。就在几年的时间里，西北几十个州一个接一个地沦陷。凤翔的西边、邠州的北边，都成为少数民族的地区了。

起初，仆固怀恩受到唐代宗的诏书和回纥可汗在太原地区见面；河东节度使辛云京认为可汗是仆固怀恩的女婿，害怕他们计谋着攻击军府，所以就关闭了太原城门自己进行防守，对他的军队也不进行犒劳。待到史朝义被平定之后，唐代宗就又下诏书让仆固怀恩送可汗出塞，出来和进去都经过了太原。辛云京也都是关闭城门不与他互通消息。仆固怀恩十分地生气，于是就写表文把这里的详细情形上报给了朝廷，朝廷没有搭理他。仆固怀恩就带领朔方军队的几万名士兵驻扎在了汾州，并且让他的儿子御史大夫仆固玚带领一万人驻扎在了榆次，副将李光逸等一些人驻扎在了祈县，李怀光等一些人驻扎在了晋州，张维岳等一些人驻扎在了沁州。李怀光，原本是渤海靺鞨人，姓茹，是朔方将军，因为他对朝廷有功劳所以赐姓李。宦官骆奉仙到达太原，辛云京和他的关系很好，所以对他说仆固怀恩和回纥合谋，反叛的迹象已经显现出来了。骆奉仙回来之后，还顺便拜访了仆固怀恩，仆固怀恩在母亲的面前和他一块儿喝酒，母亲多次责备骆奉仙说："你和我的儿子相约是兄弟，现在你却又和辛云京亲近，怎么能这么反复无常呢？"酒喝到兴浓的时候，仆固怀恩就站起来跳舞，骆奉仙送给他彩物作为缠头。仆固怀恩想要答谢他，于是就说："等到端午节的时候，我们应该再快快乐乐地喝一天酒。"骆奉仙坚决要求回到朝堂，于是仆固怀恩就把他的马给藏了起来。骆奉仙就对身边的人说："早上责罚我，此刻却又把我的马给藏了起来，这是要杀死我啊！"在晚上的时候，他就翻过墙逃跑了。仆固怀恩十分惊慌，立刻追上去并且把马还给他。八月，癸未日（十三日），骆奉仙回到了长安，就向唐代宗报告仆固怀恩想要谋反的事。仆固怀恩于是也把实际的情况向唐代宗详细地说了，请求杀死辛云京和骆奉仙。但是唐代宗两方面都不予以追究，还下优诏褒扬他们让他们和解。

仆固怀恩认为自从战乱发生到现在，他四处尽力作战，全家为国家而战死的就有四十六人，女儿又嫁到很远的地方，并且劝说回纥派兵让他们帮助唐朝收复东京、西京，平定河南、河北；功劳十分大，是没有人能和他相提并论的；现在却被人设计陷害，因此气愤、怨恨也特别深。于是就上书为自己申诉冤屈，说道："臣前段时间遵守唐代宗的命令送可汗回国，耗尽了自己的家产，这才使他上路。等走到山北的时候，辛云京和骆奉仙都紧紧地关闭城门，不但不出来恭候迎接，还让他们偷偷地行军，像盗匪一样。回纥十分怨恨并且恼怒，很想带兵攻城。臣竭尽全力为他们调解劝说，才安全地把他们送到塞外。"辛云京、骆奉仙害怕臣以前已经向陛下申论说明了这件事，所以就又随便地找了个借口说预做防备，于是就和李抱玉联合起来。臣静下心来细想，觉得自己有六个罪过：先前同罗叛变，臣替先帝平定河曲地区，这是第一个罪过；臣的儿子仆固玢被同罗俘获，趁机逃了回来，臣把他杀了来对士兵发号施令，这是第二个罪过；臣有两个宝贝女儿，都嫁到很远的夷狄，为国家和亲，消除贼寇和敌国，这是第三个罪过；臣和儿子仆固玚不顾自己的安危，为国家拼命效劳，这是第四个罪过；河北刚刚回归朝廷，节度使都掌握军权，臣安抚他们这样才让他们不再害怕，这是第五个罪过；臣劝说回纥，让他们奔赴国家的急难，天下平定之后，又送他们回到了自己的国家，这是第六个罪过。臣既然背负着六大罪过，确实应当万死；只是应当含恨九泉之下，衔冤到千年万代，这又有什么好申诉的呢？臣蒙受国家的大恩大德，白天晚上都想着回到朝中侍奉皇上。只是因为来瑱被杀害了，朝廷并没有宣告他的罪状。各个地方的节度使哪一个不心怀疑惑和害怕？最近听说陛下下诏征召几个人入朝，全部都没有到。他们实在是害怕被宦官陷害，白白地被朝廷杀害。岂止是各位大臣不忠于君上，正是因为邪恶的小人待在陛下的身边。臣前后两次所上报的有关骆奉仙的事，言辞和实情并不是不真实，可是陛下居然没有处置，并且对他的宠爱和信任却更加深厚。这都是那些小人结党营私，蒙蔽了陛下耳目的结果。臣自己听说四方派人到朝廷奏报事情，陛下却总是说要去和骠骑将军（程元振）商量，从来也没有交给宰相决定能不能施行；有时扣留几个月还不把人放回来，这更是增加了远方和近处将吏的猜疑和隔阂。比如，臣所率领的朔方的将士，功劳是最高，是先帝中兴大业的主导力量，也是陛下您做兵马大元帅的时候的旧部下，却没有特别地给予优厚的奖赏，反而相信谗害嫉妒的话。郭子仪以前已经受到小人的猜疑和嫉妒，臣现在又被谗害。古代有句俗话说：'飞鸟尽，良弓藏。'这的确不是句假话。陛下居然相信他们借谋反来陷害我，这和'指鹿为马'又有什么区别呢？如果陛下不接受臣的忠诚言论，仍然遵循旧的不加以改正，臣实在不敢说能够保有家业，陛下又怎么能够安定国家呢？忠言逆耳，但是对做事情有利，希望陛下您仔细考虑考虑。臣想要公开回到朝廷，害怕将士们阻挡挽留我。现在就借口去晋州和绛州出巡，将会在那里多待一段时间。请陛下特别派遣一个使者来绛州看望我，臣就同他一块儿出发。"

九月，在壬戌日（二十二日），唐代宗派裴遵庆到仆固怀恩那里去宣示朝廷的旨意，并且察看他的意图。仆固怀恩见到裴遵庆之后，就抱着他的脚大声哭着申诉冤屈。裴遵庆对他说皇上的恩意十分优厚，就暗示他让他回朝。仆固怀恩答应了。副将范志诚认为不可以，他说："您相信他的话，回到朝中就有可能成为来瑱第二，就永远不能再回来了！"第二天，仆固怀恩见到裴遵庆之后，以怕死为借口，便请求让他的一个儿子回到朝廷，范志诚又认为不行，裴遵庆就回来了。御史大夫王翊出使回纥回来之后，仆固怀恩以前已经同回纥有过来往，害怕王翊泄露了他的事情，于是就把他给扣留下来了。

当吐蕃侵略中国的时候，守卫边疆的将士向朝廷告急，程元振都不给唐代宗报告这边的情况。冬季，十月，吐蕃侵犯了泾州，刺史高晖把城献出而向他们投降，因此为其做向导，带领吐蕃深入内地。过了邠州之后，唐代宗才知道消息。辛未日（初二），进攻奉天、武功，京城的人十分害怕。于是，唐代宗下诏任命雍王李适作为关内元帅，郭子仪作为副元帅，出兵守卫咸阳来抵抗吐蕃。

郭子仪闲散废弃了很长时间，部下都已经四处分离。现在招募士兵，仅募得二十人骑马出发。到了咸阳，吐蕃带领吐谷浑、党项、氐、羌二十多万人马，布满了几十里的路面，已经由司竹园渡过渭水，沿着山边向东边进军。郭子仪让判官中书舍人王延昌进入朝廷报告情况，请求增加士兵。程元振加以阻止，竟然没有召见他。癸酉日（初四），渭北行营兵马使吕月将带领精兵二千人在盩厔西边打败了吐蕃士兵。乙亥日（初六），吐蕃攻击盩厔，吕月将又竭尽全力和他交战，士兵死完了，自己也被吐蕃俘虏了。

当时唐代宗正在练兵，而吐蕃却已经渡过了便桥，紧急之下，不知该怎么办。丙子日（初七），出城逃到了陕州，官员都隐藏起来，六军都逃走了。郭子仪听说后，马上从咸阳跑回到了长安。待他到达了长安之后，车驾已经离开了。唐代宗刚离开苑门，渡过浐水，射生将军王献忠带领四百骑兵叛乱回到了长安，逼迫丰王李珙等十个王向西迎接吐蕃。在开远门里面碰到了郭子仪。郭子仪斥责他，王献忠下马之后，就对郭子仪说："现在皇上已经逃到东方去了，国家没有君主了。令公作为元帅，废立就是您的一句话。”郭子仪没有说话。于是李珙抢着说：“您为什么不说话？”郭子仪责备他，并且用兵护送他到行在。丁丑日（初八），唐代宗到了华州，官员都逃散了，不再有供奉和拟度。随从的将士难免挨冻受饿。恰巧赶上观军容使鱼朝恩带领神策军从陕州来迎驾，于是唐代宗就到了鱼朝恩的军营。丰王李珙在潼关拜见唐代宗，唐代宗没有责备他；退回营幕之后，就说了一些不太恭敬的话。群臣上奏章议论这件事，都请求把他杀死，唐代宗这才命令他自杀。

戊寅日（初九），吐蕃攻进了长安。高晖与吐蕃大将马重英等立了以前的邠王李守礼的孙子李承宏作为皇帝，改设了年号，设立了百官，任命以前的翰林学士于可封等人作为宰相。吐蕃掠夺府库和民间的财物，焚烧了民间的房屋，长安城中被侵掠一空。苗晋卿生病了躺在家里，他们就派人把他抬到了朝廷，并且威逼他。苗晋卿闭着嘴不说话，丑虏不敢杀害他。这时六军逃散在外，四处抢夺，士人百姓为了躲避战乱，都逃到山谷里去了。

辛巳日（十二日），唐代宗到达了陕州，官员渐渐有人来到这里。郭子仪率领三十个骑兵从御宿川沿着山边向东行进，对王延昌说：“六军将士逃散的地区大部分是在商州，现在赶快去召集他们。与此同时，征调武关的防御部队，几天以后，北从蓝田出兵向长安进发，吐蕃一定会逃跑的。”经过蓝田的时候，他们遇见了元帅都虞候臧希让和凤翔节度使高升，得到士兵大约有一千人。郭子仪同王延昌商议说：“溃散的士兵到了商州之后，官员一定会逃避隐藏起来，而且百姓也会骚乱。”让王延昌从径直的小路进城去安抚和告谕他们。各个将军正在放纵士兵抢劫财物，他们听说郭子仪来了，都非常高兴愿意听从他的命令。郭子仪害怕吐蕃威胁唐代宗的车驾，于是就把军队留在了七盘，三天之后才出发。等到了商州之后，他一边走一边收取散兵，再加上武关的防御士兵总共有四千人，军中的声势慢慢地盛大起来。郭子仪于是就流着泪勉励将士去共同洗刷国家的耻辱，从而收复长安。将士们都十分感激愿意接受约束。郭子仪请求太子宾客第五琦作为粮料使，负责供给军队中的粮食和草料。唐代宗颁给郭子仪诏书，害怕吐蕃从潼关向东边进攻，要求郭子仪到行在去。郭子仪上表说："臣不收复京城就没有脸面见陛下，假如从蓝田出兵，敌人是绝对不敢向东进军的。"唐代宗答应了。鄜坊节度判官段秀实劝告节度使白孝德带领士兵去赴国难。白孝德当天就带领大军向南直逼京畿、和蒲、陕、商、华各州，一同进攻。

吐蕃拥立广武王李承宏登基之后，想要抢夺城中的士人、女子和各种工匠，等到编制整齐之后再回国。郭子仪让左羽林大将军长孙全绪带领两百骑兵从蓝田出发观察胡虏的情况；命令第五琦代理京兆尹和长孙全绪一块儿出发；又命令宝应军使张知节带领军队紧接着出发。长孙全绪到达韩公堆之后，白天的时候就敲鼓插起旗帜，晚上的时候就点燃了许多火堆，以使吐蕃害怕。前任光禄卿殷仲卿聚集士兵和士民大约一千人来保卫蓝田，和长孙全绪内外相呼应，带领二百多骑兵横渡浐水。吐蕃十分害怕，老百姓又骗他们说："郭令公从商州带领大军不知道有多少人已经来到这里了！"胡虏认为是真的，于是就慢慢地带兵离开了。长孙全绪又教射生将军王甫到长安城里暗中集合了几百个少年人，晚上敲着鼓在朱雀街上大声叫喊。吐蕃十分害怕，庚寅日（二十一日）就全部逃走。高晖听到之后，带领手下三百多骑兵向东逃跑；到了潼关之后，守将李日越就把他给捉住杀了。

壬辰日（二十三日），唐代宗下诏书任命元载为代理元帅行军司马，任命第五琦作为京兆尹。癸巳日（二十四日），任命郭子仪作为西京的留守。在甲午日（二十五日），郭子仪从商州出发。在己亥日（三十日），任命鱼朝恩的部下将军皇甫温作为陕州刺史，周智光作为华州刺史。

骠骑大将军、判元帅行军司马程元振专权放肆，朝中的大臣怕他比李辅国还要厉害，各个将军只要有大功的，程元振都十分忌恨，想要陷害他。吐蕃入侵中国的时候，程元振不及时向唐代宗报告情况，才使唐代宗狼狈逃跑。唐代宗发布诏书召集各节度的兵马，李光弼等人都忌恨程元振在朝中专权，没有一个人愿意来。朝廷内外都十分痛恨他，但是没有人敢说话。太常博士柳伉上书，说道："吐蕃入侵大震关，渡越陇山，没有动用一刀一箭就进入了京师，劫掠宫禁，焚烧了陵园和寝庙，武士没有一个人愿意努力作战，这是将士背叛陛下的。陛下对大功臣疏远，却信任身边奸邪的小人，日积月累，才导致酿成了大祸，大臣在朝廷上没有一个人愿意冒犯皇上敢于直言进谏让陛下您回心转意的，这是公卿大臣背叛唐代宗的呀！陛下刚刚离开了京城，老百姓就到处抢夺府库的粮食，相互杀害，这是三辅的百姓在背叛陛下呀！从十月初一就下达诏书召集各节度的部队勤王，到现在已经有四十天了，连一辆入关勤王的兵车都没有，这是四方背叛皇上呀！朝廷内外都背叛与您离散，陛下认为今天的形势是平安呢，还是危险呢？如果您认为是危险，怎么能够高枕无忧，而不替天下百姓讨伐罪人呢！臣听说优秀的医生替人治病的时候，要对准病症，对症下药；所吃的药如果不适合病症，那么还是没有好处的。陛下您今天的病症是怎么到达这种地步的呢？假如要想保全宗庙国家，只有砍下程元振的头，飞书宣告天下，把所有的宦官隶属各州管理，把神策兵交付大臣管理，然后削去他们的尊号，下诏书把这些错误归咎到自己身上，然后说：'天下的将吏如果答应让朕改过自新，就应当立即招募士兵西来朝廷进行救援；如果认为朕所犯的罪恶不能够悔改，那么帝王的大业又怎么能够妨碍圣贤？将任凭天下臣民推立贤良的君主。'假如这样做，但是勤王的士兵却不愿意来，并且人民不受感动，天下还有不服从的，臣宁愿全家碎尸万段来向陛下您谢罪。"唐代宗认为程元振曾经有保驾的功劳，在十一月，辛丑日（初二），割除了程元振的官爵，放他回到了老家。

王甫自称京兆尹，聚集士兵两千多人，并且设置了官员，在长安市中横行霸道。壬寅日（初三），郭子仪到达浐水的西边，王甫禁止士兵不让他们出去。有人劝告郭子仪，长安城不能进入。郭子仪不听，于是就带领三十人骑马缓缓前进，派人传告王甫；王甫失去了凭据，出来迎接跪倒在地，于是郭子仪就把他给杀了；他的士兵都离开了。白孝德和邠宁节度使张蕴琦带领士兵驻扎在京畿各县，郭子仪召集他们进城，京城这一地区因此安定了下来。

担任广州市舶使的宦官吕太一带领士兵发动了叛乱，节度使张休丢弃广州城逃跑到端州。吕太一放纵士兵烧杀抢掠，官军把他们讨伐平定了。

吐蕃回到凤翔之后，节度使孙志直关闭城门来进行抵抗和防守，吐蕃围攻了好几天。镇西节度使马璘听说唐代宗逃到了陕州地区，于是就带领一千个精锐的骑兵从河西入关赴难；辗转几次战斗来到了凤翔，恰好碰到了吐蕃围攻州城。马璘带领士兵把弓箭拉紧，面向外紧紧对着敌人，突破包围圈攻进城中，并没有解下铠甲休息片刻，就离开城池出去作战。马璘一个人骑马身先士卒奋力作战，俘虏和杀死上千人回来。第二天，贼寇又逼近城墙进行挑战，马璘开放城门等待他们。于是，敌人撤退了，并且说："这位将军不怕死，我们应该避开他。"随后就离开了，驻扎在原州、会州、成州、渭州等地区。

在十二月，丁亥日（十九日），唐代宗从陕州地区出发。左丞颜真卿请求唐代宗先祭拜祖宗陵庙，然后再回到皇宫。元载不听从他的劝告。颜真卿十分生气地说："朝廷难道还能受得了宰相先生的不断破坏吗！"元载因此怀恨在心。甲午日（二十六日），唐代宗回到长安，郭子仪带领朝廷中的百官和诸军到浐水的东边迎接唐代宗，并且趴在地上等待唐代宗治罪。但是唐代宗安慰他们说："没有能很早用卿，所以才落得如此地步。"

以鱼朝恩作为天下观军容宣慰处置使，统一管理禁卫军，权势和恩宠是没有人能够比得上的，在鄠县和中渭桥地区建筑城池、驻扎士兵以防备吐蕃。任命骆奉仙作为鄠县筑城使，于是就统一率领当地的驻军。

在乙未日（二十七日），任用苗晋卿作为太保，裴遵庆作为太子少傅，同时都罢除了他们的政事。任用宗正卿李岘作为黄门侍郎、同平章事。裴遵庆罢除政事之后，元载的权势比以前更大，利用钱财结交宦官董秀，让主管文书的官员卓英倩暗中和他交往；唐代宗心中所想的是什么，元载必定能够预先知道；于是就承顺着唐代宗的心意探索他的懿旨，所说的话全部都符合唐代宗的心意。唐代宗因此更加宠爱他。卓英倩原本是金州人。

吐蕃离开之后，广武王李承宏逃亡到了野外隐藏起来；唐代宗赦免了他所犯的罪过，没有杀害他。丙申日（二十八日），就把他安置在了华州。

程元振因为罪孽被撤职之后，回到了三原。自从听说唐代宗回宫以后，就穿上了女人的衣服，自己一人进入了长安，希望能够再被任用，京兆府把他给逮捕了，然后报告给了唐代宗。

吐蕃攻陷松、维、保三州和云山县新建筑的两座城。西川节度使高适没有去援救，于是剑南西山各个州县也都落入吐蕃手中了。

广德二年（甲辰，公元764年）

春季，正月的时候，壬寅日（初四），敕书说程元振换穿女人的衣服偷偷地回到了长安，将要图谋不轨的行为，便把他放逐到了遥远的溱州。唐代宗考虑到程元振的功劳，不久之后又命令把他安置在江陵地区。

癸卯日（初五），把剑南东和西川合并在一起，任命黄门侍郎严武作为节度使。

丙午日（初八），派遣检校刑部尚书颜真卿立即去宣旨安慰朔方节度行营。唐代宗在陕州的时候，颜真卿请求奉唐代宗的旨意去召仆固怀恩回到朝堂，唐代宗没有答应。到现在，唐代宗命令颜真卿劝说并且颁布唐代宗的旨意请求仆固怀恩入朝。颜真卿回答说：“陛下您在陕州的时候，臣就去过那里，并且拿忠义来责备他，教他来救陛下您于危难之中，他还有可以回到朝廷来的理由；现在陛下您已经回到了宫中，他如果前进不能成就勤王的功劳，如果后退又不忍心舍弃士兵，怎么愿意来呢？而且说仆固怀恩造反的人也只有辛云京、骆奉仙、李抱玉、鱼朝恩四个人，其余的各位大臣都说他是被冤枉。陛下还不如任用郭子仪代替仆固怀恩，就可以不用发动战争并且能够让他服从。”当时汾州别驾李抱真，就是李抱玉的堂弟，他知道仆固怀恩有反叛的意图，就一个人离开回到了京师。唐代宗正在担忧仆固怀恩，于是就召见李抱真，并且问他计策。李抱真回答说：“这件事不用担心。朔方的将士十分想念郭子仪，就如同子弟思念父兄。仆固怀恩欺骗他的部下说，郭子仪已经被鱼朝恩给杀害了，士兵相信了他的话，所以才受他的摆布。陛下如果真的任用郭子仪主管朔方，他们不用您亲自去召就来了。”唐代宗认为他说得很对。

在甲寅日（十六日），礼仪使杜鸿渐上书说：“从现在开始，冬至祭天，夏至祭地，请用太祖配享，孟春祈谷用高祖配享，孟夏祈雨用太宗配享，祭祀太庙用肃宗配享。”唐代宗听从了他的建议。

在乙卯日（十七日），立雍王李适作为皇太子。

在吐蕃进攻长安的时候，各军流散的士兵和乡里中的无赖子弟相互聚集在一起成为盗贼；吐蕃离开之后，仍然逃窜并且躲藏在南山子午等五个山谷之中，四处为害地方。丁巳日（十九日），任命皇太子的门客薛景仙作为南山五谷防御使去征讨他们。

魏博节度使田承嗣上奏请求把他所管辖的地区取名天雄军，朝廷允许了。

仆固怀恩不被朝廷重用，因此就和河东都知兵马使李竭诚秘密计划夺取太原。辛云京察觉了，就将李竭诚杀死了，登上城楼建设防御工事。仆固怀恩让他的儿子仆固玚去攻击，辛云京出城与他战斗，仆固玚大败，退回，因此就带兵围攻榆次。唐代宗对郭子仪说：“仆固怀恩父子二人深深辜负了我啊！听说东方的将军和士卒想念您就像久旱盼雨一样，如果您替我镇压安抚河东，汾阳的士兵就肯定不会叛变。”戊午日（二十日），任命郭子仪为关内、河东兵马副元帅、河中节度等使。仆固怀恩的属下听说后，都说："我们现在跟着仆固怀恩做大逆不道的事，还有什么脸面去见汾阳王！"

癸亥日（二十五日），让刘晏做太子宾客，李岘做太子詹事，一起罢除政事。刘晏是因为和程元振结交获罪；程元振获罪，李岘有功，因此被宦官忌恨，所以与刘晏同时罢相。任用右散骑常侍王缙为黄门侍郎，太常卿杜鸿渐为兵部侍郎，二人都为同平章事。

丁卯日（二十九日），唐代宗任命郭子仪为朔方大使。二月，郭子仪到达河中。戍守河中的云南籍士兵有一万多人，当地将军贪得无厌、士卒残忍暴躁，是全府的祸患。郭子仪杀了十四人，杖打了三十人，这时河中府才恢复安宁。

癸酉日（初五），唐代宗去太清宫进行朝拜和祭奠；甲戌日（初六），祭祀太庙；乙亥日（初七），在圜丘祭祀昊天上帝。

仆固玚围攻榆次，攻打了十几天都没有成功；就派人紧急征募祁县的士兵，李光逸把所有的士兵都给他了。士卒还没有吃饭，没有办法前进，副将白玉、焦晖用响箭向掉队的人射去。军士说："将军您为什么射人？"白玉说："现在跟着别人反叛，都免不了一死；不管怎么都要死，射一箭又能怎么样！"到了榆次，仆固玚指责他们来迟了。胡人说："我们骑马，都是因为汉族的士兵走不动！"仆固玚捶打汉族士兵，汉卒又怨又恨，说："节度使对胡人偏心！"当晚，焦晖、白玉带兵袭击仆固玚，将他杀死。仆固怀恩听说这件事后，进入房中禀告他的母亲。母亲说："我给你说不可以反叛，你们受恩于国家。但是现在士兵都已经有反心了，灾难必然会波及我们，该怎么办啊？"仆固怀恩没有回答，拜了两拜，就走出家门。母亲拿着刀追着他说："我要为国家杀了你这个反贼，拿你的心向将士告罪！"仆固怀恩迅速逃离，才免得一死；就和部下三百人从汾州西向渡过黄河，向北边逃走了。

那个时候朔方将军浑释之在灵州守卫，仆固怀恩的檄文送到，说要带全部士兵回到镇所。浑释之说："情况不对，以这样的情形来看，一定是军队溃败了。"想要回绝他。他的外甥张韶说："或许他确实改变想法，真的带领部众回镇所。怎么能不让他进城呢？”浑释之很是犹豫。仆固怀恩走得非常快，在浑释之的斥候回来之前已经到了，浑释之没有办法让他进城。张韶把浑释之的计划告诉仆固怀恩，仆固怀恩以张韶替他当间谍，就杀了浑释之，并且接收了他的军队，让张韶带领。不久之后，想着：“浑释之是舅父，他尚且要背叛，又怎么能对我忠心呢！”有一天，找个借口杖责张韶，把他的小腿都给打断了，把他丢在弥峨城等死。（《唐书》《仆固怀恩传》都没记载这件事。本卷永泰元年怀恩死，张韶曾代领其军。）

在沁州的都虞候张维岳听说仆固怀恩逃跑了，骑驿马赶到汾州，安抚军队，将焦晖、白玉杀死，因而抢夺了他们的功劳，向郭子仪回报。郭子仪派牙官卢谅到达汾州，张维岳贿赂卢谅，让他作伪证。郭子仪向唐代宗上奏说张维岳杀死仆固玚，并且把头上呈到朝廷。群臣纷纷进宫庆贺，唐代宗却闷闷不乐，说：“我的诚心都不能让天下的人相信，以至于让有功的人死去，对此，我感到很羞愧，这又有什么值得庆祝的！”下令用辇车把仆固怀恩的母亲接到长安来，给予丰厚的待遇；一个月后，寿终正寝，按照礼法把她安葬，有功的人很是感动。

戊寅日（初十），郭子仪到汾州后，仆固怀恩的士兵全部归附他，都感动得涕泗横流，因为他的到来而欢喜，同时也悲叹他来得太晚了。郭子仪知晓了卢谅的欺骗性行为，就将他杖责至死。唐代宗认为李抱真的话得到验证，将他升职做殿中监。

唐代宗逃到陕州的时候，李光弼始终找借口不去勤王。唐代宗恐怕会因而造成间隙，他母亲在河中居住，多次派遣宦官去慰问她。吐蕃撤退之后，任命李光弼为东都留守来看他的去留；李光弼用担任江、淮转运粮食的职务推辞，就带兵回到了徐州。唐代宗将他的母亲接到长安，提供优厚的供给；让他的弟弟李光进管理禁卫军，待遇很是优厚。

戊子日（二十日），大赦天下。

自从安史之乱后，汴水堙塞都废弃不用了，米粮都是从长江、汉水转运到梁州、洋州，路途曲折危险，耗费很多。三月，己酉日（十二日），任命太子宾客刘晏为河南、江、淮以来的转运使，商量着开通汴水。庚戌日（十三日），同时任命刘晏和各道的节度使公平地调节赋税和劳役，任由便宜行事，事后再向唐代宗禀报。那时正值战争之后，关内外粮食短缺，吃饭都很难。关中的米价一斗值一千钱，老百姓都搓揉禾穗的米粒来供给禁卫军，宫中厨房连两天的存粮都没有。于是，刘晏就将汴河里的泥沙清理出去使河流畅通，并且给宰相元载写信，细说漕运的利弊，让关内关外的官员共同协助。自此，每年运送米粮好几十万石来供给关中。唐代擅长转运米粮的人，首推刘晏，后来的人都是效法他的。

甲子日（二十七日），盛王李琦薨。

党项士兵进攻同州，郭子仪让开府仪同三司李国臣去和他们交战，说："胡人只要有机会就来打劫，官兵一来他们就躲到山里去了，我们应该让弱兵在前方引诱他们，再在后面派精兵攻击他们。"李国臣在澄城北与他战斗，打败了他，杀死一千多俘虏。

夏季，五月，癸丑日（初八），国家开始施行《五纪历》。

庚申日（十五日），礼部侍郎杨绾上奏说每年各地选来的举子与所呈报的情形不符合，所选举的童生并没有真才实学，都是靠运气中举；最终完全停办。

郭子仪认为安禄山、史思明以往都占据洛阳，因此各道都设节度使控制要道。现在大盗都已经被平定了，但是各地的节度使却拥兵自重，浪费百姓的钱财，因此上表撤离节度使，就从河中节度开始。六月，下敕书罢免河中节度和耀德军。郭子仪又向唐代宗请求罢免自己的关内副元帅职务，唐代宗不同意。

仆固怀恩到了灵武，聚集失散的士兵，他的部队又重新振兴。唐代宗对他的家人给予优厚的抚恤。癸未日（十七日），颁布诏书，称赞他："功载皇宫，普及天下。猜忌的产生，缘于小人。仔细窥探他的内心，没有叛逆的想法。君臣之间的正常关系，实际上和开始时相同。

只是因为河北已经稳定，朔方已经有所归属，该取消河北副元帅和朔方节度等使的职位；他的太保兼中书令和大宁郡王照旧。但他应该回朝，不应该有什么疑虑恐惧。”仆固怀恩最终还是没有听从。

秋季，七月，庚子日（初五），征青苗税款作为官员的俸禄。

太尉兼侍中、河南副元帅、临淮武穆王李光弼训练军队严明，发号施令，各将军都不敢直视他；确定计策后再作战，可以以少胜多，与郭子仪齐名。等到大驻扎在徐州，拥兵众多却不觐见唐代宗，像田神功等将军就不再受命和畏惧他。李光弼心中很是惭愧以至于得重病，己酉日（十四日），去世。八月，丙寅日（初一），任用王缙接替李光弼总领河南、淮西、山南东道各行营。

郭子仪从河中回朝廷，恰好遇到泾原奏报仆固怀恩带领回纥和吐蕃的十万大军想要入侵中原，京师的人很是恐慌。唐代宗下诏让郭子仪率领各将军出京镇守奉天县。唐代宗询问破敌的策略，郭子仪回答说：“仆固怀恩成不了大事。”唐代宗说：“为什么？”郭子仪回答说：“仆固怀恩勇敢但对他的属下苛刻，士兵已经对他不满了。他之所以能够打进关内，也不过是顺应士兵回归的想法。他以前是我的副将，他带领的士兵都是我的旧属，他们一定不忍心和我兵刃相见，因此我知道他不会成功。”辛巳日（十六日），郭子仪出发到奉天去。

甲午日（二十九日），加王缙东都留守官职。

河中府尹兼任节度副使崔寓调派镇兵向西攻击吐蕃，军令不能统一。九月，丙申日（初二），镇兵叛乱，抢夺官府和居民的财产，过了一整夜才平静下来。

丙午日（十二日），加河东节度使辛云京同平章事官衔。

辛亥日（十七日），唐代宗任命郭子仪管理北道邠宁、泾原、河西以来通和吐蕃使，任命陈郑、泽潞节度使李抱玉管理南道通和吐蕃使。郭子仪听闻吐蕃逼近邻州，甲寅日（二十日），派其子朔方兵马使郭晞率兵马万众前去救援。

己未日（二十五日），剑南节度使严武打败吐蕃七万士卒，攻下当狗城。

关中出现蝗虫灾，伴随的还有连阴雨，一斗米值一千多钱。

仆固怀恩的前锋到达宜禄，郭子仪让右兵马使李国臣带领军队作为郭晞的后援。邠宁节度使白孝德在宜禄击败吐蕃军队。冬季，十月，仆固怀恩率领回纥和吐蕃的军队到达晞州，白孝德、郭晞闭城防卫。

庚午日（初六），严武攻克吐蕃盐川城。

仆固怀恩带领回纥和吐蕃的军队威逼奉天，京城全城戒严。各将军请命出城迎战，郭子仪不同意，说："胡虏深入，就是想速战速决。如果我们坚守阵地而不进攻，他们以为我们胆怯，肯定不会有所防备，这样才有可能打败他们。如果我们匆匆应战但是不能将他们打败，那么就会影响士气。谁再敢说迎战的按军令处罚！"辛未日（初七），夜晚，郭子仪带兵出城在乾陵以南列阵。壬申日（初八）天还没亮，敌兵席卷而来。胡虏开始认为郭子仪没有防备，想要偷袭他。忽然看见大军，惊慌失措，因此不战而退。郭子仪派副将李怀光等人带领五千骑兵追逐胡虏，一直到麻亭才回来。胡虏到达邠州，丁丑日（十三日），进攻邠州城，未竟。乙酉日（二十一日），胡虏渡过泾水而逃。

仆固怀恩攻击南方的时候，河西节度使杨志烈派士兵五千人，对监军柏文达说："河西的精兵，都在这里了。如果您带他们进攻灵武，那么仆固怀恩的后方就不稳固了，这也是救京师的妙计啊！"柏文达因此就带兵进攻摧砂堡和灵武县，全都攻克。随后进攻灵州。仆固怀恩听说，急忙从永寿返回，让吐蕃、吐谷浑两千骑兵在夜里偷袭柏文达，取胜，近一半的士兵被杀。柏文达带领残余部众返回凉州，哭着进城。杨志烈迎接他说："此次出征保全了京师，是有功的，死了士兵有什么值得伤心的。"听说了这件事，士兵都怨恨他。不久，吐蕃围攻凉州，士卒不服调控，杨志烈逃到甘州，被沙陀杀死。沙陀姓朱耶，世代住在沙陀碛，因而以此为名。

十一月，丁未日（十四日），郭子仪自军营班师回朝，郭晞留在邠州，放任士兵鱼肉百姓，节度使白孝德苦之；但是由于看在郭子仪的面子上，不敢说。泾州刺史段秀实自动请求白孝德任用他做都虞候的官，白孝德答应了他的要求。一个月后，有十七个郭晞的士兵到市场去拿酒，用刀向卖酒的老人刺去，损坏酒器。段秀实让士兵取下十七个人头插在长槊的顶端，竖立在市场的大门口。郭晞的军营为之喧闹，被服铠甲；白孝德甚感恐慌，把段秀实叫了去说："怎么办？"段秀实说："没事，我现在就去见他。"白孝德派几十人随从他，段秀实推辞了，只选一个年老瘸腿的人，牵着马到郭晞门口。穿着铠甲的士兵都冲出来，段秀实笑着走进门，说："只是杀一个老兵，哪里用得着穿铠甲！我是提头来的。"甲士们都感到诧异。段秀实因而晓谕他们说："常侍有对不起你们的地方吗？副元帅有辜负你们吗？为什么想要败坏郭家的名声？"郭晞出来，段秀实指责他说："副元帅功劳盖世，但是您要有始有终啊！现在常侍放纵士兵作乱，是会引起战争的，乱事一开始就要使副帅获罪；而乱事由您引起，那么郭家的功名还能够存在多少！"话还没有说完，郭晞拜了两拜说："我有幸聆听先生以正道教诲，恩德很大，哪敢不从命！"回头呵斥左右说："各个都去除铠甲，回队伍去，有再敢喧闹的处死！"于是，段秀实就留在军营中过夜。郭晞一夜都没脱掉衣服，置备守候的士卒敲着梆子来保卫段秀实。第二天一早，一同到白孝德的办公处，以治军不严负荆请罪，请求改过。邠州因而没有灾祸作乱。

五谷防御使薛景仙征讨南山的土匪，几个月都没有结果，唐代宗命令李抱玉去征讨他们。贼首高玉实力最盛，李抱玉让兵马使李崇客率领四百骑兵从洋州进军，在桃虢川突袭他，败之；高玉逃到成固。庚申日（二十七日），山南西道节度使张献诚抓获高玉，献给朝廷，其余匪乱都平复了。

十二月，乙丑日（初二），升郭子仪尚书令官衔。郭子仪的看法是："自太宗任此职后，后世皇帝均不再设，不久太子曾任，这样的职位不是我该拥有的。”坚决推辞，不受，又回去镇守河中。

这一年，户部上报说：现在有二百九十多万户，一千六百九十多万人口。

唐代宗送于阗王胜回国，胜坚决要求留在国中守护，把国家交给他的弟弟曜去治理。唐代宗同意了，任命胜开府仪同三司官衔，赐爵位为武都王。

永泰元年（乙巳，公元765年）

春季，正月，癸卯（按：卯，当从两《唐书》作巳）朔日（初一），把年号改为永泰，大赦天下。

戊申日（十六日），加陈郑、泽潞节度使李抱玉为凤翔、陇右节度使，任命他的堂弟殿中少监李抱真为泽潞节度副使。李抱真认为山东事态有变，上党是军事的要塞，可是由于战争，土薄人贫，难以供养士兵，于是就录民户籍，每三个壮丁中就挑选一个健壮的人，免除他租税徭役，发给他弓箭，让他们在农闲时练习射箭，年终集会比赛射艺，施行奖惩。三年之后，就得到了两万精兵；像这样，既不耗费国家粮食，府库里也很充足，因此就雄视山东。所以人们都称赞泽潞的兵力最盛。

二月，戊寅日（十六日），党项进攻富平，将定陵（中宗陵）的前殿焚烧。

庚辰日（十八日），仪王李璲薨。

三月，壬辰朔日（初一），让十三个像左仆射裴冕、右仆射郭英乂那样的文臣武将在集贤殿待制。左拾遗洛阳人独孤及进言说：“陛下召裴冕等臣待制以备问计，这是像五帝那样的功德。可是近来，您虽容忍他们的直言，但并没有接纳他们的建议；有允许臣子直言的美名，但不听诤言，因而使谏诤不再直谏，他们都以功名利禄作为做官的原因，这是忠贞之士叹息之源，亦是臣以为耻。战火蔓延十年之久，物资贫乏，妇女无力纺织之事。手握重兵者屋舍遍街，奴婢有吃不完的酒肉；但是贫病者服徭役，这样剥削百姓是极其酷虐的。长安街上光天化日之下的抢劫与椎杀之事无人敢审，官员丢弃职责操守；将军懈怠，士兵残忍；百官职事，败坏乖戾，如同沸粥乱麻。百姓不敢向主管申诉，主管官吏不敢报告陛下，人民备受煎熬，穷苦窘迫而无处诉说。如果您不能消除这种现象，臣确实感到恐惧啊！如今我们只有朔方和陇西有吐蕃和仆固怀恩在边界侵扰的顾虑，邠州、泾州和凤翔的军队已经足够抵挡他们了。除了这些地方，东到海边，南到番禺，西到巴、蜀，没有盗匪作乱，但是兵士众多。倾天下物力，来供养没有用处的军队，我不知道这于国家有何裨益。假使我们说居安思危，那我们只要控制要塞，以便设置屯垦和防御，剩下士兵都可卸甲归田，把供给军中的粮食与衣物，充作贫困人家的赋税，每年可以减少国家一半的租税。陛下您怎么对改革如此犹豫，让国家的祸患一天天加重！”唐代宗未能采纳他的建议。

丙午日（十五日），任命李抱玉为同平章事，仍旧镇守凤翔。

庚戌日（十九日），吐蕃派使臣求和，下诏元载与杜鸿渐在兴唐寺和吐蕃订盟约。唐代宗问郭子仪：“吐蕃请求订立和平条约，你怎么看？”郭子仪回答说：“照目前情形来看，最有利于吐蕃的就是我们的防御力弱；如果我们没有防备，他们攻过来，我们就不知道该如何防守了。”于是，接连派遣河中的士兵镇守奉天，又派兵到泾原巡逻以侦察敌情。

今春未雨，米粮一斗价值一千钱。

夏季，四月，丁丑日（十六日），任命御史大夫王翊代理各道税钱使。河东道租庸、盐铁使裴谞回朝奏报事务，唐代宗问：“盐铁的税金，每年征收多少？”裴谞久久未语。唐代宗又问他，回答说：“我从河东进京，沿途未见种小麦大豆，农人愁苦怨叹。我想您见到我，肯定是要询问人民的灾苦，现在您责问我税收事宜，所以臣不敢说。”唐代宗向他告罪，任命他为左司郎中。裴谞，是裴宽的儿子。

辛卯日（三十日），剑南节度使严武殁。严武曾三次为剑南节度使，征重税以满足自己。梓州刺史章彝稍有拂他的意思，就将他杖责至死。但是吐蕃畏惧他，不敢侵犯他的境地。他的母亲多次告诫他免除骄纵凶暴，他不听。等到他死后，他的母亲说："我现在才可以免于被没为公家的奴婢了！"

五月，癸丑日（二十二日），任命右仆射郭英乂为剑南节使。

京城附近各县的小麦成熟了，京兆尹第五琦请征田谷税每十亩收取一亩，说："这是古时候征收十分之一的税法。"唐代宗采纳了他的意见。

平卢节度使侯希逸守卫淄青，好游玩打猎，建宝塔佛寺，所在军州深受其苦。兵马使李怀玉深得兵心，侯希逸忌恨他，借口免除了他的职位。侯希逸和巫师睡在城外，军士关闭城门不让他进城，奉李怀玉为主帅。侯希逸逃奔到滑州，上表求罪。唐代宗下诏书免除其罪，召他回京。秋季，七月，壬辰日（初二），任命郑王李邈为平卢、淄青节度大使，让李怀玉代理留后事务，赐名正己。此时承德节度使李宝臣、魏博节度使田承嗣、相卫节度使薛嵩、卢龙节度使李怀仙、聚集安禄山、史思明的残余兵力，各据强兵，训练兵士，完治城池；自己任命文臣武将，不向朝廷缴纳贡赋；与山南东道节度使梁崇义及李正己都通婚，内外相呼应。朝廷一直纵容他们；他们名义上虽然是藩臣，实际上却名不符实。

甲午日（初四），升平公主下嫁郭子仪的儿子郭暧。

太子的生母沈氏，吴兴人；安禄山攻陷长安时，被劫掠至洛阳宫中。唐代宗克复洛阳，曾经遇见她，还没来得及接到长安，又逢史思明再克洛阳，已经失去消息了。唐代宗即位以后，四处寻求她，未果。己亥日（初九），寿州崇善寺的尼姑广澄谎称是太子之母，经过盘问考验后，原为前少阳院的乳母，鞭笞致死。

九月，庚寅朔日（初一），在资圣、西明两个寺庙里建立百尺高座，讲说《护国仁王经》，从宫中输出佛经两车，使人扮菩萨和鬼神状，以乐队和仪仗队在前面引导，朝廷百官在光顺门外面迎接，至寺中。

仆固怀恩诱使回纥、吐蕃、吐谷浑、党项、奴刺几十万兵马一起入侵中原；让吐蕃大将尚结悉赞摩、马重英等人从北道进攻奉天，党项的元帅任敷、郑庭、郝德等人从东道进攻同州，吐谷浑和奴刺的部队从西面进攻盩厔；回纥随从吐蕃，仆固怀恩又带领朔方的部队跟随在回纥的后面。

郭子仪命令行军司马赵复回朝上奏："胡虏都是骑兵，他们行军如飞，不可轻视。请唐代宗下令让凤翔节度使李抱玉、滑濮节度使李光庭、邠宁节度使白孝德、镇西节度使马璘、河南节度使郝庭玉、淮西节度使李忠臣，出兵控制要塞。"唐代宗采纳他的建议。各道的节度使好多都没有及时出兵；李忠臣正与属下踢球，接奉诏命，即刻整装出发。各将军和监军都说："出兵应择吉日。"李忠臣生气地说："若你的父母有难，你也要择吉日前去救援吗？"当天就带兵出发。

仆固怀恩半道病重，返回；丁酉日（初八），死于鸣沙。大将张韶暂代他领军，别将徐璜玉杀死张韶；范志诚又杀死徐璜玉并且接收其军。仆固怀恩违抗皇命，两次带领胡寇侵犯，成为国家的祸患，唐代宗仍然替他避讳，所发的诏书都不说他造反；一直到他死了，还很悲痛地说："仆固怀恩原本无心反叛，是受左右人误导的！"

吐蕃到了邠州，白孝德亲自环城守卫。甲辰日（十五日），唐代宗让宰相与各部会首长到西明寺进香陈设素食，奏乐。那天，吐蕃十万大军到奉天，京城惶恐。朔方兵马使浑瑊、讨击使白元光先在奉天镇守，胡虏才刚到，浑瑊就率领勇猛的骑兵二百人去冲锋，身先士卒，败之。浑瑊挟胡虏一将军飞奔而回，随从的两百骑兵无一人受伤。城上的士卒看见了，士气大增。乙巳日（十六日），吐蕃进攻浑瑊，胡虏死伤许多人。几天后，收军回营。浑瑊又带兵偷袭他们，杀一千多人，前后与胡虏交战二百多次，斩敌首级五千。丙午日（十七日），取消百尺高座讲经；从河中征召郭子仪，屯驻泾阳。己酉日（二十日），命李忠臣驻军东渭桥，李光进驻军云阳，马璘、郝庭玉驻兵便桥，李抱玉驻兵凤翔，宦官骆奉仙、将军李日越屯兵盩厔，同华节度使周智光于同州屯兵，鄜坊节度使杜冕在坊州驻军，唐代宗亲领六军驻军在禁苑中。

庚戌日（二十一日），唐代宗下制书亲征贼人。辛亥日（二十二日），鱼朝恩请求在京城里搜刮所有人的马匹，下令城中男子皆服黑，建民兵团，堵塞两个城门只开放一个让人通行。人们惊恐万分，很多人挖墙凿洞逃跑，官兵也无力阻止。鱼朝恩想要奉送唐代宗到河中去躲避吐蕃，但害怕大臣不同意。一天早朝时，官员分班站立了很久，东西上阁门不开。忽然，见鱼朝恩带着武装的禁卫军进来，向大家宣布说："吐蕃屡次进犯京城附近的地区，唐代宗要迁移到河中，你们意下如何？"公卿皆惊慌。只有一位刘给事，走出朝列说："敕使要造反吗！现在驻扎在京城附近还有很多士兵，咱们不是齐心协力抵御外辱，却突然间要挟天子奔逃，这不是造反是什么！"鱼朝恩慌忙退下，迁徙之事就到这里结束了。

自丙午日（十七日）到甲寅日（二十五日），连连大雨，因此胡虏不能侵袭。吐蕃调兵去攻醴泉，党项羌向西劫掠白水县，向东侵犯蒲津关。丁巳日（二十八日），吐蕃大肆掳掠了几万的人，所经之地皆焚烧庐舍，几乎把庄稼都糟蹋光了。周智光带兵迎击，败之于澄城北方，并且乘胜追击到鄜州。周智光和杜冕一直不和，因此杀死鄜州刺史张麟，坑杀杜冕的家属八十一人，焚烧三千多家坊州房屋。

冬季，十月，己未日（初一），又在资圣寺里传颂佛经。

吐蕃退到邠州，遇到回纥，两者又联合进犯中原；辛酉日（初三），至奉天。癸亥日（初五），党项羌焚烧百姓与官家的房屋后离去。

丙寅日（初八），回纥、吐蕃两军会合围攻泾阳，郭子仪令各军严加防范但不要与他们战斗。至傍晚，两支胡兵退而屯于泾阳北原，丁卯日（初九），又至城下。这时，回纥和吐蕃听说仆固怀恩死了，已在争权谋位，互相不和，分营驻扎。郭子仪了解详情。回纥兵驻扎在城西，郭子仪派牙将李光瓒等人去劝他们，欲与之共击吐蕃。回纥不信，说："郭公真在这儿？你在骗我。假如真的在这里，我们可以见见面吗？”李光瓒回来禀告，郭子仪说：“现在敌人和我们实力相当，难以凭力量取胜。以前我们和回纥有稳固的盟约，不如让我一人去游说他们，可不战而屈人之兵。”各将军请挑骑兵五百精兵随从，郭子仪说：“这样做恰恰是害了我。”郭晞拉住马缰进谏说：“他们都是狼子野心；您是国家的元帅，为何以命为饵？”郭子仪说：“现在战斗的话，那么不仅我们父子会死，国家也会面临巨大灾难；而如果我去用诚心和他们交涉，或许还有可能让他们听从我的建议，那就是天下之福了！如果我没能成功，那么只是我一个人死了，我的家人却可以保住性命。”用马鞭敲他的手说：“走开！”之后就和几个骑兵开门出去。教人传话说：“郭令公来了！”回纥非常吃惊。他们的大元帅合胡禄都督药葛罗，是可汗的弟弟，引弓站于阵前。郭子仪丢枪卸甲骑马至前方，回纥各部落的酋长面面相觑地说：“是令公啊！”全都下马列队跪拜。郭子仪也下马，上前握着药葛罗的手，指责他说：“你们回纥对唐朝有功，唐朝待你们也不薄，为什么要背弃盟约，深入我国内部，侵逼京城属县，因此抛弃前功，结下怨仇？你们背离对你们有恩德的人，反而去帮助叛军，你们好生愚昧啊！而且仆固怀恩叛君弃母，对你们来说能有什么好处！如今我一个人来到这里，随你们把我杀了，但是我的将士必和你们抗战到底。”药葛罗说：“仆固怀恩骗我们说天可汗已经驾崩，令公也已经去世，中原无主，因此我们才敢同他来中原。现在知道天可汗在上都，令公又在这里总领大军，仆固怀恩又被上天杀死，我们哪里敢和您对抗呢？”郭子仪随后又对他说：“吐蕃不守规矩，趁我国乱事起，不顾外甥和舅公的关系，吞我边疆土地，焚烧扰乱我们京城属县，其所掠夺不计其数，马牛和其他的家畜，绵延百里，遍布原野，这是上天赐给你们的。保全军队又能维持友好的关系，击溃敌人而取得财富，为你们打算，哪有比这样做更有利的！机不可失。”药葛罗说：“我被仆固怀恩欺骗，真的很对不起您。现在我们愿意替您尽力攻打吐蕃以此谢罪。但仆固怀恩之子，是我们可敦的兄弟，希望免他一死。”郭子仪同意了。回纥围观的人分成两边，徐徐前行，郭子仪的部下也向前进。郭子仪挥手让他们退下，并且拿出酒来和他们酋长一同饮酒。药葛罗教郭子仪先举杯立誓，郭子仪浇于地说：“大唐天子万岁！回纥可汗万岁！两国的将相万岁！如有背盟约，自己陈尸阵前，断子绝孙。”酒杯传到药葛罗的面前，他也把酒浇在地上说：“同令公！”于是，各位酋长都非常高兴地说：“前段时间带领两个巫师随从，巫师说这次出征很平安，不会与唐朝战斗，见到一位大人而返回。果不其然。”郭子仪赠给他们锦缎三千匹，酋长赏赐巫师一份。吐蕃听说郭子仪与回纥订立和约后，连夜带兵逃走。回纥派遣他们的酋长石野那等六个人入朝拜见天子。

药葛罗率领大军去追吐蕃士兵，郭子仪派白元光率精骑兵与他一齐追击。癸酉日（十五日），交战于灵台县西原，败之，杀上万吐蕃士兵，救回四千被虏掠的士女。丙子日（十八日），又败之于泾州东方。

丁丑日（十九日），仆固怀恩的将军张休藏等投降。

辛巳日（二十三日），唐代宗下达诏令罢除亲征令，京城取消戒严令。

一开始，肃宗任命陕西节度使郭英义统领神策军，让宦官鱼朝恩做他的监军。后来郭英义入朝为官做仆射，因此鱼朝恩一人统率神策军。当唐代宗逃到陕州，鱼朝恩尽发在陕州的军队和神策军迎驾扈从，都称为神策军，唐代宗居住在他军营中。一直到京师祸乱平定，鱼朝恩就让军队归属宫中，亲自带领。但那时还不能和北门六军并列。而现在，鱼朝恩用神策军跟随唐代宗驻扎在禁苑中，他的势力就逐渐壮大，分为左、右两厢，地位已经在北门六军之上。

郭子仪认为仆固名臣、李建忠等人全部是仆固怀恩的猛将，害怕他们逃往外夷，请求招降他们。当时在回纥军中的仆固名臣是仆固怀恩的侄子。唐代宗下敕书连同以前各将军有功勋的都赦免他们的罪过，让回纥送他们回来。壬午日（二十四日），仆固名臣率一千多人来降。郭子仪让开府仪同三司慕容休贞用书信规劝党项羌的统帅郑庭和赦德等人，都到凤翔投降。

甲申日（二十六日），周智光到朝廷敬献战斗所得，第二天晚上才回到镇所。周智光还有随意杀人罪没定罪，唐代宗让他走后才追悔。

乙酉日（二十七日），二百多回纥胡禄都督入朝觐见，唐代宗总共送他们十万匹缯帛；国库里的钱财布帛都用完了还不够，于是就征收百官薪俸的税金以满足他们。

资治通鉴卷第二百二十四　唐纪四十

起乙巳（公元765年）闰十月，止癸丑（公元773年），共八年三个月。

【题解】本卷记录了公元765年闰月至773年的史事，共八年又三个月，正当唐代宗永泰元年闰十月到大历八年。此时期，宦官程元振、鱼朝恩相继掌权，唐代宗平庸，不能裁减藩镇的兵力，不能控御权臣，政刑废弛，征收赋税没有节制，国库仍然空虚。虽然刘晏、第五琦等人掌理财赋，国用稍足，但是百姓生活更加艰难。蜀中大乱，举国不宁，局部叛乱不断。所幸郭子仪等良将健在，维护了国家的统一，打击吐蕃入侵，巩固了西北的边防。和亲、互市维护了与回纥的和平。

代宗睿文孝武皇帝中之上

永泰元年（乙巳，公元765年）

闰十月，乙巳日（十七日），郭子仪入京朝见唐代宗。郭子仪认为灵武刚刚收复，百姓贫困伤残，戎族的部落还没有平定，请求唐代宗任命朔方军粮使三原人路嗣恭去镇抚这里。河西节度使杨志烈已死，请求派遣使者巡视安抚河西并且设置凉州、甘州、肃州、瓜州、沙州等长史。唐代宗都采纳了。

丁未日（十九日），百官请求缴纳职分田使军中粮食充足；唐代宗同意了。

戊申日（二十日），任命户部侍郎路嗣恭作为朔方节度使。路嗣恭铲除困难，设立各军府，政令畅通。

己酉日（二十一日），郭子仪回到河中。

起初，剑南节度使严武上奏，请求让崔旰将军作为利州刺史。当时蜀地刚好匪乱，盗贼在山林挡道，崔旰将他们平定。等到严武第二次做剑南节度使，就贿赂山南西道节度使张献诚借此请求得到崔旰。张献诚就让崔旰请病假辞职到严武那里。严武任命崔旰做汉州刺史，让他带兵到西山攻击吐蕃，连克数邑，夺几百里土地。严武制造了系有七种宝物的车子迎接崔旰到成都以尊宠他。

严武死后，行军司马杜济主管军府。都知兵马使郭英干是郭英乂的弟弟，和都虞候郭嘉琳一起请求郭英乂为节度使。那时，崔旰是西山都知兵马使，与他属下一起请让大将王崇俊为节度使。刚好朝廷已经颁布任命郭英乂作为节度使的命令，因此郭英乂对崔旰就怨恨有加；到成都几天后，就诬陷王崇俊，并且杀了他。召崔旰回成都，崔旰假借抵御吐蕃不能去，拒绝他。郭英乂更加生气了，因此将他的粮草断绝使他困窘。崔旰辗转迁徙进入深山，郭英乂亲自带兵向他进攻，宣称和他一起抵御吐蕃。正好遇上大雪，山谷里积雪好几尺深，冻死好多士卒和马。崔旰出兵进攻他，败之。搜集残众，仅一千人返回成都。

郭英乂施政，心狠手辣、骄奢淫逸，对士兵不珍惜，已失人心。玄宗在离开蜀地时，将其行宫改为道观，铜铸自己的人像。郭英乂喜其美竹，奏请把那里改为军营，因此移除铜像，自己居住在里面。崔旰就散布郭英乂造反，假如不造反，为什么把铜像移去而自己住在里面？于是带领五百多人进攻他。辛巳日（闰十月无此日），交战于城西，败之。因而崔旰进入成都，屠杀郭英乂全家。郭英乂一个人骑马逃到简州。普州刺史韩澄将郭英乂杀死，把头交给崔旰。邛州牙将柏茂琳、泸州牙将杨子琳、剑州牙将李昌夔都派兵攻打崔旰，因此蜀地大乱。崔旰，是卫州人。

华原县令顾繇进言，元载之子元伯和等人招权揽势，收受贿赂。十二月，戊戌日（十一日），顾繇却因之流放至锦州。

自安禄山、史思明叛变以来，国子监讲堂毁坏，一些军队暂时住在里面。国子监祭酒萧昕进言："不能因此废弃教育。"

大历元年（丙午，公元766年）

春季，正月，乙酉日（二十九日），唐代宗下诏恢复招国子学生。

丙戌日（三十日），任命户部尚书刘晏为都畿、河南、淮南、江南、湖南、荆南、山南东道转运、常平、铸钱、盐铁等使，侍郎第五琦作为京畿、关内、河东、剑南、山南西道转运等使，分管天下财税。

周智光回华州后，更加飞扬跋扈；朝廷召唤他，他也不应召。唐代宗让杜冕到山南依靠张献诚来避开他。周智光派遣士兵在商山邀截，未能得逞。周智光自知罪责深重，就聚集亡命之徒、无赖子弟，多达几万，任其劫掠百姓讨他欢心；擅自扣留二万斛由水路所运的米粮；对于藩镇向朝廷贡献，他经常杀死使者自己留下财物。

二月，丁亥朔日（初一），唐代宗到国子监祭拜文宣王（孔子），让宰相带领常参官、鱼朝恩率禁卫六军的各将领前去听讲，弟子们都穿着红色和紫色的衣服当学生。鱼朝恩那时已经是显贵，就学讲论经书写作，他仅仅会拿笔，辨句读，就认为自己文武兼备，其他人都不可以和他分庭抗礼。

辛卯日（初五），唐代宗让主管官员修建国子监。

宰相元载专权，害怕别人向唐代宗说他的私心，就奏请唐代宗："各部门凡是有事情要讨论，都要先报告长官，长官再报告宰相，然后才可以上奏皇上。"因而就拿唐代宗的旨意告诉各官员说："最近各部上奏的很多，但多数是互相诋毁的话，所以要交由长官、宰相先审核可以不可以上奏。"

刑部尚书颜真卿上书，认为："郎官和御史是陛下的耳目。现在让论奏事情的人先报告宰相，这就是把自己的眼睛、耳朵捂住。陛下担心群臣互相诋毁，为什么不先观察他们所说的是不是真的？如果他所说的话是假的，就应该杀了他；如果是真实的，就应该奖励他。如果现在不这样做的话，却让所有人觉得陛下厌烦听察谏言，借此堵塞进谏言的道路，我心里面替您感到可惜！太宗编著《门司式》说：'不在门籍的人，假如有急事需要奏议，都教门司和宿卫五仗的执事引领奏报，不能阻止。’这就是用来使天子耳聪目明的。天宝以后，李林甫做宰相，特别讨厌进言的人，路上的行人都只能用眼神来传意。政令不通，臣子的想法也无法上传；陛下备受蒙蔽，百姓心中恼怒，最终会造成逃离蜀地的灾难。陵夷渐渐地衰败到现在这样。就算君主不忌讳广开言路，群臣还不敢畅所欲言；更何况让宰相来进行抑制呢？这样一来，您接触到的只有几个人而已。士子将不敢进言。陛下您看到没人言事就以为天下太平无事可议，那就是今天的李林甫又兴起了！以前李林甫虽然专权，群臣有不曾请求宰相擅自向陛下奏事的，就借口暗中害他，还不敢直接说百官奏事需要先经过宰相审核。陛下如果不早觉悟，就会变得越来越被孤立，以后就后悔莫及了！”元载知道了非常痛恨他，向唐代宗奏论颜真卿诽谤；乙未日（初九），贬谪颜真卿为峡州别驾。

己亥日（十三日），让大理少卿杨济出使吐蕃和睦两国邦交。

壬子日（二十六日），任命杜鸿渐作为山南西道、剑南东西川副元帅、剑南西川节度使，去蜀地平定叛乱。

任命四镇、北庭行营节度使马璘同时担任邠宁节度使。马璘用段秀实为三节度使都虞候。他的士兵中有一个可以拉重二百四十斤的弓，因为犯了盗窃罪应该被处死，马璘不想杀他。段秀实说：“将军有自己的喜好，这样就会使法令不一致，即便是韩信、彭越也不能做好。”马璘觉得他的建议很对，最终把那个士兵给杀了。只要是马璘处理问题有不对的地方，段秀实就据理力争。有时马璘很是恼火，边上的人都非常害怕。段秀实说：“如果我的罪足以致死，为什么生气呢？如果无罪却杀人，恐怕不合法度。”马璘拂袖而起，段秀实慢慢地走出去；很久以后，马璘备好酒菜向段秀实告罪。此后，军中和州里的事务，都要先征求段秀实的意见然后才施行。因此，马璘在邠宁，名誉非常美好。

癸丑日（二十七日），任命山南西道节度使张献诚同时任剑南东川节度使，邛州刺史柏茂琳作为邛南防御使；命令崔旰为茂州刺史，摄行西山防御使。三月，癸未日（二十八日），张献诚与崔旰在梓州战斗。张献诚军队战败，仅仅一人逃脱，旌旗和符节都被崔旰夺去。

夏季，五月，河西节度使杨休明奉命守卫沙州。

秋季，八月，国子监建成；丁亥日（初四），祭祀至圣先师。鱼朝恩拿着《易经》登上高座，讲解《鼎卦》“鼎折足，覆公悚”来嘲讽丞相。王缙非常生气，元载微笑自若。鱼朝恩对别人说：“生气是人之常情，笑的人高深莫测。”

杜鸿渐到了蜀地，听闻张献诚战败了非常害怕，派人先去和崔旰表明心意，保证他的安危。崔旰用谦卑的言语和丰厚的贿赂来迎接使者，杜鸿渐非常高兴；进成都后，会见崔旰，对他和颜悦色，丝毫没有责备他违法乱纪的话，州府和军府中的事情全都托付给崔旰去办理。又多次向唐代宗推荐他，并且请求将节度使职位给崔旰。让柏茂琳、杨子琳、李昌夔各为本州刺史。唐代宗被迫答应了他。壬寅日（十九日），任命崔旰作为成都尹、西川节度行军司马。

甲辰日（二十一日），让鱼朝恩担任内侍监，代为管理国子监的事情。中书舍人京兆人常衮进言说：“国子监的工作，本该选择德高望重的大儒，不该让宦官来当主管。”丁未日（二十四日），命令宰相以下的人送鱼朝恩到国子监去走马上任。

京兆尹黎幹由南山引山涧中的水开凿运粮的运河进入长安，未竟。

冬季，十月，乙未日（十三日），天子诞辰，各道节度使进献财帛、器物服饰、珍玩和骏马作为寿礼，价值二十四万缗钱。常衮上书，认为：“节度使并没有劳作，肯定是向百姓搜刮来的。为了向陛下献媚，不顾人民怨恨征收钱物，不可以助长这种风气的蔓延。请您退给他们。”天子不听。

京兆尹第五琦十分之一的税法，赋税很重，百姓苦之，多数逃至他乡。十一月，甲子日（十二日），冬至，大赦天下，改年号大历，废十分之一税。

十二月，癸卯日（二十二日），周智光杀陕州监军张志斌。周智光一直都和陕州刺史皇甫温不和，张志斌到达京师禀报事情，周智光将他留在驿馆。张志斌指责他的部下纪律不严明。周智光很生气地说："仆固怀恩无心反叛，就是你们这些人逼他的。我也不想造反，但今天却因为你反叛了！"呵斥命令左右将他杀了，并且把他的尸体切成肉片吃了。朝中做官的人举荐应选的士子，害怕周智光的残暴，多数人都从同州秘密地经过，周智光派兵拦截，杀死很多人。戊申日（二十七日），唐代宗下诏任命周智光代理左仆射，派宫中使者余元仙拿着任命状给他。周智光谩骂道："我于天下都有功劳，不授予我平章事却叫我当仆射！并且同州、华州土地少，哪里够我施展才华？假如增加陕、虢、商、鄜、坊五州，还差不多。"并且一个挨一个地数落官员，并说："这里距长安只有一百八十里，我夜里睡觉都不敢将腿伸直，就害怕把长安城给摧毁了。至于挟天子以令诸侯，只有我才能做到。"余元仙吓得两腿直抖。郭子仪多次请求征讨周智光，唐代宗不同意。

因为河中的军中食粮经常不够，郭子仪就自己耕种一百亩，将军和校尉耕种的田地依次递减，因此士兵不用督促就自主耕种。当年，河中野外无闲田，军中有余粮。

任命陇右行军司马陈少游作为桂管观察使。陈少游，是博州人，开始做小官的时候就强势，并且心思敏捷喜欢财贿，善于结交有权势的贵人，因此得以升官。得到桂州以后，嫌它路途遥远又多瘴疠之气；宦官董秀掌管中枢机密的事务，陈少游请求向他每年进献五万缗，又贿赂元载的儿子元仲武。皇宫内外都推举他，没过几天，就改任为宣歙观察使。

大历二年（丁未，公元767年）

春季，正月，丁巳日（初六），唐代宗给郭子仪下密诏让他去征讨周智光。郭子仪下令让大将浑瑊、李怀光在渭水旁边驻扎；周智光的属下听说这件事后，都有离散的心思。己未日（初八），周智光的大将李汉惠率领他的部下从同州投降郭子仪。壬戌日（十一日），贬谪周智光为澧州刺史。甲子日（十三日），华州牙将姚怀、李延俊将他杀死，带他的头进献给朝廷。

淮西节度使李忠臣入朝，借口收复华州，带着部下士兵大肆抢劫，在潼关到赤水二百里之间，百姓的金钱和家畜几乎都被劫掠完了，官吏有用纸蔽体的，也有好几天没有吃饭的。己巳日（十八日），设置两千士兵镇守在潼关。

壬申日（二十一日），分割剑南建立东川观察使，守卫遂州。

二月，丙戌日（初六），郭子仪进京。唐代宗命令元载、王缙、鱼朝恩等人在家轮流设宴，一次宴会花费十万缗。唐代宗优待郭子仪，经常称他为大臣却不叫他的名字。

郭暧曾经和升平公主吵架。郭暧说："你依仗你的父亲是天子吗？我的父亲看不起天子也不屑于做天子！"公主非常生气，坐着车子急忙去禀报唐代宗。唐代宗说："这些不是你可以知道的，他确实不屑于做天子。如果他真的想当天子，那么这天下又怎么是我们所拥有呢？"对升平公主安慰教育后让她回去了。郭子仪知道了，把郭暧抓起来，亲自进宫等待唐代宗的处罚。唐代宗说："俗话说：'不痴不聋，不做家翁。'小孩子闺房中的话，用不着理会！"郭子仪回去，将郭暧打了几十大棍。

夏季，四月，庚子日（二十一日），让宰相和鱼朝恩同吐蕃在兴唐寺订立盟约。

杜鸿渐请求回朝上奏情况，将西川节度使的事情交由崔旰暂时管理。六月，甲戌日（六月无此日），杜鸿渐从成都来到京城，呈献给唐代宗的东西很多。因此，向唐代宗说明任用崔旰的利弊，并且说崔旰可以担当大任。唐代宗也专门纵容，于是把杜鸿渐留在朝中还做宰臣执政。秋季，七月，丙寅日（十九日），命令崔旰做西川节度使，杜济做东川节度使。崔旰向百姓收重税并以此贿赂达官显贵。元载提拔崔旰的弟弟崔宽一直到御史中丞，崔宽的哥哥崔审到给事中。

丁卯日（二十日），鱼朝恩上奏请求把以前所赏赐的庄园当作章敬寺，借以替章敬太后祈祷冥福。于是把它修建得极其华丽，用光了城中的木材还不够，又请求拆卸曲江和华清宫馆舍的木材，耗费的金钱逾万亿。卫州进士高郢进言，大概说："先太后的圣德，不需用寺庙彰显其光辉；如果想要为国家长久计议，就需要以民为本。舍民而建寺，岂能得福！"又说："没有寺庙还可以，没有人民该如何！"又说："陛下应以夏禹做榜样，将宫室建造得矮小一些，怎么可以沿袭梁武帝的遗风崇尚建立寺塔呢！"又进言，大略说："古来明君积德以得福，并非浪费钱财求福；修身以灭灾，不劳累人民以禳除灾祸。现在兴建紧急，日夜不息。如果力量不够就会挨打，满道都是痛苦的声音。用这种方法希求得福，我怕不一定有用。"又说："陛下心中修改正确的做法，希求外物的细微帮助；听从错误的谋略，这些损害了为帝者的大计。臣私下里为您感到可惜！"两次上书都被搁置。

起初，唐代宗爱好祠祷祭祀，倒不是很在乎佛教。元载、王缙、杜鸿渐为宰相，三人都喜欢佛教；尤其是王缙，不吃荤腥，与杜鸿渐不停地建寺庙。唐代宗曾经问他们："佛讲因果报应，真的吗？"元载等回答说："国家运祚长久，若不是早种下福德，怎么得到现在的结果？福德的业行已成，虽然偶尔会有小的灾难，不管怎么也成不了大的祸害，因此当安禄山和史思明叛乱的势力最强的时候都发生了儿子逆袭；仆固怀恩举兵入侵，出门就病死了；回纥和吐蕃大举入侵深入内地，不战而退。这都非人力所能及，怎么能说不是因果报应呢？"从此以后，唐代宗深深地相信佛教，经常在宫里宴请一百多个僧人就餐；有敌入侵就让僧人讲《仁王经》来禳除灾难，敌军远去就打赏僧人。有一个叫不空的胡僧，官做到卿监，爵位至国公；出入宫门，威风可压倒所有权贵。京城附近的良田和美好有利的东西几乎都是佛寺的。诏告所有人，不可以打僧人和尼姑。并且在五台山上建立金阁寺，用铜铸瓦，表面再抹上金水，耗费亿万银钱；王缙发给他们中书省的符信和公文，让五台山的十几个和尚四处去求取钱财建筑金阁寺。在闲暇的时候，元载等随从唐代宗的人，谈论许多关于佛教的事情。自此以后朝廷内外大臣和百姓受其影响，都废弃正事而信奉佛教，政事和法律日渐错乱。

八月，庚辰日（初三），陈郑、泽潞、凤翔等道节度使、左仆射、平章事李抱玉入朝，要求辞去左仆射的官衔，言辞坚决诚恳，唐代宗同意了；癸丑日（八月无此日），又辞让凤翔节度使，唐代宗不同意。

丁酉日（二十日），杜鸿渐给一千个和尚施饭，是为了在他任西川节度使时没有灾害。

九月，几万吐蕃士兵围攻灵州，巡逻兵到达潘原、宜禄；唐代宗下令郭子仪从河中率三万甲士守卫泾阳，京城戒严。甲子日（十七日），郭子仪转移兵力镇守奉天。

山獠攻克桂州，驱逐刺史李良。

冬季，十月，戊寅日（初一），朔方节度使路嗣恭在灵州城下打败吐蕃的军队，斩下首级两千多。吐蕃带兵离去。

十二月，庚辰日（初四），有盗贼掘开郭子仪之父的坟墓。追捕盗贼，未果。有人认为鱼朝恩素来讨厌郭子仪，怀疑是他派人做的。郭子仪从奉天入朝，朝廷害怕他将会叛乱。郭子仪觐见唐代宗，唐代宗说话中提到这件事，郭子仪流泪说：“臣经常在外带兵，难以禁止士卒做暴虐的事，有一些士兵挖别人的坟墓。今天我遇到这样的祸害，也是上天的惩罚啊，不是人为。”朝廷听到这些，才安定下来。

那一年，还将镇西称为安西。

新罗王宪英毙，其子乾运继任王。

大历三年（戊申，公元768年）

春季，正月，乙丑日（二十日），唐代宗到章敬寺，剃度和尚尼姑一千人。

追封建宁王李倓为齐王。

二月，癸巳日（十八日），商州兵马使刘洽杀防御使殷仲卿，不久将他平定了。

甲午日（初九），郭子仪禁止无故骑马在军中奔驰，南阳夫人（郭子仪的妻子）乳母的儿子触犯了禁令，都虞候将他杖责至死。郭子仪的儿子向郭子仪哭诉，都说都虞候专横无礼。郭子仪将他们呵斥走。第二天，把这件事告诉僚属和佐官，叹息说："子仪的每个儿子，都是奴才。不赏识父亲的都虞候却怜惜母亲乳母的儿子，这就是奴相啊！"

庚子日（二十五日），封后宫独孤氏为贵妃。

三月，乙巳朔日（初一），出现日食。

夏季，四月，戊寅日（初四），山南西道节度使张献诚，由于生病推荐堂弟右羽林将军张献恭接替自己，唐代宗同意了。

壬寅日（二十八日），西川节度使崔旰回京城朝见天子。

起初，唐代宗命令宫中使者到衡山征召李泌，到达皇宫后，又赐给他金鱼紫袍，为他在蓬莱殿旁建造书院。偶尔唐代宗穿着汗衫、趿拉着草鞋去访问他。自给事中、中书舍人以上，到方镇节度使的任命、军中和国家的大事，都要和他商量。还让鱼朝恩在白花屯为李泌建造外院，以便他与亲友会见。

唐代宗想让李泌当门下侍郎、同平章事，李泌断然回绝。唐代宗说："事务繁多，我们不能朝夕相见，还不如暂时住得近些，为何非要下诏书任命才能当宰相呢？"后来因为端午节，王、公、妃嫔、公主都向唐代宗敬献奇珍异玩。唐代宗问李泌说："怎么就先生您没送礼呢？"李泌回答说："臣住在宫中，从头到脚都是陛下赐给的，所剩下的只有一具身躯，无好礼相送！"唐代宗说："朕想要的就是这个身躯。"李泌说："我的身躯不是陛下您的还能是谁的啊？"唐代宗说："先帝想让您当宰相却不能做到。从今往后，您既然献出自身，就该为我所用，不是您的了！"李泌说："陛下想让我做何事？"唐代宗说："朕想要您饮酒吃肉，娶妻成家，接受官爵俸禄，成为一个平常人。"李泌流泪说："臣不事凡俗多年，您为什么要让我打破以往的心志呢？”唐代宗说：“哭顶什么用！你在深宫之中，还想到哪里去？”随后让人将李泌的父母埋葬，又替李泌娶卢家女子为妻子，所费皆出自天子。赐给光福坊的宅第，让李泌可以在家待几天，在蓬莱院待几天。

当唐代宗与李泌谈到齐王李倓时，想给他丰厚的奖赏额追赠。李泌请求依照岐王、薛王的先例追赠为太子。唐代宗流泪说：“我的弟弟首先提出赴灵武的建议，成就了中兴大业，岐王、薛王没有这等功劳！他竭诚尽忠孝，却被谗人谋害。如果他还在，朕一定以他为皇太弟。如今应该称他为皇帝，以此达成我的旧愿。”乙卯日（五月十二日），下制书，追谥李倓为承天皇帝；庚申日（五月十七日），将他埋葬在顺陵。

崔旰回京晋见唐代宗时，任命弟弟崔宽为节度留后，泸州刺史杨子琳率领几千个精锐的骑兵乘虚而入成都。朝廷听说后，任命崔旰暂时为工部尚书，赐名宁，遣回镇所。

六月，壬辰日（二十日），幽州兵马使朱希彩、经略副使昌平人朱泚、朱泚的弟弟朱滔，一起杀死节度使李怀仙，朱希彩自称是留后。闰六月，成德军节度使李宝臣派将军带兵讨伐朱希彩，被打败。朝廷不得不原谅他。庚申日（十八日），任命王缙兼任卢龙节度使；丁卯日（二十五日），让朱希彩代理幽州留后。

崔宽与杨子琳交战，多次失败。秋季，七月，崔宁妾任氏拿出自家的几十万钱财，征募到几千个士兵，带领他们攻击杨子琳，打败了他。杨子琳逃走。

乙亥日（初四），王缙到幽州去任职，朱希彩大陈士兵加强防备来迎他。王缙十分安详地向前走去，朱希彩很恭敬地欢迎拜见他。王缙考虑到终究不能制约他，于是就犒劳将士，十几天之后就回来了。

回纥可敦死去，庚辰日（初九），派出右散骑常侍萧昕担任吊祭使者。回纥在大庭广众中诘问萧昕说：“我们对于唐朝来说有大功绩，唐朝怎么会失信，买过我们的马，却不按时归还我们的马钱？”萧昕说：“回纥的功绩，唐朝已经回报过了。仆固怀恩叛变之时，回纥援助他，和吐蕃联合出兵侵占唐朝，进逼我们京都附近的县邑。直至仆固怀恩死后，吐蕃逃亡，之后回纥害怕才恳请议和。我们唐朝还记得你们以前的功绩，给予恩德放你们回来。要不然，你们连一匹马都不能回来。这是回纥背弃誓言，怎么能说是唐朝失信呢？”回纥感到十分羞愧，厚加待遇而让他回来。

丙戌日（十五日），从宫内取出盂兰盆赏给章敬寺，设置七庙的神座，把尊号书写在幡上，百官在光顺门欢迎拜见。在这之后，每年按照传统这样做。

八月，壬戌日（二十一日），吐蕃士兵十万人进攻灵武。丁卯日（二十六日），吐蕃的尚赞摩带领两万人侵犯邠州，京师严加防守。邠宁节度使马璘打败了他。

庚午日（二十九日），河东节度使、同平章事辛云京辞世，王缙兼任河东节度使，其余的官职照常不变。

九月，壬申日（初一），命令郭子仪带领五万士兵驻扎在奉天，来防备吐蕃。

丁丑日（初六），济王李环辞世。

壬午日（十一日），朔方骑兵将军白元光攻击吐蕃，打败了敌人。壬辰日（二十一日），白元光又在灵武击败吐蕃两万人马。凤翔节度使李抱玉派出右军都将临洮人李晟带领五千士兵攻击吐蕃。李晟说：“如果只借武力那么五千人不够用，如果凭借谋略那么五千人又太多。”于是，就带领一千人从大震关西出发，抵达临洮，屠灭了吐蕃的定秦堡，焚烧了他们聚集的粮食财产，俘虏了定秦堡的元帅慕容谷种归来。吐蕃听闻之后，就不包围灵州回去。戊戌日（二十七日），京师解严。

颍州刺史李岵由于事情得罪滑亳节度使令狐彰，令狐彰派节度判官姚奭巡视颍州，顺便取代李岵兼任州务，而且告诉姚奭说：“李岵假如不接受代替，就让他死。”李岵听闻，就激怒将士，使他们杀死姚奭，和姚奭一起被杀死的还有一百多人。李岵逃亡到汴州去投奔河南节度使田神功。冬季，十月，乙巳日（初五），令狐彰说明具体形势，李岵也上表说明原因。唐代宗命令给事中贺若察去侦查这件事。

丁卯日（二十七日），郭子仪从奉天进入朝廷拜见天子。

十一月，丁亥日（十七日），任命幽州留后朱希彩担任节度使。

郭子仪返回河中。元载认为吐蕃连年侵犯，马璘用四镇的兵力驻军在邠宁，力量不能抵抗，而郭子仪用朔方的大军据守河中，深居在内陆安定的地方，就和郭子仪、各将军商量，迁徙马璘镇守泾州，而让郭子仪用朔方的士卒据守邠州，说道："假如由于边疆土地荒芜残破，军费不够，就用内地的税租和运送金银财帛来补助。"各将军都认为十分有道理。十二月，己酉日（初九），调马璘担任泾原节度使，邠、宁、庆三州划归朔方道。马璘先到泾州筑城，用都虞候段秀实暂代邠州留后的职位。

之初，四镇、北庭的士卒远到中原去救援，停留在外地很久，又历经多次的迁徙，四镇经历了汴州、虢州和凤翔，北庭经历了怀州、绛州和鄜州，之后才到达邠州，很长时间都受劳累困敝。等到调派到泾州，大家都怨恨诋毁。刀斧兵马使王童之试图谋乱，商定在辛酉日（二十一日）天刚亮敲鼓警众之时发动。前天一夜晚，有人告密揭发。段秀实假装把负责报时刻的人叫来，对他发脾气，认为他报时失度，教他每一更都要来回报，次次都拖延他几刻时间，因而四更的时候天就亮了，因此王童之来不及发动。段秀实想把他治罪；但是他作乱的痕迹不明显，恐怕军中疑惑使他含冤。告密的人又汇报说："今晚要焚烧马坊里的草，趁大家救火之时计划谋乱。"半夜里，果然烧起火。段秀实命令军营中走动的人都停止，坐着的人还坐着，各自整饬部曲行伍，严密防守要地。王童之来报告恳求去扑火，段秀实不答应。直至天亮，捕获王童之和他的同党八个人，把他们都斩首。下命令说："迁移落后的人要诛灭九族，散布谣言的人治罪！"于是就移至泾州。

癸亥日（二十三日），西川军击败吐蕃一万多人。

平卢行军司马许杲带领士卒三千人驻扎在濠州不离去，有窥伺淮南的企图。淮南节度使崔圆命令节度副使元城人张万福同时担任濠州刺史；许杲听闻之后，马上带领士卒离开，在当涂停留。此年，唐代宗召唤张万福，任命他为和州刺史、行营防御使，来征讨许杲。张万福抵达和州，许杲恐惧，又移兵至上元，又北到楚州大肆掠夺。淮南节度使韦元甫命张万福追讨他；张万福还未抵达淮阴，许杲被他的部将康自劝所驱赶。康自劝据大兵仍然掠夺，沿着淮河向东抢。张万福兼程追击，把他杀死，能够不被杀的只有十分之二三。韦元甫将要厚赐将士，张万福说："公家训练的健儿平日白白耗费衣服和粮食，无事可做。如今刚立了小功，不用过分地赏赐，请用三分之一的财物赏给他们就足够了。"

大历四年（己酉，公元769年）

春季，正月，丙子日（初七），郭子仪进朝，鱼朝恩邀他游章敬寺。元载害怕他们两人相结交，秘密地教郭子仪的军官通知郭子仪说："鱼朝恩试图对郭令公不利。"郭子仪不听。军官又告诉其他的将官，请求内穿铠甲随从的将士有三百人。郭子仪说："我是国家的大臣，他没有天子的命令还不敢害我！假使奉天子的命令来杀我，你们又想做什么？"就带着几个家童随从。鱼朝恩在门口欢迎，看到随从人员很少很奇怪。郭子仪把听闻到的事情告诉他，而且说："恐怕要麻烦你准备饮食呀！"鱼朝恩拍着胸拉着郭子仪的手流着眼泪说道："如果不是公德行高深，怎么能够不怀疑呢？"

壬午日（十三日），把李岵驱逐到夷州。

乙酉日（十六日），郭子仪返回河中。

辛卯日（二十二日），赐李岵自杀。

二月，壬寅日（初三），把京兆的好畤县、凤翔的麟游县和普润县划归神策军，此为听从鱼朝恩的恳求。

杨子琳被打败之后回到泸州，聚集亡命之徒好几千人，沿着长江向东下行，扬言要带兵入朝。涪州守捉使王守仙在黄草峡埋伏有大军。杨子琳把他们全都俘虏，在忠州攻击王守仙。仅王守仙一人逃脱免死。杨子琳因此杀死夔州别驾张忠，占领了夔州城。荆南节度使卫伯玉欲结盟他以为救援，就把夔州许给他，代他向朝廷请求。阳曲人刘昌裔劝杨子琳派出使者到朝廷请罪，杨子琳服从。乙巳日（初六），任杨子琳为峡州团练使。

之初，仆固怀恩去世，唐代宗爱惜他有功绩，留他的女儿在宫里，当成自己的女儿来养。回纥恳请把她嫁给可汗做可敦。夏季，五月，辛卯日（二十四日），册命她为崇徽公主，嫁给回纥可汗。壬辰日（二十五日），派兵部侍郎李涵护送她，李涵奏请祠部郎中虞乡县人董晋为判官。六月，丁酉日（初一），公主辞别，抵达回纥可汗的军营。回纥可汗使人来说："唐朝商定买我们的马，马送去之后，付给我们的钱财不够，我们要向使者索要。"李涵恐慌，不敢回答，给董晋使眼神。董晋说："我们唐朝并不是由于没有马才向你们买马，我们所给予你们的不是已经够多了吗！你们的马每年一送到，我们就不顾一切都按旧价付钱。因而守边的将吏请求责怪你们。天子顾虑你们有功劳，因此下诏禁止进犯你们。各戎狄害怕我们大国与你们关系很好，没有敢和你们相对抗的。使你们父子生活安定所养马匹繁衍众多的，正是我们啊！"回纥的人便都围绕在董晋的四周礼拜，之后又相互带领依序而拜，都举起双手说："我们对大国不敢有怀疑。"

戊申日（十二日），王缙上奏辞让副元帅、都统和行营节度使，唐代宗允许。

辛酉日（二十五日），郭子仪从河中迁移到邠州，把精锐的将士都随身带去，剩余的士兵使副将率领，分别驻扎在河中和灵州。军士在河中长时间居住，十分不愿意迁徙，经常从邠州逃回来。行军司马严郢摄理河中府留府，把逃回的士兵全都捕获，杀死他们的主帅，士卒的心意才安定下来。

秋季，九月，吐蕃进犯灵州；丁丑日（十二日），朔方留后常谦光战败他。

河东兵马使王无纵、张奉璋等人依仗功绩，桀骜不驯，认为王缙是个读书人，轻视他，大都违反约束。王缙奉诏要派兵到盐州去抵御吐蕃秋季侵犯边区，就派王无纵、张奉璋带领三千人去防守。张奉璋拖延不向前进，王无纵假借有事就擅自主张率兵进入太原城；王缙把他们都捕获来杀死，还有他们的同党七人，跟一些强悍乖戾的将军几乎全部都杀死，军府才得以安定。

冬季，十月，常谦光奏报吐蕃侵犯鸣沙县，军队首尾长四十里。郭子仪派兵马使浑瑊带领精兵五千人前往救灵州，郭子仪亲自带领部队出发到庆州，听说吐蕃退回去了，便返回了。

黄门侍郎、同平章事杜鸿渐由于生病请辞相位，壬申日（十一月初八），唐代宗应允；乙亥日（十一月十一日），辞世。杜鸿渐病重之时，叫和尚替他削去头发，遗命构造宝塔以安葬他。

丙子日（十一月十二日），任命左仆射裴冕为同平章事。之初，元载为新平县尉，裴冕曾经推举他，因此目前元载推荐他为相，也是他年老多病容易控制较为有利的原因。裴冕接奉任官令之时，高兴得手舞足蹈，摔倒在地。元载赶紧跑上前扶起他，替他表达谢意。十二月，戊戌日（初四），裴冕就死了。

大历五年（庚戌，公元770年）

春季，正月，己巳日（初五），羌族酋长白对蓬等人各自率领本部落归顺中国。

观军容宣慰处置使、左监门卫大将军兼神策军使、内侍监鱼朝恩，专门管理禁军，享有无人能比的宠幸信任。唐代宗经常和他商量军中和国家大事，他的权倾朝野。鱼朝恩喜爱在众人的座前肆意讨论时政，侮辱宰相。元载虽然擅长辩论，也只有拱手静默不敢和他争论。

神策军都虞候刘希暹，都知兵马使王驾鹤，都受鱼朝恩的恩宠。刘希暹说服鱼朝恩在北军建设监狱，让街坊市肆间的不良少年罗致富家的罪行而告发他们，诬告他们有罪，把他们捕获监禁在地牢里，为了让他们服罪，便审问捶打，把他们的家产转归神策军所有，而且分一部分赐给告发逮捕的人；由于北军地牢在禁中玄武门内十分隐蔽，因此别人都因害怕而不说。每当鱼朝恩向唐代宗启奏请求事情，预先期望必得应允。朝廷的行政中有他不参与的，时常发脾气说说："天下的事情有不由我来决定的吗？"唐代宗听闻就不喜欢他了。

鱼朝恩的养子鱼令徽年龄尚小，做内给使。由于没有官爵品秩，因此穿着绿色的衣服。一次他和同事争吵，回家告知鱼朝恩。第二天鱼朝恩进见唐代宗说："臣的儿子官职太低，被同事们欺辱，请求把紫色的朝服赐给他。"唐代宗还没有答应，紫色的朝服已经被主管官员拿到面前。鱼令徽穿上后，向唐代宗拜谢。唐代宗勉强地笑着说："儿子已经穿上紫色的朝服，应该十分满足了。"心中更加不平。

元载猜测到唐代宗的心思，把握住这个机会奏论鱼朝恩专权纵恣不守法度，恳请把他除掉。唐代宗也知道天下的人都埋怨、愤恨他，因此就教元载设法杀他。鱼朝恩每逢进入宫殿，常教射生将军周皓带领一百人守卫他，又教他的同党陕州节度使皇甫温在外面掌管大军来帮助；元载都用优渥的财贿和他们结交。因此，鱼朝恩的阴谋诡计和隐秘的语言，唐代宗都了解得很清楚。但鱼朝恩并没有觉察。

辛卯日（二十七日），元载替唐代宗谋略，迁徙李抱玉为山南西道节度使，以皇甫温担任凤翔节度使，表面上看来是增大他的权力，事实上是把皇甫温调进京畿来协助自己。元载又上奏请求划分郿、虢、宝鸡、鄠、盩厔等县归属于李抱玉，兴平、武功、天兴、扶风等县隶属神策军。鱼朝恩获得土地异常高兴，一点也不把元载放在心上，骄傲蛮横同往常一般。

壬辰日（二十八日），升河南尹张延赏为东京留守；罢免河南等道的副元帅，把他的军队归属于东京留守。张延赏，是张嘉贞的儿子。

二月，戊戌日（初五），李抱玉迁移到盩厔镇守，军士们都很愤怒，大肆掠夺凤翔街坊市肆的财产，好几天之后才安定下来。

刘希暹察觉到唐代宗的心意十分不同，就告知鱼朝恩，鱼朝恩才感到猜疑和恐慌。但是唐代宗每逢接见他，恩意礼遇更加隆重，于是鱼朝恩也就安心了。皇甫温抵达京师，元载不让他回去让他留下，因此就和皇甫温、周皓暗中谋划杀鱼朝恩。决定计策之后，元载向唐代宗汇报。唐代宗说："尽力做，不要反而受祸！"

三月，癸酉日（初十），正值寒食，唐代宗在宫中准备酒席宴请显贵和近臣，元载守候中书省。宴会过后，鱼朝恩将要返回神策军营，唐代宗留下他来商量时事，责怪他有异谋。鱼朝恩自我辩解，语言很傲慢不逊。周皓和左右的人把他捕获吊死。外面没有人知晓。唐代宗下诏书，罢免鱼朝恩观军容等使的职位，内侍监的官职依旧保留。假托说："鱼朝恩接受诏令之后，就自缢身亡。"把尸首送还他的家人，赐予六百万钱作为埋葬的费用。

丁丑日（十四日），加刘希暹、王驾鹤御史中丞的官职来安抚北军的军心。丙戌日（二十三日），宽赦京畿所囚禁的罪犯，下令把鱼朝恩的同党都舍置，不再治罪。而且说："北军的将士，都是朕的心腹，一律官复原职。朕如今要亲自带领禁军，就消除疑虑和恐惧的心理吧。"

己丑日（二十六日），罢除度支使和关内各道的转运、常平、盐铁使，有关度支的事务委托宰相管理。

命令皇甫温返回陕州镇守。

鱼朝恩被元载杀了以后，唐代宗对元载的恩宠和任用更加优渥。元载因为这样意气骄傲纵恣，经常在大庭广众面前大言不惭，自以为有雄才大略，自古至今没有人能比得上；便卖弄权势和才智，政事全由贿赂来决定，越礼犯公骄泰奢侈，丝毫没有节制。吏部侍郎杨绾，主要管理选举的事情，公平允当，个性耿介正直，不依附元载；岭南节度使徐浩，贪婪邪佞，竭尽南方的珠宝财务来贿赂元载。元载任命杨绾为国子祭酒，引用徐浩来取代他。徐浩，是越州人。元载有位父执辈从宣州来到京师，向元载请求做官。元载认为他不能够担任职位，只给他写了一封给河北的介绍信而准备打发他走。长辈十分不开心，抵达幽州，私自拆开书信来看，信上没有一句话，有的只是签名。长辈大怒，迫不得已暂时到节度使办公处去拜见同僚。节度判官听闻有元载的书信，十分惊恐，马上回禀节度使，派出高级将校拿箱子来盛放书信，在贵宾室招待他住下，留着吃了好几天的宴席，才辞别离去，节度使赠送给他一千匹绢。他的权势竟然能惊动人到如此地步。

夏季，四月，庚子日（初八），湖南兵马使臧玠把观察使崔灌杀死；澧州刺史杨子琳派兵讨伐他，接受他的贿赂而归来。

泾原节度使马璘多次申诉本镇的土地荒芜残破，不能供给军中所用。唐代宗迂回劝说李抱玉把郑、颍二州让给他。乙巳日（五月初七日），让马璘同时担任郑颍节度使。

庚申日（五月初八日），王缙从太原进朝。

癸未日（五月二十一日），任命左羽林大将军辛京杲为湖南观察使。

荆南节度使卫伯玉遇到母亲的丧事，六月，戊戌日（初七日），用殿中监王昂取代他。卫伯玉讽劝大将杨鉥等人回绝王昂请留自己；甲寅日（二十三日），下诏征卫伯玉出来照旧复原他荆南节度使的职位。

秋季，七月，京城周围各县发生饥荒，一斗米竟然值一千钱。

刘希暹内心时常疑虑不安，有不恭敬的话。王驾鹤上报唐代宗。九月，辛未日（十二日），命令刘希暹自杀。

吐蕃进犯永寿。

冬季，十一月，郭子仪从邠州进朝。

唐代宗对于元载的所作所为都知道，由于他担任宰相的职位很久，想要善始善终，因此借着独自见面的机会，深切地劝诫他。元载还是不知悔过，唐代宗由于这渐渐厌恶他。

元载由于李泌受唐代宗的宠幸，嫉妒他，说："李泌常和亲戚朋友在北军聚会，和鱼朝恩亲密友好，应该了解他的阴谋。"唐代宗说："北军的官吏是李泌原来的下属，因此朕叫他去与亲戚朋友会面。鱼朝恩的被杀，李泌也一同谋划，卿不必猜疑他。”元载和他的同党继续攻击李泌。正值江西观察使魏少游向朝廷要求参谋辅佐的人员，唐代宗对李泌说：“元载不能容留您，朕现在把您藏在魏少游的地方。直到朕决心除掉元载，将有信向您汇报，可以束装来朝觐见。”于是用李泌任江西观察判官，而且叮嘱魏少游好好地对待他。

大历六年（辛亥，公元771年）

春季，二月，壬寅日（十五日），河西、陇右、山南西道副元帅同时担任泽潞、山南西道节度使李抱玉上表说：“凡是所统率的将士，应该亲自训练。如今从河西、陇右直到扶州、文州，绵延二千多里，巡抚治理十分艰难。假使吐蕃从岷州、陇州两路一起进军，臣假如要确保汧阳、陇州的安全，就不能救梁州和岷州，如果进攻去援救扶州、文州，那么贼寇就要进逼京畿，来不及照顾首尾，进退无所适从。期望另外选择有才能的大臣，委任他去统领山南，使臣能够一心防备陇右地方。”唐代宗颁发诏书应允他的请求。

郭子仪回到邠州。

岭南蛮族的酋长梁崇牵自称是平南十道的大都统，占领容州，和西原蛮族的张侯、夏永等人一同用兵攻克城市和乡邑，上任容管经略使元结等人都把治所寄设在苍梧。经略使王翃抵达藤州，用个人的财产招募将士，仅仅几个月，杀害蛮贼的大帅欧阳珪骑马飞驰到广州，会见节度使李勉，恳请发兵恢复容州。李勉认为十分艰难。王翃说：“大夫假如无暇派兵，只求下公文到达各州，声言各出一千名士兵来救援，期望借着这个声势，也可以成功。”李勉采纳他的意见。王翃就与义州刺史陈仁璀、藤州刺史李晓庭等结为盟约征讨贼寇。王翃招募到三千多人，击败贼寇好几万人；进而攻击容州，把容州攻克，梁崇牵被活捉了。前前后后打了一百多次的仗，把容州原有的土地全部都收回。再分别命令各将军攻击西原蛮，收回郁林等各州。

在这之前，番禺蛮贼的统帅冯崇道、桂州的叛贼朱济时，都占领险要的地方谋乱，攻陷十多个州。官军征讨他们，接连几年都战败。

李勉派出他的将军李观和王翃合力攻击征讨，把他们都杀了。三月，五岭地方都被平定了。

河北出现旱灾，一斗米竟然值一千钱。

夏季，四月，己未日（初三），澧州刺史杨子琳入朝，唐代宗用优渥的礼仪招待他，赐名为猷。

庚申日（初四），任命典内董秀为内常侍。

吐蕃恳请讲和；庚辰日（二十四日），派出兼任御史大夫吴损出使吐蕃。

成都司录李少良上表论元载奸邪贪赃等鲜为人知的事情；唐代宗把李少良安放在客省。李少良把唐代宗的话告知朋友韦颂，殿中侍御史陆珽又告诉元载这件事，元载启奏了唐代宗。唐代宗十分愤怒，把李少良、韦颂、陆珽交给御史台监狱审问。御史启奏李少良、韦颂、陆珽凶邪险恶、朋比为奸，使君臣离间。五月，戊申日（二十三日），唐代宗下令交付京兆狱，全部用木杖打死。

秋季，七月，丙午日（二十二日），元载上奏折，只要是别敕升任文、武六品以下的官员，恳请下令吏部、兵部不能查验勘验。唐代宗接纳他的建议。那时元载所上的奏折和拟注大部分违背法规，恐怕是被各部主管官员反驳的原因。

八月，丁卯日（十四日），淮西节度使李忠臣带领两千士兵驻扎在奉天，防止吐蕃秋高马肥时来侵袭。

唐代宗越来越讨厌元载的行为，想得到不阿私附从他的人作为亲近，好逐渐获取元载的势力。丙子日（二十三日），从宫内颁诏制书，启用浙西观察使李栖筠担任御史大夫，宰相并不知晓。元载从此权势逐渐被削弱。

九月，吐蕃攻克青石岭，军队驻军在那城；郭子仪使人试探并使他明白利害，第二天，带兵退回去。

这一年，任用尚书右丞韩滉为户部侍郎、判度支。自战乱发生之后，处处毫无节制地征讨赋税，仓库里物品的进出也没有法则，国家的财产快损耗尽了。韩滉做人廉洁勤勉，专注于治理账簿，制作赋税出入的法则；对待部下十分严格，手下的官员不敢隐瞒他；而且又遇到连年丰收，边区没有贼寇侵犯，从此仓库里的积蓄才充裕。韩滉，是韩休的儿子。

大历七年（壬子，公元772年）

春季，正月，甲辰日（二十二日），回纥的使者擅自走出鸿胪寺，掠夺百姓的子女。主管人员加以阻止，他就击打主管人员，用三百骑兵侵犯金光门和朱雀门。那天，宫门都已经关上，唐代宗派宫中使者刘清潭通知他，才暂停。

三月，郭子仪进朝；丙午日（二十五日），返往邠州。

夏季，四月，吐蕃五千骑兵到达灵州，很快又撤退。

五月，乙未日（十五日），大赦天下。

秋季，七月，癸巳日（十四日），回纥的使者又擅自走出鸿胪寺，追击长安令邵说到含光门街，抢走他的马；邵说骑别的马离开，不敢和他争。

卢龙节度使朱希彩得到官位之后，对朝廷悖慢无礼，对待将士残酷暴虐。孔目官李怀瑗趁着大家愤怒之时，觅得一个机会把他杀死。大家不知如何是好；经略副使朱泚驻扎在城北，他的弟弟朱滔带领牙营里的士兵，秘密叫一百多人在大众中间大声呼喊说："节度使非得朱副使来担当不可。"大家都听从他们的建议。朱泚于是就暂时代替留后的职务，派使者向朝廷汇报具体情况。冬季，十月，辛未日（二十四日），任用朱泚同时担任左常侍、幽州卢龙节度使。

十二月，辛未日（二十五日），于滑州设置永平军。

大历八年（癸丑，公元773年）

春季，正月，昭义节度使、相州刺史薛嵩辞世。儿子薛平，年十二岁，将士们逼迫他做主帅，薛平装作应允他们；接着把位置让出给他的叔父薛崿，那夜奉送父亲的灵柩，逃亡回到家乡。壬午日（初六），唐代宗下制书委任薛崿代理留后的职位。

二月，壬申日（二十七日），永平节度使令狐彰辞世。令狐彰在滑州、亳州流离战乱之后，培训军队，鼓励百姓耕耘，因而府库和仓廪都十分充裕。那时的藩镇大多数很蛮横傲慢无礼，只有令狐彰向朝廷贡赋一直都十分充裕；每年派出三千人到京城西边防备吐蕃在秋高马肥的时候侵入，军队都是自己携带食物，沿路地方上供应和赠送东西也不接受。所经过的地方秋毫无所侵犯。在他病重之时，把掌书记高阳人齐映叫到面前和他商议后事，齐映劝令狐彰向朝廷请人来代替他，把儿子遣送回家。令狐彰顺从，写下遗书说："之前鱼朝恩打败史朝义之时，想抢夺滑州，臣不服从，因而产生隔阂。直至鱼朝恩被杀，适逢臣卧病在床，因而不能入朝拜见陛下，生前死后都感到羞愧内疚。臣现在病一定治愈不了，仓库都已经关闭，畜牧的牛羊马匹也已经在簿子上登记了；军中的将军和士兵、各州县的官员，都安安静静地等待朝廷的号令。私下了解可以委任大事于吏部尚书刘晏、工部尚书李勉，期望赶快派他们来代替臣的职位。臣的儿子令狐建等，已经勒令回东都私宅。"令狐彰死去之后，将士们想立令狐建担任节度使，令狐建发誓宁可死也不愿遵守，一家人返回西方的宅第。三月，丙子日（初一），委任李勉为永平节度使。

吏部侍郎徐浩、薛邕，都是元载、王缙的党羽。徐浩小妾的弟弟侯莫陈怤担任美原县尉，徐浩委托京兆尹杜济伪奏侯莫陈怤在主管驿传时供应车辆马匹、薪柴草料、粮食用品等都很充足，比其他各县都好；又拜托薛邕注拟任命他为长安县尉。侯莫陈怤会见御史台，御史大夫李栖筠弹劾他而且把详情告知唐代宗。唐代宗下敕书令礼部侍郎万年人于邵等审问这件案子。于邵上奏折说薛邕的过错可以赦免，应该谅解恕罪。唐代宗十分愤怒。夏季，五月，乙酉日（十一日），贬黜徐浩为明州别驾，薛邕为歙州刺史；丙戌日（十二日），贬杜济担任杭州刺史，于邵为桂州长史，朝廷的纲纪逐渐严格。

辛卯日（十七日），郑王李邈辞世，追封为昭靖太子。

回纥自从乾元之后，年年都要求双方协议交易，每一匹马要求换四十匹缣，时常一次交易就是几万匹马，并且马都是驽劣衰弱的，用处不大；朝廷感到十分烦恼。并且时常不能把马匹全部都拿过来；回纥等着取缣回去，接着来的人在鸿胪寺里络绎不绝。如今，唐代宗想要令他们满足，命令把全部的马都交易过来。秋季，七月，辛丑日（二十八日），回纥辞去离开，载运赠送和马匹交换的缣帛，一共用了一千多辆车子。

八月，己未日（十六日），吐蕃六万骑兵侵犯灵武，践踏秋季的庄稼后回去。

辛未日（二十八日），幽州节度使朱泚委派他的弟弟朱滔带领五千精良的骑兵到泾州防备吐蕃秋天的侵犯。自安禄山叛乱之后，幽州的士兵没有受朝廷任用过。因此朱滔来了，唐代宗十分欢喜，慰劳赏赐非常优渥。

壬申日（二十九日），回纥又派出使者赤心赶着一万匹马来要求相互交换。

九月，壬午日（初十），循州刺史哥舒晃杀死岭南节度使吕崇贲，占领岭南造反。

癸未日（十一日），晋州男子郇模，用麻编辫子，带着竹筐和芦苇编的席子，于长安东市痛哭。有人问他原因，他答复说："愿意提供三十个字，一个字是一件事情；假如所说的没有可取之处，请用席子裹着我的尸体，放在竹筐里，去丢到野外。"京兆府把这件事汇报给唐代宗。唐代宗召见他，赏赐他一套新衣裳，让他在客省里居住。他所说的"团"字，就是请求罢黜各州的团练使；所说的"监"字，就是请求罢黜各道的监军使。

魏博节度使田承嗣替安禄山、史思明父子立祠堂，把他们称为四圣，并且恳请为相；唐代宗命令宦官孙知古打着奉派出使的旗号劝他毁掉祠堂。冬季，十月，甲辰日（初二），把同平章事的官衔加给他以示褒奖。

灵州击败吐蕃一万多人。吐蕃十万兵马侵犯泾州、邠州，郭子仪派出朔方兵马使浑瑊带领步兵和骑兵五千人来抵御他。庚申日（十八日），在宜禄开战。浑瑊登上黄菁原，远望叛贼，下令占据险要的地区，布下拒马，以防备敌人马队的奔驰和冲突。老将史抗、温儒雅等人心里蔑视浑瑊，对他的命令不听从。浑瑊召请他们叫他们去攻击胡虏，原来他们都已经喝醉了酒；看到拒马，就说："野外交战，根本用不着这个！"下令撤退。命令骑兵攻击胡虏的营阵，攻不进去就返了回来。胡虏紧追其后乘机追击，官军战败，士兵被杀死的有十分之七八，老百姓被吐蕃掠夺一千多人。

甲子日（二十二日），马璘与吐蕃在盐仓开战，又战败。马璘被吐蕃阻断，直到傍晚还未返回。泾原兵马使焦令谌等人与败退的士兵争着进入城门。有人劝说行军司马段秀实登城墙防御。段秀实说："不知道大帅在哪里，应当奋勇向前攻打敌人，不能只保全自己！"把焦令谌等人叫过来责怪他们说："依照军法，失去大将，部下都应该死去。诸君忘了自己的死罪了吗？"焦令谌等人惊恐害怕，拜谢段秀实而且愿意唯命是从。段秀实于是就把城中未曾参战的士兵全部派出城去，在城东的高原上摆列阵势；同时聚集失散的士卒，做将要竭尽全力作战的样子。吐蕃很害怕他，逐渐退去。天黑之后，马璘才得以回去。

郭子仪聚集各将军商量说："军队战败的过错在我自己，不在各位将军。但是朔方士兵的精锐天下闻名，如今被敌人打败，有什么谋略可以报仇？"无人应答。浑瑊说："战败的将军，不应该再参加商议。但是我愿意谈一下今天的事情，只求治我浑瑊的罪状，否则，就再派我去。"郭子仪宽恕了他的罪，叫他带兵疾趋朝那。胡虏击败官军之后，想掠夺汧州和陇州。盐州刺史李国臣说："胡虏趁着胜利的气势，必定侵犯京城附近的区域。我们扯住他的后腿，胡虏一定会返回照理后方。"于是就带兵前往秦原，敲着鼓向西进逼。胡虏听到后，抵达百城，马上返回。浑瑊在狭窄的山隘口阻截他们，把他们所抢掠的全部获得，马璘也派出精兵在潘原偷袭胡虏的辎重，杀死几千人，胡虏因此逃亡。

乙丑日（二十三日），派江西观察使路嗣恭征讨哥舒晃。

当初，元载曾做过西州刺史，了解河西、陇右的山川地势。此时，吐蕃多次侵犯，元载对唐代宗说："四镇、北庭节度使的治所设置在泾州后面，没有险要的地方可以占据。陇山十分高耸，南边和秦岭相连，北边直到黄河。如今国家西方的国境仅仅到潘原，但吐蕃戍守着摧沙堡，原州居于中间，在陇山的山口。从这里以西都是以前设监牧马的地域，草肥水美。平凉在东方，独耕一个县就足够供应军粮。原先的营垒还没消失，吐蕃弃置而不居住在此。每逢盛夏，吐蕃到青海放牧，离开边塞十分遥远。假如利用这段时间来筑城，二十天就可以收工。调京西的兵士据守原州，调郭子仪的军队戍泾州，作为根本的谋略。再分兵防备石门、木峡，渐渐开辟陇右，进而直至安西，占领吐蕃的腹心，那么朝廷就可以高枕无忧了。"而且画了地形图贡献给唐代宗，暗中派人西出陇山到原州去估算工程和费用。恰逢汴宋节度使田神功入朝晋见天子，唐代宗用这件事问他，田神功答复说："带兵征战，料度敌情，是老将都感到困难的事，陛下为什么听信一介书生的谋划，要倾全国的人力物力去追随他呢！"元载不久就被判罪，事情因此而停止。

主管互市的官员以为回纥赤心的马太多，请求仅仅交易一千匹。郭子仪认为如此太过违抗他们的心意，自己请求捐赠一年的俸禄替国家买马。唐代宗没有赞同。十一月，戊子日（十七日），下诏市易六千匹。

资治通鉴卷第二百二十五　唐纪四十一

起甲寅（公元774年），止己未（公元779年）七月，共五年七个月。

【题解】本卷记录了公元774年至779年七月的史事，共五年又七个月，正当唐代宗大历九年到十四年七月。此时期，代宗征调九节度使征讨魏博节度使田承嗣，平定汴宋留后李灵曜的叛乱，裁撤各州团练使，额定各州守兵，统一京师以及地方各级官吏的俸禄，并且诛杀了权臣元载，有了一些作为，但藩镇割据之势已不可逆转。唐代宗驾崩，德宗李适即位，致力革兴，整治刑狱，提倡节俭，还整顿京师秩序，拆毁违反规定的豪宅，约束回纥商人，取消天下榷酒收利，政治上有了一些新气象。

唐代宗睿文孝武皇帝中之下

大历九年（甲寅，公元774年）

春季，正月，壬寅日（初三），田神功于京师去世。

澧朗镇遏使杨猷自澧州顺江而下，擅自离开抵达鄂州，唐代宗下令容许他入朝。杨猷便又溯汉水、长江逆流而上，位滨汉水的复州、郢州都关闭城门自守，山南东道节度使梁崇义并委派军队加强二州的防备。

二月，辛未日（初二），徐州军队谋乱，刺史梁乘翻城逃亡。

谏议大夫吴损出使至吐蕃，被拘留了有两年多，最后在蕃邦病死。

庚辰日（十一日），汴宋调防西北戍守边防的士兵一千五百人，掠取仓库的财产溃散逃归，这是由于田神功辞世才发生这事的。己丑日（二十日），派出田神功的弟弟田神玉主理汴宋留后的职位。

癸巳日（二十四日），郭子仪上朝，上表说："朔方，是国家北方的门户，在这之间战士死耗逃散，仅余十分之一。如今吐蕃兼有河、陇区域，杂聚羌、浑兵众，势力与以前相比强大十倍。请于诸道召雇徭戍，各自派出精卒，聚合四五万人的兵力戍守边防，这才是必定可以制胜敌人的最好策略。"

三月，戊申日（初九），唐代宗将女儿永乐公主下嫁给魏博节度使田承嗣的儿子田华为妻。唐代宗这样做是想借以稳定田承嗣的心思，但田承嗣却因此更加骄纵傲慢。

派澧朗镇遏使杨猷担任洮州刺史、陇右节度兵马使。

夏季，四月，甲申日（十六日），郭子仪辞别唐代宗返往邠州，再次向唐代宗提及戍边的事，以至于涕泪横流。

壬辰日（二十四日），使天下大赦。

五月，丙午日（初八），杨猷自澧州出发去往京师。

泾原节度使马璘入朝，引诱致使将士为他上奏请求委任他为平章事。丙寅日（二十八日），派出马璘作为左仆射。

六月，卢龙节度使朱泚派他弟弟朱滔进京呈表请准入朝，并恳求由他带领步骑五千人到西北戍守边疆，来防敌人入寇；唐代宗应允了他，并且因此先为他在京师建造一幢高大的府第等待他的到来。

癸未日（十五日），兴善寺胡人法僧不空辞世，赠开府仪同三司、司空，赏赐爵肃国公，谥号称大辩正广智不空三藏和尚。

京师旱灾，京兆尹黎干聚土作龙来祈求下雨，他自己和巫觋更番舞蹈，个月的时间之后，还看不见落雨，又向文宣王祈祷。唐代宗听闻这件事，下令撤销土龙，削少膳食，节省用度。秋季，七月，戊午日（二十一日），雨自天降。

朱泚入朝，路途中经过蔚州时，生了病，下属们劝请他先返回，等病好了再出发去京。朱泚说："假如我病死了，就用车子载着我的尸体行进吧！"因此属将们都不敢再说什么。九月，庚子日（初四），抵达京师，士民重重夹道迎接，好像两道墙壁似的。辛丑日（初八），唐代宗在延英殿赐宴朱泚和他下属的一些大将，有丰厚的犒赏，那是多年来不曾有过的。

壬寅日（初六），回纥擅自走出鸿胪寺，杀人于光天化日之下被主管官员捕获，唐代宗竟然把他们释放而没有追究。

甲辰日（初八），命令郭子仪、李抱玉、马璘、朱泚分别统率诸道防秋部队。

冬季，十月，壬申日（初六），信王李瑝去世。乙亥日（初九），梁王李璿辞世。

魏博节度使田承嗣召引诱昭义军队里的将士要他们谋乱。

大历十年（乙卯，公元775年）

春季，正月，丁酉日（初三），昭义兵马使裴志清驱走了留后薛崿，统领他的军队归顺于田承嗣。承嗣声称援助，领兵攻击相州，而占据了该地。薛崿逃亡到洺州，上表恳请入朝，而得到了唐代宗的应允。

辛丑日（初七），郭子仪入朝。

壬寅日（初八），寿王李瑁辞世。

乙巳日（十一日），朱泚上书请求留在京师，并请求派出他弟弟朱滔主理幽州、卢龙留后的职位，获得准许。

昭义军队里的副将薛择担任了相州刺史，薛雄担任卫州刺史，薛坚做了洺州刺史，这几个人都是薛嵩的亲人。戊申日（十四日），唐代宗命内侍魏知古到魏州去下诏通知田承嗣，令各自守护边疆；田承嗣不接受诏令，癸丑日（十九日），派出大将卢子期攻占洺州，杨光朝进攻卫州。

乙卯日（二十一日），西川节度使崔宁上表说在西山击破吐蕃数万人，斩杀上万敌人首级，捕获俘虏数千。

丙辰日（二十二日），颁发诏令："诸道士兵有逃跑的，除了接受诏令，不能随意妄自另加招募。"

二月，乙丑日（初一），田承嗣引诱卫州刺史薛雄，薛雄没有服从，承嗣就派了个刺客把薛雄杀了，而且杀了他全家，占领了相、卫等四州所有的区域，私自委任刺史、县令，掠夺精兵良马，全都隶属于魏州；逼着魏知古与他一块儿去巡查磁、相二州，而且让将士们割下耳朵、用刀把面皮划破，以表明要求田承嗣做他们的统领。

辛未日（初七），拥立皇子述为睦王，逾为郴王，连为恩王，遘为鄜王，迅为随王，造为忻王，暹为韶王，运为嘉王，遇为端王，遹为循王，通为恭王，达为原王，逸为雅王。

丙子日（十二日），派出华州刺史李承昭主要管理昭义留后的职位。

河阳三城使常休明，苛刻薄情。他部队中派往西北戍守边疆的防秋士兵调回时，休明出城去犒劳他们，防秋士兵和城内士兵联合起来予以夹击，常休明逃亡到东都；军兵们便拥护兵马使王惟恭做统领，大肆掠夺，连续多日而后止。唐代宗派监军冉庭兰加以安抚。

三月，甲午日（初一），陕州军队谋乱，赶跑了兵马使赵令珍。观察使李国清没办法阻止，躬卑辞逊地向全部的将士下跪，才得以逃脱。士兵大肆掠夺仓库中的储蓄。正值遇到淮西节度使李忠臣入朝，途经陕州，唐代宗因命忠臣镇压叛军；叛军害怕忠臣兵力的势力，不敢轻举妄动。李忠臣用棘草围成个大圈，令军士用不计名的方式，将掠夺仓库的财物投入其中，一天之间，获得价值万贯的财物，都分给随从他的士兵作为犒劳。

乙巳日（十二日），薛崿、常休明分别上京请罪，唐代宗宽赦了他们的罪行而不加追究。

之初，成德节度使李宝臣、淄青节度使李正己、田承嗣都没放在眼里。李宝臣的弟弟宝正迎娶了田承嗣的女儿，曾经在魏州，和承嗣的儿子田维击球为戏，宝正所乘的马匹受惊了，不料却把田维撞死；田承嗣十分愤怒，而将李宝正监禁了起来，并且把这件事告诉了李宝臣。宝臣以教令不严表达歉意，而且封了根木棍在布囊中交给田承嗣，请求他责怪打骂宝正；田承嗣于是活活地把宝正给打死了，因而两镇结下仇恨。直到承嗣抵抗诏令，宝臣、正己都上奏请求征讨他，唐代宗也希望趁这个机会讨伐承嗣。夏季，四月，乙未日（四月无此日），下诏贬黜承嗣为永州刺史，并命河东、成德、幽州、淄青、淮西、永平、汴宋、河阳、泽潞诸道派兵到往魏博，假使承嗣还有拖延违命之类的行为的话，就下令发兵征讨他；而叛逆的罪名仅止于承嗣和他的侄儿田悦，剩下的将士和诸弟诸侄倘能自拔于罪，一律不予以追究。

那时朱滔正是恭敬朝廷之时，与李宝臣和河东节度使薛兼训由北面攻击，李正己和淮西节度使李忠臣等由南面攻击。五月，乙未日（初三），承嗣手下的一员将领霍荣国在磁州举城屈服。丁未日（十五日），李正已攻击德州。李忠臣带领永平、河阳、怀、泽各地步骑四万大军攻击卫州。六月，辛未日（初九），田承嗣派出他手下的将领裴志清等攻击冀州，而志清竟然带领着他的师旅向李宝臣投降了。甲戌日（十二日），承嗣自率士兵围堵冀州，宝臣派高阳军使张孝忠率领精骑四千来抵抗，宝臣的大军接踵而至；承嗣打不过，烧毁辎重遁逃而去。张孝忠，本来是奚人。

田承嗣因为诸道兵马四方聚集，部属将领很多人叛乱而心生恐惧，秋季，八月，让人进京呈献奏表，自愿缚身返朝谢罪。

辛巳日（二十日），郭子仪返回邠州任所。郭子仪以前上奏请求任命州县官一人，没有得到朝廷允许，同僚们互相议论着说：“凭借令公的功绩声望，奏请委任一员属吏都不许，作为宰相怎么这样不识大体啊！”子仪听闻后，于是对同僚们说：“自从战争发生以来，镇守四海的武臣大都凶暴蛮横，凡是要求的，朝廷常委曲求全地满足他们的需要；这没有别的原因，而仅仅是疑虑他们的忠诚而已。如今对我所奏请的事，唐代宗认为不可行而耽搁下来，这正表明不将我同其他武臣一般看待，而对我十分亲厚啊；诸位应该向我祝贺才对，不必心怀怨恨啊！”听了郭子仪这番话，大家都十分信服。

己丑日（二十八日），田承嗣派他手下的将士卢子期攻击侵占磁州。

九月，戊申日（十七日），回纥使者在大白天里把一个街市上的人刺杀，肚破肠出，主管官员捕获了他，拘禁在万年县的监牢里；回纥的酋长赤心奔往入县，冲进监牢，把狱吏杀伤，劫走囚犯，之后逃亡。朝廷也没有予以追究。

壬子日（二十一日），吐蕃入寇临泾，癸丑日（二十二日），又入寇陇州和普润，抢掠大批人口、牲畜之后离开；官吏们常常把家人送出城去逃窜藏匿。丙辰日（二十五日），凤翔节度使李抱玉上奏报告收复义宁，击溃了吐蕃。

李宝臣、李正己于枣强会师，派兵围剿贝州，田承嗣派兵援救。两军各自慰劳士卒，成德军的赏赐优渥，而平卢军比较不好；事后，平卢军队的兵士因此不可避免有怨言，正已恐生变乱，率兵退出，宝臣随后也带兵退去。李忠臣听到两军撤兵离开，也跟着放弃围剿卫州，而带兵渡河南行，于阳武县驻军。李宝臣与朱滔一同攻打沧州，当时是田承嗣的堂弟田庭玠在守城，宝臣他们并没能攻克城池。

吐蕃侵入泾州，在百里城被泾原节度使马璘打败。戊午日（二十七日），命卢龙节度使朱泚出京去据守奉天行营。

冬季，十月，辛酉朔日（初一），日食。

卢子期攻占磁州，城池将要被攻克；李宝臣和昭义留后李承昭一同援救，大败卢子期于清水，使卢子期被活捉了，押送到京师之后，被斩杀。河南诸将又于陈留县大败田悦；田承嗣十分惶恐。

之初，李正己派到魏州的使者，被田承嗣拘禁，而如今却礼貌有加地要把他送回去，便派遣使臣送上登记着全部境内户口、甲兵、谷帛数目的册子给他，并写了封信给李正已说：“我田承嗣如今已八十六岁了，说实话也活不了多长时间了，说没就没了，我的几个儿子没一个有本事的，侄儿田悦又生性顽劣、懦弱无能，我如今的全部，不过是为你守着的而已，不值得屈辱你出兵攻占啊！”而且令派去的使臣要站在庭上，面向南方，下跪之后授予书疏，来表达恭敬；又画了幅李正己的画像，上千香供奉。正己十分开心，便按兵不动。因此，河南诸道的军队也都不敢进兵。田承嗣没有了南顾之忧之后，便得以集中力量应对北方。

唐代宗为奖励李宝臣的功绩，而派了一个宫中贵幸的宦官马承倩担任使者，持诏前去宣劳；在承倩将要返朝时，宝臣到他所居住的馆舍去拜见他，奉上百匹细绢，承倩把他大骂了一顿，并且把绢帛扔了出去，落在路上，宝臣面对大家，十分羞愧尴尬。兵马使王武俊因劝说宝臣说："你今天才在军中立了大功，这小子只是个宦官小臣，而且如此对你，况且当敌人被平定之后，用不着你之时，岂不是仅仅是一道诏书，就把你召回京城，消除兵权了，到那时，你不过好像一个匹夫而已，还不如趁现在放过田承嗣一次，把他作为自己以后的资藉。"宝臣便有了玩寇为己的想法。

田承嗣了解到范阳是李宝臣的故乡，常想占据这个地方，因而在石碑上刻了如此的两句谶语："二帝（指李宝臣、李正己）并力建业的情势最为万全，能和姓田的人合作就能入幽燕。"秘密叫人将这块石碑暗中地埋藏在宝臣的区域，而且叫一个风水先生说范阳那里有王气，宝臣挖到了这块石碑之后，承嗣又派人去说服宝臣说："李公你与朱滔合力攻克沧州，即使攻得了，这地方也是隶属于国家，而不是李公你的。假如李公你能宽恕田承嗣的罪状，他愿把沧州奉上归你拥有，还愿追随着李公你，为你效力共同攻取范阳。你以精锐的骑兵打前锋，承嗣带领步兵跟在后面救援，会攻克下的。"宝臣很开心，认为这事合于符谶，便与承嗣合谋阴图攻克范阳，承嗣因此将军队陈列在沧州边境上。

李宝臣对朱滔的使臣说："听闻朱公相貌如神，期望能有幅他的画像看看。"朱滔就送了一幅给他。宝臣把画像挂在习射堂里，和手下的将领一同观看，赞赏着说："真如神仙一般啊！"朱滔在瓦桥屯驻，宝臣选派二千名精骑，连夜奔往到三百里外去袭击他，训诫将士们说："捉拿射堂画像上的人。"那时两军正是并肩作战之时，朱滔没想到会有这样的变化，仓皇迎战仓促逃亡，却正因不及披挂整齐、穿着便服上阵而幸免一死。宝臣想要乘胜追击直取范阳，朱滔派雄武军使昌平人刘怦守留府，宝臣知有预防，而未敢轻易进攻。

田承嗣听说幽、恒开战，便马上带兵南返，派人对宝臣说："河内有紧急变故，因此不能追随你了，石碑上的谶文，是我与你开玩笑，有意假造的而已！"宝臣万分恼怒，引兵退去。宝臣既与朱滔有了仇恨，因派张孝忠担任易州刺史，带领精骑七千更加防备。

丙寅日（初六），贵妃独孤氏逝世，丁卯日（初七），追赐谥号称贞懿皇后。

十一月，丁酉日（初七），田承嗣手下的一名大将吴希光在瀛州屈服。

岭南节度使路嗣恭提拔因为犯罪而放逐流徙的孟瑶和敬冕二人为将领，去讨伐哥舒晃。孟瑶领大军当敌要冲，敬冕率领轻骑从小路偷袭，丁未日（十七日），攻克了广州，杀了哥舒晃和他的同党一万多人。

路嗣恭讨伐哥舒晃时，容管经略使王翃曾经派出大将率兵援助；西原贼帅覃问便乘虚发兵袭击容州，却被王翃的伏兵狙击捕获。

十二月，回纥骑兵千人进犯夏州，被镇守夏州的将领梁荣宗在乌水击败。此时郭子仪也派出了三千士兵救助夏州，回纥逃亡离去。

元载、王缙上表说魏州的盐价太高，请朝廷下令严禁运盐入魏州境加以阻止。唐代宗不允许，却说："田承嗣背叛了朕，百姓又有什么过错呢？"

田承嗣恳请入京，李正己多次为他上表，祈求给他一个改正自我的机会。

大历十一年（丙辰，公元776年）

春季，正月，壬辰日（初三），派出谏议大夫杜亚担任使臣，到魏州去安抚军民。

辛亥日（二十二日），西川节度使崔宁上表报告好消息：攻克了吐蕃四节度使和突厥、吐谷浑、氐、羌等群蛮师众二十多万人，斩下敌人首级共有万余。

二月，庚辰日（二十二日），田承嗣再次委派使臣上奏请求入京。唐代宗才下诏宽赦了他的罪状，恢复他的官位，准许他与家属入朝，他的属下曾抵抗朝令的，也全不予追究。

辛巳日（二十三日），增多朔方统属的丰安、定远、新昌、丰宁、保宁五城的戍守军队，以预备回纥。

三月，戊子日（初一），河阳军谋乱，将监军冉庭兰驱逐出境，大肆掠夺，连续三天。庭兰重整军备之后入城，几十个乱党被杀了，才安定了下来。

五月，汴宋留后田神玉辞世。都虞候李灵曜杀了兵马使、濮州刺史孟鉴，联合北边的田承嗣以为支援。癸巳日（初七），委任永平节度使李勉同时管理汴、宋等八州的留后任务。乙未日（初九），派李灵曜担任濮州刺史，灵曜没接受诏令。六月，戊午日（初二），又改派灵曜担任汴宋留后，并派使臣前去宣旨安抚。

秋季，九（按：九系七之讹）月，田承嗣派兵侵入滑州，击败了李勉。

吐蕃入寇石门，攻克了长泽川。

八月，丙寅日（十一日），晋升卢龙节度使朱泚担任同平章事。

李灵曜被任命为留后之后，越发骄纵傲慢，辖区内八州的刺史、县令都委任他的同党担任，想要仿效河北诸镇的行为。甲申日（二十九日），唐代宗命令淮西节度使李忠臣、永平节度使李勉、河阳三城使马燧率兵去征讨他。淮南节度使陈少游、淄青节度使李正己此时也都发兵进攻李灵曜。

汴宋兵马使、兼节度副使李僧惠，原先是李灵曜叛乱的主使人。宋州牙门将刘昌派了个和尚神表偷偷去说服僧惠；僧惠因此召见刘昌而且问计于他，刘昌流着泪向他诉说顺服与叛逆的结果。僧惠这才醒悟，而与汴宋牙将高凭、石隐金联络之后，派神表奏表去京师，请朝廷征讨李灵曜。九月，壬戌日（初八），朝廷派李僧惠担任宋州刺史，高凭担任曹州刺史，石隐金为郓州刺史。

乙丑日（十一日），李忠臣、马燧引兵于郑州屯兵，李灵曜进攻迎战；李忠臣和马燧两军没有想到李灵曜会发兵前往，毫无防备，仓皇撤兵，抵达荥泽，淮西军士四散逃亡的有十分之五六。郑州士民都因此十分惊恐，而逃向东都。李忠臣预备要回到淮西去，马燧坚定地认为不可以这样，他说："以顺服王朝的正规军队征讨逆贼，还怕不能克敌制胜吗？为什么你自己不抓住这建功立业的大好机会呢？"他固执坚定地不肯迁移军队。李忠臣听了他这些话，便征收集合散亡的士兵，数日之内全都集合回营，复振军威。

戊辰日（十四日），李正己启奏攻克了郓、濮二州。壬申日（十八日），李僧惠在雍丘击败了李灵曜。冬季，十月，李忠臣、马燧进兵攻打李灵曜，李忠臣经过汴州城南，马燧经由汴州城北，多次打破李灵曜的军队；壬寅日（十八日），与陈少游的前锋部队集合，又和李灵曜于汴州城西大战，李灵曜败绩，进入城中闭关坚守。癸卯日（十九日），李忠臣等派兵围剿汴州城。

田承嗣派田悦带领士兵前去救援李灵曜，在匡城击败了永平、淄青的军队，乘胜追击，进军汴州，驻扎在城北数里的地方。丙午日（二十二日），李忠臣派出副将李重倩率领轻骑数百，深夜潜入敌营袭击，任意而为，杀掉了敌兵数十人而后撤出，敌营中十分惊讶；李忠臣、马燧因此以大兵压营，鸣鼓呐喊进入，田悦的军队不战而败。田悦脱身向北逃亡，将士们的尸体纵横堆积着不计其数。李灵曜听闻这件事，打开城门趁夜逃亡，就这样平定了汴州。李重倩，本是奚人。丁未日（二十三日），李灵曜逃至韦城，被永平军队里的一员将领杜如江捉住。

马燧内心深知李忠臣生性暴戾，由此将自己的功劳让与他，不进汴城，领兵向西在板桥驻屯。李忠臣进城，果真把全部的功劳都归到自己身上；而宋州刺史李僧惠却在跟他争夺功劳，忠臣由此借着宴会之机将他扑杀；还想要将刘昌杀掉，刘昌逃走，才免去一死。

甲寅日（三十日），李勉把李灵曜解押到京师，斩首正法。

十二月，丁亥日（初四），李正己、李宝臣一同被晋封为同平章事。

泾原节度使马璘病情加重，委任行军司马段秀实主持打理节度事务，并把后事托付给他。段秀实让军队严加防备以防意外，丙申日（十三日），马璘过世，军中奔丧痛哭的有数千人，门屏之外喧杂着号哭之声，段秀实一概不允许他们进入。而命令押牙马頔在里面主办丧事，李汉惠在外面接待宾客，在灵堂里的是妻妾和子孙，在庭院中的都是宗亲族人，将领佐吏等人站在门前，牙士们留在军营里哭丧，百姓们则各自留于家中。有两个人站在一块偶尔说几句话的，就常常会遭到囚禁；那些并非护丧人员而主动跟随葬仪行列后面来送丧的人，也不许他们远送。祭祀拜哭，都有一定的仪式礼节，送丧的远近，也都有所规定的距离，违反规定的一概按照军法处置。都虞候史廷幹、兵马使崔珍、十将张景华阴谋在办丧事期间趁机作乱，段秀实获悉此事，奏请朝廷令史廷幹进京宿卫，调遣崔珍在灵台驻屯，把张景华外放补缺，没有杀死一个人，然而军府之中安然无事。

马璘家的财富多得不计其数，他在京师建筑的宅第，在勋贵当中排得上第一，宅子里的一间厅堂就花费了二十万缗，其他的房间也少不了多少，可是他的子孙不肖，没过多长时间就把家产全部败光了。

戊戌日（十四日），昭义节度使李承昭上表奏称自己病情加重；于是派遣泽潞行军司马李抱真兼任管理磁、邢二州留后的职务。

庚戌日（二十六日），晋封淮西节度使李忠臣担任同平章事，依旧兼领汴州刺史的职务，治所移至汴州。

大历十二年（丁巳，公元777年）

春季，三月，乙卯日（初三），兵部尚书、同平章事，凤翔、怀泽潞、秦陇节度使李抱玉去世，仍旧由他弟弟李抱真兼任管理怀泽潞留后职务。

癸亥日（十一日），派遣河东行军司马鲍防担任河东节度使。鲍防，是襄州人。

田承嗣最终没有入朝，又帮助李灵曜作乱，唐代宗再次下令讨伐他。田承嗣又再次上表请罪。唐代宗拿他没有办法，庚午日（十八日），又把田承嗣所有的官爵恢复，还是叫他不必入朝。

中书侍郎、同平章事元载专横无道，而黄门侍郎、同平章事王缙依附于他，这两个人都是贪而无厌的奸邪小人。元载的妻子王氏及儿子伯和、仲武，王缙的弟、妹及一些出入他家的女尼，争着收取贿赂。载、缙二人又不处理朝廷政务，全部委任于下官属吏，那些要求进身官场的士人，如果没有交结他们的子弟和主书卓英倩等人，便无法自进而如愿以偿。唐代宗已经包容了许多年，可是载、缙竟不知悔改。

由此，唐代宗想要将这两个人杀掉，恐怕左右侍从人员泄露了机密，可是又没有什么人可以商议，唯有同左金吾大将军吴凑谋划此事。吴凑，是唐代宗的舅父。正碰上有人报告说元载、王缙请了僧道，在深夜设坛祈祷，意图不轨。庚辰日（二十八日），唐代宗在延英殿处理朝廷政务，下令命吴凑将载、缙二人拘禁于政事堂，再把元仲武及卓英倩等人收押囚禁到狱中。命令吏部尚书刘晏和御史大夫李涵等一起审讯他们，讯问的要点全部出自宫中的指示，因又从宫里派遣出两个宦官担任使臣，诘问他们阴谋反叛之事，元载、王缙两人都俯首认罪。当天，先在宫中将左卫将军、知内侍省事董秀用荆杖打死，而赐令元载在万年县狱中自我了断。元载请求主持行刑的官员说："但愿能让我早些死去！"主刑说："相公，你多多少少得受点污辱，这可别怪我啊！"于是，把脏袜子脱下来塞在他嘴里，然后才杀掉了他。王缙起初也是赐令他自尽的，刘晏对李涵等人说："依照先前的案例，但凡重刑犯全部都要复奏给圣上，更何况是对待朝廷大臣呢！再说，按照法律来裁夺刑罚，也有首从轻重之分，对于王缙，我们理应再上个奏折，禀报请求处置的旨意。”李涵等人就按照他的话做了。唐代宗于是把王缙贬为括州刺史。元载的妻子王氏，是王忠嗣的女儿，同儿子伯和、仲武、季能也全部被处斩了。官吏查封元载的财产，其中登录在簿籍上的就有八百多石胡椒，其他物品的数目也都和这相差无几。

夏季，四月，壬午日（初一），派遣太常卿杨绾担任中书侍郎，礼部侍郎常衮担任门下侍郎，而且都晋封为同平章事。杨绾生性清正廉洁、简单朴素，任官制书颁下的那天，朝野都前来致贺。当时，郭子仪正在宴请宾客，听说了这件事，马上减少了歌舞助兴的乐妓人数的五分之四。京兆尹黎干，他的扈从人马原本很多，当天就大加裁减，而只留下了十骑。中丞崔宽，他的府第高大宏伟，装潢得富贵华丽，也很快地予以拆毁撤除。

癸未日（初二），吏部侍郎杨炎、谏议大夫韩洄、包佶、起居舍人韩会等人，都给予贬黜的处分，这些人皆是元载的同党。杨炎，是凤翔人。他是元载常常推崇担任富有文学才望的一个人，对他非常亲信、优厚，而寄望将来让他接替自己的位置，由此使得杨炎也受到了牵连而被贬官。韩洄，是韩滉的弟弟。韩会，是南阳人。唐代宗最初想将杨炎这伙人全部杀掉，经吴凑百般劝谏，才以贬官惩治他们。

丁酉日（十六日），吐蕃侵犯黎州、雅州；被西川节度使崔宁击退。

元载曾因做官的人，大多数偏爱在京师任职，唯恐会威胁到他自己的地位，因此制定薪俸，给京外任职的官员以优厚的待遇，而在京内任职的却很菲薄，以至于京官的薪金不足以维持日常的开销，而常常向外官请求借贷。于是，杨绾、常衮便将京官俸禄太少的实情禀告给唐代宗；己酉日（二十八日），下达诏令提高京官的俸额，每年大约一共增加了十五万六千余缗的支出。

五月，辛亥日（初一），下达诏令自都团练使以下，各州团练守捉使一概予以撤销。同时明令各团练使除非有军事急要事务，否则不得擅自召见刺史，也不得随意撤免判决其职务，另外，派遣人兼代。又规定各州的士兵，都有一定的人数，那些招募的民兵，由官府给他家人粮食及秋冬季节衣服的，称担任“官健”；凡是各地的壮丁，被差遣点召的，也就是春夏季节返乡耕田，秋冬季节召集服役，由官府发给个人口粮和酱菜的，称为“团结”。自打兴兵以来，各州县官俸给不同，再加上因为元载、王缙一切按照一己的喜好，营私舞弊，以至于刺史的月俸有的高达千缗，有的仅有数十缗，直到今天，才制定上自节度使，下至主簿、尉级官员的俸额，原本超额或者不足的，多减少补，上下有序，法制才大致订立。

庚午日（二十日），唐代宗从宫内派遣出一个宦官担任使臣，命令他负责去掘元载祖先的坟墓，把棺材破开并将尸体丢弃，还把他的家庙拆毁掉，并将他祖先的神牌位也烧焚了，戊寅日（二十八日），卓英倩等人都死于杖刑之下。在英倩得势之时，他的弟弟英璘在乡里横行霸道，等到英倩被收押入狱，英璘铤而走险，造反作乱；唐代宗派遣出禁军前去讨伐他，乙巳日（六月二十五日），英璘被金州刺史孙道平击败逮捕。

唐代宗正想要倚重杨绾，让他厘定政令，革除弊病，不幸这时杨绾身染疾病，秋季，七月，己巳日（二十日），不治身亡。唐代宗悲痛万分，对群臣说：“难道上天不让朕平治天下，达到太平盛世吗？为何这样快地就把杨绾的生命夺去呢？”

八月，癸未日（初四），赐东川节度使鲜于叔明姓李氏。

元载、王缙担任宰相之时，唐代宗每天都赐给他们大内御厨调制的饮食，可供十人吃的分量，于是就逐渐变成了定规。癸卯日（二十四日），常衮和朱泚上表奏章说：“宰相的膳食费已经够多的了，恳请废止赐食的成规。”唐代宗采纳了这一建言。常衮又想要辞谢堂封（唐制：堂封，岁三千六百缣，兴元后才千一百，德宗寻复旧），其余跟他地位平等的人觉得这样做不可以，常衮才没有这样做。当时的人由此讥笑常衮，认为：“朝廷的俸禄优厚是用来礼遇贤才的，没有才能，就该辞职，而不是辞薪。”

◆臣司马光说：所得的俸禄多过所承担的事务，这是君子引以为耻的；常衮将俸钱推却，可见他还心存廉耻的观念，和那些只知道保有官位、那些贪图俸禄的人比起来，不是要强很多吗？《诗经·伐檀》篇上说：“一个君子啊，是不会白白吃饭而不做事情的啊！”像常衮这样的人，是不应对他大加讥讽的啊。◆

杨绾、常衮举荐湖州刺史颜真卿，唐代宗即日便将他召进京城；甲辰日（二十五日），任命他担任刑部尚书。绾、衮又举荐淮南判官汲县人关播，由此将他提拔为都官员外郎。

九月，辛酉日（十三日），提拔四镇、北庭行营兼泾原、郑颍节度副使段秀实担任节度使。秀实治军律令从不烦琐，很有威望，而且对待将士也非常有恩惠，生活作风俭朴，未曾纳过小妾，如果不是正式宴会，秀实从不饮酒作乐或听音。

吐蕃八万大兵屯于原州以北的长泽监，己巳日（二十一日），攻占方渠县，侵入拔谷；郭子仪派遣副将李怀光前往援救，吐蕃退走。庚午日（二十二日），吐蕃又侵犯坊州。

冬季，十月，乙酉日（初七），西川节度使崔宁上表奏章在望汉城大败吐蕃。

起初，秋季时，大雨连下多日，河中府池盐大多遭到损坏。户部侍郎判度支韩滉唯恐朝廷会将盐户的税捐减低，丁亥日（初九），上表奏章称雨量虽多，但并没有对盐田造成损害，反倒还有些漫生盐、孔盐等产生的祥瑞现象。唐代宗对此深怀疑虑而不相信确有其事，因而派遣谏议大夫义兴县人蒋镇前往视察。

吐蕃侵犯盐州、夏州，又进犯长武城；郭子仪派遣大将率兵前去抵抗，击退了吐蕃。

任命永平军的押牙匡城人刘洽担任宋州刺史。宋、泗二州仍隶属于永平军。

京兆尹黎干上表奏章秋季大雨连绵，庄稼受到了严重的损害，韩滉上奏报告黎幹所言不实；唐代宗因而派遣御史考察实情，丁未日（十七日），回报说："总共有三万余顷田地受到损害。"渭南县令刘澡曲附度支韩滉，报称他县境内的禾稼就没有遭受损害；御史赵计所奏和刘澡的说法一致。唐代宗说："大雨连降数日普遍泼洒，怎么可能独有渭南无雨呢？"又下令让御史朱敖前去视察，回报有三千多顷田地受到损害。唐代宗叹息良久，说："身为县令，理应养民育民，禾稼无损还要说是遭遇损害，居然不仁到这种地步啊！"于是，贬刘澡担任南浦县尉，贬赵计担任澧州司户，可是对韩滉却未加追究。

十一月，壬子日（初四），山南西道节度使张献恭上奏报告在岷州击败吐蕃万余师众。

丙辰日（初八），蒋镇返回朝廷，上奏报告"的确有瑞盐出现，跟韩滉说的一样"。因此上表恭贺唐代宗，并请宣付史臣，赐予嘉名。唐代宗采纳了这个建议，赐名称为宝应灵庆池。当时被人认为是件丑事。

十二月，丙戌日（初八），朱泚从泾州返回京师。

丁亥日（初九），崔宁上奏报告将吐蕃十多万大军攻破，斩杀了八千多名敌人。

庚子日（二十二日），派遣朱泚兼任陇右节度使，主管河西、泽潞行营职务。

平卢节度使李正己早先已拥有淄、青、齐、海、登、莱、沂、密、德、棣十州的地区，等到李灵曜反叛，各道联合兵力前去讨伐，攻得的土地各自占为己有，李正己又占据了曹、濮、徐、兖、郓五州地区，因而将治所从青州迁到郓州，下令让他的儿子前淄州刺史李纳在青州驻守。正己严刑峻法，在他的辖区之中，无人敢和他对立交谈；然而法令齐一，赋税均平而且税率甚低，拥有大兵十万，雄踞东方，毗邻的藩镇无人不对他心怀畏惧。当时，田承嗣占据魏、博、相、卫、洺、贝、澶七州，李宝臣占据恒、易、赵、定、深、冀、沧七州，各自拥兵五万；梁崇义占据襄、邓、均、房、复、郢六州地区，拥兵二万；彼此盘踞一方，牢不可拔，尽管替朝廷做事，却不对朝廷遵从法令，凡是官爵、军事、租赋、刑杀等措施，都出于自定，唐代宗宽厚仁德，一概听任他们的所作所为。朝廷或是建造一城，或是增添一兵，每每便生怨言，以为是朝廷对他们有所猜疑，而不是坦诚相待，常常因此而用不听从役使来要挟，却在自己境内大造营垒，修治兵械，几乎无一天不是这样。因此，虽然名义上是中国的藩镇大臣，但其实却跟异域的蛮貊并无二致。

大历十三年（戊午，公元778年）

春季，正月，辛酉日（十四日），敕令将白渠支流挡水的碾硙拆毁掉，让渠水自然流下以利于灌溉田地。升平公主的碾硙有两座，入宫觐见唐代宗，请求保留。唐代宗对她说：“我是在替人民谋利，你如果能了解我的用意，应当率先将碾硙拆毁才是。”公主即日便拆毁了碾硙。

戊辰日（二十一日），回纥侵犯太原，河东押牙泗水人李自良说：“回纥精锐的军队远道而来挑战，跟他交锋，不容易取得胜利，不妨在他们的归路上筑起两座堡垒，派遣兵把守。等敌人到来，我们只是坚守城池而不出战，等敌兵疲惫困顿而自动归去之时，我们再趁机发兵，两座堡垒里的守兵在前方抵抗，城中大兵在后面追击，不会不打胜仗的。”留后鲍防没有听从，派遣大将焦伯瑜等人出兵迎战；癸酉日（二十六日），在阳曲遭遇敌军，大败而归，死了一万多人。回纥放纵士兵打肆劫掠。二月，代州都督张光晟在羊武谷击败回纥，回纥这才撤军而还。唐代宗也不追究回纥入寇之事，而对鲍防一如既往。

己亥日（二十二日），吐蕃派遣大将马重英带领四万大军侵犯灵州，夺取了填汉、御史、尚书三条渠道水口，屯田受到了很大损害。

三月，甲戌日（二十八日），回纥撤退的军队经过河中，朔方留屯在该地的军士掠夺了他们的辎重，回纥因又大掠民宅商肆。

夏季，四月，甲辰日（二十八日），吐蕃侵犯灵州，被朔方留后常谦光击溃。

六月，戊戌日（二十四日），陇右节度使朱泚贡献一块饮乳却不相互残害的猫和老鼠，说这是祥瑞之兆；常衮带领文武百官向唐代宗致贺。只有中书舍人崔祐甫不去庆贺，他说："万物反常是为妖孽。猫捕老鼠是它的本职，而现在竟和鼠共同饮乳，这明明是妖孽凶兆，为什么还要庆贺呢？实在应该给那些未能明察奸邪的官员、未能抵挡敌寇的边吏予以惩戒，以上承天意的昭示。"唐代宗对他大为赞许。崔祐甫，是开元名臣崔沔的儿子。秋季，七月，派遣祐甫主理吏部铨选黜陟等职务。祐甫多次因公事而同常衮发生争执，常衮由此十分憎恶于他。

戊午日（十四日），郭子仪上奏报告因回纥依旧在边塞盘桓，边塞的百姓心中恐惧，请求派遣邠州刺史浑瑊领兵坐镇振武军，唐代宗依从了他的奏请。回纥这才离开。

辛未日（二十七日），吐蕃大将马重英率领两万大军入侵盐、庆二州，被郭子仪派遣的朔方都虞候李怀光打退。

八月，乙亥日（初二），成德节度使李宝臣请求恢复他的本姓张，获得批准。

吐蕃二万师众侵犯银、麟二州，劫掠党项境内的各种牲畜，后来被郭子仪派遣出李怀光打败他们。

唐代宗悼念贞懿皇后，情不自禁，停柩于内殿，至今已有三年，不忍把她下葬；丁酉日（二十四日），才在庄陵安葬。

九月，庚午日（二十八日），吐蕃上万骑兵直下青石岭，进逼泾州；唐代宗下达诏令郭子仪、朱泚和段秀实联合抵抗，而打退了蕃贼。

冬季，十二月，丙戌日（十四日），派遣吏部尚书、转运、盐铁等使刘晏担任左仆射，仍旧主理三铨（凡选有文武：文选，吏部主其事；武选，兵部主其事，皆担任三铨，尚书掌其一，侍郎分掌其二）及使职跟原来一样。

郭子仪入朝，命令判官京兆人杜黄裳主持留后之职。李怀光密谋夺取郭子仪的权位，伪造诏书，想要把大将温儒雅等人杀死。杜黄裳识破了他的诡计，而严厉地责问他；李怀光吓得汗流浃背，俯首认罪。于是，对一些不好控制的将领，杜黄裳则假借郭子仪之命令，把他们全部调出营地，军府中这才安然无事。

派遣给事中杜亚担任江西观察使。

唐代宗召江西判官李泌进京觐见，对他讲到元载的事说："同你一别八年，才将这个叛贼除去。还全靠太子揭发他的阴谋，否则，我几乎无法见到你了。"李泌回答说："臣以前本来就向陛下禀奏过，陛下如果察知群臣中有谁心存不轨的，就应当将他斥退摒除，都是因为太过于包容，才会发展到今天这种境地的。"唐代宗说："凡事也应该周全地计议，而不能轻举妄动。"唐代宗由此又说："我曾当面将你嘱托于路嗣恭，而嗣恭听取元载的意见，奏请下令让你去做虔州别驾。嗣恭刚平定岭南之时，敬献了一个大琉璃盘过来，它的直径长达九寸，我认为是天下至宝。等到元载被抄家时，才发现嗣恭送给他的一个琉璃盘，直径长达一尺。等他来了，我要和你一起商议该怎样治他的罪。"李泌说："嗣恭这个人，行事小心，很会侍奉人，然而害怕权势，尽管在政事上精练勤敏却不识大体。先前担任县令之时，凭借有才能而闻名于天子；只是陛下没有深度了解他的为人，而被元载所利用，因此他对元载尽心竭力。陛下如果能真正知道他的为人而对他委以重用，他也就会替陛下尽心竭力了。虔州别驾之职，是我自己要求的，也算不上他的罪过啊。何况嗣恭平定岭南，新立了大功，陛下怎能因为一个琉璃盘而降罪于他呢？"唐代宗心中的怒气这才消解了，而任用路嗣恭担任兵部尚书。

郭子仪因为朔方节度副使张昙本性刚直，而以为他借着武艺轻看自己，因此对他怀恨在心；孔目官吴曜为郭子仪所信赖，由此从中捏造事实，进尽谗言陷害他。郭子仪十分震怒，诬奏张昙煽动军士，而杀死了他。掌书记高郢极力替张昙争辩，郭子仪没有听从，而上了一封奏折，贬高郢为猗氏县丞。事后，僚司佐吏多称病恳请辞职，郭子仪深感后悔，而向朝廷推举他们，叹息着说："吴曜把我害苦了。"由此将他革职斥逐。

常衮对唐代宗禀报说："陛下早就想重用李泌，先前汉宣帝想用人担任公卿大臣，必然先试试他能否治理人，请暂且派遣他当个刺史，让他详细地了解民间的利弊，等他在政绩上有了表现，再好重用于他啊。"

大历十四年（己未，公元779年）

春季，正月，壬戌日（二十一日），派遣李泌担任澧州刺史。

二月，癸未日（十二日），魏博节度使田承嗣去世。他有十一个儿子，但其中他侄儿中军兵马使田悦最具才干，因而派遣他主持军事，而命令承嗣的一些儿子辅助田悦。甲申日（十三日），委任田悦担任魏博留后。

淮西节度使李忠臣，生性贪婪残暴而且喜好女色，将士的妻女中有容貌好的，多被他胁迫淫污，而将军政要务全权托付给他妹夫节度副使张惠光。惠光仗着他的权势暴虐专横，军府中的将士、州中的官民都深受其苦。李忠臣又派遣惠光的儿子担任牙将，他比他父亲还要暴虐。左厢都虞候李希烈，是李忠臣的族侄，颇孚众望。李希烈因为人民心怀怨恨，三月，丁未日（初六），同大将丁嵩等人，把张惠光父子杀死而且把李忠臣赶走了。忠臣单骑径直奔赴京师，唐代宗因为忠臣曾经有功，派遣他担任检校司空、同平章事，留在京师；而派遣李希烈担任蔡州刺史、淮西留后，并派遣永平节度使李勉兼任汴州刺史，兼管汴、颍二州，徙守汴州。

辛酉日（二十日），派遣容管经略使王翃担任河中少尹、主理府内事务。河东副元帅留后部将凌正残暴蛮横，王翃便对他加以抑制。凌正竟然和他的部属密谋在深夜造反，王翃获悉此事，便缩减了刻漏中水的数刻，让他们在时间上出现差错，叛贼大惊，溃散而逃，凌正被捕，斩首正法，军府之中这才安然无事。

成德节度使张宝臣上奏请求恢复本姓之后，自己心中又深感不安，因而又再次上奏请求唐代宗赐姓；夏季，四月，癸未日（十三日），又赐他姓李。

五月，癸卯日（初三），唐代宗才染上疾病，而在辛酉日（二十一日），按照典制下令太子监国的当天晚上，唐代宗就在紫宸殿的内殿驾崩。留下遗命让郭子仪兼任冢宰。癸亥日（二十三日），太子李适即位（唐德宗），在守丧的谅阴（庐墓）中，一举一动都遵照礼法行事；曾经把韩王李迥召过来一同进餐，吃的是马齿苋煮的羹汤，甚至没有加盐，更无乳酪等美味的食物了。

常衮性情刚强急躁，为政严厉苛刻而且琐细，与众人的心意不和。那时群臣早晚丧哭，常衮哭倒在地，有个随从人员过去搀扶他。中书舍人崔祐甫用手指着对大家说："臣子在君主的灵前哭丧，有可以搀扶的礼制吗？"

常衮听了，对他愈加忌恨。等到议定群臣的丧服时，常衮认为："依照礼制，臣下得替君服重孝三年。汉文帝时权衡制宜，尚且还得服三十六天的丧。高宗之后，都依照汉制服丧。等到玄宗、肃宗去世，才服二十七天丧的。而今遗诏上说：'天下吏民，三天除丧。'古时候卿大夫服丧是跟君王一样的，皇帝是二十七天除丧的，在朝廷群臣也应当一样。"崔祐甫却觉得："遗诏，对朝臣、庶民都没有什么分别。朝野内外，莫非天下，一切任职管事之人，有谁不是朝廷的官吏，应当一同除丧才是。"彼此之间竭力争论，声色俱厉。常衮忍无可忍，于是上表奏章说崔祐甫对更改礼制非常随意，请求贬他为潮州刺史；唐德宗觉得这个处罚太重，闰五月，壬申日（初三），将祐甫贬为河南少尹。

起初，在肃宗年代，天下事务繁多，设置了数名宰相，轮流处理朝廷政务，有回家休息沐浴的，下达诏令规定由轮值的宰相代他署名上奏报告，从此便成了定规。当时郭子仪、朱泚虽然凭借战功而拜相，但都没有参预朝政，唯有常衮一人在政事堂理事，而代他们二人署名上表奏章告发崔祐甫。祐甫遭到贬谪之后，郭子仪、朱泚两人都上表认为祐甫无罪，唐德宗问道："你们之前说他应该贬黜，今天又说他无罪，这是怎么回事？"两人回答说起初并不知晓这事。唐德宗刚刚登基不久，认为常衮竟敢欺蒙诬罔，由此感到非常惊骇。甲辰日（闰五月无此日），百官身穿丧服，依次站在月华门，一道诏令颁下，把常衮贬做潮州刺史，而让崔祐甫担任门下侍郎、同平章事，众人莫不因此震惊悚栗。祐甫才抵昭应立即奉命而还。后来群臣竟依常衮所议服丧二十七日。

唐德宗当时在庐墓居丧，将政务全部委托给崔祐甫，所奏之事没有不准的。起初，至德以后，天下用兵，诸将邀功争赏，因此官爵的封赐自然难免紊乱。等到永泰以后，天下逐渐趋于平定，但由元载、王缙主政，四方贿赂求官的人接踵上门，络绎不绝，大官出自元载、王缙，而小官则出自卓英倩等人，各人都能如愿而去。等到常衮为相，想要把这种弊病革除掉，使得那些侥幸得官和晋升的现象得以杜绝，因此对四方举荐的奏请一概不准；而不加甄别，使得无论贤愚同样受到阻滞而无法晋级。崔祐甫取代相位之后，想要收揽人心，建立声望，各方不断举荐拔擢，时常天天如此；崔祐甫在相位还没到两百天，竟然有八百多名官吏得到升迁，前后两位宰相都矫枉过正，结果同样失当。唐德宗曾经对崔祐甫说："有人毁谤你，说是你所任用的人，多半都是你的亲故，这是怎么回事啊？"祐甫回答说："臣替陛下选任百官，不敢不周密谨慎。如果平时对他毫不了解，又怎么能知晓他的才干而加以任用呢？"唐德宗颇以为然。

◆臣司马光说：我听闻任用人才，本不应当区别亲近疏远、新知旧交，而应只看他是贤还是不贤。那个人不是贤才，由于是自己的亲故就委以任用，固然有失公正；而他真的是个贤才，却由于是自己的亲故，就避嫌不用也是不公正的啊。谈到天下的贤才，不是一人所能识尽的，假如一定要是平时熟知他的才德的人，才对他加以选用，那么遭到遗弃的贤才也就太多了。古时担任宰相的人，就不是这样的做法，而是让众人举荐贤才，以公正的态度量才适用。众人觉得是贤才而推举的人，自己尽管并不知晓他究竟如何，也姑且试用，待他的确并无功绩上的表现，然后再黜退他，若是的确有表现，便委以重用；如果被举荐的人确实是贤才，就奖赏推举之人，否则，便对推举人加以惩处。进用、黜退、奖赏、惩罚，大家都公认为是，宰相本人毫无私心介于其中。倘若真能用这种态度来用人，又怎会有贤才被遗弃，或官员无法胜任职务，而足以造成弊病之事的发生呢！◆

唐德宗下诏把各地那些非急需物品的敬献减除，又将三百多名梨园使及乐工撤销，余留的全部归属于太常。

郭子仪以司徒、中书令的身份兼任河中尹、灵州大都督、单于镇北大都护、关内河东副元帅、朔方节度、关内支度、盐池、六城水运大使、押蕃部及营田和河阳道观察等使的职务，权势既大，责任又重，功业名望也随之增加，他宅心仁厚，政令颇宽，唐代宗就想要分散他的权势却感到困难，久久苦无决策。甲申日（十五日），德宗下达诏令让尊郭子仪担任尚父，晋加太尉兼任中书令之职，增实封计二千户之数，每个月俸给一千五百人的食粮、二百匹马的食料，子弟、女婿有十几个人得到升迁，所兼任的副元帅及各种使职全部罢除；而派遣他的副将河东、朔方都虞候李怀光担任河中尹，邠、宁、庆、晋、绛、慈、隰节度使，并派遣朔方留后兼灵州长史常谦光担任灵州大都督，西受降城、定远、天德、盐、夏、丰等军州节度使；振武军使浑瑊担任单于大都护，东中二受降城、振武、镇北、绥银、麟胜等军州节度使，来分担他的职务。

丙戌日（十七日），唐德宗下诏诰命天下说："泽州刺史李鷃进献《庆云图》，朕认为时局太平、年成丰收才是吉祥的征兆，而以进荐贤士、表现忠贞才是祥和的好现象，诸如卿云、灵芝、珍禽、奇兽、怪草、异木等，对人有什么益处呢？由此布告天下，自此之后，凡是有这些东西，一概不必进献。"内庄宅使上表奏章各州所收的官租，一共一万四千余斛，唐德宗下达命令分给各州当地官府，充当军队储粮。在此之前，各国多次进献的驯象，一共四十二头，唐德宗说："把大象关在牢里豢养，不仅白白损耗费用，而且有违动物本性，养来做什么用呢？”由此下令将象放到荆山南边，另外，所有的豹、貀、斗鸡、猎犬之类的禽兽，也全部放归山林；同时还把数百名宫女放出宫去。于是，朝野甚是欢跃，淄青军队里的士兵，甚至把兵器扔到地上彼此相对着说：“圣明的君主出现了，我们还要造反吗？”

戊子日（十九日），派遣淮西留后李希烈担任节度使。

辛卯日（二十二日），派遣河阳镇遏使马燧担任河东节度使。河东自在百井之战遭遇败绩之后，骑兵部队势单力薄，士卒羸弱，马燧招募所有养马的劳役，聚集了数千人，训练了几个月之后，个个都成了精良的骑士。缝制甲胄，一定区分长短三种尺寸，让士兵们穿着合身，以利于跨马奔驰。又制造了些战车，行军时用以承载甲兵武器，停放时便列为营阵，或用以防御边险，阻挡敌骑的奔腾突击；器材军械没有不是精良锐利的。一年以后，一共挑选出三万多名精兵。辟召兖州人张建封为判官，任命李自良担任代州刺史，并以刺史的名义委任张建封。

兵部侍郎黎幹，阴险狡诈，善于阿谀奉承，又善于辞令，和宦官特进刘忠翼十分亲近友好。忠翼本名清潭，凭借宠幸，贪枉放恣。众人都很厌恶这二人。当时有人说他们曾经劝过唐代宗将独孤贵妃立成皇后，而把贵妃的儿子韩王迥立成太子。德宗即位，黎幹暗中乘车前去拜望刘忠翼密谋起事而被发觉，丙申日（二十七日），二人的名籍一同被除去，永久流放，押解到蓝田时，赐令自杀。

派遣户部侍郎判度支韩滉担任太常卿，而派遣吏部尚书刘晏担任判度支。在此之前，是由晏、滉两人分掌天下财赋，刘晏负责河南、山南、江淮、岭南一带地区，而韩滉负责关内、河东、剑南一带地区，直到今天，才全部由刘晏一人兼管。唐德宗平日里听说韩滉征收赋税太过苛刻，因此将他的权势罢除掉，不久又把他调遣出京去担任晋州刺史。

至德初年，第五琦开始将食盐收归官府专利，借以辅助军需费用；等到刘晏接管此事，制定的办法愈加精密周全，第一年就得了六十万缗利钱，而末年的收入几乎高出十倍以上，可是百姓并不以此为苦而生出什么怨言。大历末期，朝廷岁入一共一千二百万缗，其中食盐利润就占据了大半，雇工水运食盐的工资，自江、淮运至渭桥，大致是一万斛的数量，付给工资七千缗，自淮水以北，沿岸设立了很多巡视监督漕运的衙院，选派得力官员主管运盐事务，没有对州县增加一点麻烦，而事情办得却非常成功。

六月，己亥朔日（初一），大赦天下。

西川节度使崔宁、永平节度使李勉一起被晋封为同平章事。

唐德宗下诏："天下有含冤申诉，州府不予理会的，可以直接给三司使上诉，而由御史中丞、中书舍人、门下省给事中各自派遣一人，每天到朝堂审理讼案。凡是感觉州府推断跟实情不符的，都能够前来击鼓鸣冤。自今之后不准再奏请设立寺观及给平民剃度做僧尼。"于是前来击登闻鼓申冤之人太多太多。右金吾将军裴谞上疏觉得："诉讼的人所争执的，都是为了些鸡毛蒜皮的小事，如果天子都一一亲自处理，那又何必设置狱吏去审理呢？"唐德宗这才将这些讼案全部交还给狱吏去处理。

唐德宗下令："所有皇陵的修护祭典等制度，要竭力从优，应当竭尽公库内的财物来供应所需。"刑部员外郎令狐峘上疏劝谏，大致是说："臣恭读太宗遗诏，遗命说丧葬竭力从简，如果所有园陵制度力求优厚，这哪里是遗命的用意所在呢？"唐德宗回复，大意是说："这番诤谏，不仅正中我的过失，而且还会由此成全我的美名，听到了合理的诤言，我又怎敢不依从呢？"令狐峘，是令狐德棻的第五世孙。

庚子日（初二），立皇子李诵做宣王，李谟做舒王，李谌做通王，李谅做虔王，李详做肃王。乙巳日（初七），立皇弟李遁做益王，李傀做蜀王。

丙午日（初八），依照先天年间的前例，凡是位居六品以上清高而有德望的官员，尽管不是供奉、侍卫官员，每天派遣两人交替值日，以备皇上有事询问。

庚戌日（十二日），派遣朱泚担任凤翔县尹。

唐代宗对待宦官非常优厚宠幸，奉命出使四方的，从来不禁止他们向地方随意索求财货。曾经派遣宫中宦官担任使臣，去赏赐某妃家族，返回朝廷之后，唐代宗问知对方送给中使的酬谢很少，为此很不高兴，而认为是妃家轻视他的赐命，因而这个妃子非常害怕，马上把私房钱拿出来当作补偿。因此，凡是由宫中派遣出去的使臣，公然索取贿赠却没有什么顾虑。宰相也都曾在省阁中存钱，每当是上命宦官来赏赐一物，或是宣读一道圣旨，都没有空手而归的；而出使经过州县时，常常是靠一纸通牒索取财物，就像是征收赋税一般，没有不满载而归的。唐德宗平日早就知晓这种漏弊，派遣宦官邵光超为使去为李希烈赏赐旌节；希烈给他送仆奴、马匹及七百匹细绢、二百斤黄茗。唐德宗得知，勃然大怒，廷杖邵光超六十大板还流放了他。因此，宫中派遣的使臣尚未返回朝廷的，都将所得的贿赂偷偷地丢弃到山谷中，即便是有人赂赠，也再不敢接受了。

甲子日（二十六日），派遣神策都知兵马使、右领军大将军王驾鹤担任东都园苑使，而派遣司农卿白琇珪替代他原有之职，更名志贞。驾鹤十多年统领禁军，权势通达朝野，唐德宗害怕他萌生反意，让崔祐甫召见驾鹤同他聊天，假装不忍让他离开而拖延了很长的一段时间，白琇珪那边已经接管妥当了。

李正己畏惧唐德宗的威望，上表敬献三十万缗钱财，唐德宗想要接受又担心将来受到他的欺压，不接受又不能找出合适的借口退回。崔祐甫劝请唐德宗派出使臣前去宣慰淄青将士，借以将李正己所献的银钱赏赐给他们而让将士人人都对唐德宗感恩戴德；同时还可让各道听到此事，而都知悉朝廷是不重视财物的。唐德宗大悦，就按照他的说法做了。李正己万分惭愧和钦服。天下人都觉得太平治世，几乎就近在眼前了。

秋季，七月，戊辰朔日（初一），日食。

礼仪使、吏部尚书颜真卿上表奏章说：“上元年中，武后当政，令出宫闱，始追增祖宗谥号；而在玄宗末年，奸臣窃权，历代圣君的谥号，有的多达十一个字。依周代的文王、武王来看，称文便不称武，谥武便不加文，难道是他们的美德没有达到吗？只不过是群臣以他们极致的大德尊加谥号的缘故而已。因此谥号用字加多，并非代表褒扬大德，用字少也不代表贬低大德。而今历代圣主的谥号文字太过繁多，违背古制，请自中宗以上，全部按照初谥，睿宗称圣真皇帝，称玄宗为孝明皇帝，称肃宗为宣皇帝，以示省除文饰，崇尚实质，亟正名分，重视根本的用意。”唐德宗把百官召集一块儿商议此事，鸿儒学士都附和颜真卿的说法；独有兵部侍郎袁傪，他是靠着战功而晋爵加官的，奏言：“皇陵宗庙里的玉册，神位牌都已镌刻上了，不能轻易更改。”这事便搁置不议了。不知陵庙中玉册上所刻的，本来就是初谥啊。

起初，在唐代宗时期，搁置拖延了许多事下来，四夷的使臣及各地进呈的会计表册，有的一搁几年都没有遣还，由此在右银台门设置客省以供居留；其他如上书议事出言不逊，失职而没有加以叙用的，也居留在客省中，往往有的一待十年之久，而且时常多达数百人，加上奴仆及饲养牲畜的卒隶，动辄就多达千余人，户部度支供给粮料，费用很多。唐德宗下达命令全部予以妥善处理，被拘留的放回，事情办妥了的遣返，应当改叙的派任官职，由此每年节省了谷粮一万九千二百斛。

壬申日（初五），把元载、马璘、刘忠翼的住宅拆毁了。起初，在天宝年间，皇族的府第尽管极其奢侈华丽，而围墙屋舍的高矮，还与规定相符合，可是李靖的家祠已改用作杨氏的马厩了。等到安史之乱过后，法令制度全部遭到破坏、废弛，大臣将帅，争先恐后修筑居第，各自穷尽财力而后已，当时的人把他们称作“木妖”。唐德宗向来讨厌他们的这种作风，因此将其中特别奢华的拆毁掉，由此又令马氏将园圃献出，归属官司掌管，称作奉成园。

癸丑日（七月无此日），减少时常贡奉宫中衣服用的织锦一千匹、佩戴的玩物数千件。

庚辰日（十三日），下达诏令给在京师中所有的回纥胡人，穿着他们本国的服饰，衣着不能模仿汉人。起初，回纥时常有千人左右留居京师，经商的胡人穿着华服于各处杂居的又多加一倍，朝廷每天要供给这些人的粮食耗费，而胡商大肆置办产业，广泛修筑居宅，在市场上大做他们的买卖，厚利全被他们赚去了，一日较一日纵情贪婪横暴，官吏没有人敢去过问。还有的穿着华服，骗娶妻妾，因此要禁止他们穿华服。

辛卯日（二十四日），废止天下征取酒税收利。

唐德宗当年做太子之时，国子博士河中人张涉担任侍读。登基的当晚，便把张涉召进皇宫，无论事情大小都要向他请教；第二天，将他安置在翰林院担任学士，唐代宗对他的亲敬重视，无人可以相比。乙未日（二十八日），委任张涉担任右散骑常侍，仍任学士。

资治通鉴卷第二百二十六　唐纪四十二

起己未（公元779年）八月，止辛酉（公元781年）五月，共一年十个月。

【题解】本卷记录了公元779年八月至781年五月的史事，共一年又十个月，正当唐代宗大历十四年八月到唐德宗建中二年五月。这是唐德宗刚即位，想有一番大作为的时期。安史之乱平定后，经过十几年的休养生息，唐朝恢复了一定的国力。唐德宗重整朝纲，革除积弊，采纳杨炎的建议，在建中元年实行两税法，又将宦官所掌管的天下财赋转归户部左藏管理，惩治贪污枉法，节制方镇，和好吐蕃，确实有了一些新气象。但杨炎独揽朝政，冤杀刘晏。不久，卢杞担任宰相，奸诈误国，唐德宗朝政治很快走了下坡路。

唐代宗睿文孝武皇帝下

大历十四年（己未，公元779年）

八月，甲辰日（初七），派遣道州司马杨炎担任门下侍郎，怀州刺史乔琳担任御史大夫，一并晋封同平章事。唐德宗正将励精图治，破格拔用人才，为选任宰相而问及崔祐甫，崔祐甫举荐杨炎的器识和才干，唐德宗对杨炎也是早已闻名，因此自迁谪中破格擢用他为相。乔琳，是太原人，生性粗率，爱好同人开玩笑，并无特长，跟张涉是好朋友，张涉说他是个可以委以重任的大才，唐德宗便相信了张涉的话而用他为相；大家听说了这些措置，无不感到震惊和诧异。

唐代宗时期，吐蕃多次派遣使臣前来求和，却又不断地侵犯劫掠，每次派遣来的使臣，唐代宗一概拘留了他们，前前后后一共有八伙人，有的直到老死都没能回去；而和吐蕃作战擒获的俘虏，都流放发配到大江之南，或五岭之外。唐德宗想要用恩德来怀柔他们，乙巳日（初八），便派遣随州司马韦伦担任太常少卿，出使吐蕃，集合全部的五百名俘虏，每人赏赐他们一套衣服，将他们遣回。

协律郎沈既济上奏议论有关选举人才的事，他觉得："选用人才只需根据三方面就可以了，那就是德行、才干、功劳。而今负责选拔的官员都没有注意到这三点；而考核的办法，却一概只是看他的书法是不是优雅、文章是不是有条理，往年考绩的高下、言辞上的驳辩、言论的正当，以及平时言谈举止罢了。实在说来，举止稳重、说话徐缓，并不能代表一个人有德行；辞藻优美、文笔秀美，并不能代表一个人有才干；而累积的资历和考绩，也并不能代表一个人有功绩。据此来求天下的贤能才士，当然无法发掘到真正的人才。而今有些人才，地方的簿籍上根本就没有登记在册，又哪有乡闾间对他的品评可以充作考察的依据呢？对人的考察既没有特别的明鉴，选拔任用人才的事，又怎能让吏部专门操作其事呢？臣谨详察斟酌古今用人的方式，而觉得五品以上及诸司的长官，理应责令宰相荐举叙用，吏部跟兵部可以参与决议。那些六品以下或幕僚辅佐之类的人员，当准由州、府自征召聘用，假如哪个州牧、郡守，或是将帅有选用不公平的情况，那么吏部、兵部都可以根据事实来告发他。惩罚那些徇私滥用在推举上弄虚作假的人，小的则谴谪黜免，大的则依法正刑。授予官职，要求成效，还有哪一个人敢不勉力从事？如果能够这样，那么贤能才士无须奖励而自求进身，不贤的小人也无须抑制而自制退却，这样便可以得到各种人才，政务自然也就没有什么办不好的了。而现在所用的铨选方式，人才的选取全靠吏部，由州郡授职试用，如果才职不相称，滥加委用一些无法胜任的人担任官职，责备刺史，刺史就辩说他所任命的官员是吏部选官选拔派遣的，不敢不用；责备侍郎，侍郎就会辩说是通过考核他的书法文章、资历考绩而授予官职的，但不能保证他日后会如何如何啊；责备令史，他们又会辩称是根据公文调遣行事，其他的一无所知啊。黎民白白遭受其害，那么谁该来为这些过失承担责任呢？如果是州牧、郡守由自行任用，那么又如何推卸责任而逃避罪责呢？如果证实是州牧、郡守徇私滥用，那么只需调换一个刺史便可以将这弊害革除掉了。如果是吏部滥加选拔派遣，即便是更换侍郎也无济于事啊。事实上人才济济，朝廷都无法做到量才适用，全是由于法令致使这样的，而并非主事官员的过失啊。如果现在各道节度、都团练、观察、租庸等使，从判官、副将往下，都让他们自行选用，纵然其间或许会有徇私之事，然而大体说来，十个人中间，至少能有七个人可将选才任用的事情办得很好。征辟官吏的方式，现今已经试行，只不过还没有在州县普及开来而已。孰利孰害，其中的道理，显而易见。先前的诸使以及僚属辅佐人员，假如都是身受派遣于吏部选官的话，那么又怎么会肩负起镇守一方的重任，处理征收财赋的繁杂工作呢？”沈既济，是吴县人。

起初，衡州刺史曹王李皋在治绩上颇有表现，湖南观察使辛京杲十分忌恨他，做了个圈套陷害他做出了违法之事，而被贬为潮州刺史。当时杨炎在道州，知道皋做人正直，等到杨炎入朝为相，又升迁他担任衡州刺史。刚开始，皋受诬陷被狱吏审案调查之时，念及母亲太妃郑氏年老，一旦获悉此事，必定会受惊而为他忧虑伤心，因此出庭之时穿着囚服申辩，回家时就把囚服换掉，手持笏板，身佩金鱼袋，与平时一样。即使被贬为潮州刺史，回到家中还向他母亲报喜说自己被升迁了；直到现在，再次官复原职之后，才跪在母亲面前把实情说出，向母亲道歉。李皋，是太宗的儿子曹王李明的玄孙。

朔方、邠宁节度使李怀光接任了郭子仪的职权之后，邠军中的老将史抗、温儒雅、庞仙鹤、张献明、李光逸等人，功业名望向来在怀光之上，都怏怏于心而不服气。怀光派遣士兵戍边防秋，在长武城驻屯，调集军队，行军进退，这批老将常没有依令行事。监军翟文秀劝怀光上奏请求下诏将他们调为宿卫，等他们奉诏离开营地之后，怀光便遣人追上去将他们逮捕起来，捏造了个罪名，而且说：“黄萯战败，主要就由于有你们这批家伙的存在。”而全都杀死了他们。

九月，甲戌日（初七），改称淮西为淮宁。

西川节度使、同平章事崔宁，十多年在蜀地，凭借着蜀方地势险要、兵力强大，骄奢淫逸、为所欲为，朝廷虽然觉得他是个祸患，却无法更换他的职位；直到如今，崔宁才入朝，而晋封他担任司空，兼任山陵使。

南诏王阁罗凤去世，他的儿子凤迦异已经先他过世，因此由他的孙子异牟寻即位。冬季，十月，丁酉朔日（初一），吐蕃和南诏联合十万大军，分兵三路侵犯，一路出侵茂州，一路出侵扶州、文州，一路出侵黎州、雅州，声言："我们要取得蜀地以当作东方的府藏。"崔宁当时在京师，留守的将领抵抗不了，虏骑接连攻克州、县，敌兵所到之处，刺史弃城仓皇而逃，士民逃窜藏匿到山谷中去。唐德宗忧心忡忡，催着崔宁回蜀镇守，崔宁已经向唐德宗辞行过了，杨炎却上禀唐德宗说："蜀地富饶，崔宁据有该地，朝廷失去这所京外的府库，已经长达十四年。崔宁而今尽管是入朝了，然而他所有的师旅依然在替他把守着那地方，不把贡赋上缴给朝廷，有蜀与无蜀几乎没什么两样。况且崔宁的地位本和其他将领等齐，因为叛乱而得到高位，不接受朝廷的使令。而今即便遣回了他，恐怕他也无力退敌立功；倘若他能将敌军击退而树立功勋，那么按理也不能把他那个地方夺取。因此蜀方战败，我们固然会失去了那块地方，即使取胜，我们也不可能得那块土地。希望陛下对此深察明鉴。"唐德宗说："既然如此那该如何呢？"杨炎回答道："请留下崔宁，而派遣朱泚所指挥的数千名范阳军，连同禁兵前去击敌，还怕无法取胜吗？同时还可借以把亲信的禁兵放置于蜀方的腹地内，蜀方将领一定不敢轻举妄动，然后改派一员将帅镇守蜀地，而使得千里广阔的肥沃地区重归国有，岂不是因小祸而获大利吗？"唐德宗听完说了声："好！"于是将崔宁留了下来。

起初，因为马璘忌恨泾原都知兵马使李晟的功高望重，而派遣他入宫宿卫，担任右神策都将。唐德宗派遣四千名禁兵，令李晟带领，并另外派遣邠、陇、范阳各军士兵五千人，命令金吾大将军安邑人曲环带领，前往解救蜀方。同时命令东川发兵，从江油向白坝挺进，和山南军队联合攻击吐蕃、南诏，而击退了敌人。范阳军追击到七盘，又再一次将敌人击败，于是把维、茂二州收复了。李晟则率领军队追击到大渡河外，也又一次打了胜仗。吐蕃、南诏军士饱受饥寒交迫之苦，有八九万人坠入崖谷死亡。吐蕃很懊悔，一怒之下杀死了引诱他们来此的向导。异牟寻大为恐惧，退到苴咩城，加强防御工事，城垣周长十五里，而迁居来此。吐蕃封他做日东王。

唐德宗严刑峻法，百官深感震惧。由于皇陵距离京师很近，因此禁止屠宰；郭子仪的童仆偷偷杀了一只羊，载入京城，右金吾将军裴谞将此事上表奏报给唐德宗。就有人对裴谞说："郭公对朝廷有安邦大功，难道你就不给他留点余地吗？"裴谞回答说："我这样做，正是借以替他留下余地啊。郭公功高望重，唐德宗即位的时间也不长，而以为群臣中有许多是附从他的，因此我故意揭发他细小的过错，以证明郭公的权势并不足够令人震慑啊。如此一来，对上既能表示了大家对天子的尊敬，也可打消了皇上内心对臣下的猜忌，而让大臣的权位安稳下来，不也是应该这样做的吗？"

己酉日（十三日），在元陵埋葬睿文孝武皇帝；庙号代宗。将要发引之时，唐德宗送丧，远远地看见丧车不是正对驰道当中，而是稍稍偏向西边，便问这是什么缘故。主事的官员回答说："陛下本命在午，不敢冲犯啊。"唐德宗哭着说："哪有让灵驾枉道而只顾自身利益的呢？"由此下令将丧车对直子午方位，在驰道正中行驶。唐肃宗、唐代宗都相信阴阳鬼神，无论事大事小，都一定要先行求神问卜，因此王屿、黎幹都借助这一旁门左道而谋得官职。唐德宗很不相信这套，只是按照礼制规定，在七月中出殡，诸事齐备妥当了就发引，而不再另行挑选所谓的吉日。

十一月，丁丑日（十一日），派遣晋州刺史韩滉担任苏州刺史、浙江东西观察使。

乔琳年已经年纪老迈，体衰耳聋，有时候唐德宗有事垂询，应对之时，语无伦次，谋议又多疏阔而不切实际。壬午日（十六日），调遣乔琳担任工部尚书，罢除他处理朝廷政务的大权。唐德宗因此而疏远张涉。

杨炎既把崔宁留在京师，由此两人产生仇隙。杨炎以北边必须派遣大臣镇守安抚为由，癸巳日（二十七日），因而派遣京畿观察使崔宁担任单于镇北大都护、朔方节度使，坐镇于坊州。而派遣荆南节度使张延赏担任西川节度使。又派遣灵盐节度使都虞候醴泉人杜希全主理灵州、盐州留后职务；代州刺史张光晟主理单于、振武等城及绥、银、麟、胜州留后职务；延州刺史李建徽主理鄜、坊、丹州留后职务。当时崔宁已经出京到达他守卫的任所，原本不应当再设置留后，杨炎此举是想要将崔宁的权势剥夺，而且监视他的一举一动，同时还给这三个人授权让他们都可以自行直接给朝廷奏事，并且暗示他们窥伺崔宁言行的过失。

十二月，乙卯日（十九日），把宣王李诵立为皇太子。

先前的法制规定，天下的财赋都在皇家左藏中贮存，由太府四时上报贮存数量，而由比部复核其支出及收入。等到第五琦担任了度支、盐铁使之后，由于当时京师中有许多有权势的大将毫无节制地索取钱财，第五琦无法制止，于是上奏请求全部贮藏在大盈内库，令由宦官掌管全部相关事宜，天子也因取用供应比较方便，因此长久都没由内库移出。由此如同将天下的公赋视为人君的私藏，主管大臣都无法窥知库帑财物的多少，考校公款是盈余还是不足，前前后后几乎长达二十年。而主管此事的宦官有三百多人，都不停地从中贪污取利，相互勾结，彼此之间袒护地把持着，根深蒂固，牢不可拔。杨炎叩首向唐德宗禀告说："财赋，是立国的根本，黎民百姓靠着他过活。社稷的轻重安危全看财赋的多寡而定，因此前代都是将此事交给国家大臣来掌管，尚且免不了有所损耗以及账目不清的情况。唯独现在却让宦官主管收支，核计赢绌，朝中大臣却反倒毫不知情，政治的弊害，再没有比这更严重的了。因此请移交财赋大权出来，仍旧归大臣主管。

计算一下宫中每年所需开销的多少，让他们如数奉上纳入内库，我想他们绝对不敢让宫中花销用度出现不足的。如此一来，然后才能推行政务。”唐德宗当天下诏：“全部的财富重新归于左藏，一切按照旧法行事，每年从中选出上好的帛三五千匹，送入大盈内库。”杨炎简短的几句话就能使人君的主意改变；说到此事，无人不对他大加称赞。

丙寅晦日（三十日），日食。

湖南贼将王国良凭借险要的山势，公然做起盗贼，唐德宗派遣都官员外郎关播去招降安抚。辞行之时，唐德宗问他觉得为政的要务是什么，他回答说：“为政的根本要务，必定得要有道贤才辅佐天下。”唐德宗说：“朕最近已经降下诏书征求贤士，又派遣使臣到各地去广泛寻访察问，如此做法，或许能够使得天下治平了吧！”关播说：“下诏所征求的和使臣所举荐的，恐怕只能提到一些借文词谋求官职的人而已，哪有有道贤士肯只凭着一道州县文书，就接受推举的呢？”唐德宗听了，觉得他十分有见解，很是高兴。

崔祐甫生病之时，唐德宗有时都会派遣一台二人便轿将他抬进中书省来议事，或是当他在家休养时，遇有大事，就派遣一名宦官使臣去问他的意见，问他认为应该如何解决。

唐德宗神武孝文皇帝一

建中元年（庚申，公元780年）

春季，正月，丁卯朔日（初一），改年号为建中。群臣上尊称为圣神文武皇帝；大赦天下。采纳杨炎的建议：“命令黜陟使和观察使、刺史统计百姓人口田产，制定等级，改行两税法。近些年新旧各类名目的税收，一概取消；二税以外如果再征敛一文钱，全都按照枉法论罪。”

唐代初年，赋敛的方式分租、庸、调三种，有田产就要缴纳租税，有一个人就要缴纳一个人的庸税，有一户就要缴纳一户的调税。玄宗末年，户口簿籍逐渐遭到损坏，记载也多和实际不相符合了。等到战事在至德年间兴起，各地的赋税，压迫着立即催收，而不再像先前有一定的标准了。负责征收赋税的官员一再增加，但是朝廷却不能统辖管理，以至于各自随意增加赋税的种类，巧设名目，苛捐杂税连续不断地订出，几乎没有个终了之时似的。百姓富裕的人家人口多的，大多数不是当了官，就是做了和尚，来躲避缴税服役，而贫苦人家人口多的话，就无处藏身了，以致富家生活优逸而贫户饱受劳困。税吏则趁机贪赃剥削，租赋十天半月就要缴纳一次，百姓不能承受这样的困苦，大抵都逃亡而成为流动户口，在本乡本土定居的，还没有百分之四五。直到如今，杨炎建议制定两税法：先计算州县每年所需费用及供应天子所需的数目，而后向人民征收赋税，度量所需的支出以制定赋税收入的标准，户口不管是定居本土的还是流动的，按照现居人数登簿入籍，人口无论是大口、中口，只根据贫富来区分；行商各地的，在所在的州县内缴纳三十分之一的盈利税，使定居和流动在外的人都没有侥幸漏税的利益可图；居户的赋税，分秋季、夏季两次征收。其他租、庸、调、杂役等全部免除，全权责成度支总领其事。唐德宗接受了杨炎的这项建议，由此将百姓先前还没缴清的诸税予以赦免，下令实施两税法。

起初，左仆射刘晏担任吏部尚书，杨炎担任侍郎时，二人相处不融洽。元载被处死，刘晏曾经为此事出过力。等到唐德宗即位，刘晏长期掌管财务，大家对他心怀忌恨，许多人都曾经给唐德宗上表奏章，认为应当撤销转运使的编制；还有谣言说刘晏曾经暗中上表奏章劝唐代宗将独孤妃册立做皇后。杨炎担任了宰相之后，想要为元载报仇，因此流着眼泪对唐德宗说：“刘晏和黎幹、刘忠翼一起谋划造反，臣身为宰相却不能讨伐他们，真是罪该万死。”崔祐甫说：“这事究竟如何，真相不明，陛下既早就宽大为怀予以赦免，便不能再因流言而不停追究。”杨炎于是又建议说：“尚书省是政令推行的最高机构，最近设立诸使，而将尚书省的权柄分夺，所有大权实在应该重新归于尚书省才是。”唐德宗接受了他的建言。甲子日（正月无此日），下达诏令让天下所有钱财粮食全部归于金部、仓部掌管，撤免刘晏转运、租庸、青苗、盐铁等使之职。

二月，丙申朔日（初一），派遣黜陟使十一人分别巡视天下。在此之前，魏博节度使田悦侍奉朝廷还算是很恭顺，河北黜陟使洪经纶，不通晓时务，听闻田悦有七万多名士卒，由此下了一道符命，裁减四万，让他们返回老家去耕种。田悦表面上顺从，是依令遵从命令裁减了。然而后来又把所有被裁减的士卒集合起来了，挑衅击怒他们说："你们长期置身于军旅之中，上有父母，下有妻儿，如今一旦被黜陟使裁汰，以后靠什么过活呢？"众人号啕大哭。田悦于是将自家的钱财拿出来赐给他们，让他们各自归队。由此军士们都对田悦感恩戴德而对朝廷怨恨在心。

崔祐甫疾病缠身，多半不大管事；由此杨炎大权独揽，专做些为个人报恩复仇之事，奏请采用元载之前的策划，把原州城修复，又想要发派两京、关内的壮丁把丰州的陵阳渠疏通，以便兴办屯田事务。唐德宗派遣一个宦官担任使臣去见泾原节度使段秀实，询问这样的做法是有利，还是不利。段秀实觉得："而今边防兵力空虚，此时此刻，实在是不宜兴办屯田之事，调用士兵去开垦耕作，而招来敌人侵犯。"杨炎勃然大怒，以为这是有意在败坏他，由此将段秀实调职担任司农卿。丁未日（十二日），委令邠宁节度使李怀光兼任四镇、北庭行营、泾原节度使，并命令他将部队调往原州，而改任四镇、北庭留后刘文喜担任别驾。京兆尹严郢上表奏疏说："事实上，朔方五城所屯垦的原本是一片肥沃土地，自打丧乱之后，人力不足，以至于荒废，耕种的田地还没有十分之一，假如有足够的人力加以开垦，根本不需要等到疏通渠道，引水灌溉。

今日如果发派两京、关辅的人工去丰州通渠耕田，合计下来，实在得不偿失，而关辅的百姓难免会四散逃亡。这种做法，不但使得关辅畿内田地荒废歉收，而且对军队的粮储也没有益处啊。"这篇奏疏，被杨炎压置下来而没有向上禀报。后来疏通陵阳渠的工程，直到最后都未能完成，就这样半途而废了。

唐德宗听信了杨炎的话，借着奏事不符合实际的罪名，己酉日（十四日），贬刘晏做忠州刺史。

癸丑日（十八日），派遣泽潞留后李抱真担任节度使。

杨炎想要修筑原州城来恢复原来的秦州、原州，而派遣李怀光在前面督导工程的进行，朱泚、崔宁各率士卒万人辅翼在后。唐德宗下达诏令泾州负责供应筑城器材，泾州将士愤怒地说：“我们充当国家西方门户的屏障，已经有十几个年头了。最初在邠州驻守，刚刚从事耕桑之时，颇有可以在一地久居的感觉。之后又调防泾州，披荆斩棘，扎下了军营，凳子还未坐热，又将我们投置于塞外而不顾。我们到底是犯了什么罪，该承受这些困苦劳顿？”李怀光刚刚接任邠宁元帅职务之时，就杀掉了温儒雅等老将，军令严厉；等到他兼管泾原之时，所有的将领都十分畏惧，相互说道：“那五位老将到底是犯下什么样的大罪竟然杀死他们，现在又来到了我们这里，我们能不忧虑吗？”刘文喜趁着这人心惶惶不安之机，仗着据有泾州，而没有接受下达的诏令，上疏要求再次派遣段秀实回来担任统帅，不然就派遣朱泚前来出任。癸亥日（二十八日），朝廷只得改派朱泚兼任四镇、北庭行营、泾原节度使，代替李怀光。

三月，翰林学士、左散骑常侍张涉收受了前湖南观察使辛京杲的贿赂，事发之后，唐德宗震怒，想要依法惩治。李忠臣以检校司空、同平章事、奉朝请的身份，对唐德宗说：“陛下贵为天子，而先生却由于家境困窘，缺乏日用触犯法令，依臣之愚见，觉得这并非先生的过错啊。”唐德宗这才打消了怒意，辛未日（初六），把张涉放回乡里，只给他撤职的处分而已。辛京杲由于个人一时的愤怒而把一个家仆打死，主事官吏上奏报告依照律法辛京杲应该被判处死刑，唐德宗正等着按律下诏，李忠臣说：“辛京杲早就该死了！”唐德宗问他为什么，李忠臣回答说：“辛京杲的叔伯、兄弟全部都战死了，唯有他还活到今天，因此微臣觉得他早就该死了的。”唐德宗不禁悲由衷生，由此只贬辛京杲做诸王傅就算了。李忠臣趁机救人，大多都是用这种类似的方式。

杨炎既已将度支、转运使之职编制给撤销了，全部事务下令让令金部、仓部代理。后来又由于尚书省中的官吏很久都没有过问此事，因此业务生疏，彼此不能衔接得上，简直无法办事，以至于天下的银粮竟然像是没有一个总管机构似的。癸巳日（二十日），又再派遣谏议大夫韩洄担任户部侍郎、判度支，派遣金部郎中万年人杜佑兼江、淮水陆转运使，将原来的制度全部恢复。

刘文喜又一次违抗诏令，想要自请旌节充当统帅；夏季，四月，乙未朔日（初一），以泾州作为据点造反叛变，而送他的儿子到吐蕃去做人质，以借求救助。唐德宗命令朱泚、李怀光前去讨伐他，又命令神策军兵马使张巨济带领二千名禁兵前去援助。

吐蕃刚一开始听到韦伦要将俘虏送回来的事，还不相信，等到俘虏入境，各自回到部落之后，声言："新天子将宫婢放回家园，把禽兽纵归山林，在他圣明威德的感召下，中国呈现出一片祥和之境。"吐蕃大喜，清除道路，恭迎韦伦，赞普随即派遣使臣跟从韦伦前来献贡，而且送上一份致唐代宗的赙仪。癸卯日（初九），到达京师；唐德宗接见来使给予礼遇。之后蜀方大将上言说："吐蕃是豺狼本性，不能把俘虏放回去。"唐德宗说："戎狄进犯边境就打击他，服顺了就该放他们回去。加以讨伐攻击是向他们示威，而放他们回去则是表示诚信。无法建立威信的话，又如何能怀柔远人呢？"同时还下令把囚禁在剑南的俘虏全部放回去。

在唐代宗时期，每逢初一、冬至、端午，或是皇帝的生日，各州府在缴纳固定的赋税之外，都争先恐后地上贡。谁进贡得多，就对谁的印象好。武将、奸吏，无人不拿四节进奉当作借口，趁机掠夺民财，鱼肉百姓。癸丑日（十九日），是唐德宗的生日，四方各地的贡献，全部没有接受。李正己、田悦每人进献细缣三万匹，唐德宗把它们全都交给了度支，用来抵免租赋的征收。

五月，戊辰日（初五），派遣韦伦做太常卿；乙酉日（二十二日），再次派遣他出使吐蕃。韦伦请求唐德宗亲自写下一篇盟书来和吐蕃结盟；杨炎觉得地位悬殊太大，不宜这样行事，而请由郭子仪之类的人，拟定写好之后，呈报上来，再由唐德宗认可就行了，唐德宗采纳了他的建议。

朱泚等人围困刘文喜于泾州城中，断绝他们的进出，可是文喜紧闭城门不出城应战，导致长时间都无法将城池攻克。正好遇上旱灾，还要征调徭役，输送粮饷，以给朱泚的将士发放，由此引发了内外的骚乱，朝廷大臣上书请求将刘文喜赦免，借以减少不计其数的疲困的军民，唐德宗一概不予理会，说："一个小小的孽臣都消灭不了，还拿什么号令天下！"刘文喜派遣他手下的大将刘海宾进京上表奏章，海宾对唐德宗说："臣本是陛下往日藩镇行营馆邸中的部属，又怎会愿意依附于叛逆罪臣，我一定替陛下把他的头颅砍下来敬献给您。然而刘文喜现在所要求的，只不过是个旌节罢了，希望陛下暂且就给了他，刘文喜必然会因此松懈下来，那么我的计策就能够得逞了。"唐德宗说："官爵名位、车服旌节，是不可以随随便便给人的，你能立功固然很好，可是刘文喜想要我赐给旌节，那是万万不可能的事。"唐德宗要刘海宾回去告知刘文喜，一面仍旧对刘文喜动兵讨伐。唐德宗缩减膳食费用来给将士发放津贴，城中应该发给春装的将士，也按照过去的惯例一样地赐予。于是，大家了解到唐德宗的心意是不可能改变的了。当时吐蕃刚刚开始和唐室建立友好关系，不愿派遣军队前去援助刘文喜，泾州城内势单力薄。庚寅日（二十七日），刘海宾与其他诸将联合起来将刘文喜杀了，将他的首级传送到京城去。由此重筑原州城的事，一直没有达成。

自唐德宗登基之后，李正己就忧心忡忡，派遣了一个随从僚佐人员进京奏事；正巧遇到泾州捷报传到，唐德宗给他看了刘文喜的人头，回去之后，李正己愈加恐惧。

六月，甲午朔日（初一），门下侍郎、同平章事崔祐甫去世。

有个方技之士桑道茂对唐德宗说："陛下在最近数年里，有必须暂时离开皇宫的厄运。依臣观望，奉天有天子的气象，应当事先把奉天的城墙加高，以防备有什么意外的变故。"辛丑日（初八），命令京兆派遣出数千名壮丁役夫，连同六军兵士，增建奉天城。

起初，回纥风俗淳朴，君臣之间没有太过悬殊的等级差别，因而上下一心，力量强大，士卒勇健，所向无敌。直到安史之乱，有帮助唐室的功勋，唐室对他们的赏赐和馈赠，非常优厚，因此登里可汗便开始妄自尊大，筑造宫殿，用来供给妃妾居住，从此以后人人注重装饰打扮，讲究衣着的华丽；国中因此虚耗的财物不知有多少，而回纥的习俗也由此败坏。等到唐代宗驾崩以后，唐德宗派遣宦官使臣梁文秀前去报丧，登里姿态高傲，竟没做出任何礼貌上致哀的表示。九姓胡归附回纥的，便游说登里说唐朝物产丰富，趁现在正值国丧期间，发兵攻打，一定能够取得莫大的利益，登里听信了这话，便想动员全国大举入侵。回纥宰相顿莫贺达干，是登里的堂兄，劝说他道："唐，是个强盛的国家，并无任何对不起我们之处。我们前年侵袭太原，曾经缴获数万头羊马，能够说是打了一场大胜仗，但是由于路途遥远、粮食困乏，等到军队调回之时，士卒多半是徒步走回来的。今日动员全国，深入进攻，如果没能取胜，又将能退到哪里去呢？"登里没有听从他的劝告。顿莫贺便趁着人心不愿南侵之机，发动军队，击杀了登里以及九姓胡二千人，自立为合骨咄禄毗伽可汗，派遣他的臣子聿达干和梁文秀一同入京晋见天子，表示愿意归顺而担任藩臣，垂发不剪，听令于唐德宗的诏令。乙卯日（二十二日），命令京兆少尹临漳人源休册封顿莫贺为武义成功可汗。

秋季，七月，丙寅日（初四），邵州贼帅王国良投降。国良本是湖南军队里的一员副将，观察使辛京杲派遣他去守卫武冈县，以防御西原蛮。京杲贪婪横暴，国良家境富裕，京杲加了他个死罪；国良恐惧，由此据城叛变，和西原蛮联合，召集了上千人，侵夺州县，沿湖千里地方，都受到了危害。唐德宗下达诏令荆、黔、洪、桂诸道联合兵力去讨伐他，过了好几年都没能克服他。等到曹王李皋担任湖南观察使之时，他说："驱逐疲惫困窘的田民，诛杀意图不轨的人士，这并非良策上计啊！"于是给王国良去封信说："将军你并非敢于大胆地叛逆，而只不过是为了挽救自己的生命罢了。我和将军你都是被辛京杲所构陷，我已蒙圣恩洗脱了冤屈，怎忍心再用武力来对付你呢？将军遇上了我来到此地，如果不速速归降，一定会后悔不及。"国良接到信件，喜惧参半，想要派遣使者前去求降，还在举棋不定之时，曹王李皋伪装成使臣，只身匹马，途经五百里路程，到了国良营栅外，用马鞭敲击着营门，大声叫喊着说："我是曹王啊，前来接受投降的！"全营大惊。国良急忙跑了出来，迎拜告罪。曹王李皋拉着他的手，结成兄弟，把全部用作攻防的兵器烧掉了，还把所有的兵士遣散，让他们返回乡里务农。唐德宗颁布诏令将王国良的罪过赦免了，而且赐名惟新。

辛巳日（十九日），遥尊皇母沈氏做皇太后。

荆南节度使庾准仰承杨炎的指示，上表奏章诬告忠州刺史刘晏致函朱泚请求营救，讲到了很多怨愤不平的话；又说他征募补充州兵，想要违抗朝廷命令。杨炎在旁边证明所奏的全都是事实。唐德宗便派遣出一个宦官担任使臣去到忠州用绳子勒死了他，己丑日（二十七日），又由此下诏赐死。天下人都为刘晏死得冤屈而叹息。

起初，安史之乱时，几年之内，天下户口近乎有十分之八九的人不是死亡，就是流徙他乡了的。州县多半被藩镇所割占，贡品、赋税都不向朝廷缴纳，国家府库中的财物也消耗殆尽，灾祸事故层出不穷，戎狄每年侵扰边疆的土地，戍守在边疆的大量军队，粮饷全都仰仗朝廷供给，所耗费的财物简直就计算不清，全都靠刘晏来筹办。刘晏刚刚担任转运使时，只管理陕东诸道，陕西一带则全部隶属于度支管辖，最后几年之中才交由刘晏兼管，然而没有多长时间就予以罢除和取消了。

刘晏精力过人，又足智多谋，变通财货的有无，每每能够想到很多办法，做得恰到好处。他时常高薪招募一些健步如飞善于行走之人，广泛地放置于各地的消息传递站，前后相望，绵亘不绝，让他们负责侦察各地的物价，随时报告。即使是再遥远的距离，也用不了几天，就能把消息传送给运使司。食粮货物价格涨跌的大权，一切都在掌控之中。国家收获了很多利益，而天下也没有太过富有或贫穷的忧患。刘晏时常觉得："想要做成任何一件事，都必须要求得合适的人才，因此一定要选用明晓事理、动作敏捷、精明强干、廉洁勤勉之人；至于簿册账目的核对稽查、银钱谷物的收支，那就必须委托士人办理；胥吏只能掌管文书的缮写，而不能随随便便加入任何意见。"也时常说："士人一旦陷于收取赃物贿赂的恶名，也就把他的仕宦前图给断送了，对于他们来说，爵禄比眼前的小利更为重要，因而士人大多能够清廉自持；胥吏即便是清廉，也终究没有升迁的机会，在他们心中，必然是财利比爵禄要重要，因此胥吏多半难免会贪污腐化。"然而也唯有刘晏可以做得很好，别人模仿他的做法，却始终无法赶得上他。刘晏属下的官员，尽管在千里以外遥远地居住着，遵照他的教令行事，也好比是在眼前一样，日常生活、言谈举止，从来没有一个人敢于蒙骗他的。当时一些享有权势的达官贵人，或者有亲戚故旧托付刘晏安插职位的，刘晏也都答应，而且可以让俸给的多寡、升迁时间的快慢，一概如人所愿，可就是不让这些人亲自掌管职务。那些转运使属下的各要职，一定要选择当时最合适的人担任。因此刘晏死后，那些掌管财赋而享有声誉的，多半都是刘晏的旧部下。

刘晏又觉得人口越多，那么赋税的收入自然也就会越多，因此他掌管财务，以爱民为先。在诸道中分别设置知院官，每隔十天一个月，便要将各州县下雨降雪、丰收或是歉收的情况详细地给转运使司报告。粮食丰收，就以高价买进，年岁不好，再低价卖出。或者是用粮食同民间交换各类物品，供应官府的需用，多余的物品就运到丰收地区出售。知院官刚刚看出禾谷难望成熟的征兆，就要事先给转运使司申报，说明某个月需要把一些租税免除掉，某个月则需要一些补助。到时候，刘晏不等州县申请，就上奏请求朝廷核准执行，解救民间的危急，从来没有错过适当之机，而不是等到人民困顿疲乏、四处流离、逃亡在外、饥饿而死，然后再去救济。所以人民能够安居乐业，人口繁衍增多。刘晏开始担任转运使时，当时天下的户籍记录尚未超过二百万户，最后的几年里竟达到了三百多万户；在刘晏统辖的境内，人口就增加，如果不是刘晏所统辖的地区，人口就不见增加。刚开始每年的财赋收入不超过四百万缗，末年居然达到了千余万缗。

刘晏采用食盐由官府专卖的办法，充分供应军队官府的费用。那时自许、汝、郑、邓州往西，吃的都是河东的池盐，由度支主管其事；自汴、滑、唐、蔡州往东，吃的都是海盐，由刘晏主管其事。刘晏觉得官员越多，人民受到的烦扰也就越多，因此只在产盐的区域设立盐官，收购盐户所煮成的晶盐转卖给盐商，任由他们再运到哪儿去出卖；其他不产盐的州县里，就不再设置官员。江岭一带与产盐区域相距遥远之地，就将官盐转运到那里去贮存起来。有时商贩把市场垄断，蓄意把盐价抬高，官盐就减低价格卖出，称作常平盐，官府同样可以获得利润而民间也不会食盐匮乏。刚开始，江、淮的盐利收入不过四十万缗，末年竟达到六百余万缗，因而国家有充足的财政用度而人民也不至于饱受贫穷苦难。然而河东盐利的收入才不过八十万缗而已，池盐售价反倒比海盐还要高。

起初，主管把关东的米谷运输到长安，由于河流湍急，一般来说，要是一斛稻禾能运到八斗，就算是有成效，有功劳，便可以由此受到优厚的奖赏了。刘晏觉得江、汴、河、渭，水流缓急的程度各异，各自根据需要和方便，营造运船，教导水运工人，长江的运输船只通到扬州，汴水的运输船只通到河阴，黄河的运输船只通到渭口，渭口的运输船只通到太仓，并在沿途水岸设下粮仓，辗转收存和发放，从此每年运输米谷的数量，有时会高达一百多万斛，却没有一斗一升沉覆的。将每十艘运输船只编为一组，派遣军中将领负责领导，运输十次却不出任何差错，才算是绩优有功，给予提拔奖励。历经几次押运以后没有不因劳累，头发都花白了的。刘晏设置十所造船场于扬子县，付给每艘造价千缗。就有人说："一艘船只的造价，实际上还用不到这个价钱的一半，付给加倍，浪费得太多了。”刘晏说：“其实不是这样，要说到远大的计划，本不应该吝啬一点点小钱，凡事都要从长计议。如今造船场才刚刚设置，有特别多的办事人员，应当先让他们私人的费用不感到困乏，那样所造出的官船才会坚实耐用。假如从一开始就在一些小钱上跟他们斤斤计较，又怎能寄望造出的官船可以使用的时间长呢？将来一定会有人嫌我付给造价太高而降低的；如果将价格降低一半以下，那还可以，如果价格降低一半以上的话，那么所造出的船只就经不起使用了。”在其后的五十年中，主管官员果然把一半的造价给降低了。直到咸通年中，主管官员竟然按照计算只付给造船的实际成本，让那些造船人员没有一丁点赚头，因此造出的船只，不但脆薄而且易坏，水运米谷的事务，由此就废弛不兴了。

刘晏做人勤勉努力，无论事缓事急，都一定要当天解决，而绝不会拖延到第二天。之后经理财政的人员无一人能比得过他。

八月，甲午日（初三），振武留后张光晟将回纥的使臣突董等九百多人杀掉了。突董，是武义可汗的叔父。在唐代宗时期，九姓胡常冒称是回纥，在京师杂居着，购置产业，肆意横行，而变成了唐室和回纥官家百姓共同的祸害；唐德宗即位后，命令突董带领这批人回国，他们拥有非常多的各式军中武器用品，到了振武，在那停留了好几个月，索要大量的粮食供给，每天要吃掉上千斤的肉类，其他物品的消费数量也和这相差无几，并且还放纵砍柴畜牧的手下，随意暴虐地践踏果蔬和庄稼，振武的百姓深以为苦。张光晟想要把回纥除掉，把他们的辎重夺走，可是又对他们人多势众心怀余悸，而没敢草率行动。九姓胡听说新可汗顿莫贺灭掉了他们的种族，大多都想在半路逃亡，然而突董防备得异常严密，胡人既无可逃之机，又不敢回去，于是便悄悄地给张光晟献上计策，请他除掉回纥。张光晟暗对这一伙人的自相离叛很是高兴，便答应了他们。唐德宗因为当日在陕州时所受到的屈辱，一直痛恨回纥；张光晟晓得唐德宗的心意，由此上表奏章说：“回纥本种的人数并不多，协助他们而使他们强大的，不过是那群胡人罢了。听说他们现在正在自相残杀，顿莫贺刚刚继位不久，登里可汗移地健留有的一个孽子，以及回纥国相、梅録将军各自拥有数千人的军队而且相互之间攻伐不断，国内局势还没有稳定。他们没有钱财，群众便不会为他们所驱遣，陛下不趁着此时把他们消灭，而居然放回了他们的人，赏赐财物，如此行事，正是所谓的借兵器给盗贼啊。请让臣前去全部杀死他们。”三次上表奏章，唐德宗都没有应允。于是张光晟派遣一员副将，叫他经过客馆门前时，故意做出无礼的态度；突董果然中了计谋而火冒三丈，抓住这员副将，打了他好几十鞭。张光晟便拿这当作借口，趁他们没有防备之时率兵击杀，把他们连同所有的胡人都杀得干干净净，积尸成丘。只留下了一个胡人，叫他回国作证，说：“回纥鞭辱唐室大将，而且阴谋偷袭占据振武，因而在事发之前被诛杀了。”唐德宗征用张光晟做了右金吾将军，从宫里派遣宦官王嘉祥担任使臣，前去给他赐赠符信以及财物。回纥请了一个专门暗杀的人来复仇，唐德宗因而贬张光晟为睦王傅，来安抚回纥心中的怨愤。

丁未日（十六日），晋加卢龙、陇右、泾原节度使朱泚兼任中书令，而仍旧担任卢龙、陇右节度使职务跟以前一样。派遣舒王谟担任四镇、北庭行军、泾原节度大使，又派遣泾州军队中牙前兵马使河中人姚令言担任留后。舒王李谟，是代王李邈的儿子，早年失怙，皇子就把他当成自己的儿子一样看待。

癸丑日（二十二日），下达诏令赠封太后的父、祖、兄、弟的官爵，以及其余宗族男女任官封邑的，都颁给策命和委任状，共计一百二十七件；由宫里派遣的使臣用马匹驮着这些符册过去分别赐赠。

九月，壬午日（二十一日），负责土木修建工程的将作，禀奏宣政殿的廊庑腐坏了，而十月又正当天冈、河魁月，不宜大兴土木。唐德宗说：“只要于公事没有妨碍，也不于百姓有损，就是大吉大利了，又何必管它是什么时辰，什么日子！”于是，下达命令即日修建。

大历以前，赋敛的收支、官吏的薪俸，都无定规，主管其事的长官、胥吏得以独断专行；再加上由于元载、王缙执政，公然接受贿赂，天下不依照实情惩治贪官污吏，几乎长达二十年。唯有江西观察使路嗣恭依照实情惩办了虔州刺史源敷翰，而且将他流放发配到边疆。此外，唐德宗因为宣歙观察使薛邕温文尔雅，又是元老旧臣，征派他担任左丞；薛邕离开宣州之时，偷盗藏匿官府的财物，其数目之大可以用万万来计算，此事被殿中侍御史员寓揭发。

冬季，十月，己亥日（初九），便贬薛邕做了连山县尉。由此州县才开始对朝廷的典章法条心怀畏惧，而不敢恣意妄为。

唐德宗即位没有多长时间，就将宦官疏远并且屏退，而对朝廷百官加以亲信和倚重，由此张涉以儒学入侍宫廷，薛邕以文雅登用朝堂，其后都因为贪赃枉法而身败名裂。宦官武将因得借口说："尚书、中书、门下各省中的文官贪赃，数目动不动高达万万，居然还说是我们这些人让天下混乱了，这难道不是欺骗了天下，污蔑了我们吗？"于是唐德宗内心也开始生出疑虑，而不知道究竟该信赖依靠哪些人了。

中书舍人高参请求派遣沈姓家族的人，分别去到各处寻访太后，庚寅日（十月无此日），派遣睦王李述担任奉迎使，工部尚书乔琳担任副使，又令四位姓沈的族人担任判官，会同由宫中派遣的使臣，分别行经各道，去寻访太后的下落。

十一月，初次下达诏令除待制官之外，另增加派遣朝集使两人，去巡视各地的时政得失以及远方人民的疾苦。

起初，公主下嫁，翁姑下拜，媳妇无须回拜。唐德宗命令礼官制定公主拜见翁姑及夫婿的叔伯、兄、姐的礼仪，翁姑坐在中堂受礼，兄姐站在堂东受礼，公主行家人的礼节。有一次，有位县主将要出嫁，选定了丁丑吉日（十七日），不凑巧唐德宗叔父的女儿过世，由此命令取消婚期。主管官上表奏章说："一切都已准备完毕，况且五服之外未成年的亲戚死亡，也对办喜事没有影响。"唐德宗说："你是对置办喜事的费用心存吝惜，而我却对礼法的规定更为重视。"结果还是把当天的婚礼给取消了。至德以后，国家有很多事，一多半的公主、郡主、县主都没有在适当的年龄出嫁，有的甚至头发都白了，尽管是在宫禁中居住，有的人超过十年都不曾见到天子一次；唐德宗刚一开始接见所有宗室女眷，对那些辈高年长的，便致以敬意，对那些辈低年幼的，便加以抚慰，全部都给她们找了合适的对象，嫁了出去。带往夫家大大小小的物件，唐德宗都郑重其事地亲自过目。己卯日（十九日）、庚辰日（二十日）两天，就将岳阳等一共九十一位县主嫁了出去。

吐蕃见到韦伦再次抵临，愈加高兴。十二月，辛卯朔日（初一），韦伦启程回国，吐蕃派遣它的国相论钦明思等同行入朝献贡。

这年，册封太子生母王氏做淑妃。

在这一年中，全天下缴纳赋税的户口有三百零八万五千零七十六户，著录在籍的兵士有七十六万八千余人，税收共计银钱一千零八十九万八千余缗，米谷二百一十五万七千多斛。

建中二年（辛酉，公元781年）

春季，正月，戊辰日（初九），成德节度使李宝臣去世。宝臣原本想要把军府权位传给他的儿子行军司马李惟岳，但是由于惟岳年少昏弱，便先行诛杀了难以控制的诸将中如深州刺史张献诚等人，甚至有十几个人在同一天遭到杀害。李宝臣召易州刺史张孝忠，孝忠不应，又派遣他弟弟张孝节去召他。张孝忠叫孝节对宝臣说：“那些将领们犯了什么罪，一个个惨遭杀害！我张孝忠怕死，因此不敢前去，然而也不敢反叛，就好比李公不入朝的心态一样而已。”孝节流着泪说：“如此一来，那我就是必死无疑了。”孝忠说：“一旦我去了的话，我们两个一块儿送死，如果有我在这里，他必然不敢加害于你。”于是孝节便回去了，李宝臣也没怪罪他。兵马使王武俊，尽管地位低下，然而勇力可嘉，因此李宝臣非常喜爱他，而且把女儿嫁给了他的儿子王士真，士真和宝臣身边的一些随从亲信关系又处得好；因此唯有张孝忠和王武俊两人免遭杀害。

李宝臣死后，孔目官胡震、家仆王他奴劝告李惟岳将此事暂时隐瞒下来，由此过了二十多天都没有发丧，而且冒用宝臣的名义上表奏章，要求让惟岳继承权位。唐德宗没有应允。而派遣给事中汲县人班宏前往探望患病的李宝臣，并加以晓谕。惟岳给班宏贿赂了厚礼，班宏没有接受，返回京城对唐德宗据实上报。李惟岳这才发丧，自任留后，教将佐们联名上表奏章要求唐德宗赐给旌节，唐德宗还是没有应允。

起初，李宝臣和李正己、田承嗣、梁崇义互相约定，都希望将土地传给子孙后世，因此承嗣过世之后，宝臣极力替他向朝廷请求，将旌节授予田悦；唐代宗接受了。田悦刚刚即位之时，侍奉朝廷恭敬礼貌，河东节度使马燧就上表奏章说他将来一定会造反，请求唐德宗事先多加防备。到此时，田悦数次替惟岳请求承袭，唐德宗想要将以前的弊病予以革除，还是没有准许。有人劝谏说："惟岳在实际上已经将他父亲的基业据为己有了，如果不顺势任命他，一定会起来造反的。"唐德宗说："叛贼原本并无作乱的凭借，都是仗着朕的土地，借着朕赐给的官位名号来聚集他的党羽而已，当初为了满足他们的欲望而任命的已经太多了，然而祸乱却一日较一日多。由此可见，官爵的赐予并不能以阻止祸乱的发生啊。既然李惟岳必然造反，任命他与否都没什么两样。"因此直到最后都没有答应。田悦于是和李正己各自派遣使臣去进见惟岳，阴谋领兵违抗朝令。

魏博节度副使田庭玠对田悦说："你借着伯父遗留下来的基业，只需要对朝廷恭敬顺从，就能荣华富贵享用不尽，这不是很好吗？干什么要无缘无故地跟恒州、郓州他们一块儿去做叛臣贼子！你自己看看，自从发生战事以来，叛乱造反的有谁可以保全自家性命的？如果你一定要一意孤行的话，就先将我杀了，别让我见到田氏惨遭灭族的下场。"由此称病闭门不出。田悦亲自前去谢罪，田庭玠把他拒于门外。最后居然忧愤而死。

成德判官邵真得知了李惟岳的阴谋，便流着眼泪劝谏他说："先相公（指李宝臣）深受国家大恩，而大夫你现如今还在守丧期间，就突然要做出有负国家的事情来，这实在是太不应该了。”还进一步地劝他把李正己派遣来的使者扣押，将他押解到京师去，而且自请带兵前去讨伐李正己，说：“如此一来，朝廷为嘉奖大夫你的忠贞不二，说不定会授予旌节。”李惟岳觉得他说得非常有道理，就叫邵真草拟奏章。长史毕华说：“先公和二道交结友好关系，长达二十多年，怎么可以突然间就背弃他们？况且即便是扣下了他派遣的使臣，也未必就能取得朝廷的信任。如果李正己突然发动大兵前来攻击我们，我军孤立无援，又将如何来应对呢？”李惟岳又听从了他的话。

前任定州刺史谷从政，是李惟岳的舅父，此人胆量很大而且擅长谋略，读过的书又多，王武俊等人都对他心怀敬畏，由此李宝臣十分妒忌他，谷从政便称病闭门不出，不同人往来。李惟岳也十分忌讳他，因此有事绝不找他商量，一天到晚只同胡震、王他奴等人策划商量，只晓得大量分发金钱和布帛来讨好将士们。从政去见惟岳，对他说：“现如今天下无事，从京师来的人，都赞叹当今天子英明勇武，一心想要使得天下太平，非常不愿诸侯的子孙割地自专。如今你首先违抗诏命，天子一定会派遣诸道前来声讨。今天，将士们受你重赏之时，都说一定替你拼死效命；假如一战没胜，各人都是爱惜自己的身家性命的，有哪个人不会变心的呢？到那个时候，手握兵权的大将一定会趁危谋利，都想要把你的首级砍下来立功。况且先相公所杀的高级将领几乎数以百计，在你遭遇挫折失败之时，他们的子弟想要报仇雪恨的人数之多，数都数不尽啊！再说，先相公和幽州曾经有过过节，朱滔兄弟时时刻刻对我们咬牙切齿地痛恨，而今天子肯定会派遣他担任将帅领兵前来；朱滔的所在又跟我们紧紧相邻，一旦他接到任命，必将快马加鞭、全力以赴，就像是饿虎馋狼捕杀禽兽一样，这是想象得到的，到那时，我们又如何抵挡得住！先前，田承嗣跟着安、史父子一起反叛，身经百战，孔武凶悍，天下闻名，违抗下达的诏令，起兵造反，自称天下无敌；等到卢子期被擒获，吴希光回国，田承嗣唯有仰天流泪，而无容身之处。当时幸亏仰赖先相公按兵不进，而且为他求情，先帝心地宽厚仁慈，将他的罪行赦免而没有杀死他，否则，今天哪还有什么田家的后代啊，更何况你打小在富贵的条件里生长，年龄又还小，从未经历过艰难危困，居然相信身边小人的话，而想要效仿田承嗣的做法吗？替你着想，不如辞谢将佐，让李惟诚代管军府中上上下下的事务，你自己进京，请求留做宿卫，而且为了你自己的利益，而要对皇上说现在是让李惟诚暂时留在军府代理职务，至于命令谁来接管，全凭皇上决断；皇上必定会因为你的忠贞义行而龙颜大悦，那么即便你没有得到高官，也不会失掉显荣厚禄，一生无忧。不然的话，按照你的想法去做，那么必将大祸临头。我也晓得你平日里疏远我、忌讳我，可是看在舅甥的情分上，情势危急，我才不得不对你说出这番话啊！”李惟岳却嫌他的话说得太过恳切直率，而愈加讨厌他。谷从政于是再次返回家中，闭门谢客，称病不出。李惟诚，是李惟岳的异母兄长，为人谦虚，心地淳厚，而且好读书，很得人心，他的同母妹妹是李正己的儿媳妇。当天，李惟岳将李惟诚送往李正己那儿去，正己让他重新改回本姓张，于是便留在淄青任官。李惟岳又派遣王他奴到谷从政家去，侍候他的生活起居。谷从政由此服毒自杀；快要断气之时，说：“我并不是怕死之徒，只是为了他们张氏（李宝臣本名张忠志，因此称张氏）如今即将遭到灭族的命运而悲哀啊！”

刘文喜一死，李正己、田悦等人心中就都已深感不安了；刘晏再一死，李正己等人愈加恐慌，彼此之间传言说：“我们这些人作恶多端，如何可以跟刘晏相提并论呢？”正好因为汴州城太狭隘，而计划扩广城垣，东方人就造谣说：“皇上要扩展东边的封疆，因此扩建汴州城池。”李正己内心十分恐惧，派遣士兵万人在曹州驻屯；田悦也因而修整城郭，聚集人马，以防万一，同时又和梁崇义、李惟岳遥相接应，相互援助，河南军民骚乱不安，大为惊恐。

永平军原本领巡汴、宋、滑、亳、陈、颍、泗七州地区，丙子日（十七日），将宋、亳、颍分划出来另行设立节度使负责管辖，派遣宋州刺史刘洽出任；将泗州改隶属于淮南军；又派遣东都留守路嗣恭担任怀、郑、汝、陕四州及河阳三城节度使。过了十天，又派遣永平节度使李勉总领洽、嗣恭二道，因割郑州隶属于永平军，派遣曾经担任过将领的人出任各州刺史，借以防备李正已等人。

起初，高力士有个养女在东京寡居，时常可以说出一些宫禁之中的事。女官李真一怀疑她就是沈太后，由此到使臣那儿去详细地说出种种情况。唐德宗听说这消息，又惊又喜。当时沈家的老人、长辈都已不在世上了，由此没有一个人认识太后的。唐德宗派遣了一些宦官、宫人前去验证审察，只是由于年龄、容貌都十分相仿，而这些宦官、宫人又对太后认识不确切，居然都说她就是太后。高氏辞谢着声称她实在不是太后，而那些过去验证审察的人愈加疑惑而不肯相信她的话，就这样强迫着迎她进了上阳宫。唐德宗派遣了一百多个宫女，送上乘舆衣服和诸多天子所有的物品到上阳宫供奉于她。左右侍从千方百计地引诱晓谕要她把实话说出来，承认是太后，高氏心动，居然说出自己就是太后。负责验视的人快马加鞭进宫禀报，唐德宗龙心大喜。二月，辛卯日（初二），唐德宗特别打破常规而在双日登殿，群臣都入殿前来贺喜。唐德宗下达诏令让主事官员草拟制定礼仪，奉迎太后。高氏的弟弟承悦在长安，深恐没有将真相道出，时间一长，一旦被识破，免不了获罪，于是自己说出了这前前后后的事实。唐德宗命令高力士的养孙樊景超过去复视，景超看到高氏居身内殿，以太后自居，左右侍卫守卫森严。景超便对高氏说："姑妈你为何要把自己放在俎案上呢？"左右侍卫大声呵斥景超教他走开。景超高声说："皇上有诏，太后是冒充的，左右全部退下。"由此左右侍卫都从殿上退了下去。高氏于是说："我是遭人强迫的，并非我自己想要冒充的啊。"于是便用牛车载她回家去了。唐德宗担心以后无人再敢辨识太后，因此一概不加追究，而且说："我就是一百次受骗也愿意，也许就有一次真的能寻见太后。"自此以后，四方声称找到太后的不计其数，但都不是，而真太后一直都不知身在何处。

御史中丞卢杞，是卢弈的儿子，相貌奇丑、面色深青，然而口才很好，唐德宗很喜欢他，丁未日（十八日），升他做了御史大夫，统领京畿观察使。郭子仪每次接见宾客，姬妾不离身旁，卢杞曾经去郭子仪处探病，子仪把所有的侍妾屏退，独自靠着案几接待他。有人就问他其中的缘故，郭子仪回答说：“卢杞容貌丑陋心地又狠，妇道人家看见，一定会笑他，如若他有朝一日得了志，我郭家便无人难逃一死了！”

杨炎将刘晏杀掉之后，朝野内外都愤恨不已，李正己数次上表为刘晏洗罪，讥刺斥责朝廷处事不当，杨炎心生畏惧，由此派遣心腹亲近分别前去诸道，假借宣慰的名义，实则是要他们秘密地对各节度使说：“刘晏从前依附奸邪，朋比为党，请立独孤贵妃做皇后，是皇上自己厌恶他而杀掉了他。”唐德宗得知此事，十分厌恶杨炎，由此产生了诛杀杨炎的念头，只是藏在心中而没发作。乙巳日（十六日），把杨炎调为中书侍郎，将卢杞升为门下侍郎，并且同平章事，而不再专用杨炎了。卢杞身材短小、容貌丑陋，又没学问，杨炎瞧不上他，经常假借有病而不愿意和他在政事堂一块儿吃饭，卢杞也在心里记恨着。卢杞心地阴险，本性狡诈，想要建立势力，树立威望，只要是对他有一点不从的人，就必定要将他置于死地才罢休，引用太常博士裴延龄为集贤殿直学士，而对他十分亲密信任。

丙午日（十七日），把汴宋军改称为宣武军（按：《旧唐书·德宗纪》作：“以宋亳节度为宣武军。”汴宋充当宋亳。由于当时李勉作为永平军节度使镇守汴州，宣武军不可能领有汴州）。

振武节度使彭令芳苛刻残暴，监军刘惠光十分贪婪；乙卯日（二十六日），军士们一起将他们两个人都杀了。

派遣京西防秋部队一万二千人戍守关东。唐德宗驾临望春楼设宴慰劳将士，只有神策军的将士不喝酒，唐德宗就派遣人问是什么原因，他们的大将杨惠元回答说：“臣等从奉天出发时，军帅张巨济告诫我们说：‘这次出发假如能建立大功，凯旋回来之时，我们大家再相互举杯欢饮。假如没有取胜，不许喝酒。’因此不敢奉诏喝酒。”等到出发，各地主管官员沿路摆设酒菜，只有杨惠元带领的军士不开瓶倒酒喝。唐德宗大为赞赏，赐书宣慰。杨惠元，是平州人氏。

三月，置滁州于鄮城。

辛巳日（二十二日），派遣汾州刺史王翃担任振武军使，镇北、绥银等州留后。

派遣殿中少监崔汉衡出使到吐蕃去。

梁崇义虽然和李正己等人联合，由于兵力薄弱，对朝廷算是最讲礼数而恭顺的了。有人劝说他入京朝觐，梁崇义说："来公曾经为了国家立有大功，上元年间被阉宦谗言陷害，说他拖延诏令，而不立刻奉命行事；等到唐代宗继位之时，还来不及等到车驾入朝，就立刻下诏被治罪了，像他那样的功臣尚且没有免去灭门抄家的结果，朝廷对我怀有积怨这么多年，我怎么能进京入朝啊？"淮宁节度使李希烈多次请求发兵去讨伐他，梁崇义非常害怕，愈加勤奋修炼武器装备。流人郭昔告发梁崇义意图谋反，梁崇义得知后，亲自去请求降罪，所以唐德宗用廷杖惩治了郭昔，而把他流放到边远地区；并且派遣金部员外郎李舟到襄州去宣旨抚慰梁崇义。李舟曾经奉使命去见刘文喜，对他说明祸福利害，文喜将他逮捕囚禁了起来，恰好碰到文喜的部下杀了文喜而投降臣服于朝廷，诸道中一些强横而自傲的人听闻此事，就说李舟可以倾城杀将。因此，当他到达襄州以后，梁崇义特别憎恶他；李舟又劝说梁崇义入朝，话说得太过恳切直率，崇义愈加不高兴。等到派遣使臣宣慰诸道时，李舟又被派遣到襄州，梁崇义把他拒于边境之外而不接纳他，同时上奏说："军中对李舟产生了疑心，请另外换个使臣过来。"当时恰逢两河诸镇相互猜忌、相互隔阂期间，唐德宗想要展示皇恩申信来安抚人心，夏季，四月，庚寅日（初二），进一步升迁梁崇义做同平章事，他的妻儿也都加给封赏，并且赐给铁券；派遣御史张著奉持唐德宗亲笔的诏书前去征召他，并且又派遣他的副将蔺杲担任邓州刺史。

五月，丙寅日（初八），兴兵的缘故，而将商税税率提高为十分之一。

田悦终于和李正己、李惟岳商议制定好了计策，联结各镇兵力抗拒王命，派遣兵马使孟祐带领步骑五千到北方去帮助李惟岳。薛嵩死去之后，田承嗣窃据了洺、相二州，朝廷只控制了邢、磁二州与临洺县。田悦想借关山的险阻充当边境，说："邢、磁二州就像两只眼睛似的，实在是我的心腹大患，不能不攻取下来。"于是派遣兵马使康愔带领八千兵士围攻邢州，别将杨朝光率领五千士兵在邯郸西北驻扎营地，以阻断昭义军派遣来的援兵，田悦亲自带领数万大军围攻临洺；邢州刺史李共、临洺县城里的将军张伾，坚守营壁，奋力作战。

贝州刺史邢曹俊，原先是田承嗣手下的旧将，年老而有谋略，田悦宠信牙官扈崿而疏远了他，等到进攻临洺之时，田悦才召邢曹俊过来问他计策，邢曹俊说："《孙子兵法》上有所谓十围五攻；用少数来敌对多数，兵力已经不能相提并论，而尚书又以逆犯顺，情势更加不相等。而现在将兵士停顿在坚固的城池之下，一直等到粮食竭尽、兵力衰耗，和自取灭亡没什么两样。不如在崞口设下一万大军，用来阻止从西山下来的军队，那么河北二十四州之地，肯定都是为尚书你所有的了。"所有的将领都憎恶邢曹俊跟他们的看法不同，而共同谗言诽谤他，所以田悦没有采用他的计策。

资治通鉴卷第二百二十七　唐纪四十三

起辛酉（公元781年）六月，止壬戌（公元782年），共七个月。

【题解】本卷记录了公元781年六月至782年的史事，共七个月，正当唐德宗建中二年六月到三年。此期间德宗讨伐河北叛军，战火蔓延河南、淮西，这是中唐继安史之乱以后又一次朝廷与地方割据的大冲突。河北魏博田承嗣去世，唐代宗姑息田承嗣之子田悦继位，成德李宝臣去世，唐德宗不准许李宝臣之子李惟岳继位。田悦、李正己、山东淄青李惟岳联合对抗朝廷，襄州梁崇义遥相呼应。起初德宗一心讨伐，不惜开辟两线战场，让淮西李希烈等讨伐梁崇义。李希烈讨平梁崇义后，居功狂悖，野心勃发。最后官军打败田悦，成德归顺，淄青李纳战败请降，官军两条战线均取得胜利。唐德宗处置失当，田悦未灭，立即又爆发了朱滔、王武俊的背叛，李纳也重整旗鼓。叛军声势更大，叛臣相约称王。朱滔自称冀王，田悦称魏王，王武俊称赵王，李纳称齐王，朱滔为盟主。四人称王，表示不再是唐朝的叛臣，此举标志唐藩镇割据形成。

唐德宗神武圣文皇帝二

建中二年（辛酉，公元781年）

六月，庚寅日（初三），派遣浙江东西观察使、苏州刺史韩滉担任润州刺史、浙江东西节度使，把他所指挥的军队叫作镇海军。

张著迟迟才到达襄阳，梁崇义更加恐惧，陈列了兵士然后接见他。蔺杲接到诏令而不敢动身到邓州去就任，骑马飞奔过来拜见梁崇义，请求免去死罪。梁崇义对着张著放声痛哭，始终不肯奉诏入朝，张著于是回京复命。

癸巳日（初六），晋封李希烈为南平郡王的爵位，汉南、汉北兵马招讨使的官职，负责督导诸道军队讨伐梁崇义。杨炎谏诤说：“李希烈是董秦（后赐姓名为李忠臣）的养子，董秦对他尤其亲信，没人能够和他相提并论，结果他竟然驱逐了董秦，夺取权位。他这个人凶狠残暴，没有建功尚且还倔强而不遵守法令，假如他要是讨平了梁崇义，将来怎么能控制得住他？”唐德宗没有听从。杨炎极力争辩，唐德宗对他愈加不满。

荆南牙门将吴少诚用灭取梁崇义的计策求见李希烈，希烈便任命少诚担任前锋。吴少诚是幽州潞县人。

当时内自关中，西至蜀、汉，南达江、淮、闽、越，北到太原，各地都派遣军队，而李正己派遣兵力控制着徐州甬桥、涡口，梁崇义占据襄阳，运输的道路全部被阻断了，众人惶恐不安。江、淮一带上贡的一千多艘船只在涡口停泊着不敢向前行驶。唐德宗派遣和州刺史张万福担任濠州刺史。万福策马来到涡口，骑在马上，站在岸边，命令上贡船启程前进，淄青将士停在岸旁，斜着眼睛看着而不敢动。

辛丑日（十四日），汾阳忠武王郭子仪去世。郭子仪官职到大将军，握有强大的兵力。尽管程元振、鱼朝恩使尽各种方法来谗言诽谤他，然而无论在什么时候，只要一纸诏书征召他，没有不是当天就上路的，所以再也无人谗言诽谤他了。郭子仪曾经派遣使臣到田承嗣那儿去，承嗣远远地看着西方向他跪拜说：“我这双膝盖已经有许多年不向人下跪了！”李灵曜占据汴外作乱之时，不管是公家或是私人的财物，只要经过汴州的，一概被扣留下来，唯独郭子仪的财物过境之时，他连靠近都不敢靠近，而且还派遣士兵护送出境。领校中书令据考凡二十四月，俸禄的收入就高达二万缗，私有财产还不包括在内；府库里的珍宝奇货堆积得和山一样高。三千家人，八个儿子、七个女婿都在朝中有着很大很显要的官职；有好几十孙儿辈的，每次前来向他问安，他连认都认不清，只是对着他们点头致意而已。仆固怀恩、李怀光、浑瑊都出自他的手下，这些人尽管都已贵为王公，往往还是受他的颐指使唤，在他面前毕恭毕敬，即便是子仪的家人，也都拿他们作为奴仆一样看待。天下安危都在于他一人身上，前前后后差不多长达三十年时间，功名冠盖天下，而人主对他没有一点疑虑；权位极于一时，而众人对他竟然没有一点妒恨；特别奢侈，纵欲享受，也无人认为他是错的，享年八十五岁而过世。他手下的副将僚佐担任大官、成为名臣的数不胜数。

壬子日（二十五日），派遣怀、郑、河阳节度副使李艽为河阳、怀州节度使，割东畿五县隶属于他。

北庭、安西自从河、陇落入吐蕃手中以后，便隔绝不通了。伊西、北庭节度使李元忠、四镇留后郭昕带领着将士紧闭边境坚拒苦守，几次派遣使臣奉表入朝，都没有传达到，十多年音信隔绝；直到现在，派遣人从小路经过诸胡地区，取道回纥才到达京师，唐德宗对他们特别赞赏。秋季，七月，戊午朔日（初一），进封李元忠做北庭大都护，赐爵宁塞郡王；升任郭昕做安西大都护、四镇节度使，赐爵武威郡王；其他所有的将士都连着升了七阶。李元忠的姓名，是朝廷所赐的，他本姓曾，名令忠；而郭昕，是郭子仪弟弟的儿子。

李希烈因为长时间下雨而没有向前进军，唐德宗对他十分责怪。卢杞暗中向唐德宗说："李希烈之所以徘徊不前，是出于杨炎的缘故啊。陛下为什么要因为顾虑到杨炎一时的名位，而使得当前建功的大业遭到损害呢？不如暂时将杨炎的相位罢免从而换得李希烈的高兴，等讨平梁崇义以后，再次用他为相，也并无妨害啊。"唐德宗觉得他说的也对。庚申日（初三），便调遣杨炎担任左仆射，罢除了他主理政事的职权，而任用前永平节度使张镒担任中书侍郎、同平章事。张镒，是张齐丘的儿子。又下令朔方节度使崔宁担任右仆射。

丙子日（十九日），追赠故伊州刺史袁光庭做工部尚书。袁光庭是在天宝末年出任伊州刺史的，吐蕃攻陷河、陇以后，光庭坚持守卫城池长达数年，吐蕃使尽各种办法引诱他投降，他就是不愿意屈服。一直等到粮食枯竭兵力耗尽，城池将被攻陷之时，光庭先杀了他妻子然后自焚而死。郭昕派遣的使臣到达京师以后，朝廷才知悉此事，因此追赠官衔。

辛巳日（二十四日），派遣邠宁节度使李怀光兼任朔方节度使。

癸未日（二十六日），河东节度使马燧、昭义节度使李抱真、神策军先锋都知兵马使李晟，在临洺大败田悦。

当时田悦进攻临洺，一连数月都没攻下来，临洺城中粮食将要用尽，府库里的粮食已经用完，兵士大多数死亡受伤。张伾把他的爱女装扮一番，带她出来给将士们下拜说："各位抗敌守城，作战太辛苦了，我张伾家里没有什么其他的财物，请让我把这个女儿卖了，以供给各位将士们一天所需要的费用。"大家都流下泪来，说："我们愿意倾尽全部力量，至死不惜，而不敢要求任何奖赏。"李抱真向朝廷告急，唐德宗立刻下诏命令马燧率领两万步骑和李抱真一起讨伐田悦，又派遣李晟带领神策军和他们配合，同时又下达诏令让幽州留后朱滔发兵去讨伐李惟岳。

马燧等人的军队还没有出来壶关险要地区之前，就先派遣了个使臣带了封信去劝导田悦，向他说了一些好话，田悦以为马燧害怕他了，所以没有对此做出防备。马燧和李抱真聚合了八万大军，自壶关东下，驻军于邯郸，攻击田悦的一支部队，而打垮了他们。当时，田悦正急于进攻临洺，由李惟岳部队中分派出五千人去救援杨朝光。第二天，马燧等便率领士兵攻打杨朝光的军营，田悦亲自率领一万多人前去援救杨朝光，马燧命令大将李自良等在双冈加以抵御。下令说："假如让田悦通过，就杀了你！"李自良等拼死作战，田悦的部队最终被击退。马燧在一些车上点燃了柴薪推向杨朝光的营栅，将杨朝光杀掉，并斩下了敌人的首级有五千多。五天以后，马燧等又向临洺进军，田悦出动了全部军队，倾尽全力应对战争，一共战了一百多回合，田悦的军队大败，一万多人被斩杀。田悦带领着残兵败将趁夜逃跑，邢州的围困也随之解决了。

当时平卢节度使李正己早已不在人世，他的儿子李纳一直隐瞒不报，而私自统率军中事务。田悦求救于李纳和李惟岳，于是李纳派出大将卫俊带领万名士兵，李惟岳派遣三千士兵前去救助。田悦聚合散兵，一共有两万多人，在洹水驻扎军队；淄青部队在他的东边驻扎，而成德部队在他的西边驻扎，前后相互接应。马燧带领诸军进屯邺县，上奏请求河阳发兵相助，唐德宗于是下诏命令河阳节度使李艽带兵和他会合。

八月，李纳才给他父亲发丧，上奏请求继承他父亲的职位，唐德宗没有应允。

梁崇义发兵攻打江陵，到四望山时，大败而还，于是集合兵士，在襄、邓屯守。李希烈带兵沿着汉水向上和诸道军队会合；梁崇义派遣他的大将翟晖、杜少诚在蛮水迎接战斗，被李希烈打得大败然后逃亡，追到疏口，再次被打败。二员大将请求投降，希烈命他们率领着剩下的一群人先进入襄阳宣扬政令、安抚军队和百姓。梁崇义闭城抗拒，固守城池。守城的士兵打开城门，争先恐后地出城，根本没有办法阻止。梁崇义和他的妻子于是投井自尽，后来被捞了起来，将他的首级斩下，送往京师。

范阳节度使朱滔将要发兵讨伐李惟岳，在莫州驻军；张孝忠带领八千精兵守卫易州，朱滔派遣判官蔡雄去游说张孝忠说："李惟岳那个乳臭未干的小儿，竟然敢违抗朝廷命令；而今昭义、河东军已经将田悦击破了，李仆射希烈的淮宁军又攻下了襄阳，数数看河南的各路军队，都还昼夜不停地向北推进，恒、魏灭亡是指日可待的事情了。假如使君你能领头让易州归顺朝廷，那么破败李惟岳的功劳，便是由你领先的，这才是变灾祸为福气的上策啊！"张孝忠很是认同，于是一方面派遣牙官程华去进见朱滔，另一方面派遣录事参军董稹奉表入京，朱滔又上表推荐他，唐德宗心中特别喜悦。九月，辛酉日（初六），任命张孝忠为成德节度使。又命李惟岳护丧返朝，惟岳没有遵从。张孝忠十分感激朱滔的恩德，替他儿子茂和娶了朱滔的女儿，用来加深相互的交情。

壬戌日（初七），进封李希烈为同平章事。

先前，李希烈请求讨伐梁崇义之时，唐德宗多次对满朝文武赞扬他的忠心耿耿。黜陟使李承由淮西回到朝廷，对唐德宗说：“李希烈肯定可以建立战功，恐怕他立功以后，自恃功高而不肯臣服，那就更要烦劳朝廷出兵讨伐了！”唐德宗却不这样觉得。

李希烈攻占到襄阳以后，便将其据为己有了，唐德宗这才想起李承说过的话。当时李承是河中尹，甲子日（初九），任命李承担任山南东道节度使。唐德宗要派遣禁兵送他赴任，李承却请求让他单骑赴任；到达襄阳之时，李希烈将他安置在驿馆中，千方百计对他威胁强迫，李承宁愿死去也不屈服。李希烈于是在整个襄阳境内大掠而去。李承治理一年以后，军府才稍稍完备一些。李希烈在襄州留有牙将，守护他抢来的财物，因而经常有使臣前来。李承也派遣他的心腹臧叔雅前去许州、蔡州，深结李希烈的心腹周曾等人，和他们暗自谋划对付李希烈。

起先，萧嵩的家庙距离曲江很近，玄宗觉得那里是游乐之地，不是适宜神灵居住之地，而命他将家庙迁走。杨炎担任宰相之时，十分憎恶京兆尹严郢，而调迁他做大理卿；卢杞有心陷害杨炎，便把严郢引进作为御史大夫。在此之前，杨炎准备营建家庙，在东都有一栋宅院，就拜托河南尹赵惠伯帮他卖掉，惠伯便买下作为官舍，严郢便检举他，说他从中贪污谋取暴利。卢杞于是召大理正田晋依法议处。田晋觉得：“根据律令，监临官购买物产而从中谋利，依照勒索贿赂论罪，应该撤销职位。”卢杞勃然大怒，而贬田晋做了衡州司马。又再令其他大理正重新议处，而觉得：“负责监守的人，从自己所管理的财物中谋取利益，按罪应当受到绞刑。”杨炎的家庙，正对着萧嵩原来的家庙，所以卢杞讲他的坏话说：“那地方有天子瑞气，因此玄宗才令萧嵩迁走家庙；杨炎怀有异心，因此在那里修建家庙。”冬季，十月，乙未日（初十），杨炎从左仆射被贬为崖州司马；到崖州大约还差一百里路的时候，就被绞死了。赵惠伯从河中尹被贬为费州多田县尉，没有多长时间也将他杀掉了。

辛巳日（十月无此日），册立太子妃萧氏。

癸卯日（十八日），在太庙中举行袷祭。在这之前，太祖灵位已经在东向的位置供奉上了，因此太祖的祖父献祖宣皇帝李熙、太祖的父亲懿祖光皇帝李天赐的灵位便都在西夹室里奉藏着，而不在四时祭祀；而现在，又再将献祖的灵位供奉到向东的位置，而岁时祭祀。

徐州刺史李洧，是李正己的堂兄。李纳侵犯宋州之时，彭城县令太原人白季庚游说李洧将所管治的徐州向朝廷归顺；李洧听了他的话，便派遣摄巡官崔程奉表入京，并且要他口头上奏，同时也向宰相禀告，就说："单单依靠徐州薄弱的力量，无法抵抗李纳，所以想要求任命统率徐、海、沂三州观察使，何况海、沂二州，现今都已被李纳占有。我和二州刺史王涉及马万通向来有交情，假如能得到朝廷的诏书，抗拒李纳，肯定能够胜利。"崔程从外地来京，错误地认为宰相的地位和职权当然都是一样的，便把这番话先行禀告给了张镒，张镒就去告诉卢杞。卢杞生气崔程不先向自己禀告，因此没有答应他的请求。而于戊申日（二十三日），晋封李洧为御史大夫，充任招谕使。

十一月，戊午日（初四），将永乐公主嫁给了代理比部郎中田华，只是由于唐德宗不愿悖逆先帝的心意。

蜀王李傀改名为李遂。

辛酉日（初七），宣武节度使刘洽、神策都知兵马使曲环、滑州刺史襄平人李澄、朔方大将唐朝臣，在徐州大败淄青、魏博的军队。

在此之前，李纳派遣他的部将王温会同魏博军队里的大将信都人崇庆共攻徐州，李洧派遣牙官温县人王智兴向朝廷告急。智兴健步善走，五天不到就到达京师。唐德宗为他派遣了朔方部队的五千名士兵，下令唐朝臣带领着，和刘洽、曲环、李澄一起前往救援。当时朔方军的粮食装备来不及运到，旗帜衣服都是破烂不堪，宣武军的士兵都嘲笑着说："乞丐也可以灭贼吗？"唐朝臣就拿这句话来激怒士兵，并且说："都统有令，先将贼人营地攻破的部队，营中全部财物都归他们所有。”兵士全部非常愤怒而奋勇争先地杀敌。

崇庆、王温攻彭城，前前后后二十天都没能攻下，请李纳加派兵力；李纳便派遣他的部将石隐金带着万人士兵赶赴增援，和刘洽等人在七里沟交战，天色接近黄昏之时，刘洽不敌，领兵稍微退后，朔方马军使杨朝晟对唐朝臣说：“请你把步兵背对着山排列兵阵，这样等待淄青、魏博两军，我将骑兵埋伏在山凹里，贼人看到孤军势力单薄，肯定向你进攻；我便让伏兵拦腰截击他们，一定可以打败他们。”朝臣听从了他的计谋。崇庆等人果然带领了两千铁骑过桥向西，追赶攻击朝廷官兵，伏兵突然出现，拦腰予以痛击；崇庆等的部队被阻截中断，被迫狼狈撤退，占据桥头，抗拒官兵。崇庆军队中的败兵，有争不到桥道退逃的，就涉水渡河，杨朝晟便指着他们说：“他们可以涉水而过，为什么我们不可以？”于是便涉水追击，据守桥头的那些贼兵都四散逃跑，崇庆等部队被打得溃不成军；刘洽趁机攻击，斩下敌人八千首级，而贼兵有一半以上都被淹死。朔方军队把敌军全部的辎重装备都缴获了，旗帜服装全部焕然一新，鲜明华丽，于是对宣武军的士兵说：“乞丐的功劳，和你们宣武军比起来，究竟谁多谁少？”宣武士兵都倍感羞愧。官军乘胜追杀那些逃亡败北的贼兵，一直到徐州城下，魏博、淄青两军才突围退走，江、淮水运，到这个时候才畅通无阻。

己巳日（十五日），下诏将李惟岳的官职爵位予以撤除；招募他部队中那些投降的将士，不但一律赦免其罪过，并且另加奖赏。

甲申日（三十日），淮南节度使陈少游派遣士兵攻打海州，刺史王涉以全州投降。

十二月，李纳所属的密州刺史马万通求降；丁酉日（十三日），朝廷仍旧派遣他担任密州刺史。

崔汉衡赴吐蕃出使，赞普因唐德宗的敕书中用的是“贡献”及“赐”等字眼，全以对待臣属的礼制相待；另外，又认为云州西边应该把贺兰山当作界线，所以请汉衡再替他向唐德宗请求加以更改。丁末日（二十三日），崔汉衡派遣判官陪同吐蕃使臣入朝奏请。唐德宗由此更改敕书，如：将“贡献”改作“进”，而将“赐”改成“寄”等，边境界限，也都依照他的请求而重新订立。

诏加马燧兼任魏博招讨使。

建中三年（壬戌，公元782年）

春季，正月，河阳节度使李艽带领士兵进逼卫州，田悦部下的守城大将任履虚诈降，后来又窥探时机反叛。

马燧等统领军队在漳水岸边屯兵。田悦派遣他的部将王光进两头抱河，筑形如半月的城垣防守长桥，所以马燧等部队不能渡水作战。马燧便用铁链连接数百辆车子，在车厢中装上土袋，填塞在长桥下流，使得水面低浅，各路军队因而得以涉水渡过。当时军中粮食短缺，田悦将营垒外的壕沟挖深，坚守营地而不出城作战。马燧便命各部队带上十天的食粮，进兵在仓口屯驻，而和田悦部队在洹水两岸对峙。李抱真、李艽问他说：“军粮数量很少，而又深入敌人的营防，这是什么原因呢？”马燧说：“因为粮少所以必须快点战斗才对你我有利，而今敌方三镇联兵而不出城作战，想要使我们的兵士疲惫困乏；假如我们分兵从他们的左右进攻，田悦必定派遣兵士支援，如此我们可就陷入腹背受敌的险境了，这样的话，战事一定不利于我方。因此进兵胁迫田悦，这就是兵法所说的要攻击对方必须派遣士兵援救的地区啊。三镇的军队一旦出战，必然会被诸位所击破。”所以搭建了三座桥梁，越过洹水，每日不断地去挑战，田悦就是不领兵出战，马燧于是下令让各军士兵在半夜里起来，吃饱肚子，在黑暗中行军，顺着洹水，直奔魏州，下令说：“贼兵来到，就停止行军，立刻布阵迎战。”只留下骑兵一百在营内击鼓吹号，和以前一样，抱持着火把，等到全部的军队都出发以后，才停止击鼓和吹号，在一旁隐藏；而等田悦的兵士全都渡过了河水，再叫他们烧掉桥梁。军队出发大约走了十里路，田悦获悉，就带领淄青、成德两支部队的步骑四万过桥来在后面追赶，趁着风势放火烧野，敲着鼓叫嚣着前进。马燧按兵不动，先把军阵前百步范围以内的草莽清理掉预备作为战场，排兵布阵以待，而且招募五千多名勇士充当前锋。田悦兵士一到跟前，火势已熄，士气也已衰竭，马燧这才出兵攻击，大败田悦。神策、昭义、河阳诸军小受挫败而撤退，然而当他们看到河东部队大捷，便掉转过来再战，再次击败了田悦。此时朝廷官兵已追奔来到，三座桥梁被焚毁，田悦军队大乱，跳到水里被淹死的，简直不计其数，有两万多人被斩首，有三千多人被俘虏，尸体纵横堆积，遍布三十多里地。

田悦召集了一千多名残兵败将逃往魏州。马燧和李抱真不和，在平邑佛寺停兵。田悦剩下的众人在夜里抵达魏州南门外，大将李长春紧闭城关不让他进去，想等官军到来，过了很久，天都快亮了，长春还没看到官军到来，才将门打开让田悦进城。田悦于是杀了李长春，据城拒守。城中兵士不到几千人，死亡兵士的家人们号啕大哭，满街都是。田悦担忧恐惧，所以手握佩刀，骑在马上在军府门外站立，召集全城所有的军民，泪流满面地对他们说："这全都是我的过错，当时承蒙淄青李正己、成德李宝臣两位长辈保举推荐，我才得以继承伯父的权位，而今这两位长辈都已过世，他们的儿子却都没有承袭权位，我不敢将两位尊长的大恩大德给忘记，所以自不量力地就抗拒起朝廷的命令来，才导致了今日的败亡，而使得将士们惨遭横祸，这全是我的罪过啊。我上有老母，不可以自杀，然而愿诸位用我手上的这把刀将我的头砍下来，拿出城去献给马仆射，求得自己的荣华富贵，而不必和我一块儿在这里被困死啊！"于是翻身滚下马来而跌倒在地。将士们争相上前抱住他说："尚书你起兵行义，并非是为你自己啊。一胜一败，原本是兵家常事。我们世世代代受你的恩惠，怎么会忍心听你这样说？我们甘心在你的带领下再决一死战，如果无法取胜就以死相报。"田悦说："诸位不因我败亡而抛下我不管，我田悦死去之后，在九泉之下也不敢把诸位的此番盛意给忘记啊！"于是同诸位将领各自把头发剪断，结成兄弟，发誓同生共死；而且拿出了府库里全部的财物，还向当地的富户征收钱财，数目共计百余万，赏给了士兵们，这才使军心安定了下来。又再度召用贝州刺史邢曹俊，要他整顿部队，充实武备，军队的声势才又振兴起来。

李纳在濮阳驻军，被河南军逼攻，又逃回了濮州，而请求魏州增援。田悦派遣军使符璘带领三百骑兵护送，符璘的父亲符令奇对符璘说："我老了，当年我亲眼看见过安禄山、史思明那些犯上作乱的人，如今他们都到哪去了？田氏又能维持多久呢？假如你能趁此机会弃暗投明，那就等于是你能将你的父名显扬于后世，而尽了大孝了。"说完咬破手臂把儿子送走。符璘因而跟他的副将李瑶带领众人投降了马燧。田悦将他全族杀害，并且还把他们的家产没收，符令奇破口大骂而死。李瑶的父亲李再春在博州举城投降，田悦的堂兄田昂在洺州举城投降，王光进在长桥也率众投降了。田悦进到魏州城十几天后，马燧等各部队才来到城下，开始攻城，然而没有攻克。

丙寅日（十二日），李惟岳派遣士兵支援孟祐守束鹿，最后还是被朱滔、张孝忠攻拔了，然后朱滔等又乘胜出兵围困深州。李惟岳感到非常恐惧，掌书记邵真又劝说惟岳，建议他秘密上表，先派遣他弟弟惟简入朝；然后将没有听从朝令的将领，一概予以诛杀，再亲自入朝，而请岳父冀州刺史郑诜暂时代理节度使的职务，听候朝廷命令派遣人来接管。李惟简启程以后，孟祐知晓了他们的计划，便派遣一个密使去报告田悦。田悦非常震怒，就派遣衙官扈岌去见李惟岳，责备他说："田尚书起兵，全都是为大夫你求旌旄符节而已，并不是为了他自己。而今大夫你竟然听信邵真的话，派遣你弟弟奉表入朝，而把全部反叛的罪名归于尚书一个人，来给自己洗脱罪名，尚书有哪里对不住你，以至于让你做出这等事来呢？假如你可以因为这桩子事，而杀掉邵真，那么依然像当初那样待你；否则，就下决心跟大夫你绝交了。"判官毕华又对李惟岳说："田尚书因为你而身陷重围，大夫你却忽然悖逆了他，实在也太不讲义气了。何况魏博、淄青兵力强大食物充足，足可以与天下的军队对抗，可以成事也未可而知，你怎么能够反复不定而忽然盲目行动呢？"李惟岳生性素来怯懦，听他们这一说，又不能坚守原定的计划行事了，于是引来邵真，当着扈岌的面斩杀了他；又发成德部队一万名兵士，支援孟祐一起围攻束鹿。丙寅日（十二日），朱滔、张孝忠和他们在束鹿城下会战，惟岳兵大败，焚烧营寨，连夜逃窜。

兵马使王武俊被李惟岳身边的一些人谗言陷害，所以惟岳对他起了疑心，然而由于爱惜他的才干，杀掉他于心不忍。束鹿这次战争，武俊被派遣去打前阵，他私下盘算着说："我把朱滔攻破之后，那么李惟岳的军势就因而大振，回去必然会把我给宰了。"因此作战之时不太卖力，结果大败。

朱滔想趁着胜利攻打恒州，张孝忠却带领士兵向西北挺进，在义丰驻扎。朱滔感到非常惊异，孝忠手下的大将和僚佐也都觉得很奇怪，孝忠说："恒州的老将还有很多，不可以轻视了他们。逼攻恒州，他们就会合力死拼，若是我们缓兵而不前进，那么他们只是各图自保而已。诸位只等着看吧，我们在义丰驻兵，坐着等李惟岳灭绝就可以了。更何况朱司徒只会说大话而见识浅肤，可以和他一起开始，然而难以和他一起结束啊！"于是朱滔也在束鹿驻兵，而不敢前进。

因为李惟岳手下的一员大将康日知在赵州举城归顺朝廷，惟岳由此愈加怀疑王武俊，武俊也就愈加恐惧。就有人对惟岳说："先相公（指李宝臣）对王武俊推心置腹，极其信赖，而让他辅助大夫你，何况他儿子还是你们李家的女婿，武俊又是位勇冠三军的大将，眼下危难当头，你还要对他产生猜疑，处处压制着他，除了他以外，你还寄希望于谁替你作战退敌啊！"惟岳认为他说的也对，于是便派遣步军使卫常宁和王武俊一同率领士兵攻打赵州，又派遣王武俊的儿子王士真带领士兵住在军府中保卫自己。

癸未日（二十九日），蜀王李遂又改名为李溯。

淮南节度使陈少游攻取下的海、密二州，没过多久又被李纳攻陷。

王武俊离开恒州以后，就对卫常宁说："我王武俊今天万幸逃出了虎口，是不会再回去了！我决定到北方去依附张尚书（指张孝忠）。”常宁说：“大夫昏庸愚昧而又懦弱，信赖身旁的奸佞小人，看情势迟早会被朱滔殄灭。而今天子降下诏令，能取得他人头的，赐给官禄爵位，中丞你向来为众人所钦服，与其逃亡，哪比得上返回去杀掉他呢？这种把灾祸变为福分的事情，就像反掌一样容易，到时候事情如果没有成功，再去依附张尚书，也不算晚啊。”武俊觉得很对。正好碰到李惟岳派遣要藉官谢遵来到赵州城内，武俊便邀请谢遵一块谋取惟岳；谢遵返回，便密密地告诉了王士真。闰月的甲辰日（二十一日），王武俊、常宁自赵州领兵返回攻击李惟岳；谢遵和王士真诈称李惟岳的命令，把城门打开放他们进来。天刚刚亮，武俊率领数百骑兵突入军府大门；士真在内接应，杀掉了十几个人。武俊发布命令说：“大夫叛逆，将士们理应弃邪归正，归顺朝廷，如果有谁敢抗拒的话，全族诛灭！”大家都不敢动。于是将李惟岳逮捕了，进攻郑诜、毕华、王他奴等人，而一一杀死了他们。王武俊看在李惟岳是以前节度使李宝臣的儿子的面子上，想要留他一条命而押送他到长安去。常宁说：“他如果见到了天子，一定会把叛逆的罪名加到你头上。”于是就绞死了李惟岳，然后把他的头砍下来，送往京师。深州刺史杨荣国，是李惟岳的姐夫，投降了朱滔；朱滔仍让他担任以前的职位。

恢复天下所有的酒由官府公卖的制度，唯独西京（长安）例外。

二月，戊午日（初五），李惟岳所委派的定州刺史杨政义投降。这时河北一带大致都已平定，唯独魏州尚未被攻克。河南各军在濮州进攻李纳，李纳的情势一日日窘迫起来。朝廷觉得天下没过多久便可太平无事了；甲子日（十一日），派遣张孝忠担任易、定、沧三州节度使，王武俊担任恒冀都团练观察使，康日知担任深赵都团练观察使，而将德、棣二州隶属于朱滔，让他返回镇守。朱滔再三要求深州，唐德宗都没应允，因而有怨在心，而在深州留兵屯驻。王武俊向来看不起张孝忠，又认为是自己将李惟岳杀掉的，功劳应该在康日知之上，然而孝忠当上了节度使，自己和康日知两人却只不过当了个都团练使，同时还失去了赵、定二州，心里也十分不痛快。此外，唐德宗又下达诏令让他给朱滔三千石粮食，给马燧五百匹马，武俊因此认为朝廷不愿意让叛军旧将担任节度使，击败魏博叛军之后，一定会攻取恒冀，因此才分散他的粮马借以削弱他的实力；既然有了这样的猜疑，因此不愿奉诏。

田悦获悉这种情况之后，便派遣判官王侑、许士则秘密由小径前往深州，游说朱滔说："司徒你奉诏讨伐李惟岳，旬月之间，攻拔了束鹿，攻下了深州，李惟岳的形势窘迫，王大夫武俊全依仗这一优势，才把李惟岳的头砍下，这全都是司徒你的功劳啊。而且天子明明下诏书，说假如你能将李惟岳的城邑攻下，就都归属于你！而今竟割出深州拿来分给康日知，这和背信弃义没什么两样嘛。何况当今天子有心清除河朔，不让藩镇的子孙承袭权位，而将用文臣替代武将。就好比魏国一亡，所以燕国、赵国自然就跟着灭亡了，如果魏国存在，燕、赵也就不会有任何忧患了。既然这样，那么假如司徒你真的有意因为怜悯魏博的危困而发兵救助的话，非但可以因为继绝存亡的义行而享有美誉，也是在为你的子孙万世谋福造利啊！"又许下诺言要把贝州送给朱滔。朱滔向来怀有异心，听他这样说，非常高兴，立刻让王侑返回通知魏州的将士们，让他们知晓有外援即将到来，各自坚守。又派遣判官王郅和许士则一起到恒州去游说王武俊说："大夫你冒着万死的危险计划行事，砍掉贼首，除去乱根，而康日知连赵州都不曾离开过，怎能和你的功劳相提并论？然而朝廷的褒奖封赏却都相差无几，有谁不为你愤恨不平的？而今又听说有诏令要你给邻道提供粮马，朝廷的用意，是由于你骁勇善战，而怕留下后患，因此要先削弱你的军府，等到平魏以后，再让马仆射向北，朱司徒向南，合力将你殄灭而已。朱司徒也不敢自保无虑，因此派遣我献计于你，想要和你合力去解救田尚书，而让他不致被灭亡，大夫你自己留下粮食和马匹以供将士们的需要；朱司徒不愿把深州让给康日知，而想要给你，请你早日派定刺史去守城。那么范阳、恒冀和魏博三镇联兵，就像是耳目手足彼此互相帮助一般，将来就可永无忧患了！”武俊一听，心里也十分高兴，便答应了，于是立刻派遣判官王巨源作为使臣，去见朱滔，并且就任命他管理深州刺史的事务，相互约定时日发兵往南方去援助。朱滔又派遣人去游说张孝忠，孝忠却不为所动。

宣武节度使刘洽在濮州进攻李纳，将濮州外城攻占。李纳在城楼上流着眼泪请求改过自新，李勉又派遣人过去劝说他。癸卯日（二月无此日），李纳派遣他的判官房说与他的胞弟李经和儿子李成务入朝觐见。正碰上中使宋凤朝返回朝中说李纳的情势已经陷于贫困窘迫的境地，不能放过他，唐德宗因此将房说等逮捕囚禁在宫中；李纳便又返回郓州，和田悦等人联合了起来。朝廷见到李纳的声势没有减弱，三月，乙未日（十三日），才派遣徐州刺史李洧兼徐、海、沂都团练观察使，当时海、沂二州已被李纳占据，李洧事实上是毫无所获。

李纳先前造反之时，他所委派的德州刺史李西华严密守备，都虞候李士真暗中在李纳面前毁谤西华，李纳于是召西华回了军府，而派遣士真去替代他的职位。士真又假传命令召棣州刺史李长卿，长卿奉召路过德州之时，被李士真劫持了下来，胁迫他一同返回京城。夏季，四月，戊午日（初六），下诏派遣李士真、李长卿担任德、棣二州刺史。士真向朱滔要增援，然而朱滔已经生了二心，便派遣大将李济时带着三千人声言是去援助李士真守卫德州，同时又召士真赴深州讨论军事，抵达以后，便扣押了他，而让李济时主持德州的政务。

庚申日（初八），吐蕃送回了先前所俘虏的八百名兵民。

唐德宗由宫中派遣出宦官为使臣传令发派卢龙、恒冀、易定军队万人，去到魏州讨伐田悦。王武俊不接受诏令，把使臣扣留下来送往朱滔那里，朱滔对军众们说：“将士们有功的，我代为奏请官爵，都没有达成；因此现下想要和诸位整装一块儿到魏州去，击破马燧，自求一个温饱，你们觉得怎么样？”大家都没回答。问了三次，才有人说：“幽州的人，自从安史作乱之后，跟着到南方去的，还无一人能回得来，直至今日，他们的后人还悲痛不已，何况太尉（指朱泚）、司徒你们都享有国恩荣禄，将士们也都蒙赐官勋，真的只求保有现状，也不敢再心存其他侥幸的希望。”朱滔当时也没有再说什么就作罢了。之后却为此把数十位大将杀掉，然后再安抚他们的兵士，重重地给以犒赏。

康日知获悉朱滔的阴谋以后，就去通知马燧，马燧便去向唐德宗禀告，唐德宗觉得魏州尚未攻下，王武俊又再次起兵作乱，实在没有力量去制服朱滔，因此在壬戌日（初十），就赐爵朱滔做了通义郡王，希望可以借此安抚他。然而朱滔的谋反活动却愈演愈烈，分派一支军队在赵州附近驻扎，以此来胁迫康日知，又把深州交给了王巨源，而王武俊派遣他儿子王士真担任恒、冀、深三州留后，亲自领兵去围攻赵州。

涿州刺史刘怦与朱滔同县人，其母亲，是朱滔的姑母，朱滔使他知幽州留后，刘怦听闻朱滔要去援救田悦，就写了封书信去劝说他道：“今天，你的故乡昌平，朝廷把它改作太尉乡、司徒里，这足以显示你们兄弟将名垂不朽了。只需自己忠心颐服，便没有什么事不成功的。我私下在想，近些年来专务大举兴兵而喜欢挑起战争，不顾是成是败以至于家破人亡的，安禄山、史思明一类的人就是如此。我刘怦有幸和司徒你关系亲近密切，假如没有提醒你，那实在辜负了你对我的一片深情厚谊。然而希望司徒多加考虑，免得将来后悔莫及。”尽管朱滔没接受他的劝告，却也非常欣赏他的忠心，对他自始至终都没有任何猜忌。

朱滔即将发兵，又考虑到张孝忠是他的后顾之忧，便又派遣牙官蔡雄去游说他。孝忠说：“先前司徒从幽州发兵，派遣人过来对我说：‘李惟岳辜负了皇恩是叛逆之徒。’而说我归顺了朝廷是忠臣。孝忠我本性耿直，向来依照司徒的教令行事。而今既然已经当了忠臣，就无意再去帮助叛逆了。何况我和王武俊都出身于夷人部落，深切地了解夷人的心最易变。然而希望司徒不要把我今日的这番话忘记，将来有朝一日必定会想到我这番话的！”蔡雄又想用巧辞游说他，孝忠生气了，想要逮捕他送往京师。蔡雄怕孝忠对他不利，就逃了回去。朱滔便派遣刘怦带兵在要害之地屯驻，来防备孝忠。孝忠巩固城郭，磨兵砺器，独自居于强敌之间，没有谁可以让他屈服。

朱滔亲自率领两万五千名步骑从深州出发，到达束鹿，第二天清晨正要继续行军之时，集合号角还没有吹完，兵士们忽然大乱，喧哗叫嚷着说："天子命司徒返回幽州，怎么能够违抗诏令反而到南边去援救田悦？"朱滔非常惊骇，躲到驿站后厅去藏了起来。蔡雄和兵马使宗项等人假意对兵士们说："你们先别吵，静候司徒传令听他怎么解释此事。"众人才渐渐安静下来。过了没多久，蔡雄又说："从前司徒在范阳发兵之前，圣旨颁令说谁能攻下李惟岳占据的州县就归谁，司徒因为幽州生产的丝绵太少，因此和你们一同竭力血战去攻取深州，希望可以获取当地的丝棉，以此来宽减你们的赋税，没料到朝廷言而无信，而把深州给了康日知。再者，朝廷由于你们在攻破李惟岳的事上有功，赐给每人十匹细绢，转运到魏州西境之时，都被马仆射夺了过去。司徒本人只需在范阳过日子，就足够安享富贵了；而今此次南行，实在是为你们着想，并非为他自己啊。假如你们不想南行，任由你们返回北方去，也用不着喧嚷悖乱、违反军纪啊。"大家听到这番话，不知该如何是好，就说："敕使怎么可以不为我们这些军士将赏赐的东西好好地保住呢？"于是众人冲进了敕使院将，活活地打死了敕使。又大声叫着说："尽管明知道司徒此行是为了我们这些兵士，到底还是不如暂且遵奉诏令返回镇所去。"蔡雄说："既然如此，那么你们先行各自归队，明天早上再返回深州，休息几天，然后返回镇所就是了。"大家这才安定下来。朱滔带兵返回深州之后，秘密下令诸将探察率先制造混乱、领头闹事的人，一共查出了二百多人，便全部斩杀了他们，剩下的人都吓得不得了；于是再次领兵南行，军士中无一人敢率先退却。一路前进，将宁晋县攻克后，便在那里屯驻下来，等着王武俊前来会合。这时，王武俊带领了一万五千名步骑，攻下了元氏县，正向东前往宁晋。

王武俊当时杀了李惟岳之后，就派遣判官孟华入朝觐见。孟华本性忠直，非常有才能，又擅长谋略，唐德宗对他很赏识，而派遣他担任恒冀团练副使。此刻王武俊和朱滔都起了二心，阴谋造反，唐德宗立刻派遣孟华去传旨告诫。孟华抵达之时，武俊已经派遣士兵出发了，孟华劝说他道："圣上心里对你万分器重，假如你能尽忠尊君，还愁无法得到高的官爵，众多的土地吗？不久天子必然会把康日知调到他镇，深、赵二州最终一定会是为你所有的，你又何必贸然地和那些乱臣贼子为伍呢？如果将来一无所得，再后悔还怎么来得及呢？"孟华当初在李宝臣帐下，因为直道而行，已经受到同僚忌恨，而今当了团练副使，同僚们对他更加忌恨，就对王武俊说："孟华将军中的秘密上奏天子，请天子用他充当内应，因此才被破格越级升迁的；一旦听从了他的话，必定会叫我们全军覆没，大夫你应该多多防范他才是。"王武俊因为他是旧属，要杀掉他于心不忍，便把他的职位撤销，让他回家去了。

田悦仗着援兵将到，派遣他的大将康愔率领士兵万余出西城，和马燧等战于御河之上，被打得落花流水，大败而回。

当时两河的战争，每月军费消耗需一百万余缗，府库所藏，不够几个月的用度。太常博士韦都宾、陈京建议，认为："货殖的利益，全都在富商手中聚集，请求搜刮富商的钱财，只允许他们留下万贯家私，充当做买卖的资本，多余的则拿出来借给官府，用来供给军需费用。只不过需要向全天下拥有这般财力的一两千名富商借贷，几年之内的军用就都够了。"唐德宗接受了这项建议。甲子日（十二日），下达诏令向富商借款，命令度支逐条列清债权的姓名及数目等。判度支杜佑大肆调查长安城中所有商贾的财货，由于怀疑他们所报不符合实情，而常常有鞭笞拷打的行为，商民不胜其苦，竟然有人上吊自尽，整个长安城内乱成一片，像是受到敌寇强盗劫掠一样，一共才收得八十多万缗。又把当铺里的货物搜掠去，拿去变卖换钱，民间但凡有钱帛粮食蓄积的，都要强行借贷四分之一，所以将百姓的金柜地窖先封了起来，以防止他们转移藏到他处。导致百姓关门停业，相率拦在宰相的车马前诉苦的人成千上万。卢杞这才安慰告谕他们，然而也无法压抑这种情势，于是急忙另择一条路赶快回府去。前前后后从商人处借得的，一共仅有二百万缗罢了，然而民财已经穷困竭尽了。陈京，是陈宣帝的儿子宜都王叔明的第五世孙。

甲戌日（二十二日），派遣昭义节度副使、磁州刺史卢玄卿担任洺州刺史兼魏博招讨副使。

起先，李抱真担任泽潞节度使之时，马燧统领河阳三城；抱真想要将怀州刺史杨杀掉，投奔到马燧那儿去，马燧收容了他，而且向唐德宗上奏说他无罪，抱真因而对马燧心怀愤怒。等到合力讨伐田悦之时，数次因为事情相互怨恨，两人之间的仇隙越来越深，而不相谋面。所以两军相互观望，逗留而不前进，自相阻挠，使得长时间没有功劳，唐德宗曾经多次从宫中派遣使臣去从中调解。等到王武俊进逼赵州，李抱真分出部队中两千人去戍守邢州，马燧大怒道："残贼还没有翦除，理当彼此联兵合力作战，而今竟然分派士兵去防守自己的地盘！"所以准备率领兵士回去。李晟劝说马燧："李尚书以为邢、赵二州接壤，分出兵力去戍守邢州，的确并无妨害。如今假如你突然带兵而回，大家会怎么批评你啊！"马燧听此一说，好似茅塞顿开，所以心中大喜，于是单骑直奔李抱真的营寨去拜访他，两人彼此尽释前嫌，重归于好。正碰上这时洺州刺史田昂请求允许入朝，马燧上奏请求让洺州隶属于李抱真，并且请派遣任卢玄卿担任刺史，兼任招讨副使。李晟的部队，原先是隶属于李抱真的，也请求隶属于马燧，以显示双方协调融洽。唐德宗依从了他们的请求。

卢龙节度行军司马蔡廷玉厌恶判官郑云逵，上奏要求贬他做莫州参军。云逵的妻子，是朱滔的女儿，朱滔又为他上奏请求派遣云逵担任他的掌书记。所以云逵在朱滔面前大肆陷害廷玉，而廷玉在这边又和摄代大理少卿朱体微对朱泚说："朱滔在幽州，凡事独断专行，本性就算不上一个君子，万万不可将兵权交给他。"朱滔获悉，非常震怒，给朱泚去了好几封信，要他杀掉这两个人，朱泚都没有听从他；为此兄弟之间颇有芥蒂。等到朱滔抗拒朝令，唐德宗想要借归罪于蔡廷玉等人的方式来宣慰朱滔，因此在甲子日（十二日），贬蔡廷玉做了柳州司户，贬朱体微做了万州南浦县的县尉。

宣武节度使刘洽进攻被李纳占据的濮阳，把濮阳守将高彦昭制服了。

朱滔把书信装在蜡丸内，派遣人藏在发髻里，送给朱泚想要他一起起兵造反；被马燧查获到，与使者一起被送往长安，朱泚并不知晓此事。唐德宗下令用驿马飞驰到凤翔召令朱泚，朱泚到达以后，唐德宗将蜡书及使者一并展示在他面前，朱泚惶恐不安，叩头请罪。唐德宗说："你们兄弟二人相距千里，刚开始的时候就不是同谋，这并非你的罪过啊！"所以留他在长安城给他所建的宅第中，赐给名园、膏腴的田地以及很多金银来安抚他；而他的幽州卢龙节度使、太尉、中书令的职位和以前一样。

唐德宗认为朱泚所率领的幽州部队在凤翔，想找一个得力的大臣去替代朱泚。卢杞一直对张镒的忠贞耿直而身受唐德宗的器重心怀忌恨，就想将他外放，使得自己可以专权总揽朝廷政务，因而便对唐德宗说："朱泚的名望地位向来很高，凤翔的将领校官的班次职位也都非常高，如果不是宰相地位的亲信臣子，是不能镇压安抚得了的，我替自己请命前往。"唐德宗低着头半天没有答话，卢杞又说："陛下一定是认为我相貌平平，不会让三军将士们顺服，那就只有请陛下自行裁决了。"唐德宗于是望着张镒说："身怀文武双全的才能，又享有朝野内外崇敬的声望，再无人能代替你的了。"张镒明知是受到了卢杞的挤竞，然而又没有什么好借口推辞，所以只得再拜受命。戊寅日（二十六日），下诏命令张镒兼任凤翔府尹及陇右节度使。

起先，卢杞和御史大夫严郢串通陷害杨炎、赵惠伯而酿成了冤狱，杨炎死去之后，卢杞又对严郢怀有忌恨。刚好碰上蔡廷玉等人被贬官，殿中侍御史郑詹将文书误递到昭应去找人解送，当时蔡廷玉等已经走到蓝田，又被召向东返回，廷玉等人认为将要把他们押解到朱滔那儿去，因此到了灵宝西边之时，就投河自尽了。唐德宗听说这件事情，感到十分惊讶，所以卢杞上奏说："朱泚肯定会怀疑这是诏书的旨意，请您派遣三司使去审判郑詹。"又说："御史行事，一定先要禀明大夫，故此请一并审判严郢。"还未结案，卢杞又奏准了在京兆府中施以杖刑，把郑詹打死了；而贬严郢做费州刺史，后来在费州死去。

唐德宗最初即位之时，任用崔祐甫担任宰相，极力推崇政令的宽仁，因此当时唐德宗的政治声望特别隆盛，而被认为有唐太宗贞观之治的作风；等到卢杞担任了宰相，他了解唐德宗生性多疑，所以常借唐德宗猜疑想象的事来离间群臣，又劝说唐德宗要以严厉苛刻的政令来统治臣下，使得朝野万分失望。

淮南节度使陈少游上奏，请求恩准在他所辖的本道之中，税捐每千钱增收二百。五月，丙戌日（初四），下诏命令其他各道税率都比照淮南全部提高十分之二；除此之外，盐价每斗上涨百钱。

朱滔、王武俊从宁晋南下去解救魏州，辛卯日（初九），下诏命令朔方节度使李怀光率朔方及一万五千名神策步骑向东去讨伐田悦，并且负责抵御朱滔等人的军队。朱滔到达宗城，掌书记郑云逵、参谋田景仙背弃了朱滔前来归降。

丁酉日（十五日），晋封河东节度使马燧做同平章事。

辛亥日（二十九日），命令义武军节度调驻于定州，而把易、定、沧三州隶属于他麾下。

张光晟把突董杀死之后，唐德宗想就此断绝跟回纥往来，召令前往册立可汗的使臣源休返回太原。过了很长时间以后，才又派遣源休送突董及翳密施、大小梅录四人尸体回国，可汗派遣他的宰相颉子思迦等迎接。颉子思迦坐在大帐里面，而让源休等在帐前的雪地中站着，盘问突董被杀的情形，再三想除掉源休，对他日常的供给和待遇特别差；扣押了五十多天，才把他放回去。可汗派遣人去对源休说：

"国人都想杀掉你来发泄仇恨，我的想法却不一样。你们已经把突董等人杀死，我又杀死你的话，就像是用血洗血，越洗越不干净！而今我用水来洗血，不是很好吗？你们唐朝欠我一百八十万匹马价值的金钱，应当立即送来。"于是派遣他的散支将军康赤心跟随源休入朝觐见，源休竟然没有见到可汗一面就返回了。已卯日（六月二十八日），抵达长安，下诏用十万匹丝帛、十万两金银，折抵马匹的价值。源休有口才，卢杞只恐他见到唐德宗而受到宠幸，趁他尚未返回京师之时，就先任命他为光禄卿。

朱滔、王武俊的部队到达魏州，田悦置备牛、酒出城迎接他们，魏州人欢呼之声，震动天地。朱滔在扎下营寨于惬山。当天，李怀光的军队也到达了，马燧等人用盛大的军容迎接怀光。朱滔认为是要来袭击他，立刻发兵布阵；李怀光为人有勇无谋，便想趁朱滔营地壁垒尚未布置好的时候进攻。马燧请他暂且让将士们休息休息，静观时机再动干戈，怀光说："等到他们的营垒完善以后，将会是我们无穷的后患，这正是天赐良机而不应该错失啊。"于是在惬山西边开始进攻朱滔，杀了朱滔的一千多名步兵，朱滔的军队被击败，兵士沮丧；怀光骑在马上，按辔徐行，左右观望，颇有喜色。士兵们争着冲进滔军营地去抢掠珠宝财物，王武俊率领两千骑兵向李怀光的部队横冲过来，兵分两路；朱滔率领士兵继后，大败官军，被逼跳进永济渠淹死的不计其数，相互蹈踏积压，尸体堆积如山，渠水也为之断流，马燧等人各自收兵返回营地防守。当晚，朱滔等筑堰阻水，而引永济渠流入王莽故河，把官军的粮道和退路阻断，第二天，水深已经高达三尺。马燧大为惶恐，派遣人去向朱滔说好话赔罪，请求让他和各节度使都各自返回本道，然后再为他们向天子上奏，请将河北政事委托给朱五郎，任凭处理。朱滔心里想要答应，王武俊觉得不行；朱滔没有听从他。秋季，七月，马燧和各军部队涉水向西，退守于魏县来抵抗朱滔，朱滔于是辞谢了王武俊，武俊自此对朱滔怀恨在心。过了几天以后，朱滔等人也带兵离去，而扎营于魏县东南，和官军隔水相拒。

李纳向朱滔等求救，朱滔派遣魏博兵马使信都承庆率领士兵前去援救。李纳进攻宋州，没有攻下，而派遣兵马使李克信、李钦遥守卫濮阳、南华，来抵抗刘洽。

甲辰日（二十三日），委派淮宁节度使李希烈兼平卢、淄青、兖郓、登莱、齐州节度使，讨伐李纳；又委派河东节度使马燧兼魏博、澶相节度使；晋封朔方、邠宁节度使李怀光做同平章事。

神策行营招讨使李晟请求恩准用他所指挥的军队向北去解救赵州的围困，和张孝忠分权领兵谋取范阳，唐德宗恩准了。李晟于是带兵从魏州向北直赴赵州，王士真在解围以后离去。李晟在赵州逗留了三天，而和张孝忠联兵向北，攻取恒州。

演州司马李孟秋起兵造反，自称安南节度使；被安南都护辅良交讨平杀了。

八月，丁未日（八月无此日），设立了汴东、西水陆运、两税、盐铁使两人，度支只是总理这些事项的大纲罢了。

辛酉日（十一日），委派泾原留后姚令言担任节度使。

卢杞厌恶太子太师颜真卿，想要把他外放出京。真卿对卢杞说："令尊先中丞（指卢奕）被斩传首至平原，我用舌头为他舔去脸上的血。而今相公你怎么忍心做出不能容纳我的事来呢？"卢杞矍然惊视，起身下拜，可是心里却对他愈加憎恨。

九月，癸卯日（二十三日），殿中少监崔汉衡从吐蕃返回京师，赞普派遣他的大臣区颊赞随汉衡同来入朝觐见天子。

冬季，十月，辛亥日（初二），派遣湖南观察使曹王李皋担任江南西道节度使。李皋到达洪州，聚集了所有的将领僚佐，检校观察他们的才干，发掘了牙将伊慎、王锷等人，提拔他们为大将，延入荆襄判官许孟容，将他安置在幕府里。伊慎，是兖州人；许孟容，是长安人。

伊慎曾经追随过李希烈征讨梁崇义，希烈对他的才干很是欣赏，想要把他留下来，伊慎不肯，而逃了回去。希烈听闻曹王用了伊慎，害怕危害到自己，所以给他送去七捆犀甲，而且伪造了一封伊慎的回信，投置在境界上。唐德宗听说了这件事情，便派遣了一个宦官充当使臣，命令他前往军中将伊慎就地斩杀，李皋替他申辩洗冤；而被压置没有上报。正好碰上江中盗贼三千余人侵扰江南西道，李皋于是便派遣伊慎过去击贼立功，给自己赎罪；伊慎把群盗击退，砍下了数百首级而回，所以才免于一死。

卢杞主持朝政，知晓唐德宗必将再加立宰相，怕为此分夺了自己的权势，便趁机推荐吏部侍郎关播，说他儒雅厚重，可以镇风易俗；丙辰日（初七），任命关播担任中书侍郎、同平章事。而政事全部由卢杞裁决，关播只不过是尸位素餐，全部不置可否。唐德宗曾经有一次和宰相从容地商讨国事，关播有相反的意见，站了起来想要说话，卢杞以目示意，所以关播没敢开口。回到中书省，卢杞对关播说："因为足下端重恭谨而少言，由此我才引进你为相，刚刚你怎么可以想要开口发言呢？"关播自此不敢再多说一句话了。

戊辰日（十八日），派遣都官员外郎樊泽出使到吐蕃去，告知吐蕃有关和他们结盟的事。

丙子日（二十六日），肃王李详去世。

十一月，己卯朔日，晋封淮南节度使陈少游做同平章事。

田悦感激朱滔的救助，因而和王武俊商量想要拥戴朱滔为君，自居于臣属地位来侍奉他，朱滔没有接受，说："惬山大捷，全靠大夫你和王二哥的力量啊，我朱滔怎么敢独居上位？"于是幽州判官李子千、恒冀判官郑濡等人一起建议："请你们三位和郓州李大夫分为四国，各自称王而不改年号，就像是当初受周朝王室统治的诸侯一般。设立祭坛，相互结为盟好，有谁不按照盟约行事的，大家一块儿讨伐他。否则，岂能像这样经常做个叛臣，茫然不知所依，动兵既没有正当的名义，有功也没有官爵的加封作为奖赏，让将士们依从归附于谁呢？"朱滔等人都赞同这个建议。因此朱滔自立为冀王，田悦为魏王，王武俊为赵王，同时请李纳作为齐王。当日，朱滔等在军营中设置了祭坛，祭祀天地，随后接受了王号。朱滔为盟主，自为孤；王武俊、田悦、李纳自称为寡人。其所居厅堂称作殿，处事的公文称令，下属上书称笺。他们的妻子为妃，长子为世子。所辖之州为府，设留守兼元帅，并且将军政委托给他；还设立东西曹，视同中书、门下省；左右内史，视同侍中、中书令；其余各级官位的设置皆仿朝廷。

王武俊任命孟华为司礼尚书，孟华不肯接受，吐血身亡。又任命兵马使卫常宁为内史监，且将军政大权交付与他。常宁欲谋杀王武俊，被腰斩。武俊遣其将领张终葵进攻赵州，失败被康日知所杀。

李希烈率其军三万人徙于许州坐镇，一面派亲信晋见李纳，共商联兵袭汴州；又遣使臣去告知李勉，称他已兼管淄青，欲借道去任职。于是李勉替他筑桥，备好饮食等他来，同时为其严密戒备。但希烈却没去，他在一方面又秘密交于朱滔等，李纳也多次遣游击士兵渡汴水迎希烈。因而东南转运粮饷皆不敢经由汴渠，从蔡水上运。

十二月，丁丑日（二十九日），李希烈自称天下都元帅、太尉、建兴王。在那时朱滔等和官军抵抗数月，官军有度支运送粮草，有诸道增补士兵，只有朱滔、王武俊孤军深入，仅依赖田悦提供一切物资，宾主日益困敝。听闻李希烈的军势甚盛，怨其不援，又急盼望着其支持，于是互相商议遣使臣至许州，劝李希烈称帝，希烈因此自称天下都元帅。

司天少监徐承嗣上奏请求重新编修《建中正元历》；唐德宗采纳了他的建议。

资治通鉴卷第二百二十八　唐纪四十四

起癸亥（公元783年）正月，止十月，共十个月。

【题解】本卷记录了公元783年正月至十月的史事，共十个月，正当德宗建中四年正月到十月。此时期，唐德宗蒙尘，出逃奉天，唐王朝处于危亡的紧急关头。田悦等叛乱四王劝说淮西节度使李希烈反叛，河南成为主战场。唐德宗遥控战局，导致汴军大败，襄城危急。此时，国库空竭，朝廷强征间架税和除陌钱，民怨沸腾。泾原兵东调河南，途经京师，因犒赏少而导致兵乱。唐德宗仓皇出逃奉天，朱泚趁乱称帝，兵围奉天。正当危机之时，叛军内讧，王武俊因与朱滔不和而反正，西川节度使韦皋从叛军手中攻克凤翔，李怀光入援奉天，朱泚兵败，唐王室这才转危为安。

唐德宗神武圣文皇帝三

建中四年（癸亥，公元783年）

春，正月，丁亥日（初十），陇右节度使张镒和吐蕃尚结赞在清水订立盟约。

庚寅日（十三日），李希烈派他的大将李克诚攻克了汝州，并且将别驾李元平逮捕了。元平，原本是湖南判官，有一些才艺，但是生性粗疏高傲，敢于谈论国家大事，喜欢谈论兵事；关播把他当作奇士，并且向唐德宗推荐，认为他有将相之才，因为汝州离许州最近，因此选拔李元平为汝州别驾，并管理汝州政事。元平来到汝州就开始招募工役修建城垣，李希烈暗地里派了一些年壮有力的人去应召服役，总共混入了几百人，但是李元平并未知道。希烈又派李克诚带领数百骑兵突袭，至城下，应召的人在城中做内应，捉到元平，将他捆绑了起来飞驰而去。李元平矮小，不长胡须，看到李希烈，吓得屁滚尿流，弄得一地都是。希烈大骂道："宰相瞎了眼，竟然称你和我一样，怎么对我这样轻视！"于是派判官周晃为汝州刺史，又派副将董待名等四处抄夺抢掠，攻下了尉氏县后，又进兵围攻郑州，官军多次被他打败。手下巡逻各地的骑兵都扩大巡视范围，向西一直到彭婆，东都的人震惊恐惶，都逃到山谷中去躲藏了起来。留守郑叔则退到东都西苑。

唐德宗向卢杞询问计策，卢杞回答道："李希烈年轻气盛，并且骁勇善战，仗着有功而骄纵傲慢，他部下的将佐都不敢劝阻他。假如能有位儒雅的大臣奉命前往宣敷圣恩，向他分析逆顺祸福，希烈必能洗心革面，那么就不用动用军队便可使他归顺。颜真卿是三朝元老国家重臣，忠贞正直、刚毅果决，真是最合适的人选啊！"唐德宗认为他的看法很对。于是便在甲午日（十七日），让颜真卿前往许州去招降李希烈。诏令一下，全朝为之震惊。

颜真卿奉命抵达东都时，郑叔则对他说："你这一去，免不了一死，还是找个借口拖延几日，以待后命，比较好。"真卿回答："这是圣旨啊，怎能逃避得了呢？"于是启程出发。李勉上表说："失去一位国家元老，是国家的耻辱啊，请将他留下。"与此同时又派人去邀请颜真卿，但已经来不及了。在真卿临行前写给他儿子的信里，只是告诫他"祭奉祖庙，抚育所有的孤幼"罢了。他们一行到了许州，正要宣诏圣旨，李希烈派一千多他收为养子的青壮力士将他们团团围住，齐声谩骂，拔出刀剑来吓唬他，好像是要将他剁碎吃掉；真卿动都不动地站立着，面不改色。李希烈突然跑上去挡在颜真卿的面前，命令众人退下，随后将真卿请入屋内，对他非常恭敬。李希烈原本打算将颜真卿送回去，恰逢李元平也在室内，真卿指责了他一番，元平羞愧不已，起身离开，而后他写了封密函将这事告诉了李希烈；希烈才改变了主意，反将颜真卿拘留了下来。

朱滔、王武俊、田悦、李纳分别派遣使者去晋见李希烈，上表表示顺服，劝请他上位称帝。使者在向希烈施过礼后，劝希烈说："朝廷杀害有功之臣，已经失信于天下；您自称天赋英武，功勋盖世，既然已经被朝廷猜忌，日后必将遭到如韩信、白起一样的灾祸，希望你赶快称帝正号，使天下臣民得到依附。”希烈叫来颜真卿，让他亲眼看到这种情形，随后对他说：“现在四王派使者前来希望我称帝，不谋而合，太师您可以看到在这样的情形下，哪里是我一人被朝廷猜忌而无处容身！”真卿说：“这四人明明就是四个凶煞，怎么称他们为四王啊？年轻人你不自立功业，做个大唐忠良之士，竟与这批乱臣贼子往来，难道你想和他们一样自取灭亡吗？”李希烈很不高兴，下令让左右将真卿扶了出去。数日后，颜真卿又一次和四位使臣一起吃饭，四个使者说：“以前就听说过太师德隆望尊，而今都统将称帝正号的时候，太师正巧来到你这儿，这就是上天要赐个宰相给都统你啊。”真卿大声指责：“什么宰相不宰相的！你们听说有个骂安禄山而死的颜杲卿吗？他就是我的哥哥。我已经活到八十岁了，当然知道应当守节，即使死，也死得其所，难道我还会受你们这些人的威逼利诱吗？”四位来使再也不敢多说。希烈于是派了十个全副武装的士兵在馆舍中看守颜真卿，并且在庭院中挖了个坑，说是要把他活埋了。真卿安然处之，若无其事，与李希烈见面时，便对他说：“是生是死我已然决定了，你又何必大费周章！现在就给我一把宝剑，你不就满意了吗？”李希烈才又向他赔礼道歉。

戊戌日（二十一日），派遣左龙武大将军哥舒曜作为东都、汝州节度使，让他率领凤翔、邠宁、泾原、奉天、好畤行营士兵一万余人去攻打李希烈，又让各个道台的人共同征伐。哥舒曜行军至郏城，和李希烈手下大将陈利贞指挥的前锋部队交锋，陈利贞兵败，因此使李希烈的声势稍受挫折。而哥舒曜，是哥舒翰的儿子。

李希烈派他的大将封有麟占据邓州，因此阻断了南方来贡，且商旅不通。壬寅日（二十五日），唐德宗下诏开辟上津山的路，在境上设立驿站。

二月，戊申朔日（初一），下令鸿胪卿崔汉衡送区颊赞回吐蕃。

丙寅日（十九日），整编河阳三城、怀州、卫州的军队为河阳军。

丁卯日（二十日），哥舒曜收复汝州，抓住了周晃。

三月，戊寅日（初一），江西节度使曹王李皋在黄梅将李希烈的属将韩霜露打败了，并且将他杀了；辛卯日（十四日），攻克了黄州。当时李希烈率领士兵驻扎在蔡山，山势险峻难以进攻。李皋扬言要调兵向西去攻取蕲州，却率领水军逆江而上，李希烈手下的大将带兵沿江追击。离开蔡山三百多里后，李皋这才下令掉转船头，顺流直下，加紧攻击蔡山，最终成功了。李希烈调兵回防，但为时已晚，于是兵败。李皋趁胜拔取了蕲州，上表请求派伊慎为蕲州刺史，王锷为江州刺史。

淮宁都虞候周曾、镇遏兵马使王玢押解牙姚憺、韦清等，暗地里向李勉投诚。李希烈派周曾和十将康秀琳带三万士兵攻打哥舒曜，到达襄城，周曾密谋倒戈，攻打李希烈，而推尊颜真卿为节度使，让王玢、姚憺、韦清为内应。希烈得知此事，派副将李克诚率骡子军三千人袭击周曾等，将周曾、王玢、姚憺及其党羽杀死。甲午日（十七日），唐德宗下诏追赠周曾等官衔。起初，韦清与周曾约定，一旦东窗事发，绝不互相牵连，所以只有他得免一死。韦清害怕无法规避灾祸，殃及自身，就去劝说希烈自荐到朱滔那里请求援助，希烈就派他去了，他走到襄邑，就到刘洽那里寻求庇护了。希烈听说周曾等有倒戈的打算，紧闭营栅数日。希烈在尉氏县及郑州的同伙，听说这件事，也都逃回家去。于是希烈上表说是周曾等人犯了叛乱罪，并且带兵退回蔡州，另外，还向君主表示归顺，而实际上他却是在等待朱滔等人的援助。到了蔡州，希烈便将颜真卿软禁在龙兴寺中。

丁酉日（二十日），荆南节度使张伯仪和淮宁军于安州交战，官军大败，伯仪仅仅是免于一死，但是弄丢了所持的旌节。李希烈派人拿着伯仪的旌节以及被割下的俘虏的耳朵给颜真卿看；真卿趴在地上痛哭，昏死过去，等到苏醒过来，再不对任何人说话。

夏，四月，唐德宗派神策军使白志贞作为京城招募使，招募禁兵去伐李希烈。志贞提出让以前做过节度、观察、都团练使的人，不管是活着还是已经死了的，命令他们的孩子或兄弟都要带领仆人和马，自备武器粮食加入军队，并且授予他们五品官位；家境贫困的节度使等，对此表示很痛苦，民心也开始动摇。

唐德宗派令宰相、尚书与吐蕃区颊赞在丰邑里缔结盟约，区颊赞认为早先定立的清水之盟，所划分疆界的事，问题仍需要解决，因而这次的盟约最终没有达成。因于己未日（十三日），让崔汉衡去吐蕃，请求交与赞普决定。

庚申日（十四日），加封永平、宣武、河阳都统李勉作为淮西招讨使，并且派东都、汝州节度使哥舒曜作为他的副使；任命荆南节度使张伯仪为淮西应援招讨使，还派山南东道节度使贾耽、江西节度使曹王李皋为他的副使。唐德宗敦促哥舒曜进兵，曜率军行到颍桥镇，遇上大雨，万不得已，他们退守襄城。李希烈派他的大将李光辉进攻襄城，最后却被哥舒曜击退。

五月，乙酉日（初九），颍王李璬薨。

乙未日（十九日），委派宣武节度使刘洽同时兼任淄青招讨使。

李晟图谋进攻涿、莫二州，以此切断幽、魏二州的交往，并且和张孝忠的儿子升云联兵围攻由朱滔派遣的易州刺史郑景济，到达清苑县但是数月都未能攻克。朱滔便命令他的司武尚书马寔为留守，带领步骑万余留在魏州的营垒，而他自己率领步骑一万五千去清苑救援。李晟部队大败，退兵至易州。朱滔带兵回到瀛州，张升云逃奔到了满城。此时，李晟又不幸病重，于是调兵返回，退守定州。

王武俊觉得朱滔既已击退李晟，仍派兵驻守瀛州，而不回魏桥，于是派遣给事中宋端去催他赶紧回去。宋端见到朱滔，交谈之中甚倨，朱滔非常生气，让他回禀王武俊说："因为我受热生病，暂时没回南方去，你大王二哥立即就有了这些风言风语。想起初我为了援助魏博，背叛皇上、背离兄长，就像是脱掉没提起鞋跟的鞋子一样，很随意。二哥一定要怀疑我的话，你爱怎么样就怎样！"宋端回报，王武俊便在马寔面前为自己分辩，马寔又去将王武俊的话告知朱滔，说："赵王知道宋端对大王你言辞不当，已经狠狠地责备了他，但我们大王确实并没有别的意思啊。”王武俊又派承令官郑和跟随马寔的来使去见朱滔，向他告罪，朱滔的怒气才消，而对王武俊一如既往。但王武俊却因此对朱滔更加怀恨在心。

六月，李抱真让参谋贾林到王武俊营中去假装投降，王武俊会见了他。贾林说：“我是奉命前来转达皇帝的诏令的，而不是来向你投降的。”王武俊脸色骤变，问他是什么情况，贾林说：“皇上知道大夫你以前一片忠心为朝廷效力，你杀了李惟岳这件事就足以证明；此外，当你登坛称王的时候，还摸着良心环顾四周说：‘我本来是一腔热血报效君国的，然而天子不能明察我的心迹。’况且诸位将军也曾经共同为你在皇上面前证明过你的心志。皇上对我说：‘我以往做的实在是错误的啊，然而现在却难以追悔了。朋友之间，若意见相左，还要让他赔礼道歉啊，何况我是天下之主啊！’”王武俊说：“我本来就是一介胡人啊，做将领的还知道应该爱护百姓，何况是身为天子，难道能专以杀人为能事吗？现如今山东连年争战，百姓曝尸街头，多如草莽，即便是打了胜仗，收复了疆土，又交给谁去守护呢？我并不害怕回到京城，但是我已经与其他各镇结盟，胡人天性直爽，讲求义气，我不愿让自己先做出背信弃义的事来。如果皇上真能下诏赦免各镇将领的罪行，那么我就带头归顺；诸镇有不归顺的，我自愿奉诏讨伐他们。能够这样的话，那么对我来说，对上可不辜负皇上，对下也可不辜负同朝为官的人，不超过五十天，河朔一带全部都可以平定下来了。”于是让贾林去向李抱真回复，并且与他秘密地缔结盟约。

庚戌日（初五），才开始推行税间架和除陌钱法。当时河东、泽潞、河阳、朔方四方的屯军在魏县，神策、永平、宣武、淮南、浙西、荆南、江泗、沔鄂、湖南、黔中、剑南、岭南，他们的军队环绕在淮宁四周。依据旧制，各道军队只要离开本军所镇守的地区，所有消耗都全由度支供给；唐德宗发给士兵的抚恤金也非常丰厚，只要是离开本军镇守地区的，伙食全部另加酒肉，同时他所在的道台发给士兵家人的食粮配给，仍旧照发，因而一人几乎可兼得三人的给付，将士们经常认为这是有利可图的。所以各道军队都借口离开他们原本驻扎的地方，只是才越境就停了下来。因此朝廷每月要多耗费三十余万缗，日常的粮饷都经常难以为继。所以，判度支赵赞才奏请采用这两种税法的。而税间架，就是将每幢房屋两架作为一间，上等房屋，征收税钱两千，中等房屋征税一千，下等的征税五百，税务员拿着笔，握着竹筹，进入百姓家中，按间收税。有的人家房屋多但是并没有其他资产的，他们应缴纳的税款，动辄数百缗。如果有人敢隐瞒一间房屋而不上报的，就罚六十大板，同时赏给揭发的人五十缗钱。至于所谓的除陌钱，公私给予和买卖所得，每缗由官府收取五十钱，物物交换的，则约计价钱，按照税率征收。如果有人胆敢隐瞒一百制钱不上报的话，除了罚六十大板以外，还要罚钱两千，而赏揭发的人十缗钱，赏钱全部都由有罪的人家负担。因此大家都怨声载道。

丁卯日（二十二日），封皇弟郴王李逾为丹王，鄜王李遘为简王。

庚午日（二十五日），答蕃判官监察御史于頔与青海吐蕃使臣论刺没藏到达青海，对有关边疆界限的事达成协议，因此上奏要求送区颊赞回国。秋季，七月，甲申日（初九），派礼部尚书李揆作为入蕃会盟使。壬辰日（十七日），下诏让所有的大将一起与区颊赞在城西结订盟约。李揆颇有些名望，卢杞很讨厌他，因此想要派他去吐蕃。李揆禀告唐德宗说："臣并不怕远行，只怕死在半路上，无法完成吾皇的命令！"唐德宗听了恻然感伤，便对卢杞说："李揆未免年迈了吧！"卢杞说："出使到荒远的蛮夷地区，需要熟悉国家典故。况且如果让李揆出使蛮夷之地，那么从今往后，比李揆年轻的，就再也不敢推脱出使到远方去了。"

八月，丁未日（初二），李希烈亲自率领三万大兵来到襄城围攻哥舒曜，唐德宗命令李勉和神策部将刘德信领兵前去援助。乙卯日（初十），李希烈属下大将曹季昌在随州举城投降，不久又被希烈的另一位大将康叔夜所杀。

起初，唐德宗还是太子时，曾听闻监察御史嘉兴人陆贽的名声，上位之后，便召他为翰林学士，曾多次向他请教利害得失的道理。那时候两河战争，持续很久都未能决出胜负，于是赋税徭役越来越重，陆贽认为由于兵疲民困，害怕再次发生内乱，于是上书，内容大致是说："想要战胜敌军的将领，在于选拔正确的将领；然而驾驭的方法，则在于掌握住权柄。假如将领选择错误，就算士兵再多也无用；权柄旁落，纵然是再好的将才也可能尾大不掉。"又说："如果将军不懂得兵法与打仗，而且国君又驾驭不住带兵的将领，只会白白浪费钱财，却无法平定寇贼，并且将难以避免引火自焚的灾祸。"又说："现如今两河、淮西叛乱造反的统帅，只是那几个主谋。恐怕他们中间还有的是被蒙蔽、受牵连走上错路的，他们心中都藏隐忧，互相猜忌，仓促之间偶尔一次错误的决策，就会造成难以收拾的局面。况且其余部属，实在都是受他们的胁迫，不得已而为之。如果知道另有生路，又怎么会情愿叛逆造反呢？"又说："如果我们不解决当前的忧虑，可能会再发生意外的变乱。人民，是国家的根本；钱财，是人们想要得到的。然而劳民伤财就损害到了国家的根本，损害到根本，那么枝干必将枯萎。"又说："人心摇动，便不得安宁；事有变化，更难测后果。所以用兵贵在速度，而不贵于巧诈迟缓。如果不在乎根本的稳固，而专用些治理表面问题的办法，那么用来补救的措施，正是引起祸患的开始啊。"当谈及关中的情况时，陆贽认为："帝王应在平日建立威势，彰显您的贤明圣德，如果两个之中有一个偏废，就将发生危难；除了这些，还应集中兵力，掌握大权，以此驾驭权轻力寡的将帅们，如果有一天倒持太阿，那就与起初的目的背道而驰了。王畿之地，是维系天下的根本地方。以前太宗设置府兵，分属禁卫，大概总共在各府设置了八百多所，然而在关中地区的就将近五百所。因而就算是聚集天下的兵力，也无法打败关中，采用的就是居重驭轻的方式，这是大家有目共睹的。天下太平的时间相承渐久，武力也就跟着逐渐松弛，虽然府兵禁卫的制度仍旧存在，但是兵马疏于操练。因此安禄山拔剑相向，凭借着外镇兵力的资藉，领兵一出就造成极大的祸患，两京沦陷。幸赖于西边仍有兵力，陇右各地还有马匹，每州还有储粮，因此唐肃宗能借以中兴。唐肃宗乾元以后，不断地有外患侵扰，因此动用了全部兵力向东征讨，边疆防卫因此松弛了，禁卫兵力也因此空虚，导致吐蕃乘虚而入，甚至侵犯到国土内部，因此先皇帝简直难以御敌，所以到东边避难。这全是失去了驾重就轻权柄的原因，并且忽略了深根固柢所酿造的忧患啊。国有内乱，那么就算是汧、函的地势再险要，也难以抵御，一旦有外患，那么汧、渭便都将沦陷戎狄之手了。在这种情况下，即使各地有雄厚的兵力，又怎能解救一时的危难呢？陛下您想到这里，能不担心害怕吗？现在朔方、太原的军队，远在华山的东面；神策六军的兵力，仍停留在函谷关外。假如有个叛臣贼子利诱敌寇，或者狡诈的敌人窥伺边境，等待时机，趁虚而入，稍事侵犯兵营，这是我个人深感忧虑的事啊，真不知陛下该怎么抵御！我也曾对起初出兵讨伐叛贼的情景有所耳闻，议事的人大多认为这是很容易的事，都说只要派兵出征，就不会发生战争，兵士服役最多不超过一季，而预计需要动用的士兵人数并不是很多，预计的军费很少，本来就是不用担心的事，更不可能劳累君民上下；从来没想到兵连祸结，多次发生变故，日久天长，大大有悖于起初的估测。再说，以前被天下引以为患的几位边关将领，人们都说只要杀掉这几个人，天下就可以太平了，这些人就是指李正己、李宝臣、梁崇义、田悦等。而往日被朝廷信任的，人们都说只要重用他们，就可以消除灾害免除祸患，这些人指的是朱滔、李希烈等人啊。后来，李正己死了，李纳继之而起；李宝臣死了，又有李惟岳随后起义；梁崇义被平定了，李希烈又叛变了；再到后来李惟岳被杀了，朱滔又携离有二心，既然如此，那么往日被认为是祸患的，四人当中已经没有了三人，但是直到如今，祸患并未曾减少；而往日所亲信的人，如今都各自叛变了，并且余下的人，也难以保证他们不会叛变。由此可知，国家的安危在乎权势，治事的成败在乎用人。如果掌握大权，安定局势，那么即使是异族也能够保持和平；若是倒持太阿，形势危急，那么即使是同舟共济的人，也会变成仇敌。陛下怎能不以史为鉴，改革政令，善作谋划，整修偏废的政务，抓住权柄，借以安抚民心，重操旁落的权力，借以巩固国家的根本！然而现在只是劳苦不休，穷思积虑地希望达成心愿，希望得到必定难以获得的效果呢？而现如今关辅之间，征募调派出征的卒役难以复加，而宫苑之中，防卫的兵力又非常缺少。假如将帅之中，又有个像朱滔、李希烈之类的人，或者有个依仗着边疆营垒险固，引诱招致豺狼异族入侵的人，或者有个在京畿近郊暗中出兵，惊扰侵犯京城的人出现，这些又使我深深感到忧患，不知陛下您又将如何防备啊？假如承蒙陛下采纳我的建议，我认为派出的神策六军李晟等人，还有所有节度使及将领们的子弟，都应该全部召回；同时明令泾、陇、邠、宁各地军队，严密防备，守御封疆，并且告诉他们绝不再征兵前往增援，也让百姓们知道他们从此可以安心生活了。之后再颁布诏令，废除京城及王畿内诸县中的间架等苛捐杂税，才能指望已经缴纳税金的人消除怨恨，被征税及受处罚的人获得安宁。民心安定，国家就可以本固邦宁了。”唐德宗最终还是没有采纳他的建议。

壬戌日（二十七日），唐德宗派遣汴西运使崔纵同时兼魏州四节度都粮料使。崔纵，是崔涣的儿子。

九月，丙戌日（十二日），神策军大将刘德信、宣武军大将唐汉臣和淮宁大将李克诚战斗，败于沪涧，逃走了。那时李勉派唐汉臣率领一万人去援助襄城，唐德宗派遣刘德信率由各节度使及将领们家中征召的三千子弟去援助。李勉上书说：“李希烈的精锐部队全都驻扎在襄城，许州兵力不足，如果攻克许州，这样的话襄城的围困自然就消除了。”于是李勉就派刘、唐二将直奔许州，即将至许州，唐德宗又增派宦官为使臣去指责他们违抗诏令，刘、唐二将因而感到无所适从，心情非常郁闷，就回去了。在此以后，一路上都没有安排士兵进行戒备，因此被李克诚埋伏的士兵截击，伤亡过半。唐汉臣逃奔至大梁，而刘德信逃奔至汝州；李希烈属下的游击部队抢掠的地区扩大到了伊阙。李勉又派他的大将李坚率兵四千人去援助守卫东都，李希烈派兵阻断了他的退路，李坚的部队无法回防，宣武军因此一蹶不振，襄城弥危。

唐德宗认为讨伐淮宁的各个军队不能统一作战，庚子日（二十六日），便委任舒王李谟为荆襄等道行营都元帅，并且改名为谊；同时派户部尚书萧复作为长史，右庶子孔巢父作为左司马，谏议大夫樊泽作为右司马，剩下的将佐也都是选用一些名孚朝野的人士。还没有组团完毕，恰逢泾军作乱没有出发。萧复，是萧嵩的孙子。巢父，是孔子的三十七世孙。

唐德宗派泾原各道的军队去援救襄城。这年冬天，十月，丙午日（初二），泾原节度使姚令言率领五千士兵到达京师。士兵们冒着大雨行进，不胜其寒，而且多半是带着亲属前来，希望能得到优厚的赏赐；来到京师之后，竟然什么都没有得到。丁未日（初三），他们到了浐水，唐德宗下令京兆尹王翃犒劳军士，仅仅是粗茶淡饭；军众非常生气，一脚踢翻了饭菜，大声说："我们即将被敌人杀死，但是饭都吃不饱，怎能拿这条小命去抗拒白刃呢？听说琼林、大盈二库，金银布帛堆得满满的，不如我们一起去抢了再说。"于是佩戴铠甲，高张旗帜，击鼓返回到京城。当时姚令言入宫辞行，人还在宫禁之中，听说这件事，急忙回到营地，到了长乐阪，和士兵相遇。军士张弓射击姚令言，令言抱着马鬃闯入乱军，大声叫着说："你们此计差矣！如果你们东征立功，哪里还怕没有荣华富贵可享吗，为什么竟想出这种灭族的计策来呢？"军士们不听劝告，簇拥着姚令言接着向西行进。唐德宗紧急下令赐给绢帛，每人二匹，军士们更加生气，杀死了宫中来的人。唐德宗又下令出二十车金帛赐给他们；但此时乱贼已经入城，喧声震天，已经没有办法阻止了。百姓们狼狈惊逃，叛贼大声告诉他们说："你们不要害怕，自此再也无人夺取商号金柜库财了，也没人要你们缴纳间架、陌钱税了！"唐德宗命令普王李谊、翰林学士姜公辅抚慰士兵；乱贼已经在丹凤门外列队了，围观的小民百姓聚集有一万多人。

起初，神策军派白志贞主管招募禁兵，然而东征死亡的士兵，白志贞都隐瞒不报，只是接受富户的贿赂，仅仅补个名字。所以这些市民名在军册，而人却住在街市中做生意。司农卿段秀实曾经上言说："禁兵不足够精锐，各军士兵人数全都不够，无法应付突发叛乱。"唐德宗不听劝告。现在，唐德宗召集禁兵抵御叛贼，竟然没有人来。此时叛贼已捣毁禁宫门锁冲入宫禁，唐德宗这才和王贵妃、韦淑妃、太子、诸王，以及唐安公主从苑北门逃走，王贵妃将传国玉玺系在衣服里带了出来；后宫诸王、公主没来得及跟着逃走的有十之七八。

起初，鱼朝恩被处死后，宦官不再掌管兵权，宦官中有名叫窦文场及霍仙鸣的两个人，以前在东宫侍奉过唐德宗，而今一共只率领了宦官侍从一百多人随从，而让普王李谊为前驱，太子手持武器殿后。司农卿郭曙与几十个部属正在禁苑中打猎，听到喝止行人开道的叫呼声，就在道旁拜谒了唐德宗，并且和他的随从一齐追随着唐德宗。郭曙，是郭暧的弟弟。右龙武军使令狐建正在军中教射箭，得知这件事后，带领四百多人前来追随，所以就让令狐建殿后了。

姜公辅跪在马前磕头进言道："朱泚做过泾军统帅，受他弟弟朱滔的牵连，被撤职并且软禁在京师，他心里面肯定不高兴。我想陛下您已经不能推心置腹地对待他，还不如将他杀掉，以免留下后患。而今如果乱兵拥戴他为君主，再想控制他，那就太难了。请陛下召他和我们一块儿离开。"唐德宗在仓促之间来不及行事，只说了声："晚了！"就一路逃跑。夜晚到达咸阳，只吃了一点饭，又匆匆赶路。当时事发突然，大臣都不知道唐德宗是往哪个方向去了。卢杞、关播翻过中书府的围墙逃跑。白志贞、王翃及御史大夫于颀、中丞刘从一、户部侍郎赵赞、翰林学士陆贽、吴通微等在咸阳赶上唐德宗。于颀和于頔是叔伯兄弟；刘从一，是刘齐贤的侄孙。

乱贼闯入宫廷，登上含元殿，大呼道："皇上已经逃走了，我们现在应该自己让自己富贵起来！"因此大家欢呼喧哗，争着冲进府库，搬运金银布帛，各尽所能。小民百姓也趁机入宫盗取国库财富，进行了整整一夜。有些没能够冲进宫廷的，在半路抢劫。各坊居民，都聚集在坊内，共同保卫同坊的私有财物。姚令言与乱贼们商量说：“现在大家无主，难以维持长远发展，朱太尉在私宅中闲居，请你们拥护他。”大家都赞同。因此派了数百骑兵到晋昌里朱泚家去接他出来。那天半夜，朱泚骑着马，按辔徐行，陈列着火炬，在驺卒传呼声下，走进皇宫，当夜就住在含元殿中，设置鼓角警卫，戒备森严，自称是权知六军。

戊申日（初四），清晨，朱泚搬到白华殿居住，在宫门外贴出榜示，宣称：“泾原军队里的将士们，久居边境，不懂礼法，擅闯禁宫，致使天子受惊，西去巡视各地。太尉已权衡制宜，临位掌管六军，所有的神策军士及文武百官，只要是有职位的官吏，都要前往行在所报到，如果不能前往的，就在本职所属司府中去报到，如果三天后，检验查证行在及本司都没有姓名登记的，一律处死！”因此百官都来拜见朱泚，有人劝说朱泚把唐德宗迎接回宫中，朱泚非常不高兴，百官随后渐渐退去。

源休因为出使回纥回朝之后，得到的赏赐很少，因而怨恨朝廷，入宫拜见朱泚，他们屏退左右秘密商谈了许久，向朱泚说成败计策，又引用天命，让他叛逆。朱泚心里特别高兴，但还是久久不能决定。宿卫诸军举着白旗表示归顺，在宫门外排列的人很多。朱泚夜里由苑门出兵，清晨从通化门入宫，陆续不断，使箭上弦、刀出鞘，借以显示威势，震慑众人。

唐德宗这才想到桑道茂说过的话，因此从咸阳一路到达奉天。县府属僚听说唐德宗突然来到，就准备逃隐山林；却被主簿苏弁阻拦了下来。苏弁，是苏良嗣哥哥的孙子。文武百官也陆续来到；己酉日（初五），左金吾大将军浑瑊也到达奉天。浑瑊向负威望，所有人心里都依仗他，才渐渐安定了下来。

庚戌日（初六），源休劝朱泚下令戒严京城十门，不允许朝廷官员出城，因而大臣们经常换上衣服，装扮成佣仆逃出。源休又替朱泚游说用利益诱惑文武臣僚，让他们归附朱泚。检校司空、同平章事李忠臣长久失去兵权，太仆卿张光晟自认为才能比别人高，都郁郁而不得志，朱泚对他们全加以重用。工部侍郎蒋镇想要离京逃亡，但是从马上摔了下来，扭伤了脚，因而被朱泚捕获。以前，源休以才能，张光晟以节义，蒋镇以清高朴实，都官员外郎彭偃以文学造诣，而太常卿敬釭以骁勇多谋，都备受推崇，而今全为朱泚所用。

凤翔、泾原军大将张廷芝、段诚谏率领数千人去救援襄城，未出潼关，听闻朱泚占据了长安，杀其大将陇右兵马使戴兰，溃逃而归顺朱泚。朱泚因而自以为众望所归，才决定谋反窃位。而委任源休为京兆尹、判度支，李忠臣为皇城使。百官供职以安内，六军宿卫，全按皇帝君临天下的情形设置。

辛亥日（初七），下诏委任浑瑊为京畿、渭北节度使，行在都虞候白志贞作为都知兵马使，令狐建为中军鼓角使，同时任神策都虞候侯仲庄为左卫将军兼奉天防城使。

朱泚认为司农卿段秀实失去军权很长时间，内心一定愤懑不快，派了数十骑兵前去召见他。秀实关住大门拒绝接受召见，骑兵翻墙入室，用武器劫持着他。秀实自己料想难免此一行，便对他的弟子们说：“国家有难，我难以逃避，我决心以死报国，你们最好各自求生去吧。”于是入宫与朱泚见面。朱泚很高兴地说：“段公前来，那么我就可以成就大业了。”于是请他入座而向他问计。段秀实劝导他说：“先生你本以忠义著闻于天下，现如今泾军因犒赏的财物不够丰厚，您竟然不顾一切地强横乱行，让天子播迁。说实在的，犒赏不丰，是主管官员的过错啊，皇上又怎么知道！您应该向将士们说明这个道理，让他们知道其中的利害关系，奉迎圣驾，重回宫廷，这是莫大的功劳啊！”朱泚没说一句话，心里虽然很不高兴，可是因为秀实和他一样，都是被朝廷贬职的，因此依旧推心置腹地任用了他。左骁卫将军刘海宾、泾原都虞候何明礼、孔目官岐灵岳，段秀实待他们一向很好，秀实因此与他们商议诛杀朱泚，迎接唐德宗回朝。

唐德宗刚刚到达奉天，下诏征召附近各道兵马前来救驾。有人进言说："朱泚被乱兵拥立，会来攻城，我们应该提早加强防备。"卢杞咬牙切齿愤愤地说："朱泚的忠贞，是群臣难以比拟的，怎能说他附和乱党造反，而寒众位大臣的心呢？我可以用身家性命担保他不会造反。"唐德宗也认为如此。又听闻群臣劝说朱泚恭迎皇上回朝，因此又下诏令各道援兵到达后，都在奉天三十里外扎营。姜公辅进谏说："现在宿卫兵力单薄，不能忽视防备，考虑必须周详，假如朱泚真能竭尽忠诚地奉迎陛下回朝，就不用害怕咱们兵力雄厚；如果不是这样，咱们也有备无患啊。"唐德宗才召集所有的援兵进城。卢杞与白志贞又对唐德宗说："依我所见，朱泚的存心以及行迹，绝不至于叛逆，只是希望能够选派一位大臣入京宣慰，顺便探查一下。"唐德宗以为所有追随而来的臣子，心里都会有所畏惧而不敢回京；但是金吾将军吴溆自告奋勇地请求前往，唐德宗很是高兴。吴溆私下对人说："居官食禄而逃避危难，哪里配做臣子？我有幸身为皇亲国戚，并非不知道去了就必死无疑，但全朝之中，假如没一个勇于赴难的臣子，岂不是使皇上内心深感遗恨？"于是奉诏去晋见朱泚。朱泚叛逆的计谋既然已定，所以虽然表面上是顺应皇命，招待吴溆住在客省馆舍中，但不久就把他杀了。吴溆，是吴凑的哥哥。

朱泚派泾原兵马使韩旻率领三千精兵，表面上说恭迎圣驾，实际上却是袭击奉天。当时奉天守备虚弱，孤立无援，段秀实对岐灵岳说："事态危急了！"因而让灵岳伪造了姚令言的符命，让韩旻调兵暂时返回，等大军到来一起出发。偷取姚令言的官印的计划没得逞，段秀实就用他司农的官印倒印在符命上，选一个健步善走的人去追韩旻。韩旻到达骆驿，接到符命后就带兵回来了。秀实对同谋的一些人说："韩旻一回来，我们都难以活命了！我将直接扑向朱泚将他杀了，杀不了他，我就自杀，怎么也不能做他的臣子啊！"于是让刘海宾、何明礼暗中去告知军士，要他们在外接应。韩旻带兵回来后，朱泚与姚令言非常吃惊，岐灵岳一人独自承担罪名，却不愿牵连到段秀实等人。

就在那天，朱泚召李忠臣、源休、姚令言及段秀实等人共同商议称帝之事。段秀实突然站起来，一把夺过源休手上的象牙笏板，上前去一口口水唾在朱泚脸上，大骂道："你这个狂妄的贼人！我恨不得将你碎尸万段，难道还会跟你一起造反吗？"说着就举起象笏砸向朱泚，朱泚举手挡住，只砸中了他的额头，鲜血流了一地。朱泚和秀实打得闹哄哄的，其他人一下呆住了，不知该怎么办。刘海宾不敢上前，趁乱逃跑了。李忠臣上前帮助朱泚，朱泚才得以俯身逃脱。段秀实眼见事已不成，就对朱泚的同伙说："我不和你们一块儿造反，为什么不把我杀了？"大家都跑过去杀他。朱泚一手捂着流血的额头，一手阻止众人说："这是个义士啊，不能杀。"段秀实死后，朱泚哭得非常伤心，以三品官的礼节安葬了他。刘海宾穿着丧服逃跑，过了两天，就被抓回，并且被杀。但是刘海宾也没牵连何明礼。何明礼跟着朱泚去攻打奉天，再次想谋杀朱泚，也被杀。唐德宗听说段秀实的死因，深悔以前没有重用他，痛哭流涕，很长时间都不能解脱出来。

壬子日（初八），派遣少府监李昌巙为京畿、渭南节度使。

凤翔节度使、同平章事张镒，生性柔弱，动作缓慢，讲究衣着，却不懂军事，听说唐德宗在奉天，欲奉迎圣驾，准备好衣物财货，呈献到奉天行宫。后营大将李楚琳，为人剽悍，军中所有人都很怕他，曾经跟过朱泚，颇受朱泚器重。行军司马齐映与同僚齐抗对张镒说："不除掉李楚琳，他将来一定会带头谋反。"张镒便派他去守卫陇州；而李楚琳竟借口说他还有些事情有待处理，而不立即出发。张镒这才为迎驾的事感到忧虑，因为他认为李楚琳已经心怀背离之意。李楚琳深夜与他的党徒造反作乱，张镒悬城而逃，但是被叛贼追上杀了，另外，判官王沼等也都被杀。齐映从城墙排水沟的洞口钻出城，齐抗被他的佣人背着逃走，才都免于一死。

起初，唐德宗认为奉天城过于狭隘，因此想迁往凤翔，户部尚书萧复知道了这件事，立即晋见，说："陛下这种想法真是错啦，凤翔将士全部是朱泚的旧部，中间一定有和朱泚一心的。我现在仍担心连张镒都怕不能一直守节，哪里可以驾着銮车自投罗网呢？”唐德宗说：“我已经决定迁行，暂且为你的说法再多留一天看看。”第二天，果然传来凤翔发生叛乱的消息，这才打消迁往凤翔的念头。

齐映、齐抗都来到了奉天。因此派齐映为御史中丞，齐抗为侍御史。李楚琳自封节度使，向朱泚投降；然而陇州刺史郝通则投奔于李楚琳麾下。

商州团练兵将刺史谢良辅杀了。

朱泚从白华殿搬入宣政殿，自称大秦皇帝，改年号为应天。癸丑日（初九），朱泚任命姚令言为侍中、关内元帅，李忠臣为司空兼侍中，源休为中书侍郎、同平章事、判度支，蒋镇为吏部侍郎，樊系为礼部侍郎，彭偃为中书舍人，剩下的人，如张光晟等皆有等差地委以官职。并且将他弟弟朱滔封为皇太弟。让姚令言与源休共同执掌朝政，朱泚所有的谋划、升调任官、军事、粮饷、库帑等事，全部要向源休禀报。源休又劝朱泚诛杀在京城中的皇室宗族，这样一来让百姓对唐朝失去希望，因此杀了郡王、王子、王孙等总共七十七人。不久，又任命蒋镇为门下侍郎，李子平为谏议大夫，并同平章事。蒋镇心中非常忧惧，经常把刀带在身上想要自杀，又想偷跑逃走，然而生性怯懦，却什么行动都没有。源休又劝朱泚诛杀逃亡隐匿的朝士，来威胁其他想要逃匿的人，蒋镇极力劝阻，因此保全了很多人。樊系替朱泚撰写册文，成书后，反而服毒自尽了。大理卿胶水人蒋沇在去奉天行宫的途中，被贼人逮捕，蒋沇绝食说自已病重，后来偷偷走了。

哥舒曜粮草已经用完，不得已弃襄城逃奔到洛阳，襄城因此沦陷于李希烈手中。

右龙武将军李观率卫兵一千多人追随唐德宗在奉天，唐德宗让他负责招募士兵，几天之内，征募到五千多人，排列在通衢大道上，旗鼓严整，城中人因此气势大增。

姚令言起初带兵向东去援助襄城时，任命兵马使京兆人冯河清为泾原留后，判官河中人姚况主理泾州政务。冯河清、姚况听说天子驾临奉天，召集了将士们，痛哭流涕，并且以忠义气节等激励他们，取出了一些甲兵武械，装了一百多辆车，连夜运送到奉天去。奉天正缺少铠甲兵器，得到兵器铠甲之后，士气大振。因此，唐德宗下诏委派冯河清为四镇、北庭行营、泾原节度使，姚况为行军司马。

唐德宗到了奉天数日后，右仆射、同平章事崔宁才来，唐德宗高兴异常，慰劳有加。崔宁退回之后，对他所亲信的人说："主上英明神武，从善如流，只因被卢杞蒙骗，才弄到今天这个地步啊！"说着不禁流下了眼泪。卢杞知道了，就与王翃商议想要陷害他。王翃便对唐德宗说："臣与崔宁一道离开京城，崔宁好几次下马便溺，过了好久都没来到，实在是心中有所顾忌，有待观望。"恰逢朱泚下诏委任左丞柳浑为同平章事，崔宁为中书令。柳浑，是襄阳人，当时逃匿山林。王翃叫盩厔县尉康湛假冒崔宁之名，写了封给朱泚的信，然后拿去呈献给唐德宗。卢杞趁机诬告崔宁与朱泚结盟，约为内应，因此后到。乙卯日（十一日），唐德宗派了个宦官为使将崔宁诱至幕府，称有密旨宣告，让两个大力士从背后将他勒死，朝廷内外都说他是被冤枉的，唐德宗听说后，这才赦免了他的家族。

朱泚派人给朱滔送信，说："三秦一带，不久即可平定，大河以北，就全部依靠你来攘除奸凶，不久将与你在洛阳会合。"朱滔接信后，便张贴在军府中给大家看，并告诉各道，而以此自夸。

唐德宗派出宦官为使到魏县行营中去告难，诸将听说这件事，痛哭不已。李怀光带领着军队去了长安，马燧、李艽各自领兵回防太原与河阳，李抱真退兵在临洺屯军。

丁巳日（十三日），派遣户部尚书萧复为吏部尚书，吏部郎中刘从一为刑部侍郎，翰林学士姜公辅为谏议大夫，并且晋加为同平章事。

朱泚亲自领兵攻逼奉天，声势浩大。令姚令言做元帅，张光晟为副帅，并且派李忠臣为京兆尹及皇城留守，仇敬忠为同、华等州节度使及拓东王，以抵御关东的军队，而派李日月作为西道先锋经略使。

邠宁留后韩游瑰，庆州刺史论惟明，监军翟文秀，奉唐德宗命令领兵三千在便桥抗击朱泚，和朱泚在醴泉相遇。韩游瑰想调兵紧急返回奉天，翟文秀说："如果我们现在赶往奉天，贼兵也必将追击到奉天，这岂不是引贼前去逼迫天子？不如就在这里驻扎军队吧，贼人绝不敢越过我们直往奉天；如果他不顾一切地想要越过我们，那么我们就可与奉天的士兵前后夹击。"韩游瑰说："现在敌强我弱，如果贼人分兵牵制我们，并且将大军直逼奉天，奉天兵力也很薄弱，怎么两面夹击？我现在急于去往奉天，是想去保卫天子啊。况且我们的士兵饥寒交迫，而贼兵钱财非常多，他们如果用钱财权利诱惑我们的士卒，我们简直没有办法来阻止。"于是便一同带兵进了奉天城；朱泚率兵随后到达奉天。官军出战，形势不利，朱泚的军士想要夺门而入；浑瑊与韩游瑰血战了一整天。城门里有几辆装满稻草的车子，浑瑊让虞候高固率领甲兵用长刀杀贼，竟然以一挡百，威猛无比，后来又将草车拖了过来，堵在城门内，放火点燃，军士们跟在车后，趁着大火与敌军交战，才将贼兵打退。到了夜里，朱泚于城东三里的郊外扎营，敲着木柝巡夜，张设着火炬，占据了整个原野，胁迫西明寺和尚法坚制造攻城用具，拆毁了佛寺建筑器材做云梯冲车。韩游瑰说："寺庙里的木材都是些干燥的木材，我们只需要备火以待就可以了。"高固，是玄宗时名将高侃的玄孙。朱泚从那以后天天来攻城，浑瑊与韩游瑰等日夜奋战。幽州军去援救襄城的部队，听闻朱泚造反，突然进入潼关，到奉天归附了朱泚，普润的戍卒随后也归附了他，有好几万士卒。

唐德宗与陆贽谈到这场变乱的起因时，在深刻的反思检讨中，深加自责。陆贽说："导致今日的祸患，就是大臣的罪过啊。"唐德宗说："这也是天命，并不都是人为的祸患。"因而陆贽拜退后，便上了封奏疏说："皇上您的志向是一统天下，四出征讨叛逆，现在凶贼尚未被诛灭，叛将又相继而起，以至于所征的士兵越来越多，赋税日重，由内到京城、由外及边塞，出征的士卒本来就有作战送命的忧虑，居家经商的又有赋敛无度的困扰。因此叛乱相继迭起，怨谤丛生，这些事所造成的巨大的困扰，使天下亿兆百姓都受其苦，只有陛下穆然高居在上，宁静深远，不知罢了，以至于导致那批凶悍的士卒击鼓而行，明目张胆地在光天化日之下侵犯宫阙。这岂不是趁着朝廷多事之秋，顺应人心离叛的情势所致的吗？陛下有亲信的辅佐大臣、有代为听察的耳目之臣、有谏诤规劝的臣子、有负责防卫的将士，但在艰难危险的时候却不能尽忠，遇有危难的时候又不能效死；这就是我所说的导致今日的祸患是群臣的罪过，难道是随便顺口说出的吗？您又认为国家的兴衰命中注定。我曾听说，上天的听视，全依仗人们的听视。所以祖伊责备殷纣说：'应当记住百姓虽想消灭我，但我是上天赋予的皇帝！'而武王也数落殷纣的罪状说：'竟然说我赋有天命，毫没有惩戒他淫乱侮慢的心意。'但结果纣还是被杀了。所有这些都说明了想要舍弃人事而推诿于天命，是绝对不可能的道理啊！《易经》上说：'只有彻底实践大道，便可推知必将呈现吉祥。'又说：'是吉是凶，都是行事得与失所呈现出的结果。'这就是说天命取决于人事，含义至为明显。既然这样的话，所以综合前圣先哲的观点，通贯《六经》所说的道理，都是认为祸福全取决于人事，但是从没有盛衰自有天命的说法。由此可见，一个人行事合理，而上天却有意地降祸乱给他，是没有的事；一个人行事不合理，而上天却有意地降福康于他，也是不可能的事。由于近年来频频不断的战争，政令也日渐严苛，财力的消耗以至枯竭，人心惶惶，就有如生存在惊风骇浪中一般，波涛汹涌不定。上自朝中大臣，下及普通百姓，亲戚朋友日夜都聚集在一起谈论着，然而忧虑必将发生变故，不久就遇泾原军士叛乱，这果然不出众人所料。京师中的人，多达以亿计数，当然并不是每个人都知晓推算天道，都熟悉占卜纬术，由此可以知道祸乱的原因，未必全属天命。我曾听闻在盛世中也会有祸乱发生，然而时局混乱，却也正足以作为治平的资藉，有时会由于没有内忧外患而亡国，有时也会因国家多难而重新振兴。而逆贼叛乱，王室失据的事，都已经过去，无法追悔；但因祸治平的兴国大业，却全有赖于陛下能自勉自励以谨慎修身理政了。又何必以乱民为忧，以运蹇为惧呢？勤政励德而不倦怠，足以导致天下太平，又岂仅止于荡除妖气，复返宫阙而已呢？”

田悦劝说王武俊，要他与马寔联兵到临洺去攻李抱真。抱真又派贾林去劝说武俊说：“临洺的兵强马壮，早有防备，不可过于轻视。而今即使你攻取了临洺，那么利益也归魏博所有；假若战败，那么恒冀将大受损失。易、定、沧、赵各州，都是大夫你原有的地区，倒不如先出兵攻战。”王武俊才辞别了田悦，和马寔一起北返。壬戌日（十八日），田悦在馆陶为王武俊饯行，拉着他的手，挥泪告别，甚至还赠送他手下所有的将士，每人一份相当丰厚的礼物。

在这以前，王武俊曾经招来回纥士兵，想借助他们去切断李怀光等人的粮道，但是李怀光等已经先调兵到西边去了，回纥达干这才率领了回纥千人及杂兵两千人到幽州北面的边境。朱滔便趁机向他们游说，欲与之联合，到河南攻取东都，来接应朱泚，并且答应将河南妇女、财物送给他们。朱滔娶了个回纥女子为妾，回纥把朱滔称作朱郎，并且这又有利于他们抢劫掠夺，因此便答应了朱滔。

贾林再次游说王武俊说：“古往今来，国家有难，未必不会因此收复；更何况皇上承袭九世天子之位，英明神武，天下有谁肯背离他而来供奉侍事朱泚的呢？自从朱滔做了盟主之后，轻视所有原来与他地位相等的人。河朔古来并无冀国，冀州本是大夫您的封地啊；而现在朱滔却自称冀王，又仗恃着西面有他哥哥，在北边拉拢回纥，他心里是想要并吞河朔所有的地域，即使大夫您想做他的臣属，都是不可能的了啊。况且大夫你骁勇善战，哪里是朱滔可比拟的；并且您原是一位忠义，手刃叛变的人，以前由于宰相处置的失当，因此被朱滔欺惑引诱，以至于今天这步田地。而今还不如与昭义军联合兵力去攻战朱滔，依目前形势看来，必定能获得成功。朱滔被灭亡之后，那么朱泚也不攻自破了。这才是建立不世伟功，转祸为福的正道啊。如今各道由四面八方讨伐朱泚，不久便就会将他平定。如果等到天下局势清明后，大夫你再悔过归顺朝廷，那就太晚了！”当时王武俊与朱滔已经有了间隙，因此挽袖奋起，凛然变色说：“我不做二百年相承天子的臣属，难道甘愿服从这个田舍小子吗？”因此与李抱真及马燧交结，约为兄弟；只是表面上依旧侍奉朱滔，恭谨礼貌，并且与田悦各自派遣使臣去河间与朱滔见面，恭贺朱泚践祚称帝，并且请派马寔的军队一起到赵州攻打康日知。

汝、郑应援使刘德信当时带领着子弟军在汝州，听说唐德宗遇到危难，带兵入京救援，与朱泚的军队在见子陵交战，将朱泚他们打败。由于东渭桥囤积有尚未转运的粮食，癸亥日（十九日），便进兵驻扎于东渭桥。

朱泚兵分三路，趁着夜色攻击奉天。甲子日（二十日），浑瑊奋力应战而将他击退；左龙武大将军吕希倩不幸阵亡。乙丑日（二十一日），朱泚再次攻城，将军高重捷和朱泚部将李日月在梁山边战斗，又将他们打败；因此乘胜追杀败军，一马当先，很不幸运被敌人伏兵抓住。他的属下有十几个人奋不顾身地追上去，想将高重捷救回来，可惜没能得手；敌军见难以抵抗，就砍掉他的头，丢弃他的身体逃走。部下把他收敛回城中，唐德宗亲自抚摸着他的尸体痛哭，用蒲草编成头颅将他安葬。下诏追赠他为司空。朱泚看到高重捷的首级，也流泪说：“真是位忠义之士啊！”并且用蒲草编成躯体安葬了他。李日月，是朱泚手下的一员虎将，战死在奉天城下，朱泚把他的尸体运回了长安，以很高的礼仪安葬。李日月的母亲竟没流一滴眼泪，反而骂他儿子道：“你这个野种！国家哪里对不起你，要你造反的？死得都太迟了！”等到朱泚失败，他的党羽都被灭族，只有李日月的母亲未被牵连入罪。

己巳日（二十五日），派浑瑊同时任京畿、渭南北、金商节度使的职位。

壬申日（二十八日），王武俊和马寔抵达赵州城下。

以前，朱泚镇守凤翔时，唐德宗派将军牛云光率幽州兵五百人戍守陇州，还派陇右营田判官韦皋主理陇右留后的职务。等到郝通投奔凤翔时，牛云光假装生病，想等韦皋来到之后，就埋伏士兵将韦皋抓起来送给朱泚，并以此讨好他；事情败露，于是带着他的士兵去投奔朱泚。到了汧阳的时候，遇到朱泚派宫中使臣苏玉奉持诏书前往进加韦皋为中丞，苏玉就游说牛云光说："韦皋，只不过是个书生。不如你和我一齐去陇州，韦皋如果肯听令，他还是我们一伙的，那是再好不过的了；如果他不肯从命，你再拿武器杀他，那不就像杀只猪那么简单！"云光听从了他的话。回到了陇州，韦皋在城楼上问牛云光说："前一段时间你不告而别，现在又回来了，这是为什么啊？"云光说："以前我不知道你的志向是什么，现在皇上下诏让你做中丞，所以又回来了，所以愿意对你推心置腹。"韦皋于是先请进了苏玉，拜受诏书之后，又对牛云光说："大使你假如真没有二心，就将所有的武器都交出来，让城中人士不再怀疑你，然后所有的人才能进城。"牛云光认为韦皋是个书生，因此轻视他，便将甲兵全部送交给他，而后进城。第二天，韦皋在郡府中设宴招待苏玉、牛云光及他的士卒，埋伏了甲兵并且把他俩杀了。因此设立高台，向将士们宣称说："李楚琳那逆贼斩杀了我们的节度使张镒，如果他不能忠心侍从长官，又怎会抚恤部下？我们应该合力去讨伐他！"便派他的堂哥韦平、韦弇去奉天请命，另外又派遣使者去向吐蕃求援。

资治通鉴卷第二百二十九　唐纪四十五

起癸亥（公元783年）十一月，止甲子（公元784年）正月，共三个月。

【题解】本卷记录了公元783年十一月至784年正月的史事，共三个月，正当唐德宗建中四年十一月到兴元元年正月。此时期是唐王朝与唐德宗个人转危为安的紧要关头。首先是李怀光解奉天之围。其次河南战场李希烈势力强盛，南方诸镇守境自保。李希烈南犯江、淮，东西受阻，稳定了河南局势。最后唐德宗接受陆贽提出的下罪己诏书的上言，下诏改元兴元，在元旦发布诏书，大赦天下，河北王武俊、田悦、山东李纳接受赦令归顺朝廷，朱滔陷于孤立。形势大好之际，奸臣卢杞阻止唐德宗召见李怀光，埋下了李怀光反叛的祸根。

唐德宗神武圣文皇帝四

建中四年（癸亥，公元783年）

十一月，乙亥日（初二），将陇州军队称为奉义军，任命韦皋为节度使。朱泚又派出他宫中的宦官刘海广作为使臣，去告知韦皋答应派他为凤翔节度使；韦皋斩杀来使。

灵武留后杜希全、盐州刺史戴休颜、夏州刺史时常春与渭北节度使李建徽聚集士兵万人会合，即将抵达奉天时，唐德宗召集将相商议让这批军队从哪条路进城，关播、浑瑊都说：“漠谷道路又险峻又狭窄，怕会被贼兵拦截攻击。不如在乾陵向北取道行进，隐身于柏城一侧行军，而在柏城东北的鸡子堆扎营，这样就可以与奉天城中兵力前后相应，而且可借以分散敌军的兵力。”卢杞却认为：“漠谷那条道路比较近，如果被贼兵截击，那么可由奉天城中出兵接应。如果由乾陵出兵，恐怕会惊动陵寝。”浑瑊说：“自从朱泚攻城以来，砍伐乾陵的松柏，日夜未歇，已使陵寝大受惊扰。而今城中正处于危难之中，各道救兵又都未到，而只有杜希全等军队来到，这支武力很重要，如果能安营扎寨在要害之地，那么必能破灭朱泚。”卢杞说：“皇上发兵，怎可与逆贼相比，如果让杜希全等由乾陵过来，那是我们自己惊扰陵寝。”于是唐德宗令杜希全等从漠谷进城。丙子日（初三），杜希全等所率领的军队行至漠谷，果然被贼兵截击，贼兵居高临下，用大弩、巨石击杀，伤亡众多；城中出兵接应，也被贼兵打败。是夜，杜希全等四人的部队溃不成军，只得退守到邠州。朱泚在城下检阅辎重等战利品；随从官员眼见如此兵力，竟被击败，相顾失色，心有余悸。戴休颜，是夏州人。

朱泚更加紧攻城，于奉天城四周挖河环绕。朱泚将营帐转移到乾陵，俯视奉天，城中的动静都看得清清楚楚，一直派人围绕在城外，招募诱惑兵民，嘲笑他们不知道顺应天命。

神策、河北行营节度使李晟病好了，听闻唐德宗被逼到达奉天，便立即准备率领将士前去效命。而张孝忠受迫于朱滔和王武俊，全仗着李晟为后援，就不想让李晟离去，一再阻止。李晟才将他儿子李凭留下，并且让他娶张孝忠的女儿为妻，又解下玉带贿赂张孝忠的亲信，请他去劝说张孝忠，张孝忠这才让李晟回到西边，同时派大将杨荣国率精兵六百与李晟同行。李晟带兵出飞狐道，马不停蹄地赶路，到了代州。丁丑日（初四），诏令任命李晟为神策行营节度使。

王武俊、马寔进攻赵州，未能取得胜利。辛巳日（初八），马寔回到瀛州去，武俊送了他五里路，犒赏赠遗非常丰厚；武俊也就回恒州去了。

唐德宗到奉天的时候，陕虢观察使姚明敭将军事托付给都防御副使张劝，自己去奉天行在拜见唐德宗。张劝征募到几万民兵。甲申日（十一日），唐德宗升张劝为陕虢节度使。

朱泚包围进攻奉天一个多月，城中粮饷已经耗尽。唐德宗想派善行者出城观察敌情，这个人以衣薄体寒为由，跪在地上奏请求皇帝赏赐一套衣裤给他，唐德宗替他找了半天都没找到，最后万分悲痛地让他回去了。当时供应唐德宗的食物仅仅有二斛糙米，所以常常趁着敌人休息的时候，半夜里，派人从城墙上下去，去野地里采些芜菁根来让唐德宗吃。唐德宗集合公卿将帅然后对他们说："朕因为无德行，自己陷身于危险的境地，本来就是应该的。你们各位并没有罪过，应该早点投降来保全身家性命才是。"各位大臣都跪伏叩首，眼泪纵横，纷纷表示愿意为天子拼命效力，所以即使将士们身陷危困，但是锐气却并没有削减。

唐德宗去奉天的时候，管粮料的崔纵劝告李怀光请他前去援救。李怀光答应了。崔纵于是聚合了军队上所有的钱财和粮物与怀光一同前来。怀光日夜兼程赶路，到达河中的时候，已经是筋疲力尽，所以让士兵们休息了三天。河中府尹李齐运倾尽全力设宴来犒劳军士，士卒们还想多停留几天。崔纵就先用车辆将财物运过黄河，然后对军众们说："如果到了河西，所有的财物都将拿来分赐给各位。"士卒们因贪图钱财，所以渡河西行驻屯于蒲城，士兵总共有五万人之多。李齐运，是李恽的孙子。

李晟一路走来，沿途招收士兵，这时也从蒲津渡水驻军在东渭桥了；最初只有士兵四千人，李晟擅长安抚驾驭，并且能和士兵同甘共苦，大家都乐于追随他。在短暂的不到一月的时间，竟然招收了一万多人。

神策兵马使尚可孤去征服李希烈，率领部下三千人驻扎在襄阳，此时也从武关来奉天援助，驻军在七盘，并且打败了朱泚的大将仇敬，进而进兵攻取蓝田。尚可孤，是宇文部的另一种族人。

镇国军副使骆元光，他的祖先本来是安息人，后来被骆奉先收为养子，带兵守卫潼关长达十年之久，颇受众人的拥护和爱戴。朱泚派大将何望之袭击攻占华州，刺史董晋丢弃城池去奉天行在。何望之占领了华州，将集合兵力去阻断东边的道路；骆元光带领了关中军队出去袭击何望之，望之又逃回到长安。骆元光于是就让军队驻扎在华州，招募士兵，几天之内，就召集了一万多人。朱泚几次派兵来攻打元光，都纷纷被元光击退，敌人从此无法向东出兵。唐德宗便任命骆元光为镇国军节度使，元光仍旧带领两千士兵在昭应驻扎。

马燧令他的行军司马王权和他的儿子王汇率领士兵五千人援助奉天，军队驻扎在中渭桥。

而此时朱泚的一批人所占据的地方只有长安了，援军的游击骑兵时常出现在望春楼下。李忠臣等每次出兵都纷纷被打败，于是便向朱泚请求援助。朱泚害怕民间趁他困敝的时候抢劫抄略，所以每次派兵出去都是昼伏夜行的。

朱泚内心担忧长安，于是加紧攻占奉天，他让和尚法坚制造的云梯，高、宽各有几丈，并且用兕牛皮裹着，下面装着大轮，梯上可承担五百个壮士；城中人看到十分恐慌。唐德宗因此问计于群臣，浑瑊及侯仲庄都说："依臣看来那云梯的样子十分沉重，重就很容易下陷，臣请求先预测他们进攻的方向，然后在那里挖一条地道，累积柴草，准备火柴等着他们。"神武军使韩澄说："使用云梯攻占城池，只不过是雕虫小技而已，不值得烦劳皇上担忧，请让臣来抵抗就行了。"于是开始推测云梯前来进攻的方向，清除了城东北角三十步的地方，储备了许多膏油、松脂、柴薪、芦苇在那里。丁亥日（十四日），朱泚大军击鼓嚷嚷着要进攻城南，韩游瑰说："这是故意要分散我们的兵力啊。"于是带领士兵严密防守城池东北。戊子日（十五日），北风呼啸而来，于是朱泚下令推着云梯，并且在上面放了些湿毡，同时挂着水袋，载着将士们攻城，而且让攻城车分别列在左右为辅翼，士兵跟随在云梯的下面，怀中抱着木柴，背上背着土包，填塞战壕和深沟，向前行进，弓箭、弩石、火把都没有办法伤害到他们。敌人集合兵力向城东北方进攻，弓箭、弩石如下雨般落下，城中死亡伤残不计其数。敌人已经开始有登上城楼的了，于是唐德宗与浑瑊相对哭泣，各个大臣只有仰头祈求上天保佑。唐德宗于是把空白的任官状，从御史大夫到食邑实封五百户以下的一千多张全部交给浑瑊，并且让他拿着去招募敢死队加以抵抗，接着又赐给御笔，让他依照功劳的大小，填上姓名发送给他们，任官状如不敷用，然后将阵前所称的官阶以及所立的战功写在他身上，以此作为凭证，补任官状，然后对浑瑊说："我现在就要向你告别了。"浑瑊跪伏在地上，痛哭流涕，唐德宗轻轻拍着他的背，呜咽悲泣，非常悲伤。当时士兵又冷又饿，又没有铠甲和战袍，浑瑊抚慰告谕，而以忠诚和义气来激励他们，最后士兵们都鼓起勇气并且大声嘶叫着奋力应战。浑瑊被飞来的暗箭所伤，依然不停地向前冲杀，始终也没有说过一个"痛"字。云梯在辗过地道的时候，一个轮子深陷其中，既不能前进，也无法后退，火从地道中忽然冒了出来，此刻风向也开始回转了，城楼上的士兵投下用芦苇草捆成的火把，撒下松脂，并且浇上膏油，喧哗声和叫嚷声震动天地。片刻之间，云梯以及梯上的贼兵都瞬间被烧成灰烬，焦臭味遍及数里之远，逆贼这才带兵撤退。于是城东、南、北三门同时出兵，太子亲自指挥作战，贼兵遭遇大败，死了好几千人。那些受伤的将士，由太子亲自为他们包扎伤口。进入深夜的时候，朱泚又来攻城，并且把一支箭射在唐德宗面前三步远的地方，使唐德宗大吃一惊。

李怀光从蒲城带兵一直逼近泾阳，沿着山边向西行进，派兵马使张韶穿着平民的服装，抄小路先去奉天行在拜见天子，藏表于蜡丸内。张韶到达奉天的时候，恰巧遇上贼兵正在攻城，他们看到张韶，以为他只是个低贱的平民，于是就把他赶去和其他的众人一齐去填壕沟；张韶抓住了这个机会，于是跳过壕沟，来到城下，并且大声冲城上喊道："我是朔方军的使者。"城上的人立即放下了一条绳子拉他上去，等到他登上城楼的时候，身上已经中了好几十支箭，士兵在他的衣服里找到了装在蜡丸中的奏表，并且呈献给了唐德宗。唐德宗很是高兴，命人高举张韶绕城一周，全城欢呼声很大。癸巳日（二十日），李怀光在澧泉打败了朱泚的军队。朱泚听到这消息之后，十分惊慌，于是赶紧带兵逃回长安去了。大家都认为如果李怀光三天内不到的话，那么奉天城就被攻下了。

朱泚退兵以后，跟随到奉天来的各位大臣都向天子庆贺。汴滑行营兵马使贾隐林进言说：“陛下性情太过急躁，并且不能容人，假如这种性情再不改的话，即使朱泚被我们消灭了，忧患还是会继续存在的啊！”唐德宗不但不认为他说这话是忤逆不道，反而十分称赞他。侍御史万俟著打通了金、商运输通道，包围既然已经解除，各道的贡献赋税又相继送来，费用才慢慢开始充足。

朱泚回到长安之后，只图谋守城的计策，常常派人从城外回来，然后遍行于城中大声叫喊着说：“奉天已经被打垮了！”想借此来欺骗众人。朱泚拥有府库中的财富，因此并不吝惜金帛并且拿来取悦各位将士，公卿的家属住在城里的，每月都发给一定数额的俸钱。神策以及六军将士跟随圣驾及哥舒曜或李晟的，朱泚也都给他的家人发放一定数额的食粮；再加上整修制造兵械，每天的支出非常多。等到长安被平定之后，府库中还有多出来的积蓄，知道这种情况的人，心中都非常怨恨当时主管官吏的横征暴敛。

有人对朱泚说：“陛下既然接受天命而称帝，唐朝皇室的山陵宗庙就不应再继续存在？”朱泚说：“我曾经做过唐朝的大臣，怎么能忍心做这样的事儿？”又有人说：“百官大多都有遗缺，请征召士人来补缺口。”朱泚说：“强行授予官位给别人，就会使人家感到恐慌和害怕。我认为只要是想做官的就给他个一官半职，何必要挨家挨户地敲着人家的大门去赐官呢？”朱泚所使用的士兵只不过是范阳及神策团练兵罢了；泾原军的士兵一向傲慢放肆，都不愿意接受他的指挥，只是守着他们抢掠而来的珠宝财物，而不愿意出征打仗；还谋划着要杀掉朱泚，计划没有成功，也就不了了之。

李怀光生性粗鲁，从山东去奉天救难，几次与人说起卢杞、赵赞、白志贞的奸邪谗佞，甚至于说：“天下的祸患，都是由这批人造成的！如果我见到皇上，一定请求皇上杀了他们。”既然解除了奉天的困境，自夸功高，认为唐德宗必将以特殊的礼节对待他。于是就有人对王翃、赵赞说：“李怀光一路上不停地抱怨，认为宰相的计策意见不恰当，数次征收苛捐杂税，京兆尹犒赏小气；导致圣驾迁播，都是宰相卢杞、度支赵赞、京兆尹王翃三人的过错。而今李怀光又立了大功，皇上必会真诚地询问他得失的前因后果，假使他的话被皇上相信，岂不是十分危险吗！”王翃、赵赞将这番话告诉了卢杞，卢杞十分恐惧，却若无其事地向唐德宗说：“李怀光建立大的功业，国家才得以生存，把贼党吓坏了，因此心里都不会再妄存防守的念头，假如派他乘胜去攻占长安，那么一定能一举消灭敌军，势如破竹一般的快捷。今天如果让他进入朝堂，一定要赐宴并且加以奖赏，假如停留上好些天，让敌人回到京城，他们再慢慢地进行防御措施建设，到那时再想加以消灭，恐怕就十分困难了！”唐德宗认为他说得很对。于是就下令让李怀光直接带兵驻扎在便桥，然后与李建徽、李晟及神策兵马使杨惠元指定一个日期一块儿去进攻长安。李怀光内心感觉迢迢千里，基于一片忠心前来赴难，击败了朱泚，解救了唐德宗，近在咫尺却不能见到唐德宗一面，心中十分不满意，说：“我此刻就已经受到小人的排挤，国家前途无望，已经可以预知了！”于是带领士兵离开了，然后到了鲁店，在那儿停留了两天便走了。

剑南西山兵马使张朏带部下士兵造反，攻入成都，西川节度使张延赏丢弃城池奔往汉州；鹿头关守将叱干遂等前去讨伐，于是杀了张朏以及他的党羽，张延赏又重新回到了成都。

淮南节度使陈少游带领士兵前去征伐李希烈，驻兵于盱眙，自从他们听说朱泚造反之后，就回到广陵，挖掘壕沟、建筑堡垒、修整军队。浙江东、西节度使韩滉紧紧关闭关卡桥梁，严禁牛马出境，修建石头城，挖了将近有一百口井，装修了几十幢馆舍，又整修营垒的防御工事，从西边的建业，到东边的京岘，楼阁和城上的女墙相连，准备圣驾渡江过来，而且也借此来固守自己的防御区域。陈少游派出三千士兵在江北举行了一次大校阅；韩滉也派出三千水军在京江的上面耀武扬威作为响应。

盐铁使包佶有八百多万金银丝绸，将往京城输送。陈少游认为长安已经被叛贼占领，还不知道什么时候才能收复，想要强行夺取。包佶不肯，少游就想杀害他；包佶心中十分害怕，于是便将自己的妻子藏在公文堆里，自己急忙渡江逃跑。少游便抢走了那些金帛，包佶有守护财货的三千士兵，少游也一并给抢了下来。包佶仅仅带着几十个人一块儿到了上元，在那儿又被韩滉抢夺了一次。

那个时候南方的藩镇各自闭关自守，只有曹王李皋几次派人抄小路去京城进贡。李希烈紧逼着进攻汴、郑，江、淮通道被阻隔，向朝廷进贡的财物都绕道宣、饶、荆、襄，然后前去武关。曹王李皋修建驿站、铺设道路，从此来来往往的使臣，才能畅行无阻。

唐德宗询问陆贽当前的紧急事务是什么。陆贽认为以前之所以发生变乱，是由于上面和下面没能沟通，因此劝谏唐德宗要常常接见大臣，采纳正直的意见。于是上了一张奏折，大意是说："臣以为当前的紧急事务，是让皇上明察下情，假如是民众急切向往的，陛下便当早点去做；凡是民众所憎恨和厌恶的，陛下就应该立即革除。喜好和厌恶与天下人一样但是天下人却有不来归附的，从古到今，这是从来没有过的事情。整治祸乱的根本，在于维系人心，何况是在刚刚发生变乱，人心不稳的时候。在困难时刻，民心向背的时候，民心所归便能屹立，民心背弃就会灭亡，陛下怎么能不体察民情，与百姓有一样的好恶，然后使亿兆的百姓归附，借这个来安定邦国呢？这确实是目前最为紧急的事情啊。"然后又说："最近臣在私底下听到不少舆论，然后借此来深入地了解了很多情况，各方以内外意志乖违为患，并且各个官员又因为君臣彼此隔阂而忧。各郡国的意见和建议不能上达于朝廷，朝廷的诚意又不能下达于民间。圣上的恩泽没有能够被天下人广泛地知道，臣民的情况又因为受到重重阻拦而不能上达，事实的真相不一定了解，而所知道的事情又不一定是实情，上下之间隔绝不通，虚实杂糅混淆在其中，抱怨声、议论声纷纷而来，想要上面和下面彼此能没有猜疑和阻隔，又怎么可能呢？"然后又说："集合天下人的智慧来增长自己的聪明，顺应民心来施教颁令，那么君臣上下就会同心一德，怎么会有人不顺从呢？远近一心归向，还有谁会造反呢？”又说：“有些想法看起来愚昧却近似正道，有些事情确实急切并且重要却看起来迂腐。”

奏折呈上十天之后，唐德宗并没有采取任何措施，也没有再垂询。陆贽又上奏，内容大概是说：“臣听说立国的根本，在于获得民众的拥护和爱戴，而要想获得百姓的拥戴，又在于体察民情。所以孔子认为人情等于是圣人的田地，就是说治国的大道都在这儿啊。”又说：“《易》卦，乾卦在下并且坤卦在上称为泰，坤卦在下并且乾卦在上称为否，损上而益下称为益，损下而益上就称为损。说起来天在下而地却在上面，从位置上是颠倒了，却反而称为泰的原因，那是上下相交的缘故啊。君在上并且臣子居于下，在道理上说是应当的，反而却称为否，那又是上下不能相交的缘故啊。假如君上能勤俭自持而让百姓富足，人人一定都会心甘情愿地供奉君上，这能说不是有益吗？假如君上轻视百姓，而自己却肆无忌惮地想干什么就干什么，人们必心怀怨恨而背叛君上，这难道不是有损了吗？”又说：“君王治国的道理好比是船，百姓的感情好比是水。船顺着水道就能漂行，如果硬往两岸上冲就会翻沉；君王能深得民心就能稳固国家的根基，不能深得民心那就十分危险。所以古代圣明的君王虽然位居人上，但他个人的好恶必定能顺应民心，并且不敢让天下人顺从他自己的一己私欲。”又说：“陛下痛恨藩镇兵强跋扈，生活习气不好，并且妨碍治安，因此亲自担负起削平强藩的责任，用明德的声威加以压制，用严酷的刑罚去裁决，在流弊延续已久、根深蒂固、积重难返的时候，这样的做法，致使远方的人因为惊惶疑虑而兴起抗令逃命的祸乱，近处的人害怕震慑而做出苟且求容的行为。从而导致君臣的意志乖违，上下的用心阻隔而不能沟通。君上是专心致力于天下太平，而臣下却害怕惨遭诛灭，臣属想要尽心尽力效忠皇上，又怕皇上怀疑他是欺罔诈骗，所以圣上一片诚意却不能令百姓知道，众人的心意也无法让皇上知道。臣在以前曾经做过监察御史，因而有奉旨上朝拜见皇上的机会，将近半年的时间，只见陛下庄严深邃地高坐在殿上，未曾下旨垂询，群臣十分害怕而急于告退，也没有一个陈述禀奏的。庭楹陛阶之间，尚且不能互相沟通，天下这么大，远戍边镇的臣子，又怎么能自通心意呢？即使是功臣节度以及诸军使臣待制的，也只能随例依次站立，朝堂之外，另外召集宰辅重臣来商量天下大事，他们所说的和谈论的既不是百姓的心声，也与公论大不相同。没有实施的事，便告诫他们说事属中枢的机密，不可以与外人议论；已经付诸行动的事，又说是已经决定这样做了，就不必再进谏劝说了。因此令人慢慢地感觉到谏诤受到拘束阻碍，动不动就遭到嫌疑憎恶。从此每个人都隐藏着实情和自己的心意，而不发表言论意见。等到变乱事故快要发生的时候，天下一块儿担忧，只有陛下安然无事地不知实际情况，还以为不久就可以天下太平了呢。陛下用今天亲眼所见的一切情况，去验证一下往日所听说的事，哪些是实际情况，哪些是虚假的情况，什么样的做法有利，什么样的做法不利，那么什么事可以做，什么事不可以做，就完全都知道了！而对每个人的忠贞虚伪也可以全部了解了。”

唐德宗于是就派了个宦官作为使臣去告诉陆贽说：“朕生来待人开诚布公，也能接受劝谏。朕以为君臣犹如一个人的身体，用不着互相防备，因而对人坦诚相待，从来不猜疑，所以才常被奸臣出卖捉弄。导致今日的祸患，朕想也没什么别的原因，过错反而就在于开诚布公。除此之外，谏官议论国家大事，很少能够缜密周详的，而每次都矜夸炫耀，然后都将过错全归于朕一人身上，借此来换取自己的名声。朕自即位以来，也看到了很多论事奏折对策，大部分都是别人说什么他就说什么，道听途说。大概加以询问，立即就区划可说了。如果真的有本领超群的人，在朕说来还会吝惜于提拔他吗？朕有鉴于从前的事，事情就是这样的罢了，所以最近也不愿随便找人谋划事情，并不是不愿意接见大臣，不采纳劝谏。你应该深深地了解我的心意才是。”陆贽认为人君统治天下，应当以诚信为本。谏诤的人即使文辞意见鄙陋拙劣，也该宽容他们来广开言路。如果用自己的威势来震慑他们，以辩辞来打击他们，那么臣下又怎么敢言尽于所欲言。于是又上奏，大概说："天子治国的道理，跟上天治理天下是一样的，上天不因为地上有无益于人们的树，就废止土地萌发生长的功能，所以天子也不应该因为常常有奸邪小人而废弃听纳正言直谏。"又说："治国赖以诚信，有所偏失便有害于治国的道理，假如心意一有不诚，就不敢保证这种心意是正确的，言行一旦有不守信用的，说出的话就不一定能够行得通。陛下说：就因为开诚布公的错误行为而导致了祸患，臣私下认为这句话说得确实不对。"又说："用机智而巧妙的方法去驾驭臣民，那么就会被人欺诈，对人表示怀疑，那么就会使人变得更加刻薄。在上位的人怎么做，在下位的就会照着去做，在上位的人对下面的人施恩，在下位的就会对他报以恩情。如果自己不能竭尽诚心对待他人，而却希望别人能竭诚以待，时间长了百姓必定会厌倦而不会听从的。以前不诚信却说以后一定会坦诚相待，众人必定会怀疑并且不相信。由此可见，治理国家必须以诚信为本，而不能有片刻的舍弃。伏望陛下谨慎遵守这个原则，努力不断地去付诸实践，只怕这并不是造祸之因，反而应当认为是值得追悔的事啊！"接着又说："臣听说以前仲虺赞扬成汤，不称赞他从没有犯错，而赞扬他能改过自新；吉甫赞美周宣王，不是赞美他没有缺失，而是称赞他能够弥补缺失。由此可知，圣贤的用意十分明显，只是以改正过错为贤德，而不以没有过错为可贵。老实说来，任何人的行为都难免有过错，君上英明，臣下愚昧无知，也都是在所难免的事。明智的人能够改过从善，而愚昧的人却感到认错是可耻的，明明知道那是不对的却还要去促成其事；能向善的人自然能够德行日益高超，明明知道是不对的却还要坚持做到底，那么必将恶贯满盈。"然后又说："谏官谈论事情不够周密并且自夸自大，确实不够忠厚，但是对圣上的品德和修行也并没有妨害啊。陛下如果能够采纳劝谏，则史官作传恰当就能够增添美言；陛下如果不接受劝谏，又怎么能够禁止传记不载呢？"又说："仅仅是空口吹嘘而无法证验的话，就不必采纳，而言辞虽然笨拙却合理的话，也没有必要违弃。言辞朴拙但是行事能够立即见到效果的人，未必是愚昧无知的人，会花言巧语并且以重利为饵的人，也不一定是智高一等的。所以都一定要根据事实考验，虑及后果，因此对于谏言的是否采纳，只需看看是否对事情有益罢了。”又说：“陛下所谓‘近年来所有看到的议事的奏折对策，大都是些大同小异的道听途说’。关于这一点，臣自己以为大多数人的意见正好能够代表民意，必然有可行的地方，也足足能够引以为戒，只怕不应该一概轻蔑忽视而不采纳的啊。陛下又说：‘大概加以询问，立即就无话可说。’但臣以为陛下只是使他应付不过来，但并不表示他已经没有理由可以说的，只是使他口服而并没有使他心服。”又说：“做臣民的都想对皇上尽忠，而在上位的君主都想使天下太平。但是臣民每次都为君上不求治平而苦恼，君上每次都为臣民不愿尽忠而苦恼，这又是因为什么呢？全都是因为上下心意没有能够沟通啊。臣民的心意都愿意让皇上知道，皇上的心意也都想让臣民了解，然而臣民常因为不能跟皇上说出实情而苦恼，君上常常因为臣民不能了解他而痛苦，这又是因为什么呢？那就是因为没有能够革除九弊啊。所说的九弊，君上常常会犯的有六项，而臣下常会犯的有三项：喜欢因为强过别人而占据上风，犯有过失却以接受劝告为耻，无所忌惮地强词夺理，从而炫耀自己的聪明，时刻摆出一副不可侵犯的样子，纵情地刚强狠愎，这六项，是君主经常会有的缺点；巧言奉承、曲意逢迎、畏惧怯懦，这三项，是臣下经常犯的错误。君上喜欢占据上风，一定喜欢听些花言巧语，君上耻于认错，一定畏忌臣下的直言劝谏，这么一来，那么臣下只有一味巧言谄媚地迎合君上的心意，而君上就听不到忠诚正直的劝谏了。君上肆无顾忌地强辞辩论，一定会常常打断别人的话，只说自己的理由。君上喜欢炫耀自己的聪明才智，一定会自以为是地猜测而防止人们作伪证，这样一来，那么臣下就会察言观色地曲意迎奉以求有利于己，而不会竭尽全力地贡献意见了。君上的态度严厉威猛，一定难以虚怀若谷地放低身段接纳别人，君上恣所欲为地刚愎自用，必定难以认错而接受劝谏，这么一来，臣下就心生畏怯地只知道逃避罪罚，而不敢合情合理地申述实际情况了。以国土的广大、百姓的众多、皇宫的深重、地位高下悬殊的限界隔阂来说，从众贤以上，能够有机会来拜瞻天子风采的，在超过亿兆人之中，恐怕一个都没有；就以能够有幸拜见天子的人来说，其中能有机会与天子谈论国事的，千万人之中恐怕也没有一个；即使有幸能够与天子交谈，况且还有九弊横阻在他们的中间，那么上下的心意能够沟通的时候确实是太少了。君上的心意不能够使下面的人知道，则大臣不免心存疑惑，臣下的心意不能使君主知道，则君上自然就会猜忌疑虑；心存猜疑就不能接纳忠诚的规劝，心存疑惑就不会服从皇上的命令；一片忠诚却不被采纳，便将以悖逆的行为来对抗君上，诏令不被接受，就将对臣下给予刑罚的惩治；臣下背叛，君上施刑，还有不等着身败国亡的道理吗？因而导致天下混乱的朝代比较多，而天下太平的时代却很少，自古以来，大多都是这样。”又说：“以前赵武呆滞木讷不善言辞，却是晋国贤良的大臣，绛侯朴实不善言辞，但汉文帝却任命他为宰相。既然如此，那么足可以知道擅于口辩的人，他所说的事情，不一定可信，不善言辞的人，他所说的合于正理，只是难以表达准确罢了。人心难知，尧、舜都把这个作为憾事，怎能只凭一问一答，就判定他的才能不过如此了呢？如此只凭借着这点来明察天下人的心意，大多会与实际不符，而因此轻视天下才士，必将会遗漏许多的贤才。”又说：“规谏的人多，恰好表示我喜欢听取谏言；犯颜直谏，正表示我有宽容别人的度量；谏诤的人狂放诬罔，恰好表示我能宽恕；谏诤的人如果有一句说一句，正表明我能接受好的意见；这才是君主和进谏的大臣上下意见沟通，彼此获益的方法啊。谏诤的人可以赏官加爵，从而得利，人君也将获有益于使天下太平的大利；谏诤的人能够得到创立法制或废除陋规的美名，君上也将会享受采纳正直的言论、善于接受正确的意见的美誉。更何况只有谏诤人的言论有时有失中正，而君上听取并采纳正直的言论，却绝对不至于遭受恶名。所以怕的只是正言谠论不能够切中要害，臣下不敢直谏，天下人不知道天子喜欢听纳谏诤、广开言路罢了。能够做到这种地步，纳谏的美德自然能光耀寰宇了啊。”唐德宗十分赞赏地采纳他这种说法。

李怀光按兵不动，几次上表痛斥卢杞等人的罪状恶行；舆论喧腾，也都发表言论责备卢杞等一些人。唐德宗不得已，才在十二月壬戌日（十九日），将卢杞贬为新州司马，接着贬志贞为恩州司马，赵赞贬为播州司马。宦官翟文秀，唐德宗十分信任他，李怀光又指出他的罪行，唐德宗也因此把他给杀了。

乙丑日（二十二日），派翰林学士、祠部员外郎陆贽为考功郎中，金部员外郎吴通微为职方郎中。陆贽上奏折，推辞说：“第一次来到奉天，护从人员全部都只是晋加官阶两级，而只有翰林迁升官职，实在不合适。说起来惩罚应先给那些位尊亲近的人，而后加于位卑疏远的人，这样的诏令才不会导致违反事理；赏赐则应该先赐予那些位卑疏远的人，而后赐予那些位尊亲近的人，这样才不至于遗漏立有勋绩的功臣却没有被奖赏。只是愿意先录用立有大功的朝臣，再普及群臣，那么我也就不敢独自装作清高地推辞。”唐德宗没有接受他的推辞。

唐德宗在奉天，派人去劝说田悦、王武俊、李纳，并且答应赦免他们的罪行，并赠送高官厚爵；田悦等都暗中表示愿意竭尽全力忠诚地报效君主和国家，但是都还不敢明目张胆地与朱滔断绝往来，各人依旧称王一如既往。朱滔派他的虎牙将军王郅去劝告田悦说：“前些时候八郎（田悦行八，故称）你有急难，我朱滔与赵王不顾性命，竭尽全力前往援救，侥幸解除了围困。而今太尉——我三哥在关中接受天命而称帝。我将与回纥联兵一起前去援助，希望八郎整顿军队，和我一块儿渡河共同占领大梁。”田悦心里并不想去，可是又没法拒绝朱滔，就顺从了他。朱滔又派他的内史舍人李琯去到田悦那儿，暗暗观察他是否真的有意出兵，田悦犹豫不决，密召扈崿过来一块儿商议这件事。司武侍郎许士就说：“朱滔以前跟着李怀仙，是他手下的一员副将，和他哥哥朱泚以及朱希彩一起杀死了李怀仙，并且拥立朱希彩作为节度使。所以朱希彩对他们兄弟十分宠信，朱滔又和判官李子瑗谋杀了朱希彩而拥立朱泚。自从朱泚做了统帅之后，朱滔就立即劝朱泚进入朝廷而自己留守，虽然是以忠义的名义劝说的朱泚，事实上目的就是夺取他的权位。平日与朱滔共同谋事的人，如李子瑗之类的，最后被朱滔背叛抛弃并且杀害掉的有二十多个。现在又和朱泚东西遥相接应，倘若朱滔得志，连朱泚他都不能容忍，更何况是和他同盟的人呢！朱滔的为人就是这样，您又怎能希望他以真心相待而取得他的信任呢？他带领了幽陵、回纥的大兵十万，驻扎在郊野，大王你只要出城去迎接，就会被他捉走的。他拘囚了大王你之后，就会兼并我们魏国的兵力，向南边渡河，而与关中互相接应，天下还有谁能够抵挡得住他们！大王你到那个时候再后悔也来不及了。现在是为大王着想，不如表面上答应和他同行，但在暗中严加防范，准备礼品迎接，给予丰厚的犒劳，等他来到这儿之后，再找个借口，派遣大将分出一小部分士兵和他一块儿去。这样，大王在外面说来不失感恩报施的美名，对内也不会因为仓促起事而造成忧患。”扈崿等人都认为这个方法很好。王武俊听说李琯到了魏州，于是便派遣他的司刑员外郎田秀快马加鞭去见田悦说：“我王武俊以前因为宰相处事不当，害怕祸及于身，又因为八郎你被重兵包围，所以与朱滔联合兵力一起去进行救援。但是现在天子正处于隐忧的时候，并且用恩德来安抚我们，我们怎么能够不悔过并且归顺天子呢？背叛了九世相传的天子不去事奉，而竟然心甘情愿地去事奉朱滔吗？再说在朱泚没有称帝之前，朱滔跟我们一块儿并肩称王的时候，就已经看不起我们了。更何况如果他平定了南边的汴、洛，与朱泚联合兵力之后，我们就会都成了他的俘虏！八郎你要再三思考，千万不能和他一块儿联兵南行，而只需闭城扼守；请容许我伺机行事，联合昭义的兵力，去攻击并且消灭他，然后再和你一块儿去绥靖河朔一带，重新担任节度使的职务，共同事奉天子，不是也不错吗！”田悦于是才下定决心骗朱滔说：“我跟你一块儿去，一定依照前面的约定来办事。”

丁卯日（二十四日），朱滔率领范阳军步骑五万人，军士们自己还带着他们的子弟一万多人，以及回纥三千人，从河间向南边出发，辎重首尾绵延四十里。

李希烈在汴州进攻李勉；奴役民众运送土木，在高地上修建栈道，以利于攻城。很长时间没能修成，气愤之余，连人一同埋了下去，被称作湿薪。李勉守城几个月的时间，外援没有到达，便率领一万多的士兵逃奔宋州去了。庚午日（二十七日），李希烈占领了大梁。滑州刺史李澄率领全城人民向李希烈投降，希烈便任命李澄为尚书令兼永平节度使。李勉上表自己请求处分，唐德宗对他派来的使臣说：“朕也会失守京城，李勉实在没有必要惶恐请罪。”对他仍然和以前一样。

刘洽派他的大将高翼带领五千精兵保卫襄邑，被李希烈攻陷后，高翼跳河自杀了。李希烈又乘胜进攻了宁陵，江、淮一带十分震惊。陈少游竟然派参谋温述去向希烈表明诚心说：“濠、寿、舒、庐等地，已经下令让他们解除了戒备，隐藏了甲兵武器，等待着命令，听候你们的指挥。”又派巡官赵诜到郓州去和李纳交结。

中书侍郎、同平章事关播被罢免了职务，调派为刑部尚书。

派给事中孔巢父为淄青宣慰使，国子祭酒董晋作为河北宣慰使。

陆贽对唐德宗说：“现在盗贼遍布天下，才导致圣驾播迁，陛下应当痛切引咎罪己来感动人心。以前成汤依靠罪己而突然间兴盛起来，楚昭因为善言才收复国土，陛下如果真的能够不惜改过自新，以谦卑的姿态向天下的老百姓谢罪，而使颁书诏令不用避讳其所用的言论，臣虽愚昧孤陋寡闻，但是也能上仰圣心，代为书写诏令，也许能使那些犹豫不定的叛徒洗心革面从而归顺，接受陛下英明的教化。”唐德宗表示同意，所以奉天所颁布的书诏，即使是再骄慢的将领、再凶悍的士兵看到后，都感激涕零。

方术之士上言说："国家多难运蹇，应当有所变更来应时运天数。"群臣因此请求在尊号前另外加上一、二个字。当唐德宗问到陆贽时，陆贽上奏，认为不行，大概的意思是说："尊号的兴起，本来就不是沿袭古代的法制。在太平安乐的时代，这种做法，已经不利于谦冲了，而当在丧乱的时候还要这样做，就更加有害了。"又说："嬴秦没有人道，一块儿用'皇帝'两个字，才开始合'皇帝'二字为称谓；流传到后世，昏昧邪僻的君王，才有什么圣刘、天元一类的名号。由此可见，人主被人看不起或者是受人尊重，并不在于名称是什么。减少些无谓的尊称，恰好能够表示谦冲的美德，并且能够获得稽考遵循古制的好称誉。多加尊崇的称号，反而遭自矜自夸、嘉纳谄言的讽刺。"然后又说："如果一定要俯尊术数，必须要有一定的改变，与其增添尊贵的美称而丧失民心，倒不如减除一些尊号来表示对上天的尊敬。"唐德宗采纳了他的意见，不过仅仅是改年号为兴元了。

唐德宗又把中书所撰写的赦文拿给陆贽看，陆贽上书说，认为："用言辞来感动别人，使人受到感动的功效已很少了，何况措辞所说的词语又不够恳切，有谁会从内心接受感念呢！而现在天子颁布一些诏书，悔过之意十分深切，引咎的用辞尽如人意，来表示彻底革除缺失，来抒发心中的抑郁，而使人人都能满足自己的夙愿，那么还有谁不愿意归附的呢？中书应当条列改革的一些事项，小心地附在状书的后面同时呈上。除此以外，还有一些值得忧虑的事。臣私自认为认识到自己的过错并不是难事，而难在能改；说要向善并不是困难的事，而能真正行善才是困难的事。即使赦文写得再精彩，如过只是止于知过而说是要向善，尚乞圣上再多多考虑这些很难做到的事。"唐德宗认为他说的是对的。

兴元元年（甲子公元784年）

春，正月，癸酉朔日（初一），大赦天下，改年号为兴元，颁布诰令说："要使天下太平，振兴教化，必须坦诚相待！忘己助人，不要害怕改正错误。朕嗣位登基，统治天下，却导致京师失守，迁徙到了外县，确实是因为没有能够以身作则，率领天下遵循德教。以前的一切，确实是追悔不及，但是将永远时时刻刻反思自己的过错，以期望将来能够重新以德修身，率教百姓。现在特意坦诚地表明自己的心意，来昭告天下的臣民。

“我害怕德薄而不能够嗣承祖先宏大的伟业，因此从来不敢怠慢堕落、荒淫无度，但是因为长期居住在深宫之中，不了解治国要务，时间久了成为习惯，从而容易深深地陷于沉溺，导致居安忘危，不知道百姓种田的艰苦，不体谅征役戍边的劳苦，恩泽没有遍及天下，民情难以使上面的人知道，所有的事情既然有阻碍隔阂，以致使人怀有猜疑阻贰。还不知自我反省，竟然因此发兵征讨，四处招收民兵，转运粮饷远到千里以外的地方，征集调用兵马，远近都受到了骚扰，出征的士兵背着粮械，而居民纳税输送供应，才导致百姓劳累困苦，有时一日之中几次交锋，有时连着几年经常争战。祭祀无人主持，家室没有依靠，生死流离，怨气郁结，力战不息，田园荒芜；急征暴敛，政苛令严，农疲民困，妇女辍织，有的转死于沟壑，有的流亡远离家园，邑里空虚，不见人烟。上天谴责而朕却没有丝毫的觉悟，下民怨愤而朕不知道真实的情况，因此导致祸患，变乱从京城发起，万民顿时失去了常态，九庙祖宗都非常震惊，对上连累了祖先，对下有负于黎民，内心十分沉痛，颜羞愧，罪过完全在于朕一人，永远怀有惭惶哀悼，如同陷深渊幽谷。从今朝野大臣上书进奏，不得再称‘圣神文武’的名号。

“李希烈、田悦、王武俊、李纳等，以前都因为对朝廷有功，而各守藩篱，维系一方，只因朕既疏于抚慰，而驾驭又有违正道，才导致他们这些人疑惑惧畏；全因上失道揆，而导致下受灾害，朕实在不像是人君，他人又有什么罪行！自应当连同所属将吏的一些人，一如往常一样的对待。

“朱滔虽然受到朱泚的牵连，但是相距遥远，必定不是同谋，念及他以前的功勋，自然应当特别地宽恕，如果能够归顺，并且效力朝廷，也准予他改过自新。

“朱泚违背天道并且颠乱君臣上下的层序，篡位窃权，暴行侵犯了皇陵寝庙，想到这个朕十分痛心，确实不忍多说。唯恐祖宗降罪，朕不敢妄自加以赦免。但是那些遭受胁迫而从逆的将吏百姓等，只要是在官军未返回京城以前，反正来归或个别投奔本道、本军，一概依照前例，予以赦免。

“诸军、诸道凡是赴奉天共同进收京城的将士，一律赐名奉天定难功臣。而以前所加的除陌钱、税间架以及竹、木、茶、漆、榷铁等的杂税，也全部罢除，不再征收。”

大赦令下，全国各地民心欢腾。等到唐德宗重新返回长安的第二年，李抱真进入朝廷上言谈到这件事的时候说：“当在山东宣布赦令的时候，士兵们全部感激泣下，臣见民心如此，已经知道逆贼已经不堪一击了！”

派兵部员外郎李充作为恒冀宣慰使。

朱泚改国号称汉，自称汉元天皇，改年号为天皇。

王武俊、田悦、李纳看到赦令以后，都除去了自己的王号，亲自上表请罪。只有李希烈仗恃着自己的兵力强大、财产丰富，于是密谋称帝。派人去问仪于颜真卿，真卿说：“老夫我曾经担任过礼官，只记得诸侯朝觐天子的一些礼仪罢了！”李希烈竟然不顾一切地即位称帝，改国号大楚，改年号为武成。并且设置了百官，委任他的党羽郑贲为侍中，孙广为中书令，李缓及李元平为同平章事。而把汴州作为大梁府，全境划分为四节度。李希烈派他的大将辛景臻对颜真卿说：“既然你不愿意委屈自己的节操，就应该引火自焚！”于是在他庭院中堆积了一些木柴，并且浇上了油。颜真卿果然向火堆里跑去，辛景臻很快地跑过去将他拉住。

李希烈又派大将杨峰带着赦令，送去给陈少游和寿州刺史张建封。张建封不仅拘捕了杨峰，并且在军营中游行之后，将其拦腰斩死在街市之中，陈少游听说后害怕恐慌。张建封将陈少游与李希烈交往的一些情况详细具表上奏唐德宗，唐德宗非常高兴，便委任张建封为濠、寿、庐三州的都团练使。李希烈于是派大将杜少诚作为淮南节度使，并且让他率领步骑一万多人先去攻占寿州，然后到达江都去就任：张建封派手下的大将贺兰元均和邵怡戍守霍丘县秋栅。杜少诚竟然没有能够攻破通过，于是向南边去袭蕲、黄，想借此来阻断江水的通路。当时唐德宗命令包佶亲自监督江、淮两个地区的财赋，逆江而上到达奉天行在去；刚到蕲口，就遇到了杜少诚的入侵。曹王李皋派蕲州刺史伊慎率领士兵七千前去抵抗，在永安戍守作战，然后将杜少诚打得一败涂地，少诚脱身逃走，杀了敌人上万人，包佶才能够继续前行。后来包佶进入朝廷，详细说了陈少游夺取财赋的一些经过，少游心里十分害怕，于是便在辖区内征收沉重的税负，用来偿还。李希烈认为夏口是长江上游的重要地界，因此派他属下的英勇将领董侍招募敢死队七千人去攻袭鄂州。刺史李兼偃旗息鼓，紧紧关闭着城门等着他们的到来。董侍拆下房屋的木材，运去烧门，李兼亲自率领士兵出城迎战，击败了董侍。唐德宗便委派李兼为鄂、岳、沔都团练使。于是李希烈东边害怕曹王李皋，西边受到李兼等人的牵制，而不敢再存有窃取江、淮两地的心思了。

朱滔带领士兵进入赵州境内，王武俊准备了许多犒劳他们的食用品；进入魏州境内，田悦供应奉献的财物更加丰盛，派出去迎候的使臣，沿途从来就不会断。丁丑日（初五），朱滔到达了永济，派王郅去拜见田悦，相约在馆陶见面谈论事情，一块儿渡河。田悦见到王郅说：“我当然是非常想追随五哥向南行军，但是昨天在准备出兵的时候，将士们却全都不听从指挥，他们说：‘国家的军队刚刚才打了败仗，经过一年多的战争之后，资粮储蓄都消耗殆尽了。现在将士们尚且还是在挨饿受冻，怎么能够让全部士兵都远行出征？大王你每天抚慰视察，却还不能安抚士兵；如果离开城邑带领士兵远行出征，早上出城，那么晚上就必定会发生叛乱！’所以并不是我田悦敢有二心，但是我能拿将士们如何呢？我现在已经派了孟祐准备了五千步骑，让他们追随着五哥暂且作为采薪牧马的贱役吧。”因而派他的司礼侍郎裴抗等人去向朱滔谢罪。朱滔听说之后，十分愤怒地说：“田悦这个逆贼，从前在重重的围困之中，命在旦夕，而使我背叛君主和自己的兄弟，派兵日夜兼程赶去营救他，侥幸地保住了他的一条性命。他答应将贝州拱手相送，我推辞了没有接受；又要尊奉我去做天子，我又推辞了不愿接受。但是现在竟然忘恩负义，害得我千里迢迢而来，竟然托词不愿意出兵！”当天，就派马寔进攻宗城、经城，杨荣国攻打冠氏县，都一起拿下了；又放任回纥去抢掠馆陶驿站内的帷幄、器物、车、牛等然后才离开。田悦闭关自守。壬午日（初十），朱滔派裴抗等人回防，分兵派遣官员防守平恩、永济等一些地方。

丙戌日（十四日），任命吏部侍郎卢翰为兵部侍郎、同平章事。卢翰，是卢义僖第七世孙。

朱滔带兵向北去攻打贝州，引水环城，刺史邢曹俊在城里抵抗；朱滔放任范阳的部队以及回纥大肆抢掠各县，又攻打了武城，派使臣去通知了德、棣二州，要他们提供军粮。然后又派马寔率步骑五千驻扎在冠氏县以胁逼魏州。

任命给事中杜黄裳为江、淮宣慰副使。

唐德宗在行宫周围的廊檐下，存储各地进贡而来的财货，牌子上面题“琼林大盈库”的字样。陆贽认为对那些迎战防守有功的将士尚且还没有加以赏赐，而竟然将财货据为私有，设立别的仓库储藏，那么士兵的心里一定会十分怨恨，并且不再有斗志，于是上书劝谏，大概的意思是说：“天子的德望与天差不多，并且都以四海为家，为什么要污损了大公之道，谋划着积累财务！这降低了至尊的身份而代财赋小吏司职，屈辱了天子的威严而像平民百姓一样地聚藏私产，既违背了法理，又失去了民心，诱导奸邪，引起灾害，用这种方式做事，岂不是太不对了吗？”又说：“在不久以前，天师吃了败仗，所有财物都感觉十分缺乏，既要抵御凶恶的敌人，又要防守城池，日夜不能安宁，前后将近有五十天在饥寒交迫中度过，死伤相藉，共力效死，而终于平定了大难。实在是因为陛下没有贪图个人的享受，并且没有私欲，放弃了享乐并且和士兵一块儿对抗艰辛，自己不吃美食而分享给有功的将士。不用严刑峻法所以人心不背，实在是因为大家心怀感激的感情啊；没有优厚的赏赐却没有人怨恨，是因为大家都知道财货已经耗费殆尽了啊。而现在围困已经解除，衣食也已经丰足，但是谣言谤渎又随而方兴未艾，士气慢慢地遭受了一些打击，难道不是因为武夫的常性，是好利夸功的吗？患难的时候能和他们一同忧虑，而欢乐的时候却不让他们一同享受，假如不能够恬淡寡欲，能让他们没有怨言吗？”然后又说：“陛下如果能够常常考虑到以前被重重围困时深切的忧虑，又能警诫自己平日放纵私欲的缺点，就应该下令将二库中所有的财货，全部都拿来赏赐给有功的将士，每次获得的奇珍宝货，也先拿来去奖赏将士，如果能够这样做，那么祸乱就一定能平定，逆贼也一定能消灭；然后再慢慢地驾着六马辂车，重新返回京城，贵为天子，难道还需要为贫困担忧吗？这样做，也无非就是散小财而达成聚大财，失去小利而收获稳固帝位的大利的目的罢了。”唐德宗立即下令取下了牌子。

萧复曾经对唐德宗说过：“自从国家发生祸乱以来，宦官大部分都被派去监督军事，仗着天子的恩宠而任意胡作非为。这一类人，只应该要他们管理宫禁中的一些事务，实在不应该委任他们掌握兵权，干预国家的大事。”当时唐德宗听了心里就不是很高兴。然后又说：“陛下刚登基不久的时候，圣德光耀，泽被天下，自从杨炎、卢杞使朝政混乱以后，才导致弄到今天的这步田地。陛下如果确实能够改变心志，臣哪有敢不尽力报效的呢？假如要我枉道服顺，和那些人一块儿苟合来使自己免于罪责，那么臣实在是做不到的啊！”又曾与卢杞一块儿商议事情，卢杞只是一味地迎合唐德宗的心意，萧复正言厉色地说：“卢杞的说法根本就不合正道！”唐德宗都感到十分吃惊，退朝以后，对侍从们说：“萧复简直就没有将朕放在眼里！”戊子日（十六日），任命萧复去担任山南东西、荆湖、淮南、江西、鄂岳、浙江东西、福建、岭南等道宣慰、安抚使，实在是借此来疏远他。后来刘从一以及朝廷官员不断上奏请求将萧复留在朝廷之中，唐德宗对陆贽说："朕想到自从迁徙到现在，江、淮离这儿很远，有些事或许传说失实，因此想派一员朝廷重臣前往宣慰，也曾经和宰相以及朝士们商议过，大家都认为应该这样做。但是现在竟然出尔反尔，这几天来朕百思不得其解，感觉十分惆怅遗憾。想来难道是萧复后悔，不愿前往，才唆使他们奏请的吗？你了解萧复的为人吗？他不愿意前去，到底是什么用意呢？"陆贽上奏，认为："萧复自己刻苦学习、砥节励行，只是想洁身自好，忠贞报国，行事然不是尽美尽善，但是他的人品我可以保证。至于像这种轻慢狡诈的事，萧复是绝对不愿意做的。即使萧复是想要留下来而不愿离去，刘从一又怎么愿意附会他！而今出言前后矛盾，希望陛下问个明白，允许他们申辩解释。如果萧复想借此有要求，刘从一又怎么愿意替他隐瞒！如果刘从一自有一套解释说明，那么就不应该对萧复存有任何的怀疑。陛下还怕弄不明白吗？又何必只为了这样一件事而一直耿耿于怀呢？说起来，如果能够明白事实的真相，就不会疑惑不安，让他们解释清楚，就不会使人受冤；没有比受人欺诈还不知道更令人迷惑的了，也没有比被人怀疑而不容解说的冤枉更沉痛的了。这样一来，便使得真伪相混、忠奸不辨了。这实在也是高高坐在上面来统治臣下的关键所在。但愿陛下特别注意到这点。"但是唐德宗却一直也没让他们为此事申辩解释。

辛卯日（十九日），委任王武俊为恒、冀、深、赵等地的节度使。壬辰日（二十日），晋升李抱真、张孝忠一并为同平章事。丙申日（二十四日），荣升田悦为检校左仆射。并且升调山南东道行军司马樊泽为本道的节度使，前深、赵观察使康日知为同州刺史、奉诚军节度使，曹州刺史李纳为郓州刺史、平卢节度使。

戊戌日（二十六日），进而加封刘洽为汴、滑、宋、亳都统副使，代理都统的一些职务，令李勉将全部军队都移交给他。

辛丑日（二十九日），六军各自设立统军一名，把他们当作三品阶秩，来表示尊宠功臣。

吐蕃尚结赞主动要求出兵去帮助大唐收复京城。庚子日（二十八日），派秘书监崔汉衡出使吐蕃，去调动他们的士兵。

资治通鉴卷第二百三十　唐纪四十六

起甲子（公元784年）二月，止于四月，共三个月。

【题解】本卷记录了公元784年二月至四月的史事，共三个月，正当德宗兴元元年二月到四月。德宗任性而急躁，遥控战事，拒绝纳谏，促成李怀光反叛，唐王室再度陷入危机。德宗被迫逃奔汉中，幸亏有陆贽支撑大局，李晟分兵驻守，这才阻止了李怀光与朱泚的联合，迫使李怀光占据河中，缓解了形势。河北战事，王武俊与李抱真冰释前嫌，联兵救贝州。魏博田绪杀死田悦归顺朝廷，朱滔陷于孤立。

德宗神武圣文皇帝五

兴元元年（甲子，公元784年）

二月，戊申日（初七），诏令追封段秀实为太尉，并赐予他谥号“忠烈”，从优抚恤他的家人。当时贾隐林已经去世，追赠左仆射，就是为了表示奖赏他能直言不讳。

李希烈亲自率领大军五万将宁陵这个地方围得水泄不通，引水灌城；濮州刺史刘昌仅仅以三千人的兵力守城。

滑州刺史李澄在暗中派遣使臣请求投降，唐德宗答应任命他做汴滑的节度使。李澄在表面上仍旧表示服从李希烈的指挥，李希烈对他依旧不太放心，派他收为养子的六百个壮士去戍守白马，命令李澄带兵一同进攻宁陵。李澄到了石柱地区，让他的士兵们假装受到了一些惊扰，烧焚营寨然后逃逸了。又暗地里引诱了李希烈的养子们，要求他们去剽夺抢掠，李澄再一个一个捕捉过来然后杀掉，然后向李希烈禀告，李希烈却没有办法判他的罪。

刘昌困守宁陵，前后四十五天没有脱过自己的盔甲。韩滉派他手下的大将王栖曜带领士兵去援助刘洽抵抗李希烈，王栖曜派好的弓箭手几千人，游泳渡过汴水，趁着深夜进入了宁陵城。第二天，从城上射杀李希烈，一箭直接射到他所住的营帐中，李希烈十分惊恐，然后说：“宣、润的弩手到了！”于是撤退士兵，然后离开了。

朱泚在奉天被打败后回到京城，李晟计划去攻占长安。刘德信和李晟都驻扎在东渭桥，但是不接受李晟的指挥和管制；李晟便趁着刘德信前来军营的机会，责备他因为沪涧战败及沿路剽掠的罪名，而把他杀了；因此派遣了几个骑兵飞奔到了刘德信的军营之中，去慰劳军士们，士兵们没有一个敢轻举妄动的，于是便收并了刘德信的军队，由李晟指挥，军队的气势更加壮盛。

李怀光迫使朝廷外放了卢杞以后，自己内心感到十分不安，于是便对唐德宗有了二心。又憎恶李晟独占一方，唯恐他一战成名，因此上奏请求和李晟一块儿联合兵力，唐德宗批准了他的这个要求。李晟与李怀光一起在咸阳西边的陈涛斜会和，营地工事还没有完成，朱泚大兵已经到了。李晟对李怀光说：“敌人如果固守宫城、苑城，或者是长久地拖延时间，那么就不容易攻占京城了；而现在竟然敢离开他的巢穴，出城邀战，这简直就是上天将逆贼送到你手上，这是大好的机会，你千万不能错过啊！”李怀光说：“部队刚刚到，马还没有喂饱，士兵们也没有怎么吃饭，怎么能马上就出战呢？”李晟没有办法只好自己先完成营垒的工事。李晟每次与李怀光一块儿出兵，李怀光部队的士兵都会抢夺百姓的牛马，然而李晟的士兵却丝毫不加侵犯。李怀光军士厌恨他们这种跟自己不同的做法，于是故意将抢来的一些财物分送给他们，但是李晟的士兵却都不敢接受。

李怀光的军队驻扎在咸阳已经有好几个月了，就是逗留在那儿不愿意进攻；唐德宗几次派出宦官作为使臣前来催促，李怀光都推诿着说是因为士兵们十分疲惫已经没有力气再作战了，应当暂时休息一段时间，等待机会再出兵。部下的一些将领也曾经几次劝他派兵进攻长安，李怀光都不听，而是暗中秘密和朱泚勾结。李晟几次上奏，害怕李怀光会叛变，自己的部队将会被他并吞，而请求调动驻扎在东渭桥；唐德宗还是寄希望李怀光能知错悔改，并且能收到发挥他部队兵力的效果，便将李晟的奏折给压了下来。

李怀光想要拖延作战的时间，并且激怒了各个部队，因此他上奏说："各军部队的粮饷赏赐都很少，只有神策部队的粮饷特别地优厚。在这种厚薄不均的情况下，实在很难命令他们出兵作战。"唐德宗认为正是财用窘困的时候，如果各军粮饷的供应都跟神策军一样的话，实在没有办法供给，但是，如果又不能满足李怀光的愿望，又害怕各军将士内心不平衡；于是派了陆贽到李怀光的军营中宣旨抚慰他，李怀光因而要陆贽召来李晟共同商议这件事。李怀光的意思是想要李晟主动要求减少他部队将士的粮饷，从而使他失去将士们的向心力，进而使他的部队丧失战斗力。因此说："将士们都是一样的打仗，而发给的粮饷却有厚薄的不同，怎么能使他们合并力量前去应战呢？"陆贽没有接他的话，望了李晟好几次，李晟才对李怀光说："您为元帅，可以发号施令；我李晟只不过是指挥一支军队，接受你的指使，追随着你罢了。至于是否增减衣食，您应当自行裁决。"李怀光于是便无话可说，又不愿意说出裁减神策军的粮饷的话，于是也就不了了之了。

当时唐德宗派崔汉衡到吐蕃去调动军队，吐蕃的宰相尚结赞说："我们吐蕃出兵的法令，以主帅大臣作为凭证，但是现在诏书上却没有李怀光的署名，所以不敢私自出兵。"唐德宗命令陆贽告诉李怀光，李怀光坚决地认为不能够调用吐蕃的兵力，于是他说："如果克复了京城，吐蕃必定会放任士兵放火抢掠，到那个时候谁能阻止得了？这是可能带来的第一个祸患。前些时候有敕旨，说是招募的士兵能够攻克京城的，每人赏给百缗，吐蕃派兵五万，如果也依照敕令要求奖赏，五百万缗到哪儿去凑呢？这是可能带来的第二个祸患。虏骑即使来到这边，一定不会打前锋先去攻城，而会留兵自守，察看我们军队的情况，打胜仗他们就会跟在后面分功，打败仗就会跟着图谋叛乱，诡诈多端，不能当作亲信，这是可能带来的第三个祸患。”所以不愿意在敕书上署名。尚结赞也一直不肯出兵。

陆贽从咸阳回到奉天之后，上奏说：“叛贼朱泚的士兵已经困顿等待着被我们诛灭，聚集重兵，守卫宫苑，形势危急，外援断绝，只是在苟且偷生罢了。而李怀光统领雄师大军，如果能乘着节节取胜的士气，鼓起剩余的勇气进军歼灭敌军，那简直就是易如摧枯拉朽的事，可是他竟然放纵叛贼逃走却不去追杀，任凭士兵们勇气衰竭而不用，其他的将帅每次想要进军攻取，李怀光都再三加以阻拦。依照这种情况来说，确实令人费解。陛下的用意是顾全大体，抚爱有加，委曲求全地听从他的指挥；而依照他的所作所为来看，也不一定知道感恩图报。如果不另外谋划策略，只想慢慢地控制掌握，而只用姑息求安的方法，最后只怕会发生难以预测的一些变故。这确实是危急存亡的关头，实在不能再当作平常轻举易为的事来处理了。而现在李晟上奏请求调移军队，正好碰到我奉旨前去宣慰，李怀光偶尔与我谈到这件事，臣于是一再多次询问他的意见。李怀光竟然说：‘李晟既然想调兵他往，我也并不一定要借助他的兵力。’臣还顾虑到他说了这些话之后会反悔，因此极力称赞李晟军队兵力强盛。李怀光竟然炫耀地自夸自大，反而有看不起李晟的意思。臣又装作若无其事地问他说：‘我回到奉天以后，如果皇上问到这件事是否行得通，你的决定到底是什么？我也好向皇上回奏啊。’李怀光既然已经夸下了海口，所以也不能中途变换口气，于是说：‘天子既然准许他离开咸阳，那么他移兵去别的地方也于事无妨。’我与他再三确定，我看他也并不是没看清情况，只是即使想反悔，实在也说不出口了。希望皇上立即将李晟的奏表交给中书，颁发敕令，批准李晟所奏请的事；另外再赐给李怀光一道手诏，说明允许李晟调移军队的缘由，手诏的大概意思是说：‘这段时间接获李晟的奏折，要求调动到京城的东边，借此分散逆贼的兵力。朕本想委托你与他商量以后再做决定，正好陆贽回来以后禀报说，看到你当时已经谈到了这件事，你认为让他调兵离去也没有事，因此敕令该军答应他的要求。’这样，文辞委婉并且理由正当，既合乎情理又说得明明白白，即使他有二心，也不至于引起他的怨恨！”于是唐德宗便依照他的建议做了。

李晟在咸阳命令士兵们结队列阵而行，回到了东渭桥。当时鄜坊节度使李建徽、神策行营节度使杨惠元都与李怀光联合在了一起。于是陆贽又上了一通奏折说：“李怀光所指挥的一支部队，单独就足以制服凶恶的敌人了，但是他却按兵不动，还是另有原因的。我觉得他的问题就出在他的兵力实在太强，不需其他部队的援助。最近又派了李晟、李建徽与杨惠元三位节度使所带领的军队归并在他的统治之下，这样不但不会促使他取得成功，反而足以造成很大的意外事故。为什么呢？因为四支军队集中在一起，各位将帅又不能同心一德，但就地位和势力来说，都与李怀光高低差别很大，但依照官衔和名称来说，又共同作为节度使，各自率领一支部队，但是不相互统属。李怀光看不起李晟等三个人兵力不太强大，地位比较低，不受管制，于是怀恨在心；李晟等人又怀疑李怀光养寇玩奸，并且也怨恨处处受他的欺压；相安无事的时候，就相互防范，流言毁谤，当战争到来的时候，又彼此生怕别人和自己分摊功劳，意见不合并且不能和睦相处，必定难以双方顾全。兵力强大的必将积恶满贯，最后导致灭亡，但兵力弱小的却将因为形势急难而先被灭亡，败亡的祸患，举踵可待！以前的敌人还没有翦除，新的祸患又将兴起，关切到这些值得忧虑的事，禁不住喟然深叹，确实感到痛心！最好的计策就是除恶于未然，其次是在刚萌发时就设法补救，何况是在事态已经败露，祸患即将形成的时候，却还搁在一边不去考虑，那将如何去平定祸乱呢！李晟察微知著已经顾虑到变乱的发生，所以事先请求调兵去别的地方，李建徽、杨惠元的势力却因此更加孤弱，将要被李怀光并吞，这也是理所当然的事。将来即使有再好的计策，都怕难以自拔于祸乱。要想挽救这个危急，只有在这个时候当机立断。当今应该趁着李晟自愿离去的时候，下令调派另外两支队伍同去，借言李晟的兵力一向单薄，因为考虑到怕被逆贼朱泚截击，所以需要借这两支兵力互相牵制援助。因此可以先派密使前往告知，让他们在暗中整治装备，一待诏书下达到军营之中，即日领兵启程上路。李怀光心里虽然不希望如此，但是也无计可施了。这就是前人所用过的先发制人，这是一个迅雷不及掩耳的策略啊。劝解让别人停止争斗不能不置身事外，救火不能不迅速行动啊，所有的道理全在这里，希望陛下能够多加谋虑。”唐德宗说：“你所设想得非常周密。但是李晟调兵去别的地方，李怀光自然就会怀怨在心，如果再派李建徽、杨惠元一起往东边去，恐怕李怀光以此为借口反而会有话说，难以调停，暂且缓和十天再说吧。”

辛酉日（二十日），晋加王武俊作为同平章事兼幽州、卢龙节度使。

李晟认为：“李怀光反叛的心意已经十分明显，无论事态是否缓急，都应该事前先有防备，蜀、汉之间的通路绝对不能被阻断，因此请委派他的副将赵光铣等人为洋、利、剑三州刺史，各自率领士兵五百以防患于未然。”唐德宗于是犹豫不决，并且想要亲自总领众军去咸阳，以安抚将士的名义，督促率领各位将领和士兵进兵讨贼。有人对李怀光说：“这是汉高祖游云梦的一个策略啊！”李怀光十分害怕，更加想要谋反。

唐德宗将要起驾，李怀光出言更加不礼貌，唐德宗还怀疑是有小人在中间挑拨离间，甲子日（二十三日），晋升李怀光作为太尉，并且增赐实封，赐予免死罪的铁券，派神策军队里的右兵马使李卞等前往宣达唐德宗的意思。但是李怀光却当着使臣的面，将铁券扔到地上，然后说：“圣上难道怀疑我吗？大臣造反才赐予铁券；我李怀光明明不造反，今天却赐铁券给我，这是要我造反啊！”言辞声气十分乖张。朔方左兵马使张名振对着营帐大门高声叫喊着说：“太尉你眼看着贼兵逃走而不允许我们去追击，对待天子的使臣也这样不礼貌，难道是真的想造反吗？你的功勋可以和泰山一样高大，弃于一旦，这是自取灭族之祸，却让别人安享富贵，这对你有什么好处呢？我今天拼着一死，也要与你争论到最后。”李怀光听到后，便对他说：“我绝不是想要造反，只是因为贼氛正盛，所以必须养精蓄锐，伺机而动罢了。”李怀光又说：“天子居住的地方必定要有城防壕沟才对。”因此派兵修筑咸阳城垣壕沟，没过多久，便调兵进入城内看守。张名振问他说：“前两天你还说你绝不造反，今天就拔营进城，这是怎么回事呢？为什么不直接去进攻长安，杀掉朱泚，取得荣华富贵，然后带兵回到邠州去呢？”李怀光说：“张名振的神经已经错乱了！”便命令身边的士兵把他带了出去，然后给杀了。

右武锋兵马使石演芬，本来是西域胡人，被李怀光收为养子。李怀光暗地里和朱泚勾结，石演芬派他的客卿郜成义去奉天行在告密，请求撤免李怀光都统的权力和职位。郜成义到了奉天，一五一十地把这些事都告诉了李怀光的儿子李璀，李璀又派人把这件事告诉他父亲。李怀光于是就将石演芬召来责问他说：“我把你当儿子看待，你怎么可以想着要毁了我全家？今天是你辜负了我，死得甘心不？”石演芬说：“皇上把太尉你当作心腹大臣；太尉你既然辜负了皇上，我石演芬又怎么能不辜负你呢！我本来就是个胡人，不能心生二意，只知道效忠于皇上一人，如果真的能够不背个叛贼的名声而死，即使死也甘心了！”李怀光命令身边的人将他切成大块大块的肉来吃，众人都说：“这是位正义的士兵啊，应该让他痛快地死去，免受活罪。”因此用刀割断了他的喉管，让他能够很快地死去。

李卞等人回到奉天之后，叙述了李怀光骄恣傲慢的丑恶形象，于是行在才开始加强防卫，严密防备，从臣都暗中整装待命。

乙丑日（二十四日），升李晟为河中、同绛节度使；唐德宗还是觉得待他太薄，丙寅日（二十五日），又晋升他为同平章事。

唐德宗将要移驾梁州，山南节度使盐亭人严震听说了这件事之后，便派遣使臣去奉天恭迎唐德宗的到来，又派大将张用诚带领五千名士兵到盩厔一带前去迎接，沿途护卫。可是张用诚却被李怀光用重利收买，他们两个暗中勾结，唐德宗听说这件事之后而引以为忧。正好严震随后又派牙将马勋奉表上进，于是唐德宗便对他说明了事情的缘由；马勋自动请求说："臣马上返回梁州去获得严震的符命召唤张用诚回府；他如果不接受命令，就请容许臣把他杀掉。"唐德宗十分高兴地问："你什么时候再返回这里来？"马勋商定好了日期就返回了。在获得严震的符令之后，又请求派出五名将士和他一起出了骆谷。张用诚不知悉事情已经败露，由此派了数百名骑兵出发迎接，马勋与他们一起进入驿舍。当时天气严寒，马勋在驿舍外堆聚了很多稻秆生火，军士们都聚集在火堆旁取暖。马勋才不紧不慢地从怀里拿出符令，出示给张用诚说："大夫召唤你回府。"张用诚猝然惊愕，站起来就想逃跑，壮士们从背后拉住他的手臂把他擒拿。张用诚的儿子在马勋后面，用刀砍伤了马勋的头部。壮士们由此把张用诚的儿子杀掉，而且把张用诚制服在地，一双脚踩在他的肚子上，用刀抵住他的喉咙说："只要你一出声就宰了你！"马勋进入他的军营中，士兵们已经披甲执兵跃跃欲试了。马勋大声宣扬道："你们的父母妻子都还在汉中，如果抛弃不管，和张用诚密谋叛变，对你们又有什么益处呢？大夫只命令我擒拿张用诚，而不过问你们，不要做出自取灭亡的事来啊！"众人都畏惧顺服了他。马勋把张用诚送回梁州，被严震用木棍生生将他打死，而派他的副将率领军众。马勋包着张用诚的首级，又返回了行在，比约定的日期只迟了半天。

李怀光深夜派遣人去袭击李建徽、杨惠元的军营，李建徽逃脱而幸免于死，杨惠元预备逃向奉天，李怀光派兵追逐而把他杀掉。李怀光又扬言说："我现在已经与朱泚联合起来了，天子的车驾应当远避到别处去！"

李怀光以为韩游瑰本来是朔方军中的将领，而且在奉天握有兵权，由此写了封信给他，想要他叛乱，韩游瑰秘密上奏唐德宗；第二天，李怀光又遣人带信来催促他，韩游瑰又向唐德宗上奏，唐德宗对他的忠诚大加赞扬，因此问他说："你有什么好的办法吗？"韩游瑰答道："李怀光率领各道军队，因此才大胆地靠着人多力强而造反作乱。如今邠宁有张昕，灵武有宁景璿，河中有吕鸣岳，振武有杜从政，潼关有唐朝臣，渭北有窦覦，诸将都各自据守一个地方。陛下如果能将各地事务和他们的军士分别授权由他们自己管理指挥，提高李怀光的官职，但罢免他的兵权，如此行营诸将各自受他们的本军直接统领，李怀光因此被孤立，又凭什么叛变呢？”唐德宗说：“罢免了李怀光的兵权，又怎样去对付朱泚呢？”韩游瓌回复说：“陛下既已答应将士们只要能攻克收复京城，就有特别丰厚的奖励，将士们奉唐德宗之命去讨伐叛贼自取富贵，谁不心甘情愿！邠府将士有万余之众，假如能够归臣指挥，就能够消灭朱泚了；况且各道一定还有仗义的臣下，朱泚实在不足以畏惧！”唐德宗十分认可。

丁卯日（二十六日），李怀光派出他的大将赵升鸾到奉天，商定在他到达的当天夜晚，另外派出别将达奚小俊纵火烧焚乾陵，而让赵升鸾在城中做内奸，以恐吓威胁天子。赵升鸾去向浑瑊汇报了一切，浑瑊马上启禀唐德宗，并且请求摆驾梁州。唐德宗命浑瑊严加戒备。浑瑊辞去退下，部署没完成，唐德宗车驾已经出西城了，而命戴休颜守护奉天，朝臣将士，上上下下，狼狈仓促追随在大驾后面。戴休颜巡查于军营中说：“李怀光已经叛乱了！”便登上城楼抵抗防守。

朱泚称帝之时，兵部侍郎刘乃生病在家，朱泚召见，他借病不起床；由此派蒋镇亲自上门去说服他，第二次再去之时，了解他是绝对不会被利诱威胁的，因此叹息着说：“我蒋镇忝列朝臣，无法舍生取义，到达今日这种地步，怎么能再以我自己的恶劣德行去玷污贤德的人呢？”因此忍不住嘘唏悲叹地返回了。刘乃听到唐德宗摆驾山南（谓梁州），捶胸痛哭，一头栽倒在床，绝食多日而亡。

太子少师乔琳跟随唐德宗到了盩厔，言称年老多病，承受不了山路的艰难劳累，因此剃度出家，匿名归隐于仙游寺中。朱泚听说此事后，把他召唤到长安，任命他做吏部尚书。从此当年逃跑隐匿的朝臣，一多半都到朱泚那儿去任职了！

李怀光派出他的大将孟保、惠静寿、孙福达率精骑直接赶往南山去拦截袭击圣驾的军队，在盩厔遇上诸军粮料使张增。这三位大将说："李怀光逼迫我们做不忠不义之臣，我们就回复说追赶不上，大不了不让我们做将帅罢了。"因此看着张增说："将士们还没吃早饭呢，你说怎么办？"张增便欺骗他们说："数里之外，有座寺庙，我在那里储存有粮食。"三位将帅领兵向东行，任由他们剽夺抢掠，所以随从圣驾的百官才能都进入骆谷。三将由此以追赶不及回复，李怀光一律给他们罢职处分。

河东军队里的大将王权、马汇率兵返回了太原。

李晟收到任官令后，拜哭于地，毅然接受任命，对手下的将领同僚们说："长安，是先王宗庙所在之地，是天下的根源，假如所有将帅都跟随圣驾而去，那么还有谁去消灭逆贼呢？"便修理城墙建筑壕沟，整修甲兵武器，一切均为收复京城做准备。在此以前，东渭桥有储粮十余万斛，度支拨给了李怀光的部队，将近用没了。在这时，李怀光和朱泚串通一气，声势强大，圣驾南移，人心惊惶；李晟用一支孤军处在二强之间，内部没有粮饷，外面没有救助，仅仅是用一片忠义节气来感动士卒，因此他的军队，兵力虽然薄弱不堪，但是锐气却不减分毫。又奉函给李怀光，措辞谦虚有礼，表面上虽是表明崇敬之意，而真的是晓以利害祸福，劝说他将功赎罪，因此李怀光自感惭愧，而狠不下心去攻击他。李晟说："王畿域内，即便是在兵荒马乱之后，也还能够担负赋敛。白白地使士卒疲劳，逆贼坐大，才是最大的隐患啊！"所以派判官张彧代理京兆尹，并先派出四十多人，由此借着京兆尹的官衔去渭北督导征得刍茭粮粟，不足十天，军粮充足而有剩余。李晟便流着眼泪当众发誓，下定决心消灭叛贼。

田悦用兵数度失败，将士牺牲了十分之六七，所以他的部下讨厌战争而且感到劳苦不堪。唐德宗派给事中孔巢父任魏博宣慰使。巢父博闻强辩，到达魏州，由此对田悦的军众讲解逆顺祸福的道理，田悦和将士们都十分开心。兵马使田绪，是田承嗣的儿子，天性凶恶残暴，恶行多端，田悦狠不下心杀他，用木杖揍了他一顿而将他拘禁了起来。田悦归顺朝廷以后，内外都撤销了警备。三月，壬申朔日（初一），田悦和孔巢父宴饮，田绪在他弟弟的儿子面前发牢骚，他侄儿劝说阻止他，田绪气不打一处来，将他侄儿杀掉，之后又很后悔地说："仆射一定会杀我！"到了夜晚，田悦喝多了，返回睡觉，田绪与随从偷偷由后院穿过墙进去，把田悦及他母亲、妻子等十来个人都杀害了，就带着他的手下拿着刀站在大门里的过道上。天快亮时，假装转达田悦的命令，召行军司马扈崿、判官许士则、都虞候蒋济等人商议重事；府第官署院落深邃，外面还不了解府内发生了变数，许士则与蒋济先到达，召入府中之后，乱刀把二人杀害了。田绪恐怕天亮以后，事情泄露，便出中门离开，遇见田悦的心腹大将刘忠信正在排班候谒，田绪大喊着对众人说："刘忠信和扈崿谋乱，昨晚刺杀了仆射！"众人大吃一惊，一阵喧嚷混乱之后，刘忠信还没来得及辩解，已经被众人分尸杀死了。扈崿前来，才走到外门就遇上了这场变故，招抚告谕将士们，将士们顺服于他的，大约有三分之一。田绪惊恐，登上城楼，站在那儿大声对众人说："我田绪，是先相公的儿子，在场的各位身受先相公的恩德，如今假如能拥戴我，兵马使赏缗钱二千，大将赏一千，下到士卒，一个人赏给百缗，拿出所有公私财货，五天之内办好这件事。"将士们便又回头把扈崿杀掉，全都归顺了田绪，军府才安静下来。因此向孔巢父请命，巢父命令田绪处理军府事务。几天以后，大家才了解到原来是田绪杀掉他的堂兄田悦，即便懊悔恼怒，但是既然已经拥立了田绪，也别无选择了。田绪又杀掉田悦的心腹大将薛有伦等二十多人。

李抱真、王武俊带兵去援助贝州，听到有如此的变乱，不敢前进。朱滔听闻田悦死了，开心地说："田悦忘恩负义，这是老天借着田绪的手把他杀掉的啊！"马上派他的执宪大夫郑景济等人率领步骑五千去救助马寔，合兵一万二千人去攻击魏州。马寔驻扎于王莽河，任随骑兵及回纥四处抢掠。朱滔又另外遣人去说服田绪，应允他担任本道节度使。田绪正值危急关头，由此派随军侯臧到贝州去向朱滔表明忠诚顺服的心意。朱滔十分高兴，派侯臧返回报告田绪，要他赶快商定盟约。当时田绪在魏州城内已经安排稳妥，李抱真与王武俊又遣人到田绪那里，对他说仍然愿意前往救助，依照田悦生前的约定办事。田绪聚集诸将共同商定此事，幕僚曾穆与卢南史说："用兵虽是以武力为上，但也要以仁义为本，这样才能建功立业。如今幽陵军的将士恣意横行，烧杀抢掠，导致百姓曝骨遍野，假使说之前仆射背德叛义，但是那些百姓又有什么过错呢！今日他虽然是兵强力大，但他的灭亡是举踵可待的啊。况且昭义、恒冀二军正准备共力攻击他，怎能因眼前暂时的急难就想跟着别人去叛乱呢？实在不如归顺朝廷，听从命令，天子正蒙尘在外，听闻魏博所派的使臣到来，一定十分开心，官职爵位也随时会跟着来。"田绪采纳了他们的意见，便派遣使臣奉表前往行在，据守着城池以待命。

唐德宗从奉天出发时，韩游瑰带领他的部下八百多人回邠州。李怀光因为李晟的军队日渐强大，非常憎恨他，就想带兵从咸阳去攻打东渭桥，三次发令动员师众，将士们都不服从命令，大家私下里说："假如要我们去打朱泚，一定竭尽全力；如果是想要谋反，我们宁愿死亡，也不愿从令！"李怀光了解没办法强迫将士们，由此问计于卿僚，节度巡官良乡人李景略说："攻拔长安，杀掉朱泚，遣散将士，让他们各自返乡，然后单骑匹马前往行在，只有这样，才能既不损坏为人臣子的节操，并且还可保全功名。"说罢跪地磕头请求，以至于涕零泪落，李怀光才应允了他。都虞候阎晏等却劝说李怀光东行暂保河中，然后再仔细地决定去留。李怀光由此对军众说："现在我们暂时屯兵泾阳，召集妻室前往邠州，等他们都到达之后，再一起前往河中，等春天衣服装备置办全之后，再回来攻打长安，也为时不晚啊。东方各县都很富有，大军出发之时，任凭你们俘虏抢掠。"众人都表示赞同。李怀光便对李景略说："日前你的建议，军士们不愿意服从，你最好赶紧离去，否则恐怕将会被害！"由此派了几个骑兵送他离开，李景略走出军门之后，痛哭着说："没想到有一天，这支部队竟然陷于不义的境地！"

李怀光派遣使者到邠州去，并令留后张昕发派他所留屯的士兵万余人和行营将士们的家属到泾阳去聚合，又派大将刘礼等带领骑兵三千多人去邠州，迫使韩游瑰迁徙出去。韩游瑰劝张昕道："李太尉功业高崇，然而却自蹈惹祸上身的陷阱；中丞你今日可以自保富贵，我韩游瑰愿带领着全部的部下跟随你。"张昕道："我张昕出身卑贱，全靠李太尉才有今日，实在不忍心背叛而辜负了他！"韩游瑰便称病怎样都不出来见他，而暗地里与将领高固、杨怀宾等相联合。当时崔汉衡与吐蕃在邠南扎营，高固说："张昕和军众一离开，邠城就空虚了。"由此便伪造了一封浑瑊的书信，召唤吐蕃稍事逼近邠城。张昕等惶恐，竟然不敢离开城去。张昕等想谋杀一些不服从命令的将领，韩游瑰知悉后，先与高固等发兵杀掉张昕，然后派杨怀宾奉表奏知圣上，并且遣人告知崔汉衡。崔汉衡由此假借天子的诏命派遣韩游瑰主理军府中的职务，军中非常高兴。李怀光的儿子李旻在邠城中，韩游瑰将他放了，就有人说："不杀李旻，怎样表明自己的心意，而不再被皇上怀疑？"韩游瑰说："杀掉李旻，李怀光一定会大为恼怒，而必定会派大军前来，因此还不如将李旻放走。"当时杨怀宾的儿子杨朝晟在李怀光军队里做右厢兵马使，他听闻诸事，就哭泣着向李怀光诉说："父亲为国立下了功劳，我这做儿子的便应当被诛杀，无法再带兵了。"李怀光因此将他监禁了起来。由此韩游瑰驻兵于邠宁，戴休颜在奉天屯兵，骆元光在昭应屯兵，而尚可孤在蓝田屯兵，都受李晟的统领调度，李晟因而军势大振。

起初，李怀光的兵力强大时，朱泚十分恐惧，曾经致函李怀光，尊称他是兄长，与他相约分别在关中称帝，永远为同盟和友好的邻国。到了李怀光决心反叛，而逼迫圣驾南迁的时候，他的部下多数背叛了他，势力日益削弱。朱泚竟然颁下诏书，将他当作下属对待，而且征调他的部队。李怀光惭愧愤怒不已，对内担忧部下叛变，对外又愤恨李晟的攻击，便放火烧营，带兵东去，沿途掠夺了泾阳等十二县城，连鸡犬都不剩下一只。到达富平时，大将孟涉和段威勇率领了数千人去投奔李晟，士兵们一路上走散逃跑的，延续不断。抵达河中，有人劝河中守将吕鸣岳烧焚渡桥加以抵抗，吕鸣岳以为他的兵力薄弱，担心没办法抵抗，由此就接纳了李怀光，河中尹李齐运弃城而逃。李怀光派他的大将赵贵先在同州扎营筑垒，刺史李纾恐慌，便逃亡到行在；而由幕僚裴向代理州务，前去相会赵贵先，以逆顺祸福的道理责怪他，赵贵先受他的感动而觉悟，便请求投降，同州因此得到保全。裴向是裴遵庆的儿子。李怀光派大将符峤袭击坊州，继而占据它。而渭北守将窦觎带领着猎户七百多人加以围击，符峤请求投降。唐德宗因而下诏委任窦觎为渭北行军司马。

丁亥日（十六日），派出李晟兼任京畿、渭北、鄜、坊、丹、延节度使。

庚寅日（十九日），天子驾临城固。唐安公主离开人世，她是唐德宗的长女。

唐德宗在路途中时，有个百姓奉上瓜果，唐德宗想让他担任散试官，问到陆贽，陆贽启奏，以为：“爵位的赏赐绝对应当谨慎珍惜，不可随意行赏。要不然，起初看来虽是件不足挂齿的小事，但是以后一定会造成很大的弊端。对献瓜果的人，只能赏赐钱帛，而无法授予官职。”唐德宗说：“试官不过是个虚职而已，应当不妨碍大事啊。”陆贽又上奏，大体说道：“发动战争以来，财赋还不够用来应对赏赐，因此才时兴以官职作为赏赐的对策；四品以下的官位，混杂着杂役，而三品官普遍地赐与舆皂。现在的弊病，恰恰在于轻视爵位，想办法让人尊崇爵位尚且恐怕不被重视，假如朝廷自身再轻视爵位，任意用来赏赐，还用什么来劝勉他人呢？说实话，能诱导别人的办法，仅有名与利而已。声望看起来像空虚，但站在教化的立场看来却十分重要，财利看似实在，但站在道德的立场看来却非常轻贱。专门用实利作为赏赐而不借助虚名，如此财政用尽而不供需求；专以虚名赏赐却不附加实利，如此就又相当于欺骗，如此按照平常的情况来讲，人们是不愿趋附追求的。因此国家授官命爵的制度，有职事官，有散官，有勋官，有爵号，但是主管政务还授予俸禄的，仅仅是职事一种官员罢了，这就是所说的施以实利隐藏于虚名之中的办法啊。其他勋、散、爵三类，大体来说仅仅局限在服色的差异，庇荫及于子孙罢了，这就是所说的假借着虚名而辅以实利的办法啊。如今的员外、试官，与勋、散、爵号十分相同，虽然是授予过了，实际上并不发放俸禄，受赐的人也不占用官员的名额，然而对冲锋陷阵、冒险犯难、排除患难的人，是这样的赏赐，对耗尽全力创建功劳的人，也以这为奖赏。假如对献瓜果的人也授予试官，如此这些人一定会相互埋怨着说：'我们舍弃个人安危才收获个官衔，他却因为进献瓜果而得官，这岂不是国家把我们的躯体性命和瓜果看作一样了吗？'将人看作和草木一般，还有谁愿受命呢？如今陛下既没有实利用来加重奖赏，又不重视虚名而胡乱授予，想要做官的人，就没准则可遵循了。如此今后对立功的人，将用什么来作为奖赏呢？"

陆贽在翰林院中，是唐德宗亲近信任的人，在这段困难危险的时期中，虽然另外设置有宰相，但是大事小事，唐德宗必定都与陆贽商量，因此当时都尊称他为内相，唐德宗到任何地方都要他陪在左右。梁、洋一带道路艰险，唐德宗曾经与陆贽失散。过了一晚，陆贽还没到来，唐德宗惊恐担忧，为他流泪，因此征募能找到陆贽的赏赐千金。很久之后，陆贽才来，唐德宗十分欢欣，从太子而下，大家都向唐德宗致贺。但陆贽多次直言进谏，违背唐德宗的心意，然而卢杞虽然被贬官，可是唐德宗心里还是袒护着他。陆贽极言卢杞奸诈，以致祸乱，唐德宗表面上虽听从他的看法，但心里却十分难过，因此刘从一、姜公辅都由较低的官位高升拜登相位，然而陆贽虽受恩宠礼待，一直无法拜相。

壬辰日（二十一日），唐德宗摆驾到了梁州。山南土瘠民贫，自安史之乱以来，盗贼攻击掠夺，人口损失了大多数，虽然是掌控了十五州，赋税还不到中原地区几个县城的收入。及至大驾莅临居住在此，粮食用费感到十分困难。唐德宗又想要摆驾西去成都，严震对唐德宗说道："山南毗邻京畿，李晟正谋划收复京城，就是想凭借天子六军的声威。假如移驾西川，如此李晟收复京城的希望，就很难达成了。"众人议论纷纷，还没有决定时，恰逢李晟上表传达，说："陛下驾临汉中，正好能维系天下人心，而造成灭贼的声势；假如只因为粮资而移驾成都，就放弃复兴大业，真正是因小失大，一旦迁都到岷、峨，士兵百姓都会大失所望，即便有再骁勇善战的猛将，也无计可施了！"唐德宗才放弃了这种想法。严震竭尽全力地聚集财赋，让百姓们不至于贫穷而费用不致缺乏。牙将严砺，是严震的堂弟，严震派他肩负主管转运粮饷的工作，事情办得十分稳妥完善。

曾经，奉天被围困的危机消除之后，李楚琳派使臣上前进贡，唐德宗迫不得已而委派李楚琳为凤翔节度使，但是心里很憎恨他。说起李楚琳的人都说他凶残叛逆，反复无常，如果不事先加以防御，害怕他会伺机作乱；所以李楚琳几度派遣使者前来，唐德宗都没接见，而是把他们一个个留下，不允许返回。刚到汉中，就想派浑瑊去替代李楚琳守护凤翔，陆贽启奏，以为："李楚琳杀掉统帅援救逆贼，他的罪孽固然深重，但是今日因为圣驾还没有返京，罪魁祸首还没有消灭，为王室靖难的大军全在京畿之内，一旦有诏书紧急宣见，尽快转告，些许时间都需要争取。商岭路途迂远，骆谷又被盗贼阻扼，唯一能传递圣令的路途，只有褒斜一途，这条路假如再有任何阻碍，如此南北将遥相隔绝。以各镇危急疑虑的形势，而处于两个叛贼的胁迫之内，人心惶惶，各怀向背的心思。假使令李楚琳有遗恨之感，公然放肆猖狂谋乱，南边堵塞要道，东边去和奸臣勾结，如此我们就像咽头被卡住而心膂分离了。如今李楚琳能兼顾两面地采用观望态度，这是上天在引导他一心向善啊。因此保持住这条返京的通道，才能实现光复大业。陛下应该深深记住这一点，以优厚的待遇来安抚他，只要能使他犹豫不决，就能成大事。假如非要深究他日常的罪过，追究他以往的过错，就相当在说知过而改也不足以弥补，洗心革面也无法赎罪了。今日全部的将吏，有谁能说是没犯过错误的，如此人自我反省后，有谁能不心生怀疑的呢？更何况那些抵抗王命，或者是被迫附贼之类的人，又有谁还敢来归顺的呢？这个事端，非同小可，实在是应当赶快谋略的事。伏望皇上重视圣明君主的宏图大略，不要因小事难以忍受而阻碍了复兴大业啊。”唐德宗豁然开朗，便善待李楚琳派来的使臣，颁诏予以优渥的抚恤，宣旨慰问。

丁酉日（二十六日），晋加宣武节度使刘洽任同平章事。

己亥日（二十八日），委任行在都知兵马使浑瑊为同平章事兼朔方节度使，并朔方、邠宁、振武、永平、奉天行营兵马副元帅。

庚子日（二十九日），下诏怪罪李怀光的罪过恶事，铨叙朔方士卒忠诚顺服及所建立的功名，但仍念在李怀光过去的功绩，曲加饶恕，他的副元帅、太尉、中书令、河中尹及朔方诸道节度使、观察使等，全都应当撤职罢黜，而授予李怀光太子太保的官位；他所统率的兵马，任由军队中推选出功高望重的人任职统领，来利于号令指挥，尽快具文上奏皇上，自当授予旌节，以顺从众人的心意。

夏，四月，壬寅日（初二），委任邠宁兵马使韩游瑰为邠宁节度使。癸卯日（初三），委派奉天行营兵马使戴休颜任奉天行营节度使。

灵武守将宁景璿替李怀光建筑府宅，别将李如暹说：“李太尉放逐了天子，然而宁景璿却为他建筑府第，相当于造反一样嘛！”由此将他杀害了。

甲辰日（初四），升任李晟为鄜坊、京畿、渭北、商华副元帅。李晟的家属百人和神策军将士的家属都在长安城中，朱泚对他们都挺好的。军中有说到想家的，李晟哭着说道：“天子又在哪里，我们还敢说想家吗？”朱泚派李晟的心腹带着家书送给李晟，对李晟说：“你的家人全部都很安全。”李晟大怒道：“你竟然大胆地敢做叛贼的间谍。”立即就将他斩杀了。将士们没发给春装，盛夏时分还穿着粗麻皮衣，但一直没有背叛的意思。

乙巳日（初五），委派陕虢防遏使唐朝臣任河中、同终节度使。并派前河中尹李齐运为京兆尹，负责供给李晟部队所需要的粮草夫役。

庚戌日（初十），派遣魏博兵马使田绪担任魏博节度使。

浑瑊统领各路军队出斜谷，崔汉衡劝说吐蕃出兵援助，尚结赞说："邠军不出，是预备由后方来偷袭我们的啊。"韩游瑰知悉了，派出他的大将曹子达带领三千名士兵去与浑瑊会面，吐蕃这才派出他们的大将论莽罗依带兵二万随从在后。李楚琳也派大将石锽率兵七百跟随浑瑊而攻克了武功。庚戌日（初十），朱泚派大将韩旻攻击武功，石锽带着他的属下出城欢迎投降。浑瑊战争处于不利位置，由此收兵登上了西原高地。曹子达与吐蕃正巧赶到，袭击韩旻，在武亭川把他打得一败涂地，杀敌万余人，韩旻仅仅幸免于死。浑瑊便带兵驻扎于奉天，而与李晟东西相应，以逼近长安。

唐德宗想要为唐安公主筑塔，隆礼厚葬，谏议大夫、同平章事姜公辅上奏谏言，以为："山南非久居之地，安葬公主，应当归灵于上都（指长安），暂厝在此，应当力从节俭，以备军需急用。"唐德宗遣人去对陆贽说："为唐安搭建一座塔，花费很少，不应当是宰相该讨论的事。姜公辅只是想责怪我的过错，来谋求自己的声望罢了，竟做出如此对不起我的事来，应当如何处理他？"陆贽启奏，以为姜公辅位居宰相，逢事议论谏诤，不应当以为他有罪，大体上说："姜公辅最近和臣都在翰林院，臣今日假如据理而辩说他为人正义，就很可能涉及徇私结党的嫌疑；希承旨意，顺从皇上的看法，又与匡正辅佐的大义不相符；涉嫌仅仅祸及己身，而背弃道义却实在对于君恩有辱。自顾己身，这是我的羞耻啊！"又说："只有不明昏昧的君主，才是天下怨谤汹汹而不愿耳闻，恶行惹怒了上天而心不悔悟，以至于颠覆亡国，还不知悉自己的过错。"又说："只应询问道理的曲直，无法只论事情的大小！《虞书》上说：'一定要谨慎戒惧，一天二天之内，则会发生上万件蕴藏着先机的事。'唐、虞盛世，君主圣明，臣属贤德，考虑甚微，每天以万计数。因此可知他们认为极其微末的小事也应注意到，陛下又怎能忽略呢？”又说：“假如以为谏诤就是责怪君上的过错，则剖挖贤臣心脏的君主（纣剖比干之心）就不应当被后代的贤君所指摘；而以为谏诤是为了获得自己的名声，如此《易经》蹇卦上就不会有‘王臣尽忠，并不是为了自己’的说法对后代训诫了。”又说：“如果是有意借指责君上过错，用谏言的方式以谋求自己的声望，只要能听到善言就照着去做，见有谏诤便不违背，如此过错被指责，正好能显示陛下莫大的善德，而人臣追求的名声，也正好能够助成陛下的无疆之休。因此有利，得到的好处就更多了。如果恼怒他是故意指责过错而不改，如此陛下将招来讨厌正直善言的讥笑；责备他是为谋求名声而无法接纳，如此陛下则要蒙受违逆诤言的诽谤。这是想掩饰自己的过错，但过失更加明显，想败坏他的名声而名声更加传扬。假如真这样做，损害的就太多了。”唐德宗心里还是怒气尚在，因此在甲寅日（十四日），罢免了姜公辅的相位而把他贬为左庶子。

晋升西川节度使张延赏为同平章事，这是为了赏赐他供应财货而使财政不再困难。

朱泚、姚令言数度遣人前去召诱泾原节度使冯河清，他每次都把使臣杀害了。他手下的一员大将田希鉴暗地里和朱泚勾结，杀掉冯河清，而以军府依附于朱泚；朱泚便委任田希鉴为泾原节度使。

唐德宗问陆贽说：“最近有些从山北来归附的小吏，都不是善人，有个叫邢建的人，谈到逆贼的势力，更加是夸大其词，照形势来看，特别像是来窥探我们军情的，如今已经将他们都囚禁在一块了。如此之人，还有好几个，如果不加以追究探寻，恐怕就会让奸人得逞了。你想想看，用什么方法才好？”陆贽启奏，以为如今叛贼窝据宫廷，有心甘情愿冒危险远来投奔行在的人，应当量情施恩赏赐，不应对他们再怀有猜疑而拘囚起来！奏折上大体是说：“以一人的视听范围而想要穷极天下的变化，以一人的防备考虑而想要胜过亿兆人的狡诈，用的心思越精细深入，背离正道就越远。以前项籍接纳了秦国投降的将士二十万人，唯恐他们一心欺诈复叛，由此把他们一起都活埋了，他防患担心得也太过分了。汉高祖胸襟豁达，气度宏大，天下贤士投奔到他那儿去的，一律接纳而从不猜疑，他的防备忧虑，可说是够疏散的了。可是项籍却因此灭亡，刘邦却因而强盛，是对人怀有疑虑与待人开诚布公的结果，本有如此的不同啊。秦皇严肃威武多疑，而荆轲却毫不顾忌地去刺杀他；光武宽大能容，博爱敦厚，而马援竭尽全力地效忠于他。就是因为能够虚怀若谷地对待他人，别人也都想顺服他；而就凭权术威势指使人，别人怎么样也不会依附他的原因吗？内心想要顺服，由此对他感恩戴德，即便是仇敌也可能变成亲信；没有亲近的心意，就会因惧畏而排斥，如此即便是骨肉也会变成仇敌。”又说：“陛下由于智慧远远地高于众人，因此才会有轻视臣子的心意；思虑周全而能预见先机，因此有驾驭寰宇的想法；陛下的谋划包容了群臣的计策，所以有过于谨慎的防范；明智能洞察万民的心思，因而凡事皆能预先察觉；陛下严厉地管束百官，有专用刑罚以达到天下大治的计划；以威势统御天下，而有用武力战胜残暴的心向。因此使得有才能的人怨恨不被重用，忠贞不二的人思虑会被怀疑，功绩显著的人唯恐君上难容，而骑墙分子被迫遭受讨伐，最后导致逐渐离心背叛，酿成祸患灾害。天子的所作所为，受天下人的仰视，所有事都要慎重，况且还不是件小事！伏望陛下以前覆之车辙为戒，才真是宗庙社稷无穷的福泽。”

丁巳日（十七日），委任前山南东道节度使南皮人贾耽为工部尚书。这之前，贾耽派行军司马樊泽去行在启奏，樊泽回来述职复命之后，正值大设席宴之时，有急牒传到，派樊泽替代贾耽为节度使。贾耽将急牒藏在怀中，依旧宴饮，不动声色；宴会结束后，把樊泽传召到面前，才把此事告诉他，而且命令将吏谒见樊泽。牙将张献甫愤怒地说：“行军代尚书去向天子请安，竟敢乘机为自己获取旌节斧钺，夺取尚书的封地，待人不诚，请将他杀掉。”贾耽说：“这是什么话啊！既然天子任命他，他就是节度使了！”当天就离开了他据守的地区，张献甫跟着他，军府中因此才得安然无事。

左仆射李揆从吐蕃归来，甲子日（二十四日），在凤州去世。

韩游瑰带兵和浑瑊会师于奉天。

丙寅日（二十六日），晋升平卢节度使李纳为同平章事。

丁卯日（二十七日），义王李玭去世。

朱滔攻击贝州一百多天，马寔攻打魏州也足有四十多天了，全没攻下。贾林再次替李抱真去劝说王武俊说："朱滔志在并吞贝州、魏州，又恰巧遇到田悦被害，假如再过十天不去援助，如此魏博就将要全被朱滔占据了。魏博沦陷之后，张孝忠必定会顺服于他。然后朱滔连合了幽州、易定、魏博三道兵力，还有回纥，逼近常山，明公你再想保全宗族，没有可能！常山不守，昭义军由此将退保于西山，如此，河朔便全是朱滔的了。因此不如趁他还没攻下贝、魏二州之时，和昭义军联兵加以援助；朱滔被打垮消除之后，关中失去斗志，朱泚很快就将被枭首夷灭了，天子鸾驾回宫正位，将领们的功绩，又有谁能居于明公之上的呢？"王武俊听了十分开心，便顺从了他的说法。

戊辰日（二十八日），王武俊驻扎于南宫东南，李抱真自临洺率兵前来和他会合，扎营之地距离武俊驻地十里，但是两军还不免互相猜忌。第二天，李抱真率领了几个骑兵到王武俊营地去拜访他；李抱真的幕僚客卿都一致阻挠他，李抱真命行军司马卢玄卿按兵观望，说道："我这样做，关联到天下的安危，假如我无法回来，统领军事以听候朝廷命令，全部靠你了，砥砺将士以雪耻报仇，也全都靠你了。"说完就出发了。王武俊严加戒备等着他，李抱真拜见王武俊后，由此对他叙说国家的困难危机，天子圣驾别幸，拽着王武俊痛哭流泪，涕泗纵横。王武俊也悲不自胜，下属都哭得无法抬起头，由此李抱真与王武俊相互结拜为兄弟，发誓同心协力消灭逆贼。王武俊说："相公十哥你的声望在天下是首屈一指的了，往日承蒙你的指导晓谕，才使我弃逆从顺，而幸免于菹醢罪刑，享有王公的荣誉。如今又不在意我是个胡人，辱蒙你与我结拜为兄弟，我王武俊该怎样回报你呢！朱滔所依仗的不过是回纥而已，实在不值得畏惧。打起仗来时，十哥只管骑在马上站在一边，莅临督察就是了，我王武俊必定能替十哥你打败贼人。”李抱真返回王武俊的营帐中，便倒头酣睡，睡了好长一段时间；王武俊感激不已，对他更加崇敬，手指着心，仰头望天说：“我整个人已经许给十哥，而为他死而后已了！”便联兵行军。

山南周围气候闷热，唐德宗由于军士们没有春季服装，自己也还穿着夹衣。

资治通鉴卷第二百三十一　唐纪四十七

起甲子（公元784年）五月，止乙丑（公元785年）七月，共一年三个月。

【题解】本卷记录了公元784年五月至785年七月的史事，共一年又三个月，正当唐德宗兴元元年五月到贞元元年七月。此时期，官军作战节节胜利，唐王室转危为安。先是吐蕃盟军撤离长安，唐德宗委派李晟掌握讨逆大权。李晟很快攻克长安，整肃纲纪，诛杀泾州边将田希鉴等三十多人。河北李抱真、王武俊联合兵力打败朱滔。李泌独自骑马入狭州，不费一兵一卒就平定了叛乱。可惜唐德宗返回长安后并没有励精图治，反而立刻猜忌功臣，重新起用宦官掌管兵权。

德宗神武圣文皇帝六

兴元元年（甲子，公元784年）

五月，盐铁判官万年人王绍带着江、淮的缯帛来到，唐德宗命令先发给士兵们，之后自己才换上单衣。韩滉想遣人献上绫罗四十担运到行在去，幕僚何士幹自求前去。韩滉十分开心地说："君愿前往，就请立即择日启程过江。"何士幹应允了，回家和家人告别，家里柴薪米粮都已储蓄罗列于门庭了；上了船，而粮资布帛和一些用器都已装满了一船；至于拭粪用的竹篾子，韩滉也亲笔一笔一画地记录，都准备得很周全。每个担夫，让他们腰间都缠着白银一版。又运白米百艘送到李晟那儿去供给军士们的需要，本人背着一口袋一口袋的米往船上搬，将佐看到韩滉如此这般，也都抢着去搬运，很快就搬完了。每艘船设了五个弩手作为防御，有贼寇则敲打船舷互相警告，五百个弩手就足够了。一直到了渭桥，贼人都离得远远的。那时关中因为战争荒乱，一斗米要价五百钱；直到韩滉的米运到，而降低原价的五分之四。韩滉为人强干勤勉，严谨刚强，自己的生活分外朴素，他的夫人每天穿着同一条绢裙，穿破了之后再换一条。

吐蕃打败了韩旻等之后，大掠而去。朱泚派田希鉴以金钱缯帛厚赠，吐蕃竟也接受了。韩游瑰把这件事奏知唐德宗。浑瑊又启奏说：“尚结赞多次遣人与他商定好了日期一起攻击长安，之后都没如期前来；听到他的将士今年春季染上时疫，最近已经带兵返回了。”唐德宗以为李晟、浑瑊的将士太少，因此想要依靠吐蕃的力量收复京城，听到他们已经返回了，感到非常担忧，而问到陆贽。陆贽却以为吐蕃贪婪狡猾，有弊无利，他能带兵离开，真是值得庆祝；便上奏，大概是说：“吐蕃延迟不进，再三如此，深入王畿近郊，而背地里受逆贼的指使，而导致群臣进退维谷，甚为担忧，如果不管他们而独力出军进讨，又担心他们乘虚而入地在后偷袭；想要等他们一同攻击，又由于他们一再拖延为苦。吐蕃如不返回，贼寇永远消灭无望。”又说：“将帅猜疑陛下对他们不信任，又怕吐蕃将抢去他们的功勋；将士唯恐陛下不念旧日的辛苦，又怕吐蕃掠夺了他们的利益；贼党却恐惧于吐蕃战胜，不被杀死，幸免一死也会被他们擒俘为奴；百姓们则怕吐蕃到来，他们必定会掠夺所有的财物。因此顺服于天子的臣民，心里可能有所懈怠，而陷于贼寇匪区的，形势上也得坚守。”又说：“如今李怀光已另去守护蒲、绛，吐蕃又远离国境，形势上既然已经分散，我们没有腹背受敌的担忧，然后浑瑊、李晟诸帅，他们的力量也才能得以施展。”又说：“伏望陛下注意到对将士们的安慰奖赏，多加砥砺，鼓舞士气，如此光复大业，则能期望在十天一月中一举而成，真不该再眷恋那群犬羊异族，而失去了将士们的向心力。”

唐德宗又遣人对陆贽说：“卿所分析吐蕃的形势，说得很正确，但浑瑊、李晟诸军应当商定计划，令他们率兵进取。朕想委派使臣前去宣慰，爱卿应当审慎仔细地分别剖析规划启奏。”陆贽认为：“圣贤的君王选用将帅，委以重任，责求成效，因而能建功立业，何况如今秦、梁远在千里以外，战争的情况时常改变，远在他方而替他们谋划，不太合适。他们假如不听命令，则有损君主的威严；听从命令行事，又有可能会损害到军事，进退就受到了约束阻碍，而很难成功；还不如授权他们便于行事，而对他们授予丰厚的奖赏，如此将帅一定很感动，内心高兴，才能更好地发挥他们的才智。”又上奏，大体是说：“武器箭矢交锋于原野上，而对策于深宫中商定，机会的遇合在须臾之间，而定计于千里之外，将帅在外，是否听命都可能对战争有影响，因此不论决策的好坏，都将可能对军事不利。不仅皇上将受到掣肘的嘲讽，臣属也没有力战成仁的决心。”又说：“传说往往与所指的事实不符，凭空设计也往往与亲主其事不太相同。”又说：“如果将帅中有放恣专横，刚愎自用而违背王命的，陛下能在当时由于他违诏而杀掉他吗？因此对不服指令的人既无法果断地加以惩治，而依令行事的人，所做的事又可能不适合，代为策略谋划，仅仅是徒然空口说白话，烦劳圣上忧思烦虑而已，不仅毫无益处，反而有许多坏处。”又说：“君上的权势，与臣下大不相同，只有不用自己的才智，才能借用众人的才智。”

癸酉日（初三），泾王李侹去世。

徐、海、沂、密观察使高承宗逝世，甲戌日（初四），委任他的儿子高明应主管军事。

乙亥日（初五），李抱真、王武俊在距贝州三十里外扎营驻扎。朱滔听到这两支军队将要来到，紧急召唤马寔，马寔马不停蹄地日夜兼程地赶路，急忙前往。有人对朱滔说：“王武俊擅于野战，不应当与他正面交锋，应当调兵略微前进去逼近他，再让回纥去斩断他的粮道。我们只要坐在这安食由德、棣转运来的粮谷，依营安排阵势，对我们有利之时就发兵进攻，不然便据守营地保全兵力，等他们的将士饥饿力竭时，就能一下子降服了。”朱滔犹豫不决。恰巧此时马寔的军队抵达，朱滔便下令第二天出兵迎战。马寔说：“军士们冒着酷暑赶路，筋疲力尽，请让他们稍作休息再去作战吧。”

常侍杨布、将军蔡雄领着回纥达干来觐见朱滔，达干说：“回纥在本国和邻国交战，常以五百名骑兵打败邻国数千骑兵，就像是扫除落叶一般轻而易举。如今接受了大王的金帛、牛酒，一共已不计其数，要想替大王建功立业，这正是好时候。明天，希望大王骑着马站在高丘上，看回纥替大王歼灭王武俊的骑兵，保证让他一匹马也别想返回。”杨布、蔡雄说：“大王的英明神武，冠盖天下，要出动燕、蓟全部兵力，去扫荡河南，占据关中，如今面对小敌就犹豫不决地不去攻打，而使远近都很失望，将用什么去成就霸业呢？达干自荐出战，这是正确的做法啊。”朱滔十分高兴，由此决定出兵作战。

丙子日（初六）清晨，王武俊派他的兵马使赵琳带领五百名骑兵在桑林埋伏，李抱真布列方阵在后，王武俊带骑兵在前，亲自率兵抵抗回纥。回纥放马冲锋过来，王武俊命令他的骑兵勒马闪躲。回纥冲击到他阵地的内部，要调兵返回之时，王武俊才让士兵们进击，赵琳由林中突出从侧面突击，回纥落败而逃。王武俊穷追不放，朱滔的骑兵也都逃亡到四处，自相踏践他们的步兵，步骑都向东逃跑，朱滔制止不了，便只能奔回营区，李抱真、王武俊会兵追击。那时朱滔带兵三万人出战，有一万多人被打死，也有一万多人逃亡溃散，朱滔只带有数千人入营守护。天色已晚，又逢大雾，一片昏暗，两军没有办法前进，李抱真便驻扎在他营地的西北，王武俊驻扎在营地的东北。朱滔趁着夜晚放火烧营，带兵出南门直奔德州逃逸而去，丢弃所抢得的物品财帛堆积如山；而李抱真、王武俊两军，因为大雾弥漫，而没办法追赶。

朱滔杀掉杨布、蔡雄之后返回幽州，内心不仅感到惭愧，又怕范阳留守刘怦因他兵败疲弱而想谋害于他。然而刘怦却派留守士兵夹道二十里，准备仪仗队，把他迎进府中，面对对方悲喜交加，当时的人对刘怦都十分赞赏。

起初，张孝忠在易州全城归顺，诏令孝忠为义武节度使，而把易、定、沧三州隶属于他。沧州刺史李固烈，是李惟岳的内兄，要求回到恒州去，张孝忠派出手下押牙安喜人程华去接管州府事务。拿去了李固烈将军府全部的绫、缣、宝货，装满了好几十车，要启程离开之时，将士们大声喧嚷着说："刺史将府库中的财物扫荡而光，将士们以后饥寒交迫，还靠什么救济呢？"由此杀掉李固烈和他全家。程华听到将士谋乱，从墙角洞穴钻出逃亡，被乱兵找到，请他主管州府职事。程华迫不得已才答应。张孝忠听到这件事，没来得及奏知朝廷，由此立刻委派程华暂时替代沧州刺史。程华平日为人，宽容忠厚，推心置腹地对待将士们，将士们因此能相安无事。

当时正赶上朱滔、王武俊叛乱，双方屡次遣人来招降程华，程华都不肯屈服。而那时张孝忠在定州，从沧州到定州，必定要经过瀛州，瀛州隶属朱滔，道路艰险。沧州录事参军李宇说服程华，要他奏明利害关系，请准别立为一军，程华接受了他的建议，便委派李宇奉表前往行在。唐德宗就委派程华为沧州刺史、横海军副大使、权理节度职务，并且赐名日华，令他每年负责供给义武军租税十二万缗。

王武俊遣人去说服程日华；当时因为军中缺乏马匹，程日华便欺骗来使说："王大夫一定要和我联合的话，应当先拨给二百骑兵前来援助。"王武俊就拨给了他，程日华照数全都收下，而将骑士遣回。王武俊十分愤怒，但由于正与马燧等人相互抵抗，因此不敢进兵去攻打程日华，沧州因此得以保全。等到王武俊归顺，程日华遣人去表达谢意，偿还马匹的价值，并且另有赠送。王武俊十分开心，又与他重归旧好。

庚寅日（二十日），李晟大举排列军阵，告诉士兵们将进兵收复京城。在这之前，姚令言等多次派遣间谍去探查李晟进兵的日期，都被巡逻的骑兵捕获了。李晟把这些密探带到陈列的军队前示众，并对他们说："返回告诉逆贼们说，要他们竭尽全力坚固防守，你们要做出忠于逆贼的事来！"都让他们饱食一顿酒菜之后，还给他们发了些钱，然后把他们放了。就带兵到了通化城门外，耀武扬威了一番以后返回，贼兵不敢出战。李晟聚集各将领，问到军队将采用何种方法攻进城去比较稳妥，大家都建言说："先由南边攻夺京城，占据坊间街市，而后再向北攻占宫阙。”李晟说：“坊间街道狭窄，逆贼假如埋伏士兵抵抗搏斗，城中居民受惊慌乱，对我方官军并没有益处啊。如今逆贼的主力重兵都聚焦在宫苑之中，不如从苑北攻击，先击败他们的心脏部位，贼兵必将争相逃命。如此宫阙不至于残破，街坊民间也不用受到惊扰，这是最好的策略啊！”诸将都齐声说：“高！”便通牒浑瑊及镇国节度使骆元光、商州节度使尚可孤，商定日期，于京城之下会合。

壬辰日（二十二日），尚可孤将朱泚的大将仇敬忠在蓝田西边战败，而把他杀掉。乙未日（二十五日），李晟转移士兵到光泰门外的米仓村。丙申日（二十六日），李晟亲临指导修建营地工事，朱泚的下属骁将张庭芝、李希倩带领大军突然来到，李晟对将领们说：“我当时只忧虑叛贼隐伏藏匿而不出来接战，今日他们竟来送死，这真是上天助我，我们绝不能失去上天赐予的好机会啊！”便命副元帅兵马使吴诜发兵攻击。当时华州兵在城北驻营，兵力薄弱，逆贼聚集兵力进击，李晟派牙前将李演等带领精兵前去援助。李演等竭力应战，贼兵溃败四散逃走；李演等穷追不舍，乘胜进入了光泰门；再战，又战胜贼兵。直到深夜，李晟才收兵回营。贼军残余士兵逃往白华门，夜间，传来阵阵痛哭声。李希倩是李希烈的弟弟。

丁酉日（二十七日），李晟将要再度出兵，诸将建议等西边浑瑊的军队到达之后，再双面夹击。李晟说：“贼兵屡次被打败，已经被吓破了胆，如今不乘胜一举灭取，让他们准备好防备再攻，实际不是好对策。”贼兵再次出战，官军屡屡获胜；骆元光在浐水西岸也战胜了朱泚的部队。戊戌日（二十八日），李晟陈兵于光泰门外，派李演和牙前兵马使王佖统领骑兵，牙前将史万顷率领步兵，直接到达苑墙外的神村。李晟先遣人趁夜拆除苑墙二百余步长，但等李演等人来到时，敌人已经树立木栅堵塞起来了，而在木栅里用兵器弓箭刺杀射击官军，官军没办法前进。李晟大怒，斥责将领们说：“这样放任敌人，我可是要先斩了你们了！”史万顷害怕了，率领军士率先进攻，冲破木栅而进入城中，王佖、李演统领着骑兵随后进入，敌兵大溃，诸军同时分别由各路一齐入城。姚令言等还在竭力抗击，李晟命决胜军使唐良臣等率步骑追击，一边应战，一边推进，一共打了十多个回合，贼兵终于支撑不住了。到达白华门时，有贼兵数千骑由官军背后突然冲出，李晟亲自率领一百多骑回头抵抗，左右大声呼喊着说："相公来了！"贼骑便恐慌四散。

在这之前，朱泚派张光晟率兵五千驻扎在九曲，距东渭桥只有十几里地，张光晟向李晟表示诚服的意思。及至朱泚战败，张光晟劝说朱泚出京四散逃走，朱泚便与姚令言率领残余军队向西逃去，还有将近一万多人。张光晟送朱泚等出城后，回来就向李晟投降了。李晟派兵马使田子奇带骑兵去追赶朱泚。李晟驻兵于含元殿前，自己住在殿西右金吾仗中，传达诏令于各军将士说："李晟全靠诸位将士们的力量，才能够肃清宫禁。长安城中的人士和百姓们，长久沦陷在逆贼的统治下，假使稍受震惊，都违背吊民伐罪的用心。我李晟与各位过几天再与家人会面也不晚，五天之内，不准与家人联系。"而命令京兆尹李齐运等人去安慰城中百姓。李晟的大将高明曜掠夺逆贼的歌妓，尚可孤部队里的士兵有擅自获取逆贼马匹的，李晟都把他们杀掉，全军都惊叹不已。以致官兵百姓安居无事，官兵丝毫不侵犯百姓，远处街坊民间，有过了一夜才知悉官军已经入城了的。

这天，浑瑊、戴休颜、韩游瑰也把咸阳攻克了，打败了三千余人的贼军军队，听到朱泚向西逃走，分别领兵阻击。

己亥日（二十九日），李晟派京西兵马使孟涉在白华门驻扎，尚可孤在望仙门驻扎，骆元光驻扎在章敬寺，李晟和牙前兵三千驻屯在安国寺，来镇守京城；在东市把朱泚的党羽李希倩、敬釭、彭偃等八个人斩首示众。

王武俊攻破朱滔之后，就返回了恒州，上奏辞谢幽州、卢龙节度使的职位，唐德宗也应允了。

六月，癸卯日（初四），李晟命令掌书记吴人于公异作报捷书上奏行在，其中几句写道："臣已经肃清宫禁，敬谒皇陵，连钟架都没被转移过，宗庙中历代先王的神像依旧如常。"唐德宗流着泪说："天生李晟，是为了守护宗庙社稷，而不是为我啊！"

李晟在渭桥时，荧惑（火星）显示在太岁旁边，很久才消失，卿僚左右都向他恭喜说："荧惑退避，则表示皇室有福了啊！应当即速出兵靖乱。"李晟说："天子沦落在外面，做臣子的只知拼命杀敌而已；天象高奥神秘，没人知悉是什么征兆！"收复长安以后，李晟才对他们说："从前我并不是故意排斥你们的说法，我曾经听到五星上下隐现无常，万一又出现在太岁旁，我们的军队岂不是溃败了吗？"诸位都齐声歉然地说："我们当时真没想到这点啊！"

朱泚将逃往吐蕃，他的部下沿途四散逃走，等抵达泾州时，只剩百余骑。田希鉴将城门紧闭，拒绝他入城，朱泚对他说："你的旌节，是我授予的啊，怎么能当我面临危急之时，就辜负我了呢？"便遣人放火去焚烧城门。田希鉴拿出旌节丢到火堆里说："还你的旌节！"朱泚的下属都哭了起来。泾州士卒便杀掉姚令言，之后去向田希鉴投降。朱泚只和范阳军心腹的将士及宗亲族人、客卿北去驿马关；宁州刺史夏侯英又拒绝他。到了彭原西城屯，朱泚的大将梁庭芬被箭射中，掉进坑里，韩旻等人将他的首级斩下，然后到泾州去投降。源休、李子平逃奔到凤翔，又被李楚琳杀掉，之后将这批逆贼的首级都送到了行在。

唐德宗命陆贽草拟诏书颁发给浑瑊，要他寻找在奉天走失的官员。陆贽启奏，以为："贼人才刚平定，疲病的百姓，伤病的士卒，还没来得及安慰，就先寻访宦官，这绝对不是用来附和众人企求维新愿望的行为啊。一个策略在开始谋划之时，即便谨慎周密，能够据以实行而善终的已经很少了；而在开始之时就不能够善做谋虑，可想而知到最后还能有什么收获呢？陛下要赏赐给浑瑊的诏书，臣真是不敢奉旨撰写。"唐德宗才没降诏，但竟然派宦官为使前去寻找。

乙巳日（初六），诏令吏部侍郎班宏充任宣慰使，去慰劳士卒，安抚众庶。

丙午日（初七），李晟杀害了受朱泚信任重用的文武官员崔宣、洪经纶等十余人；又上奏赏赐守节不屈的刘迺、蒋沇等人。

己酉日（初十），委派李晟为司徒、中书令，提升骆元光、尚可孤等人的职位，各有等差。而且派任检校御史中丞田希鉴为泾原节度使。

诏令改称梁州为兴元府。

甲寅日（十五日），委任浑瑊为侍中，晋升韩游瑰、戴休颜等人的官职，各有等差。

朱泚溃败之后，李忠臣逃亡到了樊川，而被擒拿抓获，丙辰日（十七日），处斩。

唐德宗问陆贽说："如今前去凤翔有迎接的各军部队，军势十分浩大，由此我想遣人去替代李楚琳，你认为如何？"陆贽上奏，以为："这样做就和胁持拘捕他差不多，假如说这是除暴，那实在无法说是武勇，而说这是治理国事，又实在不够诚实，未来巡视考察四方之时，又怎么不使节镇怀疑恐惧呢！议论此事的人可能认为这样做法也不过是暂时之计，但私下里臣还是不能明白其中的道理。说实话，权宜之意，是将相同的事拿来权衡轻重，如今在圣驾銮车所经过的路上，就先以兵力威胁而夺去臣下的职位，替换一位将帅而损坏了天子的道义，得一方土地而导致四海州牧疑惧，这是重视了应该轻视的而轻视了应该重视的行为啊，竟然说这是权宜行事，不是完全相反吗？把违反道义的做法当作权宜之计，把任凭使用权术的谋略称为明智，圣上采用这种方式，一定会失去人心啊，而臣下采用这种方法，定会陷于不义，自古以来所以国家大多丧乱，而奸恶的事时常发生，都是因为这种错误的观念啊。等返回京城安居之后，再将李楚琳复召入京，另给他授予一个官职，他必定会感激庆幸陛下的礼遇宽恕，而将为陛下奔走尽力都来不及，如何会不顾一切地动辄就有率众抵抗的行为，又劳师动众地加以诛杀铲除呢？"

戊午日（十九日），天子的车驾由汉中出发。

李晟主理长安各项事务，以备百官回京接任，自请去凤翔接驾护从，唐德宗没应允。内常侍尹元贞遵旨出使同华，未经唐德宗的允许擅自到河中招谕李怀光。李晟启奏说："尹元贞假传制诏擅自赦免了元凶，请处罚他的罪过！"

秋季，七月，丙子日（初七），天子到达凤翔，杀了乔琳、蒋镇、张光晟等人。李晟以为张光晟虽然曾屈服叛贼，但是灭贼也十分得力于他，想要保全他一条性命；唐德宗不答应。

副元帅判官高郢屡次劝告李怀光要他顺从诚服，李怀光派他儿子李璀到凤翔行在去请罪，请求应允他自缚手脚赶往朝廷。庚辰日（十一日），诏令派给事中孔巢父带着先委任李怀光为太子太保的敕令前去河中宣旨抚慰，朔方将士都恢复原来的官位，一如往常。

壬午日（十三日），天子返回长安，浑瑊、韩游瑰、戴休颜与他们的部属守护，李晟、骆元光、尚可孤各自带领他们的属下恭迎，步骑十余万，旌旗绵亘数十里路。李晟在三桥拜会了唐德宗，先向唐德宗祝贺逆贼已被消灭，后为没能及早收回京师而请罪，伏跪在道路一边。唐德宗驻马安抚，李晟忍不住掩面垂涕，唐德宗叫左右侍从将他扶起上马。返回宫中，每隔一天，都设宴接见功臣，恩赐得丰厚优渥，以李晟为第一，浑瑊次之，其他的将相又在其次。

曹王李皋派大将伊慎、王锷攻击安州，李希烈派遣他的外甥刘戒虚带领步骑八千前往援助；曹王皋又派别将李伯潜于应山迎击，共杀死一千多名敌人；活捉了刘戒虚，带着他在城下游行，安州便屈服。唐德宗便下诏委派伊慎为安州刺史。伊慎又去攻打李希烈的大将康叔夜于厉乡，而把他赶跑了。

丁亥日（十八日），孔巢父到达河中，李怀光身着白色丧服来让朝廷降罪，孔巢父也不阻挠他这样做。李怀光的属下多半是胡人，都感叹着说："太尉已经没有官位了！"孔巢父又向诸位宣扬说："军中有谁可替代太尉统率军政的？"由此李怀光的侍从大怒，喧嚷不已；圣旨还没宣读完毕，众人就拥上前去杀掉孔巢父和宫中所派出的宦官使臣啖守盈。李怀光也没有阻止，又整顿兵马做抵抗和防守的预备。

辛卯日（二十二日），大赦天下。

起初，唐肃宗在灵武之时，唐德宗为奉节王，跟着李泌学习文章。唐代宗时期，李泌住在蓬莱书院，唐德宗被立为太子之后，也常和他来往。直到唐德宗驾临兴元之时，李泌在担当杭州刺史，唐德宗下诏急召，要他和睦州刺史杜亚一同去行在。乙未日（二十六日），委派李泌为左散骑常侍，杜亚为刑部侍郎；而命令李泌天天在西省值班以候答问，朝廷都对他另眼看待而争相对他巴结讨好。唐德宗问李泌："河中紧邻京城，朔方军将士一向被公认十分精锐，如达奚小俊之流，都能以一敌万，朕日日夜夜为此担忧，你说怎样才好？"李泌回复说："天下的事情有很多值得担忧的；关于河中一地，并不值得深忧。谈及料度敌情，只衡量将帅而不用衡量士卒。如今李怀光是将帅，而小俊之类仅仅是士卒而已，不值得忧惧！李怀光既消除了奉天的围堵，眼看着朱泚将要溃败被俘而不可能攻取他，因此才和朱泚联合，而使李晟能够破败朱泚，建立丰功伟业。如今陛下已返回宫阙，李怀光没有自缚手脚前来请罪，相反地杀害了使臣，藏匿在河中，心中惊慌，神志不清，犹如受到梦魇的人一样！可能过不了多久就会被他的属下枭首，而使诸将无时机动手啊。"

起初，唐德宗调用吐蕃去征讨朱泚，应允成功以后将伊西、北庭的土地赏赐给他们。直到朱泚被杀，吐蕃前来求地，唐德宗准备召这两镇的节度使郭昕、李元忠回朝，而把土地赏赐给吐蕃。李泌说："安西、北庭，地方的百姓性情勇猛彪悍，掌控西域五十七个小国和十姓突厥，同时又分散了吐蕃的势力，而使吐蕃无法集中兵力向东侵入我们的疆域，不可以拱手割让给他们！况且这两镇中的人，势力薄弱，又生活在边远地区，却为国家固守了将近二十年之久，很值得为他们悲叹而当予以怜悯体恤。假如放弃而给予戎狄，他们心里必定会憎恨朝廷，将来追随吐蕃入侵，就好比报私仇一般。更何况往日吐蕃是采取观望态度而不进攻，暗中挟持敌我双方，而在武功大肆掠夺，接受贿赂而离开，他们到底拥有什么功劳？”众人也都赞同，唐德宗由于这才没有将这两镇赏赐给吐蕃。

李希烈听说李希倩被人杀害了，感到非常愤怒，八月，壬寅日（初三），由他从宫中挑选并派出使臣到蔡州去谋杀颜真卿。中使说：“上面有敕令。”颜真卿又一次跪拜接受敕令。中使根据敕令说：“现在要赐你一死。”颜真卿说：“老臣知道自己没有什么优良的表现，确实有罪应当处死。但不知道使者你是什么时候从长安出发的？”到来的使者说：“我是从大梁来的，不是从长安来的。”颜真卿说：“这么说那你根本就是个叛贼，还拿什么说是敕令？”于是颜真卿便活活被中使勒死了。

李晟以泾州靠近边界，军府中多次发生杀害元帅的事，这常常是以祸乱的根源为由，向唐德宗上奏请求前往对不听从命令的下属施加严厉的惩罚，并尽力去发展农业生产，囤积储备粮食，以此为攘除吐蕃做准备。癸卯日（初四），唐德宗委任派遣李晟兼凤翔、陇右等地节度使以及四镇、北庭、泾原行营的副元帅，进而加封爵位为西平王。当时李楚琳正好入朝，李晟向唐德宗请求要李楚琳和他一同去凤翔然后将李楚琳杀掉，借此机会以惩戒逆乱。但是唐德宗认为才刚刚收复京师没多长时间，当务之急是先安定天下惶惶不安的人心，所以就没有同意李晟这样的做法。

在此之前，唐德宗命令浑瑊、骆元光去同州讨伐李怀光的部队，怀光派遣大将徐庭光用六千名精锐士兵驻守在长春宫加以抵抗，浑瑊等人的部队被打败很多次，因而没有办法向前再继续挺进。再加上当时的军饷不足以供应军中的用费，许多人都请求唐德宗赦免李怀光，但是唐德宗不愿意赦免他。李怀光委任他的妹夫要廷珍守护晋州，牙将毛朝敭守护隰州，郑抗守护慈州，马燧分别派人去劝服他们归顺投降，之后将他们一个个都说服了。唐德宗于是晋升加爵浑瑊为河中、绛州两地的节度使，同时还担任河中、同华、陕虢行营的副元帅，然后晋加马燧成为奉诚军、晋慈隰等地的节度使，还充任管辖区内诸军行营的副元帅，让他们与镇国节度使骆元光、鄜坊节度使唐朝臣合兵共同进击讨伐李怀光。

最开始，王武俊正在赵州加紧攻击康日知的时候，马燧上奏请求下诏让王武俊与李抱真他们一起去讨伐诛灭朱滔，然后将深、赵二州成为王武俊的管理区域，改派康日知成为晋、慈、隰等地的节度使，唐德宗最终接受了他的请求。在康日知还没有到达任所的时候，三州已经向马燧归顺投降了，所以唐德宗便下令让马燧兼领了晋、慈、隰这三州。马燧上奏表示将这三州让给康日知管理，并且向唐德宗说如果由于敌人向谁投降，就因此将该地授权给他，恐怕那些以后立战功的人，都会要求遵循这个事例。唐德宗对他进行了很高的赞赏并且答应了他。于是马燧就派人去迎接康日知，等康日知来到以后，将府库中原有财物一一做了清点，并且都记录在簿籍上，然后把这些都移交给了他。

甲辰日（初五），唐德宗委派凤翔节度使李楚琳为左金吾大将军。

丙午日（初七），浑瑊晋升为朔方行营元帅。

李晟到达了凤翔这个地方之后，把张镒治罪给杀了，之后又斩杀了副将王斌等十几个人。

朱滔被王武俊一次又一次击败，几乎是溃不成军，因而上表请唐德宗定罪。

癸未日（九月十五日），马燧率领步兵骑兵共三万人去进攻绛州。

度支因为李怀光所统领的数万名将士和李怀光一同造反这件事，不答应提供过冬的棉装。唐德宗说："朔方的那些士兵连续几代都是忠臣义士，而如今只是被李怀光给控制住罢了，将士们自己又有什么罪过呢？"冬季，十月，颁布诏书："朔方那些在李怀光统治下的部队，冬季服装及赏金都应当照常发放而另外贮存，一等到道路稍微疏通，就立即发给他们。”

李勉一次又一次地自己上书请求遭到贬谪。辛丑日（初三），唐德宗撤除了李勉都统以及节度使的职位，但是仍然让他继续担任检校司徒，处理和之前一样的事务。

丙辰日（十八日），李怀光手下的一员大将阎晏攻打入侵同州，朝廷的军队在沙苑这个地方被打败了。唐德宗下诏令征用调配邠州的部队，韩游瑰率领六千名精锐士兵前往救援。

乙丑日（二十七日），马燧攻打占领了绛州，然后把部队分开进取闻喜、万泉、虞乡、永乐、猗氏等各个地方。

起初，在鱼朝恩被正法之后，唐代宗就决定不再让宦官带领军队了。唐德宗登基继位以后，便开始将所有的禁兵都委任给白志贞统治，到了白志贞因罪判刑的时候，唐德宗又让宦官窦文场取代了他的职位，并让他追随着唐德宗播迁到山南，这时候神策左右二军才慢慢集合到一起。唐德宗起驾返回长安后，很是顾忌那些握有很大兵权的老将领，于是就逐渐把他们一一地撤免了。戊辰日（三十日），唐德宗委任窦文场负责监督神策军左厢兵马使，让王希迁负责监督右厢兵马使，于是就又开始让宦官分开掌管禁军了。

闰十月，丙子日（初八），唐德宗调派原来的泾原节度使田希鉴为卫尉卿。

李晟最开始到达凤翔的时候，田希鉴就派遣使臣去参见并送上问候，李晟对前来的使者说：“泾州这个地方离吐蕃非常近，万一有一天吐蕃进攻的话，泾州的士兵能单独抵御得了吗？我想的是派兵援助防御这个地方，但是又不知道田尚书对此意下如何。”使臣回去以后，将李晟的这话告诉了田希鉴。田希鉴果然请求得到援兵，于是李晟就派遣了自己的心腹大将彭令英等一行人驻扎守护泾州。过了不久李晟又借着巡视边界之名而来到泾州，田希鉴出城迎接，李晟与他一起骑马进入城内，谈论了很多之前的事情并相谈甚欢。田希鉴的妻子李氏，因为她的叔父跟随着李晟，所以李晟称呼田希鉴为田郎。李晟要田希鉴只准备三天的食物就行，说："等到我巡察完毕后，就会立即返回凤翔。"因此田希鉴便不再怀疑李晟。李晟摆设宴席，田希鉴与他的僚佐部属部被邀请到了李晟的营地。李晟在营部外廊埋伏了很多优秀的士兵。他们吃喝了一阵之后，彭令英便带着泾州的各位将领下堂。李晟说："我和你们各位都好久不见了，请每个人报一下自己的姓名。"于是发现了曾经作乱的石奇等三十多人。因此严厉地责备他们说："你们这批人，多次叛逆作乱，残害忠臣良将，实在是为天地所不容！"于是就下令将他们都带了出去，并下令一律处斩。当时田希鉴还在座位上，李晟望着他说："田郎你也不能说是没有罪，但看在你我亲近友好的情分上，我让你得以保全尸首。"田希鉴只回答了声："是。"就被士兵拉了下去，之后被绞死了；除了田希鉴，还有他的儿子田萼也被处死了。李晟到田希鉴的营中，向兵士们解释说明了为什么杀田希鉴，大家都吓得两腿发抖，于是没有一个敢轻举妄动的。

李希烈派遣大将翟崇晖让他动用全部的兵力去包围攻打陈州，但是攻打了很长时间都没有能把陈州攻下来。李澄了解到大梁的兵力比较薄弱，不能控制管理滑州，于是便烧毁焚尽了李希烈所颁发授给的旌节，率领着自己的军众同盟发誓要归顺于朝廷。甲午日（二十六日），唐德宗委派李澄担任汴滑节度使。

宋亳节度使刘洽派遣马步都虞候刘昌和陇右、幽州行营节度使曲环等将领及其士兵总共三万人去救援支持陈州。十一月，癸卯日（初六），他们在陈州的西面把翟崇晖打败了，一共杀灭敌人三万五千人，并且活捉了翟崇晖献给了唐德宗。然后又乘着胜利的劲头去进攻汴州。李希烈这时感到非常恐慌，便逃回了蔡州。李澄带领士兵径直进攻汴州，但是抵达了城北，竟然畏缩害怕反而不敢进攻；这时刘洽带兵也到达了汴城东部。戊午日（二十一日），协助李希烈守护汴城的将军田怀珍打开城门出来投降，顺便将刘洽放进城。到了第二天，李澄才入城，住在浚仪这个地方；但是两军的士卒，经常因为愤怒怨恨而发生一些争斗。这时正好遇上李希烈的郑州守城将军孙液向李澄投降，李澄因此就带领自己的士兵驻扎在郑州。唐德宗下诏让都统司马宝鼎人薛珏担任汴州刺史一职。

李勉之后来到了长安，他身穿白色丧服以向唐德宗请示定罪。在背后议论这件事的人大多半认为“李勉失职丢失了大梁，不应该再让他担任宰相”。但是李泌对唐德宗说：“李勉这个人公私分明，还非常忠诚、高尚正直，但是不太擅长用兵。直到大梁投降放弃守城，那些将士丢下自己的妻子儿女而去追随顺从他的，还有将近二万人，从这就可以看出他深得人心了。况且刘洽原本就出自李勉部下，李勉到了睢阳后，他将自己所有的军众都交给了刘洽，这才终于平定了大梁。所以我觉得李勉也有功劳啊。”于是唐德宗下令让李勉恢复自己原来的职位。讨论这件事的一些人又说：“韩滉听说天子迁徙去了外面，他现在召集士兵在默默修筑石头城，暗地里自己有反叛的心思。”唐德宗对他们这种说法感到有些怀疑，就召集并询问李泌，李泌回答说：“韩滉这个人公正忠贞，清廉朴实，从天子出京在外开始，韩滉的贡献就从来没有间断过。况且由他镇守的江东那十五个州，从来没有盗贼兴起的事件发生，这些都是依靠韩滉的力量啊。他之所以修筑石头城是因为他亲眼看到中原丧乱，认为陛下可能会有去永嘉的意思，这是为了迎接保护陛下所做的准备罢了。这些实在是出于做臣子的一片忠贞之意，怎么能反过来因为这个认为他有罪呢？韩滉这个人生性刚强严正，不愿趋炎附势、攀附权贵，所以经常被其他人诽谤，臣下真心希望陛下能够明察，我敢保证他自己绝对不会有二心。”唐德宗说：“现在外面对他的议论非常多，大家纷纷上表奏章疏奏如乱麻一样多，你难道没有听说吗？”李泌说：“我肯定也听说过。韩滉的儿子韩皋任职考功员外郎，但是现在却不敢回去探亲，正是由于诽谤议论非常多的缘故啊。”唐德宗说：“他自己的儿子尚且像这样害怕这些诽谤议论，你又怎么能为他担保呢？”李泌回答说：“韩滉的良苦用心，我对此了解得太深了。只希望陛下能够明白表示他没有二心，并且跪地乞求宣示中书，让这件事能够让朝中文武百官都知道。”唐德宗说："朕正考虑要重用你，替人担保这件事怎能这么随便？你要小心，不要做出单独违背大众意见的事情来，这样的话只怕你会受到牵连啊。"李泌向唐德宗拜退，回去后向唐德宗上交奏章，请唐德宗批准他愿意用全家族的身家性命为韩滉作担保。之后过了几天，唐德宗对李泌说："你竟然上交奏章为韩滉作担保，朕已经把你的奏章留在了禁中。朕虽然知道你和韩滉之间有着非常深厚的情谊，但是你自己怎么能够不爱惜自己的生命呢？"李泌回答说："臣怎么会为了偏袒自己的亲戚朋友，而做出对不起陛下您的事情来呢？只是因为韩滉他实在是对陛下没有异心，臣之所以向陛下上章，是为了朝廷着想，而不是为了自己的个人私情啊。"唐德宗说："怎么可以说是为了朝廷呢？"李泌说："当今天下很多地方都普遍出现了灾旱，蝗虫肆无忌惮地危害农作物，关中地区一斗米就要售价一千钱，仓廪中所储存的粮食将要耗费完了，而如今就只有江东地区丰收。但希望陛下能够早日批下臣子的这份奏章，以此用来消除朝内大臣内心的怀疑，并面谕韩皋让他回家省亲，这样会令韩滉感激不尽，不至于让他心存疑虑，他会尽快地将储备的粮食运到关中来，这样做难道不正是为了朝廷吗？"唐德宗说："好！我完全了解情况了。"便很快地就批下了李泌的这份奏章，并下旨宣召韩皋去晋见他，还让他回去探亲，并且当下赐给他一身绯衣锦袍，告诉他说："最近朝廷里有很多毁谤你父亲的传闻，朕现在已经完全弄明白是怎么回事了，顿时释然不再相信那些说法了。"接着又说："关中地区现在非常缺少粮食，回去请你告诉你的父亲，最好能够尽快把粮食送来。"韩皋到达润州后，韩滉实在是感激万分，以至于喜极而泣，当天就亲自到达江岸并亲自督促导运出来了百万斛稻米，只让韩皋在家里停留了五天就回朝去。韩皋向母亲告别的时候，悲痛的哭声传到了外堂；韩滉非常生气，于是就把韩皋叫了出来，并打了他一顿，亲自将他送到江边，还让他必须冒着大风大浪回去。后来陈少游听说韩滉贡献稻米这件事，他也向朝廷贡献了二十万斛稻米。唐德宗对李泌说："韩滉这个人竟然能够把陈少游感化，现在也向朝廷献米来了！”李泌回答说：“岂止是陈少游一个人，其他各地区都会争相入贡的！”

吏部尚书、同平章事萧复一起奉旨出使从江、淮地区回到了京城，与李勉、卢翰、刘从一一同晋见拜谒唐德宗。李勉这些人都拜退后，就只有萧复一个人留了下来，于是对唐德宗说：“陈少游位高权重而且还是将相，却首先做出了败坏臣子节操的事情来，而韦皋幕府中的下属官僚，却能单独遵从忠义之道，所以请求陛下派韦皋取代陈少游的位置去镇守淮南。”唐德宗也比较同意他的看法。于是立即派宦官马钦绪去见刘从一，他见到刘从一后，对刘从一附耳轻声私语了一番就匆忙离去了。等到诸位大臣都由宫中各自回到自己的办公场所之后，刘从一才去拜见萧复说：“马钦绪刚才宣旨给我，命令我与你一起商议今天上朝时所谈论的事情，并立即需要上奏进行，但是不要让李勉和卢翰知道这件事。请问这到底是什么事啊？”萧复回答说：“唐尧、虞舜他们不管是对官员的罢免还是升迁，四岳以及九州的牧守都表示同意。而且在朝廷上赐封爵位给其他人，从而使朝廷中的文武百官都知道这些事情。如果李、卢他们二人不能胜任宰相一职，就应该罢免他们，但现在他们既然居于相位，如果是朝廷政事的话，怎么会能不和他们共同商量讨论反而向他们隐瞒这件事呢？这种做法是当今朝政中最大的弊病，起初，皇上自己也已经说过了这话，我自己也曾当着皇上的面说不能够这样做，但是没想到皇上他的心里还是这样想。所以并不是我不愿意告诉你这究竟是什么事，而是和你商议后，就奏明皇上，立即进行，只怕这样一来的话，慢慢地就会形成这种不好的风气，所以我不敢向你奉告这件事啊。”因而始终坚持没有告诉刘从一这是什么事。刘从一因此上奏让唐德宗知道了这件事，唐德宗越想就越不高兴，萧复于是就上交奏折表示自己要辞职，乙丑日（二十八日），唐德宗罢免萧复为左庶子。

刘洽攻克收复了汴州，在那里获得了一本名叫《李希烈起居注》的书，上面有一段清楚地记载说：“某月某日，陈少游向李希烈上表请求让他前来归顺。”陈少游听说了这件事后，感到非常羞愧和恐惧，而且因为这竟然病倒了。十二月，乙亥日（初八），陈少游去世了，唐德宗下令追赠他为太尉，并且依照礼法的规定致送赙仪，举行了隆重的祭典活动。

淮南大将王韶自己想担任留后一职，因而命令自己手下的将士们推举他主掌军事大权，并且他还想要实行大规模的抢掠活动。之后韩滉派人去对他说：“只要你敢这样作乱，我今天就敢率领我的全部军队渡过江去杀了你！”王韶感到很害怕，因此便打消了作乱的念头。唐德宗听说了这件事，觉得很是高兴，因而对李泌说：“韩滉他这个人不但能够安定江东，还能安定淮南，真是个做忠诚大臣的材料，你可真是最能辨别人才并且知人善用的人啊！”庚辰日（十三日），唐德宗晋升韩滉为平章事、江淮转运使。之后韩滉把江、淮的稻米谷物以及布帛这些入贡物品运送到京城府库中，从来没有一个月间断过，现在朝廷的费用全靠他提供，唐德宗也不断地派遣使臣前去宣讲慰问，对他的恩遇才慢慢地加深。

这一年蝗虫灾害遍及远近各个地方，就连草木也被吃得一干二净，但是就是不吃稻子。因此天下出现了很大的饥荒，导致饿死的人沿路不绝。

贞元元年（乙丑，公元785年）

春季，正月，丁酉朔日（初一），唐德宗大赦天下，并且改年号为贞元。

癸丑日（十七日），又追赠颜真卿为司徒，谥号文忠。

新州的司马卢杞很幸运地遇到唐德宗大赦天下，被调任到吉州担任长史，之后他就对人说：“我自己觉得一定还会再被调入的。”没有过多长时间，唐德宗果然让他做饶州的刺史。给事中袁高奉唐德宗旨意负责草拟编制诰书，袁高拟好诰书之后，便拿着通令跑去告诉卢翰和刘从一说：“卢杞当时担任宰相的时候，弄得圣驾别迁到其他地方，天下疮痍满目，发生这些事情怎么可以一下子就把他升迁到饶州这个大郡去担任刺史呢？我希望你们二位相公能够拿着这份通令去上奏给唐德宗提建议。”卢翰等人不愿意这样做，并且命令另外的一个舍人草拟制定诰书。乙卯日（十九日），制诰让唐德宗过目后发下，袁高却把诰书扣留了下来，不肯把它送交给中书省修缮编写发出去，并且上奏向唐德宗说：“卢杞这个人恶贯满盈，是一个扰乱国家的罪魁祸首，朝廷中文武百官对他的痛恨，就像是痛恨仇敌一样，还有六军将士都想吃了他的肉以发泄心头的怨恨愤怒，在这样的情况下怎么可以起用他呢？”唐德宗听不进去这些话。之后补阙陈京、赵需等也上奏疏说：“卢杞他这个人专权才刚刚三年，就导致文武百官政务废弛，他的这些罪行，是天地神祇都知道的，就连华夏和蛮貊这些蛮夷也对他都唾弃不齿。假如皇上您还宠爱信任这样的大奸贼，必将会丧失全天下的民心。”丁巳日（二十一日），袁高又在大明宫含光殿议论谏诤这件事。唐德宗说：“卢杞他已经得到过两次大赦。”袁高说：“赦免也应该只限于宽恕他的罪状，但是也不能让他担任刺史。”陈京等人也力争不止，说：“卢杞主政的时候，百官经常有种刀剑兵器架在脖子上的感觉；而如今再起用他的话，那么那些奸党便都会摩拳擦掌而准备重新大干一番了。”唐德宗听了这话后勃然大怒，把自己身边的侍从吓得都缩身后退，就连其他几个进谏的人也都想引退了，而只有陈京瞪着眼说：“赵需你们几个人都不要走，我们说的这些是国家大事，每个人都应当以死相谏。”这时唐德宗的怒气慢慢地也稍微消除了一些。戊午日（二十二日），唐德宗对宰相李勉说：“我想委任卢杞做个小州的刺史，这样可以吗？”李勉回答说：“陛下要是您想给他个刺史做，别说是小州的，即使是大州的也没什么，但是天下人会因为这个而感到失望，这样的话又该怎么办？”壬戌日（二十六日），唐德宗下诏书仅仅派卢杞为澧州别驾而已。并派人去对袁高说：“我之后慢慢地想了想你所说的话，确实是很有道理的。”又派人对李泌说：“朕已经听从了袁高的劝谏。”李泌说：“这些日子来朝廷外的许多人士都在私下里议论纷纷，把陛下比作以前的桓、灵二帝；今天老臣我聆听了陛下的这句明智之言，觉得实在是连尧、舜这些古代贤帝都无法与陛下您相比较啊！”唐德宗听了这话后很高兴。卢杞最后就死在了澧州。袁高是袁恕己的孙子。

三月，李希烈率兵攻陷了邓州。

戊午日（二十三日），唐德宗任汴滑地区的节度使李澄为郑滑的节度使。

唐德宗下旨把唐代宗的女儿嘉诚公主许配给田绪为妻子。

李怀光下属的都虞候吕鸣岳暗中向马燧表明归顺的诚意，不幸走漏了消息，李怀光杀了他和他全家老小。此事还连累了幕僚高郢、李鄘，李怀光聚集将士，在大家面前谴责他们，高郢、李鄘毫不顾忌地分析叛逆归顺的利害福祸，丝毫没有惭惧隐讳，李怀光便将他俩拘禁了起来。李鄘是李邕的侄孙。马燧于宝鼎驻扎，将李怀光在陶城的部队战败了，杀敌一万多人；又派了一部分将士去和浑瑊的部队会合，逼近河中。

夏，四月，丁丑日（十三日），委派曹王李皋为荆南节度使；李希烈的大将李思登以随州举城向他投降。

壬午日（十八日），马燧、浑瑊在长春宫南边打败了李怀光的军队，便围着宫城挖了条壕沟，预备攻击；李怀光手下的一些大将相继来降。于是唐德宗下诏委派马燧、浑瑊为招抚使。

五月，丙申日（初二），刘洽更名为玄佐。

韩游瑰请浑瑊发兵一同攻打朝邑；李怀光的大将阎晏准备前去争斗，他的将士们指着韩游瑰的邠军说：“他们不是我们的父兄，就是我们的子弟，不能以白刃相向！”喊叫着的声音很大。阎晏才率兵离开。李怀光明白众心不从，便诈称要回京城去，收集财产，整饬车马，说是一等道路通顺就送去入贡，因此又拖延了几乎一个月。

六月，辛巳日（十八日），委任刘玄佐兼任汴州刺史。

辛卯日，（二十八日），派出金吾大将军韦皋为西川节度使。

朱滔因病而死，将士们推荐前涿州刺史刘怦主掌军政。

当时干旱多年，蝗虫为祸，度支物资粮饷匮乏用尽，朝臣讨论时政，许多人都请求宽恕李怀光。李晟上奏："不可以赦免李怀光的原因有以下五项：河中间距长安只三百里路，同州首当其冲，大都派军队驻守同州，也不能表明是对同州的信赖，但兵力薄弱又不能够防备，假如同州突然发生祸乱，便不好控制！这是第一个原因。如今赦免李怀光，他必定将晋、绛、慈、隰各地返还朝廷，但既已令浑瑊为蒲、绛节度使，康日知为晋、慈、隰节度使在先，那么浑瑊就不能管理全部地区，不然就必须更换康日知的官职，如此，便会把这几个州邑弄得混乱不安，不能立马对功臣加以奖励！第二个原因便是这。陛下动用各方军队，联合兵力，过了一年，才讨伐了逆贼朱泚，但兵力还没用尽，却突然赦免李怀光的罪状；如今西有吐蕃，北有回纥，南有淮西的李希烈，全在窥视着我们兵力的强弱，他们不会以为陛下是广施恩德，对百姓呵护，相反会认为我们是兵力不足，向人屈服，而自下台阶而已，必将竞相存有窥伺觊觎的想法！这是第三个原因。李怀光被宽恕之后，那么朔方将士当年消除奉天的围堵，都应按功赏赐，而如今正是府库空虚之时，奖赏满足不了他们的愿望，反而刺激他们而使他们谋乱。这是第四个原因。河中的威胁只要一解除，而遣散各道将士，不定立出奖赏的章程，照章行赏，一定会怨谤蜂起。这是第五个原因。如今河中一斗米的价钱很贵，要五百钱，柴薪米粮快要用光，邑里巷道之中，饿殍到处可见，并且贼兵军中大将已被消灭光，陛下只需命令各道围困抵御十天半月，他们的内部一定会溃散而发生变乱，何必自我造成心腹之疾，导致以后后悔莫及呢？"又要求唐德宗发兵二万，由他们自己准备食粮马料，让他独自带领着去讨伐李怀光。秋，七月，甲午朔日（初一），马燧由行营入京觐见，上表说："李怀光的凶残罪孽，大逆不道，比朱泚还过分许多，宽恕了他，几乎就无法号令天下了，希望能多赐给一个月的刍粮，我一定能替陛下消除他。"唐德宗应允了他。

陕虢都兵马使达奚抱晖毒害了节度使张劝，代替了他的职位并统领军政，请求颁发旌节，而且秘密地召来李怀光的下属达奚小俊做他的支援。唐德宗对李泌说："假如蒲、陕联合起来，那么仓促之间恐怕不能制服。而且抱晖据守着陕州，水陆两运都将被截断。因此得麻烦你走一趟。"辛丑日（初八），委任李泌为陕虢都防御水陆运使。唐德宗想派神策军护送李泌前去，问他说："需要多少人？"李泌回复说："陕城三面悬崖峭壁，没法攀登，攻城的话，一年半载都可能攻不下来，请容许臣匹马单骑进城。"唐德宗说："你单枪匹马怎能入城？"李泌说："陕城里的人，还不习惯违抗命令，只是抱晖一个人为非作恶而已。假使大军临城，他们一定会闭营不出。臣如今单骑到城外近郊，他们一定会觉得我一人不是对手，而不用发派大军，假如是派个小将来杀我，可能会反被我利用。而且如今河东所有的军队都驻扎在安邑，马燧现在朝中，但愿陛下敕令马燧和臣一同辞行启航，返回任所，如果陕城的人想谋害臣，就会怕河东调兵去讨伐他们，这不失为一种有利于形势的方式啊。"唐德宗说："话虽如此，但是朕正需要倚重你的时候，宁愿失去陕州，也不能失去你啊，还不如另派别人前往算了。"李泌说："别人必定进不了城。如今事态突生变故，人心未定，因此才能出其不意地破坏他们的阴谋。他人前去，若稍微犹豫耽误，而使他的阴谋诡计成功，便没办法入城了。"唐德宗才应允了他。李泌聚集在长安城中的所有陕州进奏官和将吏，对他们说："主上由于陕、虢闹饥荒，因此并不是委任我去做节度使，而委任我为领运使，是想我从江、淮运粮去赈灾而已。陕州的行营在夏县，假如可以任用抱晖，当然就给他统领的权力；如能建功，就会赏赐旌节派他做节度使了。"抱晖的密探奔驰回去向他报告这番话，抱晖心里逐渐感到安定。李泌将这番话也详细地回禀了唐德宗，并说："我是想要他们的将士有米吃，抱晖想贪求旌节，如此，是一定不会加害于我！"唐德宗说："好极了！"戊申日（十五日），李泌和马燧同时告辞出发。庚戌日（十七日），晋升李泌为陕虢观察使。

李泌出潼关，鄜坊节度使唐朝臣以步骑三千布阵于关外，对李泌说："依密诏要我送公到陕州去。"李泌说："我拜别皇上之时曾奉圣旨，要我权宜办事。在这之间不许有一个人跟着我来，多来一人的话，我就进不了陕城了。"唐朝臣由于受诏令而不敢离开，李泌画押了一通文书为据拒绝了唐朝臣率兵跟随，因此单骑急奔离去。

达奚抱晖不派将佐出城恭迎，而只不停地派出些侦察兵去窥探消息。李泌晚上住在曲沃，将佐们在抱晖下令之前就自动前来迎接，李泌暗自笑着说："我的计划成功了！"在离城十五里的地方，抱晖也出城晋谒。李泌赞赏他代理军务而保住了城池的功劳，之后说："军中胡乱传说的一些话，你不用放在心中。公等一切职务只要按部就班去做就好了。"抱晖辞出之后，十分开心。李泌进城视事之后，抱晖的客卿有请李泌退下僚佐要向他谈事的随从。李泌说："更替将帅的时候，军中有些闲言碎语，这事是常有的，我来到之后，自然就安静无事了，我不愿再听到这些闲话了。"因而疑虑反侧不定的人，也都各自坦然无虑了。李泌仅仅索取簿册，有关储粮的事归他处理。第二天，把抱晖召到居宅中来，告诉他："并不是我爱护你而不杀你，仅仅是顾虑从今以后凡是有危险令人生疑的地方，朝廷所派的将帅都没法入城，因此才留你一条活路的。你代我拿着祝版、货币，举行燎祭，祭祀前节度使张劝，绝对不要入关，自己找个安全的地方，暗中派人前来接取家人，我保证你绝对没事。"李泌起初辞别唐德宗的时候，唐德宗将一份陕将阴谋作乱的名册给他，上列七十五人，要李泌杀了他们。李泌放走了抱晖让他逃亡之后，正值中午，宣慰使抵达。李泌上奏折说："已经放了抱晖，其他的人都不值得追究了。"唐德宗又派宦官为使到达陕城，要他一定除掉那些图谋叛逆的将领。李泌迫不得已，而将兵马使林滔等五人加上了刑具押送到京师，请求赦免。唐德宗下诏将这五人贬谪发配到天德戍守；一年多以后，终于还是把他们杀了。而达奚抱晖却逃跑不知去向何处。

达奚小俊带兵来到陕州边境，听闻李泌已进入陕城，便又回去了。

壬辰日（七月无此日），委任刘怦为幽州、卢龙节度使。

由于大旱，灞、浐二水将近干枯，长安城里，所有的井中都没有水。度支启奏朝野经费仅够维持七十天罢了。

资治通鉴卷第二百三十二　唐纪四十八

起乙丑（公元785年）八月，止丁卯（公元787年）七月，共二年。

【题解】本卷记录了公元785年八月至787年七月的史事，共两年，正当唐德宗贞元元年八月到三年七月。这一时期，李怀光与李希烈两个叛臣全部被消灭。官军久经战场，锤炼出一批名将，李晟、马燧、李抱真等，他们讨逆平叛，劳苦功高。然而这些功臣良将，无端受到唐德宗的猜疑，李晟、马燧都被罢免兵权。李泌入朝拜相，力保李晟、马燧。李泌劝谏唐德宗消除猜疑，整顿吏治，核定两税，免除欠款，登记胡客。李泌借恢复府兵制为题实际推行寓兵于农、屯垦边地的政策，减轻了国家负担，增强了边防。

德宗神武圣文皇帝七

贞元元年（乙丑，公元785年）

八月，甲子日（初二），诏令对所有不急之务的经费加以削减，裁除全部闲散坐食的人员。

马燧回到行营，和将领们商量说："不攻克长春宫，就没法擒杀李怀光。而长春宫的防守十分严谨，出兵进攻的话要费很长时间，我决定亲自去劝告他们。"便一直到达城下，大叫李怀光守城大将徐庭光的名讳，徐庭光率领着将士们排成行列在城上下拜。马燧知道他们心里已经归顺，就耐心地对他们说："我是从朝廷来的，你们应该面向西方接受命令。"徐庭光等人又向西下拜。马燧说："你们自从安禄山造反到现在，报答国家，建功立业，已经有四十多年了，为什么突然做出这种祸灭九族的事来呢？假如听从我的话，不仅能避免祸害，还能求得荣华富贵。"他们都没回答。马燧解衣袒胸说："你们不信任我的话，为什么不射杀我？”将士们都埋着头流泪。马燧又说：“这些罪行全都是李怀光一人所为，你们诸位并没有什么罪，只要坚守城池不出来就可以了。”他们一齐说了声：“好。”

壬申日（初十），马燧和浑瑊、韩游瑰发兵逼近河中，到达焦篱堡；守将尉珪带领了七百人投降。当晚，李怀光举烽火兴兵，各营都没理会。骆元光在长春宫下，派人去使徐庭光投降；徐庭光本来就看不起骆元光，便让将士们骂他，由于骆元光是胡人，因此又叫人装扮成胡人小丑在城上戏弄他，而且说：“我们向汉族将领投降！”骆元光派人去告知马燧，马燧又返回来到城下，徐庭光才开门出来投降。马燧率领了几个骑兵入城安抚，城里的人都大声叫着说：“我们现在又是天子的臣民了！”浑瑊对同僚们说：“起初我觉得马公用兵，也可能不会比我高明多少，现在才知道我差远了！”诏令委派徐庭光为试殿中监兼御史大夫。

甲戌日（十二日），马燧带领各路军队抵达河西，河西中军士自相惊扰着说：“西城已经弃甲了！”又说：“东城已整队了！”顷刻之后，军士们都把衣服上的字更改为“太平”，来表明不愿再打仗了。李怀光不知如何是好，便自缢而死。

起初，李怀光消除了奉天的围困后，唐德宗任他的儿子李璀为监察御史，对他的待遇十分优渥，特别恩宠。及至李怀光驻兵咸阳停留不进，李璀于是密奏唐德宗说：“臣的父亲必定会做出背叛陛下的事来，伏望早做防御。臣也曾听说过事君事父应当一样的道理；只是以今天的形势来看，陛下不一定能杀得了臣的父亲，而臣的父亲却足以给陛下造成威胁，陛下待臣优渥，而胡人的生性耿直，因此臣不忍心不对陛下说这些话而已。”唐德宗惊奇地说：“朕明白你是李怀光的爱子，应该为朕从中想办法拉拢，应该消除隔阂，竟然来密奏这件事！”李璀回答说：“臣的父亲其实爱护臣，臣其实也敬爱父亲与宗族；但是臣已竭尽全力，也没法挽救父亲的心意。”唐德宗说：“既然这样，那么你又有什么对策能为你自己脱罪呢？”李璀说：“臣之所以来上奏这事，不是为苟且求生；臣的父亲阵亡，那么臣只得和他一块儿死，没有什么计策了！假如臣出卖父亲幸免一死，陛下可能不会再用我！”唐德宗说：“你不用死，替我再到咸阳一趟，去劝说你父亲，这样才能使君臣父子都得以保全，这挺好的！”李璀去了趟咸阳又返回对唐德宗说：“没办法了，希望陛下提早做防备，不要再信任别人的说法。臣这次去，想尽办法地劝说，臣的父亲说：‘你个小子能知道什么！是主上不讲信用，并不是我贪慕富贵虚荣，我只是怕死而已，你不能陷我于死地！’”

等到李泌去陕城的时候，唐德宗对他说：“朕再三想保全李怀光的原因，实在是爱惜李璀啊。你到了陕州，再替我劝降看看。”李泌说：“陛下没到梁、洋之前，还可以招降李怀光。如今却不同了，哪有人臣追赶他的君主，还容许他再在朝堂上的呢？即使他厚颜无耻，陛下每次临朝听政，看到他时又会是种什么心情？臣如果能进入陕城，即使李怀光请降，臣都不敢接受，况且是去招降呢！李璀本来就是个贤德的人，必定会和他父亲一块儿死的；假如他不死，那就没什么值得称道的了。”等到李怀光死后，李璀先拿着刀杀了他两个弟弟，之后自杀了。

朔方大将牛名俊砍下李怀光的头归降，河中将士还有一万六千人，马燧杀了他们的将领阎晏等七人，剩下的人都不予追究。马燧自辞别唐德宗到平定河中，前前后后总共才二十七天。马燧从狱中放出了高郢和李鄘，之后奏明唐德宗说已将他们都安排在自己的府邸中了。

韩游瑰攻击李怀光时，杨怀宾奋力抗战，表现优秀，因此唐德宗命韩游瑰特别宽赦他儿子杨朝晟；韩游瑰便用杨朝晟做都虞候。

唐德宗派人去问陆贽：“河中已经平复了，还有什么事急待处理的？”令他列明所有上奏。陆贽以为河中平定之后，应考虑到必有希承旨意节外生事的人，认为王师无人可敌，而请求乘胜讨伐淮西的。李希烈一定会诱骗告诉他的部下和后来才依靠他的李纳、王武俊、田绪等将帅说："奉天下令息兵，只是由于窘困已极，等到朝廷逐渐安定，一定会卷土重来。"这样一来，天下所有有罪的人，几乎都有疑虑，河朔、青齐必定都将会响应李希烈，兵乱灾祸一定又会接连不停，赋役繁杂，建中的忧患又将再度发生。便上奏，主要是说："不能祈求幸福会经常来临，更不能希望意外侥幸，臣当前只担忧祸乱再度发生，而不敢因为平复一方的祸乱而祝贺一时的安泰。"又说："陛下以深自悔过的心意，颁发罪己特赦的诏书，在宣告天下的时候，听到的人，都感动得痛哭流泪。僭称王号、蛮横跋扈的人，都免除了王号，自请降罪；双方静观成败、投机取巧、犹豫不决的武将，也全都以一片忠心为王室靖难而效力。"又说："之前采用征讨的方式，但叛逆的人却日益增多，如今赦免了他们的罪状，因此却全来归顺；之前动员百万大军，导致财力损耗，竭尽兵力，如今在朝堂上的尺寸之地颁布一封诏令，却能使德泽教化广被天下。因而圣王治国理政，征服叛逆凶贼的好办法，是施德而不动兵，这是显而易见的道理；武将们与臣子的节义相悖，抵抗天子的诛伐，仅仅是为了活命，而并不是想要称王，也是非常明显的事情。因此自图生存也要以使人得以活命为前提，才是自存的好办法；自求安乐也要能使人享受欢愉，才是自安的好办法。逼人于死地，而能求得自己的永生，置人于危险，而能求得自己的久安，自古以来，这是从来都没有过的事。"又说："一人不遵守法令，全境遭殃；一境不宁，全天下都会遭受打扰。"又说："亿兆邪恶小民，大都叛逆抗命的将帅，都对陛下改过自新的诚意有感觉，很高兴听到陛下兴德的嘉言，而洗心革面，改邪归正，重修人臣的节仪，这些人对朝廷关于洞彻福祸的言论、精密周详的谋略，当然可能不会完全深信不疑，所以他们一定会聚精会神地小心翼翼商定对策，专心致志地聆听圣上的言谈，以观望陛下的行为，借以证明陛下所许下的诺言。假如言行一致，那么就会慢慢坚定他们这些人改过向善的心志态度，若是言行不一致的话，那么他们自然又不免会心存疑虑，而且为了逃避灾祸临头，又会再度做出叛逆的事情来。"之后又说："朱泚被消灭之后，李怀光就相继起来了，李怀光被击败自杀身亡之后，李希烈又兴兵作乱起来了，而又等到李希烈被削弱平定之后，所招来的杀身之祸即将会牵连到他的属下，那么对于这些心中经常怀有疑虑、存有旧时候的恩怨宿恨的人，怎么能不为侥幸生存而起来叛逆呢？”然后又说：“而现今国家正逢中兴大运的时候，老天的旨意就是让那些逆贼悔过而降下了这么多祸端，就拿朱泚窃国争夺大权，李怀光窃据中畿这两件事来说，不到两年的时间，便把他们相继枭首破灭了，这实在是足够让那些恶贼胆破心惊，让百姓对朝廷的形象改观的时候。这些威令已经震慑了天下，但是恩德没有能够普及苍生。所以现在实在是应该感受并且顾及上天对我们的眷顾，向下应该聚拢民心，向百姓们广泛地施加恩泽以此救济全部的民众，这样会助长我们的威势，还可以乘着灭贼的威势用来施惠于天下。”还说：“老臣我所不敢担保一定会归顺投降的，就只有李希烈一个人罢了。我思索他的私心，觉得他并不是不愿意归顺；我还推测他隐藏的忧虑，觉得他并不是不知道悔改领悟。只是因为自己一时的猖狂失策，已经窃取僭越了王号，所以即使在承蒙陛下宽恕赦免而得以活命的大恩之后，也不能不自己在天地之间惭愧。纵然他是没有服从皇上的命令，也不过会是个众叛亲离的独夫，这样他对内既没有借口再发起士兵作乱，于外也不再有同类的奸邪之人可以让他寻求帮助，所以目前他唯一的计划策略，也不过是优厚地抚恤自己的部队下属，苟延地度过之后的岁月罢了，即使他还有逞强争取胜利的心意，也绝没有可能会有达成那个心愿的希望。因此陛下您只要发布命令让各个镇都严格守护自己地区的边境，等到他们士气慢慢削减，没有办法的时候，这个十恶不赦的逆贼，就是他自己手下的部属不叛变，而把他杀死，他也会遭受鬼神的诛灭。自古以来不使用武力而能把敌兵屈服的做法，不就正是这样的吗？”

丁卯日（初五），唐德宗颁布诏令：“因为李怀光曾经立过功勋，特别给予宽赦，留下他其中的一个儿子，让他能够延续李家的香火，并且赐给他儿子田地和住宅，还将会把李怀光的首级以及尸体赐回家安葬。除此之外，晋加马燧同时担任侍中，浑瑊兼任检校司空一职，其余的将领士兵各自都论功行赏，功劳大小各有差别。但是与淮西地区接壤的各个地方，全部应该各自严密防守自己的地区边境，如果不是因为逆贼侵犯的话，就不得派兵讨伐他们。李希烈如果愿意投降的话，自然将会免他一死；而且对其余的将士和百姓，一概都不会再加以追究。”

起初，李晟曾经率领着神策军这一部队驻守在成都，等到调动回去防守的时候，带走了一个营妓名叫高洪的跟在他的身边。这导致西川的节度使张延赏非常生气，于是便派兵把李晟追上并将高洪要了回来，因此他们两人之间便产生了嫌隙。现在因为刘从一生病了，唐德宗便召见张延赏入朝成为宰相，李晟因为之前的矛盾而上表陈述张延赏的罪状恶行；唐德宗难以违反李晟的心意，所以只好委派张延赏担任左仆射。

骆元光想要杀了徐庭光，便去和韩游瑰商讨说：“徐庭光让人化装打扮成胡人中的优伶，让士卒们在城楼上尽情地戏耍玩弄，这着实侮辱到了我的祖考先人，我真的很想杀了他，但是我又害怕杀了他会触怒到马公，不知道到时候您能否救我一命？”韩游瑰回答说：“可以。”壬午日（十五日），骆元光在军营门外遇见了徐庭光，把他捉住，一条条地指出他的罪过，并命令自己的左右手下剐死了他。然后去面见马燧，跪下来磕头请罪，马燧非常愤怒地说：“徐庭光他已经投降归顺，而且还受朝廷命官赐封爵位，你不上告却把他杀了，简直是眼中没有我这个统帅！”于是便生气地要把他推出去斩首示众。韩游瑰求情说：“骆元光他不过是杀了个偏将，你就气成这个样子；那你当年杀了节度使，咱们天子又是怎样对待你的？”马燧没有什么话来应对了。再加上浑瑊也替他求情，这才饶了他。

浑瑊镇守河中，他接收掌管了李怀光所有的兵士，北方的军队从此就分别驻守在于邠、蒲二地。

卢龙节度使刘怦卧病在床。九月，己亥日（初七），唐德宗颁布诏书命令派遣他的儿子去行军，而司马刘济暂时管理节度使的职务。之后刘怦没过多长时间就去世了。

己未日（二十七日），中书侍郎、同平章事刘从一被调任为户部尚书；庚申日（二十八日），刘从一不幸逝世。

冬季，十月，癸卯日（十月无此日），唐德宗在天坛举行祭天大礼，然后大赦天下。

十二月，甲戌日（十三日），户部有官员上奏禀告今年向朝廷入贡的地区总共有一百五十个州。

于阗王曜向唐德宗上奏说："想当年老臣我的兄长胜把国家交给臣，现在请求陛下重新立我兄长胜的儿子锐。"于是唐德宗委派锐为检校光禄卿，不久，让他返回掌管国家。但是胜却坚持推辞着说："曜在长期主持国事中，能够让国人心悦诚服。锐一直都生长在京师中，不太熟悉于阗地区的风俗习惯，所以不能够前去治理国家。"唐德宗对他非常地赞赏嘉许，于是便委任锐担任韶王的咨议参军一职。

贞元二年（丙寅，公元786年）

春季，正月，壬寅日（十一日），唐德宗下令调任吏部侍郎刘滋担任左散骑常侍这一职务，让他和给事中崔造、中书舍人齐映一起做同平章事。刘滋是刘子玄的孙子。

崔造之前住在上元，他和韩会、卢东美、张正则是好朋友，四个人以王佐之才深自期许，当时很多人称他们为"四夔"。唐德宗因为崔造在朝廷中敢于直言不讳，所以破例重用了他。刘滋、齐映他们经常将自己的职权让给崔造。崔造很长时间都住在江南地区，非常痛恨那些一般钱粮官吏欺蒙舞弊的事件，因而上奏请求撤除水陆运使、度支巡院、江淮转运使等职务，而其他各道的租赋则完全委任观察使、刺史去征收，让派属员直接把这些赋税送往京师。并上奏请求任命宰相分别掌握管理尚书六曹：让齐映主管六部中的兵部，李勉主管刑部，刘滋主管吏部和礼部，崔造自己主管户部、工部；之后又请派户部侍郎元琇主要管理各道的盐铁税、榷酒税，而让吉中孚主要管理和度支这两种税收。

李希烈的手下大将杜文朝入侵襄州；二月，癸亥日（初三），杜文朝被山南东道的节度使樊泽击败并抓获。

崔造和元琇的交情很好，所以才让他主持管理盐铁等税务。韩滉上奏指责和摘取了盐铁税务收取时所犯的差错失误。甲戌日（十四日），唐德宗调任元琇为尚书右丞。陕州的水陆运使李泌向唐德宗上奏道："从集津到三门地区，现在正在凿山开辟长达十八里的车道，这样的话可以借此避免经由底柱水运的危险出现。"于是在这个月，山道修成了。

三月，李希烈手下的副将入侵攻打郑州，但是被义成的节度使李澄打败了。之后李希烈的势力慢慢地在削减，在这个时候，他又染上了严重的疾病。夏季，四月，丙寅日（初七），他手下的大将陈仙奇让军营的医生陈山甫用毒害死了他，又下令让士卒把他的兄弟、妻子、孩子全都杀了，做完这些事后就带领众人前来向朝廷投降。甲申日（二十五日），唐德宗委任陈仙奇担任淮西节度使。

关中地区仓廪中的粮食将要耗尽，于是禁军中有些士卒摘下头布用力挥摇，大声呼喊于道中说："你把我们都拘留在军营中却不发给我们粮食，我们这些人难道都是罪人吗？"唐德宗对这件事感到非常忧虑，这时候正好韩滉运送了三万斛稻米到达了陕州，李泌立即上奏唐德宗。唐德宗觉得非常开心，于是跑到东宫，对太子说："米已经运送到达了陕州，我们父子俩又有了活路！"当时在宫禁中不能够自己酿酒，唐德宗便派人去街坊买酒来庆祝。之后又派宦官作为使者把这件事告谕神策六军，军士们听完后都欢呼雀跃并高呼万岁。

当时在那个连续好几年都饥馑的情况下，兵民中大部分都饿得面如菜色，骨瘦如柴，一直到现在稻麦才成熟丰收，但是街上经常出现有喝得大醉酩酊的人，当时大家都认为这是种吉祥的现象。但是经过很长时间的挨饿，突然间大吃饱食一顿，一下子就有差不多五分之一的人被胀死。之后过了好几个月，人们的肤色才慢慢恢复了过来。

唐德宗派横海军使程日华担任节度使。

秋季，七月，淮西地区的兵马使吴少诚杀了陈仙奇，任命自己为留后。吴少诚这个人生性狡诈阴险，却深受李希烈的宠爱信任，所以他为了替李希烈报仇而把陈仙奇杀了。己酉日（二十二日），唐德宗派虔王李谅为申、光、随、蔡等地的节度大使，而委任吴少诚为留后。

唐德宗任命陇右行营节度使曲环为陈许节度使。陈许这个地方历经连年的兵荒马乱之后，百姓颠沛流离、逃亡四散。曲环以勤劳节俭这些好的品质领导下属，政策宽松法令从简，赋税徭役尽力追求达到公平均匀，因此在短短的几年之内，之前流散的民众都回到家乡重操旧业，无论是士兵还是粮食，现在都能够自给自足。

八月，癸未日（二十七日），义成的节度使李澄去世了，他的儿子李克宁暗中密谋接收掌管军政和兵权，所以一直隐瞒着父亲去世这件事而不对外发布死亡的消息。

丙戌日（三十日），吐蕃集结了大批人到泾、陇、邠、宁等各个地区，大肆抢夺人和牲畜，除此之外还抢割百姓的庄稼，西方边陲地区因为这件事情骚动不得安宁，一时这些州县各自据城防守。唐德宗颁布诏令让浑瑊率数万人的军队，骆元光率兵八千驻扎在咸阳地区严加守备，防止吐蕃再度侵犯。

起初，唐德宗与李泌商议要恢复府兵制度，李泌因此还向唐德宗陈述之前府兵从西魏以来兴起废除的原因，并且告诉唐德宗说："府兵平时都各自安居在自己的田亩之中，每个府都设有折冲都尉负责领导他们，折冲在农闲的时候教这些士兵练习武艺以及打仗布阵的技巧。当国家有战事发生的时候，会征调动员他们，这时便用符契下达命令到这个州的折冲果毅府，他会参照上方发布的命令，然后检验查明人数后根据征召再发动士兵，在诏书的规定限期内到达他们所要会师的地方。然后再由这个地区的将帅按照数目点收士兵，视察检校查阅，如果有教习得不够熟练的地方，便会惩罚这个地方的折冲都尉，假如教习成效太过差劲的话，就会连当地的刺史一起处分。当军队调回去的时候，便会根据他们的情况授功勋加赞赏，让他们沿途就近离开军队返回家乡。因而府兵出征的时候，如果是在近处，最多不会需要三个月的时间，如果在远的地方，最多也不会需要一年的时间，就可以全部回乡了。直到高宗皇帝委任刘仁轨担任洮河镇守使时，为了抵御吐蕃的侵略，才出现长时间驻扎戍守边疆的徭役。武后时期以后，国家太平的时间很长，所以府兵制度也慢慢地堕落破坏，不被人重视，百姓也都以当兵为耻辱，以至于为了逃避被征去服役，自己烫伤自己的手脚。还有就是因为牛仙客由于囤积财富而获得了宰相的高位，边镇将帅于是便都起来去仿效他；山东地区的戍卒多半自己都随身带有缯帛之类的东西，边将们便诱惑欺骗他们将自己随身携带的缯帛寄存在府库中，白天的时候就让他们去做苦工，到了夜晚就将他们捆绑在地牢里，想要把他们折磨致死，这样就便于没收他们的财产物品，让自己获利。所以自从天宝年间之后，山东地区的戍卒能生还的还不到十分之二三，他们所遭受到的伤残迫害达到这样的地步，可是却并没有在边境或是在内地叛乱造反，杀害将帅，夺位专权的事情发生，实在是由于眷念家乡的田园，而害怕连累自己的宗亲家族的缘故啊。自从开元末年开始，张说才又开始招募长征兵，称他们为“彍骑”，后来又增加编收为六军。到了李林甫做宰相的时候，上书奏请各路的军队都积极地征收募集百姓去充当士卒。这么一来，士卒就都不能长久地居住在自己的家乡和土地上，因而便不知道自爱自重，甚至忘却了自己的身家性命，而只是去谋求财力地位，祸乱就这样而产生了，到了现在士卒们就更是作恶多端，连续不绝。要是以前府兵制度能够经常存在不废除的话，哪会有现在这么多欺凌犯上而致使朝纲不振的事呢？所以陛下您想要恢复府兵制度，这实在是件非常有利于江山社稷的事，太平盛世，不久即将会呈现了。”唐德宗说：“等到平定河中这件事办妥以后，我理所应当再与你商量谈论这件事。”

九月，丁亥日（初一），唐德宗诏令十六卫每个卫各自设置上将军一人，以此表示对那些功臣的尊重和宠爱；而且还改称神策军左、右厢为左、右神策军，殿前射生左、右厢为殿前左、右射生军，并且各设，大将军二人，将军二人。

庚寅日（初四），李克宁才为他的父亲李澄出殡，还因此杀了行军司马马铉。他穿着黑色的丧服外出视察，还增加了城门的防卫士兵。刘玄佐出兵驻扎在边境上牵制着他，并且派使臣前往深切周详地加以告谕，李克宁这才没有敢做出贸然袭位的举动。丁酉日（十一日），唐德宗派遣东都留守贾耽担任义成节度使。李克宁窃取了府库中所有财物趁着夜色出城逃走，军士们紧紧地追随在后面，一路上还伺机掠夺，到了天亮的时候，财物差不多已经全被军士们抢完了。淄青军队的数千士兵从行营回来，路过滑州的时候，滑州的将帅们都说："李纳表面上虽然是遵守奉从朝廷的旨意，但其实却暗自存有兼并的心意，所以我觉得应当让他的部队住在城外。"贾耽却说："作为他们的邻近朋友，怎么能让他的将士们住在城外郊野这种地方呢？"因而下发命令让他们住宿在城内的旅馆屋舍中。贾耽还带领着百余名骑兵士卒不断地巡视于李纳营地的四周并加以防护。李纳听说了这件事，心中感到非常欣喜，也很佩服他的度量，所以也不敢轻易侵犯他们。

吐蕃的游骑入侵到了好畤地区。乙巳日（十九日），京城的戒备十分森严，唐德宗还派左金吾将军张献甫屯兵驻扎在咸阳这个地区。民间有谣言说唐德宗为了躲避吐蕃的入侵准备再一次迁出。齐映上朝晋见唐德宗说："外边传言都说皇上您已经整理好了行李装备，也已经准备好了迁出用的干粮，现在人心都惶恐不安。大福不可能一次又一次地从天而降，陛下怎么可以不和我们这些大臣事先好好地商议讨论一下呢？"因而便跪着趴在地上，涕泗横流，唐德宗也被他感动了。

李晟委派大将王佖率领着骁勇善战的士卒总共三千人埋伏在汧城这个地方，并且告诉他说："当敌兵过境的时候，不要前去攻打他们的前锋部队，因为纵使打垮了他们的前锋部队，如果等到他们全部的军队随后都来到的时候，你们大家便会没有精力去抵挡他们了。要是这样的话，还不如等到他们的前锋部队过去后，你们看到五方旗和那些穿着画有虎豹战服的兵卒，那就是他们队伍中的中坚部队，这时候出其不意地截击他们，必定会取得战斗的成功。”王佖听从了他的这个说法，果然把尚结赞打得落花流水。但是由于官军士卒不认识尚结赞这个人，让他逃脱了。

尚结赞对他的徒弟和下属说：“唐室皇朝的良将，只不过有李晟、马燧、浑瑊三个人罢了，我们要想取得成功就应该用计谋将他们先除掉才行。”当他进入凤翔境内后，并没有俘虏劫掠百姓，而是带兵二万人径直抵达城下说：“李令公既然召我前往，但现在为什么却不出城犒劳一下我们？”李晟识破了他的计谋没有搭理他，过了一个夜晚，他便带兵暗自离开了。

冬季，十月，癸亥日（初七），李晟派遣蕃落使野诗良辅和王佖率领步兵骑兵五千人去偷袭攻打吐蕃的摧砂堡。壬申日（十六日），遇上了吐蕃的士兵二万人，只打了一战就把吐蕃打败了，接着乘着胜利的劲头去追杀他们，一直追到摧砂堡下，紧接着又把摧砂堡攻了下来，并且杀了他们的大将扈屈律悉蒙，还放火烧尽了堡中的蓄积之后才回来。尚结赞带领军队从宁、庆地区向北方逃走了，癸酉日（十七日），他们在合水北边驻军休息。邻近的邠宁节度使韩游瓌派大将史履程在深夜偷袭攻打了他们的营地，一下子杀了好几百人。吐蕃聚集军队一起来追史履程他们，韩游瓌集结军队在平川这个地方，并且派人隐藏在西山那里敲响战鼓并大声呼喊以增长士气。敌人都感到心惊胆战，于是就丢下了他们所掠夺的财物，掉头逃跑了。

十一月，甲午日（初八），唐德宗下令立淑妃王氏为皇后。

乙未日（初九），韩滉入朝拜见唐德宗。

丁酉日（十一日），皇后不幸逝世。

辛丑日（十五日），吐蕃率兵再次入侵盐州，他的将领对刺史杜彦光说：“我这次只是要占据这个城池，任凭你带领城中居住的百姓离去。”于是杜彦光就率领众人逃奔到了鄜州，吐蕃便进入并占领了盐州城。

刘玄佐在汴州的时候，了解淄青、淮西、河朔等这些邻道的很多事，但很久都没有入朝。韩滉经过汴州的时候，刘玄佐很崇敬仰慕他的才能和声望，便用部属的礼节来拜见招待他。之后韩滉与他结拜为兄弟，并请求去拜见他的母亲；他的母亲感到非常高兴，于是就摆下了酒席来接待韩滉。他们在一起吃喝了一段时间以后，韩滉便问：“老弟你准备什么时候入朝觐见啊？”刘玄佐回答说：“我其实很早就想入朝了，只是到现在还没有办法做得到罢了！”韩滉说：“我有办法，我觉得弟弟你最好赶快入朝。你看伯母的头发都快全白了，你现在总不能再做出什么反叛的事，而让她老人家带着家里的妇女们进宫成为奴才吧？”刘玄佐的母亲听了这些话后不禁悲伤得流出了眼泪。于是韩滉赠送了二十万缗钱给刘玄佐，让他用这些钱来准备入朝的行装。韩滉在大梁停留的三天时间里，拿出了很多金钱和布帛犒劳刘玄佐的部队，所以刘玄佐的全部士兵都觉得非常感动，并且对韩滉的为人处世钦佩到了极点。不仅是士兵们，连刘玄佐也对他的这种做法感到十分惊讶、感动和佩服，后来他派人暗中探索打听韩滉大方犒劳军队士兵的用意，那人听到韩滉询问孔目吏说：“今天一共用了多少金钱和布帛？”而且对这件事询问得非常详细。刘玄佐知道这件事后，笑着说：“我明白了！他是在用这些金钱收买军心，是为了让我不得不入朝啊！”壬寅日（十六日），刘玄佐和陈许节度使曲环一起入朝。

崔造改变钱币、谷法的事情，很多都没有办成功。关于设置盐铁、转运等诸使主理税务的办法，推行了很长时间，朝野上下也都习惯了。自从元琇被撤职之后，崔造感到非常忧虑、害怕，以至于生了病，因而便不再过问朝廷政事。没过多长时间，江、淮地区就运来了很大一批稻米粮食，于是唐德宗便对韩滉的功劳大加赞赏。十二月，丁巳日（初二），唐德宗派遣韩滉同时任度支、诸道盐铁、转运等使；

而且对崔造之前每条仔细列出的奏议全部加以更改而恢复那些旧有的制度。

吐蕃再度侵略夏州，同样地也先让刺史拓跋乾晖率领众人逃离出去，而占据了夏州。之后又入侵银州，银州城垣早已经残破得几乎不存在了，吐蕃一入侵，官吏居民都四散崩溃逃窜；吐蕃也很快放弃了银州而去了其他的地方，后来又攻陷了麟州。

韩滉一直对唐德宗说元琇的坏话。庚申日（初五），唐德宗便罢免了崔造的相位而把他调任为右庶子，元琇则被贬为雷州地区的司户，并且派吏部侍郎班宏担任户部侍郎、度支副使。

韩游瑰上奏请求发兵进攻盐州这个地方，他说假如吐蕃派兵去援救的话，那就让河东军深入吐蕃内部予以沉重的打击。丙寅日（十一日），唐德宗诏令骆元光以及陈许兵马使韩全义率领步兵和骑兵一万二千人与邠宁军会合，并直逼盐州，又命令马燧率领河东军这一队伍入侵吐蕃。马燧率兵到达了石州地区，河曲六胡州全部投降，之后便迁徙到云、朔一带去了。

工部侍郎张彧，是李晟的女婿。李晟在凤翔的时候，将自己的另一个女儿嫁给了幕府中的客卿崔枢，而且他对崔枢的礼遇超过了张彧。张彧一生气便跑去归附了张延赏；给事中郑云逵曾经在李晟的手下做行军司马，因为李晟对他很不满意，于是他也归附了张延赏。而且唐德宗也顾忌李晟的功劳高、名声显赫。正好吐蕃想用离间计把李晟除掉，张延赏等人便对李晟展开了极力毁谤，而且还使这些诽谤的谣言传到朝廷，没有什么狠招是他们不用的。李晟听说了这件事，不管白天还是黑夜都在哭泣，以至于他的眼睛都哭肿了，而且还把他所有的子弟都送到长安，并上表请求唐德宗准许他剃度为僧，唐德宗宽慰挽留他，但是不准许他的所有请求。辛未日（十六日），李晟又一次入朝拜见唐德宗，以他的脚有病痛为借口，请求辞去方镇这一职务，唐德宗还是不答应。韩滉和李晟平日的交情非常好，唐德宗因此命令韩滉和刘玄佐一起去向李晟传达他的旨意，规劝他解除与张延赏之间的怨恨间隙。李晟听从了唐德宗的诏令旨意，韩滉等人便约着张延赏一同到李晟家里去登门谢罪，之后他和李晟彼此之间结为好兄弟，于是大家便一起开怀畅饮。韩滉和刘玄佐又分别在自己的家里设宴邀请他们一起饮酒，也都相处得非常欢快。韩滉因此建议李晟可以上表推荐张延赏担任宰相。

贞元三年（丁卯，公元787年）

春季，正月，壬寅日（十七日），唐德宗诏令左仆射张延赏担任同平章事。李晟为他的儿子向张延赏的女儿求婚，张延赏不肯答应这件事。李晟便对他人说："我们武夫生性豪放爽快，既然之前的恩怨已经在杯酒之间释怀，便不会再将过去的那些仇怨放在心里了；不像他们文人那样难缠，表面上虽然和你是和解了，但还是一如往日地把恩怨仇恨记在心里，这样的话我能不忧惧顾忌吗？"

当时，李希烈占据淮西地区的时候，从骑兵中选出了那些特别精明能干的士兵，把他们编为左右门枪奉国军，这些骑兵由四位大将军分别率领，而从步兵中挑选出很精明能干的编为左右克平军，他们分别由十员大将率领。淮西这个地方十分缺乏马匹，这些精通骑射的士兵骑的都是骡子，所以又被称为"骡军"。

陈仙奇在淮西举城投降，几个月之后，唐德宗便下诏命令他出兵去京西地区负责防秋。于是陈仙奇就派都知兵马使苏浦率领淮西地区的全部精锐士兵总共五千人前往京西。正当这个时候，陈仙奇竟然被吴少诚给杀害了，于是吴少诚便暗中派人去召集门枪兵马使吴法超等人，让他们带兵原路返回。苏浦不知道这件事。吴法超等人带领了步兵、骑兵四千人反叛了苏浦，而从鄜州回来了，浑瑊派大将白娑勒去追击他们，却反过来被他们给打败了。

丙午日（二十一日），唐德宗派出宦官担任使者紧急前往敕令陕虢观察使李泌出兵去阻挡他们，不能让吴法超这些人渡河。李泌得到这个诏令后立即派押牙唐英岸率领士兵径直赶往灵宝，淮西的军队已经在黄河的南岸布下阵势。尽管如此，李泌还是命令灵宝县府供给他们粮食，淮西的兵士也没敢去剽劫抢掠百姓。第二天，淮西部队移动军队驻扎在陕城西边七里远的地方，李泌这时便不再给他们供给粮食，并且派大将将之前精挑细选的那些骁勇士卒四百人分成两队，分别埋伏在太原仓狭窄的道路两旁，并且命令他们说："贼兵的十支队伍经过之后，东侧所埋伏的士兵就大声叫喝着出来攻击他们，西侧埋伏的士兵也要大声叫喊着与之相呼应，但是不要挡住了通道，不要阻挡了通行前进的敌兵，并记得要随时让出半边的道路，紧紧地跟在他们后面追击。"然后又派虞候把邻近村庄里的少年都集合到一起，每个人都拿着弓箭、大刀、瓦石等跟在敌人的后面，当他们听到呼声时也随着大声叫喊去追敌。另外还派唐英岸率领一千五百人在夜里出南门，在涧水的北边摆好阵势等待着。第二天的四更时分，淮西兵出发走到那个狭隘的地方，两边之前埋伏好的士兵发起了攻击，贼兵都非常惊慌失措，他们一边战斗一边赶路，大概死了四分之一的军士；之后又遇到了唐英岸发兵截击他们，并且活捉了他们骡军的兵马使张崇献，贼兵败得一塌糊涂。李泌认为逆贼一定会分兵由山路向南方逃跑，因而又派都将燕子楚率领四百名士兵由炭窦谷径直趋向长水地区。贼兵已经两天没有吃过东西了，由于饥饿他们每次战斗都失败，唐英岸一路把他们追杀到了永宁城东地区，贼兵崩溃并四散逃入了山谷。吴法超果然率领了他部队的一大半士卒急急忙忙地向长水赶去，燕子楚给他们以迎头痛击，在这里斩杀了吴法超，并且杀死了他大概三分之二的士卒。由于陕州兵少的缘故，唐德宗派神策军步骑总共五千名前往援助李泌，才到赤水就听说贼兵已被打垮，于是便回去了。唐德宗命令刘玄佐乘驿马回到汴州，用诏书在回来的路上招募引诱贼兵，总共得到一百三十多人，到了汴州后，便把他们全部都杀了。有些逃散在路上的贼兵，又被村民拦截杀死了，能逃命回到蔡州的贼兵仅仅只有四十七人罢了。因为觉得战败逃回的士兵人数太少了，于是吴少诚便将这些人全部杀了，之后派人去告诉李泌这件事，并且送上一些钱币和布帛，以表示感谢李泌替他杀了那些叛变的士卒。

李泌押解着张崇献等六十多人去京师，得到诏令把他们全部腰斩于鄜州军营的门前，借此机会镇压那些号令防秋的军众。

起初，云南王阁罗凤攻陷了巂州后，还抓捕获得了西泸的县令郑回。郑回是相州人，通晓经术，因此阁罗凤非常敬爱和器重他。阁罗凤的儿子凤迦异以及他的孙儿异牟寻、曾孙寻梦凑都拜他为老师，在每次教学的时候，郑回都可以随时地责怪打骂他们。等到异牟寻立位称王的时候，便拜封郑回为清平官。所谓的清平官，就是蛮夷地区的宰相，这个职务总共设立六位，但是国事全都由郑回一人裁定。其余的五位清平官，都事奉郑回，他们甚是谦逊、恭敬，一旦他们犯了什么过失，郑回就会给他们以严厉的责怪打骂。

云南地区有数十万人，吐蕃每次入侵的时候，经常用云南当地的士兵去打前锋，当地的赋税又重又繁多，而且还要侵占夺取云南的险要地区，在那些地区修筑城墙建设堡垒；除此之外，每年还需要征收士兵以此协助防御，云南的百姓因为这些感到非常辛苦。郑回因而规劝异牟寻再一次归附于唐，他说："中国自古以来就很崇尚礼义，对待少数民族的下属施加很多恩泽，而不是靠征赋税徭役来管理。"异牟寻觉得他说的很正确，但是苦无门路，前后长达十几年之久。等到西川节度使韦皋来到镇守管区的时候，召集并且安抚边境上的一些少数民族蛮人，异牟寻暗地里派人混在群蛮之中请求归顺于他们内部。韦皋向唐德宗上奏折说："现在吐蕃背弃自己的友好盟国，经常在盐、夏二州发动一系列的暴乱事件，导致云南及八国生羌因而有归化朝廷的念头，这些也是理所当然的事情，如果我们招抚接纳他们的话，也可以借此机会分散离间吐蕃的盟国，这样就会削减吐蕃的势力。"于是唐德宗命令韦皋首先拟定好告边将书，再暗访他们的意思究竟怎样。

张延赏和齐映也有矛盾，在所有的宰相中齐映是被公认最勇于谏言的一位，唐德宗因此越来越不喜欢他。张延赏又说齐映绝非是做宰相的人才。最终在壬子日（二十七日），便把齐映贬为夔州刺史，同时又罢免了刘滋的相位，而改派为左散骑常侍，并派遣兵部侍郎柳浑为同平章事。

韩滉性格严厉暴躁，那时正是唐德宗对他非常宠信的时候，只要他说的话，唐德宗没有不听从的；其他的宰相不过是居位充数罢了，而文武百官为免受责打，避祸上身都怕来不及。柳浑即使是受韩滉举荐的，却疾言厉色地指责他说："令先翁休因心胸狭隘，居相位不满一年就被罢免，而今公你更加过分。怎么能在台省里责打官员，甚至打死呢？更何况作威作福，难道是身为人臣该有的态度吗？"韩滉因此感到羞愧，而稍稍收敛了些威严。

二月，壬戌日（初七），派遣检校左庶子崔浣担任使臣出使吐蕃。

戊寅日（二十三日），镇海节度使、同平章事兼江淮转运使韩滉去世。韩滉长时间在二浙，所聘选任用的辅佐幕僚，依据各人的专长，没有一个不是任用合适的。曾有位老友的儿子来拜访他，观察之下，发现此人一无所长，韩滉设宴款待他，一顿饭直到结束，韩滉和他并肩而坐，都没歪头看他一眼，对他讲过一句话。几天之后，派遣他为随军，让他去看管仓库，这个人从早到晚端端正正地坐在仓库门口，吏卒竟然没一个敢随意进出的。

把浙江东、西道一分为三：浙西，治于润州；浙东，治于越州；宣、歙、池，治于宣州；各设置观察使一人治理。唐德宗派遣果州刺史白志贞为浙西观察使，柳浑说："白志贞是个谄媚小人，不能再重用他了。"恰逢柳浑重病，而不能理事；辛巳日（二十六日），唐德宗还是下诏任用了他。柳浑病愈，请求辞官回乡，唐德宗没批准。

甲申日（二十九日），把昭德皇后安葬在靖陵。

三月，丁酉日（十三日），派遣左庶子李铦充任使臣出使吐蕃。

起初，吐蕃尚结赞攻克了盐、夏二州，各留一千多人在城中驻守，退兵屯驻在鸣沙；从冬天到春天，羊马冻死了很多，粮食接济不上，又听闻李晟克复了摧砂，马燧、浑瑊等各率兵逼近，大为惊慌，多次派遣使者求和，唐德宗都不允许。于是就派遣使者说话谦卑，具备厚礼向马燧求和，而且要求遵守清水之盟的条约做事，归还他们占据的领土，而不断地遣使前来。马燧就信了他的话，于是就留兵驻守在石州而不再进兵渡河，并代替吐蕃向朝廷求情。

李晟对唐德宗说："戎狄不守信用，不如出兵攻打。"韩游瑰又说："吐蕃势力微弱的时候就要求结盟，强大的时候就发兵侵略，如今已深入塞内了，还来求和，一定是骗人的！"韩滉也说："如今两河一带不必担心，假如整修原、鄯、洮、渭四州，让李晟、刘玄佐等人领兵十万前去驻守，那河、湟二十余州都能收复。所需粮草物品，请由我负责筹集。"唐德宗因此没采纳马燧的意见，并催他进军攻打。马燧请准许吐蕃使臣论颊热一起入朝商讨此事，恰巧韩滉在这个时候逝世，马燧、张延赏都和李晟有仇怨，更想违反他的计划，争相极言和吐蕃谈和的好处。唐德宗也因痛恨回纥，想与吐蕃讲和，共同去攻击回纥，听了这两个人的说法，正合心意，于是就决定与吐蕃议和了。

张延赏多次进言说："李晟不适合久掌兵权，请派遣郑云逵代替他的职权。"唐德宗说："应当让李晟自己选代理人。"于是就对李晟说："由于百姓的缘故，朕已决定与吐蕃讲和订盟了。你既与吐蕃结下了仇怨，就不能再去凤翔，应当留在朝廷，早晚辅佐朕治理国家大事；你自己推举一个替你去凤翔的人选吧。"于是李晟就推举都虞候邢君牙。邢君牙是乐寿人。丙午日（二十二日），就派任邢君牙为凤翔尹兼团练使。丁未日（二十三日），晋加李晟为太尉、中书令，勋奖封赏仍如往昔，其余的权职全部罢免。

李晟在凤翔时，就曾对僚佐们说："魏征好直谏进言，我真的非常羡慕他。"行军司马李叔度说："这是儒学文士做的事，有功绩德望的人却不适合这样做。"李晟神色严肃地说："司马这话就错了。我李晟位兼将相，知晓关系到朝廷利益的事而不说，还做什么臣子！"李叔度自感羞愧退了下去。等到他在朝中，唐德宗对他有所询问时，他都尽所欲言而毫不隐瞒。李晟生性深沉周密，从不把与唐德宗讨论的事告诉外人。

辛亥日（二十七日），马燧入朝。马燧既然到达京城，各路军队因此都闭营而不出兵打仗，尚结赞便赶忙自鸣沙带兵返回，他的部队马匹短缺，大部分是徒步行军的。崔浣看见尚结赞，就斥责他不应违反盟约。尚结赞说：“吐蕃败退了朱泚，并没有获得奖励，从那时开始，各州自守城池，我们没办法和朝廷联系，自请奖赏。盐、夏二州，是守城大将主动把城池送给我逃跑的，不是我出兵攻克的。而今明公你来，要我践行盟约，重修旧好，这本是我们吐蕃的意愿。现今吐蕃将相以下追随到这儿的有二十一人，浑侍中曾与他们共事，知晓他们都是忠信诚实的人。灵州节度使杜希全、泾原节度使李观，都是诚信宽宏著名于异域的人，请派遣他们前来主持结盟的事。”

夏天，四月，丙寅日（十二日），崔浣到达长安。辛未日（十七日），封崔浣为鸿胪卿，再次让他出使吐蕃对尚结赞说：“杜希全恰在守丧期间，不能出境，李观已经调职，现在特派浑瑊去清水主持结盟诸事。”而且让吐蕃先归还盐、夏二州。五月，甲申日（初一），浑瑊从咸阳入朝，派遣他为清水会盟使。戊子日（初五），派遣兵部尚书崔汉衡为副使，司封员外郎郑叔矩为判官，特进宋奉朝为都监。己丑日（初六），浑瑊率兵二万余人赶赴会盟地清水。

乙巳日（二十二日），尚结赞派遣他的下属论泣赞来说：“清水是个不吉祥的地方，请求在原州的土梨树订盟；订立盟约之后，再归还盐、夏二州。”唐德宗都应允了。神策将军马有麟上表说：“土梨树有很多险阻的地方，应该防备吐蕃设有埋伏，不若平凉川那地方平坦开阔。”那时论泣赞已经返回了，丁未日（二十四日），派使追赶前去告知他改在平凉川会盟。

申蔡留后吴少诚，修整兵械，整治城郭，想违背朝令起而造反，判官郑常、大将杨翼一起策划想将吴少诚赶走，于是伪造了唐德宗的手谕，颁给诸位将领与申州刺史张伯元等。不幸事情泄露，郑常、杨冀、张伯元都被吴少诚斩杀。大将宋旻、曹济逃往长安。

闰五月，己未日（初七），韦皋又给东蛮和义王苴那时写了封信，让密探带着送信的人到云南去。

庚申日（初八），大肆裁减各州、县的官员，收回应该给他们的俸禄拿来发放给战士们，这是张延赏出的计谋。那时新任命的官员有一千五百人，而当裁减的一千多人，埋怨叹息的声音，一路上到处都听得到。

起初，韩滉推举刘玄佐，说是能派遣他带兵去收复河、湟，唐德宗就此事问及刘玄佐的意思，刘玄佐也表示赞同。韩滉逝世后，刘玄佐上表说："吐蕃现今恰是强大的时候，无法与他们抗衡。"唐德宗便派遣宦官为使臣去安慰刘玄佐，刘玄佐装病睡在床上领受诏命。张延赏知晓刘玄佐不愿意服从他的使令，便上表请将收复河、湟的事委任给李抱真，李抱真也坚决推辞。这完全是因为张延赏释除了李晟的兵权，因此武将们都怨恨在心，不愿接受张延赏的使令。

唐德宗觉得襄、邓是掌控淮西的要地，癸亥日（十一日），便派遣荆南节度使曹王李皋为山南东道节度使，以襄、邓、复、郢、安、随、唐七州隶属于他。

浑瑊从长安出发之时，李晟一再警戒他会盟场所必须严加戒备。张延赏对唐德宗说："李晟根本就不想让议和成功，因此要浑瑊严加防备。我们有了怀疑他们的迹象，那他们当然也会怀疑我们，盟约怎么能订成？"于是唐德宗召见浑瑊，认真地告诫他对吐蕃一定以诚相待，不要猜忌多疑，而毁坏了吐蕃和谈的诚心。

浑瑊上表说吐蕃决定在辛未日（十九日）订盟，张延赏召集文武百官，而将浑瑊的奏章拿给他们看，说："李太尉说与吐蕃议和是一定不可能成功的事，这是浑侍中的奏章，会盟的日子已经定了。"李晟听说后，哭着对他亲信的人说："我生长在西方边境，对敌人很了解，因此才据实禀告，商讨此事，只不过是让朝廷避免受犬戎的侮辱罢了！"

唐德宗当时命骆元光驻兵潘原，韩游瑰驻兵洛口，作为浑瑊的后援。骆元光对浑瑊说："潘原距会盟的地方将近七十里，假如那里发生突变，我又怎么能知晓呢？请让我与你一起去。"浑瑊因唐德宗的旨意，坚定地阻挠他前往。骆元光不听，而带兵与浑瑊连营相接，距盟所三十余里。骆元光营地四周的壕沟、栏栅高深坚固，而浑瑊营区的壕栅都能跨过去。骆元光在营西设了伏兵，韩游瑰也派遣五百骑兵埋伏在他旁边，并对这些骑兵说："假如有突变，你们就向西直赴柏泉，来分散敌人的兵力。"

尚结赞与浑瑊约定，双方各派三千名武装士兵分列于盟坛的两边，四百名便装随从站在坛下。辛未日（十九日），即将会盟的那天，尚结赞又要求双方各派巡逻骑兵数十人相互监督搜查，浑瑊都应允了。吐蕃埋伏了数万精锐的骑兵在坛西，巡逻骑兵往来于唐朝军营中，进进出出都不阻止他们；而唐朝的巡逻骑兵进入吐蕃的军营，全被他们捉拿了，浑瑊等人却都不知晓，而登坛入幕，穿上礼服。戎虏鸣鼓三响，大军喧噪而来，在帐幕中斩杀宋奉朝等人。浑瑊从帐幕后面逃跑，恰好看见有匹马在，骑上便跑，一边伏身揪着马鬣去套衔勒，奔跑了十多里，才将衔勒套在马口上，因此箭矢飞来，从他背上飞过却没射中他。唐将士兵都向东逃跑，戎虏放兵追赶。唐将士兵有的被杀，有的被俘，死了几百人，被俘了一千多人，崔汉衡也被敌骑捉住了。浑瑊回到营区中，将士早已逃走，全营没有一人。骆元光将伏兵叫出列阵以待，戎虏骑兵追来，乍见之下，猛然一惊。浑瑊奔往骆元光营区，戎虏追赶而来的骑兵回头看到邠宁军正向西飞奔而来，于是才掉头返回。骆元光补给浑瑊一些武器装备，又帮助浑瑊召集散兵，重新整顿，列队而回。

当天唐德宗上朝，还对各位宰相说："今天和戎虏议和休兵，真是社稷之福啊！"马燧说："是啊。"柳浑说："戎狄，豺狼成性，不是靠盟誓就能和他们结交友好关系的。对今天和谈的事，我心里确实还在担心！"李晟说："柳浑说的是。"唐德宗变了脸色对李晟说："柳浑是个书生，不懂边疆上的事，你竟然也说这样的话？"因此二人都跪地叩头请罪，于是就罢朝了。当天晚上，韩游瑰上奏急报说：“戎狄俘虏结盟代表，兵临邠宁附近。”唐德宗大惊，急忙中令御使将奏表送去给柳浑看。第二天早上，唐德宗对柳浑说：“卿一个书生，竟能预料敌情这般地精准啊！”唐德宗就想出走他处来避免吐蕃作乱，大臣力谏才罢休。

李晟居宅的大安园里有一片竹林，因此又有人造谣诽谤他说：“李晟埋伏了一些士兵在大安亭，图谋趁着仓忙混乱的时候造反。”于是李晟立即把竹子都砍光了。

癸酉日（二十一日），唐德宗派遣宦官王子恒为使臣，持诏令送给尚结赞，到达吐蕃边境，吐蕃拒绝他进入，只得返回。浑瑊留兵驻守于奉天。

甲戌日（二十二日），尚结赞到原州故地，接见崔汉衡等人说：“我做好了一副金属质的桎梏，本来想用来囚困浑瑊献于赞普的，现今让浑瑊逃走了，却白费力气捉住了你们。”又对马燧的侄儿马弇说：“胡人视马为命，当我在河曲之时，那地方即使在春天都寸草不生，马匹饿得不能走路，在那个时候，假如马侍中领兵渡河展开全面攻打，我早就全军覆灭了！因此不得已才求和的，还是仰仗着侍中的成全哩。现今全军能够返回，怎么能囚禁他的子孙呢？”因此把马弇和宦官俱文珍及浑瑊的大将马宁都放了回去，却把崔汉衡等人分别囚禁在河、廓、鄯州。唐德宗听说尚结赞说的这番话后，从此就厌恶马燧了。

六月，丙戌日（初五），派遣马燧为司徒兼侍中，却罢免他副元帅、节度使等职位。

起初，吐蕃尚结赞厌恶李晟、马燧、浑瑊三人，说：“除去这三个人，就有希望灭亡唐室了。”于是离间李晟，利用马燧求和，然后再擒拿浑瑊来出卖马燧，让他们都因罪罢职，就能带兵直趋攻打长安了，这项计划却因没捉住浑瑊而结束。张延赏羞愧畏罪，因此称病而不再理事。

任命陕虢观察使李泌为中书侍郎、同平章事。

河东都虞候李自良当时追随马燧来京入朝，唐德宗想委任他为河东节度使，李自良推辞说："臣长时间跟随马燧，不愿代替他做统帅。"于是委任他为右龙武大将军。第二天，李自良入朝叩谢，唐德宗又对他说："卿帮助马燧，建立了军中的体系与各级将士的职责分工，确实做得很得当。因此镇守河东的任务，非依靠你不可。"最终还是任命了李自良为河东节度使。

吐蕃驻守在盐、夏二州的将士，因为粮运连续不上，大都饿得病倒而想返乡，尚结赞派遣三千骑兵去接回他们，烧毁了全部房屋，捣毁城垣，赶走城内百姓而后离开。灵盐节度使杜希全才分出一部分兵卒前去驻守。

韦皋知晓云南蛮人很能识得一些中国文字，壬辰日（十一日），就亲手写了封信去招谕他们，令他们赶紧派遣使臣来入朝觐见。

李泌刚入政事堂任职视事，壬寅日（二十一日），和李晟、马燧、柳浑一起上朝拜见唐德宗。唐德宗对李泌说："卿往日在灵武的时候，就该任这个官了，是卿自己推托不肯接受的。朕现在用卿，想要和你约定，希望卿千万别公报私仇，而对卿有恩的人，朕自然会代你报恩。"李泌回答说："臣向来信奉老庄之道，从不和人结怨。李辅国、元载都是全力陷害我的人，如今都已死了，而平常和我交好及对我有恩的人，也都已职位显达了，要不就已经逝世了，臣并不需要对谁报答了。"唐德宗说："纵然是这样，但对你小有恩惠的人，也需要报恩啊。"李泌说："臣今天也想和陛下有项约定，行吗？"唐德宗说："有什么不行的呢？"李泌说："希望陛下不要残害有功的臣子。臣蒙陛下恩宠，陛下对臣固然是没有猜疑隔阂。然而李晟、马燧都是对国家立有功绩的臣子，听闻有人谣言诽谤他们，即使陛下是绝不会信的，然而我今日还是要当着他们二人的面在陛下面前说出来，为的是让他们自己也不要心存疑惑。陛下万一残害了他们，那宿卫将士及四方镇边武臣，就将没有一个不怨恨、惋惜，忐忑不安的了，只怕朝野动乱，不久又要发生了啊！人臣假如真能受到主上的爱护和信任，那就是幸事了，有官无官又有什么关系！臣在灵武的时候，并没有官位，然而将相都愿服从我的指挥；而陛下任命李怀光为太尉，反而让他更害怕，以至于再次背叛。这些事都是陛下亲眼所见。而今李晟、马燧已经够尊贵的了，如果陛下真能真诚地对待他们，让他们能保全身家性命而无担忧，国家有事就派遣他们从戎征讨；无事就入朝觐见请安，君臣之间，这是何等安和的现象啊！因此臣希望陛下不要因这两位大臣的功高位尊，而对他们有所猜疑，也请两位大臣不要因自己的地位太高而心怀忧虑，那天下定会永远太平无事了。”唐德宗说：“朕刚听卿言，悚然不知你是在说什么。等听你分析讲明之后，才知都是在为社稷着想啊！朕自当将这事记在绅带上时刻自我提醒，希望两位大臣也都能长久持续这种看法。”李晟、马燧都站了起来，感动得流下眼泪，叩谢皇恩。

唐德宗接着又对李泌说：“从今以后，凡是关于军旅粮储的事，由卿主管；吏部、礼部的事任命于张延赏；而刑法方面的事，就任命于柳浑。”李泌说：“不可。陛下不因臣无才能，而让我担任宰相。宰相的权责是不能划分的，不像是给事中掌理吏部，兵部主选文士、武士的得失，若有差池就予以纠正，也不像中书舍人辅助宰相判案，分别附署六司奏折，说到宰相，天下所有的事都要一起商讨，分辨曲直，共同谋划。假如分权理事，那相当于是单位主管，就不是宰相了。”唐德宗笑着说：“朕刚刚失言了，卿所说的是对的。”李泌请将各州、县被裁减的官吏，全都官复原职。唐德宗说：“官吏的设置，是为了治民的，而现在天下的户口，比和平的时候减少了三分之二，却增加官吏，合适吗？”李泌回答说：“户口虽然是减少了，然而事务却比和平时期多了将近十倍，官吏能不增加吗？而且被裁减的都是有职务的官吏，而闲置无事的官吏却未被裁，这就是不当裁员的缘故啊。从至德年间以来，设立了一些额外官员，大概相当于正式官吏的三分之一，假如让他们依任官的年资发放退休金，之后裁减他们官位，而以文武两选中举的人补上，正式授官，这样，不仅无人抱怨，反而让所有人都更高兴。”又请诸王未出宫阁开府的，一概不派府官给他们，唐德宗都听从了他的提议。乙卯日（六月无此日），诏令前些时被裁的官员，全部官复原职。

起初，张延赏在西川的时候，和东川节度使李叔明有矛盾。当唐德宗入骆谷时，恰巧遇到连日大雨，道路泥泞险阻，有很多卫士都逃跑去依附了朱泚，李叔明的儿子李升和郭子仪的儿子郭曙、令狐彰的儿子令狐建等六人，害怕有奸佞叛贼加害天子，便相互啮臂为盟，缠绑着腿，穿上涂有油蜡而鞋底钉钉的鞋子，轮流牵着唐德宗乘坐拉车的马，在旁护卫，直到梁州，不许任何人接近唐德宗的车驾。等返回长安之后，唐德宗将这六人都任命为禁卫将军，对他们的恩宠待遇都很优渥。张延赏知晓李升常常私下出入于郜国大长公主的府邸，就去向唐德宗告密。唐德宗问李泌说：“郜国年岁已大，而李升年少，怎么会有这种事呢？恐怕另有原因，卿最好设法查一下。”李泌说：“这一定是想动摇太子的地位。这事是谁告知陛下的？”唐德宗说：“卿不必问是谁告知朕的，只管代朕探查探查。”李泌说：“定是张延赏。”唐德宗说：“你怎么知晓是他？”李泌将张延赏和李升的父亲李叔明之间的恩怨，仔细地告诉了唐德宗，并且说：“李升承蒙圣恩，典校禁兵，张延赏没什么办法陷害他，而郜国是太子萧妃的母亲，因此想借此陷害他罢了。”唐德宗笑着说：“这就对了。”李泌因此请唐德宗调任李升的官职，不要再让他掌管宿卫以避免嫌疑。秋天七月，派遣李升为太子詹事。郜国大长公主是唐肃宗的女儿。

甲子日（十三日），划分出振武军管辖的绥、银二州，而派任右羽林将军韩潭为夏、绥、银节度使，带领神策军士兵五千人，朔方、河东的士兵三千人驻守夏州。

当时关东的防守部队全都集合在一起，国家财资不足。李泌上书：“自从改行两税法以来，藩镇、州、县多有违法敛财的情况发生。之后又因朱泚动乱，各地争着征收专卖物品的钱和征收有罪人士用来赎罪的钱财，点召招募壮丁各自防御；朱泚被平定之后，他们因自己违法的行为而害怕，因此都欺瞒着而不敢说出来。请派使臣以诏书赦免他们的罪行，而只命令他们改过，依法令规定应留作各道节度、观察使，或本州的经费之外，其余的财物，全都运送到京师来。此外官府应收的各项欠税，能征收的就征收，百姓确实难以承担的话就准许免缴，以显示朝廷的宽宏；为避免大胆敢隐瞒不报或贪污自饱的人，可设置法令据以重赏告发的人，严惩欺瞒贪污的人。”唐德宗很高兴地说：“卿所草拟的策划非常好，但是立法太宽，恐怕获得的税收就没多少了！”李泌回答说：“关于这一点，臣也深思熟虑过，法令宽，获取的不仅多而且快，法令苛，获取的不仅少而且慢。因为令宽的话，那人人都因乐于赦罪而乐于缴纳，令苛的话，那人人便会想尽办法争着隐瞒逃税，非得一一检查核审，便不能让他们依实如数上缴，那么钱财既不能救急，反而会全落入奸吏们的口袋了。”唐德宗说：“非常好。”因此派度支员外郎元友直为河南、江、淮南句勘两税钱帛使。

当时，河、陇已被吐蕃占领，从天宝年间以来，安西、北庭来京奏事及西域的来使驻留长安的，归路即既被阻隔，这些人在长安的食粮马料，全都依赖于鸿胪，由礼宾院拜托府、县提供，而由度支负责检查。度支却经常不按时支付，导致长安城内的百姓不胜其弊端。李泌知晓胡人驻留长安时间长的，竟有长达四十多年的，都娶了妻室，购买了田宅，抵押放款牟取高利，生活祥乐而不愿返回，因此下令侦查收集全部胡人凡购置田宅的一律停止提供钱粮。一共查得四千人，将停止提供。这些胡人就一同到相府去请愿，李泌说：“这都是历届宰相的过错，哪有国外前来朝贡的使臣滞留京师几十年都不命令他们返回的呢？现今我们打算借道回纥，或由海道送你们各自返回本国去。有不愿意返回的，就主动到鸿胪那儿去登记，授予官职，发放薪俸，留下来做唐室的臣子，人生在世，本应该及时展示才华，怎能客居他国，坐吃一生呢？”于是胡人没一个自愿回国的，李泌就把他们分别隶属于神策左右两军，其中有身为王子而被派来做使臣的，就派遣他们做有名无权的兵马使或押牙，剩下的一概为卒，禁军的声势因此更加壮大。由鸿胪提供食物的胡人不过才十几个罢了，每年节约了度支五十万缗钱的消费，百姓皆大欢喜。

唐德宗又以恢复府兵制度的事问李泌。李泌回答说："今年招募关东卒役去驻守京西的有十七万人之多，一年之中耗费粮食二百零四万斛。现今一斗稻粟值一百五十，就是三百零六万缗钱。国家最近多次经历饥荒动乱，财资不足，纵使有钱，也买不到食粮，确实还无暇考虑恢复府兵制度啊。"唐德宗说："既然这样，那该怎么办呢？立刻减少兵卒，遣散他们各自回乡，如何？"李泌说："陛下如果依照我的办法去做，就可以不用减少兵卒，不打扰百姓，而能使食粮足够，粟麦价格日渐下降，府兵也能自然形成。"唐德宗说："真能像那样的话，有什么理由不依你的办法去做呢？"李泌回答说："这必须立刻付诸实行，再过十天就来不及了。现今吐蕃长久占据在原、兰之间，用牛运粮，粮食拉完，牛就没用处了，请打开仓库，拿出左藏库中长年积存快要脆裂的缯帛，打结染色，染过之后再将结解开，就成了色彩斑斓的花布了，之后借党项的人拿到集市上去兜售，每头牛不过价值二三匹缯帛，一共十八万匹，可兑换六万多头牛。再命各冶炼场制造农器，此外购买大量麦种，分发给沿边军镇，招收士兵，开拓荒地播种，约定来年麦熟之后，加倍归还麦种，其余就按照时价增加五分之一的价格，由官府购买。第二年春天也用这办法让他们播种。关中的土壤肥沃而且长久荒废，收成一定颇丰。士兵有利可收，愿意耕作的人必定越来越多。边境地区的百姓极少，士兵们每月有官粮发放，稻麦却无处可卖，价格必定便宜，虽说是提高价格收购，实际上比今年所需的要低得多了。"唐德宗说："非常好！"便马上下令实施。

李泌又说："边疆地区的职位有很多空缺，请雇人征粮补缺，今年所需的粮食就可以足够了。"唐德宗也依他的方法做了，并因此问他说："你既说是府兵也自然形成了，这是怎么回事呢？"李泌回答说："士兵因屯田而可致富，便将定居于当地，不再想返乡了。以前的府兵制度，规定士兵三年更换一次，等到期限将至之时，就下令诏示有愿意留下的，把他们所开垦的土地，送给他们作为长久的财产。若有家人自愿前去的，就由设籍的本州本县发给长途通行证，沿路由各郡县提供食物，直到到达戍所为止。依据应征愿意留守的人数，具文呈上各人设籍的本道，即使河朔诸帅能避免士兵到期更换的烦恼，也会乐意接纳这方法的。这样一来，只需经过几次更调之后，士兵就都变成当地的土著了，之后再依据府兵法制加以管制，这相当于是使人力物力缺乏的关中，一变而为富裕强大了啊。”唐德宗很高兴地说：“如此一来，天下也不会再有动乱事情发生了。”李泌说：“那倒也不一定。臣还能不用国内的力量而使吐蕃陷入困境。”唐德宗说：“是什么样的计划呢？”李泌回答说：“臣现在还不敢说，这是要等到边境稻麦收获之后，才能说的事情。”唐德宗一再问他，李泌就是不讲。李泌的意思是想要结合回纥、大食、云南，和他们一同起兵攻打吐蕃，让吐蕃必须多方戒严，但知晓唐德宗向来厌恶回纥，害怕他听了不乐意，而且屯田的决策还没有付诸实施，因此不愿先说出来。之后士兵应召，愿意继续留守屯田的有十分之五六。

壬申日（二十一日），赐骆元光姓李名元谅。

左仆射、同平章事张延赏去世。

资治通鉴卷第二百三十三　唐纪四十九

起丁卯（公元787年）八月，止辛未（公元791年），共四年五个月。

【题解】本卷记录了公元787年八月至791年的史事，共四年又五个月，正当唐德宗贞元三年八月到七年。此时期，李泌为相，政治平稳。李泌敢直言，善说理，护佑太子，化解了妖僧李软奴的谋反大案，保护了李晟等功臣良将，替国家和民众做了许多好事，维护了唐王朝的统治。李泌还说服唐德宗放弃仇视回纥，拒绝吐蕃勒索，提出了“北和回纥，南通云南，西结大食、天竺”的计划，以此围困吐蕃。吐蕃在失掉回纥与南诏两个与国后，从此衰落，唐朝西部边疆稳固。

德宗神武圣文皇帝八

贞元三年（丁卯，公元787年）

八月，辛巳朔日（初一），日食。

吐蕃尚结赞派遣五名骑兵送崔汉衡回来，并且上书求和；到达潘原，李观对他们说：“皇上有令不接待吐蕃的使臣。”因此只接纳了他们的奏表而让来使返回。

起初，兵部侍郎、同平章事柳浑和张延赏共同做宰相之时，柳浑议事，总和张延赏有不同建议，张延赏就派遣个亲信的人去对柳浑说：“相公以前是立有功绩、德高望重的人，只要在朝堂上少说几句话，那就可久保高位。”柳浑对来人说：“代我谢张公，我柳浑的头可断，却不能不让我说话！”因此二人的交情恶化。唐德宗喜欢别人说话文雅含蓄，而柳浑个性耿直，又不够端庄，在唐德宗跟前常说些俚语粗话，唐德宗很不喜欢，就想把他贬为王府中的长史。李泌说：“柳浑只不过是气量偏狭，性格耿直，并没有其他的什么意思，历来的法律，也没有能派遣被罢免相位的人去做长史的规矩。”唐德宗又想把他贬为王傅，李泌请将他更派为常侍，唐德宗说：“只要能罢免他的相位，随便怎么样做都行。”己丑日（初九），柳浑被罢相而被任为左散骑常侍。

当时，部国大长公主嫁给驸马都尉萧升；萧升是萧复的堂兄弟。公主的举止不够严肃，詹事李升、蜀州别驾萧鼎、彭州司马李万、丰阳县令韦恪等人，都经常出入公主的府邸。公主的女儿是太子的妃子，起初，唐德宗对她的恩宠优渥多礼，公主经常坐着轿子直接进东宫；全部的宗亲都很厌恶她。就有人奏报公主淫乱，而且咒骂唐德宗。唐德宗愤怒，因此将公主囚困在宫禁之内，斥责太子；太子不知怎么办才好，就请和萧妃离婚。

唐德宗召见李泌把这事情告知了他，并说：“舒王近已长大成人，他为人恭顺友好，温和宽厚。”李泌说：“何至于这么做？陛下只有一个亲生儿子，怎么能一旦对他有了猜忌，就想废太子而册立侄儿，这不是太失策了吗！”唐德宗非常愤怒地说：“卿怎能离间我们父子？是谁告知卿说舒王是朕侄子的？”李泌回答说：“是陛下告诉我的啊。大历初年，陛下告知臣说：‘今日得到好几个儿子。’臣请问是怎么回事，陛下说：‘昭靖的几个儿子，主上令我收为儿子。’现今陛下对亲生儿子都猜疑，将来对侄子还不是同样会猜疑？舒王即使恭顺，从今往后陛下最好好自为之，别再希冀他会孝顺了！”唐德宗说：“卿不爱你的家人亲族吗？”李泌说：“臣就是因为深爱我的家人亲族，因此不敢不实话实说。假如害怕于陛下的愤怒而曲意顺从，陛下将来恼悔时，一定会斥责我说：‘特为任命你一人做宰相，为什么那时不极力进谏，以至于弄到这个地步；不仅要杀了你，而且杀你儿子。’臣岁数已高，残年本不足惜，假如臣的儿子也蒙冤被杀，而让我侄子继嗣，臣可不知晓是否能享受到他的祭拜了！”因此呜咽流泪。唐德宗也哭着说：“事已至此，让我怎么做才好啊？”李泌回答道：“这件是大事，还请陛下谨慎地思考。臣起初以为以陛下的圣明，应该能使海外的蛮夷都像对待父母一样地拥戴陛下，怎会想到陛下竟对自己的儿子都猜忌到这步田地呢？臣今日该说的就说，而不敢有所隐瞒避讳。自古以来，父子间相互猜忌，没有不灭国败家的。陛下还记得之前在彭原之时，建宁王是怎么被杀的吗？”唐德宗说：“建宁王叔确实死得冤枉，那都是因肃宗急躁，未曾查明事实，就误信流言，而被人构陷致死的啊！”李泌说：“臣以往因建宁王的缘由，因此坚决辞去官位，发誓不再亲近天子，然而现在又做了陛下的宰相，再次目睹这种事。臣在彭原之时，所蒙受到的宠爱，是没有人能和臣媲美的，竟不敢替建宁王申冤，直到拜辞天子，临走之时才说，肃宗自己也悔恨大哭。先帝自从建宁王冤死之后，就经常为自己的安危担忧，臣也曾为先帝诵《黄台瓜辞》，以防止不慎而被流言陷害。”唐德宗说：“这些事朕本就知晓。”怒火稍消，神色稍缓和，之后才又问道：“贞观、开元年间都是更立太子的，为什么并没有灭国？”李泌回答说：“我正要说到这里。以前承乾曾多次监国，委托于他的人很多，东宫的甲士也很多，就和宰相侯君集图谋反叛，事机泄露，太宗就让他舅父长孙无忌和朝臣数十人一同审问他们，罪责明确，之后才召集文武百官共同商讨。那时参加讨论这件事的人，大都还说‘为了陛下不失其为慈父，应该让太子得享天年’。太宗也就采纳了，之后连同魏王泰和太子一起被废除。陛下既然知晓肃宗性格太过急躁，而且以为建宁王死得冤枉，臣感到不胜庆幸。愿陛下以前车为鉴，暂缓三天，从头再仔细考虑，陛下一定能恍然大悟，而知晓太子并没有居心叵测了。假如真有造反的迹象，也当召集深明大义的朝臣二十人，和臣一起审讯太子身边的侍从。假如确实如此的话，还愿陛下能按照太宗的方法处理，连同舒王一起废除，而册立皇孙，那世世代代做天子的，仍旧是陛下的子孙啊。至于开元末年，武惠妃陷害太子瑛，以致太子被兄弟们斩杀，全国上下都为太子受冤被杀而愤恨不已，这是后代百世应该引以为戒的，又怎能按照这种方法去做呢？况且陛下以往曾令太子在蓬莱池和臣见过面，我看他的神态仪表，并不是蜂目细眼，粗声粗气，像楚成王的太子商臣那种样貌，我还害怕他心地太过仁厚以致懦弱胆怯呢。再者太子自从贞元年间以来，常常住在少阳院，就在陛下常住的浴堂殿旁边，从没见过外人，干预过外事，怎会居心叵测，怀有阴谋呢？那些诬赖陷害别人的奸佞，花样百出，纵使像持有晋愍、怀帝的亲笔诏书，以及太子瑛领甲兵入内宫的事，都姑且还不能信以为真，况且太子只是因岳母有罪而受到牵扯的呢！幸好陛下把这件事告知了臣，臣敢以全族的性命保证太子绝不会知晓他们的阴谋，假如一开始就让杨素、许敬宗、李林甫那批人知晓这事的话，早就促成册立舒王，而在谋划怎么在舒王面前邀要定计的功绩了。”唐德宗说：“这是朕的家务事，与卿有什么关系，竟然这样地极力进谏？”李泌回答说：“天子四海为家，臣今天担负宰相责任，四海之内，任何一件事有偏差，都应该归臣负责，何况是亲眼见太子受冤，横遭灾祸，袖手旁观而不进谏，那我的罪责就太大了！”唐德宗说：“那好，就听你的，这事我再谨慎思考思考，暂且推迟到明天再说吧。”李泌把笏板插入绅带叩拜哭着说：“能像这样的话，臣知晓陛下父子之间，定能像以前一样地父慈子孝了，但是陛下回宫之后，只能把这事放在心里，自己想明白，千万别把心思向左右表露出来，一旦表露出来，那他们就都想在舒王面前邀功，太子就危急了。”唐德宗说：“卿的意思，朕全都明白。”李泌返回家里，就对子弟们说：“我本来就不乐于谋取富贵，然而上天的安排，经常事与愿违，现今终于要牵连到你们了。”

太子派人向李泌感谢说：“假如实在无法挽回，就想先服毒自杀，是不是比较好些？”李泌对来人说：“不需要有这层担忧，只愿太子一本孝顺的初衷。但是假如我李泌死了的话，那么事情的进展怎样就不得而知了。”

过了一天，唐德宗下令开延英殿，独自召见李泌，涕泗横流，以手拍着李泌的背说：“要不是你一番极力耿直的劝谏，朕现在悔恨都来不及了！完全像你所说的那样，太子宽厚恭顺，确实没有什么不轨啊。从今之后，全部的军国大事及朕的家务事，都应先和卿商议才是啊。”李泌恭贺天子，因此趁机说：“陛下圣明，能查清太子无辜，臣报答国家的任务，总算是完成了。臣前两天受惊过度，像吓掉魂似的，已不能再被任用了，愿请能赐臣葬身故乡，恩准告老还乡。”唐德宗说：“朕父子全仰仗你的进谏才能保全，正要嘱咐子孙，必要让卿世世代代享受富贵，借以报答卿的大恩，卿怎能说出这样的话呢？”甲午日（十四日），诏令，李万不知晓避宗，应该受廷杖处死，李升等及公主的五个儿子都流放到岭南及边远地区。

戊申日（二十八日），吐蕃带领着羌、浑大批人马侵略陇州，军营绵延数十里，京城上下惊动慌乱。九月，丁卯日（十七日），派遣神策军大将石季章驻守武功，决胜军使唐良臣驻守百里城。丁巳日（初七），吐蕃在汧阳、吴山、华亭一带大肆抢掠，连老弱都全部斩杀不论，或是砍断他们的双臂，挖去眼珠，扔弃不顾，之后呼啸而去；赶着被掳的一万多名壮丁，把他们都送到安化峡的西边，将分派隶属羌族和吐谷浑之前，竟对他们说：“面朝东边辞别你们的故乡家国吧！随你们怎么哭。”众人号啕大哭，跳下悬崖死伤的有好几千人。没过几天，吐蕃的士兵又返回攻打陇州，刺史韩清沔和神策军的副将苏太平深夜出兵把他们击败。

唐德宗对李泌说：“以往每年各道进贡，一共折合大约有五十万缗，今年只有三十万缗。朕说这话也明知有失体面，但是宫中费用实在不够。”李泌说：“古代天子不积蓄私产，今年将可提供宫中费用是一百万缗，只愿陛下不要接受各道的进贡，并且取消从宫中派宦官为使宣旨去向各地官员索要钱财的做法。假如有必需的费用，请下令折成赋税，照数征收，以免贪官污吏趁机从中压榨剥削。”唐德宗采纳了他的意见。

回纥合骨咄禄可汗多次求和，并且求亲，唐德宗都未应允。恰好遇到戍边大将奏报边境短缺马匹，而朝廷又没有马匹可提供，李泌就对唐德宗说：“陛下假如能采取我的计划，几年之后，就能使马价比现今便宜十倍。”唐德宗问道：“为什么？”李泌回答说：“希望陛下开诚布公，抛却心内的积怨，为百姓谋福利，一切为天下国家着想，臣才敢说。”唐德宗说：“卿怎会有这样的忧虑？”李泌回答说：“臣希望陛下北边和回纥结为盟好，南边和云南沟通，西边和大食、天竺结合，这样一来，吐蕃便陷入困境，马也容易获取了。”唐德宗说：“与其他三国结盟都能按照卿的意思去做，至于回纥绝对不行！”李泌说：“臣本来就知晓陛下是这样的，因此不敢早说。然而为今之计，应该先和回纥和好，其他三国还可暂缓。”唐德宗说：“唯有回纥卿别说了。”李泌说：“臣担任宰相，所建议的事，可行与否的决定权在于陛下，怎么不让我说话呢？”唐德宗说：“朕对卿的话都顺从了，至于和回纥和好的事，最好等到子孙辈的时候再说；当朕在位之时，那是绝对不可能的事！”李泌说：“难道还是为了陕州受辱的事吗？”唐德宗说：“是。韦少华等人为朕受侮而死，朕怎么能忘掉？只因恰逢国家多难之时，还没来得及报复罢了，和回纥和好，绝对不可能。卿不要再多说了！”李泌说：“害死韦少华的是牟羽可汗，陛下继位时，他举兵侵略，还没出他们边境，就被现在的合骨咄禄可汗斩杀。因此现在的可汗可说是对陛下有功，应该受到奖赏才对，为什么还要恼恨他呢？之后张光晟斩杀突董等九百多人，合骨咄禄竟不敢斩杀朝廷派遣去的使臣，既然如此，那合骨咄禄本来无罪的啊。”唐德宗说：“卿以为和回纥和好是对的，那朕坚持不愿意，就不对了吗？”李泌回答说：“臣完全为国家着想，假如只是为曲意逢迎，还有什么脸面见肃宗、代宗在天之灵呢？”唐德宗说：“让朕再思考思考。”之后李泌多次与唐德宗对问，一共超过十五次，没有一次不提及和回纥和好的事，唐德宗始终没应允。李泌说：“陛下既然不愿和回纥和亲，那只愿恩准臣归骨故乡了。”唐德宗说：“朕不是不接受进谏，只是想和卿将道理说个明白罢了，又怎么突然就要离开朕呢！”李泌说：“陛下准我说明道理的话，那确实是天下的幸事了。”唐德宗说：“朕不惜委屈自己和他们和好，然而绝不能辜负韦少华他们。”李泌说：“照我看来，是韦少华那些人辜负了陛下，而不是陛下辜负了他们。”唐德宗问道：“为何？”

李泌说：“以前回纥叶护领兵帮助去征讨安庆绪，肃宗只不过命臣在元帅府摆宴安慰他们，那时先帝以广平王的身份担任元帅，并没有和他会面。叶护坚持邀约我到他们的营里，肃宗仍不应允。等到大军快要出发，先帝才和他们相见。之所以这样，只因戎狄豺狼成性，带兵入侵中原内部，不能不加强防范啊。陛下那时在陕州，年龄还很小，韦少华等人不能思虑周全，竟让天子嫡裔进入回纥军营，事先又没和他们约好见面的礼节，致使他们凶残暴虐地为所欲为，这难道不是韦少华那些人对不起陛下吗？确实说来，死都不足够弥补他们责任上的过错。况且香积大捷时，叶护本想领兵直入长安，先帝亲自拜于马前加以阻挠，叶护竟因而不敢进城。那时在旁观看的有十万多人，都赞美说：‘广平王真不愧是华夏、夷狄的君王啊！’这么说来，先帝所受的侮辱少，而所获取民心的爱戴多得多了。叶护是牟羽的叔父。牟羽身为可汗，动员全国兵力前来帮助中原的灾难，因此他不免态度嚣张，而要求陛下对他礼貌尊敬；陛下天赋圣明神武，不肯屈服于他。在那种情况之下，臣不敢说什么，只要可汗将陛下留在营中，拘禁十来天，天下能不惊慌害怕吗？幸亏在天子威严的威慑下，豺狼害怕屈服，可汗的母亲送貂皮大氅来替陛下穿上，严厉喝退左右，亲自送陛下骑上马返回。陛下以香积的事权衡一下，是委屈自己的对呢，还是不委屈对？是陛下屈服于牟羽了呢，还是牟羽屈服于陛下了？”唐德宗对李晟、马燧说：“故交旧友最好不要再相逢。朕向来愤恨回纥，今日听到李泌说及香积的那段旧事，朕自觉没理。你们二人以为怎样？”李晟、马燧都说：“假如真像李泌说的那样，那回纥貌似是可以谅解的。”唐德宗说：“你们二位也不帮朕说话，那朕还有什么可说的呢？”李泌说：“臣认为回纥并不可恨，可恨的是历代的宰相罢了。现在的回纥可汗斩杀牟羽，回纥人有两次帮助收复京城的功绩，还有什么罪责呢？吐蕃乘着国家多难，幸灾乐祸，攻陷了河、陇千里地方，又领兵进入京城，而使先帝蒙尘，这才是一定要报复的大仇，更何况那时的赞普还活着，之前的宰相没一个向陛下分析这一点，竟然想和吐蕃和好去攻击回纥，历代宰相可恨的就在这里。”唐德宗说：“朕和回纥积怨已久，回纥又听闻吐蕃挟持朝廷订盟的官吏，现在去和回纥议和，我们会不会被他们拒绝，反而被夷狄讥笑？”李泌说：“不可能。臣之前在彭原之时，当今的可汗还是胡禄都督，和他们现今的国相白婆帝都一起跟着叶护前往中原，臣待他们甚为亲和优渥，因此今日听闻臣做了宰相而来求和，怎么会拒绝和我们谈和呢？而今容臣和他们书面约定：向陛下俯首称臣，每次来使不能超过二百人，印马（烙印官字、年辰、监名之马）不能超过一千匹，不能带中原人及胡人商贾出塞。这五项假如回纥都能依约做事，那皇上才会应允和他们和亲。这样一来，陛下不但威震北方蛮荒地区，而且能威慑吐蕃，足够让陛下一逞生平夙愿，龙心大悦了。”唐德宗说：“自从至德年间以来，回纥和我们就是平等的国家，现在一旦让他们称臣，他们怎会愿意议和呢？”李泌说：“他们早就想和中原和亲了，他们的可汗、国相向来信任臣说的话，假如还不能协和的话，只不过需要臣再发一封书信罢了。”唐德宗这才应允。

之后回纥可汗派使前来上奏就自称儿、臣，李泌和他们规定的五项事，全部听命服从。唐德宗非常高兴，对李泌说：“回纥怎么会对卿这样服从啊？”李泌说：“这全是陛下的威严所致，臣又能有什么能力？”唐德宗说：“回纥是已和好了，又怎么能征服云南、大食、天竺呢？”李泌说：“和回纥和好以后，吐蕃就已不敢再轻举妄动地侵犯了。之后再去说服云南，那就相当于是斩断吐蕃的右臂。云南自从汉朝之后就臣服于中原，只因杨国忠没有缘故地去侵犯他们，致使他们反叛，而臣服于吐蕃，却苦于吐蕃严苛的赋役，没有一天不想重新附属大唐。大食在西域是最强大的国家，从葱岭直到西海，领土几乎占了半个天下，而和天竺都倾慕中原，世代和吐蕃为仇，因此臣知晓这三个国家都是能说服的。”

癸亥日（十三日），遣送回纥使臣合阙将军返国，并将咸安公主许配给可汗为妻，偿还马价折合五万匹丝绢。

吐蕃侵入寇华亭及连云堡，都被他们攻占了。甲戌日（二十四日），吐蕃赶着两城的数千壮丁，及邠、泾数以万计的人畜离开，而把这些人畜安放在弹筝峡的西边。泾州本来是靠着连云堡瞭望敌兵，连云堡既被攻占，泾州城西门就关闭了起来，西城门外就是敌人侵占的地方，砍柴割草都受阻。每逢收获季节，都得先列好兵阵，借以保护防卫，因此在时间上常有拖延；致使禾麦过熟脱落，只割些空穗回来罢了。此后泾州经常苦于粮食不够。

冬天十月，甲申日（初四），吐蕃侵略丰义城，前锋部队到达大回原时，被邠宁节度使韩游瑰击败；乙酉日（初五），再侵略长武城，又重筑原州城屯兵防守于城中。

妖僧李软奴自称原是皇族，看见五岳四海的神仙，让他做天子；认识了殿前射生将韩钦绪等人，图谋造反。丙戌日（初六），被他们自己的党羽揭发，唐德宗下诏把他们逮捕送内侍省审问。李晟听闻此事，当即摔倒在地说："我李晟要亡族了！"李泌问他是怎么回事。李晟说："我最近遭人诽谤，家人在京城内外有一千多人，假如有一个参与乱党之中，那连老兄你都救不了我了。"李泌因此密奏："这件造反重案一开始审问，被牵连的人必定很多，外间百姓惊恐不安，请将此案交给御史台审讯。"唐德宗采纳了他的意见。韩钦绪是韩游瑰的儿子，逃到了邠州；那时韩游瑰领兵出屯在长武城，留后将韩钦绪押解返回京师。壬辰日（十二日），腰斩了李软奴等八人，北军将士被牵扯处死的有八百多人，而朝廷大臣没一个受牵连的。韩游瑰弃军前往京师谢罪，唐德宗派人去阻挠了他，仍将军权委任于他，一如往初。韩游瑰又将韩钦绪的两个儿子押送来京，唐德宗也赦免了他们。

吐蕃因不忍天寒地冻而没再侵略，但是官军粮食接续不上；十一月，下诏浑瑊领兵回河中，李元谅返回华州，刘昌带部分士兵回汴州，其他的防秋部队退守凤翔、京兆各县，就地取食。

十二月，韩游瑰入朝。

从兴元年间以来，今年的收获最为丰富，米一斗价格只一百五十，粟八十，下诏各地官员和百姓议价购买。

庚辰日（初一），唐德宗在新店狩猎，驾临百姓赵光奇家，问他说："百姓的生活安和吗？"赵光奇回答说："不安和。"唐德宗说："今年大丰收，生活怎会不安和呢？"赵光奇说："因诏令无信。之前说是除了两税之外，不再征集其他任何赋税，现今不征税然而官府的苛责比赋税还重。之后又说由官方和百姓议价购买粮粟，然而事实上是强取豪夺，从没看见给过一个钱。当时说是官府购买的粟麦都集中储存于各道中，现在却要送到京西行营，动辄数百里，车毁马亡，百姓破产而无力支付。担忧愁苦到这般地步，还有什么安和可言？每次有诏书从优救济，不过是说说罢了！只怕皇上深居宫内，对这些事情，全都不知吧！"唐德宗下令免除赵光奇一家赋役。

◆臣司马光说：唐德宗确实太难令他觉醒了！自古以来引以为患的，就是君上的恩德受阻而不能下达给百姓，百姓的疾苦积郁在心而无从上达；因此君主虽担忧百姓疾苦，然而百姓并不感激君上的恩惠，百姓心内的疾苦忧愤，君主一无所知，致使离心背叛，而危害国家，甚至因此灭国，全是这种原因啊。德宗幸亏趁游猎的机会驾临民家，恰好又遇到一个敢于直言而且深知百姓疾苦的赵光奇，这确实是千载难逢的机会。本应暗查主管官员违反诏令，虐待百姓，滥行职权，征收赋敛，窃取公财，以及左右亲近阿谀奉承、只会称赞民间丰收、生活安和的奸佞，一律严加惩罚；之后幡然改图，革新政令，摒弃浮华，废除虚文，整饬号令，重视诚信，检查真伪，明忠辨奸，怜悯民穷，洗雪冤苦，那才能建立起万世太平的基业。舍此而不为，竟然只免掉赵光奇一家赋役。天下之大，百姓之多，又怎么可能人人都有机会向天子陈说，而家家都免掉他们的赋役呢？◆

李泌以为李软奴的党羽还有些在北军中未被发现的，因此请求降旨大赦来安慰民心。

贞元四年（戊辰，公元788年）

春天正月，庚戌朔日（初一），大赦天下；诏令上缴两税贫富的等级，自今每三年测定一次。

李泌因京官待遇微薄，上表请从三师以下所有依原俸增加一倍；照准。

壬申日（二十三日），更派宣武行营节度使刘昌为泾原节度使。甲戌日（二十五日），更派镇国节度使李元谅为陇右节度使。刘昌、李元谅都带领着士兵勤奋耕作，多年之后，军中粮食充足，泾、陇一带渐渐安定。

韩游瑰入朝之时，军中上下以为他必不会再回去了，因此送行的赠遗很薄。韩游瑰拜谒唐德宗时，力陈修建丰义城可以抵挡吐蕃；唐德宗很高兴，就派遣他回邠州驻守。军中大多数人担忧不已，韩游瑰忌恨都虞候虞乡人范希朝德高望重，深入人心，就想加他个罪名，将他斩杀。范希朝逃到了凤翔，唐德宗召他入京，而将他安排在左神策军中。韩游瑰带领军众修建丰义城，才只二版四尺高就坍塌了。

二月，元友直押送淮南征收的钱帛二十万到达长安，李泌全部送入大盈库储存。然而唐德宗还是不断地派遣宦官为使宣旨要取，竟勒令各道不要让宰相知晓。李泌闻言，感慨不已却不敢再说什么。

◆臣司马光说：君主以天下为家，天下所有的钱财都是他的。让天下的财物丰盈富裕以养天下百姓，君王定能享受安乐。假如君主竟积累私产，储存于府藏之中，这与小民百姓的志向有何区别？古人曾说这样的话：贫苦的人不必学而能自然节约。说起来财物一多，奢华的欲望就跟着萌发了。李泌想要阻止唐德宗的私欲而为他积累私财，私财越多，那欲望就越大了。钱财不能满足欲望，难道不设法索取吗？李泌这样做，相当于是替他开了门，而阻止他从这道门出入一样啊！即使是唐德宗的行为有多不端正，李泌用来辅佐他的方法也有失正道，才会这样的啊。◆

咸阳有个人上书说："臣遇到了白起，他要我上表说：'请让我为国家保护西方边塞。明年正月，吐蕃定会大举东下，到时我必能替朝廷打败他们，以证明我今日要此人传说的话不假。'"不久吐蕃入侵，被边将击败，而没能深入内部。唐德宗以为这个人说的话确实不错，就想在京城中建庙，祭祀白起，并追赠白起为司徒。李泌说："臣听闻：‘要想兴复国家，定然要借重人力。’现今将帅立功，而陛下竟然褒奖封赏白起，臣恐怕戍边将士要离心了！假如在京城立庙，经常拜祭祈祷，传闻于四方，那无形中就滋长巫祝的风气，现今杜邮有祭祀白起的旧祠在那里，请下令府县重新修建，就不至于耸人听闻了。再说白起是诸侯国中的大将，追赠他位列三公的官位也太重了，请追赠他个兵部尚书也就行了。”唐德宗笑着说：“卿对白起也吝啬赠以高位吗？”李泌说：“对人对神都一样。陛下假如不重视官位，那神仙受封也不会引以为荣了。”唐德宗就顺从了他。

李泌自陈年迈体衰，独自一人担负宰相，精神耗尽，既然不恩准请求他告老还乡，因此另外再设置一位宰相。唐德宗说：“朕知道卿的辛苦，只是没有适合的人选罢了。”唐德宗因此从容地和李泌说起自从他登位以来的历代宰相：“卢杞忠诚廉洁、刚强耿直，一般人都说卢杞奸佞，朕实在不这样认为。”李泌说：“大家都说卢杞奸佞，只有陛下不这样觉得，这就是卢杞之所以奸佞的地方了。如果陛下早就发现他奸佞，怎会发生建中之乱呢？卢杞因私恨斩杀杨炎，排斥颜真卿而将他置诸死地，惹怒了李怀光而逼迫他造反，全赖陛下明察而将他贬官流放，致使人心大快，而上天也因此悔恨降祸天下。不然的话，那场灾祸又怎能消弭得了！”唐德宗说：“杨炎简直就把朕当成小孩子看待，每次商讨大事，朕恩准他的奏表他就高兴，和他辩明事理，他就置气辞官；看他的意思，就以为朕是不配和他讨论，才会这样子的。因而彼此无法忍受，并不是卢杞的缘由啊。建中之乱，术士事先就请扩大奉天城，这确实也是天命，而不是卢杞所能致使的啊！”李泌说：“天命，别人都能这样说，只有君相不能这么说。因为君相是造就命数的人啊。假如将一切归为天命，那礼乐制度、刑法政治都用不着了。纣王说：‘我生下来难道就赋有天命的吗？’这就是商朝灭亡的缘故啊！”唐德宗说：“朕喜欢和人讨论治国的要则：崔祐甫性格褊狭急进，朕一加反问，应对就失去条理，朕素知他的这缺点而有意偏袒着他。杨炎论事也每有可采取之处，但气势神色粗暴骄傲，质难于他就勃然大怒，而不再顾及君臣间的礼节，因此每次看见他就不由得怒气丛生。其他的人就都不敢再讲话了。卢杞总是小心谨慎的，朕说什么他没有不顺从的；又没有知识，不能和朕来往辩论，因此我的意愿常无法和他畅所欲言。”李泌说：“卢杞对陛下的说法没有不服从的，难道还能以为他是忠臣吗？说到‘我说什么都不违背我的说法’，这就是孔子所说的‘一句话足够覆灭邦国’啊！”唐德宗说：“唯有卿和他们三人不同。朕说得对，卿就高兴；说得不对，卿就经常担忧。即使经常说些让朕听不顺耳的话，就比如刚才说到商纣及灭亡邦国一类的话。朕细细想想，卿都是在事没发生之前就说出来的话，无非是说明像这样都能安邦定国，像那样就将发生祸乱，话虽说得恳切但态度神色温和，没有半点杨炎那样盛气凌人、态度骄傲的样子。朕反复问难于卿，卿在说话道理上绝不屈服，但又没有必要争胜的心思，一直让朕把心里的意思全说了出来，服从于卿而不得不从，因此朕常暗喜能有幸得卿这样的贤臣啊。”李泌说：“陛下所任命的宰相还有好几位，都没提及，是为什么呢？”唐德宗说：“他们都不能算得上是宰相的。所谓宰相，一定是委以政务的才算。比如玄宗时的牛仙客、陈希烈，能称得上是宰相吗？再如肃宗、代宗重用卿，即使未受有宰相的名号，却是真正的宰相啊。假如必须要说是官拜平章事就是宰相了，那么王武俊之类的人就全是宰相了。”

刘昌重新修建连云堡。

夏天四月，乙未日（十八日），更改殿前左、右射生为神威军，和左右羽林军、龙武军、神武军、神策军号称十军，神策军的兵力非常强大，一大半驻守在京西，其余的分别驻守于京畿。

福建观察使吴诜轻蔑他手下的士兵力量微薄，而逼迫他们做各种苦工。士兵们因此作乱，斩杀吴诜的心腹十几个人，逼迫吴诜上奏请由大将军郝诚溢接管留后的职位。郝诚溢上书请罪，唐德宗派遣宦官为使到他的任所安慰他。

乙未日（十八日），陇右节度使李元谅重修良原县故城而驻守于城中。

云南王异牟寻想要内附，不敢私自派遣使臣，而先派东蛮鬼主骠旁、苴梦冲、苴乌星入朝拜见。五月，乙卯日（初八），唐德宗赐宴于麟德殿，奖赏非常优渥，都封了王位赐予印信而后送他们返回。

辛未日（二十四日），派遣太子宾客吴凑为福建观察使，而将吴诜贬降为涪州刺史。

吐蕃骑兵三万余人大举入侵泾、邠、宁、庆、鄜等州。在此之前，吐蕃经常在秋冬季节入侵，到了春天便因多半士兵感染疾病而撤退。而今，却因为吐蕃俘虏了很多唐人，拘禁他们的妻儿为人质，派吐蕃大将带领着唐人，在盛夏入侵；各州都据城驻守，而没有敢出城迎战的，吐蕃俘虏了数以万计的人畜而离开。

夏县人阳城以饱学诗书闻名，隐居在柳谷北边，李泌向唐德宗举荐他；六月，备礼征召，拜他为谏议大夫。

韩游瑰由于吐蕃进犯，自己驻守在边塞宁州，因病而请求派人代替，辞职归朝。秋天七月，庚戌日（初五），晋升浑瑊为邠宁副元帅，派遣左金吾将军张献甫为邠宁节度使，并调派陈许兵马使韩全义为长武城行营节度使。张献甫还没到任接替，壬子日（初七）深夜，韩游瑰未曾告诉军众，就轻装便骑回朝去了。士兵裴满等害怕张献甫治军严苛，于是就乘着军中无帅的时机，在癸丑日（初八），带领他的伙伴们起来动乱，扬言："张公本不是出自朔方军的，他来接替部众，我们绝对拒绝。"因此掠夺城市，围攻监军杨明义的住所，威胁他奏报派范希朝来做节度使。都虞候杨朝晟先前已出城避祸，听说这事，又进城来，对裴满等乱卒说："你们的要求正合我意，我是来提前祝贺的！"乱卒才逐渐平静下来。杨朝晟暗地里和诸将商议好了计策，于是在第二天早上，部署好了士兵之后，集合乱卒对他们说："你们的要求是不可能的，张公已经到达邠州，你们这伙人谋反作乱，本应该都处死，然而不会将你们全都斩杀，你们最好主动把领头号召起事及最先响应的人举报出来。"于是就杀了二百多人，之后率领着士兵们去迎接张献甫。唐德宗听闻士兵们想请范希朝去做节度使，就想派范希朝去。范希朝推托着说："臣因害怕韩游瑰嫁祸于臣而来，现今去接替他，这不是防范窥探觊觎、安抚造反暴乱的上策啊。"唐德宗对他甚为赞赏，因此升任他为宁州刺史，做张献甫的副帅。韩游瑰到达京师之后，改派他做右龙武统军。

振武节度使唐朝臣没能严密伺敌，己未日（十四日），奚、室韦侵略振武，捉拿了宫中派遣的宣慰使二人，大肆掠夺人畜而后离开。当时有一大批回纥人来迎接公主的正在振武，唐朝臣便派遣七百骑兵和回纥的数百骑追赶，结果回纥的使臣也被奚、室韦他们斩杀。

九月，庚申日（十六日），吐蕃尚志董星侵略宁州，被张献甫击败。吐蕃便转寇鄜、坊，大肆掠夺后离开。

元友直典查各道所征收两税之外的钱财，全都运交户部，于是就成了定法，每年于两税以外，还要征收银钱一百多万缗、米粮一百多万斛，导致民不聊生。各道大半自行上书，唐德宗这才发觉，因此下诏："今年已征收存入于官府的钱财，全都运到京师来，还没存入官府的全部还给百姓；明年以后，全部停征。"于是东南一带的人民，生活才又安稳下来。

回纥合骨咄禄可汗承蒙唐室许婚，很高兴，便派他妹妹骨咄禄毗伽公主及大臣们的妻子与国相、趺跌都督等带领一千余人前去迎接可敦（回纥称皇后为可敦），辞令礼节非常尊敬，说："之前是兄弟相称，现在已经是女婿了，相当于是半个儿子。假如吐蕃为祸，做儿子的自然应该替父亲去消灭灾祸！"因此对吐蕃使臣大骂侮辱了一顿而给予拒绝。冬天十月，戊子日（十四日），回纥派遣使臣来长安，可汗上书请改回纥为回鹘，唐德宗也恩准了。

吐蕃发兵十万打算入侵西川，同时还派遣了云南的兵卒；云南虽然是依附了大唐，然而表面上还是不敢违背吐蕃，因此也只能发兵数万而驻守于泸水以北。韦皋知晓云南正在犹豫徘徊之中，于是就写了封信给云南王，叙说他背叛吐蕃归附王化的诚心，装在一个银质的盒子里，而让东蛮转送给吐蕃。吐蕃见信，才开始对云南有了疑心，因此派兵二万屯驻于会川，用以阻碍云南通向蜀方的道路。云南王大怒，就带兵回国去了。以后云南和吐蕃之间，双方相互猜忌，而画下了一条鸿沟，致使云南依附唐室的意愿更加坚定；吐蕃失掉了云南的帮助，兵势也就因此削减很多。然而吐蕃既已入侵，于是分派四万名士兵攻打两林、骠旁，三万人攻打东蛮，七千人侵犯清溪关，五千人侵略铜山。韦皋派遣黎州刺史韦晋等人和东蛮联合兵力抵抗，在清溪关外大败吐蕃。

庚子日（二十六日），册封成安公主，晋加回鹘可汗为长寿天亲可汗的尊号。十一月，派遣刑部尚书关播为送咸安公主兼册封回鹘可汗使。

吐蕃以之前清溪关战败之耻，再次集合二万大军入侵清溪关，一万攻打东蛮；韦皋命韦晋驻守于要冲城，指导各路军队抵抗。而派巂州经略使刘朝彩出关迎敌，从乙卯日（十一日）到癸亥日（十九日），连战连胜，大败吐蕃。

李泌对唐德宗说："江、淮水运到汴，以甬桥为咽喉，甬桥属于徐州，于李纳的辖区相邻，刺史高明应年少而不习军事，假如李纳一旦突然改图而有二心，窃取了徐州，就相当于失掉了江、淮，国家的费用将何从获取？请调派寿、庐、濠都团练使张建封驻守徐州，割濠、泗二州隶属于他，而将寿、庐二州仍归隶淮南，那淄青就知惕惧而不敢再有反叛的行为，水运道路可保证畅通，而江、淮一带也就平安无事了。趁现在高明应年少无知，还可派人去接替他，应该征召他来朝，委任他做金吾将军。一旦徐州被别人占领了去，就无法加以制止了。"唐德宗顺从了他。因此派张建封为徐、泗、濠节度使。张建封为政宽大而有法度，凡犯下法令，格杀勿论，绝不宽松，因此他的部下对他没有不尊敬拥戴的。

横海节度使程日华去世，他的儿子程怀直自己代为留后，处理军事。

吐蕃多次派人去云南，极尽其威逼利诱之能事。

贞元五年（己巳，公元789年）

春天二月，丁亥日（十四日），韦皋致函异牟寻说：“回鹘多次主动请求帮助天子一起消灭吐蕃，大王你如果不及早决定，万一被回鹘抢先一步，那大王你累世的功绩就都浪费了。而且云南长期受吐蕃的侮辱，现今不趁此机会依附着大国的势力来报仇雪恨，将来就追悔莫及了。”

戊戌日（二十五日），派遣横海留后程怀直为沧州观察使。程怀直奏请划分横海辖区中的弓高、景城另置景州，并请求朝廷委派刺史。唐德宗高兴地说：“三十年来没有过这种事了！”因派遣员外郎徐伸为景州刺史。

中书侍郎、同平章事李泌多次请求另加宰相。唐德宗曾想委任户部侍郎班宏，李泌说班宏虽然廉洁耿直，然而性格迟钝呆滞，因此推举窦参，说他通情达理，聪明敏捷，并可兼任度支盐铁职位；董晋为人刚正，可将他安置于门下省。唐德宗都以为不妥。窦参是窦诞的玄孙，当时任职御史中丞兼户部侍郎；董晋任职太常卿。一直推托到了现在，李泌病重，又再次举荐这两个人。庚子日（二十七日），于是委任董晋为门下侍郎，窦参为中书侍郎兼度支转运使，一并晋加同平章事。而派遣班宏为户部尚书，仍兼任度支转运副使。

窦参为人刚正果断，严肃苛刻，没有什么学识，然而颇有权术。每次奏事，和几位宰相一起出来，窦参都走在最后，常以上奏度支事务为借口，事实上是想独揽国政大权，起用了很多亲戚党羽高居要职，当作他的耳目。董晋只不过充位罢了。然而董晋为人小心，在唐德宗面前所讲的话，从来没泄露让外人知晓过，子弟有时问他，董晋只说：“要想知晓宰相有没有能力，只要看天下是否安危就行了。在唐德宗面前的谋事，是不能和外人道的。”

三月，甲辰日（初二），李泌去世。李泌有才华，但因为喜欢说些神仙诡异的事，因此被世人看不起。

当时，唐德宗念及李怀光的功绩，而想赦免他一个儿子，然而子孙都已正法处斩；戊辰日（二十六日），因此下诏李怀光的外孙燕八八为李怀光的后裔，赐姓名为李承绪，调任他为左卫率胄曹参军，赐钱千缗，并令他奉养李怀光的妻子王氏，祭拜李氏墓园，祀拜宗庙。

冬天十月，韦皋派遣他部属中的大将王有道带兵和与东蛮、两林蛮及吐蕃的青海、腊城二节度战于巂州的台登谷，大败敌军，斩杀二千多人，敌兵跳崖及入水淹死的数不清，并斩杀了他们的大兵马使乞藏遮遮。乞藏遮遮是胡虏英勇善战的一员大将，被杀之后，韦皋攻城略地，战无不胜；几年之内，收复了巂州全部的领土。

易定节度使张孝忠兴兵为祸，侵略蔚州，掠夺人畜；诏书严厉责备，过了十几天才领兵返回易定防区去。

琼州自乾封年中就被山贼攻占，直到现在，岭南节度使李复派遣判官姜孟京和崖州刺史张少迁领兵攻打，才收复回来。

十二月，庚午日（初三），听闻回鹘天亲可汗逝世，戊寅日（十一日），派遣鸿胪卿郭锋册封他儿子为登里罗没密施俱录忠贞毗伽可汗。此前，安西、北庭都给回鹘借路来京奏报，因此都和回鹘联系。北庭离回鹘更近，回鹘对他们的索要，贪得无厌，又有沙陀六千多个营帐和北庭相连。到了三葛禄、白服突厥都依附了回鹘之时，回鹘也一再地侵略他们。吐蕃因此借葛禄、白服的兵卒去攻打北庭，回鹘大相颉干迦斯带兵救援北庭。

云南即使背叛了吐蕃，还是不敢光明正大地和吐蕃断绝来往。壬辰日（二十五日），韦皋再度封书招抚云南。

贞元六年（庚午，公元790年）

春天，下诏请出岐山无忧王寺中侍奉的佛指骨奉放于宫禁中，之后又送到各庙寺中以示众僧，全城士女都前去瞻仰跪拜，施舍多达上万的钱财；二月，乙亥日（初八），派遣宦官为使又奉于原先的地方。

起初，朱滔在贝州被击败后，他的棣州刺史赵镐举州归降于王武俊，之后开罪了王武俊，王武俊召他前去，赵镐拒不从命。田绪性格残暴，他哥哥田朝在李纳手下做齐州刺史。有人说李纳要护送田朝返回魏州，田绪害怕；判官孙光佐就替田绪出了个主意，要他厚礼行贿李纳，并且劝李纳招降赵镐占占领棣州来取悦李纳，因此请李纳将田朝押送到京师去；李纳采纳了。丁酉日（三十日），赵镐以棣州投降于李纳。三月，王武俊派遣他儿子王士真去攻打棣州，没能攻克。

回鹘忠贞可汗的弟弟斩杀忠贞而自立为可汗，那时回鹘大相颉干迦斯率兵去迎战吐蕃还没返回。夏天四月，次相带领着国人斩杀篡位的忠贞的弟弟，而立忠贞的儿子阿啜为可汗，那时阿啜才十五岁。

五月，王武俊屯驻于冀州，打算出兵攻打赵镐，赵镐就带领着他的属下逃跑到郓州；李纳因此分派了一部分军队驻守棣州。田绪派遣孙光佐到郓州，改诏将棣州隶属于李纳；王武俊愤怒，便派遣他儿子王士清去攻打贝州，而攻占了经城等四县。

回鹘颉干迦斯和吐蕃的战争失利，吐蕃因此得以加急攻打北庭。北庭人深受回鹘索要之苦，因此和沙陀酋长朱邪尽忠都归降了吐蕃；节度使杨袭古率领部下两千人逃跑到了西州。六月，颉干迦斯领兵返国，次相恐他有废立可汗的举动，就和可汗一起出城郊迎接，跪地陈述私自拥立阿啜的罪名，说："生死今日全凭大相惩罚。"而将郭锋册封忠贞可汗时所带来的器币摆列出来，全部献给颉干迦斯。可汗跪拜流着眼泪说："儿愚昧年少，若能有幸被立为可汗，只仰仗阿多提供衣食过活，绝不敢干涉国政。"胡虏称父亲为阿多，颉干迦斯被他的卑微感动，抱起他来，流下了眼泪，于是依臣属的礼节向阿啜行礼，而将奉献给他的全部器币，分赏给了从行出战的士兵，自己一点都没接纳。国中此后渐渐安稳了下来。

秋天，颉干迦斯动员全国数万大军，打算收复北庭，又被吐蕃击败，士兵死了一大半。杨袭古集合了数百名残兵，打算回西州去的时候，颉干迦斯骗他说："先和我一起到牙帐去一下。"到达牙帐之后便把他拘禁下来而遣送他回去，最后竟将他斩杀。安西的信息从此断了，不知存亡与否，而西州仍然由唐室将领驻守着。

葛禄乘胜攻打回鹘的浮图川，回鹘大为惊动惶恐，而将西北部落都迁移到牙帐南边去躲避；同时派遣达北特勒梅录跟随郭锋一起来京，奏报忠贞可汗逝世的事，并请册封阿啜为可汗的诏令。以往，回鹘使臣来中原，态度都很无礼，刺史和他们都行平等地位的礼仪。梅录到达丰州，刺史李景略想给他点颜色瞧瞧，就对梅录说："听闻可汗逝世不久，想赠送一份赙仪，聊表心意。"李景略先占在上位高处坐着，梅录走到前去俯首弯腰大哭流涕。李景略安慰他说："可汗去世，提及这事来，反引起你的伤痛了。"梅录的骄傲态度，一点都没有了。从此回鹘的使臣前往，都在庭下拜访李景略，以致他的声名闻于塞外。

冬天十月，辛亥日（十九日），郭锋从回鹘返回京城。

十一月，庚午日（初八），唐德宗在圜丘祭天。

唐德宗一再命令李纳将棣州返还给王武俊，李纳想尽办法拖延，而要求朝廷用海州来交换棣州；唐德宗不许。于是李纳又请求诏令王武俊先返还田绪所占领的四县，唐德宗允许了。十二月，李纳才将棣州返还给王武俊。

贞元七年（辛未，公元791年）

春天正月，己巳日（初八），襄王李僙去世。

二月，癸卯日（十二日），派遣鸿胪少卿庾铤前去册立回鹘奉诚可汗。

戊戌日（初七），命令泾原节度使刘昌重建平凉故城，以抑制弹筝峡口；十二天就重建完成，而分派将士据城驻守。刘昌又修筑了朝谷堡；甲子日（三月初四），下诏赐名该堡为彰信；泾原一带也渐渐平定了。

之前，唐德宗返回长安之后，因神策等军队有随从护驾的功劳，都赐名为兴元元从奉天定难功臣，派官领校，待遇甚为优渥。于是禁军依仗着宠信而骄傲横行，压榨虐待百姓，欺压府县，甚至谩骂侮辱官员，毁坏档案文书。府县官员有不胜怨恨而对禁军用刑的，早上鞭笞一个禁军，晚上就会有被朝廷贬低流放到万里之外去的官员，此后府县中虽有公正严明的官员，也不容他们尽心政务了。市井中富裕的人，经常行贿，寄名于军籍，府县对他们便无法加以管理。辛巳日（三月十二日），唐德宗颁发诏书："神威、六军官兵若有和百姓兴讼的事，一律授权于府县审理，小事牒知本军，严重的事故则奏报朝廷。假如军士凌压府县，囚困之后上奏，交给御史台究办审核。县吏假如擅自用刑鞭笞，必依法贬官。"

癸未日（三月十四日），易定节度使张孝忠去世。

安南都护高正平收取赋税太过苛刻，夏天四月，群蛮酋长杜英翰等因此举兵围攻都护府，高正平因担忧愤怒过度而死，群蛮听闻就都归降了。五月，辛巳日（二十二日），安置柔远军于安南。

端王李遇去世。

韦皋接连不断致书招降云南王异牟寻，始终没收到回信。然而吐蕃每次调动云南的士兵，云南派出的越来越少。韦皋深知异牟寻一心想要依附于唐，征讨副使段忠义，原是阁罗凤派来的使臣。六月，丙申日（初七），韦皋派段忠义回云南，并致书诚恳告谕异牟寻。

秋天七月，戊寅日（十九日），派遣定州刺史张升云为义武留后。

庚辰日（二十一日），派遣虔州刺史赵昌为安南都护，群蛮因此没再作乱。

八月，丙午日（十八日），任命翰林学士陆贽为兵部侍郎，其他的职务全部罢免；因为窦参厌恶他。

吐蕃攻打灵州，被回鹘击败，连夜逃跑而去。九月，回鹘派使臣前来献俘。冬天十二月，甲午日（初八），又派使臣前来献上所虏获的吐蕃酋长尚结心。

福建观察使吴湊，颇有政绩，声名大著，窦参因和他有私仇而诽谤他，并说他患有风湿症，浑身麻痹；唐德宗将他召到京师，让他走几步路看看是否确实那样，一看之下，知晓是窦参诬赖他，从此讨厌窦参。丁酉日（十一日），派吴湊为陕虢观察使以代替窦参的党羽李翼。

睦王李述去世。

吐蕃听闻韦皋派遣使臣在云南，就派使前来加以斥责。云南王异牟寻欺骗他说：“唐朝派遣的使臣，本是蛮人，韦皋依他自己的意思，将他放回来罢了，并没有其他的图谋啊。”因此把来使拘捕遣回到吐蕃。吐蕃又要求了很多位云南大臣的儿子为人质，云南对吐蕃更加恼恨。

勿邓酋长苴梦冲，私通吐蕃，煽动招诱群蛮，阻挠断绝云南使臣的往来。韦皋于是派遣三部落总管苏峞带兵去到琵琶川加以守卫。

资治通鉴卷第二百三十四　唐纪五十

起壬申（公元792年），止甲戌（公元794年）五月，共二年五个月。

【题解】本卷记录了公元792年至794年五月的历史，共两年零五个月。为唐德宗贞元八年到贞元十年五月。这一时期陆贽拜相，实行政治改革。各部升迁由长官举荐，不再由宰相包办，任用官吏考核实际才能，不凭花言巧语，给被惩官吏留下改过自新的机会，朝廷赈济灾民要及时，与外国商贩贸易不征税赋。陆贽还提出均平赋税与节用开支等六条措施，上奏边防体制六大失误，调整边防驻军，充实国家粮储。他的奏议明快直切，一针见血，但由于缺乏李泌以柔克刚的政治手腕，所以建议大多不被采纳，只做了两年多的宰相。德宗不改本性，信谗自用，虽任用李泌、陆贽，但更信赖卢杞、裴延龄等奸人，政治清浊混流，时局时好时坏。

德宗神武圣文皇帝九

贞元八年（壬申，公元792年）

春季，二月，壬寅日（十七日），西川节度使韦皋拘禁苴梦冲，数责他的罪名而后将他斩首，去云南的路才通畅无阻。

三月，丁丑日（二十三日），山南东道节度使曹成王李皋去世。

宣武节度使刘玄佐颇有威信和才略，每次李纳派使前往，刘玄佐都招待他们非常优渥，因此常知晓李纳的一些阴谋，而能事先加以防范；李纳对他怀有戒备。刘玄佐的母亲即使已贵为太夫人，每天还是织一匹绢，她对刘玄佐说："你出身于贫贱寒微的人家，天子让你富贵到这般地步，必须要用性命报效皇恩才对。"因此刘玄佐自始至终都能固守臣节。庚午日（十六日），刘玄佐去世。

山南东道节度判官李实掌管留后职位，李实性格苛刻，扣减士兵们的衣食。鼓角将杨清潭因此率众反叛，深夜，在城中放火掠夺，唯独不进犯曹王皋的家院。李实跳墙逃跑而免于危难。第二天清早，都将徐诚悬绳翻墙入城，发号命令阻止动乱，动乱才被镇压下来；徐诚拘禁杨清潭等六人，将他们斩首。李实返回京师，被派为司农少卿。李实，是李元庆的玄孙。丙子日（二十二日），调派荆南节度使樊泽为山南东道节度使。

起初，窦参做度支转运使，班宏做他的副使。窦参向班宏许下承诺说，一年之后将转运使的官职让给他。过了一年多，窦参还毫无让位的意愿，班宏心里很气恼。司农少卿张滂，原是班宏推荐的，窦参想让张滂分权管理江、淮盐铁事情，班宏不愿意，被张滂知晓，因此张滂又对班宏心生恨意。等到唐德宗李适疏远窦参，窦参才把度支转运使的官职让给班宏，却不想让班宏专权取利，于是就向唐德宗推举张滂；要求唐德宗委任张滂为户部侍郎、盐铁转运使，仍隶属于班宏，借以取悦班宏。

窦参阴险狡猾而刚愎自用，仗着权力贪得无厌，每逢任命调派官员，常与同族的晚辈给事中窦申商量。窦申招揽权力，收受贿赂，当时的人称他为“喜鹊”。对这些事唐德宗李适略有所闻，就对窦参说：“窦申一定会牵连到你，你最好把他外放，也好安抚对你不利的流言。”窦参再三保证窦申没什么，而窦申竟也不知悔改。左金吾大将军虢王李则之，是李巨的儿子，与窦申很友好。左谏议大夫、知制诰吴通玄和陆贽关系不睦，窦申害怕唐德宗起用陆贽，便暗地里和吴通玄、李则之伪造诽谤的书信，想借此构陷排挤陆贽；唐德宗李适察觉了他们的做法。夏季，四月，丁亥日（初三日），唐德宗李适把李则之贬谪为昭州司马，吴通玄贬谪为泉州司马，将窦申贬谪为道州司马；不久又赐吴通玄自杀。

刘玄佐去世，将佐隐藏不发丧，冒充刘玄佐之名称病请求派人接替，唐德宗李适也装作不知晓而替他们隐匿，派使者去到军中问道："派陕虢观察使吴凑前来接替怎么样？"监军孟介、行军司马卢瑗都认为很好，之后才颁发派令。吴凑走到汜水县，刘玄佐的灵柩即将发丧，军中请求准备仪仗队，卢瑗不允许，还下令仪仗队的器用留着迎接新使；将士们愤怒，因此刘玄佐的女婿及亲信的士兵都披甲执锐，拥护着刘玄佐的儿子刘士宁脱去孝服，登上高位，刘士宁被尊为留后。他们拘禁城将曹金岸及浚仪县令李迈，说："你们都是要求要吴凑来接替的！"于是就将他们凌迟处斩；卢瑗逃跑才免于一死。刘士宁以财物奖赏将士，挟持着孟介向朝廷请命。唐德宗李适问宰相，窦参说："如今汴人要挟李纳的势力邀请任官的制令，不允许的话，他们就会和李纳结合。"于是就在庚寅日（初六日），下令任刘士宁为宣武节度使。刘士宁猜疑宋州刺史崔良佐不服从他，于是就借口到境内巡抚，去到宋州，派都知兵马使刘逸准代替崔良佐的官职。刘逸准，是刘正臣的儿子。

乙未日（十一日），德宗贬谪中书侍郎、同平章事窦参为郴州别驾，贬谪窦申为锦州司户。任命尚书左丞赵憬、兵部侍郎陆贽都为中书侍郎、同平章事。赵憬，是赵仁本的曾孙。

张滂向班宏要盐铁旧簿，班宏不给。张滂和班宏一起选任巡院官，因为二人意见不合，没一个人因双方都满意而被任用，导致缺官非常多。张滂对德宗说："这样下去，空缺太多，办不好事，臣将无法逃脱罪责。"丙午日（二十二日），德宗命班宏、张滂分别掌管天下财赋，就像大历年间的做法一样。

壬子日（二十八日），吐蕃入侵灵州，攻占水口的支渠，毁坏守边士兵开垦的田地。德宗下诏河东、振武军支援，并派遣神策六军二千人驻守定远、怀远二城；吐蕃这才离去。

陆贽奏请让台省官员各自推举属员，把推举人的姓名一起写在诏书上，以备日后审核被推举人的优劣，借以奖惩推举人。五月，戊辰日（十四日），德宗下诏依从陆贽建议的方法实行。

没过多久，就有人对唐德宗李适说："各司所推荐的人，都是有私情或是亲戚关系，有的还收受贿赂，因此得不到有实际才华的人。”德宗密谕陆贽：“从今往后，任官调遣，卿应自加择取，不要再委托各司。”陆贽上表，大要是说：“国朝五品以上的官吏，制敕以命官，是宰相商讨决定上表，天子认可而后授予官职的。六品以下则降旨授官，是由吏部筛选才能，署任官职，下旨只画一‘闻’字而不加否认的。开元年间，凡起居郎、舍人、拾遗、补阙、御史等官职，还是全由吏部奏报。之后因为佞臣专权朝政，废除由宰相商议的方法来加重个人权位，废除由吏部筛选举才的方法以行私人的恩德，导致节操刚正的人，如果不是出自宰相的授意，根本就不可能获取官职。”又说：“自从颁布实行以来，被推荐的人才不过十几人罢了，就他们的资历名声来说，既不逊色于朝廷其他官员，而审核他们的操行才华，也没听闻有失职败事的情形。然而一些喜欢惹是生非的人，竟拨弄是非，扰乱圣上听闻。正道难于实施，由此便可见一斑！请说这种话的人指出事实，是谁收受贿赂，是谁徇私推荐，把他们交给主管官员，考核是真是假；对推举不当的人，必然要加以惩戒，而对诬陷善良的人，也一定要反坐治罪。又为什么要宽容那些贪官奸佞，不加追究诘问，隐匿公正的言论，不具名揭发，而使无辜人士被猜疑，反而宽容有罪的人，而使公正的人和邪恶的人一样声名狼藉，那公正人士还有什么好依附的呢？再者，宰相不过只有少数几个而已，怎能遍知全部的人士？假如各级官吏全令宰相委任，照理说宰相一定反复询访，那岂不是将公开的推举变成了私人的推举，而将公开的提升褒扬变成暗地里的荐进，徇私起用故旧的情形一定更多，所造成的舞弊也必然更加严重。因此若依从这种方法命官，很少会有不受诽谤的了。纵使由宰相主持任官的权限，也难免用人不公，或自行私利，还很可能有因为私访亲信，反被亲信出卖的事发生。这种缺点甚为明显，圣上只需稍稍鉴察，便能了解。”又说：“如今的宰相就是以往的台省官员，如今的台省官员就是将来的宰相，只是职位官称上暂且不一样罢了，并不是位居台省官员时的推荐，与位居宰相时的推荐，猛然之间就会有不同。身为长官之时，不能推举一二个属吏，而一旦居于宰相地位，就能推举千百个备位的官吏，哪里有这种事呢？众议纷纷，竟然不明事理到这步田地。地位尊崇的人，只是综合一切事务的纲领，而由地位卑微的人去厘定细则，负责实施，因此人主选择宰辅之臣，宰辅之臣选择各级主管官员，而由各级主管选择辅助僚属，假如为了选用适合的人任职，这是不可更改的唯一方法。说起来求取人才越多越好，考核操守才华越精越好。以往武则天想要招揽人心，进用官吏不依次第，不仅人人可以推举才士，有才华的人还可以自我推举。然而处罚严厉，进而斥退得也快，因此现在说她有知人的智慧，并且历代治平无不有赖于委任众多才士。”又说：“武则天任用人才的方法，即使有失于轻率，但能得真才，而陛下小心选才的规矩制定得太精细，却往往会失掉贤士。”德宗李适最终追回前诏不再实施。

癸酉日（十九日），平卢节度使李纳去世，军中举荐他的儿子李师古代为留后。

六月，吐蕃千余骑兵侵略泾州，俘虏屯田士兵千余人后离开。

岭南节度使上表：“最近海舶所载的奇珍异宝，大都运往安南交易，如今欲派判官前往安南收钱，请求朝廷从宫中派一名宦官同往。”德宗打算依其所请，陆贽因此上表，他以为：“远方的商人，唯利是图，宽厚他们就会前来，打扰他们就会离开。广州向来是众舶集合的地方，如今他们突然都改往安南，假如不是侵财夺利过于苛待，就一定是携离有失正道，犯有过错，不知自责，反而动摇皇上的心思。更何况岭南、安南，无不是王朝的土地，朝廷派遣的中使，与安南负责交易的外使，也全部是王朝的臣属，为何只信任岭南的交易而不信任安南的交易，重视朝廷派遣的中使，而轻视在安南主事的外使？所奏报的这件事，希望搁置下来不要理会。”

秋季，七月，甲寅朔日（初一日），户部尚书判度支班宏逝世。陆贽请求派遣前湖南观察使李巽兼判度支，德宗应允。不久德宗又想任命司农少卿裴延龄为度支，陆贽上表，以为：“今日的度支，均平各种货物售价，度支为人刻薄小气，就不免导致灾祸，而太过仁厚，就容易藏奸。裴延龄是个荒谬狂妄的奸人，假如他做度支，那一定会骇人听闻。尸位素餐的罪过，本当下及于卑职小臣；假如委任他为度支，恐也有伤皇上的知人之明。”德宗不听他的意见，己未日（初六日），任命裴延龄为度支。

河南、河北、江、淮、荆、襄、陈、许等四十余州发生水灾，淹死二万多人，陆贽请派遣使臣赈灾安抚。德宗李适说：“听闻水灾受到的损失很小，假如议请加厚抚恤，恐怕会引起奸佞欺瞒的事情发生。”陆贽上表，内容大致是说：“流俗的弊端，大半是由于阿谀奉承，揣测陛下心里喜欢的就夸大其词，讨厌的就大事化小，处置失当，常导致这种弊病。”又说：“赈灾所消耗的不过是财物而已，而获取的却是民心拥戴，假如能不失民心，又怎会有财用不足的担忧呢？”德宗允许派使赈灾，却说：“淮西很早就没进贡，不必派使前去。”陆贽又上奏折，以为：“陛下偃旗息兵，含垢忍辱，既然宽容将帅，那也对该地的百姓更加怜悯体恤。以前秦、晋二国为敌，秦穆公还送粮赈济晋国的灾民，何况您身为帝王，内怀万邦，仰仗于恩惠与道义，宁可使人有负于我，而勿使我有负于人。”八月，派遣中书舍人京兆人奚陟等去安慰体恤各道水灾。

委任前青州刺史李师古为平卢节度使。

韦皋攻维州，俘虏吐蕃大将论赞热。

陆贽上表，以为边境储粮不够，是因为措施不当，储存赋敛失宜，大致是说：“所谓措施不当，是因为士兵不隶属于戍边大臣，戍边大臣不隶属于元帅。甚至有一个守城的将领，一旅编制的士兵，就派一名宦官为使臣前去考察，并且另下诏令任命。各军军队分别驻守一地，延绵千里，双方不相统属；沿着边境排列有十万大军，而并未设立主持策划的主管。每当异族入侵，才由朝廷商议对策传令军中，等到征派军队前去支援，敌人早就获胜休战返回本土。吐蕃和中国相比较，士兵的多寡不等，战术的高下悬殊，然而他们入侵的兵力有余，而我们驻守的力量不足。这确实是因为他们的命令直接发自将帅，而我们则完全由朝廷控制；他们的士兵集合在一起，而我们的部队却分散的原因所在啊。所谓储蓄赋敛失宜，陛下最近制定士兵在驻军的所在地区耕作，由当地官员议价购买粮粟的方法，借以避免反复运粮的辛苦和费用的耗费，下令给予加倍粮价购买，借此激励农耕，此令初行，大家都高兴拥戴。然而长久之后，各地官员便苟且做事，一味苛待士兵百姓，斤斤计较，年成好时，便不定期地随时征收贮藏，歉收时，便以强制压迫的手段购买粮粟，导致豪强权贵、贪官污吏得以谋取利益，贱价购入，积累贮藏，以待公私粮食短缺之时，高价兜售，从中取利。除此之外，竟还有些权贵显要、达官贵族，以及羁旅遨游的贵幸，在边境驻军的城市中，设置粮号，贱价购买，而向京邑报取高价，还经常支付缔葛麻布折抵粮价，这些东西在边远地区，严寒之时不能做衣服穿，要卖也卖不出去。上级失信于下级，下级士兵也只好狡诈应对，导致度支抬高价格，军城粮价上涨。度支以苟且不正的方法，兜售滞销的货物牟利，而军城以所征收购买的粮食加价为盈余。即使设置巡院，也形同虚设。甚至伪造账本，谎报存粮，统计上报的数量，多达亿万有余，而检查实际的数目，还不到百分之十。”

又说：“以前的法制，因关中的用度非常大，因此规定每年将东方的租米运送过去，导致一斗钱运一斗米的传言。全凭传言而不明事实的人就说：‘这是有关国家的大事，不应计较费用消耗，即使明知不免辛苦烦恼，但是也不能废弃。’只图谋近利而不防范远患的人就说：‘年年到达秋收之时，只要在京畿之内议价购买粮食就行。既易于把事办成，又能够激励农耕。’臣以为这两种言论，互有优劣，为了让国家财用充足而制定法律，必须衡量轻重。粮食不够而钱财有余之时，就该停缓积财，充实仓库；粮食充足而钱财不足之时，就应暂缓存粮而慎用钱财。近年来关辅地区连年丰收，官府粮仓积累满溢，足够数年消耗；今年夏季，江、淮水灾，米价上涨一倍，百姓大都流亡异乡，替人帮佣。关辅因谷贱伤农，应该提高售价买入，却没有钱财；

江、淮因谷贵使百姓困顿，应该降低售价卖出，却没有米粮。反而还要他们运送米粮前去，以不足补益有余，全凭传言而不明事实的人，才会有这样的想法。而今江、淮一带，一斗米价格高到一百五十钱，运到东渭桥，运工的俸禄大约需要二百钱，稻米粗糙腐烂，尤其不受京邑人士喜欢。据市司每月上报的估价，一斗米的价格只值三十七钱，大致说来耗费十分之九的价值，而只余十分之一的价值，使江、淮的人饿死，同时也使京邑的百姓连带受牵连，这样处置事情，可真是大错特错！近来每年由江、湖、淮、浙运米一百一十万斛，到达河阴留下四十万斛，储存在河阴仓中，到达陕州又留下三十万斛，储存在太原仓中，余下的四十万斛运送到东渭桥。如今河阴仓、太原仓存米还有三百二十多万斛，京兆诸县一斗米的价格，也不过值七十钱，请令明年江、淮只运米三十万斛到河阴，之后再由河阴、陕州顺路转运到东渭桥，把江、淮其余还没交运的八十万斛米，委托转运使以每斗八十钱的价钱，卖给水灾地区的各州各县，用来赈济贫困的百姓，一共可收入六十四万缗，此外节约下俸禄六十九万缗。请令户部先上缴京兆二十万缗，命令京兆用来买米补渭桥仓缺少的数额，每斗使农民获利百钱；剩下的一百零二万六千缗，交给边镇，要他们购买十万士兵一年需要的粮食，还剩余的十万四千缗，则用作来年购米的钱。而在江、淮兜售稻米的钱，及节约下的俸禄，委托转运使全以绫、绢、絁、绵折算，运送至长安，以抵还向户部借贷的款项。”

九月，德宗下令西北边境高价购买米粮，以充实仓库，边塞地区的用度才逐渐地充足。

冬季，十一月，壬子朔日（初一日），发生日食。

吐蕃和云南之间的猜疑日渐加深，每回云南的兵卒来到边境，吐蕃也就出兵，扬言相互接应，实际上借以戒备。辛酉日（初十日），韦皋又写信给云南王，打算和云南联合攻打吐蕃，把他们赶到云岭之外，捣毁吐蕃全部的城堡，只和云南联合，在边境上修筑一座大城，置兵驻守，相与共保，永远亲如一家。

左庶子姜公辅的职务长期没有调动，就去拜访陆贽请求调动。陆贽私下对他说："听闻窦相窦参曾多次奏请拜阁下为相，皇上都没允许，对你颇有怨恨之言。"姜公辅惊恐害怕，因此奏请辞官去做道士。德宗问他为何，姜公辅不敢泄露是陆贽对他说的这番话，而会德宗假称是窦参告知他这番话。德宗因为窦参将怨恨归于君主而恼怒；己巳日（十八日），把姜公辅贬为吉州别驾，并派遣宦官作为使者斥责窦参。

庚午日（十九日），山南西道节度使严震上表在芳州及黑水堡击败吐蕃。

起初，李纳因见棣州蛤𧊅有盐利可谋取，因此筑城驻守；又派兵驻守德州南边的三汊城，和田绪勾结。等到李师古袭位，王武俊看他年幼而轻视他，于是就在这个月，领兵聚集于德、棣二州，打算攻占蛤𧊅及三汊城。李师古派赵镐带兵抵抗。德宗李适派遣宦官为使加以晓谕制止，王武俊才返回。

起初刘怦逝世，刘济在莫州，刘济的同母弟刘澭跟随在父亲身边，以父命召刘济前去把将军府大权授给刘济。刘济任命刘澭为瀛州刺史，并承诺将来让刘澭代替他的职位。之后刘济任命他儿子做副大使，刘澭便怀恨在心，私自奏报朝廷，请派兵千人由他带领负责防秋。刘济愤怒，发兵攻打刘澭，而将刘澭击败。

左神策大将军柏良器，招收勇士来取代买卖人，监军窦文场很讨厌他。恰巧有一天柏良器妻子的亲故喝醉酒，宿在宫禁中值卫的宿舍中。十二月，丙戌日（初五日），柏良器因此事受到牵连，被贬为右领军。此后宦官又开始掌管军权。

贞元九年（癸酉，公元793年）

春季，正月，癸卯日（二十四日），开始征收茶税。凡是产茶的州县及茶山通向外界的道路，都按照产量估算价值，征收十分之一的茶税，这是按照盐铁使张滂的上奏决定的。张滂上表说："去年因为水灾税收降低，导致用度不足，请征收茶税，用以补足。从明年开始，征收的茶税，令各所在地另外储存，等到发生灾难，用来取代田租。”此后每年征收茶税四十万缗，但从没用来赈济过灾害。

张滂又上表说：“奸佞熔销钱币铸成铜器谋取利益，请全面阻止售卖铜器。开采铜矿的人，也不得私下售卖。”

二月，甲寅日（初五日），委派义武留后张升云为节度使。

起初，盐州已被攻陷，塞外就毫无屏障；吐蕃常常阻挠灵武来往的通道，扰乱鄜坊。辛酉日（十二日），德宗李适下令派兵三万五千人修筑盐州城，又诏令泾原、山南、剑南各派军队进入吐蕃，分散他们的兵力，城垣修建二十天完成；命令盐州节度使杜彦光负责驻守，并令朔方都虞候杨朝晟驻守木波堡。此后灵、夏、河西一带才得以安稳。

德宗派人告诉陆贽说：“要紧的事，不要对赵憬说或和他商量，应该密封亲笔奏报上呈。”又说：“苗粲由于他父亲晋卿以往摄政时，曾说过一些越过臣属礼仪的话，好几个儿子都和古代帝王同名，如今还不想明令驱逐他，他的兄弟也都在京外担任官职，不要让他接近驻兵的地方。”又说：“卿太过于廉洁小心，对于诸道的赠送，全都拒绝接纳，恐怕有违人情伦理，如马鞭、皮靴之类，也不妨接纳。”陆贽上表，大致是说：“臣昨日上表，只有赵憬知晓，就有劳陛下费神，而不惜委屈极力加以防备。这就表示在陛下的心里，还遭受着很多外在的拘束，心里受到拘束，做事非出于所愿，就很难顺利完成。恐怕不仅会有失于大公无私的品德，还会有伤于不吝悔过的明智。”又说：“册封赏爵，一定要在朝堂上赏赐，刑人处斩，一定要在市朝实行，为的是害怕好事不被人知晓，坏事不被张扬。君上奖善惩恶都能无愧于心的话，那天下人闻知，自然也无疑虑，而使被奖赏褒扬的人，安然无愧，受刑罚处置的人，也心服口服，这才是皇上宣明典章，和全天下人一起遵循的做法啊。举凡有关谮诌诉讼的事，所说的话就不一定确切可信，利于暗地里害人，害怕公开明察。对于这些事，或许有人会说年代久远，已没办法追究；或许有人会说害怕会妨碍大体，因此必须隐藏容忍；也或许有人会说恶事也不明显，最好是借取他事为名；甚至或许有人会说将他斥责放弃就好，又何必一定要辨明罪责，加以斥责侮辱呢？这些说法，听起来似乎都合乎情理，然而实在都是些深藏狡诈诬罔的说辞。残害忠良而使奸计成功，没有比这更厉害的了！假如苗晋卿父子真犯有大罪，应该当众依法定罪，假如是被人冤枉陷害，又怎么让他蒙受不白之冤而被流放？说到审讯问案，明辨奸谗，一定要探究内情，明察事迹，实在是邪恶的行为，罪名昭著，令人心服口服，无理可诉，之后再加以刑罚惩治，那臣下才不致有蒙受冤屈的人，而皇上也不致会信任谗言，受人欺骗。”又说：“监临官收受贿赂，纵然只是一尺布，按照法律规定，也要惩罚。对于官卑职贱，尚且应该严禁贿赂，何况是居于移风化俗之位的宰相，怎能收受贿赂呢？贿赂的大门一开，欲望越来越大，马鞭、皮靴不能满足，一定要接受金玉宝货。眼看着有心爱的东西可贪，有谁能不心动呢？既已接纳别人私下的贿赂，又怎么拒绝别人暗地里拜访，而不满足他的需求呢？因此细水长流，汇成溪壑，最终泛滥成灾。”又说：“假如是有的接纳，有的拒绝，那被拒绝的人，必会怀疑对他所要求的事，是不愿意被通融；假如全不接纳，那都知晓不贿赂，是理所应当的事，又怎会对我有嫌隙疑虑呢？”

起初，窦参厌恶左司郎中李巽，把他外放为常州刺史。等到窦参被贬到郴州，李巽在做湖南观察使。汴州节度使刘士宁赠送细绢五十匹给窦参，李巽就奏报窦参私交藩镇大将。德宗愤怒，想斩杀窦参，陆贽以为窦参的罪责还不至于被判死刑，德宗也就放弃了，之后又派遣宦官对陆贽说：“窦参结交内外大臣，心怀不轨，危害社稷，事情严重，着卿速进奏表，拟定处罚方法。”陆贽上表：“窦参是朝廷重臣，要治他死罪，不能事出无因。以前斩杀刘晏，罪责不明，如今众人议论纷纷为他打抱不平，导致叛臣有了借口。窦参贪污纵欲的罪名，是天下所有人都知道的事；至于心怀叵测的阴谋诡秘，事情并不明显。假如不经审讯问考，就突然加以重罚，恐怕造成的惊动不小。窦参和臣并没有任何交情，这是陛下知晓的事，臣绝不会为了要救他而徇私情，只是爱护朝廷刑罚不被滥用。”三月，又将窦参贬为驩州司马，一家男女都外放到边远地区。

德宗又下诏治窦参亲党的罪，陆贽上表：“犯罪有首从的区分，刑罚有轻重的区分，窦参是罪魁祸首，都已经被宽恕，对他的亲党，更应当尽力宽免；何况起初在窦参犯罪受刑时，对他的私党都已牵连处罚，既然已经安抚人心，请不要再治他们的罪了。”德宗也接纳了他的意见。德宗又想没收窦参的家财，陆贽说：“依照法律来说，造反的人，没收他所有的家私，贪污的人，只没收他所贪的部分，而且必须等结案正法服刑之后，再进行没收。如今窦参的罪责不明，而陛下也已经施恩宽恕了他，若是册录没收他的家私，恐怕会受到因财害义的嘲讽。”但是那时宦官都对窦参恨之入骨，不断地谗言诽谤他。窦参还没到达驩州，德宗竟下诏在途中赐死他。并下令把窦申用刑杖打死，将窦家的财物、奴婢，全部送到京师。

海州团练使张升璘，是张升云的弟弟、李纳的女婿。为他父亲守丧期满，行过大祥祭，换下孝服后，返回定州，曾经在群官聚会时，在座席上当众大骂王武俊，武俊将这事上报德宗。夏季，四月，丁丑日（二十九日），德宗诏令罢免张升璘，杖责后将他拘禁。定州物财富裕，人口众多，王武俊常想占有，因此发兵偷袭义丰，抢夺安喜、无极两县中一万多人，将他们分别迁移到德、棣二州。张升云闭关自守，多次派人去向王武俊请罪，王武俊才息兵停战。

德宗令李师古毁掉三汊城，李师古奉诏行事；而常招收一些亡命之徒服役，其中有些曾经开罪过朝廷的人，他全部予以抚慰起用。

五月，甲辰日（二十七日），任命中书侍郎赵憬为门下侍郎、同平章事；义成节度使贾耽为右仆射，右丞卢迈仍担任原职，一起晋升为同平章事。卢迈是卢翰族兄的儿子。赵憬猜疑陆贽仗着宠信，想包揽大权，因此排挤他，而将他安置在门下省，因此常常称病不干预政事，和陆贽有了嫌隙。

陆贽上表陈述边防制度有六项缺点："一是措施不当；二是奖赏无常；三是士兵众多，导致财资不足；四是将领太多，导致兵力分散；五是待遇不公，导致人心怀愤恨；六是用兵由朝廷遥相掌控，贻误战机。

"关东士兵，水土不服，遭受边塞的寒冷，害怕戎虏的凶残。国家对他们的俸禄供养，视同天之骄子一样，每每为了苟且取安，就像非得求他们不可似的。而这些士兵，每天只是在屈指算着归期，张口待哺；有些趁着王师败北的机遇，趁着混乱溃败的当儿，东奔逃向家乡；有些甚至相率逃跑，弃城镇于不顾，致使远近人心惊慌不安。岂止是无益，确实有害。还有触犯法律而被流放贬谪的人，本非善类，再加上思乡情切，经常幸灾乐祸地希冀灾乱发生，更甚于士兵。这就是所谓的措施不当的过错。

"近年来，将帅们的大权频频下放，朝廷也同样失去威严，将帅的指令很少能通达于全军上下，国家的命令也不能施于将帅，双方都是在相率着姑息养奸，苟且偷生，过一天算一天。想要赏赐有功官吏，反而会顾虑到无功官员将生叛逆之心；想要惩罚一个有罪的奸臣贼子，又会顾虑到其他品德败坏的人将担忧不安。因此有人犯罪，却代为欺瞒，尽力忍让，而不敢张扬出来；有人立功，却因有所顾忌，而不便奖赏。姑息养奸，竟到了这般田地，以至于让遵守臣节、忘身报效的忠臣，饱受同僚的嘲笑，身先士卒，冲锋陷阵的骁将，深受士兵的埋怨，败军失地的将领，没有丝毫羞愧，更无所畏惧，救援延误的将领，反而自以为是聪明能干，幸运免入战祸。这就是忠贞义士所以痛心，勇敢武夫所以离心的缘故。这就是所谓赏罚失常的缺点。

"每遇戎敌入侵，将帅们便相互推脱，相互依赖，没一个敢对敌人如何，于是夸大敌寇兵力，上报朝廷，说自己兵力微弱，难以抵抗。朝廷不查明，只是一味招收士兵，加派救援，这不但无助于防御抵抗，反而加重粮械供应的弊端，导致闾里间的壮丁一天比一天少，而招募增援的士兵却一天比一天多，于是将增刮百姓以致百姓倾家荡产，再加上主管官员征得的盐、酒税合在一起，每年全都用在边防将士们的身上。这就是所谓士卒众多，导致国家财用不足的缺点。

“吐蕃全国能手执兵器出征打仗的人，不过相当于中原十几个大州郡中招募的壮丁人数。他们一来进犯，我们就害怕他们人多势众，不敢和他们对战。他们平时不来进犯的时候，我们又害怕他们强大，而不敢攻打。这究竟是为什么呢？实在是因为我们中原有太多的节度使负责管理军队，而吐蕃却由一员大将负责统领全国军队啊。说到专由一人统领指挥，那人心就不致背叛，命令一致，进退与共，快慢如意，而不致错失良机，气势自然壮大。这就是兵家所谓的以少为多，以弱为强的用兵道理啊。开元、天宝年间，控制抵抗西北两藩的，只有朔方、河西、陇右三节度罢了。中兴之后，还未对外讨伐，抵御两藩的，也只不过朔方、泾原、陇右、河东四节度罢了。然而近年来，将朔方的兵权分划，建旄拥节的节度使就有三位，剩余各镇将领，将近有四十人，都是奉受特诏任命，还派遣贵幸的宦官分别莅临监督，而将领们地位相等，不相统属。等到每次边境传书前来告急时，才让他们一起商讨用兵抵抗的计策，这种方法，并不是以军法直接命令指挥他们，而是以宾客的礼仪相待而已。确切说来，用兵打仗，全靠一股士气；士气能聚集才会旺盛，分散了当然就衰弱；兵力能集中才会强盛，分散了当然就微弱。如今边境上抵御的部队，力弱气消，这就是所谓将领太多，导致兵力分散的缺点。

“治兵的要则，在于考查平时训练的好坏，分辨高下，据此为衣食待遇上的区别，使有能力的士兵达到较高等级，而能力不足的士兵不会存有奢望，虽说有待遇厚薄的差别，但没有不满的嫌隙。如今穷荒的边境上，长年驻守在那里的士兵，都是些身经百战，受过伤的士兵，一年到头饱受劳苦，可是提供他们的衣食，仅足够他们一人的需要，忍饥挨饿地分给妻子食用，因此常饿得面黄肌瘦，冻得皮肤乌紫。而关东的士兵，害怕对敌，懒于劳役，但发放的衣食待遇，却比戍边士兵优渥数倍。还有些向来不属禁军，本是戍边的军队，将领们竟狡诈地说些阿谀奉承的话，请求遥隶于神策军，实际上并没离开原先驻守的边境，只不过是改变原先的番号，那粮食的供应，就增加到三倍以上。像这样，担负的工作并没有丝毫的改变，而供应却有了这么大的不同，如果心里还没忘记之前浅薄的待遇，只因如今隶属于神策军，就有了这样的区别，思前想后，谁能不感到怨恨不平呢？这就是所谓待遇不均，而令人心生怨恨的缺点。

“凡是委任将帅，必须事先考核他们的品行和才能，够水平的就派他任职，不够格的就放弃不用；猜疑他不忠，就不要委任他，既然委任了他，就不能对他心存丝毫猜忌，因此兵书上才有‘将帅在外带领军队，君王的诏令有的就不必接纳’的说法。近年来对边将的委任和撤换，全凭皇上的裁决，而选择军帅，考虑的第一条件，也只看他是否容易控制，之后又将军队分成很多支队，目的是在于分散将帅的权责，实际上减少了将帅的责任，削减了将帅的斗志，导致他服从不合军情的命令，服从违背事情的命令。戎虏每次奔驰入侵，就好比一阵急风，边镇以传车驿马上报军情，起码也得一旬一月才能抵达朝廷。驻守边塞的将领，因兵少而不敢抵抗敌寇，分镇各地的将帅，又因没有命令而不愿出兵援救，等到贼虏大肆掠夺退回，他们却报捷邀功。对战败失利的损失，每次以百报一，而对俘虏的战利品，却以百报千。将帅们私下庆幸指挥的权力是由朝廷控制，自然不用担忧会受到战败的处罚，而陛下又因权力掌握在自己手中，自然也就不便再追究事实。这就是所谓由朝廷遥远控制，导致贻误军机的缺点。

依臣愚昧的看法，就应当废弃诸道戍守防秋的制度，命令各道只负责提供衣食，召集自动留边驻守的士兵及藩、汉子弟，他们平常的衣食就由各道提供。同时要他们开荒种地，每年的余粮，由官府购买，有敌入侵，便各自迎战，平常就各自尽力于农事。这种方法，哪里是忽来忽往地更换戍守所能比较的呢？此外还应再选择三位有才能的大臣，任命他们为陇右、朔方、河东元帅，分别统领缘边全部的节度使，有没有必要存在的军队，便就近合并于其他部队。之后削减各种巧立名目，虚报滥用的费用，借以积累财物，制定衣食待遇的区别，使士兵心服，颁布选派任命的标准，以显示用人公平，颁布奖惩的法令，借以审核优劣，用以奖惩。这样做事的话，那戎虏必因害怕上国的威严，而心怀归附之意，边疆也将永久平安无事！”德宗虽未全能依照他的奏表行事，但心中对他却更为看重。

韦皋派遣大将董勔等率兵出西山，大败吐蕃，攻占堡栅五十多所。

丙午日（二十九日），门下侍郎、同平章事董晋被免职调任为礼部尚书。

云南王异牟寻派遣三批使臣前来，一批从戎州走，一批从黔州走，一批从安南走，各带生金、丹砂送给韦皋，以生金表示坚贞不二，以丹砂表示心意坦诚，把韦皋写给他的信一分为三，当作符信，分别送达成都。异牟寻上书说明脱离吐蕃，请求依附唐室，并致帛书一封给韦皋，自称“唐云南王孙、吐蕃赞普义弟日东王”。韦皋把来使送到长安，并上书恭祝德宗。德宗李适赐异牟寻诏书，命韦皋派使前去安抚。

贾耽、陆贽、赵憬、卢迈四人为相，百官有事奏报，相互退让而不发表意见。秋季，七月，奏表沿至德年间的旧制，宰相轮流持笔处理政务政事，每十日改变一次；德宗下诏批准。之后又改为每日更换一次。

剑南、西山的羌人，女王汤立志、哥邻王董卧庭、白狗王罗陀忽、弱水王董辟和、南水王薛莫庭、悉董王汤悉赞、清远王苏唐磨、咄霸王董邈蓬及逋租王，之前都隶属于吐蕃，如今率领部众归附朝廷。韦皋把他们分别安排在维、保、霸州一带，提供他们很多耕牛和秧苗。汤立志、罗陀忽和董辟和进京入朝，都被授予官位，赏赐优渥，之后朝廷将他们送回去。

癸卯日（二十七日），户部侍郎裴延龄上表：“自从任职度支事务以来，查验应追收各州所欠缺的银钱八百余万缗，又应该征收各州所征的除陌钱三百万缗，进献的各种贡品折钱三十多万缗，请另设立季库，三月结算一次，掌管欠负、亏损、盈余事务，染练的绢帛则另设置月库，每月按数收入储藏。”诏令批准。拖欠赋税的，都是些无力缴税的贫户，只是数字的记录而已，除陌钱收来就全部随时用取，进贡的贡品、染练的绢帛，本都是左藏库应收的财资，裴延龄上奏设置别库，不过是虚张名称数额来欺瞒德宗。德宗竟相信了他，以为他能富国，而对他非常宠信，实际上一点收入也没增加，反而浪费人力，虚设官员去记录空账罢了。

京城西边泥泞低湿的地区，滋生几亩地的芦苇，裴延龄竟奏称长安、咸阳附近沼泽地区有数百顷地，可蓄养马匹。德宗派遣官吏去观察，根本就没有这种地方，但也并没治罪裴延龄。

左补阙权德舆上表，以为：“裴延龄以平常税收留待支用的部分充作盈余，当作是他自己管理钱财，增添了收入的功绩。朝廷向来先以日常市价购买货物，之后再重新估价出售，而把余利另外储藏。边境士兵从今年春季以来，并不再提供粮食。陛下一定认为裴延龄孤特贞洁，清廉高超，然而当今不论是奸邪小人，或忠诚耿直大臣，都对他有不满的言论。何不派使臣审核监察，追究事情的始末真相，据以严格奖惩。而今群情愤怒，喧嚷斥责于市朝，难道京城中的官民上下都是与他朋比为奸的吗？陛下也应该稍稍改变一下对他的恩宠而明辨忠奸。”德宗对他的奏报，根本不予理会。

八月，庚戌日（初四日），太尉、中书令、西平忠武王李晟去世。

冬季，十月，甲子日（十八日），韦皋派遣节度巡官崔佐时持诏书前去云南，自己也亲笔写了一封帛书回复云南王。

十一月，乙酉日（初十日），德宗在圜丘祭天，大赦天下。

刘士宁任职宣武节度使，诸将多有不服。刘士宁荒淫残忍，出去狩猎，经常一连几天都不回来，士兵们深以为苦。都知道兵马使李万荣向来颇得众心，刘士宁就对他有了猜忌，剥夺他的兵权，让他去管理汴州政务。十二月，乙卯日（初十日），刘士宁带领二万人在城外郊野狩猎；李万荣第二天早晨进入节度使府中，集合刘士宁留守的一千多个亲信，假称道："皇上命令大夫入朝，派遣我来管理留后的职位，每人分发三十缗钱。"士兵们都叩谢领赏。又告诉外营士兵，众人也都服从命令。于是就分派士兵关闭城门，派人跑着告诉刘士宁说："朝廷命令征召大夫，立刻上路启程，稍微延迟，命令提头来见。"刘士宁心知众人不接受指挥，就带五百骑兵逃跑到京师，将到达东都时，只剩下几个仆妾。刘士宁到达京师，朝廷命令他回家服丧守孝，禁止他随意出入。

淮西节度使吴少诚听说这次兵变，便派兵驻守鄢城，遣使询问兵变缘由，并有意邀战。李万荣对来使说了些戏弄吴少诚的话，吴少诚感到羞愧，知难而退。

德宗知晓李万荣赶走刘士宁，便派遣人去问陆贽将怎样处理，陆贽上表，以为如今军中州中既已平安无事，应当派朝中大臣宣旨安抚，再慢慢查清事实，避免发生任何过错，奏折大致说："如今刘士宁被驱逐，虽说出自大众的意愿，然而李万荣掌管军务，却并不是朝廷降旨任命的。这事是安危强弱的关键，愿陛下谨慎查清。"德宗又派人对陆贽说："假如再稍稍拖延，恐怕不利于事。最好现在商量一下，委派一位亲王担任节度使，暂令李万荣管理留后，那制令便可出自宫中。"陆贽上表，大概是说："制服戎狄，比赛勇气，臣虽然自量不能制胜，然而经营武事，制定征讨的计谋，或许还有一点见解。说起国家危险，全是因为对形势的应用；任官授权的成败，全凭人选能力的高下。形势就像个器物似的，只看放在什么地方，放在平坦的地方就安安稳稳；能力的高下，就像是担负重担一样，只看增加多少重量，增加的重量超过所能担负的力气，就会摔倒扑地。据李万荣上呈的奏章来看，他太过自夸自大，只流露出请求委任的心意，毫无谦让忍退的臣属礼仪，他用这种卑鄙的方法，急于求取任命，确实不合正道。又听闻他本是滑州人氏，偏爱滑州将士，和他心志相合的将士，不过三千人，而各军营中的士兵对他都心怀埋怨。依他这样偏爱的行为来看，也不是个将才，这种人一旦得意，定会骄傲自大，纵使不生反叛的心思，打起仗来也必将失利。有心反叛就会犯上作乱，出战定会失败，岂不是白白损丧王师。”又说：“苟且求取官位就不合正理，苟且允准授官就是不诚心，君臣之间，势必相互猜疑而产生隔阂。与其等到事情严重再图计策，不如在事情萌芽之初就加以拒绝。”又说：“治国之道，要用正义来教化众人，想要他们能忠心事奉皇上，必先让他们服从长上。”又说：“方镇大将，做事多不免专横，只要想加以罪责，谁会没有借口呢？假如颠覆主帅，夺取权势的人，就任命他代替统帅的职位，既是有利可图，人人都有贪求的意愿，这个祸源在暗中渐渐滋长，将来定有难以弥补的大祸。不但是助长作乱的做法，也是促进阴谋叛乱的关键。”又说：“前些时日刘士宁被驱逐，事出突然，各郡守将本来不是李万荣的同谋，城中的将士也不一定和他同心。各自暗地揣测成败的局势，犹豫恐惧逆顺的声名，有谁会肯舍命和他共谋为恶？”又说：“陛下先从文武群臣之中，派遣一人委任他为节度使，之后再降恩旨，犒劳该军。奖励李万荣平定乱局的功绩，另加宠赐授予官位，嘉奖将士们团结协作的义举，厚赏钱财服装，依大致的形势看来，应当可以平息。即使李万荣想要纵欲嚣张，在这种形势下又能有什么样的动作呢？”又说：“假如事后有未曾料到的过错，臣愿受败挠军队的惩罚。”德宗竟没有听从他的意见。壬戌日（十七日），还是任命通王李谌为宣武节度大使，任命李万荣为留后。

丁卯日（二十二日），纳故驸马都尉郭暧的女儿为广陵王李淳的妃子。李淳，是太子李诵的长子。妃子的母亲，就是升平公主。

贞元十年（甲戌，公元794年）

春季，正月，剑南、西山羌、蛮二万多户前来归降；下诏晋加韦皋负责管押近界的羌、蛮及西山八国使。

崔佐时到达云南都城羊苴咩城，吐蕃派遣的数百使臣已先在云南，云南王异牟寻那时还不想让吐蕃知晓已依附唐室的事，便让崔佐时换上牂柯服装再入境。崔佐时不愿意，说：“我是大唐的使臣，怎么能穿蛮夷小国的衣服？”异牟寻没办法，就在深夜迎接。崔佐时大声宣读诏书，异牟寻惊恐不已，环视左右，惊恐失色；但已经依附唐室，于是嘘唏流涕，俯首躬身受诏。郑回私下拜见崔佐时，告知他如何对付，因此崔佐时知晓云南全部的内情，从而劝说异牟寻把吐蕃的使臣全都斩杀，除掉吐蕃封赏的王号，献出吐蕃赐给的金印，恢复旧有的名称南诏，异牟寻都服从。于是刻金契上献。异牟寻带领着儿子寻梦凑等和崔佐时在点苍山神祠定盟。

在此之前，吐蕃和回鹘争夺北庭，曾经有过一次大战，死伤很多人，所以吐蕃要在云南招募士兵一万人。异牟寻以国小拒绝，只允许发兵三千，吐蕃认为太少；之后增加到五千，吐蕃才允许。异牟寻于是派遣五千人先行前去，自己带领数万人跟随在后面，日夜赶路，偷袭吐蕃，在神川大战，大败吐蕃，占领铁桥等十六城，虏获吐蕃五位藩王，招降十余万士兵。戊戌日（二十四日），云南遣使入朝报捷。

瀛州刺史刘澭被他哥哥刘济逼迫，请求调往西方保卫陇坻，因此带兵一千五百人，男女万余口到达京师，纪律严明，队伍整齐，沿途没一个人敢随意抢夺民间一鸡一犬。德宗对他非常赞许。二月，丙午日（初三日），委任他为秦州刺史、陇右经略军使，治所设在普润。军中不必击柝巡夜，也不以歌舞为乐。士兵有人生病，刘澭必会亲自探望，假如有人逝世，刘澭必会前去吊唁。

乙丑日（二十二日），义成节度使李融去世。丁卯日（二十三日），派遣华州刺史李复为义成节度使。李复，是李齐物的儿子。李复招收河南尉洛阳人卢坦为判官。监军薛盈珍一再想越权干涉军政，卢坦每次都据理力争。薛盈珍常说：“卢侍御说得公平有理，我当然不能违背。”

横海节度使程怀直入朝，德宗李适对他优厚赏赐后命他回防。

夏季，四月，庚午日（二十八日），宣武军反叛，留后李万荣予以征讨。在此之前，宣武军亲信的三百士兵，骄横残暴，李万荣讨厌他们，派往京西防秋，他们满心怨恨。大将韩惟清、张彦琳引诱这群亲兵叛乱，去攻打李万荣，结果被李万荣击败。这些亲兵大肆掠夺抢劫后离散逃跑，大都往宋州奔去，宋州刺史刘逸准对他们优渥地加以安抚。韩惟清逃向郑州，张彦琳逃向东都。李万荣将乱徒的妻儿数千人斩杀。有几个士兵在街上大声叫嚣说："今晚将有大批军队赶到，城池必会被攻破。"李万荣将这几个兵士拘禁斩首，上报说都是刘士宁指使他们这么做。五月，庚子日（二十八日），德宗李适诏令将刘士宁调到郴州。

钦州蛮酋黄少卿谋反，攻打州城，邕管经略使孙公器上奏发派岭南军队前去救助；德宗没允许，派遣宦官向他解说告谕。

陆贽上奏："自从郊礼祭天大典时颁布大赦令后，到今日快要有半年，然而一些逃窜贬谪在边远地区的人，还没蒙受恩惠。"因此草拟三项特赦的方法进呈。德宗派人对他说："旧制规定：被流放的犯人，遇到大赦酌情内徙，最多不过迁移三五百，如今拟定的方案，好像是有点超过这项规定，况且所拟内迁犯人的地区，又大半靠近兵马驻扎的营地，要不就是入京必经的州县，遇事恐怕多有不便。"陆贽又上奏，以为："君主应该以诚待人，能怒骂人而不存有猜忌厌恶，能惩罚人而不存有怨恨顾虑，喝退流放以警告不敬，察免宽恕以激励自新；不加惩罚就会慢慢危害到权威刑法，不予激励反而加以罢免贬削，纵使朝廷多次擢升罢免的措施，都不足够显示爱才重用、厌恶奸佞的用意。依法行事，所以对犯罪的人必须加以贬谪，但为珍惜人才，就应慢慢晋升起用，这样，即便受到驱逐的刑罚，知晓会有被起用的机会，谁会不勤于修身养性呢？那人君又怎会担忧毁坏官常，而犯有心存埋怨的过错呢？假如因为某人被贬谪，就认为他奸佞邪恶，就不断防备着他，一直放弃他而不再起用，纵使他改过自新，也没有用，纵使具有才能，也永无展示的机会。大凡人之常情，在穷途末路之时就会叛乱，在心怀怨恨的心情下就会作乱，恐怕在这种情形下，会促成这样的结局。假如犯罪被贬谪，幸遇大赦，也只不过迁移三五百里地，那就地域来说还没有脱离本道，就气候来说，地多瘴疠，反而比原先的地方更糟，岂不是白白多受一次全家迁移的辛劳，事实上反而增加很多迁移流配的烦恼。再说，如今郡府之中，大半都有军队驻扎，而封疆地域，也大多没有传舍、驿站，如对人猜忌防备到这种地步，胸怀也太不够宽广。还请陛下再行裁决评审。”

德宗性格多疑，任官授职的事，都不愿委托臣下，不论大小官员，都一定亲自选择，而对宰相保荐推选的人选，很少有认可的。众臣之中，一旦受到谴责，终生都不可能再被起用；好以能言善辩为条件选择人才，不能得到忠厚老实的人选。因此有很多人才被压制埋没。陆贽上书进谏，大概是说：“说起来加官进爵，是为了激励人努力立功，罢免黜退，是为了惩罚人作奸犯科，这两种方法交替运用，就像是天体循环的道理。进官加级之后，犯有过错，也要严惩，受到惩罚，而能悔过修德，也应当再予起用，这样既不会让法令废弛，也不致摒弃人才，因此即便犯有一点小过错，也一定加以惩戒，需要的人才却不致因此短缺；因此被罢免的人能砥节砺行以求被起用，而已进用的人也能引以为戒地居官理政，那君上既不致有辅佐人才不足的妨碍，臣下也不至于心怀牢骚埋怨。”又说：“圣明的君主不全凭口才应对选人，也不以自己的喜好用人，假如只为了喜欢他，而不管他是否具有办事的才能就重用他，只因听他所说的话顺耳，而不观察他的作为是否言行一致，擢用斥退全凭自己的喜好，离心契合全看他是否能逢迎旨意，那就像是舍绳墨不用而臆想曲直，放弃权衡而用手去衡量轻重，即便再精准，也不能没有偏颇。”又说：“中等才质以上的人都各有所长，假如能善加区别，授给和他才能相当的职位，给予适当的任用，就能发挥他们的特长，集合各方面的人才，等到把事情办成之后，每个人也就无异于全才了，这只看是否有知人之明，是否能因才适用而已。”又说：“只因一句话听来感到称心如意，而不考察真假，只因一件事的违背就降罪惩戒，而不明辨忠奸；对听到他说话感到称心如意的人，就给予超过他能力的职位，而不顾他的才能确实有所不及，因一事的违背就降罪惩戒，而往往处置过当，因此无法完成他职务上的任务，君臣之间也就因此没有一定的情分了。”德宗不听从他的进谏。

陆贽又请均匀调节财赋，一共提出了六条建议：

其一，陈述两税法的弊端。大概是说：“旧制赋税的法令规定，有租、有调、有庸。每名壮丁给予百亩田地，每年上缴二石米粮，这叫作租。每户依据当地的土壤所宜，出绢、出绫、出絁一共二丈，绵三两，不适合蚕桑的地区，就出二丈五尺布，三斤麻，这叫作调。每个壮丁每年需服从劳役，可用金钱折代，每日以三尺细绢的价钱折算，这叫作庸。整个天下就像是一个家庭，法令一定要公正均匀，即便想要迁移他处以图逃税，也无处可逃，天下法令统一，因此不会有人心生恶念。等到羯胡在华夏作乱，天下百姓遭受干扰，国土被侵占而使玄宗避难蜀地，为了提供军需费用而破坏原有的赋税。等到德宗李适建中初年，重新制定各种制度，主事大臣即便知晓弊端应加改革，但制定的制度不仅不合时宜，反而连原先的优点也一起丢失，虽说政令宜简，但草拟的新法却不得要领。假如想要挽救弊端，必须追究造成弊端的缘由，时务弊病只需整治一时，而制度的弊病就需彻底改革，那样才能让一切得宜，免除日后的悔恨。自从兴兵以来，军需无限度供应，这是时弊，而不是法弊，但竟然变更租、庸、调等税法，分派使臣，压榨郡县，检查簿册上户籍的记录，每州取大历年代税收最高的一年作为征收两税的定额。提到农作物生产，必须借于人力，因此先王规定税收法制，必须以壮丁为本。不因耕稼就增加租税，也不因弃耕而减少租税，因此从事农耕的人数很多；不因生产绢帛就增加调税，也不因流亡迁移就避免调税，因此百姓才会固定地久住一地；不因勤劳勉力就增加徭役庸税，也不因顽劣懒惰就废除徭役庸税，因此百姓才会辛勤劳作。就是因为这样，自然就能让人人安乐一地从事生产，努力农桑。两税法的制定，只是根据资产为准，而不以壮丁为本；竟然没想到有些钱财是可以藏匿在身，或储存在布袋箱柜中的，这些宝物价值虽然贵重，而外人却无从发觉；而积累在场圃仓库中的粮食，价值虽然低贱，却是大多数百姓的财富。有可以流通生息的财物，数目虽少，但可计日生利；而富裕的房室，华贵的服装器具，价值虽高，但终年无法生息。像这样的货物、庐舍、器用，类别实在很多，一律估价折现，当然不免会有失公正而助长虚伪。因此专重易于携带的宝贝，而乐于转徙迁播的人，常可逃避徭役赋税；辛勤力耕而购买不了产业的人，却受困于徭役赋税的征求索要。以至于引诱百姓欺诈，诱使他们逃脱徭役，这种情况下，力役不可能不因此废除，而税收也不可能不因此减少。再加上因立法之初，就没注意到公正均匀的原则，导致各地的供应有繁简的区别，而实际上州牧郡守的才干也有高下的区别。各地的赋役，既有轻重的差别，而派遣征税的使臣，意见也不可能一样，于是各人以他们的估算上报，而朝廷又只有追加而从没有免除。再说，大历年间供应军需、进贡的财物，既已并入两税中征收，如今在两税之外，又要另外征收，真希望能渐渐趋于公正均匀，降低税率，借以赈济贫困的百姓。”

其二，请令以布帛上缴两税，而不折合钱币上缴。大概是说：“国家收取赋税，应衡量百姓的财力，以各地的土质为准，因此缴纳的本当是些布、麻、缯、纩和百谷罢了。先王恐怕各地物价贵贱有失平衡，而使人们的相互交易难有依据，因此制定发行泉布钱币，以便控制物价高低。国家收支的松紧，必定赖此调节。确实说来，财经大权，是国家的权利，应该由朝廷官吏掌握，而不能由民间控制。既然这样，帛谷等物虽是由百姓生产，而钱币却是由朝廷铸造发行。因此在本朝明定颁发的法令中，规定租税上缴粮谷，庸税上缴丝绢，调税上缴缯、纩、布匹等，又何曾有禁止私铸钱币而以钱币上缴的规定？只有制定的两税法，与旧制不一样，只是估算资产的多少，据此分别等差，再以钱谷决定应上缴赋税的多少；至于其他杂物，则临时折算成钱谷收集税捐，而每年所征收的杂物税捐，类别颇多不同，却只顾征收税捐的利益与便利，而不管缴纳的难易。所征收的不是他们生产的物品，而生产的又不是官府征收的物品，于是只能高价买进他们不生产的物品，而降价售卖他们所生产的物品，一增一减之间，已经白白地受到很多亏损。因此希望能命令各州据实观察，依最初实施两税法那年征得的绢布数目，及当年所估算的价值，与现在的价格相比较，酌情折中，定出价格，总计各税款数，全部让百姓们折合成布帛上缴。”又说：“实际上地力所能生产的产量，是有其最大限度，有限度地取用，有节制地消耗，钱财才能常常宽裕。无限度地使用，无节制地消耗，就会感到不足。谷物的丰收或歉收全靠上天，而用物的多少却在于人有无节制，因此圣上订立规定，衡量收入做适合的支出，即便遇到灾难，百姓也不致贫困到无法生活。政教既衰，就和此恰恰相反，而是权衡支出征收赋税，根本不顾及百姓的艰困。夏桀统领整个天下，但钱财却不够，而汤王仅有七十里地的领土，钱财却绰绰有余，因此国家钱财的充足与否，全在于是否节制用度罢了。”

其三，陈述考察刺史县令及各级官员的功绩，应以是否增加百姓、增收赋税、广辟土地为根据。大概是说：“治民的官员能广播忠恕之道，设身处地为百姓着想的很少，能明白应该秉公尽职，忘身为国的也很少；而屡行小惠，争相引诱百姓奸诈欺骗，颠覆掠夺邻境为智能，招聚逃跑犯人为善于理政施教的却很多。因此对一些从外地迁入的百姓，既然是新近迁来的，因此免除他们的赋役，而对一些来往不定的人，又因为他们是才刚复业，因此给予各种优待。却对那些眷恋故乡，始终不曾迁移过的百姓，所增加的徭役日渐繁杂，赋税渐渐苛重。这相当于是让长久居住的百姓，替那懒惰浮游的人担负赋役，这和促使他们轻易迁移，教导他们欺瞒讹诈有什么区别呢？而这一切都是州牧县令不能通达事理，各自偏私地方导致的啊。”又说：“制定法令来整顿百姓，日久不可能不出现弊病，治民的官员，假如不能临时制宜地处理，那狡诈奸伪就会因此滋生，这在于斥责或鼓励的方法如何而定。请责令主管审核的官员，详细制定考绩章程。假如辖区之内，人口日益增加，百姓的财产日渐增加，依所定的税率征收赋税而有余盈，便听取地方官公平地减少税率，而以降低税率的多少，作为考核优劣的根据。辖区内任何税收都囊括在内，能使每户税捐降低十分之三，考绩就列为上等，其次是能降低十分之二，再其次是能降低十分之一。假如辖区内的百姓，太多迁移流徙，而加重现有百姓税捐，考绩就列为劣等，也比照上列的方法，区别等级，加以惩戒。”

其四，陈述征税期限催促的不当。大概是说：“置官建国，是为教养百姓；要百姓纳税，是为供应国用。因此圣君明主，绝不只顾增加税收，充实国库，残害百姓，任何措施，应以百姓为先，只利用百姓闲暇的时间和剩余的劳力罢了，一定先让百姓能养家糊口，之后才征收剩余部分的赋税。”又说：“刚开始养蚕，就要他们上缴缣税，农事还没做完，就要征集田租。上级官员的限令既严，因此下级官员施于百姓的压力就更加急迫，有缣、谷的百姓，急于售卖缴纳，没办法就半价卖出，无缣、谷的百姓，只有到处借贷，必须付出加倍的利息还债。因此希望体恤民情，明定缴税的期限。”

其五，请将茶税收入，设立义仓贮藏，以备遇到水旱天灾，当作赈灾之用。大概是说：“古时所谓国家需有九年、六年的储存，是囊括全国臣民的生计而说，自然不只是为了充实国家的钱财，而不顾天下百姓。最近有主管财政的官吏上奏请求征收茶税，每年大概可征收五十万贯，本来就命令将这笔税收储存在户部，用作赈济凶灾饥荒。如今臣请以茶税收入，购粮储存，与原来的诏令旨意恰相符合。”

其六，陈述兼并农田的富豪人家，私人的赋役重于官府的租税。大概是说：“如今京畿之内，每亩土地，官府征收五升稻米，而私家收租，竟然高达每亩征收一石，远超过官税的二十倍之多。即便就一般中等的私敛来说，每亩都在半石上下。说起来土地是国家的，耕田种地，是农民们在辛苦劳作，但兼并田地的富豪，竟居中收取厚利。”又说：“盼望分配给百姓全部的田地，都要厘定条约限制亩数。另一方面还要降低租价，一定要使贫困的农民能享受利益。法令贵在实施，绝不可苛待下民，因此一切制度的制定，应该以宽容便民为主，而以严肃的法令来惩罚乖违的奸人，借以略微降低富豪乡绅的利益，稍稍提高贫困农户的收入。减少一点余利，并不至于有损富绅，而增加一点收入，却可赈济贫苦农民。《周礼》上所说的安富救贫的善道，是不可丢弃不用的啊。”

资治通鉴卷第二百三十五　唐纪五十一

起甲戌（公元794年）六月，止庚辰（公元800年），共六年七个月。

【题解】本卷记录了公元794年六月，至800年的历史，共六年零七个月。为唐德宗贞元十年六月到贞元十六年。此时是德宗的晚年政治，陆贽被逐，朝中再无贤相。德宗宠信宦官，加重护军中尉的军权，宦官充任藩镇监军，干涉将领，导致各地兵变不断。宦官权势倾动朝野，为唐代后期家奴欺主埋下祸根；德宗聚敛财货，大盈库向户部索求巨资，又向藩镇索求贡奉，开宫市抢夺民财。藩镇盘剥百姓贡奉德宗，德宗回报藩镇，胡乱封官，裴延龄、李齐运等奸佞受到任用。淮西吴少诚反叛，德宗任用被士兵驱逐的夏绥银宥四州节度使韩全义为统帅，导致官军惨败。谏官阳城，平时慎言慎行，危难时挺身而出。阳城为陆贽辩护，揭发奸人裴延龄，被贬地方，兢兢业业，造福一方。韩弘镇守宣武，诛尽倡乱者，使宣武安定。

德宗神武圣文皇帝十

贞元十年（甲戌，公元794年）

六月，壬寅朔日（初一日），昭义节度使李抱真去世。他的儿子殿中侍御史李缄与李抱真的外甥元仲经商议，决定隐瞒丧事，不告知亲戚，伪造李抱真的奏表，要求朝廷把节度使的职位任命给李缄；又伪造李抱真的信，派遣裨将陈荣去见王武俊，向他借钱粮。王武俊气恼地说："我与你父亲友谊深厚，想一起报效朝廷，我怎么会与你一块为非作歹呢？听闻你父亲已经逝世，你竟然不等朝廷的诏令而自立为节度使，又敢向我借钱粮，向我求助？"王武俊让陈荣回去，把这番义正词严斥责的话带给李缄。

昭义步军都虞候王延贵，是汝州梁县人，以义气勇敢闻名。德宗李适知晓李抱真逝世，派中使第五守进观察事情的进展，把军事方面的责任交给王延贵。第五守进到达上党，李缄说李抱真有病不能见客。三天后，李缄带着卫队，守卫森严地去拜见第五守进，第五守进对他说："朝廷已经知晓相公逝世，令王延贵暂且管理军事。你应该宣布丧事，穿戴孝服。"李缄大吃一惊，出来对诸将说："朝廷不允许我管事，不知诸君意思怎样？"诸将都默不回答。李缄慌了，这才返回宣布丧事，把节度使的大印及库房钥匙交给监军。第五守进召见王延贵，亲口宣读德宗的诏令，让他立刻任职办事，同时督促李缄返回东都私宅。元仲经见事情泄露，赶紧逃跑，王延贵把一切罪责都归到元仲经头上，把他捉拿斩杀。德宗下诏委任王延贵暂且掌管昭义军事。

云南王异牟寻派他的弟弟凑罗楝来进献地图、土产贡品，以及吐蕃所给的金印，请求恢复南诏的名号。癸丑日（十二日），派遣祠部郎中袁滋为册封南诏的特使，同时赐给南诏银窠金印，刻的是："贞元册南诏印"。袁滋到达云南，异牟寻站于臣位，北面跪拜接纳册书与金印，叩头再拜。之后与使者宴饮，拿出玄宗李隆基赏赐的银平脱、马头盘给袁滋看。又指着老笛工、歌女说："皇帝赏赐的《龟兹乐》乐工，只剩下他们两人了。"袁滋说："南诏应该深思祖先与唐室的亲密关系，子子孙孙都要对唐忠心。"异牟寻跪拜说："怎敢不遵循使者的命令？"

德宗赐给义武节度使张升云改名张茂昭。

御史中丞穆赞奏报度支吏贪污的罪名，裴延龄庇护度支吏，想为他脱罪，穆赞不愿听从；裴延龄就在德宗面前诽谤他，把他贬为饶州别驾，使得朝廷官吏们都害怕裴延龄，不敢正眼看他。穆赞，是穆宁的儿子。

韦皋上奏报告在峨和城击败吐蕃。

秋季，七月，壬申朔日（初一日），委任王延贵为昭义留后，赐名虔休。

昭义行军司马兼洺州刺史元谊听闻王虔休做了留后，心里很不舒服，上奏请求将磁、邢、洺三州另外规划为一镇。昭义的精兵大都在山东（即磁、邢、洺三州），元谊赏赐给士兵优厚的财物来取悦他们。德宗多次派遣中使劝解，他也不听从。

临洺守将夏侯仲宣献城依附王虔休（临洺县属洺州），王虔休派磁州刺史马正卿带领副将石定蕃等率领五千人去攻击洺州；石定蕃带领部下二千人叛变依附元谊。马正卿只能退还。德宗下诏任命元谊为饶州刺史，元谊不愿上任；王虔休亲自带兵去攻击他，导引洺水灌城。

黄少卿攻占钦、横、浔、贵等州，又在邕州攻击孙公器。

九月，王虔休击败元谊的军队，占据鸡泽城。

裴延龄上表说官员太多，从现在开始，缺员暂且不要补充，收回那些俸禄充实府库。德宗李适想修建神龙寺，需要五十尺长的松树，找不到，裴延龄说："臣最近看到同州一个山谷里，有好几千株大松树，大概都有八十尺高。"德宗说："开元、天宝年间，在附近找好木料还找不到，如今怎么会有？"裴延龄回答说："天生珍稀的木材，本就要等到圣明君主出现才会让人发觉，开元、天宝的时候，从哪里去找？"

裴延龄上表："左藏库的官员丢失很多财物，近来去检查，才让他们写账簿，竟然在灰堆里找到银子十三万两，那些布帛百货，价值百万有余。这些都是已废弃的东西，如今找到，就算是盈余，应当全部转移到杂库中去，以供额外的敕令使用。"太府少卿韦少华不服，上奏说："这些都是每月申报上奏现存的东西，请再加查证。"执政请求三司仔细地加以审核，德宗不允许，也不开罪韦少华。裴延龄每次上表，肆意说些诡诈的话，都是众人不敢说也从来没听说过的，裴延龄就这么说了，德宗一点也不迟疑。德宗也知晓他的虚伪，只因他好诽谤人，德宗想听到一些外间的事，因此对他非常宠信。

群臣害怕裴延龄得德宗宠信，没有人敢说他过错，唯有盐铁转运使张滂、京兆尹李充、司农卿李铦因担负的责任与他有关，经常指责裴延龄虚伪，而陆贽更单独承担弹劾裴延龄的重任，每天陈述不可用他的理由。十一月，壬申日（初三日），陆贽上表毫不保留地陈述裴延龄奸佞的事实，一条条地写出他的罪状，大致说：“裴延龄以聚集财富为最高计策，以狡诈虚伪为最好谋略，以聚集结怨为尽忠而不顾及己身，以阿谀奉承善进谗言为尽人臣的操守，汇集典籍中最丑陋的事认为是智术，冒犯圣哲警诫的事还认为自己有品行才能，可以说是尧时的共工，鲁国的少正卯。追究他为非作歹的痕迹，一天天一月月地滋生，一些隐秘的事本来还没有完全显露，已经泄露的事尤其难以数清。”又说：“假如陛下以为他蒙受毁谤，那诚然应该赶紧为他辨别明白。陛下假如知晓他不是善良之辈，又怎么能够为他忍受掩饰呢？”又说：“陛下想暂时保全他，对他的罪名竟然连问都不问，裴延龄就以为能欺瞒迷惑圣听，再也不恐惧；把东边的东西移到西边，便成为他的功绩，把这里的东西拿到那里，就叫作盈余，这样愚弄朝廷，简直就像儿戏。”又说：“他那些诡诈才能，诬赖不实的说辞，遇事便能行，随口就能说，没有一天不说，没有哪个时候不做，又难以一一说明。”又说：“往昔赵高指鹿为马，臣认为鹿与马，还一样是动物；哪像裴延龄遮掩有的东西说是没有，没有的东西说是有。”又说：“裴延龄的邪恶虚伪，已经传遍天下，上自公卿近臣，下至舆台贱品，上万的人聚集在一起，大家议论纷纷，而能对天子说的，有几个人？臣以卑贱之身浅陋之才，担任宰相的重任，情感在我心中荡漾，虽不想说却不能不说啊。”奏表送上去，德宗看了很不高兴，对裴延龄更加宠信。

十二月，王虔休乘河水结冰渡过城壕，攻打洺州。元谊出兵迎战，王虔休没有取胜而返回；傍晚冰融化，王虔休的士兵淹死一大半。

中书侍郎、同平章事陆贽因德宗李适对他有知遇之恩，凡有不能做的事，常尽量进谏。亲信中有人劝说他说话太尖锐，陆贽说：“我上不辜负天子，下不辜负所学，其他的事没有值得担忧的。”裴延龄每天在德宗面前说陆贽的坏处。赵憬之所以能做宰相，事实上是陆贽推举的，不久赵憬愤恨陆贽，悄悄把陆贽弹劾裴延龄的事实告诉裴延龄，因此裴延龄将计就计，德宗此后宠信裴延龄而不信任陆贽。陆贽和赵憬相约到德宗面前毫不保留地商议裴延龄的奸佞，德宗怒形于色，赵憬沉默不语。壬戌日（二十三日），陆贽被罢相，委任为太子宾客。

起初，渤海文王钦茂逝世，儿子宏临早死，族弟元义继位。元义猜疑残暴，国人把他斩杀，立宏临的儿子华屿，是为成王，改年号为中兴。华屿逝世，又立钦茂的小儿子嵩邻，是为康王，改年号为正历。

贞元十一年（乙亥，公元795年）

春季，二月，乙巳日（初七日），册封嵩邻为忽汗州都督、渤海王。

陆贽已罢相，裴延龄因而诽谤京兆尹李充、卫尉卿张滂、前司农卿李铦与陆贽同党。恰好遇到天旱，裴延龄上表说：“陆贽那批人因失势而怨恨，对大家说：‘天下闹旱灾，百姓将要流离失所，度支欠军队很多粮草，军中人马都没有粮食，这事该怎么办？’以此来动摇民心，他们的用意不只是想中伤臣下啊。”几天后，德宗在苑中狩猎，恰好有神策军士上诉说：“度支不给马匹的草料。”德宗认为裴延龄的话是真的，立即回宫。夏季，四月，壬戌日（二十五日），贬谪陆贽为忠州别驾，李充为涪州长史，张滂为汀州长史，李铦为邵州长史。

起初，阳城从处士被征召为谏议大夫，他接纳了这个职位。还没有到达京师，人们都想象他的风采神韵，说：“阳城一定会进谏皇上的过错，死在职位上。”等他到达京师，恰逢那些谏官纷纷进谏琐碎的事，德宗更加讨厌烦闷。而阳城正与他的两个弟弟及宾客不分日夜地痛快饮酒，别人看不出他的心意，都认为他是浪得虚名。前进士河南人韩愈写了一篇《争臣论》来讥讽他，阳城一点也不放在心上。有人去拜见阳城想问问他为何每天喝酒不进谏，阳城猜测出他的来意，就强劝他喝酒，有时客人先醉倒在席上，有时阳城先醉倒在客人怀里，不能听客人讲话。等到陆贽等人被加罪贬官，德宗的余怒还没有消散，朝廷内外的人士都惊恐不安，认为罪不可测，没有人敢去搭救。阳城知晓这件事，站起来说："我不能让天子宠信奸佞，斩杀无罪的人。"立即带领左拾遗王仲舒、归登，右补阙熊执易、崔邠等守在延英殿门前，伏阁上奏，讨论裴延龄的奸邪，及陆贽等人无罪。德宗非常恼怒，想开罪阳城等人。太子出来救援，德宗的余怒才消，让宰相劝导他们一番，让他们返回。这时金吾将军张万福听闻谏官伏阁进谏，赶紧跑到延英殿门前，大声祝贺说："朝廷有耿直的臣子，天下必会太平！"就向阳城及仲舒等人一一叩拜，拜完连呼："太平万岁！太平万岁！"张万福，是一个武夫，八十多岁，此后得到天下的大名。归登，是归崇敬的儿子。起初德宗早晚都想委任裴延龄为宰相，阳城说："如果委任裴延龄做宰相，我阳城立即把白麻纸写的委任状撕毁，在庭中痛哭。"有一位名叫李繁的人，是李泌的儿子，阳城把裴延龄的过失罪状一条条地全部写下，想秘密上书讨论，因李繁是老朋友的儿子，让他缮写，李繁直接把这些告知裴延龄。裴延龄先去见德宗，把阳城指责他的罪状先一一加以解说。等阳城的上书送上来，德宗认为都是些虚伪不实的话，连看都不看。

丙寅日（二十九日），幽州上奏击败奚王啜利等六万余人。

回鹘奉诚可汗逝世，他没有儿子，国人册立宰相骨咄禄为可汗。骨咄禄本姓跌跌氏，能言善辩，聪明、勇敢、有智谋，天亲可汗之时，他就执掌兵马执政，大臣和诸部落的酋长对他都非常尊敬。这时做了可汗，冒用姓为药葛罗氏，派使者来报丧。从天亲可汗以前可汗们的年幼子孙，都纳入唐之宫廷。

五月，丁丑日（十一日），委任宣武留后李万荣、昭义左司马兼留后王虔休做节度使。

甲申日（十八日），河东节度使李自良去世。戊子日（二十二日），监军王定远上奏委任行军司马李说为留后。李说是李神通的五世孙。

庚寅日（二十四日），派秘书监张荐册封回鹘可汗骨咄禄为腾里逻羽录没密施合胡禄毗伽怀信可汗。

癸巳日（二十七日），委任李说为河东留后，执掌节度府事务。李说深深感激王定远的恩惠，请求铸监军印。监军有印从王定远开始。

秋季，七月，丙寅朔日（初一日），阳城改官为国子司业，这是讨论裴延龄而获罪的缘故。

王定远自己仗着对李说有功，专揽河东军政，更换诸将；李说不能全部听从，两人之间有了嫌隙。王定远因私人怨恨斩杀大将彭令茵，把彭令茵埋在马粪中，将士都非常恼怒。李说把这些事情向朝廷上奏，王定远知晓后，直接去见李说，拔刀要斩杀他；李说逃脱，才幸免于这场杀身之祸。王定远集合诸将，用箱子装载皇帝的诏书及委任状二十多件，指给他们看，说："皇上有诏书，命李说到京师去，委任行军司马李景略为留后，诸君全部调官转任。"众人都对他下拜。大将马良辅偷看箱子里的文件，都是王定远的委任状及所接纳的诏书，才指着告知众人说："诏书委任状都是假的，不能接纳。"王定远见阴谋泄露，跑到乾阳楼上，大喊他的部下，没有人响应，翻过城墙掉下来被枯树桩戳伤而死。

八月，辛亥日（十七日），司徒兼侍中北平庄武王马燧逝世。

闰月，戊辰日（初四日），元谊以洺州假意归降；王虔休派遣偏将带领两千人进城，元谊把他们全部斩杀。

九月，丁巳日（二十三日），加给韦皋云南安抚使的职位。

横海节度使程怀直，不体贴下属，出外狩猎，一去几天都不返回。程怀直的堂兄程怀信为兵马使，士兵们因为对程怀直心怀怨恨，把城门关上不让他进城；程怀直返回京师。冬季，十月，丁丑日（十四日），任用程怀信为横海留后。

南诏攻击吐蕃昆明城，占据城池；虏获施、顺两个部落的蛮王。

贞元十二年（丙子，公元796年）

春季，正月，庚子日（初七日），元谊、石定蕃等带领洺州五千士兵与他们的家属万余口跑到魏州；德宗不治他们的罪，诏令田绪去安慰他们。

乙丑日（正月无此日），德宗任用浑瑊、王武俊二人兼中书令。己巳日（正月无此日），加给严震、田绪、刘济、韦皋四人同平章事；天下的节度、观察使，全部加给检校官取悦他们。

三月，甲午日（初二日），韦皋上报西南蛮高万唐等两万多人向他归降。

乙巳日（十三日），德宗任用闲厩、宫苑使李齐运为礼部尚书，户部侍郎裴延龄为户部尚书，承担的职务照旧。李齐运没有学识才华，专门用顺从谄媚获得德宗的宠信，每次宰相应对完了，就轮到李齐运进谏对宰相的意见做决定；有时他卧病在家，德宗想要给谁职位，经常派中使到他家去询问他的意见。

丙辰日（三月无此日），韶王李暹逝世。

魏博节度使田绪娶嘉诚公主；有庶子三人，田季安年龄最小，公主把他当成自己的儿子来抚养，让他做副大使。夏季，四月，庚午日（初九日），田绪突然逝世；左右侍从隐匿丧事，让田季安管理军事，那时他只有十五岁。乙亥日（十四日），公布田绪丧事，公推田季安为留后。

庚辰日（十九日），是德宗李适的生辰，依照旧典，要教和尚、道士在麟德殿讲经论道，到这时，才开始命读书人参加。四门博士韦渠牟幽默善言，德宗非常赞赏，过了一个多月，就调任韦渠牟为右补阙，韦渠牟开始得宠。

五月，丙申日（初六日），邠宁节度使张献甫猛然逝世，监军杨明义请都虞候杨朝晟暂且执掌留后。丙辰日（二十六日），委任杨朝晟为邠宁节度使。

六月，乙丑日（初六日），委任监句当左神策窦文场、监句当右神策霍仙鸣二人为护军中尉，监左神威军使张尚进、监右神威军使焦希望二人为中护军。起初，德宗设立六统军，就像朝廷的六部尚书，用来安排下任的节度使，依照旧例用白麻纸写任命制书。到这时，窦文场劝说宰相，护军中尉的委任状要比照统军下白麻纸所写的制书。翰林学士郑絪上表说："依照旧典，唯有封王、委任宰相用白麻纸，如今竟然用来委任中尉，不知是陛下显示特别宠信窦文场呢，还是就此定为律法？"德宗这才对窦文场说："在唐高祖李渊武德年间、唐太宗李世民贞观年间，宦官不过做员外、将军、同正员的官位，能穿绯衣的没有几个。从李辅国以来，毁坏国家的制度。我如今用你，不能说没有私心。假如再用白麻纸写委任书来昭告天下，别人一定说是你威胁我这样做的。"窦文场听了，磕头谢罪。这才烧毁写好的白麻纸制书，命护军与统军从现在开始都由中书省降下敕书。第二日，德宗对郑絪说："宰相不能推辞宦官的要求，我听到你的话才觉悟啊！"这时窦文场、霍仙鸣的权力凌驾朝廷内外，藩镇将帅大半出身神策军，任职台省清要官职的也有出自他们门下。

宣武节度使李万荣得了晕眩的病，昏迷人事不知，霍仙鸣推举宣武押牙刘沐委任军政。辛巳日（二十二日），德宗委任刘沐为行军司马。

宣歙观察使刘赞去世。

起初，德宗因在奉天经历过贫困，因此回宫以来，尤其专注聚集钱财。藩镇大半靠进奉钱财换取德宗的恩德，都说是"税外方圆"（在常税之外，另想方法周转，以获取财货），也叫作"用度羡余"，其实有的是扣留常赋，有的是加重百姓的税负，有的是扣除官吏的薪俸，有的是出售公田的蔬果，这些收入常常进了节度使自己的腰包，所进贡的才十分之一二。李兼在江西每月进贡一次，韦皋在西川每日进贡一次。之后常州刺史济源人裴肃因进贡而升官做浙东观察使，刺史进奉从裴肃开始。等到刘赞逝世，判官严绶执掌留后，用尽府库的财物进贡，被征召为刑部员外郎，幕僚进贡从严绶开始。严绶，是蜀人。

李万荣病重，他的儿子李迺是兵马使。甲申日（二十五日），李迺征召诸将斥责李湛、伊娄说、张丕，说他们不担忧军事，把他们驱逐到外县去。德宗派中使第五守进到汴州，安慰才刚完成，有十多个士兵大声叫喊说："兵马使勤勉反而没有奖赏；刘沐是什么人，还做行军司马！"刘沐心里恐慌，假意中风，让人抬出去。军士又大声叫嚷说："仓官刘叔何在物品收支上舞弊贪污。"大家一起哄，把刘叔何斩杀，吃了他的肉。又想砍第五守进，李迺遏止了他们。李迺又斩杀伊娄说、张丕。都虞候匡城人邓惟恭和李万荣在同乡里中交情很好，李万荣经常把心腹之事交给他办，李迺也很仰仗他。到这时，邓惟恭和监军俱文珍商议，把李迺捉拿关起来送去京师。秋季，七月，乙未日（初六日），德宗委任东都留守董晋升为同平章事，兼宣武节度使，委任李万荣为太子少保，贬谪李迺为虔州司马。丙申日（初七日），李万荣逝世。

邓惟恭拘禁李迺，暂且管理军事，自以为应替代李万荣为节度使，不派人去迎接董晋。董晋已接受任命，就带着十多个侍从去任职，不用卫兵护卫。到郑州，迎接的人没有来，郑州人都替董晋担忧，有人劝说董晋暂时留在这儿观察事情的发展。有从汴州出来的人对董晋说："不能进入汴州去。"董晋不回答，就到汴州去了。邓惟恭因董晋来得太快，来不及筹划；董晋走到距城十多里的地方，邓惟恭才带领诸将出城迎接，董晋让邓惟恭不要下马，神色声音都很温和，邓惟恭才稍稍安心。董晋进了城，仍旧把军政委任邓惟恭掌管。

起初，刘玄佐将汴州的士兵增添到十万人，对待他们非常优渥，李万荣、邓惟恭掌权后对他们更加优渥。因此士兵骄纵，没办法管理，只好摆些心腹士兵在公庭的廊下搭帐篷居住，带着弓剑防御，时时安抚赐给酒肉。董晋上任的第二天，完全取消这些方法。

戊戌日（初九日），韩王李迥逝世。

壬子日（二十三日），德宗李适下诏，因宣武将士邓惟恭等有拘禁李迺送去京师的功绩，每人都升官赏钱；那些受李迺挟持，而胁迫中使的人，都放过不治罪。

八月，乙未朔日（初一日），发生日食。

己巳日（十一日），德宗委任田季安为魏博节度使。

丙子日（十八日），德宗委任汝州刺史陆长源为宣武行军司马。朝廷讨论认为董晋有怜悯心，人有请求总是全部顺从，害怕不能成事，因此派陆长源去协助他。陆长源性格刚强严肃，革新很多旧规定；董晋开始都允许他，等文书写好就命他罢手，这样一来军心才安稳。

丙戌日（二十八日），门下侍郎、同平章事赵憬逝世。

起初，德宗不愿在节度使还活着的时候更换，常选取行军司马以备节度使逝世，让行军司马继位。李景略做河东行军司马，李说非常妒忌他。回鹘梅录（唐代北虏武官名）来进献，经过太原，李说和他宴饮，梅录争座位的次第，李说没办法阻挠。李景略大声呵斥他，梅录听出李景略的声音，赶忙跑到他面前叩拜说："这不是丰州李端公吗？"又进行叩拜，这才在下位落座。满座的人都看着李景略，对他非常尊敬。李说心中更加不满，于是送给中尉窦文场丰厚的钱财，请他把李景略赶走。恰逢有人说回鹘将要来入侵，德宗非常担忧，因丰州恰好是通向胡虏的要道，要选择一个能驻守丰州的人；窦文场随即推举李景略。九月，甲午日（初六日），委任李景略为丰州都防御使。荒芜的边境上气候寒冷，土壤贫瘠，百姓贫困，李景略以勤俭领导众人，两年以后，丰州储蓄完整充实，在北边称雄。

卢迈得了中风。庚子日（十二日），是贾耽家中的忌日，宰相没有一个上朝，德宗派中使召主书来接受旨意。

丙午日（十八日），户部尚书、判度支裴延龄逝世；朝廷内外的人见了面都相互祝贺，唯有德宗一人伤心悲痛。

壬子日（二十四日），吐蕃攻击庆州。

冬季，十月，甲戌日（十七日），委任谏议大夫崔损、给事中赵宗儒共为同平章事。崔损，是崔玄暐弟弟的孙子，裴延龄曾推举过他，因此德宗任用他。

十一月，乙未日（初八日），委任右补阙韦渠牟为左谏议大夫。德宗自从陆贽被贬官后，尤其不相信宰相，御史、刺史、县令以上的官吏，都亲自选择，由中书宣行文书。德宗深居宫禁，相信的有裴延龄、李齐运、户部郎中王绍、司农卿李实、翰林学士韦执谊及韦渠牟，这些人的权力在宰相之上，趋炎附势的人塞满他们的府门。王绍小心谨慎，一切依照旧例来做，不加更改；李实阴险狡诈，擅长敛财；韦执谊以文章和德宗附和，只二十多岁，就从右拾遗召为翰林学士；韦渠牟神色轻佻急躁，被德宗亲近，德宗每次听宰相奏表，时间不过三刻，而渠牟奏事总是到六刻，亲切谈笑的声音常常让外边都听到，他推举的人都不按照用人次序提升拔擢，而那些人都是些平凡浅陋之士。

宣武都虞候邓惟恭心里感觉不安，私下集合二百余人准备反叛；事情被察觉，董晋把他的同党全部抓获斩杀，把邓惟恭套上刑具送往京师。己未日（十一月无此日），德宗下诏令免除邓惟恭的死罪，把他安排在汀州。

贞元十三年（丁丑，公元797年）

春季，正月，壬寅日（十五日），吐蕃派使臣请求讲和并结亲；德宗李适因吐蕃多次违背盟约，不允许。

德宗因方渠、合道、木波都是通向吐蕃的要道，想在这些地方建城，派使者问邠宁节度使杨朝晟：“建城需多少部队？”杨朝晟回答说：“邠宁的部队足以建城，不用劳请他道的士兵。”德宗又派使者问他说：“之前在盐州建城，用兵七万，刚够能成事。如今三座城池更迫近胡人边境，按理说士兵应该加倍，而实际上却相反，这是什么道理？”杨朝晟回答说：“建筑盐州城的人，胡人都知晓。如今调派本镇的士兵，不到十天就能到塞下，出其不意来建城，胡人会认为我们的人数不少于七万，他们的部队没有集合好，不敢轻易来攻击我们。不过三十天，我们的城已建好，留兵驻守，这时胡人即使来攻也没有用。城边的草已经没了，马没有草料就不能滞留，等胡人退去再运粮食来充实边防，这是万全之策啊。假如大规模地召集各道部队，超过一个月才能到齐，那时胡人也集合好部队开到，与我们打仗，是胜是败还不知晓，怎么有工夫建城呢？”德宗接纳了他的建议。二月，杨朝晟把军队分为三部分，各筑一座城。军吏说：“方渠没有井，不能屯驻军队。”判官孟子周说：“方渠在太平年代，百姓成市，没有井怎能集合那么多人？”教人淘洗废井，果真得到甘泉。三月，三座城建好。夏季，四月，庚申日（初五日），杨朝晟的部队返回马岭，吐蕃才出兵追赶，相持几天就回去了。杨朝晟就在马岭建筑一座城才回来，开拓三百里领域，都和他平素预料的日期符合。

庚午日（十五日），义成节度使李复逝世。庚辰日（二十五日），德宗委任陕虢观察使姚南仲为义成节度使。监军薛盈珍正大会诸将，听说这个消息，说：“姚南仲姚大夫是一个书生，怎能是将才？”判官卢坦暗地里对人说：“姚大夫表面虽然软弱，内心却很坚强，监军进犯他的权益，他一定不会接纳。军府的灾难，从此开始，我恐怕会被留任。”卢坦就从别的路悄悄逃跑。姚南仲果真用文书请他继任判官，没遇到他，才免除任命。后来薛盈珍和姚南仲之间有嫌隙，很多幕僚因罪被贬谪，甚至有的因罪被斩首。

吐蕃赞普乞立赞逝世，儿子足之煎继位。

六月，壬午日（二十八日），韦皋上奏吐蕃进犯，嶲州刺史曹高仕在台登城下击败他们。

光禄少卿同正张茂宗，是张茂昭的弟弟，娶义章公主为妻；还没有结婚，张茂宗的母亲逝世，留下遗表请求完成婚礼，德宗应允。秋季，八月，癸酉日（二十日），德宗任用张茂宗为左卫将军同正。左拾遗义兴人蒋乂上书进谏，认为：“为了战争急务，古有穿黑丧服上战场的，还没听过驸马守丧还没期满，就任用与公主结婚的。”德宗派中使去劝说他，他仍旧不愿停止，于是德宗特别在延英殿召见他，对他说：“民间有很多假借吉日结婚的，你为何这样执拗？”蒋乂回答说：“婚姻、丧葬，都是伦理中最要紧的事，吉礼与凶礼是不可亵渎的。

那些陋巷人家，不懂礼数，孤女贫穷没有依赖，或者有借由吉日出嫁的，没听闻过有男子借由吉日娶亲的。”太常博士韦彤、裴堪又上书进谏。德宗很不高兴，让缩短下嫁的日期。辛巳日（二十八日），张茂宗和义章公主完婚。

九月，己丑日（初七日），中书侍郎、同平章事卢迈因病免职，委任为太子宾客。

冬季，十月，淮西节度使吴少诚私自开凿刀沟，通入汝水，德宗派中使去劝阻他，吴少诚没有听从。德宗又命兵部郎中卢群去质问，吴少诚说：“开凿这条河流，对百姓有利。”卢群说：“皇上的命令，臣子应当遵守，即使对百姓有利，做臣子的怎么敢专断独行？你接纳天子的命令而不服从，怎能让属下的吏士服从你的命令呢？”吴少诚立即停止凿河工事。

十二月，徐州节度使张建封入朝。此前，宫中购买外面的物品，下令官员主持，随时支付价钱。近年委任宦官为使臣，叫作宫市，强行购买百姓物品，支付的钱还不够成本。之后不再执有公文，派遣好几百个白望人（派人在市中左右望，白取其物，不给本价）在东西两市及重要热闹的坊市，到处去看百姓所卖的物品，只需说声宫市，百姓就必须拱手送给他，究竟是不是宫市，真假也无从分别，没有人敢问他是从哪儿来及谈论价格的高低，大概用价值百钱的物品来购买人家价值数千钱的物品，大都把旧衣服、破绢帛染成红紫的颜色，撕成一尺或一寸长来支付，还向卖者索要导行费及脚夫费。百姓把物品拿到集市来卖，甚至有空手返回的，名为宫市，实际是谋取百姓财物。商人有好的物品，都藏匿起来；每当使者出来，即使是卖酒卖饼的，都关门不做生意。曾经有农夫用驴子负柴去卖，宦官说是宫市，拿了他的柴，给了几尺绢，又向他要导行费，又命他用驴送柴到宫里。农夫伤心大哭，把所获的绢给他们；宦者不肯接纳，说：“我们要你的驴子。”农夫说：“我有父母妻子，必须靠这头驴做工才有饭吃。如今把柴给你们，不要柴钱，你还不愿意，我只有死路一条。”农夫就打骂宦者，街吏捉拿农夫上表德宗，德宗下诏令罢免宦者的职位，赏赐农夫十匹绢。但是宫市并没有因此改变，谏官御史多次进谏，德宗都不听。这时张建封入朝，把宫市的弊处细细说明，德宗赞扬他并接受他的建议；就此事询问户部侍郎判度支苏弁，苏弁仰承宦官鼻息，回答说："京师里没有工作的人有万家之多，没有土地可种，也没有赖以维持的工作，都依赖宫市来生活。"德宗相信了，之后对进谏宫市的话都不听从。

贞元十四年（戊寅，公元798年）

春季，二月，乙亥日（二十四日），为申、光、蔡三州的军队起名为彰义军。

夏季，闰五月，庚申日（十一日），委任神策行营节度使韩全义为夏、绥、银、宥四州节度使。那时韩全义屯驻在长武城，德宗下诏命他带领部下到镇任职。士卒因夏州遍地沙碛碱卤，五谷不生，又遇盛夏酷热，不想迁移；辛酉日（十二日），军中作乱，斩杀大将王栖岩等人，韩全义跳下城墙逃跑。都虞候高崇文斩杀为首作乱的士兵，众人才安稳下来。高崇文，是幽州人。丙子日（二十七日），德宗委任高崇文为长武城都知兵马使，不降诏书，让中使口宣德宗旨意授予他官位。

秋季，七月，壬申日（二十五日），给事中、同平章事赵宗儒被免职，委任为右庶子，委任工部侍郎郑馀庆为中书侍郎、同平章事。

八月，开始设立左、右神策统军。那时禁军驻守边地，奖赏优渥，诸将即使地处遥远也请求隶属于神策军，称为神策行营，受中尉的管制，这样一来，神策军就增添到十五万人。

京兆尹吴凑多次进言宫市弊病。宦官对德宗说吴凑多次奏表提及宫市，都是右金吾都知赵洽、田秀岩的计划。丙午日（二十九日），赵洽、田秀岩获罪被流放到天德军。

九月，丙申日（九月无此日），德宗委任陕虢观察使于頔为山南东道节度使。

丁卯日（二十一日），杞王李倕去世。

彰武节度使吴少诚派兵掠夺寿州霍山，斩杀镇遏使谢详，占领五十多里的土地，派兵驻守。

太学生薛约拜司业阳城为师，薛约因进谏诤言获罪，被贬到连州；临行前，阳城送他到城外。德宗因阳城和罪人为伍，己巳日（二十三日），把阳城贬谪为道州刺史。阳城管理百姓像管理自己的家一样，道州的税收征收不够，观察使多次斥责，阳城自己签书考核的评论说："抚慰养育百姓的心意，颇为辛苦，征纳科敛的政事，则很钝拙，考绩等第为下下。"观察使派遣判官监督他征收税收，才到达道州，阳城先把自己关进牢里。判官大惊，跑去狱中去见阳城说："你有什么罪过？我是奉命来问候平安的。"判官留一两天还没有离去，阳城不再返回馆舍；馆舍门外有一扇旧门横卧地上，阳城日夜坐卧在上面，判官自己坐卧不宁，辞别而去。之后又派遣其他的判官去问罪，那位判官带着妻子半路逃走。

冬季，十月，丁酉日（二十一日），通王李谌逝世。

庚子日（二十四日），夏州节度使韩全义上奏在盐州西北击败吐蕃。

明州镇将栗锽斩杀刺史卢云，引诱山越叛乱，攻占浙东州县。

贞元十五年（己卯，公元799年）

春季，正月，甲寅日（初九日），雅王李逸逝世。

二月，丁丑日（初三日），宣武节度使董晋逝世。乙酉日（十一日），委任他的行军司马陆长源为节度使。陆长源性格严肃暴躁，仗着才华，态度傲慢。判官孟叔度，轻佻淫乱荒纵，喜欢怠慢侮辱将士，军中都厌恶他。董晋逝世，陆长源管理留后，扬言说："将士松懈懒怠已经很久，应该用军法来整顿一番。"众人都很恐惧。有人劝他发放财物劳军，陆长源说："我难道是河北的强盗，用钱买健儿来求节度使？"依照旧例，主帅逝世，要给军士布匹做丧服，陆长源下令收布钱；孟叔度高抬盐价而压低布价，以布折盐，每人不过得三二斤盐。军中人人埋怨恼怒，陆长源也不做戒备。这一天，士兵作乱，斩杀陆长源、孟叔度，把他们的肉切成一块块来吃，一下子就吃完。监军俱文珍因宋州刺史刘逸准做了很久的宣武大将，很得军心，暗地里写信召他来。刘逸准率领军队直入汴州，造乱的人才安稳下来。

德宗委任常州刺史李锜为浙西观察使、诸道盐铁转运使。李锜，是李国贞的儿子。闲厩、宫苑使李齐运接受他几十万的行贿，把李锜推举给德宗，德宗李适因此委任他。李锜压榨百姓来从事进奉，德宗因此很喜欢他。

庚辰日（初六日），浙东观察使裴肃在台州捉拿栗锽，送到京师，把他斩杀。

己丑日（十五日），德宗委任刘逸准为宣武节度使，赐名全谅。

三月，甲寅日（初十日），吴少诚派军队突袭唐州，斩杀监军邵国朝、镇遏使张嘉瑜，掠夺一千多名百姓离开。

戊午日（十四日），昭义节度使王虔休逝世。戊辰日（二十四日），委任河阳、怀州节度使李元淳为昭义节度使。

夏季，四月，癸未日（初九日），德宗委任安州刺史伊慎为安、黄等州节度使。

癸巳日（十九日），山南西道节度使严震逝世。

南诏异牟寻派遣使者邀请韦皋一块攻击吐蕃，韦皋以兵粮没有集合为理由拒绝，请异牟寻等待他年。

山南西道都虞候严砺奉承事奉严震，严震生病，让严砺管理留后，并留下遗表向德宗推举他。秋季，七月，乙巳日（初三日），德宗委任严砺为山南西道节度使。

八月，陈许节度使曲环逝世。乙未日（二十四日），吴少诚派兵夺取临颍，陈州刺史上官涚管理陈许留后，派遣大将王令忠带领三千军队救援临颍，都被吴少诚虏获。九月，丙午日（初五日），德宗委任上官涚为陈许节度使，吴少诚就把许州包围。上宫涚想弃城逃跑，营田副使刘昌裔阻挠他说："城中的军队足够击败敌人，只要关闭城门不跟他们打，过不了几天，敌人的气势自然衰弱，我们以完好的气势来控制敌人的困敝，没有不成功的。”吴少诚不分昼夜紧急攻城，刘昌裔招纳勇士一千人，从城下挖地道出去攻击吴少诚，吴少诚溃败，许州城因此得以保全。刘昌裔，是兖州人。吴少诚又去攻击西华，陈许大将孟元阳抵御他。陈许都知兵马使安国宁和上官涚不睦，准备以城反叛来接应吴少诚；刘昌裔用计把安国宁斩杀。集合安国宁的部下，每人给两匹缣；在主要的通道埋下伏兵，看到拿缣的通通斩杀，这些士兵没有一个能够逃脱的。

庚戌日（九月初九日），宣武节度使刘全谅逝世。军队里感念刘玄佐的恩惠，推举他的外甥都知兵马使匡城人韩弘为留后。韩弘带领军队，了解部下每个人的才能大小，是勇敢还是胆怯，指挥派遣时，士兵一定能够完成任务。

丙辰日（九月十五日），德宗下诏书削去吴少诚的官位，下令各道派军队征讨他。

辛酉日（九月二十日），德宗委任韩弘为宣武节度使。此前，吴少诚和刘全谅约好一起去攻击陈许，允诺攻克陈许后，把陈州归宣武。好几批使者还在馆舍内，韩弘把他们全部赶出去斩杀；选取三千精兵，与各道兵一起到许州攻击吴少诚。吴少诚此后失势。

冬季，十月，乙丑日（十月无此日），邕王李謜逝世。他是太子的儿子，德宗很疼爱他，把他当自己的儿子一样，等到他逝世，被谥为文敬太子。

山南东道节度使于頔、安黄节度使伊慎、掌管寿州军事的王宗和上官涚、韩弘一起去攻击吴少诚，多次击败他。十一月，壬子日（十二日），于頔上报占领了吴房、朗山。

十二月，辛未日（初二日），中书令、咸宁王浑瑊在河中去世。浑瑊性格谦让小心，即使位居将相，也没有骄傲自大的样子，每次进献物品，一定亲自查看，虽在远地，接受德宗的赏赐，就像在德宗面前那样尊敬，因为这些，获得德宗的宠信。德宗李适从兴元回朝后，即使是一州一镇带兵的人所奏的事都宽容恩准。浑瑊每回奏事，德宗总是留下奏书，他常暗地里高兴地说："皇上不猜疑我。"因此能保持功名直到去世。

六州党项部落，从永泰年间就居住在石州，永安镇将阿史那思暕不断地侵略抢夺，党项部落全部逃跑到河西。

征讨吴少诚的诸军没有统帅，每回出兵，每人各自谋利，进退不一致。乙未日（二十六日），诸军在小溵水分散，丢弃的兵器、粮草，都被吴少诚捡到。这才开始商讨设立招讨使。

吐蕃派遣五万军队分别攻击南诏及巂州，异牟寻和韦皋各派兵抵抗；吐蕃无功而返。

贞元十六年（庚辰，公元800年）

春季，正月，恒冀、易定、陈许、河阳四支军队和吴少诚打仗，都失利而退。夏绥节度使韩全义本来出身神策军，中尉窦文场非常喜爱他，把他推举给德宗，让他带领诸军征讨吴少诚。二月，乙酉日（十七日），委任韩全义为蔡州四面行营招讨使，十七道的军队都由韩全义指挥。

宣武军自从刘玄佐逝世后，共反乱五次，士卒更加骄傲，轻蔑主帅。韩弘任职几个月，完全弄清主要反乱者的姓名；有一个郎将名叫刘锷，经常领头作乱，三月，韩弘把军队排列在衙门，集合刘锷与他的同党三百人来，斥责他们"多次参加作乱，还自以为有功劳"，把他们全部处斩，鲜血染红道路。从这时起到韩弘入朝的二十一年间，士卒没有一人敢在城里大声呼叫。

义成监军薛盈珍被德宗恩宠信任，他想谋取节度使姚南仲的军权，姚南仲不愿服从，两人之间有了嫌隙。薛盈珍诽谤姚南仲的幕僚马总，将他贬为泉州别驾。福建观察使柳冕准备陷害马总以取得薛盈珍的欢心，派遣幕僚宝鼎人薛戎兼理泉州政事，让他调查揭发马总，薛戎反而辩证马总无罪；柳冕愤怒，把薛戎召来，关进监狱，让狱吏随意地打骂欺侮。过了一个月，再慢慢诱惑薛戎让他陷害马总，薛戎始终不愿听从；因而得以免罪。柳冕，是柳芳的儿子。

薛盈珍多次在德宗面前诽谤姚南仲，德宗听了有些猜疑。于是薛盈珍派遣小吏程务盈乘驿车上京诬陷姚南仲。牙将曹文洽也在长安奏事，知晓了这件事，日夜赶路，在长乐驿追到程务盈，与他同睡，到半夜，把他斩杀，把程盈珍诬陷姚南仲的奏表沉到厕所；自己写了奏表洗清姚南仲的冤屈，自首私自斩杀程务盈的罪，还写了状子把事情经过报告姚南仲，然后自杀。第二天早上，房门不开，驿吏推门进去，在曹文洽尸体旁边发现奏表与状子。德宗听说这个消息，感到很惊讶，召薛盈珍入朝；姚南仲恐怕薛盈珍加倍说他坏话，也请求入朝。夏季，四月，丙子日（初八日），姚南仲到达京师，在金吾等待德宗治罪；德宗下诏书释放并召见他。德宗问："薛盈珍打扰了你吗？"姚南仲回答说："薛盈珍没有打扰我，只是打乱陛下的律法而已。再说天下像薛盈珍这样的人，怎么能数得清？即便羊祜、杜预重生，也不能实行安乐和平的政治，成就攻城略地的功劳。"德宗默不作声，竟不开罪薛盈珍，仍派遣他掌管中枢重要机密的工作。

薛盈珍又对德宗说："姚南仲政绩恶劣，都是幕僚马少微帮助他美化的。"德宗下诏令把马少微贬谪到江南，派中使送他，把他推到长江中淹死。

黔中观察使韦士宗，政令苛刻残暴。丁亥日（十九日），牙将傅近等把他驱走，韦士宗逃跑施州。

新罗王敬则逝世，庚寅日（二十二日），德宗册封他的嫡孙俊邕为新罗王。

韩全义向来没有智勇与谋略，专门用阿谀奉承行贿巴结宦官才能做大帅，每次讨论军事，做监军的几十个宦官坐在帐中议论，众说纷纭而不能决定怎么做就散了。天逐渐炎热，士兵长久屯驻在低湿的地方，大多感染疫病，人人都有反叛之心。五月，庚戌日（十三日），韩全义与吴少诚的属下吴秀、吴少阳等在溵水南岸的广利原交战，才刚交战，诸道军队溃败；吴秀等人乘胜追赶，韩全义退守五楼。吴少阳，是沧州清池人。

山南东道节度使于頔因为征讨吴少诚，大规模招收战士，赶制铠甲，打造兵器，敛集钱财，随意实行诛杀，有占领汉水以南的意图，以对上级骄傲无礼和欺侮属下为能事。德宗正姑息藩镇，知晓他的所作所为，也拿他没办法。于頔构陷邓州刺史元洪贪污，朝廷没办法只好把元洪流放到端州，派中使护送他到枣阳。于頔派兵抢夺元洪返回襄州，中使逃回去。于頔上奏德宗，认为对元洪的惩罚太重，德宗又委任元洪为吉州长史；于頔这才让元洪离开。于頔又对判官薛正伦非常怨恨，上表要求贬他为峡州长史；等到诏书颁下，于頔的怨气已消，又上表要求留他做判官。德宗一一顺从他。

徐、泗、濠节度使张建封驻守彭城十多年，军事与政治都治理得很好，张建封病重，请朝廷委任代替的人。辛亥日（十四日），德宗委任苏州刺史韦夏卿为徐、泗、濠行军司马。诏书下达时，张建封已逝世。韦夏卿，是韦执谊的堂兄。徐州判官郑通诚管理留后，害怕士兵反叛，恰逢浙西军队经过彭城，郑通诚想引入彭城作为援助。士兵愤怒，壬子日（十五日），数千人砍破仓库门，拿出甲胄穿上，手执兵器，围攻牙城，挟持张建封的儿子前任虢州参军张愔，让他管理军队和政务，斩杀郑通诚及大将段伯熊等人，把监军套上刑具囚禁起来。德宗听到这个消息，委任吏部员外郎李鄘为徐州宣慰使。李鄘直接到军中，集合将士宣布朝廷的旨意，告诉他们求福避祸的道理，解下监军的刑具，让他官复原职，叛乱的士兵不敢进犯李鄘。张愔上书自称兵马留后，李鄘以认为张愔不是朝廷委任的，不肯接纳，让他去掉“兵马留后”四字，然后把他的奏表带回朝廷。

灵州军在乌兰桥击败吐蕃。

丙寅日（二十九日），韦士宗又进入黔中。

湖南观察使河中人吕渭上表起出永州刺史阳履的赃物，阳履上书称所收集的物品都是用来进贡的。德宗把阳履召到长安，丁丑日（五月无此日），下令三司使加以查明，审问他敛集之物用在哪里，阳履说：“已买马进贡。”又问：“马主是谁？马的年纪多大？”阳履回答说："马主是东西南北之人，如今不知道去了哪里；按《曲礼》上说：'要想知晓君王的马的岁数，是对君不敬，会被惩罚。'因此不知道几岁。"所回答的大概都像这类。德宗喜欢他所说进贡的话，放了他，只是罢免他的官位。

丙戌日（五月无此日），加封淄青节度使李师古同平章事。

徐州乱兵上书为张愔求旄节，朝廷不应允。加给淮南节度使杜佑同平章事，兼徐、濠、泗节度使，派他去征讨张愔。杜佑大举准备船舰，派牙将孟准为前锋；才渡过淮水就败阵，杜佑不敢前进。泗州刺史张伾出兵袭击埇桥，大败而归。朝廷没有办法，任用张愔为徐州团练使，张伾为泗州留后，濠州刺史杜兼为濠州留后，仍加给杜佑兼任濠泗观察使的职位。

杜兼，是杜正伦的五世孙，阴险狡诈，霸道残暴。张建封病重时，杜兼打算私下取代他的职位，从濠州匆忙赶回军府。幕僚李藩与他官阶一样，入内问候张建封的病，出来看到他，哭着说："仆射已病危成这样，你应该在濠州防守镇压，现在擅离职守到这里来，想干什么？应当赶紧回去，不然，我要奏报上去。"这番出乎意料的话，让杜兼惊慌失措，直接回去了。张建封逝世后，李藩返回扬州，杜兼上奏诬赖李藩在张建封逝世时动摇军心，德宗大怒，秘密下诏给杜佑，让他除掉李藩。杜佑向来敬重李藩，怀中藏着诏书超过十天也不忍心动手，因此引导李藩讨论佛经说："佛说因果报应，有没有？"李藩说："有的。"杜佑说："真这样，你遇着什么事不要恐惧。"之后拿出诏书给李藩看。李藩面色不变，说："这果真是报应呀！"杜佑说："你千万不要声张，我已上表秘密为你辩论，用全家百口的性命来保你。"德宗还有些疑虑，把李藩召到长安觐见，看到李藩仪表气度非常安静雅致，这才说："这怎么是作恶的人？"马上任用他做秘书郎。

新罗王俊邕逝世，国人将他的儿子重熙立为王。

秋季，七月，吴少诚到五楼征讨韩全义，韩全义的诸路军队溃败，韩全义乘着夜色逃走，退守溵水县城。

卢龙节度使刘济的弟弟刘源是涿州刺史，不听从刘济的命令；刘济率兵去征讨他并将他捉拿。

九月，癸卯日（初八日），义成节度使卢群逝世；甲戌日（九月无此日），德宗任用尚书左丞李元素取代卢群的官位。贾耽说："凡在本军任用节度使，其人一定有好恶向背，军中高兴与害怕的人各占一半，因此会使军心惶惶。从现在开始，希望陛下从朝廷里派人，才能希冀不发生突变。"德宗以为很对。

中书侍郎、同平章事郑馀庆和户部侍郎、判度支于𬱟向来感情很好，于𬱟上奏的事，馀郑庆都劝德宗听从。德宗认为两人结党营私，庚戌日（十五日），贬郑馀庆为郴州司马，于𬱟为泉州司户。于𬱟，是于頔的哥哥。

癸丑日（十八日），吴少诚领兵前进，在迫近溵水几里的地方驻扎，韩全义带领各路军队后退驻守陈州。宣武、河阳的军队私下返回本道，唯有陈许的将领孟元阳、神策将苏光荣带领部下驻守溵水。韩全义用欺瞒的手段诱惑昭义的将领夏侯仲宣、义成的将领时昂、河阳的将领权文变、河中的将领郭湘等，斩杀他们，用来恐吓众人。韩全义到陈州，刺史刘昌裔登上城楼对他说："天子命你去征讨蔡州，如今竟然来这里，我刘昌裔不敢让你们进来，请在城外驻扎。"随后刘昌裔送牛和酒到韩全义的营中劳军，韩全义又惊又喜，对他非常佩服。己未日（二十四日），孟元阳等人与吴少诚交战，杀了两千多敌人。

庚申日（二十五日），德宗任用太常卿齐抗为中书舍人、同平章事。

癸亥日（二十八日），德宗任用张愔为徐州留后。

冬季，十月，吴少诚领兵回到蔡州。在此之前，韦皋听闻各路军队征讨吴少诚无功，上表说："请任用浑瑊、贾耽为元帅，带领各路军队。假如不便劳请元老，那臣请求带领一万精兵离开巴峡，到荆楚平灭顽固的叛贼。不然，就乘吴少诚请罪之机赦免他，停止两河诸路军队的公务，以便公私都能够休养生息，算是次善的策略。假如吴少诚坏事做尽，被部下斩杀，那又应该把吴少诚的爵位授予杀他的部下，是去除一个吴少诚，又出现一个吴少诚，后患无穷啊！”贾耽对德宗说：“叛贼的意思估计也是希望得到恩宠宽容，只怕要给他一条生路。”德宗采纳他的建议。恰逢吴少诚送信和币帛给监军，请求昭明洗刷冤屈，监军上呈奏报。戊子日（二十三日），德宗下诏赦免吴少诚及彰义将士的罪责，恢复他们的官职。

己丑日（二十四日），河东节度使李说逝世；甲午日（二十九日），任用他的行军司马郑儋为节度使。德宗选能取代郑儋的人，由于刑部员外郎严绶曾以幕僚的身份进贡财物给德宗，德宗就记住严绶的名字，任命他为行军司马。

吐蕃多次被韦皋击败，这一年，吐蕃的曩贡、腊城等九节度婴和笼官马定德带领他们的部落来归降。马定德是个有才能有智谋的人，吐蕃诸将用兵打仗，都是采用他的策略，他经常乘着驿车到处谋划事情，到这时，马定德因军队多次打仗失利，害怕获罪，就前来归降。

资治通鉴卷第二百三十六　唐纪五十二

起辛巳（公元801年），止乙酉（公元805年），共五年。

【题解】本卷记录了公元801年至805年的历史，共五年。从唐德宗贞元十七年到唐顺宗永贞元年，为德宗、顺宗、宪宗交接之际。浙东判官齐总盘剥百姓进奉德宗，被升为衢州刺史，给事中许孟容封还诏命，受到德宗嘉奖。德宗驾崩，顺宗即位，在位不足八个月。顺宗中风不能说话，王叔文、王伾等大臣受器重施行改革，大赦天下，蠲免积欠，罢进奉、罢宫市，取缔五坊小儿，减盐债，平反和量移前朝被贬大臣，召回陆贽和阳城。任命老将范希朝为左右神策、京西诸城行营节度使，欲夺宦官军权。宦官和反对派大臣反扑，拥立宪宗即位，顺宗退位为太上皇。永贞革新之臣被贬、被杀。皇帝任用自己的私党，把先帝的私党看作异己，通通贬黜，宪宗开了恶例。军镇换帅，弱肉强食，剑南金之死与来希皓之让，相互映衬。

德宗神武圣文皇帝十一

贞元十七年（辛巳，公元801年）

春季，正月，甲寅日（二十一日），韩全义到达长安，窦文场帮他掩盖军队溃败的事情，因此德宗以非常隆重的礼仪对待他。韩全义推托说得了脚病，不能上朝拜见，派遣司马崔放入朝回答德宗的问话。崔放替韩全义引罪自责，为招抚无功而向德宗谢罪，德宗说：“韩全义担任招讨使，能招来吴少诚，他的功劳已经很大，为什么一定要将人们杀死，然后才算是功劳呢？”闰正月，甲戌日（十一日），韩全义回到夏州。

韦士宗到黔州后，任意胡为，杀死高级长官，使得人心大乱。韦士宗很害怕，三月，他脱出身来，逃离黔州。夏季，四月，辛亥日（二十日），德宗又任命右谏议大夫裴佶为黔州观察使。

五月，壬戌朔日（初一日），天空出现日食。

朔方邠、宁、庆节度使杨朝晟，在宁州防御吐蕃（防备胡人在秋收时前来攻击掠夺）；乙酉日（二十四日），杨朝晟去世。

起初，浑瑊派遣兵马使李朝寀率领军队戍守定平。浑瑊去世后，李朝寀请示将自己的军队隶属于神策军；德宗下诏准许他的请求。

杨朝晟病重时，召集幕僚并对他们说："我的病不会好转，朔方军主帅的任命，人选往往出自本军，虽然这样能顺应众将士之心，但实在不符合国家的礼制。宁州刺史刘南金很熟悉行军作战之事，应该让他来代理行军司马，暂且掌管军事，等到朝廷选择元帅到这里，一定没有什么忧虑。"接着，杨朝晟又把亲笔写的书信交给监军刘英倩，刘英倩又把这些情况奏报朝廷。将士们私下议论说："朝廷任命元帅，我们会接纳他，即使任命刘南金，我们也会事奉他；可是，如果皇上从别的军中派元帅来这里，这个被任命的元帅一定会把自己的部下带来，那么我们这些人就会受到排斥，所以我们一定要制止这种事情发生。"

己丑日（二十八日），德宗派遣中使前去朔方探察军中情况，军中将士大多亲附刘南金。辛卯日（三十日），德宗又派遣高品薛盈珍携带诏书前去宁州。六月，甲午日（初三日），薛盈珍到达军中，他宣布诏书说："李朝寀率领的本来就是朔方的军队，现在准备将此军与你们合并，来壮大军队的声势，使夷狄受到震慑。现任命李朝寀为节度使，刘南金为副节度使，军中将士认为怎么样呢？"各位将领都接受诏命。

丙申日（初五日），都虞候史经对众将士说："李公李朝寀命令没收弓箭刀剑而又要送去两千套甲胄。"众将士都说："李公想要收纳自己的两千部下，作为心腹，我们这些人的妻子儿女怎么能够保全？"到了晚上，大家前去谒见刘南金，想拥戴他为元帅，刘南金说："节度使本是我想做的官，然而没有天子下达的命令我就不可以这样做。军队里难道就没有其他可以拥戴的将领吗？”众人说：“弓箭刀剑都被李朝寀没收，只有军事府中还有储备的铠甲兵器，我们想凭着军事府中的铠甲兵器聚众起事。”刘南金说：“各位将士不希望李朝寀做元帅，应该将其中的缘由告诉皇上的使者。如果拿着武器起事，那就是拒绝接受诏命啊。”于是刘南金命人关起门来，不让将士进门。众将士离开后，又去谒见兵马使高固，高固已经逃走躲藏起来；众将士最终搜出高固。高固说：“如果各位能够按照我说的去做，我就答应你们的要求。”众将士说：“唯命是听。”高固说：“不允许杀人，不允许掳掠金帛财物。”众将士说：“好。”于是高固与众将士一同前去谒见监军，请求监军把众将士的意思奏明德宗。众将士说：“刘南金已经接受朝廷的旨意，担任副元帅，他必定会阻挠我们的事情。”众将士假意声称监军有命，召刘南金计议事情，刘南金一到，众将士就把他杀了。

戊戌日（初七日），德宗颁发制书任命李朝寀为宁州节度使。就在这一天，报告宁州发生变乱的人到了朝中，德宗派人追回制书，再次派薛盈珍前去探察军中情形。壬寅日（十一日），薛盈珍来到军中，军中众将士请求任命高固为元帅，薛盈珍当即以德宗的旨意命令高固掌管军中事务。

有人将戊戌日颁布的制书传到邠州，邠州的将士很是迷惑，不知道应当听从哪一个诏命。奸邪之人趁着这个机会，准备发动叛乱。留后孟子周将精锐士兵全都安置到官署的庭院中，每天以酒肉犒赏士卒，这样做对内可以让士兵高兴，对外可以威慑乱法犯禁的奸邪之人。军中没有发生叛乱，正是由于孟子周谋划有方啊。

李锜掌握全国的财政大权后，通过进献贡物来巩固主上的恩遇，通过赠送财物来结交地位高、有权势的人。李锜依靠着这种关系骄横放纵，没有什么顾忌畏惧的人和事，他非法强占官府的财物，他统领的属吏中无罪而遭到杀害的人一个接着一个。浙西平民崔善贞到朝廷呈上秘密奏章，奏疏中谈及宫市、进献贡物以及经营盐铁的弊端，因而说到李锜所做的违法之事。德宗阅览奏疏后，心里很不高兴，命令将崔善贞用枷锁拘禁着送到李锜那里。李锜听说崔善贞要到了，就命人先在路边挖了一个坑；已亥日（初八日），崔善贞被押送到李锜那里，李锜命人将崔善贞连同锁他的刑具一齐推到坑中，把他活埋。远近百姓听到这件事，都不寒而栗。李锜又做了些保全自身的打算，增加士兵的人数，又选拔有才能、有勇力、会射箭的人，把他们这些人称作"挽强"，对收容的胡、奚等各少数民族人，称他们为"番落"，对他们的供给和赏赐，是其他士兵的十倍。转运判官卢坦屡次劝谏李锜，但他一点也不知改悔，于是卢坦与幕僚李约等都辞职离开李锜。李约，是李勉的儿子。

己酉日（十八日），德宗下令让高固担任邠宁节度使。高固是一员老将，因为待人宽和仁厚而得到众人的拥护，过去的节度使嫉妒他，把高固安置在一个闲散的职位上，同事们大多数都轻视侮辱他；等到高固被德宗起用担任邠宁节度使，高固没有对任何人实行报复，这样一来，军中将士就都安定下来。

丁巳日（二十六日），成德节度使王武俊去世。

秋季，七月，戊寅日（十八日），吐蕃侵犯盐州。

辛巳日（二十一日），德宗任命成德节度副使王士真为节度使。

己丑日（二十九日），吐蕃大举攻陷麟州，杀死麟州刺史郭锋，把麟州城夷为平地，并对当地居民以及党项部落抢掠一番，之后便离开。郭锋是郭曜的儿子。

僧人延素被吐蕃抓住。有一名叫徐舍人的吐蕃将领对延素说："我是英国公李勣的第五世玄孙。在武后统治时期，我的高祖徐敬业树立义旗起义，没有成功，因此后世子孙流离迁居到异国他乡，虽然我家世世代代都居享有高官厚禄，掌管军政大权，然而怀念故国之心仍然没有忘却，只是顾及我的宗族人口众多，没有机会独自脱身出来罢了。现在我准许你回去。"于是徐舍人就放了僧人延素。

德宗派遣使者命令韦皋发兵深入吐蕃境内，以分散吐蕃的势力，缓解北方边境的战祸。韦皋于是派遣将领率领士兵两万从九条路线进发，攻打吐蕃的维州、保州和松州以及栖鸡和老翁城。

河东节度使郑儋突然去世，还没来得及安排后事，军中将士嘈杂喊叫，将有异常变故。夜半时分，十多个人骑着战马，手握兵器，召掌书记令狐楚到军营门口，诸位将士环绕着他，命令他起草郑儋的临终表章。令狐楚在白晃晃的兵刃环绕之中，拿起笔来一会儿就写好了。令狐楚是令狐德棻的同宗后人。八月，戊午日（二十八日），德宗任命河东行军司马严绶为节度使。

九月，韦皋上奏朝廷称在雅州大胜吐蕃。

左神策中尉窦文场请求辞官回归故里，德宗任命左神策中尉副使杨志廉接替他的职位。

韦皋屡次打败吐蕃，转徙作战达千里之远，共计攻克七座城池，军镇五个，焚烧堡垒一百五十个，斩首一万多人，活捉吐蕃俘虏六千，向他投降的人口有三千户。韦皋接着将维州和昆明城团团围住。冬季，十月，庚子日（十一日），德宗加封韦皋检校司徒兼中书令，并赐给他南康郡王的爵位。南诏王异牟寻俘虏的人和缴获的物品特别多，德宗派遣中使慰问安抚他。

戊午日（二十九日），盐州刺史杜彦先放弃城池，逃奔庆州。

贞元十八年（壬午，公元802年）

春季，正月，骠王摩罗思那派遣他的儿子悉利移入朝进贡。骠国在南诏西南方六千八百里的地方，听说南诏归附朝廷，也对朝廷产生向往之情，于是通过南诏的介绍入京朝见德宗，还进献上他们本国的音乐。

吐蕃派遣国中大相兼东部边邑五道节度使论莽热率领十万军队前来解救被围困的维州，西川兵马依据险要地势设下埋伏等待论莽热前来。吐蕃军队一到，韦皋便派出一千人前去挑战，敌人出动全部军队追赶他们，这时埋伏的西川士兵乘机发动攻击，吐蕃军队大败，论莽热被擒获，吐蕃士兵死了大半。但西川军最终没有攻下维州、昆明城，韦皋只得率领军队返回。乙亥日（十八日），韦皋派遣使者向德宗进献论莽热，德宗赦免论莽热。

浙东观察使裴肃依靠进奉财物升官后，判官齐总接替他掌管留后事务，他通过剥削财物来讨好德宗的行为，又超过裴肃。三月，癸酉日（十七日），德宗下诏晋升齐总为衢州刺史。给事中长安人许孟容把诏书封合好后奉还，他说："衢州没有什么忧虑的事情发生，齐总也没有什么特殊的功绩，忽然让他得到这种超越常理的晋升，实在令群臣深感惊骇。如果齐总确实有值得记录的功绩，希望明确地写出他的劳绩与考课，然后再超越资历破格任命官职，以消除各位大臣心中的疑惑。"诏书于是就这样被留在宫中，没有被批下来。己亥日（疑误），德宗召见许孟容，慰劳并奖励他。

秋季，七月，辛未日（十七日），嘉王府的咨议参军高弘本正殿奏报事情时，私自在殿上处理债务。乙亥日（二十一日），德宗下达诏书："从今天起，公卿与百官不要到正殿奏陈事情，如果有要事需要当面陈奏，应当到延英门请求召问对答。"议论这件事的大臣认为："到正殿去奏陈要事，这是自从武德年间以来，没有改变的规矩，为的是传达百官之情，讲论如何施政处事。高弘本不懂规矩，陛下完全可以贬黜他，而不应当因高弘本一人犯错就废除正常的制度。"

淮南节度使杜佑多次向德宗上表请求派人替代他的职务。冬季，十月，丁亥日（初四日），德宗下诏让刑部尚书王锷担任淮南节度副使兼行军司马。

己酉日（二十六日），鄜坊节度使王栖曜去世。中军将何朝宗谋划发动叛乱，夜里，何朝宗派人放火。都虞候裴玢暗中藏起来，没有前去救火，在天亮之时，出其不意，一举擒住何朝宗，并斩杀他。德宗于是让同州刺史刘公济担任鄜坊节度使，让裴玢担任行军司马。

贞元十九年（癸未，公元803年）

春季，二月，丁亥日（初六日），朝廷把安黄军命名为奉义军。

己亥日（十八日），安南牙将王季元驱赶本地观察使裴泰，裴泰逃奔到朱鸢。第二天，左兵马使赵匀斩杀王季元和他的同伙，又把裴泰迎接回来并恢复职位。

甲辰日（二十三日），杜佑入朝谒见天子。三月，壬子朔日（初一日），德宗任命杜佑为检校司空、同平章事；任命王锷为淮南节度使。

鸿胪卿王权请求把献祖宣皇帝、懿祖光皇帝的神位迁移到供奉德明皇帝、兴圣皇帝神位的庙堂中，每当对诸祖神位举行盛大的合祭时，将太祖李虎的神位安置在正东方位。德宗听从了他的建议。

乙亥日（二十四日），德宗任命司农卿李实兼任京兆尹。李实为政残暴乖戾，德宗却喜欢信任他。李实依仗德宗的恩宠更加骄横傲慢，本来答应为他人推荐援引，却不按等次授给官职，等到后来李实诬陷毁谤官员让德宗贬谪流放大臣，全都在他预言的日期应验，因此士大夫非常害怕他，都不敢用正眼看他。

夏季，四月，泾原节度使刘昌向德宗呈上奏疏，请求把原州的治所迁移到平凉。德宗答应他的请求。

乙亥日（疑误），吐蕃派遣臣子论颊热来朝进贡。

六月，辛卯日（十二日），德宗任命右神策中尉副使孙荣义为中尉。孙荣义和杨志廉都骄横狂纵，私下招揽大权，依附他们的人非常多，因此宦官的势力愈加盛大。

壬辰日（十三日），德宗派右龙武大将军薛伾出使吐蕃。

陈许节度使上官涚去世后，他的女婿田偁想胁迫上官涚的儿子承袭军中大政。牙将王沛，也是上官涚的女婿，了解田偁的谋划后，就把这件事禀告监军范日用，范日用率军讨伐并捉住田偁。乙未日（十六日），德宗任命陈许行军司马刘昌裔为节度使。王沛是许州人。

从正月起，一直到秋季七月一直没有下雨。

己未日（疑误），中书侍郎、同平章事齐抗因病被免去官职，任用为太子宾客。

起初，翰林待诏王伾擅长书法，山阴人王叔文擅长下棋，他们两人一起在东宫出出进进，事奉太子李诵并陪太子玩乐。王伾是杭州人。

王叔文诡诈多计谋，自称书读得多懂得治理国家的道理，经常趁机对太子李诵说些民间疾苦。太子曾经与各位侍读以及王叔文等人谈论宫市的事情，太子说："我正想尽力向皇帝进言此事。"众人都称赞太子，只有王叔文没有说什么。众人退下之后，太子亲自把王叔文留下来，对他说："刚才只有你没有说什么，难道有什么别的想法吗？"王叔文回答说："叔文蒙受太子的宠爱，如有想法，怎敢不让太子您听闻呢？太子的职分应当是探问皇上饮食如何，身体是否安适，不应该跟皇帝谈论外面的事。陛下在位的时间已经很久，一旦怀疑太子您收买人心，您拿什么为自己解释呢？"太子非常震惊，接着便流下眼泪，说："要不是先生您提醒，我就没有办法知道这个道理。"于是太子对他非常喜欢宠爱。王叔文和王伾两人相互依附。

王叔文趁机向太子进言说："某人可以担任宰相，某人可以担任大将，希望将来太子能任用他们。"王叔文暗中结交翰林学士韦执谊以及当时已有名声而又希望快速晋升的朝廷官员陆淳、吕温、李景俭、韩晔、韩泰、陈谏、柳宗元、刘禹锡等人，约定为至死不变的最亲密的朋友。而凌准、程异等又通过王叔文一党得到晋升，每天和王叔文一党交游往来，行踪诡异隐秘，没有人知道他们在做什么。有的藩镇暗中向他们进献资财礼物与他们互相勾结。陆淳，是吴中人，曾担任过左司郎中；吕温是吕渭的儿子，当时担任左拾遗；李景俭是李漓的孙子，进士及第；韩晔是韩滉的族侄；陈谏曾担任过侍御史；柳宗元、刘禹锡，当时担任监察御史。

左补阙张正一上书进言，得到德宗召见。张正一与吏部员外郎王仲舒和主客员外郎刘伯刍等人相互亲近交好。王叔文一党怀疑张正一向德宗讲过他们暗中进行的事情，于是反过来叫韦执谊在德宗面前诬陷张正一等人，说他们勾结为一党，游玩宴乐，没有一点儿节制。九月，甲寅日（初六日），张正一等人都获罪，被贬到偏远的地方，人们都不知道其中的缘故。刘伯刍是刘迺的儿子。

盐夏节度判官崔文先暂时掌管盐州事务，他处理政务烦琐刻薄。冬季，闰十月，庚戌日（初三日），他部下的一名将领李庭俊发动叛乱，杀死崔文先，还割碎他的尸体，吃他的肉。左神策兵马使李兴幹此时戍守盐州，他带领士兵杀掉李庭俊，并把这事上报朝廷闻知。

丁巳日（初十日），门下侍郎、同平章事崔损去世。

十一月，戊寅朔日（初一日），德宗任命李兴幹为盐州刺史，允许他直接向朝廷奏事；从此盐州不再隶属夏州。

十二月，庚申日（十三日），德宗任命太常卿高郢为中书侍郎，吏部侍郎郑珣瑜为门下侍郎，两人都担任同平章事。郑珣瑜，是郑馀庆的堂兄弟。

建中初年，德宗命令京城各使以及府县，对于被囚禁的犯人，在每季度终结时，委托御史到各地予以按察，有冤屈、滥用刑罚的案件，要上报朝廷闻知；近年来，北军只是呈送公文到北司去查问了事。监察御史崔薳对待下属严厉苛察，下属官吏想要陷害他，就设计带领着他进入右神策军。右神策军使以下的人都惊骇惧怕，于是就把这事详细奏明德宗。德宗非常生气，就命人将崔薳杖责四十，然后把他流放到崖州。

京兆尹的嗣道王李实专门从事征收钱粮的事务以便供给进献的贡物，他向德宗进言说："今年虽然大旱，可是田里的禾苗长得很好。"因此百姓的租税都没有被免除，以致人们穷困到拆除房屋，出卖屋瓦檩木与麦苗来缴税。优伶成辅端为此作了一首歌谣来嘲讽李实。道王李实向德宗启奏成辅端诽谤朝廷大政，于是德宗命人用杖刑打死成辅端。

监察御史韩愈呈递奏疏，认为："京城周围地区的百姓生活非常贫穷困顿，对于今年未能征收上来的税钱及草料、谷物等，请求皇上等待明年蚕成麦熟之时再加以征收。"因为这件事，韩愈获罪，被贬为阳山县令。

贞元二十年(甲申,公元804年)

春季,正月,丙戌日(初十日),天德军都防御团练使、丰州刺史李景略去世。起初,李景略曾经设宴款待辅佐自己的官吏们,巡行劝酒的人误把醋端上来。因为李景略生性严厉,判官京兆人任迪简恐怕巡行劝酒的人获罪,勉强把醋当酒喝了,他回去以后便因此吐血。军士听说这件事,都感动得流下眼泪。等到李景略去世后,军士都说判官任迪简是一个仁厚的人,想要拥戴他为元帅。监军于是把任迪简偷偷安置在别的屋子里,将士们找到他并打开门闩把他接出来。监军于是把这些事上奏朝廷,德宗下诏任命任迪简代替李景略的职位。

吐蕃赞普去世,他的弟弟继位。

夏季,四月,丙寅日(二十二日),朝廷将陈许军命名为忠武军。

左金吾大将军李升云统率禁兵镇守咸阳,当他病重时,他的儿子李政諲与虞候上官望等人谋划效法山东藩镇的做法,叫将士联名呈上奏疏请求让他代理父亲的职位。六月,壬子日(初九日),李升云去世。甲寅日(十一日),德宗下诏追夺李升云的官职爵位,并没收他家的财产。

昭义节度使李长荣去世,德宗让中使带着亲笔所写的诏书授给昭义军大将,只要是将士都归心的人,就授给他节度使。起初大将来希皓受众人敬服,中使准备把德宗的亲笔诏书授予他。来希皓对众人说:“在本军中选大将担任节度使,应当会选我来希皓,但我不能担当节度使的职位。如果朝廷拿一束草来担任节度使,我来希皓也必定尊敬他,事奉他。”中使说:“我当面接受圣上的旨意,只让我在此军中选择大将担任节度使,授予他旌节斧钺,朝廷不再另外授予别人节度使的职位。”来希皓依然坚决地拒绝此事。兵马使卢从史的官阶居第四位,他暗地里和监军相互勾结,这时卢从史从队伍中站起来说:“如果来大夫不肯接受诏令,请让我暂且管理昭义军的事宜。”监军说:“如果卢中丞能这样做,也是符合圣上的意旨。”中使于是从怀中取出诏书来授给卢从史。卢从史双手捧着诏书，拜了两次，又向德宗遥遥行舞蹈礼。来希皓急忙转身指挥同列的人，面向北方祝贺。军吏士卒全部集合，大家都没有对此提出异议。秋季，八月，己未日（十七日），德宗颁下诏书任命卢从史为节度使。

九月，太子李诵开始身患中风，不能说话。

顺宗至德弘道大圣大安孝皇帝

永贞元年（乙酉，公元805年）

春季，正月，辛未朔日（初一日），诸王、亲戚来到宫里向德宗李适祝贺新年，只有太子李诵因患病不能前来，德宗流着眼泪，悲伤叹息，从此生病，一天比一天重。总共有二十多天，宫里宫外断绝消息，都不知道德宗与太子平安与否。

癸巳日（二十三日），德宗驾崩。仓促之间，翰林学士郑絪、卫次公等人被召到金銮殿，起草德宗的遗诏。有个宦官说："内廷计议立谁都还没有确定呢。"大家都不敢回答。卫次公立刻说："太子虽然身患疾病，但是身居嫡长的地位，朝廷内外人心所向，如果没有其他办法，还应该立广陵王（太子长子）为帝，不然，一定要出大乱子。"郑絪等人也随声附和卫次公的意见， 这样拥立新帝的事才确定下来。卫次公是河东人。太子李诵知道人们的情绪还处在担忧疑虑中，于是身着紫衣，足穿麻鞋，勉强支撑病体，走出九仙门，召见各位军使，人心才稍微安定一些。

甲午日（二十四日），先帝德宗的遗诏在宣政殿宣布，太子李诵穿着丧服，接见百官；丙申日（二十六日），太子李诵在太极殿登上皇帝之位。卫士还有些怀疑登基的是不是太子，他们都提起脚跟，伸长脖子向大殿上张望，望了一会儿才说："真的是太子啊。"于是卫士们都高兴地哭起来。

当时顺宗嗓子哑了不能讲话，不能处理朝中事务，他经常住在宫中，宫内垂放帘帷，只有宦官李忠言、昭容牛氏在身边事奉；朝中官员奏请事务，顺宗就在帘幕中准许他们奏请的事。自从德宗病危，王伾先进入内廷，声称有诏召见王叔文，让他在翰林院中处理朝中事务。然后王伾把王叔文对朝中事务的意见带进宫中告诉李忠言，李忠言再声称是顺宗颁布的旨意，外界起初没有人知道这件事。顺宗任命杜佑兼为宰相。

二月，癸卯日（初三日），顺宗才在紫宸门接受朝中百官朝拜。

己酉日（初九日），顺宗加封义武节度使张茂昭为同平章事。

辛亥日（十一日），顺宗任命吏部郎中韦执谊为尚书左丞、同平章事。王叔文想要掌管国家大权，便首先延引韦执谊出任宰相，自己在宫中掌握大权，王叔文和韦执谊两人一唱一和。

壬子日（十二日），李师古派遣军队驻扎在本道的西部边境，以此威胁滑州。当时，报丧的使者还没来到各道，因为义成牙将要从长安回来，得到德宗李适的遗诏，节度使李元素因为李师古所在的道是与自己相邻的州道，想显示不把李师古当作外人看，于是派使者秘密地把遗诏给李师古看了。而李师古想趁着国丧期间侵夺邻境的土地，于是他集合将士并对他们说："圣上福缘无疆，而李元素却把皇帝的遗诏拿给我看，这是想要造反啊，我们应该去攻打他。"于是李师古就拿棍子打李元素派来的使者，并派遣军队驻扎曹州，而且派人告知汴州，并向汴州借路攻打李元素。宣武节度使韩弘派人对他说："你能越过我的疆界去做盗贼吗？我专门等着你来，你绝不要说空话！"李元素向韩弘告急，韩弘派人对他说："有我在这里驻守，你可以安心，不要害怕。"有人告诉韩弘说："李师古在铲除草棘，平整道路，他的军队很快要打过来了。请您对他多加防备。"韩弘说："如果真有军队打过来，那我就不用清除道路了。"韩弘并不对这些事做出反应。李师古的机谋诈变用尽，而且听说新皇帝登基称帝，这才停止出兵攻打的事。李元素上表请求顺帝李诵自贬，朝廷两次派人前来对两方加以安慰、劝解。李元素是李泌的同族弟弟。

吴少诚把制作牛皮鞋的材料赠送给李师古，李师古就用食盐资助吴少诚，偷偷地运过宣武地界。可是事情还是被发觉，韩弘将他们运送的物品全部扣留并运送到府库，说："根据国家法律，这些物品不能私下馈赠。"李师古等人都很惧怕他。

辛酉日（二十一日），顺宗发诏列数京兆尹道王李实残忍暴虐地聚敛民财的罪行，把他贬为通州长史。街市上的百姓高兴地呼喊，都在衣袖里装些瓦片、石子，拦路等候，李实从小路逃走，才得以避免一场痛打。

壬戌日（二十二日），顺宗任命殿中丞王伾为左散骑常侍，依然如前做翰林待诏，任命苏州司功王叔文为起居舍人、翰林学士。

王伾相貌丑陋，说话操吴地方言，是顺宗亲近宠幸的人；而王叔文以能办大事而自我称道，稍微懂得一些文章义理，喜欢谈论朝中事务，顺宗因为这个略微敬重他，所以王叔文不像王伾那样能任意出入宫廷。王叔文进入翰林院，而王伾进入柿林院，得以与李忠言和牛昭容会面议事。大抵说来，王叔文依附王伾，王伾依附李忠言，李忠言又依附牛昭容，他们几人辗转勾结在一起。每遇一事，他们首先交付翰林院，让王叔文决定可否，然后到中书省宣达决定，韦执谊接到命令，按照实行。他们在宫外的同党有韩泰、柳宗元、刘禹锡等人，这些人主管搜集、打听外面的事情。他们策划计议，相互应和，夜以继日，急切如狂，他们之间又互相推崇、赞赏，说谁是伊尹、谁是周公、谁是管仲、谁是诸葛亮，扬扬自得，认为天下再没有其他人才；他们使荣宠与屈辱，晋升与贬斥，发生在仓促之间，只要他们想要做什么，便不拘泥于既定的规章法度而大胆为之。士大夫都惧怕他们，走在路上只能用眼睛互相示意，敢怒不敢言。平素和他们有交往的人，一个一个相继都得到提拔，甚至出现一天之内就授予好几个人官职的情况。只要他们的党羽中有人说："某人可以做某官。"不超过一两天，这个人就可以得到那个职位。这样一来，王叔文和他的同党十几家的门前，日日夜夜车马喧闹得像街市一般。等候拜见王叔文、王伾的宾客，甚至要在他们所住街坊的饼店、酒坊过夜，饼店及酒坊索要每人一千钱，方肯收留他们为房客。王伾的品格尤其猥琐卑劣，专门以收受贿赂为能事，他还找人做了一个收藏金钱丝帛的大柜子，晚上，夫妇两人就睡在上面。

甲子日（二十四日），顺宗乘车至丹凤门，大赦天下；对各种名目的拖欠租税，一律免除，除固定的贡品外，其他所有的贡物，完全停止进奉。贞元末年一些对百姓利益有损害的施政措施，如宫市和五坊给役，全部免除。

之前，在乡里张网捕捉鸟雀的五坊给役，都做些蛮横暴虐的事，掠夺百姓的财物，甚至有人把罗网张在人家门前，不许人们进出，或者把罗网张在水井上不让人们打水，谁要是靠近，他就说："你惊吓了准备进献给朝廷的鸟雀！"就狠狠地打人家一顿，直至来人拿出自己的钱财物品求情谢罪，才能离开。有些五坊给役互相聚集在酒店饭铺吃饭喝酒，吃饱喝足就离开，有的店家不知道他们的身份，走上前去跟他们索要酒饭钱，多半遭受殴打谩骂；有时候或许给店家留下一袋蛇作为抵押品，说："这些蛇是用来诱捕鸟雀的，现在留下来交给你，希望你好好地饲养它们，不要让它们挨饿受渴。"店家害怕地谢罪，苦苦请求，五坊给役这才带着这袋蛇离开。顺宗在东宫做太子时，就完全知道这些弊病，即位后首先禁止五坊给役为非作歹的事。

乙丑日（二十五日），顺宗免除盐铁使每月进奉的月钱。之前，盐铁使每月进奉正税以外的杂税钱，而正常的经费收入却越来越少；到这时，顺宗便下令停止盐铁使每月进奉的月钱。

三月，辛未日（初二日），顺宗任命王伾为翰林学士。

德宗末年，有十年没有实行大赦，因为微小过失被谪降贬逐的众多官员全都不能再按官阶等级依次得以晋级任用；顺宗李诵登基后，因罪远谪的官员才能酌情调迁近处任职。壬申日（初三日），顺宗追召忠州别驾陆贽、郴州别驾郑馀庆、杭州刺史韩皋、道州刺史阳城前来京师。

陆贽掌管朝政的时候，把驾部员外郎李吉甫贬为明州长史，不久之后，又将他改任为忠州刺史。陆贽的兄弟和弟子们对此事都很担忧。后来陆贽到了忠州，李吉甫很高兴地用对待宰相的礼节来事奉他。陆贽开始时还感到惭愧害怕，后来就与李吉甫成为交情深厚的好朋友。李吉甫是李栖筠的儿子。韦皋在成都，也屡次上表顺宗请求让陆贽代替他的职务。但陆贽和阳城都没有听到追召他们回京的诏书就去世了。

丙戌日（十七日），顺宗加封杜佑为度支使和诸道盐铁转运使。任命浙西观察使李锜为镇海节度使，解除他盐铁转运使的职务。李锜虽然失去掌管财政的大权，但是得到节度使的旌节，所以他反叛朝廷的计谋没有表露出来。

戊子日（十九日），顺宗为徐州军取名为武宁军，任命张愔为武宁节度使。

顺宗加封彰义节度使吴少诚为同平章事。

顺宗任命王叔文为度支、盐铁转运副使。此前，王叔文和他的党羽谋划，掌握国家的税收大权，就能够用此来交结各方面当权人物，争取得到将士的拥护，来巩固他们手中的权力，又担心一下子掌握大权，人们不能心悦诚服，便借着杜佑有善于管理财物的名声，杜佑的官职尊显而又一心想保全自己，易于控制，所以先让杜佑在名义上掌管财政大权，而任命自己为副职，以便专擅财政。王叔文虽然兼任度支与盐铁转运使两个职位，但他一点也不把文书账簿放在心上，而是屏退左右，日夜和他的同党私底下密谈，没有谁能猜到他们在做什么。

顺宗任命御史中丞武元衡为左庶子。德宗末年，王叔文一党大多担任御史之职，武元衡瞧不起他们的为人，对待他们很粗鲁。武元衡担任山陵仪仗使的时候，刘禹锡向他请求担任判官一职，武元衡没有答应他的请求。因为武元衡在御史台任职，王叔文想拉拢他亲附自己，于是王叔文派他的党羽用权势和财物来引诱他依附自己，武元衡却不肯依从他，因为这个武元衡就被贬谪。武元衡是武平一的孙子。

侍御史窦群向顺宗奏陈屯田员外郎刘禹锡居心险恶，扰乱朝政，不适合在朝廷为官。窦群又拜见王叔文，对他拱手说道：“天下的事情本来就有不可预料的。”王叔文说：“你指的是什么事？”窦群说：“去年李实仰仗皇上恩宠，依靠官位的尊贵，气焰在一时间将其他人压倒，你在那个时候，还在道路旁徘徊犹豫，只不过是江南的一个小吏罢了。如今你又占据了李实的地位，你怎么知道路旁就没有像你当年那样的人物呢？”王叔文的党羽想要把他赶出朝廷，韦执谊因为窦群一向有刚强正直的名望，就没有让这些人赶走他。

顺宗的病很久都没有痊愈，时常让人扶着他登上大殿，会见群臣时，群臣也只能远远地瞻望顺宗，没有谁亲自上前回答过顺宗的提问。朝廷内外的官员们都感到恐惧不安，希望顺宗及早册立太子；而王叔文一党想要独揽大权，讨厌听到官员们的这种议论。宦官俱文珍、刘光琦、薛盈珍都是前朝任用的旧臣，他们痛恨王叔文、李忠言等人朋比为党，专横恣肆，于是他们启奏顺宗召见翰林学士郑絪、卫次公、李程、王涯等人进入金銮殿，草拟拥立太子的制书。当时牛昭容这伙人因为广陵王李淳英明睿智，非常憎恶他；郑絪不再向顺宗询问，在纸上写了“册立嫡长子”几个字上呈献给顺宗看；顺宗点头答应。癸巳日（二十四日），顺宗立李淳为太子，改名为李纯。李程是李神符的第五代孙。

贾耽因为王叔文一党把持朝政，对他们心怀憎恨，便托称自己患病，不再出门，屡次向顺宗辞官，告老退休。丁酉日（二十八日），各位宰相在中书省共同进餐。按照旧制，宰相正在进食的时候，百官没有谁敢去拜见。王叔文来到中书省，想要跟韦执谊商量事情，便让中书省值班官吏前去通报。值班官吏把旧例告诉王叔文，王叔文大发脾气，并大声呵斥中书省值班官吏。值班官吏害怕，就进去禀告此事。韦执谊迟疑徘徊，面色羞惭，最终他还是起身出去迎接王叔文，到他办公的阁中和王叔文交谈了好长时间。杜佑、高郢、郑珣瑜都放下筷子等待韦执谊回来，有传信的人前来报告说：“王叔文想要吃饭，韦相公已经和他在办公的阁中一同进餐了。”杜佑、高郢心里知道这件事是不对的，但是他们害怕王叔文、韦执谊，都不敢开口说什么。只有郑珣瑜叹息说：“我怎么能再在这个位子上待下去？”回头看了看身边的人，然后牵出马来，径直回家，就这样不再出来管理政事。贾耽、郑珣瑜两位宰相都是天下负有崇高声望的人物，相继辞官归乡，王叔文、韦执谊更加没有顾虑与忌惮，弄得朝廷内外的官员都非常恐惧。

夏季，四月，壬寅日（初三日），顺宗册立自己的弟弟李谔为钦王，李诚为珍王；儿子李经为郯王，李纬为均王，李纵为溆王，李纾为莒王，李绸为密王，李总为郇王，李约为邵王，李结为宋王，李缃为集王，李綀为冀王，李绮为和王，李绚为衡王，李纁为会王，李绾为福王，李纮为抚王，李緄为岳王，李绅为袁王，李纶为桂王，李纆为翼王。

乙巳日（初六日），顺宗驾临宣政殿，册立太子。百官亲眼看到太子李纯仪表堂堂，退朝后，群臣都互相庆贺，甚至有的大臣感动得哭了，朝廷内外的人都非常高兴。只有王叔文面带忧虑的神色，又不敢说什么，只是吟诵杜甫所写的《诸葛亮祠堂》中的诗句：“出师未捷身先死，长使英雄泪满襟。”听到他读诗的官员都讥笑他。

起先，太常卿杜黄裳被裴延龄嫌弃厌恶，因而一直停留在侍御史的职位上，十年都没有晋升官职，等到他的女婿韦执谊做了宰相，才被提升为太常卿。杜黄裳劝说韦执谊率领群臣请求太子李纯代理掌管国事，韦执谊大惊，说：“丈人刚刚才得以晋升官职，怎么就开口议论宫廷中的事呢？”杜黄裳气得脸色都变了，说：“我杜黄裳蒙受肃宗、代宗、德宗三朝皇帝的恩典，怎么能够因为官职升迁就把我收买，而不让我说话呢？”杜黄裳把袖子一甩，站起来就走出去。

戊申日（初九日），顺宗任命给事中陆淳为太子侍读，因避讳而改名为陆质。（太子名纯，音同字不同可以不避，但仍避讳更名。）韦执谊认为自己独揽大权，恐怕太子不高兴，所以任命陆质为太子侍读，让他暗中观察太子的意向，并替自己辩解。等到陆质谈这方面的事情时，太子生气地说："陛下命令先生为我讲解经书义理，为什么干预其他的事？"陆质只好惶恐地走出去。

五月，辛未日（初三日），顺宗任命右金吾大将军范希朝为左右神策、京西各城镇行营节度使。甲戌日（初六日），顺宗又任命度支郎中韩泰为范希朝的行军司马。王叔文知道自己被朝廷内外的官员憎恶嫉恨，想要夺取宦官手中的兵权来巩固自己的地位，借着范希朝作为朝中老将的声名，让他在名义上主持军务，而实际上让韩泰来掌握军权。人们心里猜不出王叔文要做什么事情，更加疑惑恐惧。

辛卯日（二十三日），顺宗任命王叔文为户部侍郎，依然如前充任度支副使和盐铁转运副使。俱文珍等人憎恶他专擅大权，想办法让顺宗免除王叔文翰林学士的职务。王叔文看到制书，万分惊恐，对人说："我每天按时到这里来商量公事，如果不能到翰林院处理政务，就没有理由到这里了。"王伾立刻帮他向顺宗上疏请求保留学士职务，但顺宗不肯听从他的请求。王伾再次上疏请求，顺宗才准许王叔文每隔三五天到翰林院去一次，但仍旧免除他翰林学士的职务。王叔文这时开始害怕。

六月，己亥日（初二日），顺宗把宣歙巡官羊士谔贬为汀州宁化县的县尉。之前，羊士谔因为公事到长安，适逢王叔文专擅大权，羊士谔就公开地批评王叔文处理政务的不当之处。王叔文听说后，非常生气，想让顺宗下诏斩杀他，韦执谊却不同意；王叔文又打算命人用杖刑将羊士谔打死，韦执谊又认为这样做也不可以；于是就将羊士谔贬谪。因为这件事，王叔文开始特别嫌恶韦执谊，在两人门下来往的官员都恐惧起来。

之前，刘辟凭借剑南支度副使的身份向王叔文转达韦皋的意思，请求统领剑南三川，刘辟对王叔文说："韦太尉让我向您表达诚意，他说：'如果您把三川交给韦某管辖，韦某自会不惜以死来辅佐您；如果您不把三川交我管理，韦某也自会有办法回报您。'"王叔文听后非常生气，想要将韦皋斩首，韦执谊坚决不答应。刘辟这时还在长安游玩，没有离开，听见羊士谔被贬谪的消息，就逃回剑南。韦执谊最初是被王叔文延引重用，所以非常亲附于他，取得宰相之位后，就想掩盖之前和王叔文交往的痕迹，而且迫于公众舆论的压力，时时表现与王叔文不同的意见。事情过后，韦执谊又往往派人向王叔文道歉说：“我并不敢违背约定，就是想多方设法成就您的事情罢了！”王叔文气愤地大骂，不相信他说的话，于是两人就结下仇怨。

癸丑日（十六日），韦皋向顺宗上表，认为：“陛下因哀痛亲人辞世而身患疾病，又加上日夜处理纷纭繁重的政务，所以身体很久都没能痊愈，请求陛下暂且让皇太子亲自监理朝中各项政务，等陛下身体完全康复，再让太子回到东宫。微臣身兼大将和宰相的高位，今天启奏的事情，就是我在职分上该做的事。”接着，韦皋又向太子李纯进献笺书，认为：“陛下远远地效法高宗，居丧而不处理政事，把政事交托给臣下处理，而所托付的臣子又不是适当的人。王叔文、王伾、李忠言这一类人，独自担任着重要的职位，实行奖赏与惩罚，全凭私情，败坏法纪，扰乱朝纲。他们把国库积聚的钱财散尽贿赂执政的权臣。他们培植安插心腹之人，遍布在所有显贵的位置；他们暗地里和陛下身边的侍从人员勾结，他们将要引发的忧患就在宫廷门屏之间了。我私下忧虑他们会倾覆太宗皇帝创下的盛大基业，危害殿下的家邦，希望殿下立即奏明陛下，让陛下把那群小人驱逐出朝廷，使一切政事都出自陛下的意思，那么天下四方就会获得安宁。”韦皋自己依仗是身居要职的大臣，又远在西蜀地区任职，料想王叔文不能动摇他，于是尽量详细地说出王叔文的奸诈行为。不久，荆南节度使裴均、河东节度使严绶给顺宗的表章和给太子的笺书相继送到，表中所陈意思和韦皋所奏内容相同，朝廷内外的官员都倚靠他们作为外援，这样一来王叔文邪党才震惊恐惧。裴均是裴光庭的曾孙。

王叔文派范希朝、韩泰掌管京西神策军后，那些宦官还没有明白其中的道理。适逢边境上各位将领各用书信向左右神策护军中尉陈辞，而且说他们刚刚隶属范希朝，宦官们才醒悟兵权已被王叔文等人夺去，于是他们大为恼怒地说："如果依照他们的计谋，我们这些人肯定要死在他们手里。"于是他们秘密命令各位边防来使回去禀告各位将领说："不要让军队隶属于别人。"范希朝到奉天后，各位将领没有去见他的。韩泰骑马回京禀告这一情况，王叔文想不出任何办法，只是连声说："怎么办？怎么办？"没过多久，他的母亲病重。丙辰日（十九日），王叔文准备丰盛的酒菜，与翰林学士们及李忠言、俱文珍、刘光琦等人在翰林院饮酒。王叔文说："我的母亲生病，因为我担当国家重任，无法亲自侍候汤药，现在我准备告假回家侍候母亲。叔文近来竭尽心力，不躲避任何危难，都是为了报答朝廷的恩惠。我一旦离开朝廷，返回家乡，各种毁谤会纷然而来，谁能体察我的隐衷，帮助我说一句话呢？"俱文珍总是跟着他的话专门反驳他，王叔文没法对答，只好斟满酒劝大家畅饮，酒过数巡，宴席就散了。丁巳日（二十日），王叔文因母亲去世而免去官职。

秋季，七月，丙子日（初九日），顺宗加封李师古检校侍中的官职。

王叔文为母亲守丧后，韦执谊更加不采纳他的话。王叔文非常生气，和他的党羽日夜都在谋划再次被起用，并商议一定要先斩杀韦执谊，把不亲附自己的官员全部杀掉，听闻这一消息的官员都害怕得不得了。王叔文回家后，王伾失去依靠，便每天去拜见宦官和杜佑请求起用王叔文担任宰相，统领北军；没有应允，王伾又请求任命王叔文为威远军使、平章事，又没有得到应允；王叔文的党羽都忧愁害怕不能保全自己。这一天，王伾坐在翰林院中，接连三次向顺宗上奏疏，全不见回复，知道事情不会成功，开始坐卧不宁。到了夜里，王伾忽然大叫说："我中风啦。"第二天，王伾就被抬回家，不能再走出家门。己丑日（二十二日），顺宗任命仓部郎中、判度支案陈谏为河中少尹；王伾、王叔文一党到这时才被斥逐出朝廷。

癸巳日（二十六日），横海军节度使程怀信去世，顺宗任命程怀信的儿子副使程执恭为留后。

乙未日（二十八日），顺宗颁下制书，称：“因为朕旧病在身，还没有完全康复，军务与朝廷中的一切施政要务，暂且让皇太子李纯代为管理。”当时朝廷内外官员都痛恨王叔文一党和他们的专横放肆，顺宗也憎恶他们；俱文珍屡次向顺宗启奏请求让太子李纯代理国事，顺宗本来对处理日常的纷繁政务感到厌倦，于是就同意了俱文珍的请求。又任命太常卿杜黄裳为门下侍郎，左金吾大将军袁滋为中书侍郎，二人同为同平章事。俱文珍等人因为他们是朝中老臣，所以就延引起用他们。顺宗还任命郑珣瑜为吏部尚书，高郢为刑部尚书，但免除了他们的宰相职务。太子李纯在东朝堂接见百官，百官向他下拜行礼祝贺。太子哭得泪流满面，没有向百官答礼。

八月，庚子日（初四日），顺宗颁下制书“命令太子即皇帝位，朕称太上皇，所颁布的制书、敕书称作诰”。

辛丑日（初五日），太上皇李诵迁移到兴庆宫居住，下诰命改年号为永贞，立良娣王氏为太上皇后。太上皇后是宪宗的母亲。

壬寅日（初六日），将王伾贬谪为开州司马，将王叔文贬为渝州司户。不久，王伾在贬谪之地病逝。第二年，宪宗赐王叔文自裁。

乙巳日（初九日），宪宗在宣政殿即皇帝位。

丙午日（初十日），升平公主进献给宪宗五十名女子。宪宗说：“太上皇都不接受进献女子，我怎么敢违背呢？”于是，将进献的女子推却。庚戌日（十四日），荆南进献两个长毛的乌龟，宪宗说：“我拿来当作珍宝的只有贤德的人。像嘉禾、灵芝这一类东西，都是空有美名罢了，所以《春秋》才不肯记载祥征瑞兆。从现在起，凡是发现吉庆祥瑞之物，只允许他们依照法令向有关部门申报，不需要再启奏朕闻知。至于那些珍禽奇兽，都不许再进献。”

癸丑日（十七日），西川节度使南康忠武王韦皋去世。韦皋在蜀地任职二十一年，加倍向百姓征收繁重的赋税，通过送给皇帝丰厚的财物来维系皇帝对他的恩宠，靠着给部下将士发放优厚的军饷来安抚他们。遇到将士结婚、嫁女、家中有丧事，一概供给他们所需的费用，因为这些原因，韦皋能够长久地任职西川节度使，政治上也安然无恙，而将士们也乐意为他所用，最终得以使南诏慑服，使吐蕃遭受挫败。对于在幕府供事多年，官位已高的僚属，韦皋就让他们出任刺史，当他们任职期满，又让他们回到幕府供职，最终不让他们回到朝廷任职，这是因为韦皋担心这些人会将自己的所作所为泄露出来啊！在军府的库存充实后，韦皋还时时缓解百姓的负担，每隔三年，便实行一次赋税豁免，蜀地的百姓佩服他的才智与谋略，同时又畏惧他的威势，直到今日，人们还在供奉韦皋的画像，都把他当作土地神，家家户户都要祭祀他。

支度副使刘辟没有经过朝廷的任命，自命为西川留后。

朗州的武陵县、龙阳县境内江水暴涨，淹没一万多户人家。

壬午日（疑误），奉义节度使伊慎入京谒见天子。

辛卯日（疑误），夏绥节度使韩全义入京谒见天子。起初韩全义在溵水打了败仗回朝，没有朝见天子便离开，宪宗那时在藩邸里生活，听闻这件事后非常憎恶韩全义。韩全义知道此事后很恐惧，这才请求入京谒见天子。

刘辟命各位将领上表给宪宗，请求任命自己为节度使，朝廷没有答应他的请求。己未日（二十三日），宪宗任命袁滋为剑南东、西川、山南西道安抚大使。

度支向宪宗奏称，裴延龄设置的别库，都是减少正库的物品，然后把这些物品转移到别库里贮藏起来。请求将别库的物品一并归还正库，宪宗听从了度支的建议。

辛酉日（二十五日），宪宗派遣度支、盐铁转运副使潘孟阳为江、淮宣慰使，巡行视察租赋、各项物品专卖和税收的利弊，趁机考察官吏的为政得失和百姓疾恶痛苦的事。

癸亥日（二十七日），宪宗任命尚书左丞郑馀庆为同平章事。

九月，戊辰日（初二日），礼仪使向宪宗启奏："曾太皇太后沈氏失踪时间越来越久，在情理上来说，已经没有继续访求迎接的必要。

按照晋朝庾蔚之的说法，如果找寻亲人三年之后还未找到，便可以等到失踪的人八十岁诞辰时为他穿孝服服丧，臣请求在为大行皇帝开启攒宫下葬的日子，陛下率领百官致哀（哭祭之礼），就定那一天为曾太皇太后沈氏的忌日。”宪宗听从这一建议。

壬申日（初六日），监修国史韦执谊向宪宗启奏，开始命令史官撰写《日历》。

己卯日（十三日），宪宗贬谪神策行军司马韩泰为抚州刺史，贬谪司封郎中韩晔为池州刺史，贬谪礼部员外郎柳宗元为邵州刺史，贬谪屯田员外郎刘禹锡为连州刺史。

冬季，十月，丁酉日（初二日），右仆射、同平章事贾耽去世。

戊戌日（初三日），宪宗任命中书侍郎、同平章事袁滋为同平章事，充任西川节度使；征召刘辟为给事中。

舒王李谊去世。

太常寺商议将曾太皇太后沈氏的谥号称作睿真皇后。

山人罗令则从长安前往普润，假称太上皇颁布的诏令，向秦州刺史刘澭征调军队，并且劝说刘澭起兵废掉宪宗，另外拥立一位新皇帝。刘澭命人捉住他并把他送到长安，朝廷将罗令则连同他的同党一并杖刑处死。

己酉日（十四日），宪宗将神武孝文皇帝埋葬在崇陵，庙号德宗。

十一月，己巳日（初四日），宪宗将睿真皇后、德宗的神主奉入太庙，举行祭祀。礼仪使杜黄裳等人商议，认为：“国家效法周朝的制度，太祖就好比是后稷，高祖就好比是文王，太宗就好比是武王，他们的神主都永远在太庙里享受祭祀。高宗在左三昭右三穆之外，所以请将高宗的神主迁移到西夹室中去。”宪宗听从这一建议。

壬申日（初七日），宪宗将中书侍郎、同平章事韦执谊贬为崖州司马。因为韦执谊曾与王叔文有政见分歧，而且他又是杜黄裳的女婿，所以只有他才在最后遭贬谪。然而王叔文政治失败后，韦执谊也自然失去原来的权力与地位，他知道大祸就要到来。他虽然还在担任宰相之职，常常内心很不自在，好像生命的气息都快没有了，即使听见有人在远处走动的脚步声，他都会惊惶失色，这种状况，一直持续到被贬谪的时候。

戊寅日（十三日），宪宗任命韩全义为太子少保，让他辞官退休。

刘辟不肯接受朝廷的征召，依仗军队自我防守。袁滋害怕刘辟强悍难以控制，不敢前往西川攻打他。宪宗非常生气，将袁滋贬为吉州刺史。

宪宗又任命右庶子武元衡为御史中丞。

朝廷众多大臣议论认为，王叔文的党羽有人由员外郎被贬为刺史，贬谪得太轻。己卯日（十四日），宪宗又将韩泰贬为虔州司马，将韩晔贬为饶州司马，将柳宗元贬为永州司马，将刘禹锡贬为朗州司马；又将河中少尹陈谏贬为台州司马，将和州刺史凌准贬为连州司马，将岳州刺史程异贬为郴州司马。

回鹘的怀信可汗病逝，宪宗派遣鸿胪少卿孙杲前去吊丧，并册立怀信可汗的后嗣为腾里野合俱录毗伽可汗。

十二月，甲辰日（初九日），宪宗加封山南东道节度使于頔为同平章事。

宪宗任命奉义节度使伊慎为右仆射。

己酉日（十四日），宪宗任命给事中刘辟为西川节度副使，管理节度使的职事。因为宪宗刚刚继承皇位，还没有能力去讨伐他。右谏议大夫韦丹向宪宗呈上奏疏，认为："现在开释刘辟的死罪不责罚他，朝廷可以挥臂指使的地区，便只有东西两京罢了。这样下去，在两京以外，还有谁不敢背叛朝廷呢？"宪宗认为他说得很有道理。壬子日（十七日），宪宗任命韦丹为东川节度使。韦丹是韦津的五世孙。

辛酉日（二十六日），百官请求宪宗给太上皇进献尊号，称作应乾圣寿太上皇；给宪宗加上"文武大圣孝德皇帝"的尊号。宪宗准许给太上皇加上尊号，但对自己的尊号推辞不受。

壬戌日（二十七日），宪宗任命翰林学士郑絪为中书侍郎、同平章事。

任命刑部郎中杜兼为苏州刺史。杜兼拒绝赴任，并向宪宗上书说：“李锜将要谋反，他必定要向陛下奏请将我的家族诛灭。”宪宗认为他说得很有道理，将他留任为吏部郎中。

资治通鉴卷第二百三十七　唐纪五十三

起丙戌（公元806年），止己丑（公元809年）六月，共三年六个月。

【题解】本卷记录了公元806年至809年六月的历史，共三年零六个月。为唐宪宗元和元年到元和四年六月。宪宗为皇太孙时，就十分痛恨藩镇跋扈。即位伊始就把精力放在削弱藩镇势力上。剑南西川节度使韦皋病死，副使刘辟自称留后，要求兼领三川，宪宗拒绝，刘辟反叛朝廷，攻打东川。宪宗采用宰相杜黄裳、翰林学士李吉甫的建议，派兵征讨，活捉刘辟。元和二年平定镇海节度使李锜叛乱。元和三年又解决山南东道节度使于頔的割据倾向，使其入朝朝见，留居京师。宪宗能纳谏用贤，翰林学士白居易、李吉甫等人直言进谏；牛僧孺、李宗闵等人也多有诤言。宪宗因天旱，降系囚，蠲租税，绝进奉，出宫人，禁掠卖，推倒宦官吐突承璀立的圣德碑。宪宗禁止边将邀功，结好吐蕃，设置阴山都督府安置降唐的沙陀人。李师道抗拒朝廷命令，宪宗采取策略性姑息，任命李师道为节度使。

宪宗昭文章武大圣至神孝皇帝上之上

元和元年（丙戌，公元806年）

春季，正月，丙寅朔日（初一日），宪宗率领群臣来到兴庆宫，向太上皇进献尊号。

丁卯日（初二日），宪宗大赦天下，把年号改为元和。

辛未日（初六日），宪宗任命鄂岳观察使韩皋为奉义节度使。癸酉日（初八日），宪宗又任命奉义留后伊宥为安州刺史兼安州留后。伊宥是伊慎的儿子。壬午日（十七日），宪宗加封成德节度使王士真为同平章事。

甲申日（十九日），太上皇在兴庆宫驾崩。

刘辟得到节度使的旌旄节钺后，心志越发骄纵，向宪宗请求兼管三川，宪宗没有答应他的请求。于是，刘辟就派遣军队把东川节度使李康围困在梓州，想要以此让宪宗任用同幕府的卢文若为东川节度使。推官莆田人林蕴极力劝阻刘辟起兵，刘辟非常气愤，给他套上刑具并把他关进监狱。后来又叫人把林蕴从狱中拉出来，做出将要杀他的样子，暗地里却又告诉行刑的人不要杀他，只是在他脖子上假意磨磨刀刃，想用这个办法让林蕴屈服，然后再赦免他。林蕴怒斥行刑的人说："小子，要杀就杀，我的脖子难道是你的磨刀石吗？"刘辟环顾身边的人说："林蕴真是一位忠烈之士啊！"于是刘辟就把他贬为唐昌县尉。

宪宗想派人讨伐刘辟，却又不愿意轻易开启战端；议论此事的公卿也认为蜀地山川险阻，关塞坚固，难以攻取，只有杜黄裳说："刘辟是一个心气狂傲但憨直无谋的读书人，攻取他就像从地上捡拾草芥一样容易！我知道神策军使高崇文有勇有谋，是可以派遣的将才，希望陛下把军国事务完全交托给他，不要设置监军，那么刘辟必定可以捉住。"宪宗听从了他的建议。翰林学士李吉甫也劝谏宪宗讨伐蜀中，宪宗由此便开始器重任用李吉甫。戊子日（二十三日），宪宗命令左神策行营节度使高崇文率领步兵骑兵五千人担当前军，命令神策京西行营兵马使李元奕率领步兵骑兵二千人担当次军，和山南西道节度使严砺一同讨伐刘辟大军。名声与地位平素便为人们推重的老将有很多，都自认为应当是征讨蜀中的人选；等到宪宗下诏任用高崇文，大臣们都大感意外。

宪宗与杜黄裳谈论藩镇，杜黄裳说："德宗自从经历忧患，总是无原则地宽容藩镇，不在节度使活着的时候免除他们的职务来替换他们；如果有节度使去世，德宗就先派中使去探察军情，军中有人心归向的人物，德宗才将节度使授给此人。有时中使私下收受大将的贿赂，中使回朝后就在德宗面前称赞其人，德宗就授给他旌旄节钺，对节度使的任命不曾有过出自朝廷本意的例子。如果陛下想重振朝廷法纪，应当逐渐按照法令制度削弱和约束藩镇，这样天下便能够得到治理。”宪宗认为杜黄裳所言很对，于是开始派遣军队伐蜀，终于使朝廷的威严遍及河南、河北一带，这都是由杜黄裳的建议发端的。

高崇文驻扎在长武城，训练了五千精兵，经常保持戒备状态，就像敌人快要来临一般。他在卯时接受宪宗的命令，到辰时便已启程，器械装备与干粮，没有一样是缺少的。甲午日（二十九日），高崇文从斜谷出发，李元奕从骆谷出发，一同奔赴梓州。高崇文的军队到兴元，将士们途中在客舍进餐，有一个士兵把人家的筷子折断，高崇文便杀了他整饬军纪。

刘辟攻陷梓州，捉住李康。二月，严砺占领剑州，斩杀剑州刺史文德昭。

奚王诲落可入朝谒见宪宗。丁酉日（初三日），宪宗任命诲落可为饶乐郡王，遣送他返回。

癸丑日（十九日），宪宗加封魏博节度使田季安为同平章事。

戊午日（二十四日），宪宗与宰相杜黄裳讨论：“自古以来，有些帝王为各项政务勤勉操劳，有些帝王却端身拱手，清静无为，他们各有各的得失，要怎么做才能恰到好处呢？”杜黄裳回答说：“帝王对上要承受着天地与国家赋予的使命，对下要安抚百姓与周边的民族和邦国，早晚忧心勤劳于政事，本来就不可能自求闲暇与安逸。然而君主与臣下各有职分，国家的法度是有一定的程序的；如果能谨慎地选拔天下贤才，然后交付他们以重任，有功劳就进行奖赏，犯了罪便处以刑罚，选拔任用公平合理，奖赏与惩罚不失信用，那么谁会不竭尽心力做事，朝廷还会有什么寻求的目标不能实现呢？圣明的君主在求贤人方面多用功夫，而在任用人才后却变得安逸，这就是虞舜清静无为而使政治清明的原因啊。至于狱政刑法市场交易这类烦琐细碎的事，各有官吏负责，不应该是国君亲自掌管的事情。从前，秦始皇用秤和斗来衡量文书的多少，并规定数量；魏明帝曹叡亲自到尚书台按验发行文书；隋文帝杨坚勤于政事，临朝常过正午，卫士只能站着传餐而食，像这些帝王处理政事的方式，对当时的政治并没有什么益处，反而让后人取笑，他们的耳目、形体、精神并非不勤劳，只是他们致力的事情，并不合乎事理啊！作为国君，只怕不能推心置腹，作为人臣，只怕不能竭尽忠诚，如果君主怀疑自己的臣子，臣子欺骗效忠的君主，那么想要以这种局面来寻求政治清明，不也是很困难吗？”宪宗认为他所说的话很有道理。

三月，丙寅日（初二日），宪宗任命神策行营京西节度使范希朝为右金吾大将军。

高崇文率领军队从阆州奔赴梓州，听闻这一消息，刘辟的将领邢泚带领自己的军队逃走，高崇文进入梓州城并把军队驻扎在此。刘辟把李康送还给高崇文以求洗刷自己的罪责。高崇文因为李康打了败仗，丢了梓州，便命人斩杀他。丙子日（十二日），严砺给宪宗呈上奏疏报告已经攻克梓州。丁丑日（十三日），宪宗颁下制书罢免刘辟的官爵。

起初，韩全义入朝谒见德宗，德宗任用他的外甥杨惠琳代理夏绥留后事务。杜黄裳认为韩全义出兵征讨吴少诚没有功劳，骄傲不谦虚，有失恭顺，便直接叫他告老还乡，任命右骁卫将军李演为夏绥节度使。杨惠琳率领兵马阻止李演上任，并向宪宗上表说“将士逼迫我担任节度使”。河东节度使严绶向宪宗上表请求率兵去讨伐杨惠琳，宪宗下诏命令河东、天德军联合攻打杨惠琳，严绶派遣牙将阿跌光进和他的弟弟阿跌光颜率领军队一同前去攻打杨惠琳。阿跌光进本是河曲步落稽人，他们兄弟二人在河东军中，凭借勇敢闻名。辛巳日（十七日），夏州兵马使张承金杀死杨惠琳，并将他的头颅传送京城。

东川节度使韦丹到达汉中后，向宪宗上表说：“高崇文率领外来的军队长途征战，没有托身之地，如果陛下把梓州送给他，来让他维系部下军士的心，肯定能够使他获得成功。”夏季，四月，丁酉日（初四日），宪宗任命高崇文为东川节度副使，管理节度使的事务。

潘孟阳每次到达一个地方，专门从事游玩晏乐的事，随从仆人多达三百人，还大量地收受别人赠送的财物。宪宗听说这些事后，在甲辰日（十一日），任命潘孟阳为大理卿，免除他度支副使和盐铁转运副使的职务。

丙午日（十三日），宪宗亲自在大殿对应诏赴试的士子举行制举考试。在这次考试中，校书郎元稹、监察御史独孤郁、校书郎下邽人白居易、前进士萧俛、沈传师都展露出才华考中。独孤郁是独孤及的儿子；萧俛是萧华的孙子；沈传师是沈既济的儿子。

杜佑请求解除他在管理资财赋税方面的职务，还举荐兵部侍郎、度支使、盐铁转运副使李巽来代替他的职位。丁未日（十四日），宪宗给杜佑加封司徒一职，免去他盐铁转运使的职务，并任命李巽为度支、盐铁转运使。自从刘晏之后，担任财物赋税管理职务的人没有谁能赶得上他。李巽掌管使职一年，征收赋税所得的收入，就和刘晏差不多，第二年又超过刘晏，再过一年，又比刘晏增加了一百八十万缗。

戊申日（十五日），宪宗又加封陇右经略使、秦州刺史刘澭为保义军节度使。

辛酉日（二十八日），宪宗任命元稹为左拾遗，白居易为盩厔尉、集贤校理，萧俛为右拾遗，沈传师为校书郎。

元稹向宪宗上奏疏探讨谏官的职责，他认为：“从前，太宗任命王珪、魏征为谏官，无论宴饮游观，还是寝息就餐，没有一时不让他们跟随在身边，又命令三品以上的官员入宫议论重要的行政事务时，一定要派一位谏官跟随，以检验所议论事情的优劣，所以天下政治清明。现在的谏官，首先不能被陛下召见，其次不能参与时政探讨，只是排在朝班的行列之中，按时上朝拜见陛下罢了。近些年来，陛下已停止百官在正殿奏事，也停止百官轮流奏事，谏官能够奉行的职责，只是在皇上下诏或命令不尽合宜时，献上一本皂封缄的奏章。君臣之间，即使在事情发生以前便委婉规劝，进行非常周密的计划，尚且难以回转圣上的盛意，更何况对那些已经颁行诰令，已经任命的官职升迁，而要想凭着谏官呈递一纸奏疏就能收回圣上的诏书，这实在是太困难了！希望陛下常常在延英殿召见谏官，询问政事，让他们尽情说出心中的意见，怎么能将他们安置在谏官的职位上，却又摒弃疏远轻视他们呢？”

过了不久，元稹又向宪宗呈上奏疏，认为：“在政治清明与祸乱灭亡的早期，肯定有萌芽和迹象显露。打开直言进谏之门，拓宽接受意见的范围，这是政治清明的萌芽。喜欢阿谀逢迎，受亲幸的人蒙蔽，这是天下祸乱的征兆。自古以来，国君刚即位的时候，必定有敢直言进谏的大臣，国君如果接受他的话并且奖励他，那么君子都遵循直言进谏这一原则行事，小人也贪图其中的利益，不做奸邪的事情。如果能够做到这些，那么上下心意相通，幽隐遥远的情意也能够向上表达，想要天下不太平都不可能！如果拒绝劝谏而加罪谏官，那么君子便会藏身隐退，缄口不言，明哲保身，小人就会曲意迎合陛下的心意来窃取官位。这样一来，要办的事情就是近在十步以内，也完全有可能做出欺上瞒下的勾当，想要天下没有祸乱办得到吗？从前，太宗刚刚执掌政权，孙伏伽拿一些小事劝谏太宗，太宗非常高兴，对他重重加以赏赐。所以在那个时候，劝谏政事的臣子只担心进谏之事讲得不够深入切实，却从来不曾担心触犯忌讳。太宗难道喜欢让人违背自己的意愿而讨厌人们顺从自己的心愿吗？实在是顺适心意的快乐太渺小，而国家危亡的灾祸太大的缘故啊。陛下登基以来，到现在已经一年，我没听说过有人受到孙伏伽那样的赏赐。臣等在谏官的行列中充数，浪费了一年的时间，不能得到陛下的召见，每次站在谏官的行列里朝见陛下，总是气都不敢出地弯着腰，不敢仰起头来看一眼，又怎么会顾得上议论得失，直言进谏呢？在陛下周围供职的官员尚且如此，何况疏远的臣子呢？这大概都是群臣因袭故习的缘故吧！”于是，元稹一条条地陈奏，请求实行依次召见百官问话、恢复正殿奏事、禁止不按时进献贡物等十件事情。

元稹又拿贞元年间王伾、王叔文靠着擅长方术得到太子李诵宠爱，到永贞年间几乎使天下大乱的事情，向宪宗规劝，趁早选择修身端正的读书人，辅佐教导各位皇子。他认为："从太宗做藩王开始，就和十八个擅长文学有清高操守的人相处。后世的太子、诸王虽然有幕僚属员，但是他们越来越遭受疏远与轻贱，至于太师、少师、太傅、少傅这一类官职，不是让眼昏耳聋、身体残废、不能办事的人担任，就是让军队里退休罢免将帅职务而又不懂诗书的人来担任。尤其是王府那些司议郎、谕德、赞善大夫等官员，闲散得不得了，做官的人都认为做那些官职是很可耻的。即使有时能够找到一些孤陋寡闻、年纪老迈的儒生，也是经过数月，才获得一次与太子、诸王见面的机会，又哪里有闲暇为他们辅导仁德道义，使他们深明法令制度呢？就连地位低贱的人疼爱自己的儿子，还知道寻找明达事理的老师来教导自己的孩子，更何况太子、诸王这都是帝王的后代，他们的举动关系着天下百姓的性命呢？"宪宗赞许他并且采纳他的话，还时常召见他。

壬戌日（二十九日），邵王李约去世。

五月，丙子日（十三日），宪宗任命横海留后程执恭为节度使。

庚辰日（十七日），宪宗免去郑馀庆尚书左丞、同平章事的官职，任用为太子宾客。

辛卯日（二十八日），宪宗尊太上皇后为皇太后。

刘辟在鹿头关修筑城墙，将八个营栅连在一起，屯聚一万多人马来抵抗高崇文。六月，丁酉日（初五日），刘辟打败高崇文。刘辟又在鹿头关东面的万胜堆设置栅垒。戊戌日（初六日），高崇文派遣猛将范阳人高霞寓前去攻取万胜堆，从这里可以俯视鹿头关全城；一共打了八次仗，高霞寓都打胜。

宪宗加封卢龙节度使刘济兼任侍中。己亥日（初七日），宪宗又加封平卢节度使李师古兼任侍中。

庚子日（初八日），高崇文在德阳打败刘辟；癸卯日（十一日），高崇文又在汉州再次打败刘辟；严砺派遣他的部将严秦在绵州石碑谷打败刘辟一万多兵马。

起初，李师古有个异母弟弟叫李师道，经常遭受冷落，被斥逐在他乡，不免贫困。李师古私下对亲近的人说："我并不是不肯与弟弟李师道友爱，我十五岁时担任节度使，恨自己不懂耕种与收获的艰难。况且李师道又比我小几岁，我想让他知道衣食是从哪里来的，所以暂且把州县的事情交付给他，我料想各位一定还没看出来吧。"等到李师古病重，李师道当时正在代理密州事务，喜欢画画和吹觱篥（一种胡人的乐器）。李师古对判官高沐、李公度说："趁我还没有病得糊涂的时候，我想征求你们的意见。我死后，你们想尊谁为统帅呢？"两人互相看一眼，都没有回答。李师古说："难道不是李师道吗？按照人之常情，谁肯薄待自己的骨肉而厚待别人？只是统帅安置得不好，不只是败坏军中政务，而且将会倾覆我的家族。李师道是公侯家族的后人，不会从事训练军队治理人民的工作，专门学些小人贱事以为是自己的长处，他果真能做统帅吗？希望诸位审慎商议一下吧。"闰月，壬戌朔日（初一日），李师古去世。高沐、李公度隐瞒这件事，暂不公布李师古的死讯，暗地里派人到密州去迎接李师道，拥戴他担任节度副使。

秋季，七月，癸丑日（疑误），高崇文在玄武打败刘辟的军队一万多人。甲午日（初三日），宪宗颁下诏书："凡是在西川增援的军队，一概听高崇文的指挥调度。"

壬寅日（十一日），宪宗将至德大圣大安孝皇帝安葬在丰陵，庙号顺宗。

八月，壬戌日（初二日），宪宗册封皇妃郭氏为贵妃。

丁卯日（初七），宪宗册立皇子李宁为邓王，李宽为澧王，李宥为遂王，李察为深王，李寰为洋王，李寮为绛王，李审为建王。

李师道总揽军中事务，过了很久，朝廷的册命还没有到。于是李师道和将佐商量对策，有人请求往四邻的边境派兵掳掠；高沐坚决阻止这一请求，并请求李师道向朝廷缴纳两税，申请委派官吏，实行食盐法，派遣使者相继前往京城进献表章。杜黄裳向宪宗请求趁李师道还没有稳定的时机，分散减少他的权力；宪宗因为刘辟还没有被平定，己巳日（初九日），任命李师道为平卢留后，掌管郓州的事务。

堂后主书滑涣在中书省任职很久，和掌管枢密的刘光琦互相勾结，凡是宰相计议的事情与刘光琦发生分歧时，就叫滑涣转达自己的意思给刘光琦，经常能够得到满足，杜佑、郑絪等都对滑涣低声下气，用友好的态度对待他。郑馀庆和诸位宰相议论政事，滑涣在旁边指点评说诸相意见的曲直短长，郑馀庆愤怒地呵斥他；过了不久，郑馀庆就被罢免相位。各地向滑涣贿赂财物，没有一天停，中书舍人李吉甫说滑涣专断放肆，请革除他的职位。宪宗命令宰相将中书省四面的门户关闭起来，进行突然搜查，搜到滑涣肆行邪恶之事的全部罪状。九月，辛丑日（十一日），宪宗贬滑涣为雷州司户，不久，宪宗又将他赐死；没收他的家财，总共有好几千万缗。

壬寅日（十二日），高崇文又在鹿头关打败刘辟的部众；严秦也在神泉打败刘辟的部众。河东将领阿跌光颜率领兵马与高崇文在行营会合，拖延一天的时间，因为阿跌光颜害怕被高崇文杀了，便想深入敌营，赎回自己的过失，于是把军队驻扎在鹿头关的西边，切断刘辟运粮的道路，使鹿头关内将士忧愁恐惧。于是刘辟绵江栅的守将李文悦、鹿头关的守将仇良辅都带着城向高崇文投降；还抓到刘辟的女婿苏强，投降的士兵以万计数。于是高崇文长驱直向成都出发，所到之处，敌军无不崩溃，高崇文的军队在行进中从未受到阻碍；辛亥日（二十一日），高崇文攻克成都。刘辟、卢文若率领几十人骑马向西逃奔吐蕃，高崇文派遣高霞寓等前去追赶，并在羊灌田追上他们。刘辟跳到江里没有淹死，终被擒获。卢文若先把妻子和儿女杀死，然后才在身上系了石头沉江自杀。高崇文进入成都后，在四通八达的大道上驻扎下来，让士兵休息，街市的店铺没有受到惊扰，珍奇的财物堆积得像山一样高，也没有遭受丝毫侵犯。高崇文命人将刘辟装入槛车送到京师，命人斩杀刘辟手下的大将邢泚、馆驿巡官沈衍，对其余的人一概不加追究。军府的事无论大小，高崇文命令全部遵从南康郡王韦皋先前奉行的惯例。他从容不迫地指挥，西川全境到此完全平定。

起初，韦皋任用西山运粮使崔从掌管邛州的事务，刘辟造反后，崔从写书信劝阻刘辟；刘辟就派军队攻打他掌管的邛州，崔从据城坚决防守；刘辟打了败仗，崔从才得以解除围困。崔从是崔融的曾孙。

韦皋的僚属房式、韦乾度、独孤密、符载、郗士美、段文昌等身着白色丧服，脚穿麻鞋，按照死罪制度口衔土块，请求高崇文治罪。高崇文把他们全都释放并且对他们以礼相待，还向宪宗写奏表推荐房式等人，赠给他们丰厚的财物，送他们前去任职。高崇文注视着段文昌说："你必定会做将相，我不敢推荐你。"符载是庐山人；房式是房琯的侄子；段文昌是段志玄的玄孙。

刘辟有两个妾，都非常漂亮，监军请求把她们献给宪宗，高崇文说："天子命令我来征伐平定刘辟这一凶顽竖子，我应当把安抚百姓的事放在首位，立即进献妇人来求得天子的宠幸，这哪里会是天子的本意呢？我奉行正义，不干这种事情。"于是他将刘辟的两个妾许配给没有妻室的将吏。

杜黄裳建议征讨蜀中并授意高崇文应采取的谋略，这些谋略都和以后的事实遥遥相合。高崇文平素畏惧刘澭，杜黄裳便派人对他说："如果你不能取得成功，便会让刘澭替代你的职位。"所以杜黄裳能够让高崇文尽到最大的力量去征讨敌军。等到蜀中被平定，宰相入朝道贺，宪宗看着杜黄裳说："这都是你的功劳啊！"

辛巳日（九月无此日），宪宗下诏书征召少室山人李渤为左拾遗；李渤因病拒绝应征不肯到长安，然而一旦朝廷大政出现问题，李渤总是献上奏章，陈述论说自己的见解。

冬季，十月，甲子日（初五日），易定节度使张茂昭进入京城朝见宪宗。

宪宗下制书命令分出资、简、陵、荣、昌、泸六州，让其隶属东川。房式等人还没有来到京城，宪宗已经全部任命他们为各省、各寺的官员。丙寅日（初七日），宪宗任命高崇文为西川节度使。戊辰日（初九日），宪宗又任命严砺为东川节度使。

庚午日（十一日），宪宗任命将作监柳晟为山南西道节度使。柳晟来到汉中，汉中的军队刚讨伐刘辟回来，还没有到城里，朝廷便有诏书派遣他们再去戍守梓州；军吏士卒又怨恨又愤怒，威胁监军，打算作乱。柳晟听到这个消息，连忙策马进城，安抚士兵，过了一会儿，柳晟问他们说："你们是怎么获得功劳的呀？"士兵回答说："是前去讨伐造反的刘辟。"柳晟说："刘辟因为不接受天子的命令，所以使你们获得立功的机会，怎么可以让别人再来讨伐你们来立功呢？"大家都向柳晟行礼，表示感谢，请求依照诏书的命令到戍守的地方去。军府因此平安无事。

壬申日（十三日），宪宗任命平卢留后李师道为节度使。

戊子日（二十九日），刘辟被押送到长安。朝廷命令将他连同他的同族亲属一起诛杀。

武宁节度使张愔身患重病，他向宪宗上表请求派人替代他的职位。十一月，戊申日（十九日），宪宗征召张愔回朝担任工部尚书，并派东都留守王绍代替张愔的职务，宪宗又把濠、泗两州归属武宁军。徐州地区的将士们为因为得到两个州很高兴，没有作乱。

丙辰日（二十七日），宪宗任命内常侍吐突承璀为左神策中尉。吐突承璀在宪宗当太子时事奉过他，因为干练敏达而得到宪宗李纯的宠爱。

这一年，回鹘入京，前来进贡，最初带着摩尼教僧人一同前来，朝廷在国内设置寺庙，供摩尼教僧人居住。根据他们的戒律，日暮时分才开始进食，可以吃荤腥的菜但不能吃乳酪。回鹘信奉摩尼教，回鹘可汗有时和摩尼僧人计议国家大事。

元和二年（丁亥，公元807年）

春季，正月，辛卯日（初三日），宪宗在圜丘祭天。大赦天下。

宪宗因为杜佑年纪大，品德高尚，对他礼遇器重，常叫他司徒而不直接叫他的名字。杜佑因为年老多病，请求退休。宪宗下诏命令杜佑每月上朝不超过三次，并趁此机会前往中书省商议国家大事；其他日子允许他回到樊川府第。

门下侍郎、同平章事杜黄裳，懂得经世济民的要略，但对生活小事不加检点，所以没有能长期居于相位。乙巳日（十七日），宪宗任命杜黄裳为同平章事，充任河中、晋、绛、慈、隰节度使。己酉日（二十一日），宪宗任命户部侍郎武元衡为门下侍郎，任命翰林学士李吉甫为中书侍郎，二人同为同平章事。李吉甫听到这个消息感动得流下眼泪，对中书舍人裴垍说："我漂泊江、淮，穷困失意，超过十五年，现在一下子蒙受朝廷的恩遇达到如此程度。我考虑报答皇上恩德的办法，只有推荐贤明的人，而我很少接触并结交朝中后来入仕的人，你鉴别人才有独到的眼光，希望您毫不保留地告诉我您所有的意见。"于是，裴垍拿起笔来开列三十多人；几个月内，李吉甫几乎将这些人都选拔起用。当时朝中官员纷纷称道李吉甫善于用人。

二月，癸酉日（十五日），邕州奏报打败黄氏乱民，抓获他们的酋长黄承庆。

夏季，四月，甲子日（初七日），宪宗任命右金吾大将军范希朝为朔方、灵州、盐州节度使，把右神策、盐州、定远的军队分属于他，为的是以此革除之前的弊病，由朝廷直接任命驻守边塞的将领。

秋季，八月，刘济、王士真、张茂昭因为私人恩怨发生争执，他们交替上表请求朝廷加罪给对方。戊寅日（二十一日），宪宗任命给事中房式为幽州、成德、义武宣慰使，来调解他们之间的怨恨。

九月，乙酉日（初一日），密王李绸去世。

这年夏州杨惠琳、蜀中刘辟被平定，藩镇特别恐惧，他们大多数请求入京朝见天子。镇海节度使李锜也感到不安，请求入朝朝见天子；宪宗答应他的请求，派遣中使到京口去安抚他，慰劳他手下的将士。李锜虽然任命判官王澹暂时代理留后职务，但没有要走的打算，好几次拖延启程的日期。王澹和宪宗派来的敕使屡次劝告他，李锜很不高兴，向宪宗上表说身染疾病，请求延缓到年底再入朝。宪宗就这件事询问宰相的意见，武元衡说："陛下刚刚执掌朝政大权，李锜要求入朝就准他入朝，要求停止入朝就准许他停止入朝，这都由李锜决定的话，将来怎么能够对全国发号施令呢？"宪宗认为武元衡说得很对，于是，便颁发诏书征召李锜前来。李锜再也想不出花样，于是就打算谋反。

王澹掌管留后的事务后，对军府的建制有很大改革，李锜更加愤愤不平，于是，他秘密吩咐亲兵去暗杀王澹。适逢此时分发冬季服装，李锜坐在帷幕中，四周戒备森严，当王澹与宪宗敕使进帐谒见时，数百军吏士卒在庭中大声喊叫说："王澹是什么人，敢擅自主管军务？"接着，将士们把王澹拖下去，切成一块一块吃了；大将赵琦出来劝慰阻止他们，军士又把他割碎吃掉；然后将士们把刀架到敕使的脖颈上，怒骂他，准备杀掉他；此时，李锜假装大吃一惊，出来救下敕使。

冬季，十月，己未日（初五日），宪宗颁下诏书征召李锜为左仆射，任命御史大夫李元素为镇海节度使。庚申日（初六日），李锜向宪宗上表说军队发生变乱，杀死留后与大将。在此之前，李锜选拔五个心腹之人做所统治的五个州的镇将，姚志安驻扎在苏州，李深驻扎在常州，赵惟忠驻扎在湖州，丘自昌驻扎在杭州，高肃驻扎在睦州，各自率领几千兵马，侦察刺史的举动。到这时，李锜让他们分别杀掉本州刺史，又派遣牙将庾伯良率领三千军队修治石头城。常州刺史颜防采用幕客李云的计策，假托德宗诏书自称招讨副使，斩杀李深，并把檄文传送到苏、杭、湖、睦各州，请各州共同进军，前去讨伐李锜。湖州刺史辛秘暗地里招募几百乡里子弟，在晚上前去偷袭赵惟忠的军营，并把他杀死。苏州刺史李素被姚志安打败，姚志安将他活捉并交送到李锜面前，李锜命人给李素戴上脚镣手铐，再将脚镣手铐钉在船舷，船还没有到达京口，恰逢李锜打了败仗，李素才得以幸免。

乙丑日（十一日），宪宗颁下诏书削去李锜的官爵并在宗室名册中除名。任命淮南节度使王锷统领各道军队为招讨处置使；征调宣武、义宁、武昌的军队，连同淮南、宣歙兵马一起由宣州进军，江西兵马由信州进军，浙东兵马由杭州进军，一起讨伐李锜。

高崇文在蜀中任职满一年，有一天对监军说："我高崇文，本是河朔地带的一名小卒，幸运的是作战有功，才达到今天这个职位。西川是宰相回翔出入的地方，我含愧居于此地已经很长时间了，怎敢心安理得地再待下去呢？"之后，高崇文屡次向宪宗上表说："蜀中非常安适闲逸，没有可以施展能力的地方，希望皇上能让我到边境上，拼死效命。"于是，宪宗开始选择可以代替高崇文的人，但难以找到合适的人选。丁卯日（十三日），宪宗任命门下侍郎、同平章事武元衡为同平章事，充任西川节度使。

李锜认为宣州富饶，想要首先夺取此地，派遣兵马使张子良、李奉仙、田少卿率领三千军队前去偷袭宣州。三人知道李锜必定会失败，便和牙将裴行立一起计划着讨伐他。裴行立是李锜的外甥，完全了解李锜的机密策谋。三个将领在镇海军城外扎营，即将出发时，召集手下士兵告诉他们说："李仆射谋反叛逆，官军已从四边围过来，常州、湖州的李深与赵惟忠二位将领相继死去，李仆射的处境窘迫。现在他竟然想派遣我们这些人前去攻占遥远的宣城，我们为什么要跟着他而使自己整个家族遭受诛灭呢？哪里赶得上离开叛逆效命朝廷，将祸殃转变为福缘好呢？"众将士都很高兴，答应效命朝廷；就在那天晚上，三位将领回军直奔镇海军城。裴行立点起火把，擂鼓呐喊，在城里响应，领兵真奔军府牙门。李锜听闻张子良等人举兵背叛，非常愤怒，听说裴行立做内应，捶着自己胸口说："我还有什么希望呢？"然后，他光脚逃跑，躲藏在一座楼下。李锜的亲信将领李钧率领三百名挽强（能挽强弓的士兵）跑到山亭，想要打仗；裴行立埋伏的兵马截击并斩杀他。李锜全家都哭了，李锜的随从们捉住李锜，用帷幕裹着，用绳索将他缒到城下，给他套上刑具，送往京城。李锜的挽强亲兵和由胡人、奚人等组成的番兵纷纷自杀，尸体交错横陈。癸酉日（十九日），浙西军将这事奏明宪宗。乙亥日（二十一日），群臣在紫宸殿向宪宗道贺。宪宗愁容满面地说："由于朕不施恩德，使得国内屡次有触犯法纪的人，我感到很惭愧，有什么值得祝贺的呢？"

宰相商议要杀掉李锜叔伯兄弟姐妹这些服大功的亲属，兵部郎中蒋乂说："李锜叔伯兄弟姐妹这些服大功的亲属，都是淮安靖王的后代。淮安靖王有辅佐高祖、太宗创建国家的功勋，陪葬献陵、配享高祖庙廷，难道能够因为末代子孙作恶，便受到连累吗？" 宰相们又打算杀李锜的兄弟，蒋乂说："李锜的兄弟，都是已故都统李国贞的儿子，李国贞为王事而死，难道能够让他失去后代的祭祀吗？"宰相们认为他说得很对。辛巳日（二十七日），李锜的同祖堂弟宋州刺史李銛等人都被贬官流放。

十一月，甲申朔日（初一日），李锜被押送到长安，宪宗亲临兴安门当面责问他。李锜回答："臣最初没有想要谋反，是张子良等人教我谋反的。"宪宗说："你是元帅，既然张子良等人策划造反，你为什么不杀了他们，然后再入京朝见天子？"李锜没有话回答。于是宪宗将他连同他的儿子李师回一并腰斩处死。

有关部门请求拆毁李锜祖先的坟墓和祠庙，中丞卢坦劝谏说："李锜父子被杀，已经抵罪。过去汉宣帝刘询诛杀霍禹，并没有加罪给霍光；本朝前代诛杀房遗爱，并没有牵连到他的父亲房玄龄。《康诰》说：'在父子兄弟之间，无论谁触犯刑罚，都不能互相牵连。'何况因为李锜犯上作恶而把罪责加到他的五代的祖先头上呢？"于是这个请求被作罢。

有关部门没收李锜的家财，打算运到京师。翰林学士裴垍、李绛劝谏宪宗，认为："李锜奢侈过度，残酷掠夺润、睦、常、苏、湖、杭六州百姓来使自己富足，或者滥杀无罪之人夺取他们的财物。陛下怜悯百姓的痛苦无处申诉，所以才派遣军队前去讨伐并诛杀李锜，现在要将没收的金银丝帛装载成车，运到长安，恐怕会使各地的人们深感失望。希望皇上把叛逆者的物资钱财颁赐给浙西百姓，用来代替今年的赋税。”宪宗嘉许赞叹了好一会儿，随即依从他们的建议。

昭义节度使卢从史，在内和王士真、刘济暗地勾结，而在外却向朝廷进献计策，请求谋取太行山以东的魏博、恒冀，擅自引兵向东出发。宪宗命令他返回昭义，卢从史借口要借邢、洺的粮食供给士兵食物，不肯按时奉行诏书的指令；过了很久，才返回昭义。

有一天，宪宗在浴堂殿召见李绛问话，宪宗对李绛说：“有件极为异常的事情，朕完全不想讲它。我和郑絪商议命令卢从史返回上党，接着便征召他入京朝见。郑絪竟然把这件事泄露给卢从史，让他声称上党缺乏粮食，要到粮食多的山东去取得粮食给养。为人臣子的竟然这样对不起朕，朕该怎么处治他呢？”李绛回答说：“假如确实是这样，杀了他的家族还不足抵罪！然而郑絪、卢从史必定不会自己说出这件事，那么陛下是从哪里听到的？”宪宗说：“这都是李吉甫秘密奏报的。”李绛说：“我私下里听到士大夫的评论，都称赞郑絪是品行端正的人，事情恐怕不是这样！或许和他同列的人想专擅朝政，嫉妒郑絪得到宠信，位居自己前面吧。希望陛下仔细查清楚，不要让人说陛下听信谗言啊。”宪宗听了这些话，过了好久才说：“的确是这样，郑絪一定不会做这种事。要不是你这一番话，朕几乎要做出错误的决定。”

宪宗又曾经很从容地问李绛说：“谏官大多数毁谤朝廷政务，完全没有事实根据，朕想要降一两个毁谤得过分的人的官职来警诫其余的谏官，你觉得怎么样？”李绛回答说：“这大概不是陛下您的本意，必定有奸邪的臣子要堵塞遮蔽陛下的英明。臣下的死与生，都是与主上的喜与怒相关联，敢开口劝谏的有几个人呢？即使有敢谏的，也都经过日日夜夜思考，朝朝暮暮删减，等送到陛下面前，剩下还不到十分之二三。所以人主努力不息地要求谏官劝谏，还害怕没有人劝谏，何况要加罪他们呢？这样一来，就会让天下的人闭口不言，这可不是国家之福啊！”宪宗认为他说得很对，就没有再加罪谏官。

群臣请求给宪宗加上“睿圣文武皇帝”的尊号；丙申日（十三日），宪宗准许这一建议。

县尉、集贤校理白居易写作乐府与诗歌一百多篇，对时事加以规谏，这些诗歌流传到宫中。宪宗看后，很高兴，便传召白居易进入翰林院，做翰林学士。

十二月，丙辰日（初三日），宪宗对宰相说：“太宗凭借着那样圣明的资质，进谏的群臣还反复再四劝谏，何况朕这愚昧寡闻的人呢？从现在起，朕有做得不对的事情，你应当十次劝谏，而不是仅仅论说一两次就算了。”

丙寅日（十三日），宪宗任命高崇文为同平章事，代理邠宁节度、京西诸军都统。

山南东道节度使于頔畏惧宪宗的英明威严，为儿子于季友请求娶公主为妻；宪宗于是把女儿普宁公主嫁给他。翰林学士李绛劝谏说：“于頔是胡人；于季友是他的庶子，配不上帝室的女儿，应当另外选择出于名门、才华秀美的人来配给公主。”宪宗说：“这事不是你所了解的。”己卯日（二十六日），普宁公主下嫁给于季友，宪宗对于家的恩遇礼仪很隆重，这在于頔的意料之外，于頔非常高兴。不久，宪宗让人婉言规劝他入朝谢恩，于頔就接受诏命入朝。

这一年，李吉甫写好《元和国计簿》，进献给朝廷。据该书记载，天下总计有四十八个方镇，二百九十五个州府，一千四百五十三个县。其中凤翔、鄜坊、邠宁、振武、泾原、银夏、灵盐、河东、易定、魏博、镇冀、范阳、沧景、淮西、淄青十五道七十一州不向朝廷申报户口，每年的赋税征收只在浙江东西、宣歙、淮南、江西、鄂岳、福建、湖南八道四十九州，在编人口共一百四十四万户，比天宝年间纳税人户减少四分之三。全国依赖国库供给的军队有八十三万多，比天宝时期增加三分之一，大抵两户人家供养一个士兵。若有旱涝灾害损坏收成，或者有临时的征发调用，还不能包括在这个数目以内。

元和三年（戊子，公元808年）

春季，正月，癸巳日（十一日），群臣给宪宗加上“睿圣文武皇帝”的尊号；宪宗大赦天下，并宣布：“从今以后，各地长官前往朝廷，不得进献贡物。”掌管枢密的刘光琦向宪宗上奏，请求分别派遣使者携带赦书到各道，他的意思是想要占有各地赠送的财物。翰林学士裴垍、李绛向宪宗上奏说：“皇帝派遣的使者到哪里，就给哪里带来烦扰，不如只将赦书交付驿站火速传递。”宪宗听从他们的建议。刘光琦举出之前惯例反对这个决定，宪宗说：“如果惯例是正确的，自然要依从惯例，如果惯例本来就不对，为什么不改变呢？”

临泾的守将郝泚认为临泾地势险要，水草肥美，如果吐蕃打算前来侵犯，一定会驻扎在这里，于是向泾原节度使段祐进言，请求他上奏朝廷准许在这里筑城，经奏请后修筑临泾城。从此泾原才获得平安。

二月，戊寅日（二十六日），咸安大长公主在回鹘去世；三月，回鹘腾里可汗去世。

癸巳日（十一日），郇王李总去世。

辛亥日（二十九日），御史中丞卢坦上奏弹劾前任山南西道节度使柳晟、前任浙东观察使阎济美违背赦令进献贡物。宪宗召见卢坦并且褒奖慰勉他说：“朕已经赦免他们的罪，朕不能失信于人啊。”卢坦说：“赦令是向海内宣布的，这是陛下的大信用。柳晟等人不怕冒犯陛下的法令，陛下怎么能够只顾小信用，反而丢弃大信用呢？”宪宗于是命令把所进奉的贡物交给有关部门处理。

夏季，四月，宪宗对有关部门推举的贤良方正、直言极谏科的考生进行策试，伊阙尉牛僧孺、陆浑尉皇甫湜、前进士（已考中进士者）李宗闵都指明并陈述当时政务的过失，没有一点避讳；吏部侍郎杨於陵、吏部员外郎韦贯之担任主考策对的官员，韦贯之将牛僧孺等人纳入成绩优秀的上第中。宪宗也对牛僧孺等人进行嘉许，下诏给中书省命令对他们从优安排。李吉甫厌恶牛僧孺等人说话太直切，向宪宗哭诉，并且说："策对考试是由翰林学士裴垍和王涯复核审定的，皇甫湜是王涯的外甥，王涯不事先说明，裴垍对此也没有提出不同的意见。"宪宗迫不得已，罢免裴垍、王涯翰林学士的官职，贬裴垍为户部侍郎，贬王涯为都官员外郎，贬韦贯之为果州刺史。几天后，韦贯之又被贬为巴州刺史，王涯被贬为虢州司马。乙亥日（二十三日），宪宗任命杨於陵为岭南节度使，他也是由于主考策对时没有提出异议而受到处罚。牛僧孺等人很久都没有迁调，分别被藩镇征用为幕府的僚属。牛僧孺是牛弘的七世孙；李宗闵是李元懿的玄孙；韦贯之是韦福嗣的六世孙；皇甫湜是睦州新安人。

丁丑日（二十五日），宪宗撤销五月朔日（初一日）在宣政殿举行的朝贺。

宪宗任命荆南节度使裴均为右仆射。裴均平素依附宦官才能富贵显达，他做仆射后，越来越骄矜自大。有一次上朝，裴均在超越自己职位的地方站下来；中丞卢坦向他拱手行礼，请他退下去，裴均不肯答应。卢坦说："从前，姚南仲担任仆射时，站的位置就在这里。"裴均说："姚南仲是什么人？"卢坦说："他是信守正道，不肯交结权贵宠臣的人。"不久之后，卢坦就被改任为右庶子。

五月，翰林学士、左拾遗白居易向宪宗呈上奏疏，认为："牛僧孺等人毫无隐讳地批评时政，蒙受恩奖而登上科第，可是又遭受驱逐，一并被贬谪为幕府的僚属。杨於陵等人因主持考试敢于收录直率而言的人，裴垍等人因复试不屏退直言的人，都获罪贬官。卢坦因屡次纠劾任职官员，被降为右庶子。这几个人都是当今众望所归的人物，天下的人们就是根据他们的升降情况来衡量时势的好坏。朝廷忽然在他们无罪的情况下，疏远他们，抛弃他们，就会堵塞上下的嘴，弄得人心恐惧不安。陛下也明白这种情形吗？而且陛下既然下诏书征求他们直言极谏，牛僧孺等人才会做出这样的策对，即使陛下不能够将他们的策对推广实施，又怎么忍心处以罪罚，将他们驱逐出去呢？从前德宗即位初期，也征求直言极谏的人，当时策对考试问到干旱问题，穆质回答说：'按照两汉的旧制，三公应当被罢免；根据卜式的著名议论，应当将桑弘羊这一类人烹煮而死。'德宗深深地赞许他的这一建议，把穆质由京郊的县尉提升为左补阙。现在牛僧孺等所说的话不及穆质所说的言辞激烈放肆，而陛下您立刻驱逐他们，我担心这不是继承祖宗大业的做法啊！"穆质是穆宁的儿子。

丙午日（二十五日），宪宗册封回鹘新可汗为爱登里啰汨密施合毗伽保义可汗。

西原蛮酋长黄少卿请求投降。六月，癸亥日（十二日），宪宗任命黄少卿为归顺州刺史。

沙陀在胡人中最为精壮骁勇，吐蕃将沙陀安置在甘州，作战时，便让沙陀人担当前锋。回鹘攻打吐蕃，占据凉州，吐蕃怀疑沙陀有二心，同时听从回鹘的指使，想把他们迁到黄河以外。沙陀人害怕了，酋长朱邪尽忠与他的儿子朱邪执宜商量再次主动归附唐朝，于是他们率领部落三万人，沿着乌德山向东走。沙陀部落行走了三天，吐蕃的大批追兵赶到，于是沙陀与吐蕃由洮水辗转打到石门，总共交战几百次。朱邪尽忠战死，部下也死伤大半。朱邪执宜率领剩下的将近一万人以及骑兵三千人，到灵州投降唐朝。灵盐节度使范希朝听见这个消息后，亲自率领部众在边塞迎接沙陀部众，把他们安置在盐州，为他们购买许多牛羊，扩大他们的畜牧范围，好好地安抚他们。这时，宪宗颁下诏书命令设置阴山府，任命朱邪执宜为兵马使。过了不久，朱邪尽忠的弟弟朱邪葛勒阿波又率领部众七百人前往范希朝处归降；宪宗下诏任命他做阴山府的都督。从此，每当灵盐有战事，朝廷都派沙陀兵马参战，灵盐的军队越发强盛。

秋季，七月，辛巳朔日（初一日），天空出现日食。

宪宗任命右庶子卢坦为宣歙观察使。当苏强被杀的时候，他的哥哥苏弘正在晋州幕府任职，他请求免职回家，人们都不敢征召任用他。卢坦向宪宗上奏说："苏弘有才学，品行好，不能够因为他弟弟而遭受罢免，请征召他，让他担任判官。"宪宗说："假使苏强不死，他果真有才学品德，尚且还会任用他，何况对于苏强的哥哥呢？”卢坦上任时，正好遇到旱灾闹饥荒，谷价一天天上涨，有人请求压低谷物价格。卢坦说：“宣、歙两州耕地面积狭小，谷物产量少，所仰仗的是四方运来的粮食；如果压低谷物价格，那么商船无利可图就不会再运粮来，宣、歙地区的百姓生活就越发困难。”不久，当地一斗米价值二百钱，商旅纷纷从四面八方运粮，百姓得以为生。

九月，庚寅日（十一日），宪宗任命于頔为司空，仍然如前为同平章事；又加封右仆射裴均为同平章事，担任山南东道节度使。

淮南节度使王锷入京朝见天子。王锷家里非常富有，他以大量资财进献贡物和贿赂宦官，谋求平章事的官职。翰林学士白居易认为：“宰相是臣子中最高的官位，如果不是清高有声望有大功的大臣不应该授予此官。过去任命裴均为宰相，外界已经议论纷纷，如果今天陛下又任命王锷的话，那么像王锷这一类的人都会生出要当宰相的希望。如果完全满足他们的愿望，那么朝廷的典章制度就会遭到严重破坏，而他们又不会感谢皇上的恩典；如果不满足他们的愿望，便是陛下有厚薄之分，有人就会生产怨恨。侥幸的门一开，就拿他们没办法了。再说王锷在淮南五年，用尽各种方法搜刮民财，物资钱财充足后，便亲自入朝进献贡物给陛下，以便谋求官位。如果任命他做宰相，各地藩镇都会说王锷是由于进献贡物而得到宰相职务的，便争相剥削百姓，百姓怎么受得了？”于是这件事就被搁置。

壬辰日（十三日），宪宗加封宣武节度使韩弘为同平章事。

丙申日（十七日），宪宗任命户部侍郎裴垍为中书侍郎、同平章事。宪宗虽然因为李吉甫罢免裴垍翰林学士的职位，然而对他的宠爱信任却更为深厚，所以过了不久又提拔他为宰相。

起初，德宗不信任宰相，天下的细小事务全部亲自裁决，因此裴延龄这类人才能当权。宪宗还在藩王府邸时，心中本来就认为这样做不对；等到宪宗即位，对选择提拔的宰相，总是推心置腹地信任他们。宪宗曾对裴垍等人说：“凭着太宗、玄宗的英明，还须依靠宰相的辅佐，来完成对国家的治理，何况像朕这样赶不上先圣万分之一的人呢？”裴垍也竭尽诚心地辅佐。宪宗曾经询问裴垍：“治理天下的要事中哪一样应该先做？” 裴垍回答说：“首先应当端正人心。”依照惯例，百姓缴纳赋税分作三种：一是进献朝廷的赋税；二是缴纳给节度观察使的赋税；三是留在本州使用的赋税。德宗建中初年规定两税法，致使商品价格提高而钱币价格跌落；后来商品价格跌落而钱币价格提高，人民缴纳的钱已比起初多出一倍，那些留在本州的与送交给节度观察使的赋税，各地又降低都省规定的物价而按照实际的物价征收，从而加重对百姓的征敛。等到裴垍被任命为宰相，他向宪宗上奏说：“天下留在本州的与送交给节度观察使的赋税，请完全采用都省所定的价格；各地的观察使，先收所治理的州县赋税以供给用度，如果达不到应该征收的税额，再允许他们在所隶属的州中征税。”从此江、淮的人民才能休养生息。先前，执政的官员都讨厌谏官议论时政的成功与失败，只有裴垍欣赏谏官的做法。裴垍的才具气度严正而庄重，人们不敢拿自己的私事来请求他。曾有一位老朋友从远方求拜见他，裴垍送给这位朋友许多财物，纵情而无拘束地接待他。那人乘机请求裴垍让自己担任京兆判司的官职，裴垍说：“你不适合做这个官职，我不敢因为朋友的私情而损害朝廷至上的公法。以后倘若有哪个瞎宰相怜悯你，你不妨向他求取这个官职，我裴垍绝对不能给你这个官职。”

戊戌日（十九日），宪宗任命中书侍郎、同平章事李吉甫为同平章事，代理淮南节度使。

河中、晋绛节度使邠宣公杜黄裳去世。

冬季，十二月，庚戌日（初三日），朝廷在临泾设置行原州，任命镇将郝玼为刺史。

南诏王异牟寻去世，他的儿子寻阁劝即位。

元和四年（己丑，公元809年）

春季，正月，戊子日（十一日），简王李遘去世。

渤海康王嵩璘去世，他的儿子元瑜即位，改年号为永德。

南方天旱闹饥荒。庚寅日（十三日），宪宗任命左司郎中郑敬等人为江、淮、二浙、荆、湖、襄、鄂等道的宣慰使，前去救济灾民。他们正要出发，宪宗告诫他们说：“朕宫中用一匹帛，都要登记使用数额，只有救济百姓，朕才不计算费用，你们这些人应当知道我的心意，不要效仿潘孟阳只知道喝酒游山。”

给事中李藩在门下省供职，宪宗颁下的制书内容有不合适的地方，他就在制书的黄纸后面加上修改意见，官吏请求再贴一张白纸把批语遮上，李藩说：“要是这样的话，就是在写文状了，还叫什么批写敕书呢？”裴垍向宪宗推荐李藩，说他有宰相的器度。宪宗因门下侍郎、同平章事郑絪随俗浮沉，默然不语，取悦于人，二月，丁卯日（二十一日），罢免郑絪的官职，将他任命为太子宾客，提拔李藩为门下侍郎、同平章事。李藩知道什么事不对，没有不说的，宪宗很器重他。

河东节度使严绶，在河东九年，军中政务和吏员委任一概由监军李辅光处理，严绶只是抱合双手表示恭敬。裴垍把这种情形全部奏明宪宗，请求派遣李鄘来代替严绶。三月，乙酉日（初九日），宪宗任命严绶为左仆射，凤翔节度使李鄘为河东节度使。

成德节度使王士真去世，他的儿子副大使王承宗没有德宗的命令就自己擅自做了留后。河北三镇相继设置副大使，让嫡长子担任，如果父亲去世，便代替父亲管理军中事务。

宪宗因为长久闹旱灾，想要颁布德音（有关赐予恩德的一种诏令），翰林学士李绛、白居易向宪宗上奏，认为：“想把实际的恩惠加给百姓，没有比减免赋税更好的了。”又说：“宫中人员除供内廷驱遣外，剩下来的人还有很多，任何事都应该节省费用，对人贵在顺乎常情。”又请求“禁止各道横征暴敛用来作为进献的财货”。又说：“岭南、黔中、福建的风俗，往往掳掠良民，将他们卖作奴婢，请严加禁止。”闰月，己酉日（初三日），宪宗颁下制书，减轻对全国在押囚犯的处罚，免除本年租赋，外放宫中妇女，禁止进献财物，禁止抢掠买卖人口，都照李绛、白居易所请求的办理。己未日（十三日），天上下雨。李绛上表道贺说："由此可知，忧虑在事情发生前，才能够消除忧虑；忧虑在事情发生后，便无可挽回。"

起初，王叔文的党羽已被贬官，宪宗颁下诏书，他们即使遇到大赦，也不准酌情迁到近处做官。吏部尚书、盐铁转运使李巽向宪宗上奏："郴州司马程异，有担当官吏的才能，明察善辩，请任用他做杨子县留后。"宪宗准许。李巽监督考察属下非常精明，即使属下官吏远在千里以外，仍然像在李巽面前那样战战兢兢地办事。程异检查文书账簿，比李巽还精明，最终得到任用。

魏征的玄孙魏稠生活特别贫困，把老房子典押给别人，换取钱币。平卢节度使李师道向宪宗请求用他私人的钱将住宅赎买出来。宪宗命令白居易草拟同意李师道请求的诏书，白居易上奏说："这件事情关系到对臣下的激励劝勉，应该由朝廷来做，李师道是什么人，敢来抢夺这种美名？希望陛下命令有关部门用官府的钱财赎出，还给魏征的后嗣。"宪宗依从这一建议，由内廷专库中支出钱两千缗来把房子赎出赐给魏稠，禁止他再典押出卖。

王承宗的叔父王士则因王承宗擅自立为留后，恐怕祸延宗族，便与幕府宾客刘栖楚一起主动返回京城；宪宗下诏任命王士则为神策大将军。

翰林学士李绛等人向宪宗上奏说："陛下继承皇位，到现在已经四年，还没有立太子。册命没有颁行，这将开启暗中窥求的端倪，违背慎重的原则，不是继承宗庙、尊重国家的办法啊。希望能抑制谦逊的小节，奉行国家重大的最为公正无私的仪典。"丁卯日（二十一日），宪宗颁下制书册立长子邓王李宁为太子。李宁是纪美人的儿子。

辛未日（二十五日），灵盐节度使范希朝上奏，请求拨出太原军队六百士兵的衣服粮食给沙陀；宪宗准许这一请求。

夏季，四月，山南东道节度使裴均依仗有宦官帮助，在宪宗下德音后进献银器一千五百多两。翰林学士李绛、白居易等上奏说："裴均打算用此事试探陛下，希望陛下将银器退还。"宪宗赶忙命令把银器拿出去交给度支吏。不久，宪宗颁下圣旨，告诉进奏院："从现在起，凡是各道前来进献贡物，不许申报御史台；倘若有人询问此类事情，你们就把询问者的名字报告给朕。"白居易又就这事来劝谏，宪宗没有听从他的劝谏。

宪宗想革除河北各藩镇世代承袭节度使的弊端，趁着王士真去世，想从朝廷派官员去担任节度使；如果王承宗不肯服从，就起兵讨伐他。裴垍说："李纳对朝廷骄横不敬，而王武俊对国家有功，陛下之前准许李师道承袭节度使的职务，现在却要削夺王承宗的承袭，既有碍对藩镇的勉励，又违反事情的情理，他一定不会服气。"这样一来，对王承宗的事情计议了很长时间，还没有能够决定下来。宪宗拿这件事询问各位学士，李绛等人回答说："河北藩镇不遵奉陛下的声威教化，谁不愤恨叹息，然而，要想现在就攻取他们，也许朝廷还没有这个能力。成德自王武俊以来，父子相继承袭节度使的职位，已经有四十多年，人情已经习惯，不认为不对。何况王承宗已经总揽军中事务，忽然派人取代他，恐怕他未必肯接受诏命。再说范阳、魏博、易定、淄青都是父子以地相传，与成德是同样的制度，他们得知成德由朝廷任命节度使，肯定内心感到不安，暗中相互勾结，虽然张茂昭曾经请求替代王承宗，恐怕也不诚心。现在朝廷派人去代替王承宗，他的相邻军镇劝说朝廷办成这件事，这对张茂昭以后采取或进或退的行动是有利的。如果朝廷所派官员得以进入成德，相邻军镇就自以为有功劳；如果陛下的诏令没有实行，张茂昭便可能与王承宗暗中勾结；朝廷为了国家的体制，怎么能够就此善罢甘休了呢？朝廷必然兴兵从四面去讨伐，对委任的将领与主帅就得加封官职与爵位，对士兵要供给衣服粮食，还会发生屯兵不前，姑息敌寇，旁观战事胜利与失败的事情，而劳苦百姓、耗费物资的弊病却完全归到国家的头上。现在长江、淮河正在闹水灾，国家和百姓都极为困顿，对于打仗的事，恐怕不可轻率地计议啊！”

左军中尉吐突承璀想要逢迎宪宗的心意，夺去裴垍的权柄，自动请求率领军队讨伐王承宗。宗正少卿李拭上奏说：“王承宗不能不去讨伐。吐突承璀是陛下亲近并信任的内臣，应该将禁卫亲军交托给他，让他统领各军，谁敢不服从命令？”宪宗把李拭的奏状给各位学士看，还说：“这人是奸臣，知道我想任命吐突承璀做大将，所以便进献这一奏状。你们记住，从现在起不要让他有提拔任用的机会。”

昭义节度使卢从史遭遇父亲去世而退官守丧，过了很久，朝廷仍然没有起用他；卢从史心里害怕，委托吐突承璀劝说宪宗，请求调派昭义的军队前去攻讨王承宗。壬辰日（十七日），宪宗起用卢从史为左金吾大将军，其他的职务一如既往。

起初，朝廷和吐蕃举行平凉会盟的时候，副元帅判官路泌、会盟判官郑叔矩都被吐蕃扣留。后来，吐蕃又向朝廷请求和谈，路泌的儿子路随三次到宫门哭泣着进献表章，请求德宗依从吐蕃的请求；德宗认为吐蕃狡诈多变，不肯听从路随的请求。到这时，吐蕃再次请求和好，路随又五次上表，到主持政务的官员那里哭着请求，裴垍、李藩也对宪宗说，请求允许吐蕃求和；宪宗答应了。五月，宪宗命祠部郎中徐复出使吐蕃。

六月，宪宗任命灵盐节度使范希朝为河东节度使。朝廷计议国政的人们认为沙陀在灵武，靠近吐蕃，担心他们反复无常，加上沙陀部落人数众多，担心会因此使谷物价格上涨，于是命令他们全部跟随范希朝到河东。范希朝挑选骁勇的骑兵一千二百人，称作沙陀军，设置兵马使统领他们，而将其余的沙陀人众在定襄川安顿下来。从此，朱邪执宜才驻守神武川的黄花堆。

左军中尉吐突承璀兼任功德使，大力修治安国寺，上奏要立圣德碑，长宽一概以华岳碑为标准，先建造藏碑的楼宇，请求命令学士撰写碑文，并且说：“我已准备好一万缗钱，打算酬谢撰文的学士。”宪宗于是命令李绛写碑文，李绛上奏说：“唐尧、虞舜、夏禹、商汤不曾立碑称道自己超凡的德行，只有秦始皇在巡游所经过的地方，刻石称述自己的高功，不知道陛下打算效法谁呢？再说叙述修建的寺庙如何美，只不过说它如何壮丽，值得观游而已，又怎能增加圣德的光辉呢？”宪宗览阅奏章的时候，吐突承璀刚好在旁边，宪宗便命令他拖倒碑楼。吐突承璀说：“碑楼很大，无法拖拉，请让我慢慢将它毁除吧。”他希望得以招揽适当的人物，找机会再说这件事。宪宗厉声说：“多用牛来拖拉碑楼。”吐突承璀这才不敢讲话。共用了一百头牛拖碑楼，碑楼才被拖倒。

资治通鉴卷第二百三十八　唐纪五十四

起己丑（公元809年）七月，止壬辰（公元812年）九月，凡三年三个月。

【题解】本卷记录了公元809年七月至812年九月的历史，共三年零两个月。为唐宪宗元和四年七月到元和七年九月。元和四年，成德节度使王士真死，长子王承宗自为留后。宪宗想废除藩镇世袭的弊端，借平定西川和镇海叛乱的时机，乘胜用兵河北，遭到朝臣反对。当时淮西吴少阳自为留后，朝臣主张讨伐，唐宪宗忌惮朝臣立功，一意孤行，任命吐突承璀为主将征讨河北藩镇，动员十倍于成德叛军的二十万官军，结果徒劳而返。宪宗接受教训，又任用朝官。吐突承璀军败，恰逢受赂案发，遭到李绛弹劾，宪宗不得已外出吐突承璀，任用李绛为相，王承宗、田兴，不加征讨而归服。宪宗又接纳李吉甫的建议，淘汰冗官。宪宗在盛暑与宰臣讨论政令宽严，不知热倦。

宪宗昭文章武大圣至神孝皇帝上之下

元和四年（己丑，公元809年）

秋季，七月，壬戌日（十八日），御史中丞李夷简弹劾京兆尹杨凭，上奏说杨凭从前做江西观察使的时候贪赃枉法，过分奢侈；丁卯日（二十三日），宪宗贬杨凭为临贺尉。李夷简是李元懿的玄孙。宪宗下令没收杨凭的所有财产，李绛劝谏说：“根据惯例，如果不属于谋反叛逆的罪行，就不能没收罪犯的家产。”宪宗这才收回命令。

杨凭的亲友没有人敢去送行，只有栎阳尉徐晦到蓝田，为他送行。太常卿权德舆和徐晦平素交情很好，对他说：“你为杨临贺送行，实在是交情深厚啊！只怕这样做会连累你！” 徐晦回答说：“我身为平民时便蒙受杨公的知遇与提拔，如今他被贬逐到远方，我难道能不和他道别吗？假如某天您被进谗的人斥逐，我敢自视为与您没有关系的人吗？”权德舆连声赞叹，在朝廷里称赞他。过了几天，李夷简奏请宪宗李纯任用徐晦为监察御史。徐晦道谢说：“我平时不曾与您谋面，您为什么会举荐我呢？”李夷简说：“你不肯辜负与杨临贺的友情，又怎么会辜负朝廷的重托呢？”

宪宗秘密地问各位学士：“现在朕想用王承宗为成德留后，分割德、棣两州另外成为一镇，分散王承宗的势力，并让王承宗缴纳两税，向朝廷请求任命官吏，完全像对李师道的措施一样，你们认为怎么样呢？”李绛等人回答说：“德、棣两州隶属成德已经很久，一旦分割开来，恐怕王承宗及其将士忧虑怀疑、怨恨不满，以此作为借口。况且，相邻各道的情形和他是一样的，如果这样做，相邻各道各自担心以后也会遭到分割，或许就要暗中勾结，彼此煽动；万一他们一起拒绝陛下的命令，处理起来会加倍困难，希望陛下再多加考虑。有关上缴两税、任命官吏两点是正确的，希望趁着吊祭使去吊祭的时候，让吊祭使以个人意见开导王承宗，叫他上表请求像李师道的成例去做，不要叫他知道这是陛下的意思。这样一来，如果王承宗听从命令，固然是顺乎情理，如果他不听从命令，也不损朝廷的体面。”

宪宗又问：“现在刘济、田季安都在患病，如果他们去世，难道能够完全像对待成德那样，将节度使的职务交给他们的儿子担任吗？如此下去，天下什么时候才会太平呀？议论的人都说：‘应该趁着这一时机让官吏取代他们，如果他们不肯接受朝廷的命令，就派军队前去讨伐他们，这个时机不可错过。’你们看该怎么办？” 李绛等人回答说：“臣子们看见陛下向西攻下蜀，向东攻下吴，非常容易，所以喜欢阿谀逢迎，争权夺势的人们争着进献筹谋，劝说陛下开通河北地区，而不为国家深谋远虑，陛下也因前些时候成功得很容易而相信他们的话。我们日夜都在思考，河北的形势和蜀、吴不同。为什么这样说呢？西川和浙西都不是反复无常的地区，他们周边相邻的州道都是国家可以指挥自如的属地。唯独刘辟、李锜独自产生狂妄的阴谋，他们的下属都不赞成他们的做法。刘辟、李锜只是用财物来引诱他们，讨伐的大军一到，他们的势力便分崩瓦解。所以我们当时也劝陛下讨伐他们，因为这是万无一失的啊！成德就不是这样了，他的内部像胶一样结得非常坚固，时间又长久，外面就像蔓草一样地各处蔓延，势力非常广大，他们的将士与百姓感念他们累世赡养的恩惠，不晓得君主与臣下、正顺与逆反的道理，用好话来劝，他们不听，用武力来威胁，他们不服，这会使朝廷蒙受羞耻。再说，他的邻道平日或许会相互猜疑与怨恨，等到他们听到朝廷派官员去代换节度使，必定团结一心，这大概是各自替子孙后代打算，也顾虑到以后自己会遭到这种处置的缘故啊。万一其他的道也里外相助，战祸就会连绵不断，国家资财用尽，力量耗竭，西部与北部的戎狄再趁间隙而动，那么他们造成的忧患哪里说得完呢？刘济、田季安和王承宗在事情的体统上没什么不同，如果在他们去世的时候，有隙可乘，当在事情发生时再谋取，现在就诉诸武力，恐怕就不够妥当了。太平大业，不是短时间可以达到的，希望陛下慎重处理此事。”

这时吴少诚病重，李绛等又向宪宗上奏说：“吴少诚的病一定不会再好起来。淮西的事体与河北不同，它的四边都是听命于国家的州县，不与贼寇的疆境毗邻，没有同党应援帮助，朝廷任命淮西主帅，现在正是时候，如果淮西不听命，可以计议着去征讨它。臣希望陛下放弃难以成功的用兵恒、冀的策略，采用容易成功的对付申、蔡的计划。假如对恒、冀需要连续用兵，战事并不一定令人满意，蔡州有祸患，依照情形看可以兴兵征讨，南方北方都打仗，国家财物人力的用度就难以充足。倘若出于迫不得已，而必须赦免王承宗，那就会使陛下的恩典与仁德空自施行，朝廷的威严与号令立刻就废弃了。这就不如早点对王承宗加以处置，以收拢恒、冀的向心力，坐等适当的时机，必能获得申、蔡的利益。”不久之后，王承宗因为很久没有得到朝廷的任命，心里害怕，屡次上表自行陈诉。八月，壬午日（初九日），宪宗才派遣京兆少尹裴武到真定去表示慰劳之意，王承宗非常恭敬地接受诏命，说："因为我受到部下各军逼迫，来不及等候朝廷颁旨任命，请求陛下让我献上德、棣两州来表明我的诚意。"

丙申日（二十三日），安南都护张舟向宪宗奏报打败环王三万人。

九月，甲辰朔日（初一日），裴武回到朝廷回复使命。庚戌日（初七日），宪宗任命王承宗为成德节度使、恒冀深赵州观察使，任命德州刺史薛昌朝为保信军节度使、德棣二州观察使。薛昌朝是薛嵩的儿子，是王承宗的女婿，朝廷就势起用了他。田季安得到快马传递的消息，事先已经知道了朝廷的任命，便派人对王承宗说："薛昌朝暗地与朝廷交往，所以他才得到节度使的职位。"王承宗立刻派几百骑兵飞奔到德州，捉住薛昌朝，将他捉拿到真定囚禁。中使颁送任命薛昌朝为节度使的旌节经过魏州，田季安假装设宴慰劳中使，把使者扣留数天，等到中使来到德州，薛昌朝已经被捉拿带走。

宪宗认为裴武欺骗他，又有诬陷裴武的人对宪宗说："裴武出使回来，先住在裴垍家里，第二天早上才入朝晋见陛下。"宪宗听后非常生气，把这件事告诉李绛，打算将裴武贬逐到岭南，李绛说："裴武从前困在李怀光的军中，能坚守节操不屈服，现在怎么会突然去做邪恶的事情？我想来是贼人狡诈多端，让人不容易识破其中的真实情况。王承宗开始时害怕朝廷派军讨伐他，所以请求向朝廷进献两州；接着蒙受陛下的恩惠宽容他，而与王承宗相邻各道不愿意让成德成为分割地盘、献给朝廷的开端，我猜测肯定发生暗中劝说、引诱、胁迫王承宗的事，使他改变初衷，这不是裴武的过错啊！ 如今陛下挑选裴武前往反叛动乱的地区，出使回来，一句话不合，立刻把他放逐到边远荒凉的地方，我恐怕从今以后受命出使贼庭的臣子会以裴武为警诫，苟且寻求自己的便利，说些随声附和、模棱两可的言语，不肯尽心详细说明事情的利害得失，这样，对国家不利呀！再说裴垍、裴武在朝廷很久，熟悉朝廷的礼制，难道会在出使归来、未见天子以前便先在宰相家中过夜吗？我敢向陛下担保裴武不会这样去做，大概有好进谗言的人打算危害裴武和裴垍，希望陛下察验这件事。”宪宗听后，过了很久才说：“在道理上或许有此种说法吧。”就不再追究此事。

丙辰日（十三日），振武军向宪宗奏报，吐蕃有五万多骑兵到达佛梯泉。辛未日（二十八日），丰州向宪宗奏报，吐蕃有一万多骑兵到达大石谷，掳掠入京进贡后归返的回鹘人。

左神策军吏李昱向长安的富人借了八千缗，满三年还没有偿还，京兆尹许孟容把他收捕，给他戴上枷锁，定出期限，叫他还清欠债，并说：“如果期限满了，你还没有完全还清，就会将你处以死罪。”左神策军全军大惊。左神策军中尉向宪宗申诉这件事，宪宗派中使去宣告旨意，叫许孟容把李昱交给左神策军，许孟容不肯放他走。中使再次来的时候，许孟容说：“我不接受诏命，该当死罪。然而，我为陛下担任京城周围地区的长官，如果不去约束地方豪强势力的所作所为，怎么能够使京城地区清平整肃呢？李昱的欠债没有还完，谁也不能把他带走。”宪宗赞许他的刚强正直，便让他按照自己的意思去做，京城的人都对他震恐惊惧。

宪宗派遣中使前去开导王承宗，叫他把薛昌朝发送回德州；王承宗不肯接受诏命。冬季，十月，癸未日（十一日），宪宗下制书削去王承宗的官爵，任命左神策中尉吐突承璀为左右神策、河中、河阳、浙西、宣歙等道行营兵马使、招讨处置等使。

翰林学士白居易向宪宗呈上奏疏，认为：“国家征伐，应当督责将帅去完成任务。近些年来，却开始任命中使为监军。从古至今，还没有过征调全国军队，而让中使统领的先例。现在神策军既不设置行营节度使，那么吐突承璀就是制将（军队的行动，受吐突承璀的命令）；吐突承璀又充任诸军招讨处置使，他便是统领各军的都统了。我恐怕天下四方听到这个消息，要窥伺朝廷的间隙，周边各族了解这一消息，必然笑话中国无人。陛下能够忍受后世传说，任命宦官为一军主将、各军都统是由陛下您肇始的吗？我又担心刘济、张茂昭及范希朝、卢从史乃至于各道的将校都以受吐突承璀指挥为耻辱，大家既不同心，又怎能建立功业呢？这么做是帮助王承宗实现他的计谋而挫伤各位将领的威势，陛下顾念吐突承璀辛勤劳苦，使他尊贵起来就可以了；怜惜他忠心赤诚，使他富厚起来就可以了。至于军国权柄，常关系到政治修明或祸乱丛生，朝廷的制度，是祖宗制定的，难道陛下能够忍受顺从下属的情好而毁坏自家的法令制度，放纵别人的欲求而损害自己的无上英明吗？为什么现在不做短暂的考虑而要让万代之后的人讥笑您呢？”当时谏官、御史议论承璀官职名衔太重的人接连不断，但宪宗都不听从他们的建议。戊子日（十六日），宪宗驾临延英殿，度支使李元素、盐铁使李鄘、京兆尹许孟容、御史中丞李夷简、谏议大夫孟简、给事中吕元膺、穆质、右补阙独孤郁等都向宪宗极力进言说对吐突承璀的任命不妥当；宪宗无可奈何，第二天，颁诏削去吐突承璀四道兵马使的官职，把“处置使”改为“宣慰使”。

李绛曾尽力说明宦官骄傲横暴，侵扰损害朝中政务，谗言诋毁忠诚坚贞之士的事实，宪宗说：“这些人怎么敢进谗言？即使他们向朕进谗言，朕也不会听信。”李绛说：“这些人大多都不懂得仁义，不能分辨直曲，只是喜好钱财，得了贿赂就称赞盗跖、庄蹻是清廉善良的人；如果违背了他们的意志，便可将龚遂、黄霸毁谤为贪婪暴虐的人，他们能用奸巧的智慧，捏造成是非难辨的事端，时时刻刻围绕在陛下身边，将谗言逐渐渗透进去。自古以来宦官败坏国家的事实，完全记载在书籍上，陛下怎么能够不防备他们的浸染呢？”

己亥日（二十七日），吐突承璀率领神策军从长安出发，命令恒州四面的藩镇各自发兵招降讨伐王承宗。

起初，吴少诚特别宠爱他手下的大将吴少阳，便以堂弟的名义，委派他担当军中职务。吴少阳好像亲近的亲属一样地常在吴少诚家走动，历经多次升迁，担任申州刺史。吴少诚生病，连人都不能分辨出来。于是家中的仆人鲜于熊儿诈称吴少诚的命令，传召吴少阳代理彰义节度副使，掌管军中和地方事务。吴少诚有个儿子名叫吴元庆，吴少阳把吴元庆杀了。十一月，己巳日（二十七日），吴少诚病逝，吴少阳自命为彰义留后。

这一年，云南王寻阁劝去世，他的儿子劝龙晟即位。

田季安听说吐突承璀率领军队讨伐王承宗，便将他手下的众人聚集起来，对他们说："朝廷的军队不能够跨过黄河，已经长达二十五年，现在突然越过魏博去讨伐成德；如果成德被俘虏，魏博也就被俘虏，我们应当对此做何打算呢？"有一个将领从队伍中站出来说："希望您赐给我五千骑兵，我就能为您除去忧患。"田季安大喊着说："你真是豪壮啊！我决定出兵，阻止者斩首。"

幽州牙将绛州人谭忠为刘济出使魏博，知道田季安出兵的计划，便前去对田季安说："如果照某人的计划，会把天下的军队都引来。为什么这样说呢？现在朝廷的军队越过魏博攻打成德，不使用老臣宿将，反而把兵权专门交付给宦官，不征调全国的军队，反而派出大批关中的兵马，你知道是谁想出来的办法吗？这是天子自己想的办法，目的是想要以此向臣子们夸耀，并使他们敬服啊。如果官军在没有攻打成德前，首先便被魏博打败，这样一来显得皇上的办法反而不如臣子的，皇帝在天下人面前能不感到羞耻吗？如果皇上既羞耻又生气，就一定要任用能谋善算的人来筹划长远的计策，依仗勇猛善战的将领来训练精锐的兵马，尽力再渡过黄河，以前次的失败作为借鉴，必定不会再越过魏博前去攻打成德，比较罪的轻重，必定不会先攻打成德后攻打魏博，这就是所谓的不上不下，正是冲着魏博来的。"田季安说："既然这样，怎么办才好呢？"谭忠说："当官军进入魏博境内，你要好好犒赏他们。当此之际，你要将全部兵马压向边境，号称前去攻打成德；但您可以暗中派人给成德送上一封书信说：'如果魏博攻打成德，那么河北的义士会说魏博出卖朋友；倘若魏博援助成德，那么河南地区的忠义之臣便会说魏博反叛君主。出卖朋友，背叛君王的名声，魏博不能忍受。如果您能够暗中从关塞撤退，留给魏博一个城，魏博得以拿此城作为向天子报捷的凭据，这是使魏博在北面得以事奉成德，在西面得以做成人臣，对于成德说来，损失很小，而对魏博说来，却获得罕有的巨大利益，难道您对魏博的办法没有一点意思吗？’如果成德不拒绝您的办法，那么魏博的霸业基础就安稳了。”田季安说：“太好了！先生来到这里，是上天眷顾魏博啊！”于是，田季安就采纳谭忠的计划，与成德暗中商议，得到成德的堂阳县。

谭忠回到幽州，打算用计谋鼓动刘济前去攻讨王承宗；刚好遇到刘济集合诸将并对他们说：“天子知道我怨恨成德，现在命令我讨伐成德，成德也必然极力防备我。讨伐与不讨伐，采用哪种做法有利呢？”谭忠连忙回答说：“天子最终是不会让我们去攻打成德的，成德也不会防备卢龙。”刘济发怒说：“你为什么不直说我和王承宗造反呢？”接着，刘济命令把谭忠关进监狱。刘济派人去察看成德边境，果然没有设置防备；过了一天，诏书果然颁布下来，命令刘济“专心保护北方边境，不要让朕再为胡人担忧，得以一心一意对付王承宗”。于是，刘济打开牢狱，召见谭忠说：“事态发展真和你的判断一样，你怎么知道的？”谭忠说：“卢从史表面上亲近卢龙，而心里实在是忌恨卢龙；表面上不与成德往来，内里实际是在援助成德。他为成德这样筹划说：‘卢龙把成德作为屏障，虽然卢龙怨恨成德，但肯定不会伤害成德，所以没有必要对卢龙设置防备。’一则表示成德不敢抵抗卢龙，二则使卢龙受到天子的怀疑。既然成德人不防备卢龙，潞州的卢从史就会跑去告诉天子说：‘卢龙对成德的怨恨很深，成德在遭受攻打时，并不防备卢龙，这说明卢龙反而是与成德亲善。’这就是我知道天子最终不会让您攻打成德，而成德也不会防备卢龙的原因所在啊。”刘济说：“现在该怎么办？”谭忠说：“卢龙、成德结怨，天下没有人不知道。现在天子攻打成德，你却使整个卢龙的军队坐以待敌，连一个人也没有渡过易水，这就恰好让潞州人认为卢龙以小恩小惠收买成德，因而向皇上败坏卢龙忠于朝廷的名声，在这两方面他们都能达到目的。这样一来，卢龙虽怀藏忠义之心，而终于落下对成德偏私的口实，得不到成德人的感激，还徒然使辱骂自己的呼声在天下喧闹不止。希望你仔细考虑这个问题！”刘济说：“我知道其中的道理了。”于是命令军中将士说：“五天之内全部出发，落后的把他剁成肉酱示众。”

元和五年（庚寅，公元810年）

春季，正月，刘济亲自率领七万兵马前去攻打王承宗，当时各路军队都还没有进发，只有刘济向前奋力进击王承宗的军队，攻取饶阳、束鹿。

河东、河中、振武、义武四军担当恒州北面的招抚与讨伐，在定州集合。适逢十五晚上，义武军吏认为定州驻有外来军队，请求禁止张灯。张茂昭说：“河东、河中、振武三镇的军队，都是官军，说什么外地的军队呢？” 他命令张灯，不禁止行人来往，不关闭里门，一连三个晚上，都像平时一样，也没有人敢大声乱喊乱叫。

丁卯日（二十六日），河东将领王荣攻克王承宗的洄湟镇。吐突承璀抵达行营，他的军威政令不振，和王承宗作战，屡次打败仗；左神策大将军郦定进战死。郦定进是一员猛将，军中将士因为他战死而士气低落。

河南尹房式做了不守法纪的事情，东台监察御史元稹奏明宪宗把他收监，并擅自下令停止尹房式的职务。朝廷认为不能够这样处理，罚元稹一个季度的薪俸，将他召回西京。元稹来到敷水驿，有一个内侍宦官从后面赶到，撞开驿站的大门，叫喊喝骂着走进去，并用马鞭打伤元稹的脸。宪宗又联系元稹前次的过错，贬他为江陵士曹。翰林学士李绛、崔群说元稹没有罪。白居易也向宪宗上疏说：“中使欺凌侮辱朝廷官员，陛下不治中使的罪而先贬元稹的官职，恐怕从今以后中使外出会愈加暴虐骄横，没有谁再敢说话。再说，元稹担任御史，检举揭发许多事，不畏惧权贵势要人士，痛恨他的人很多，现在将元稹贬逐，恐怕从今以后没有人肯为陛下担任官职，执行法令，憎恨邪恶，纠正过失了。朝廷里就是出现特大的奸险狡猾的人物，陛下也无法得知。”宪宗不听他的谏言。

宪宗因为河朔地区正在作战，不能派兵再讨伐吴少阳。三月，己未日（十九日），宪宗任命吴少阳为淮西留后。

讨伐王承宗的军队过了很久都没有成功，白居易向宪宗上奏疏，认为："河北地区本来就不应该使用武力，现在已经出兵，吐突承璀没有经过苦战，却已经丧失一员大将，他与卢从史两支军队已经进入成德疆境，一味拖延行动，不只是有意停顿不前，也是他们的力量难以抵抗敌人。范希朝、张茂昭到新市镇，竟然不能通过；刘济率领所有的军队围攻乐寿，很久都攻不下。李师道与田季安原来就不能担保，观察他们的情形，好像经过盘算，各自攻克一县，就不再进军。陛下看看这种事态趋势，还有希望成功吗？按照我愚昧的见解，必须赶快停止用兵，如果还要犹豫，便会有四点害处：其中应当为陛下痛切惋惜的害处有两点，应当为陛下深切忧虑的害处也有两点。为什么这样说呢？

如果保证能够获得成功，便可以不计较费用多少；既然确知不能获得成功，就不应该白白耗费资财与粮食。懂得了这个道理以后再去行动，也并不嫌晚。现在迟一天改正就多一天的费用，再迁延十天一个月的话，所需要的费用就更多。既然终究要停止作战，为什么不及早停下来呢？用国家库存的钱财布帛和民脂民膏供给河北地区的节帅，反而使他们更强大。这是我为陛下感到痛惜的第一点。

我又担心河北诸将看见吴少阳已接受天子任命成为淮西留后，必定会援引处理这一件事的宽严标准，用同样的言辞来请求为王承宗昭雪。如果奏章疏表相继而来，按道理说就不能不答应。经过他们请求再放弃对王承宗的讨伐，这种格局与情势可想而知，反而教王承宗和他的同党结交得更为坚固。这样一来，给予与剥夺完全按照与王承宗相邻各道的意见来决定，恩德与信义都不能出自朝廷，这实在让人担心朝廷的声威与权力都归向河北诸侯手里。这是为陛下痛惜的第二点。

现在天气已热，士兵身上的热气互相蒸熏，以至于饥饿干渴，疲乏劳累，又有瘟疫流行，他们露天而处，赶他们去作战，他们怎么忍受得了？即使他们不爱惜自己的身体，也难以忍受这种痛苦。况且，神策军都是城市的乌合之众，都不习惯像这样的军旅生活，忽然想到应该寻找一条求生之路，如果有一人逃亡，就会有一百人受到煽动；如果有一支军队溃散，那么其他各路军队必定摇动，事情忽然达到这个地步，后悔也来不及了！这是臣为陛下担忧的第一点。

“我听说回鹘、吐蕃都派出密探，中原的事情，不论大小，他们全都知道。现在朝廷聚集天下的军队，只是讨伐王承宗这一个叛贼，从冬季到夏季，都没有建树功勋，那么兵力的强弱，物资费用的多少，难道能让西戎、北虏一样一样地全知道？假如他们忽然看到有利可图，生出二心，趁着国内空虚的时机前来侵犯我国， 就凭朝廷现在的形势与力量，难道对两方面都能够给以援救吗？战争连续不断，灾祸从中产生，什么事不会发生呢？万一到了这一步，实在关涉着国家的安危。这是臣为陛下担忧的第二点。”

卢从史首先提出讨伐王承宗的策略，等到朝廷派兵讨伐，卢从史却逗留不肯前进，暗地和王承宗互通计谋，命令军士暗藏王承宗的行军标记；又抬高粮食草料的价钱卖给度支，破坏度支的军需供应，暗示朝廷任命他为平章事，还诬奏其他道和王承宗相勾结，劝谏朝廷不可派兵讨伐。宪宗对此感到非常忧虑。

适逢此时，卢从史派遣牙将王翊元入朝奏事，裴垍带王翊元到别处和他聊天，对他讲述作为人臣应该有的义理，暗暗打动王翊元的内心，于是王翊元也表达自己的诚意，将卢从史暗中的策划与潞州可以攻取等情况讲出来。裴垍叫王翊元回到本军，经过筹措规划，再来京师，于是得到潞州都知兵马使乌重胤等人的诚心相助。裴垍对宪宗说：“卢从史狡猾放纵，必定会造反。现在听说他在吐突承璀的对面扎营，把吐突承璀看作婴儿一般，往来两营之间，全然不设置防备；如果失去现在的机会，不捉拿他，以后即使派遣大批军队前去讨伐，也是不能在短时间内将卢从史平定。”宪宗起初有些惊愕，经过长时间的周密考虑后，才答应了。

卢从史生性贪得无厌，吐突承璀陈列很多珍奇玩好，看他想要什么，就一样样地给他送过去。卢从史非常高兴，对吐突承璀越发亲近。甲申日（三月无此日），吐突承璀与行营兵马使李听设计，叫卢从史前来营中博戏，在帐幕下埋伏壮士，卢从史到后，伏兵突然冲出来，把卢从史捉到帐后捆起来，关到囚车中，快速地送到京师。卢从史身边的人们又震惊，又慌乱。吐突承璀斩杀十几个人，把宪宗李纯的旨意宣告给其他人。卢从史军营中的士兵听见这个消息，都穿好铠甲，走了出来，手中握着兵器，一面疾步而行，一面大声叫喊。乌重胤站在军营门口大声呵斥说："天子有命令，顺从的有赏，敢不听命的斩！"于是，士兵都收起武器，回到部队。适值夜晚降临，载着卢从史的车辆急速奔驰，在天亮以前，已经走出泽潞边境。乌重胤是乌承洽的儿子；李听是李晟的儿子。

丁亥日（三月无此日），范希朝、张茂昭在木刀沟打败王承宗的军队。

宪宗嘉奖乌重胤的功劳，打算立即授给他昭义节度使的职务。李绛认为不可以，请求授给乌重胤河阳节度使的职务，派河阳节度使孟元阳镇守昭义。适逢吐突承璀奏称，他已经发出文书，让乌重胤处理昭义留后的事务。李绛上奏说："昭义所属的泽、潞、邢、洺、磁五州，在崤山以东占据着关系全局的重要地位，魏博、恒、幽三镇盘结，朝廷就只有依靠昭义来控制他们。邢州、磁州、洺州延展到魏博等军镇的中心地区，确实是国家的宝地，关系着国家的安全与危亡。从前昭义被卢从史占据，已使朝廷为此忙得顾不上按时吃饭，现在有幸得到，吐突承璀又要将昭义给乌重胤，我听见这个消息惊叹不已，实在痛心极了！不久前，朝廷诱捕卢从史，即使这算是长远的筹策，却也已经失去原则。现在吐突承璀又用文书指派乌重胤担当这一重要军镇的留后，并请求任命他为节度使，心中没有君王，还有谁比他更过分？陛下日前得到昭义，人神一同庆贺，声威政令又能建立；现在忽然将昭义授给本军牙将，使得人心一下子沮丧，国家的纲纪法度也紊乱。比较利害，反而不如由卢从史担任节度使。为什么呢？卢从史虽然蓄积阴谋，但他已是朝廷任命的州道长官。乌重胤只是普通将校，因吐突承璀的一纸文书便代替卢从史，我恐怕河南、河北的诸侯听到，没有不愤怒的，以和他同列感到羞耻。而且他们将会说吐突承璀诱使乌重胤驱逐卢从史，从而代替卢从史的职位，他们部下都各有将校，岂能不感到自危呢？ 倘若刘济、张茂昭、田季安、程执恭、韩弘、李师道接着一个个地呈上奏表说明他们的情形，并指责吐突承璀专擅命令的罪过，不知道陛下将要怎么来处置吐突承璀？如果陛下都不答复，那么大家的怒气就会更为加重；如果在威胁之下陛下改为任命他人，那朝廷的威严一点也没有了。”宪宗又派枢密使梁守谦和李绛暗中商量说：“现在乌重胤已经管理军务，事不得已，应该授给他节度使的旌节。”李绛回答说：“卢从史做元帅便不是由朝廷任命，所以才动了邪恶的想法，最终做出违反节操的事。现在因为乌重胤掌管军队，如果朝廷就授给他旌节，赏罚的权柄不在朝廷手中，这种情况和卢从史担任节度使又有什么区别呢？乌重胤能得到河阳，已是意料之外的幸运，难道他还有胆量聚众抗拒吗？何况乌重胤之所以能捉住卢从史，是因为他坚持顺承朝廷；一旦违背天子的命令，怎知他的同列不会照他的做法来作乱呢？乌重胤军中和他同辈的将领数量众多，他们肯定不希望乌重胤独自出任主帅。把乌重胤调到别镇，才能使大家感到满意，哪里需要为招致变乱而担忧呢？”宪宗听了很高兴，完全照李绛的请求办理。壬辰日（三月无此日），宪宗李纯任命乌重胤为河阳节度使，任命孟元阳为昭义节度使。

戊戌日（疑误），宪宗贬卢从史为驩州司马。

五月，乙巳日（初六日），昭义军中有三千多人乘夜溃散，逃奔魏州。刘济向朝廷奏报攻取安平。

庚申日（二十一日），吐蕃派臣子论思邪热进京朝见天子，而且归还路泌和郑叔矩的灵柩。

甲子日（二十五日），奚族人侵犯灵州。

六月，甲申日（十五日），白居易又向宪宗上奏，认为："臣最近请求停止用兵，现在国家的情势，不如从前，臣不知道陛下还在等待什么！"当时，每当遇到军队和国家重大的事情，宪宗李纯必定要与各位翰林学士商量。宪宗曾经有超过一个月不见翰林学士的纪录，于是李绛等臣子上奏说："臣等吃饱了不用进言，若是为自己着想，这是够好的了，但这样做对陛下就不好了！ 陛下征询访求治国的方策，开辟言路，接受谏言，这实在是天下万民的幸运，岂止是臣等的幸运？"宪宗立刻命令："明天你们前来麟德殿奏对吧。"

白居易有一次因议论事情，说"陛下错了"的话，宪宗表情庄重严肃地停止谈话，暗中召见承旨李绛，对他说："白居易这小臣出言不逊，必须叫他退出翰林院。"李绛说："陛下能够容纳臣子的直言，所以群臣才敢毫无隐瞒地竭尽忠诚。白居易的话虽然欠思考，但他的本意是要进献忠心。如果陛下将他责罚，臣担心天下人都想要缄默不语，这可不是广开视听，彰显陛下至高无上德行的方法啊。"宪宗听了这些话很高兴，对待白居易还和从前一样。

宪宗李纯曾想就近在禁苑中打猎，走到蓬莱池的西边，对身边服侍的人说："李绛一定会来劝谏，不如姑且停止吧！"

秋季，七月，庚子日（初二日），王承宗派使者陈述自己是被卢从史挑拨，请求缴纳赋税，请朝廷任命官吏，准许他改过自新。李师道等人屡次上表请求为王承宗平反，朝廷也认为军队攻打很久，无所建树。丁未日（初九日），宪宗下制书为王承宗平反，任命王承宗为成德军节度使，又把德、棣两州赐给他；将各道行营的将士们全部遣还，一共向他们颁赐布帛二十八万端匹（唐制：布帛六丈为端，四丈为匹）；又加封刘济为中书令。

刘济讨伐王承宗时，任命长子刘绲为节度副大使，掌管幽州留后的职务。刘济的军队驻扎在瀛州，而次子刘总担任瀛州刺史，于是刘济便让刘总暂任行营都知兵马使，让他驻扎饶阳。刘济患病，刘总和判官张玘、孔目官成国宝设下计谋，派人诈称从长安前来，对刘济说："朝廷因为您逗留在这儿，没有立功，已经任命副大使刘绲为节度使。"第二天，又派人来告诉刘济说："前来颁送旌节，任命副大使为节度使的使者已经来到太原。"又派人一面奔跑一面呼叫说："颁送节度使旌节的使者已过代州。"全军都非常惊骇。刘济非常愤怒，不知道该怎么办，斩杀了平常与刘绲交好的大将几十个人，派人召刘绲立即到行营，派张玘的哥哥张皋代管留后职务。从早晨到日过正午，刘济都未进餐，口渴要喝水，刘总趁机在水中下毒，送给刘济喝了。乙卯日（十七日），刘济去世。刘绲走到涿州时，刘总假借父亲的命令叫人用棍子把刘绲打死，于是刘总便统领军中事务。

岭南监军许遂振用毫无根据的话在宪宗李纯面前毁谤节度使杨於陵，宪宗召杨於陵回朝，任用他做闲散的官职。裴垍说："杨於陵性情廉洁正直，陛下因许遂振贬黜节帅，这样做是不妥当的。"丁巳日（十九日），宪宗任命杨於陵为吏部侍郎。不久，许遂振承担了应负的罪责。

八月，乙亥日（初七），宪宗和宰相谈到神仙，问："这世上果真有神仙吗？"李藩回答说："秦始皇、汉武帝学习仙术的结果，全都记载在以往的史书中，太宗李世民吃了天竺和尚的长生不老药招致疾病，这便是由古代到现在的明诫啊。陛下年富力强，正该勉励心志，努力治国平天下，应该拒绝方士的游说。如果能使道德充盛，人安国治，还用担忧不能享有尧、舜的寿数吗？"

九月，己亥日（初二日），吐突承璀从行营回到朝廷；辛亥日（十四日），吐突承璀重新做左卫上将军，代理左军中尉。裴垍说："吐突承璀首先倡导用兵，使天下百姓穷乏困苦，到头来还是不能获得成功，纵然陛下因旧日的恩情不肯将他处决示众，为了向天下百姓道歉，难道能够使他保全不加贬逐吗？"给事中段平仲、吕元膺说吐突承璀的罪应该杀头。李绛向宪宗李纯上奏说："陛下不责罚吐突承璀，以后再有战败的将领，该怎么处治他呢？如果杀掉他，同样的罪行而惩罚不同，他一定不服气；如果赦免他的罪行，那么为了保全自己的生命，谁不姑息敌军呢？希望陛下割舍对吐突承璀不能狠下心来的私恩，行使不可更改的刑典，使将帅们得到一些警诫与勉励。”隔了两天，宪宗罢免吐突承璀中尉的官职，降为军器使，朝廷内外的人都互相道贺。

裴垍中风，宪宗李纯对此十分惋惜，派去问候的中使在道路上往来纷繁。

丙寅日（二十九日），宪宗任命太常卿权德舆为礼部尚书、同平章事。

义武节度使张茂昭请求派人代替自己的职位，想带整个家族入京朝见。河北各镇都派人去劝他不要这样，张茂昭不肯听从他们的建议。张茂昭总共向宪宗李纯上了四次表，宪宗才准许他的请求。宪宗任命左庶子任迪简为义武行军司马。张茂昭将易州、定州的账簿文书和锁头钥匙悉数交给了任迪简，送他的妻子儿女先走，说：“我不愿子孙后代沾染上污浊的习俗。”

张茂昭离开后，冬季，十月，戊寅日（十一日），虞候杨伯玉作乱，囚禁任迪简。辛巳日（十四日），义武将士一同杀死杨伯玉。兵马使张佐元又作乱，将任迪简囚禁起来，任迪简请求回到朝廷。不久，将士们又将张佐元杀掉，拥戴任迪简掌管军中事务。这时易、定两州的府库消耗已尽，居民散失一空，任迪简没有东西慰劳士兵，于是准备糙米饭和士卒共同进餐，他亲身在军府的戟门（藩镇府门列戟，因谓之戟门）下面住了一个月。将士非常感动，共请任迪简回到寝室去住，从此，任迪简的位子才得以安稳下来。宪宗命令赐下绫绢十万匹，颁赐给易州、定州的将士们。壬辰日（二十五日），宪宗李纯任命迪简为义武节度使。甲午日（二十七日），宪宗任命张茂昭为河中、慈、隰、晋、绛节度使，跟随他同行的将官一概授给官职。

右金吾大将军伊慎用三万贯钱贿赂右军中尉第五从直，要求得到河中节度使的职务；第五从直害怕事情泄露，把行贿的事奏明宪宗。十一月，庚子日（初三日），宪宗贬伊慎为右卫将军，有三个人因为这件事连坐而死。

起初，伊慎从安州入京朝见天子，将他的儿子伊宥留下来主持留后事务，朝廷因而任命伊宥为安州刺史，所以伊宥便没有能够离开安州。适逢伊宥的母亲在长安去世，伊宥贪得兵权的利益，不肯按时将死讯公布于众。鄂岳观察使郗士美因事派遣僚属经过他的境内，伊宥出来迎接，告诉僚属他母亲去世的噩耗，伊宥先派人准备好轿子，当天就让僚属离开。

甲辰日（初七日），会王李纁去世。

庚戌日（十三日），宪宗李纯任命前任河中节度使王锷为河东节度使。宪宗身边的侍臣接受王锷丰厚的贿赂，多数称赞他，宪宗命令王锷兼任平章事，李藩非常坚决地认为这是不适当的。权德舆说：“宰相不是按照年资，依照次序而做的官。唐朝建立以来，只有对特别忠心或立有大功的藩镇，或是对骄横强暴的节帅，朝廷有时迫于无奈，才将宰相的官职授予他们。现在王锷既没有显示忠心，建立勋劳，朝廷又不是不得已，为什么要忙着将这个名义给予他呢？”宪宗这才作罢。

王锷有治理地方的才干，擅长修城储粮这一类事务。范希朝率领河东全军驻扎河北，耗费很大。王锷刚到军镇时，士兵不满三万人，战马不超过六百匹，经过一年多的时间，兵员达到五万，战马达到五千匹，军事器具精良锋利，仓库中的物资装得满满的。王锷还进献自家财物三十万贯。宪宗又想加给王锷平章事的官职，李绛劝谏说：“王锷在太原，虽然有很显著的成绩，但现在因献家财而任命他做宰相，后世将怎样看待此事呢？” 宪宗这才打消任命王锷为相的念头。

中书侍郎、同平章事裴垍屡次因为生病向宪宗请求辞去相位。庚申日（二十三日），宪宗免去裴垍的官职，任用为兵部尚书。

十二月，戊寅日（十二日），张茂昭入京朝见天子，请求将祖父和

父亲的骸骨迁移到京兆府安葬

壬午日（十六日），宪宗任命御史中丞吕元膺为鄂岳观察使。吕元膺曾经晚上想登上城墙，城门已经上锁，守门的人不肯给他打开城门。吕元膺左右的人说："他是吕中丞啊！"守门的人回答说："晚上真假难辨，即使是吕中丞，也不能够给他打开城门。"于是，吕元膺就回去了。第二天，吕元膺就把守门的人提拔到重要的职位上去。

翰林学士、司勋郎中李绛向宪宗当面陈述吐突承璀专横霸道，言语非常恳切。宪宗李纯听后，脸色一变说："你说得太过分了吧。"李绛哭泣着说："陛下将我安置在亲近信任的地位上，如果我在陛下面前畏怯退缩，爱惜自身，不敢进言，这是臣辜负了陛下的信任；我把话讲出来，陛下讨厌去听，这就是陛下辜负我的忠心。"宪宗的怒气这才消除，对李绛说："你所说的都是别人不能说的，你让朕听到了无法得知的事情，真是一位忠臣啊。你以后尽情直言，都应该像今天这样子。"己丑日（二十三日），宪宗任命李绛为中书舍人，依旧做翰林学士。

李绛曾经从容地劝谏宪宗不要聚敛钱财，宪宗说："现在河南、河北的好几十个州，都没有实行国家的政教法令，河、湟地区的好几千里地，还沦陷在异族手中，朕日夜都想洗雪祖宗的耻辱，可是国家财力不足，所以不得不积蓄聚敛钱财啊！不然，朕在宫中的用度非常俭省，多储藏财物又有什么用呢？"

元和六年（辛卯，公元811年）

春季，正月，甲辰日（初九日），宪宗任命彰义留后吴少阳为节度使。

庚申日（二十五日），宪宗任命前任淮南节度使李吉甫为中书侍郎、同平章事。二月，壬申日（初七日），宪宗免去李藩的职务，将他任用为太子詹事。

己丑日（二十五日），忻王李造去世。

宦官不愿意让李绛在翰林院任职，派他做户部侍郎，兼任户部的其他职务。宪宗李纯询问李绛："依照惯例，户部侍郎都要进献盈余的赋税给朕，唯独你不肯进献，这是为什么呢？" 李绛回答说："守卫疆土的地方官员，多征收沉重的赋税来获取私人的恩惠，天下的人们还共同非难他们；何况户部管理的，都是陛下府库里的财物，支出与交纳都有账簿记载，哪里来的盈余？如果把左藏库的财物送到内藏库，以此作为进献的供物，这就如同将财物从东边的库房搬运到西边的库房，我可不敢因袭这一弊端啊。"宪宗嘉奖李绛的正直，更加器重他。

乙巳日（二月无此日），宪宗询问宰相："为政的方法有宽大和严酷两种，哪种居于首位？"权德舆回答说："秦朝因残酷苛刻而亡国，汉朝因为宽和大度而兴国。太宗李世民看了《明堂图》后，禁止鞭打人的背；所以安禄山、史思明叛乱以来，屡次有叛逆的臣子，但在转足之间都自取灭亡，这是祖宗的仁政深入人心，人们不能够忘怀的缘故啊！既然如此，那么宽大和严酷哪一种居于首位就可以知道了。"宪宗认为权德舆的进言很对。

夏季，四月，戊辰日（初四日），宪宗任命兵部尚书裴垍为太子宾客，这是李吉甫很憎恨他的缘故。

庚午日（初六日），宪宗任命刑部侍郎、盐铁转运使卢坦为户部侍郎、判度支。有人告发泗州刺史薛謇做代北水运使的时候，有难得的良马，却没有进献上来。宪宗李纯于是把这事交给度支办理，叫他派遣巡官去调查此事。巡官还没有回来复命，宪宗嫌事情办得太慢，便让品官刘泰昕按察此事。卢坦说："既然陛下让主管部门验察此事，却接着又派品官前往验查此事，难道大臣还没有品官值得信任吗？请先罢免我的官职吧！"宪宗只得把刘泰昕传召回来。

五月，前次讨伐恒州行营的粮料使于皋谟、董溪因为贪污数千缗钱财获罪，宪宗颁布圣旨免除他们的死罪；把于皋谟流放春州，把董溪流放封州。当他们走到潭州，宪宗又追派中使赐他们自裁。权德舆向宪宗上奏，认为："于皋谟等人犯的罪应当处死，陛下在市朝把他们正法示众，还有谁敢不畏惧国家法纪？但陛下不应该已经赦免他们的死罪，却又将他们杀掉。”董溪是董晋的儿子。

庚子日（初七日），宪宗任命金吾大将军李惟简为凤翔节度使。陇州的边界和吐蕃接壤，过去朝夕侦察，交替着进入敌方境内攻打抢掠，人们生活不得安宁。李惟简认为守边之将应当周密设防，储蓄钱财粮食等待敌军的到来，不应当着眼细小的利益，惹起事端，窃取官家的赏赐。应当禁止他们随便进入吐蕃地界；同时逐渐购买耕牛，铸造耕田器具，以供给不能自己备办耕牛与农具的农人使用，这样才能开垦农田数十万亩。如果连年丰收，公家与私人有了余粮，商人还能把粮食贩运到外地出售。

宪宗李纯赐给振武节度使阿跌光进的姓氏为李氏。

六月，丁卯日（初四日），李吉甫向宪宗上奏：“由秦朝到隋朝的十三个朝代，设置官员的数量，没有一朝赶得上本朝。天宝以后，中原地区驻屯军队，现在能够计算出来的就有八十多万人，其余作为商人、僧人、道士等不从事农业的人口有十分之五六，这样算来十分之三的人劳苦筋骨来供给十分之七不织而衣、不劳而食的人穿衣吃饭。现在朝廷内外需要以税收的钱财来供给薪俸的官员不下万人，天下有一千三百多个县，以一个县的地方设置成一个州，以一个乡的人口编制成一个县的情况很多。请陛下敕令有关部门仔细规定州县的废弃与设立，对可以免除的吏员要免除，对可以合并的州县要合并，对可以减少的入仕途径要减少。再者，国家的旧法令，依照官吏的品级制定俸禄，一品官每月俸钱三十贯；职田上所产的禄米不超过一千斛（唐初给一品职田六十顷，禄七百石）。国家遭受艰难困苦以来，增加设置诸使的名额，给予优厚的俸钱，在大历年间，有权势的臣子每月俸钱达到九千贯，不管大州小州，刺史每月薪俸钱都是一千贯。到常衮做宰相，开始设立限制约束，李泌又衡量工作的清闲与繁重的不同情况，顺从事情的机宜增加薪俸，当时的人认为这种办法还很通情济事，照道理来看很难减除。然而，仍然有名义存在而职事废弃，或者名额免除而薪俸存在的情况。任职的清闲和繁重之间，薪俸的优厚与菲薄一下子就显出差别。请陛下敕令有关部门详细考核薪俸食料，杂项供给，定出一个合理的数目，奏明陛下闻知。”于是宪宗李纯命令给事中段平仲、中书舍人韦贯之、兵部侍郎许孟容、户部侍郎李绛共同详细研究参定。

秋季，九月，富平人梁悦为父报仇，杀死秦杲，主动前往县衙门请罪。宪宗李纯颁下敕书：“有关报仇的规定，根据《礼记》的说法，在道理上说和仇人应该是不共戴天，但如果援引法令条文的规定，杀人者就应当处以死刑。礼、法这两件事，都是君王教化天下的重要依据，既然其间存在着这样的区别，本来就应当通过论说辨析商量明白，应命令尚书都省召集大家商议出一个处置办法奏上来。”职方员外郎韩愈的议论认为：“刑法中没有关于与杀父仇人不共戴天的条文规定，并不是出现阙疑不书的文字。大概是因为不许为父报仇，伤害孝子之心，而且违背先王的教训；如果准许为父报仇，人们便会凭借着法令擅自杀人，就没有办法来禁止此事发生。所以圣人在经书里再三说明强调这个道理，而在刑律中又将此类条文深深隐没。他们的用意是要使法官一概本着法令裁决，而让尊奉经学的人士得以援引经典来议论。应当将规定的法令表达为：‘凡是为父报仇的，事情被举发后，把事情始末一概申报尚书省，让他们共同商议奏明天子，斟酌合理情由，做出应有的处治。’那么就能兼顾经义和法律的旨意。”宪宗颁下敕书：“梁悦罚打一百杖，流放循州。”

甲寅日（二十二日），吏部向宪宗奏报依照敕命合并减少朝廷内外官员共计八百零八名，各部门九品以下的官吏一千七百六十九人。

黔州发生严重水灾，内城与外城都被毁坏，观察使窦群征调溪洞蛮来修理内城与外城；溪洞蛮督促工人做工太急，于是辰州和溆州两地的蛮人反叛，窦群率兵前去讨伐，但不能平定叛乱。戊午日（二十六日），宪宗贬窦群为开州刺史。

冬季，十一月，弓箭库使刘希光接受羽林大将军孙瑞两万贯钱，为他谋求节度使的职务，事情被发觉后，宪宗赐刘希光自裁。这件事情又牵连到左卫上将军、知内侍省事吐突承璀，丙申日（初五日），宪宗李纯任命吐突承璀为淮南监军。宪宗问李绛：“朕把吐突承璀任为外官，这事做得怎么样？”李绛回答说：“外人没料想到陛下会忽然这么做。”宪宗说：“吐突承璀只是家奴罢了，之前因为他侍候朕的时间很久，所以因私情恩宠而特别宽容他；如果他有违纪犯法的行为，朕抛弃他就像扔掉一根毫毛一样容易！”

十六宅诸王既然都没有做封地上的藩王，那么他们的女儿便不能按时出嫁，选择匹配公主的男子都是由宦官负责，因此，很多人大都要以丰厚的贿赂为自己通融。李吉甫向宪宗上奏说：“自古以来，公主下嫁，必定要选择适当的人和公主婚配，唯独近世以来不是这个样子。”十二月，壬申日（十一日），宪宗下诏书封恩王等人的六个女儿为县主，委派中书省、门下省、宗正寺和吏部选择门第、地位、人品、才华相配的优秀人士，把县主许配给他们。

己丑日（二十八日），宪宗李纯任命户部侍郎李绛为中书侍郎、同平章事。李吉甫担任宰相后，常常报复旧日与自己结怨的人，宪宗也略微了解一些情况，所以才提升李绛担任宰相。李吉甫善于迎合宪宗的心意，而李绛非常耿直，二人屡次在宪宗面前争论；宪宗认为李绛很正直，多半听从他的主张，因此，两人之间有了嫌隙。

闰月，辛卯朔日（初一日），黔州向宪宗上奏：辰州与溆州两地溪洞蛮人头领张伯靖侵犯播州与费州。

试用的太子通事舍人李涉知道宪宗李纯对吐突承璀的恩宠眷顾并没有完全断绝，于是便在收受臣民意见的铜匦中投递奏疏，内称：“吐突承璀立有战功，刘希光没有罪。吐突承璀长期被陛下托付亲信重任，陛下不应该突然将他抛弃。”知匦使、谏议大夫孔戣看见奏疏的副本，对上疏的内容加以责问，不肯接受他的奏疏；于是李涉行贿，到光顺门请宦官把奏疏呈递上去。孔戣知道这个消息后，向宪宗上奏疏毫不隐瞒地说：“李涉奸诈险恶，欺骗天子，请陛下把他在市朝上杀戮示众。”戊申日（十八日），宪宗贬李涉为峡州司仓。李涉是李渤的哥哥；孔戣是孔巢父的儿子。

辛亥日（二十一日），惠昭太子李宁去世。

这一年，全国获得大丰收，有些地方一斗米才值两个钱。

元和七年（壬辰，公元812年）

春季，正月，辛未日（十一日），宪宗任命京兆尹元义方为鄜坊观察使。起初，元义方用谄媚的手段事奉吐突承璀，李吉甫想依附吐突承璀，将元义方提拔为京兆尹。李绛讨厌元义方的为人，所以将他斥逐出朝廷。元义方入宫向宪宗李纯谢恩，趁机进言说："李绛对他的同年（同榜进士）许季同有私心，任用他担任京兆少尹，而把我派到鄜坊，他这是利用专权作威作福，欺侮蒙骗陛下的视听。"宪宗说："朕知道李绛不像你说的这个样子。等到明天，朕准备问一问他。"元义方惶恐惭愧，只好走出来。第二天，宪宗以此事责问李绛："人对同年本来就有私情吗？"李绛回答说："同年是九州四海的人偶然同时科考登第，或者登科以后才相识，哪里有私情？再说陛下不因为臣愚昧，让我担任宰相之职，宰相的职责在于酌量人们的才能，授给他们职任，如果那人果真有才干，即使是兄弟子侄还要任用他，何况与自己是同年呢？为避嫌而抛弃有才干的人，这是便利自身的做法，不是为公家的利益着想。"宪宗说："好，朕知道你一定不会私情用事。"于是催促元义方前去上任。

振武的黄河泛滥，冲毁了东受降城。

三月，丙戌日（二十八日），宪宗驾临延英殿，李吉甫进言说："天下已太平，陛下应该享乐。"李绛说："汉文帝刘恒时兵器用木头做，没有锋刃，家家富裕，人人丰足，贾谊还认为这是在堆积的木柴下放置火种，不可以说太平。现在，朝廷的法纪号令不能够控制的地区，有河南、河北五十多州；而异族秽恶的气息，近处已经与泾州、陇州相接，边防上的烽火屡次报警；再加上常有水旱之灾，仓库空虚，这正是陛下早晚忧心勤劳政事的时候，怎能将现在称为太平，忙着作乐呢？"宪宗很高兴地说："你的话和我的心意正相合。"退朝后，宪宗对左右侍从说："李吉甫专门说些讨好谄媚的话，像李绛那样的人才是真正的宰相啊！"

宪宗曾经询问宰相："德宗李适贞元年间政事治理得不好，为什么会达到那样的地步呢？"李吉甫回答说："德宗听凭自己超人的智力行事，不肯信任宰相而信任别人，这样一来，使得奸臣能够趁机恃势玩弄权柄。政事治理不好，主要就是这个缘故啊。"宪宗说："这也未必全是德宗的过错。朕幼年在德宗身边，看到事情有成败优劣的时候，当时的宰相都没有再三坚持上奏说明，都是贪恋禄位，苟且偷安，现在，怎么能够专门将过错归给德宗呢？你们应当以此作为借鉴，如果有不对的事情，应当尽力陈述不要停止，不要害怕朕会生气而闭口不言啊。"

李吉甫曾经说："人臣不应当固执地一味劝谏，使君王喜悦、臣子平安，这样做不是很好吗？"李绛说："人臣应该敢于冒犯圣上的威严，说出逆耳却又恳切的谏言，指明并陈述事情的成功与失败之处，如果让君王陷入恶名之中，又怎能算是忠臣呢？"宪宗说："李绛的话对啊。"李吉甫到中书省，躺在那里不办事，只是长叹罢了。有时候，李绛很久没有进谏，宪宗往往问他说："难道是朕不能够容纳你的意见吗，还是你无事可以劝谏呢？"

李吉甫又曾对宪宗说："奖赏与惩罚，是人君的两大权柄，一样也不能废除。自从陛下登基以来，施行的恩泽足够深厚。只是刑罚未能振举，朝廷内外官员松懈懒惰，希望能更加威严地举用刑罚。"宪宗看着李绛说："这种说法好不好？"李绛回答说："帝王的政务，崇尚以德化民不崇尚滥用刑罚，怎能舍去周成王与周康王、汉文帝与汉景帝那样的榜样而效法秦始皇父子呢？"宪宗说："对！"这之后十多天，于頔入宫回答宪宗的问话，他也劝宪宗使用严刑峻法。又过了几天，宪宗对宰相说："于頔简直是奸臣，他劝说朕实行严刑峻法，你们知道其中的用意吗？"他们都回答说："不知道。"宪宗说："他这是想让朕失去民心啊。"李吉甫惊慌得脸色都变了，退朝后，一整天都低着头，不言不笑。

夏季，四月，丙辰日（二十九日），宪宗任命库部郎中、翰林学士崔群为中书舍人，担任翰林学士的职务一如既往。宪宗嘉勉崔群能够直言进谏，命令学士“从现在起奏事，一定要在取得崔群的签名连署，然后才能将奏疏呈上”。崔群说：“翰林院的一举一动都会成为惯例。如果一定这么办，万一后来有阿谀谄媚的人担任翰林学士的长官，那么处于下级的直切进言就无法送到陛下跟前。”他坚决不肯接受诏命。三次向宪宗上奏章，宪宗才听从他的建议。

五月，庚申日（初三日），宪宗对宰相说：“你们这些人屡次提到淮南、浙江去年发生水旱灾害，最近有御史从那里回来，谈到那里的情况还不至于造成灾害，事情的真相究竟如何？”李绛回答说：“臣考察淮南、浙西、浙东呈递上的奏状，都说有水旱灾，人民多数流离失散，请求朝廷定出办法来招抚流亡的百姓，他们的意思似乎是担心朝廷加罪他们，哪里是没有灾而胡乱去说本地遭受了灾害呢？这大概是御史想说些奸邪阿谀的话来讨陛下的欢心，我希望得知发言人的姓名，加以按察，依法制裁他。”宪宗说：“你的话很对啊！国家以人民为本，听说有灾情应当赶快去救他们，怎么能够怀疑灾情发生与否呢？朕刚才所说有欠深思，失言了。”接着，宪宗命令赶快免除淮南和两浙的赋税。宪宗曾在延英殿和宰相谈论治国平天下的道理，天色已晚，暑气甚重，汗水湿透宪宗的衣服，宰相恐怕宪宗疲倦，便请求退下。宪宗挽留他们说：“朕回到宫中，接触到的只有宫女和宦官，所以朕很喜欢和你们一起谈论治国的原则，一点也不觉得疲倦。”

六月，癸巳日（初七日），司徒、同平章事杜佑，以太保的官职告老还乡。

秋季，七月，乙亥日（十九日），宪宗册立遂王李宥为太子，给他更改名字为李恒。李恒是郭贵妃的儿子。诸姬的儿子澧王李宽比李恒年纪大；宪宗打算将李恒立为太子，于是命令崔群为李宽起草推让太子的表章。崔群对宪宗说：“凡是把自己的东西推辞给别人的行为才叫让。遂王李恒是陛下的正妻所生的儿子，澧王李宽还辞让什么呢？”宪宗就取消这个打算。

八月，戊戌日（十二日），魏博节度使田季安去世。

起初，田季安娶洺州刺史元谊的女儿为妻，她生了一个儿子名为田怀谏，田怀谏担任魏博节度副使。牙内的兵马使田兴是田庭玠的儿子，勇敢有力气，读了很多书，性情恭谨谦逊。田季安荒淫暴虐，田兴屡次委婉规劝他，因此军中的人都很依赖田兴。田季安认为田兴收买人心，把他斥逐到临清担任镇守将领，还打算将他杀掉。田兴假装得了风痹病，用艾草炙灼全身，才得以避免杀身之祸。田季安得了疯病，杀人没有限度，军政废弛混乱，夫人元氏召集各位将领将田怀谏册立为节度副大使，掌管军中的事务，当时田怀谏只有十一岁；元氏命人把田季安转移到别的屋子去住，过了一个多月，田季安病死。田怀谏召回田兴，让他担任步射都知兵马使。

辛亥日（二十五日），宪宗李纯任命左龙武大将军薛平为郑滑节度使，准备让他控制魏博。

宪宗和宰相商议魏博的问题，李吉甫请求率领军队前去讨伐魏博，李绛认为对魏博不需要采取军事行动，田怀谏就会自动归顺朝廷。李吉甫尽力说明不能不派兵讨伐的道理，宪宗说：“朕也认为如此。”李绛说：“我私下观察发现，河南、河北骄横残暴的藩镇，都把军队分散给许多将领，不使兵权集中在一人手里，这是担心掌握兵权的将领权力与职任太重，趁机图谋自己权位的缘故。诸将势均力敌，不能相互节制，如果他们打算广泛地联合，那么大家的心思并不相同，谋划必定会泄露；如果他们想独自起兵作乱，那么兵马太少，力量微薄，一定不能取得成功。再加上朝廷既悬赏优厚，又刑罚严厉，所以各将领互相顾虑，彼此畏惮，没有谁敢先发动叛乱，骄横残暴的藩镇就是靠这种关系作为保全自己的办法。然而我私下考虑，如果能够起用节制各将竭尽死力效命的严明主帅来驾驭他们，大体上就能自行安定。现在田怀谏只是个乳臭未干的小子，自己不能裁断任何事情，军府的大权必定会操在某人手里，对待各将领有厚有薄，不能均衡，必定要产生怨恨，不肯服从主帅的命令，这就使以往分散兵力的计划，恰好成为如今祸乱的原因。即使田氏不会全家被杀，也会全家人成为俘虏和囚犯，哪里还要麻烦陛下的军队前去征讨他呢？田怀谏由众多的将领起来代替主帅，相邻各道所憎恶的，没有比这事更厉害的。田怀谏如果不倚靠朝廷的援助来保全自己，他立刻就会被邻道诸将弄得粉身碎骨。所以我认为不必用兵，就能等到魏博自动归顺。我只希望陛下屯兵不动，蓄养声威，严格命令诸道选马练兵以待日后的敕令。假如魏博将领知道朝廷的动向，不出几个月时间，肯定会有在军中主动请求效命朝廷的人了。到时候，只要朝廷敏捷迅速地接应他们，抓住机会，不吝惜官爵俸禄来赏赐他们，使河南、河北的藩镇知道这件事，恐怕部下效法魏博来换取朝廷的赏赐，因而肯定都会害怕起来，必定都惶恐地争着恭顺朝廷。这就叫不战而屈人之兵啊。”宪宗说：“说得好！”

又一天，李吉甫又在延英殿向宪宗尽力陈述采取军事行动的好处，而且说粮草钱帛都已准备好。宪宗转回头询问李绛，李绛回答说：“军事行动不能轻易采取。前年讨伐恒州，全国各地派出军队二十万，又派出左、右神策军的兵马由京城开往恒州，使得天下骚动不安，花费七百多万缗，最终也没能取得成功，反而让天下人耻笑。现在，战争的创伤还没有平复，人人都害怕战争；如果又用敕令驱使百姓作战，我担心不但不能成功，或许还要发生其他的变故。况且，朝廷不一定要对魏博采取军事行动，现在事情的发展趋势很明显，希望陛下不要再迟疑。”宪宗猛然起身，手拍桌子说：“我决定不采取军事行动。”李绛说：“陛下虽然说了这番话，我恐怕退朝后，有人向陛下进言迷惑陛下的视听。”宪宗面色庄重，声音严厉地说：“朕的心意已决，谁能来迷惑朕？”李绛这时才向宪宗拜贺说：“这是国家之福啊！”

不久，田怀谏因年幼力弱，军中政事完全由家中的仆从蒋士则决断，蒋士则屡次因为个人的爱憎调换各位将领，大家都非常愤怒。朝廷的任命很长时间没有送到，军中将士都感到不安。有一次，田兴在早晨前往军府时，数千士兵大声喊叫，环绕着田兴下拜，请他担任留后。田兴惊惶得扑倒在地，众人还是不肯散去。过了很久，田兴估计难以脱身，就对众人说："你们肯听我的话吗？"众人都说："都听从您的命令！"田兴说："不要侵犯副大使，遵守朝廷的法纪命令，向朝廷申报版图户籍，请朝廷任命官吏，做到这些我才能答应你们的请求。"众人都说："好！"田兴于是率众人杀死蒋士则等十几个人，把田怀谏迁到外地去。

资治通鉴卷第二百三十九　唐纪五十五

起壬辰(公元812年)十月,止丙申(公元816年),凡四年三个月。

【题解】本卷记录了公元812年十月至816年的历史,共四年零三个月。为唐宪宗元和七年十月到元和十一年。元和七年,魏博节度使田季安死,年仅十一岁的儿子田怀谏被军士立为留后,宰相李吉甫主张用兵,宪宗用李绛的谋划,朝廷不派中使慰问,不授田怀谏节钺,魏博果真归降,重赏将士,处置事宜,和李绛谋策的一样。李吉甫善逢迎,在朝堂排挤李绛。元和九年,唐宪宗召吐突承璀返京,官复原职,李绛罢相。淮西节度使吴少阳死,其子吴元济自领军务,朝廷发十六道的军队征讨。淄青节度使李师道出兵讨贼,却暗助淮西,还派刺客到京师刺杀宰相武元衡、裴度,裴度受伤,李师道又想血洗东都,被东都留守吕元膺挫败。韩愈上奏平淮西之策。柳宗元著政论《梓人传》《种树郭橐驼传》,讽喻时政。成德王承宗再次反叛援助淮西,唐宪宗不听谏言与成德开战。

宪宗昭文章武大至至神孝皇帝中之上

元和七年(壬辰,公元812年)

冬季,十月,乙未日(初十日),魏博监军把魏博将士废黜田怀谏、拥立田兴的文状呈递给宪宗李纯,宪宗急忙召集宰相商议,对李绛说:“你揣测的魏博事态就像符节的两部分相互吻合一样啊!”李吉甫请求派中使去宣达慰劳之意,以观察事情的变化,李绛说:“这样做不稳妥。现在,田兴献出魏博的土地与军队,正在等候诏书发布命令,如果不趁这个时候诚心安抚,以隆厚的恩典结纳他,而一定要等陛下派出的使者到魏博,拿将士的上表来为他请求节度使的职位,然后才给他这一职务，那就是恩惠出于下属，不是出自天子，将士作用大，天子作用小，田兴对朝廷感激与爱戴的心意也是不能够与现在相比。机会一旦失去，后悔也来不及了。”李吉甫平常和枢密使梁守谦勾结，梁守谦也帮他对宪宗说：“按照惯例，对于这种情形，朝廷都要派中使去宣达慰劳之意，现在唯独不向魏博派遣中使，恐怕他们更不明白陛下的意思。”宪宗最终派中使张忠顺前往魏博宣达慰劳之意，准备等张忠顺回朝后再商议这件事。癸卯日（十八日），李绛又向宪宗上奏说：“朝廷的恩威得失，在此一举，出现这一时机，值得珍惜，怎么能够将它放弃呢？利害关系已经很明白，希望陛下心中不要疑虑。算一算张忠顺的行程，现在应刚刚过陕州，请明天一早就下白麻诏书任命田兴为节度使，这件事还来得及。”宪宗还打算暂且任命田兴为留后，李绛说：“田兴对朝廷恭顺，如果不肯不拘等次地加以恩典，自然无法让他感激朝廷的超常待遇。”于是宪宗听从他的建议。甲辰日（十九日），宪宗任命田兴为魏博节度使。张忠顺还没有回朝，宪宗的诏令已经到达魏州。田兴感激宪宗的恩典，激动得流下眼泪，将士们无不欢欣鼓舞。

庚戌日（二十五日），宪宗为皇子更改名字，将李宽改为李恽，李察改为李悰，李寰改为李忻，李寮改为李悟，李审改为李恪。

李绛又说：“魏博已经有五十多年没有接受天子的教化，现在一下子带着魏、博、贝、卫、澶、相六州土地前来归顺，挖空河朔地区的中心，倾覆叛乱的巢穴，如果没有超过他们希望的重赏，就不能安慰将士们的心，并使四周相邻各道受到劝勉，感到羡慕。请陛下把内库的钱拨出一百五十万贯赏赐魏博。”宪宗身边的宦官认为：“给予的赏赐太多，若以后再有此例，拿什么赏给他们呢？”宪宗把这些话告诉李绛。李绛说：“田兴不肯贪图专擅一地的好处，不顾四周相邻各道的祸患，归顺朝廷，陛下为什么爱惜小费而放弃大计，不肯用这点钱财去收取一道的人心呢？钱财用完了还会来，机会一失再也追不回来。假使朝廷派十五万士兵攻取魏博六州，经过整整一年才战胜敌军，这需要的费用难道是一百五十万贯钱就可以止住的吗？”宪宗很高兴，说：“朕所以穿粗衣服吃简单的饮食，积蓄物资钱财的意图，正是为了平定各地，不然，将物资钱财白白储存在仓库中是为了什么呢？”十一月，辛酉日（初六日），宪宗派遣知制诰裴度到魏博去宣达慰问之意，并把一百五十万贯钱赏赐给魏博将士，对六州百姓免除一年的赋税徭役。将士们得到赏赐，发出雷鸣般的欢呼声。成德、兖郓派来的好几个使者看到这一场景，相视失色，叹口气说：“对朝廷刚强不屈的藩镇果真有什么好处吗？”

裴度对田兴陈述君臣上下的大道理，田兴认真倾听，整夜不知疲倦，他对待裴度的礼数非常周到，还邀请裴度走遍自己管辖的各个州县去宣布朝廷命令。田兴还向宪宗上奏请求任命节度副使，宪宗下诏书任命户部郎中河东人胡证前往担任节度副使。田兴又向朝廷奏报部下缺少九十名官员，请求有关部门记录姓名，拟定官职，在魏博实施朝廷的法纪命令，向朝廷缴纳赋税。从田承嗣以来修建得过分奢华的房子，田兴都一概避开不住。

郓州李师道、蔡州吴少阳、恒州王承宗派遣游说之士，用尽各种方法劝说离间田兴，田兴始终不肯听从。李师道派人对宣武节度使韩弘说：“我世世代代和田氏相约相互保全，彼此援助，现在田兴不是田氏的宗族，又首先改变河南、河北的先例，这也是你痛恨的，我要和成德联合军队去讨伐田兴。”韩弘说：“我不知道你说的这些利弊得失，只知道奉皇帝的诏令做事。如果你的军队向北渡过黄河，我就派兵向东攻占你的曹州。”李师道害怕，不敢发动军队。

田兴埋葬了田季安后，就把田怀谏送到京师。辛巳日（二十六日），宪宗任命田怀谏为右监门卫将军。

李绛向宪宗奏报振武、天德附近有良田上万顷，请求选择干练的官吏开设屯田，这样做可以节省开支，使粮食储备充足，宪宗听从他的建议。李绛命令度支使卢坦经营规划所需费用，四年之间，开垦田地四千八百顷，收获谷物四千多万斛，每一年节省度支拨钱二十多万贯，边防的费用都依靠屯田的收入。

宪宗李纯曾在延英殿对宰相说："你们这些人应当替朕珍惜官位，不要用官位袒护亲戚故交。"李吉甫、权德舆都推托说没有那样大的胆子。李绛说："崔祐甫说过：'不是亲属也不是故交，就无法了解他的才干。'对自己了解的有才干的人尚且不授予他官职，对不了解的人又怎么敢授予官职呢？只问他的才能和器识与所授官职是否相称而已。如果为了避亲戚故旧的嫌疑，而使圣朝出现缺乏人才的局面，这是苟且偷安的臣子的做法，并不符合大公无私的原则啊。如果任用的不是合适的人，朝廷自有刑罚相加，谁能逃避得了？"宪宗说："确实像你说的这样啊。"

这一年，吐蕃侵略泾州，一直打到西门以外，掳去百姓，赶走牲畜。宪宗对此非常忧虑。李绛上奏说："京城西面和京城北面都有神策军镇守的兵马，起初，朝廷将神策军安置到各军镇是为了防御吐蕃，让神策军与节度使的兵马形成相互呼应夹击敌人的形势。现在他们穿鲜明的衣服吃美好的食物，无所事事地耗费国家的钱财，每当有敌人打来，节度使邀神策军一同前去迎敌，神策军却说需要申报，听取中尉的处理，等到中尉批准他们前去讨敌，敌寇早已走远。纵使神策军中也有果决勇猛的将军，听到消息就勇敢赴敌，但是节度使无法使用刑杀的权力来控制他们，这些将领把节度使看作平等交往的朋友，节度使指挥他们前进或撤退，他们不肯服从命令，这有什么好处呢？请陛下根据神策军的驻扎地点，把兵马及衣粮、器械全部分割给本道节度使，使号令统一，像手臂支使手指一样，军队的声威才能振作，敌人就不敢前来侵犯。"宪宗说："朕不知道以往的制度竟是这个样子，应当赶紧实行你的建议。"不久，因为神策军骄横放纵太久，不乐意隶属节度使，这事最终因受到宦官的阻挠而没有实行下去。

元和八年（癸巳，公元813年）

春季，正月，癸亥日（初九日），宪宗任命博州刺史田融为相州刺史。田融是田兴的哥哥。田融、田兴从小失去父亲，田融年纪较大，负责抚养教育弟弟。田兴与军中将士比赛射箭，全军将士都赶不上他。田兴回家来，田融用鞭子抽打他，说："你不收敛自己的才华，会有大祸临头。"所以在田季安猜疑暴虐的时代，田兴能够将自己保全下来。

渤海定王大元瑜去世，他的弟弟大言义暂时代理掌管国内事务。庚午日（十六日），宪宗李纯任命大言义为渤海王。

李吉甫、李绛屡次在宪宗面前争论，礼部尚书、同平章事权德舆置身其间，没有表示过赞同或反对；宪宗很轻视他。辛未日（十七日），宪宗免去权德舆礼部尚书、同平章事的官职，仍然担任太常卿。

辛卯日（正月无此日），宪宗向魏博节度使田兴颁赐名字，叫他田弘正。

司空、同平章事于頔居留长安很久，心中郁闷，难以实现平生志愿。有一个叫梁正言的人，说自己和枢密使梁守谦是同宗，能够替别人托办各种事情，于頔便教他的儿子太常丞于敏重重贿赂梁正言，请求外调镇守一方为节度使。过了很久，梁正言的骗术渐渐败露，于敏不能够将贿赂索取回来，便诱使梁正言的奴仆，把梁正言肢解，丢弃在厕所。事情最终被发觉，于頔率领他的儿子殿中少监于季友等穿着白色的丧服到建福门请罪，守门的人不让他们进去；他们退下后，背倚南墙站立着，派人进献表章，阁门的值班人因表上没有印符，又没有内部人援引，因而不肯受理；直到天黑，于頔等人才回去，第二天，于頔等人又来了。丁酉日（疑误），宪宗贬于頔为恩王太傅，并禁止他入朝谒见；于敏被流放到雷州，于季友等都被贬官，奴仆有数人被处死；于敏刚走到秦岭就死了。

事情牵连到僧人鉴虚。从德宗李适贞元年间以来，鉴虚就用钱财结交有权有势又得君王宠爱的人，收受节度使的财物，使自己日常获得优厚的供养，吏人们谁也不敢追问。到这时，有权势得宠的人争着替鉴虚说情，宪宗李纯想要释放他，御史中丞薛存诚认为这样做不合适。宪宗派中使到御史台宣布旨意说："朕想当面责问这个和尚，不是释放他。”薛存诚回答说：“如果陛下一定要当面释放这个僧人，请先杀了我，然后再带他走，不然，我绝对不接受诏命。”宪宗嘉奖薛存诚，听从他的请求。三月，丙辰日（初三日），宪宗下诏将鉴虚用棍棒笞打而死，没收他所有的财产。

甲子日（十一日），宪宗征召前任西川节度使、同平章事武元衡入朝掌管政事。

夏季，六月，发生严重的水灾。宪宗认为是阴气太盛的象征，辛丑日（二十日），宪宗命人将二百车宫中妇女打发出宫。

秋季，七月，振武节度使李光进请求修理受降城，同时治理黄河的防水工程。当时，受降城被黄河毁坏，李吉甫请求把那里的军民迁到天德旧城去，李绛及户部侍郎卢坦认为：“受降城是张仁愿修筑起来的，处于大漠的出口，占据着控制异族交通的紧要处，水草丰美，是守边最有利的地方。现在为了避开黄河水患，后退两三里地就行了，怎么能舍去万世永远安定的大计而屈从暂时节省开支的便利呢？况且天德故城在土地贫瘠的偏僻之地，距离黄河很远，烽火台示警告急时，不能够相互接应，敌人忽然侵犯，也无法知道，这是毫无缘故地使国家缩减二百里的土地啊！”等到受降城的使者周怀义奏明利弊得失，所讲的内容和李绛、卢坦说法相同。然而，宪宗最终还是采用李吉甫的策略，让受降城的骑兵隶属天德军。

李绛对宪宗说：“边境上的军队空有数额，实际没有那么多士兵，空自浪费衣服粮食，将帅只知道假公济私，聚集钱财用来结交权贵，不曾训练士兵，防备意外的事情发生，这件事不能不在没有战事的时候请陛下预先留意啊！”当时受降城的士兵名册上原有四百人，等到在天德军交出兵卒的时候，只有五十人，军用器具只有一张弓，其余的东西与此相称，所以李绛才提到此事。宪宗大吃一惊，说：“边境上的军队竟然这样空虚吗？你们要加以按察。”适逢李绛被罢免宰相一职，这事也就作罢。

乙巳日（疑误），朝廷废除天威军，让天威军的部众隶属神策军。

丁未日（疑误），辰州与涂州两地蛮人的首领张伯靖请求投降。辛亥日（疑误），宪宗任命张伯靖为归州司马，将他交付荆南节度使驱遣。

起初，吐蕃打算修建乌兰桥，先在河边储存木材，朔方军常暗中派人把木材丢到河中，乌兰桥始终没有造成。吐蕃知道朔方、灵盐节度使王佖贪得无厌，便先去重重贿赂他，然后全力将乌兰桥造成，还修筑新月形的城墙守卫着它。从此以后，朔方军经常抵御敌人的侵扰，再没有空闲的时候。

冬季，十月，回鹘派兵渡过沙漠南边，由柳谷向西进军，攻击吐蕃。壬寅日（二十三日），振武、天德军向朝廷奏报数千回鹘骑兵到达鹈鹕泉，边境上的军队都在警戒防备。

振武节度使李进贤不体恤士卒。判官严澈是严绶的儿子，因刻薄严厉不近人情得到李进贤的宠爱。李进贤派牙将杨遵宪率领五百骑兵赶到东受降城防备回鹘，供给他的物资装备大多不是原物，而是经过虚估价钱后另以他物配给。走到鸣沙，杨遵宪住在屋子里，而士卒暴露在野外；大家非常愤怒，晚上，将士们堆聚柴草，围绕房屋放火焚烧杨遵宪，收拾甲胄，返回振武。庚寅日（十一日）夜里，返回的将士焚烧大门，进攻李进贤，李进贤越过城墙逃走，军士杀了他全家，并且杀死严澈。李进贤逃跑到静边军去。

群臣屡次上表请求立德妃郭氏为皇后。宪宗认为郭德妃宗族门户强盛，担心郭德妃做了皇后之后，后宫中其他的妃嫔不能够接近自己，便借口岁时忌讳，最终没有答应这件事。

丁酉日（十八日），振武监军骆朝宽向宪宗奏报叛乱的军队已被平定，请求朝廷给将士们供应服装。宪宗非常生气，任命夏绥节度使张煦为振武节度使，率领夏州的两千军队奔赴振武，又命令河东节度使王锷率领两千兵马接纳他，听任张煦相机行事。骆朝宽将罪责都加给将领苏若方并把他杀死。

朝廷征发郑滑、魏博士兵疏通黎阳黄河旧道十四里，缓解滑州的水灾。

宪宗询问宰相："有人说外面朋党集团大肆兴起，这是为什么呢？"李绛回答说："自古以来人君特别讨厌的，是人臣结成朋党集团，所以小人说君子的坏话必定说他属于朋党集团。为什么这样呢？因为朋党集团谈论起来虽然可恶，寻找起来却没有痕迹。东汉末年，凡天下贤人和君子，宦官都叫他们为党人，因而勒令永远不任用他们，东汉便因为这个灭亡。这都是众小人想害好人的说法，希望陛下仔细地考察此事！君子本来就和君子合得来，难道能叫他们一定要和小人合得来，然后才能够说君子不属于朋党集团吗？"

元和九年（甲午，公元814年）

春季，正月，甲戌日（二十六日），王锷派遣五千士兵在善羊栅与张煦会合。乙亥日（二十七日），张煦率军进入单于都护府，杀死叛乱的苏国珍等二百五十三人。二月，丁丑日（二月无此日），宪宗贬李进贤为通州刺史。甲午日（十六日），骆朝宽因为犯纵容作乱者的罪行，被杖责八十，削去官服，夺去官资，发配到定陵服役。

李绛屡次因为足病向宪宗请求辞官。癸卯日（二十五日），宪宗免去李绛的官职，任命他为礼部尚书。

起初，宪宗想任命李绛担任宰相，事先派遣吐突承璀出京城担任淮南监军，到这时，宪宗召吐突承璀回朝，事先罢免李绛的宰相。甲辰日（二十六日），吐突承璀到达京师，宪宗又任命他为弓箭库使、左神策中尉。

李吉甫向宪宗上奏："以前，国家在灵州和盐州境内设置六胡州；开元年间，朝廷将六胡州废除，又设置宥州来统领归降的人户；天宝年间，宥州由经略军遥控治理；宝应以来，朝廷因循旧制就废除宥州。现在我请求恢复以往的设置，以便防备回鹘，安抚党项。"宪宗依从他的建议。夏季，五月，庚申日（十四日），朝廷又重新设置宥州，治所设在经略军，又调派鄜城神策屯兵九千人，充实宥州。

之前，回鹘屡次向朝廷请求通婚，朝廷因为公主出国下嫁，开支很大，所以没有答应回鹘的请求。礼部尚书李绛向宪宗上奏，认为："回鹘凶狠强悍，对他们不能没有防备；淮西贫穷困迫，其中的事情需要图谋规划。现在江、淮的大县，每年上缴的赋税有达到二十万贯的，足够备办公主下嫁的费用，陛下为什么爱惜一县的税收，不肯拿来维系强劲的回鹘呢？回鹘如果得到准许通婚的喜讯，必定高兴而没有猜疑之心，此后，我们就可以修治城池沟堑，积蓄铠甲兵器，在边境的防备工作巩固后，才可以专心对付淮西，肯定会获得成功，万无一失。现在公主既没有下嫁，而西受降城又非常空虚没有武力；对大漠的通路毫无防备，还要修筑天德城，使异族心中感到疑虑。万一北边有警报，那么淮西的遗丑（指吴少阳）便又能苟延残喘！倘若回鹘的骑兵南下牧马，朝廷没有步兵三万人、骑兵五千人，就不够抵御他们！假使一年能战胜回鹘，那笔开销岂是仅仅下嫁公主的开销就能相比的？"宪宗没有听从这个建议。

乙丑日（十九日），桂王李纶去世。

六月，壬寅日（二十七日），宪宗任命河中节度使张弘靖为刑部尚书、同平章事。张弘靖是张延赏的儿子。

翰林学士独孤郁是权德舆的女婿。宪宗李纯赞叹独孤郁的美才，说："权德舆能够得到独孤郁做女婿，我反而赶不上他！"先前，公主下嫁，都是选取皇家内外亲族以及功臣家的子弟，这时，宪宗才命令宰相从公卿、大夫的子弟中，选择温文尔雅、可以置身清流的子弟；然而，各家都不愿意，只有杜佑的孙子司议郎杜悰没有推辞。秋季，七月，戊辰日（二十三日），宪宗任命杜悰为殿中少监、驸马都尉，让他娶岐阳公主为妻。岐阳公主是宪宗的长女，是郭德妃所生。八月，癸巳日（十九日），杜悰与岐阳公主成婚。岐阳公主举止贤淑，杜氏是一个大家族，行辈高于她的尊长不下几十人，岐阳公主对待他们，谦恭随和，一概如同家里人的礼数。在二十年间，人们不曾因为丝毫嫌隙指责她恃贵骄慢。岐阳公主刚嫁过去，就和杜悰商量说："陛下赐给我们的奴婢，终究不肯屈从，可以奏请陛下把她们收回去，我们自己再购买那些出身卑微、可以役使的奴婢吧。”从此，闺门中寂静，连人们说话的声音都听不到。

闰月，丙辰日（十二日），彰义节度使吴少阳去世。吴少阳在蔡州任职，暗地里聚集逃亡的罪犯，放养骡子、马匹，时常抢劫寿州茶山的财物来充实军需。他的儿子摄蔡州刺史吴元济，隐瞒吴少阳的死讯，假称吴少阳生病，以此上报朝廷，由自己统领军中事务。

宪宗平定蜀地后，就打算攻取淮西。淮南节度使李吉甫向宪宗进言说：“吴少阳军中上下离心，请将淮南的治所迁移到寿州，以便更好地经略规划淮西。”恰逢此时，朝廷正在讨伐王承宗，没有余暇考虑他的意见。等到李吉甫做宰相，田弘正率领魏博兵众归顺朝廷。李吉甫认为汝州可以保卫东都，在河阳驻兵防守，本意是控制魏博，现在田弘正归顺朝廷，河阳便成了内地的军镇，不应该屯驻重兵显示朝廷对魏博的猜疑。辛酉日（十七日），宪宗任命河阳节度使乌重胤为汝州刺史，充任河阳、怀、汝节度使，将州治迁到汝州。己巳日（二十五日），宪宗加封田弘正为检校右仆射，赐给他的军队二十万贯钱，田弘正说：“没有比迁移河阳军更使我高兴的事了。”

九月，庚辰日（初七日），宪宗李纯任命洺州刺史李光颜为陈州刺史，充任忠武都知兵马使；同时任命泗州刺史令狐通为寿州防御使。令狐通是令狐彰的儿子。丙戌日（十三日），宪宗任命山南东道节度使袁滋为荆南节度使，任命荆南节度使严绶为山南东道节度使。

吴少阳的判官苏兆、杨元卿、大将侯惟清都曾劝说吴少阳入京朝见天子；吴元济很憎恶他们，于是派人杀死苏兆，囚禁侯惟清。杨元卿先前在长安奏事，将淮西的情况和攻取吴元济的计策全都告诉李吉甫，并请求朝廷前去讨伐吴元济。当时吴元济还把吴少阳的丧事隐瞒，杨元卿劝告李吉甫，凡是蔡州派去上奏的使者，各处均要阻止他们入朝朝见。吴少阳去世已近四十天，但天子没有为他停止上朝以示哀悼，只是改换围绕蔡州的诸镇将帅，增调兵马，做好防范。吴元济杀死杨元卿的妻子及四个儿子，用泥墁为射垛，埋在坑里。淮西旧将董重质是吴少诚的女婿，吴元济把他当作为自己谋划计策的人。

戊戌日（二十五日），宪宗加封河东节度使王锷为同平章事。

李吉甫对宪宗说："淮西与河北不同，四周没有同党援助，朝廷常在那里派驻几十万兵来防备，将士的劳苦与国家的开支都难以支撑下去。如果现在失去攻打吴少阳的机会，以后再想攻取淮西就困难了。"宪宗李纯正打算派人前去讨伐淮西，张弘靖向宪宗请求先为吴少阳停止上朝几天表示哀悼，追赠给他官爵，派使者前去吊丧，赠送助丧的财物，等淮西出现对朝廷不恭顺的行迹，再派兵征讨。宪宗听从他的建议，派工部员外郎李君何前去吊唁祭奠。吴元济不迎接天子派去的使者，出兵向四面攻击，屠杀舞阳县，放火烧掉叶城，抢夺鲁山、襄城，使得关东震恐惊骇。李君何无法进入淮西境内，只得回朝。

冬季，十月，丙午日（初三日），中书侍郎、同平章事赵公李吉甫去世。

壬戌日（初十日），宪宗任命忠武节度副使李光颜为节度使。甲子日（十二日），宪宗任命严绶为申、光、蔡招抚使，督导各道兵讨伐吴元济。乙丑日（十三日），宪宗李纯命内常侍知省事崔潭峻监督军队。戊辰日（十六日），宪宗任命尚书左丞吕元膺为东都留守。

党项侵犯振武。

十二月，戊辰日（二十五日），宪宗任命尚书右丞韦贯之为同平章事。

元和十年（乙未，公元815年）

春季，正月，乙酉日（十三日），宪宗加封韩弘兼任司徒。韩弘镇守宣武，十多年不入朝见天子，仗恃着军队的力量，以为自己很了不起，朝廷也不把他当作忠诚笃厚的臣下看待。宪宗加封王锷为同平章事后，韩弘以名列王锷之下而深感羞愧，他在给武元衡的信中，流露出愤慨不满的意思。朝廷正要借助韩弘据有的地理形势去扼制吴元济的军队，所以把韩弘的官职升得比王锷还高，以表示荣宠安慰之意。

吴元济放任军队到各处侵扰抢夺，到了东都洛阳周围的地区。己亥日（二十七日），宪宗下制书削去吴元济的官爵，命令宣武等十六道进兵讨伐他。严绶攻击淮西军队，略微取得一些胜利，便不再设置防备，淮西兵马在夜间返回来袭击严绶。二月，甲辰日（初二日），严绶在磁丘打了败仗，军队撤退五十多里，急速奔入唐州城防守。寿州的团练使令狐通被淮西兵打败，逃奔到寿州城防守自保，州境上各处栅垒的士兵全部遭到淮西军的屠杀。癸丑日（十一日），宪宗任命左金吾大将军李文通代替令狐通的职位，贬令狐通为昭州司户。

宪宗下诏书给鄂岳观察使柳公绰，命令他将五千兵马拨给安州刺史李听，让李听前去讨伐吴元济。柳公绰说："朝廷认为我是书生，不懂得用兵之道吗？" 柳公绰随即向宪宗上奏请求自己带兵前往讨伐，宪宗答应他的请求。柳公绰到达安州，李听让全副武装的将领前去迎接他。柳公绰把鄂岳都知兵马使、先锋行营兵马都虞候的二封文牒交给他，把六千精兵交给李听指挥，告诫部下说："行营的事情，完全由都将（统帅）决定。"李听感激他的恩德，畏惧他的威严，就像他的部下一般。柳公绰号令严明，他处置军旅事务，各位将领没有不悦服的。身在行营的士兵，凡是家中人有患病或死亡，都发给他们丰厚的物品，妻子不守妇道，把她沉到江里淹死，将士们都很高兴，说："柳中丞替我们整治家务，我们怎么能够不誓死向前冲呢？"所以柳公绰每次作战都打胜仗。一次，柳公绰骑的马踢死马夫，柳公绰便命人杀死那匹马来祭吊马夫，有人说："那是由于养马人不加防备造成的，这是匹良马，杀了可惜！"柳公绰说："这匹马能奔善跑，但生性顽劣，有什么值得爱惜的？"他最终还是命人把那匹马杀了。

河东的将军刘辅杀死丰州刺史燕重旰，接着，王锷又把刘辅和他的党羽杀死。

王叔文一党中获罪贬官的官员，已经十年没有酌情得到迁官。有些怜惜他们的才华而准备逐渐提升他们的主持政务的官员，主张把他们全部传召到京城。谏官们争着向宪宗李纯陈说这种做法不适当，宪宗和武元衡也很痛恨王叔文同党。三月，乙酉日（十四日），宪宗任命王叔文一党中获罪贬官的官员都去做远方州郡的刺史，官位虽然得到升迁但所到的地方更远。永州司马柳宗元担任柳州刺史，朗州司马刘禹锡担任播州刺史。柳宗元说："播州不是人居住的地方，而刘禹锡的母亲尚在高堂，万万没有让母子二人一同前往贬谪之地的道理。"他想向朝廷请求，自己愿意由柳州刺史改任播州刺史。恰好此时，中丞裴度也为刘禹锡进言，他说："刘禹锡的确有罪，但是他的母亲年岁已高，和他的儿子这一分别，就是死别，实在让人伤心！"宪宗说："作为人子，尤其应该使自己言行谨慎，不要犯错，给亲人留下忧患，这么看来，刘禹锡也是应该加重罪责的。"裴度说："陛下正奉养太后，恐怕在刘禹锡那里也应给予怜悯。"过了很久，宪宗才说："朕说的话，是用来责备为人子的；但是并不打算让他的母亲伤心。"退朝后，宪宗对周围的人说："裴度对朕爱得深切呀。"第二天，宪宗改任刘禹锡为连州刺史。

柳宗元擅长撰写文章，他曾写过一篇《梓人传》，讲道："有一位木匠，不肯去做斧砍锯析这一类手艺活计，却专门用长尺、圆规、方尺、墨斗审度各种木料的用处，检视房屋的规制，观察高度、方圆、长短是否合适，指挥着很多的木工，各自去干自己的活计，对不能承担任务的木工，便将他们辞退。大厦修好了，唯独以他的名字记载事功，得到的酬金比其他的木工多三倍。这也正好比担当天下宰相的人，为天下建立纲纪，整饬法度，选择天下的人士，使他们的才干与自己的职务相称，让天下的百姓居住下来，让他们安心从事自己的职业，有才能的进用他，不能胜任的屏退他，全国各地得到治理，谈论起此事的人们唯独赞赏伊尹、傅说、周公、召公等宰相，其他百官的辛勤劳苦都没有记载。有的人不懂治国大纲，只会炫耀自己的才干，夸张自己的名声，亲自去做些细小的事，侵犯许多官吏的职责，在官署中吵嚷着争辩不休，而将重大而长远的方略遗落无存，这是不懂得担任宰相的方法啊。”

柳宗元又撰写过《种树郭橐驼传》说：“郭橐驼所种植的树木，没有不成活而且茂盛的。有人问他其中的道理。郭橐驼回答说：‘橐驼并不能使树木延长寿命并且生长繁盛。大凡树木的本性，根要舒展，土要原来的泥土，已经种好了，就不要再动它、担心它，离开它后，便不用再去看管它。在种植的时候就像爱护自己的子女一样地爱护它，种植好了就像把它抛弃了一样，那么这就使树木的先天本性得以保全，使树木的个性得以发展。其他种树的人却不是这样做，他们使树木的根部蜷曲在一起，而且更换新土，对树木的爱护过于深切，担忧过于细密，早晨看，晚上摸，已经走开，又回头看看，还有更过分的是用指甲抓破树皮查看它是成活还是枯萎，摇动树干看看泥土是疏是密，这样一来，树木与自己的本性就日见脱离。虽然说是爱护树木，其实是损害树木；虽然说是担心树木，实际却是将树木当成仇人，所以他们种树都不如我种植的好！其实，办理政务也和种树一样。我住在乡下的时候，看见做官的人喜欢频频发号施令，好像很爱护人民，而最后却使人民受到祸害。从早到晚，都有差吏前来，将百姓聚集起来，向他们发布命令，敦促他们耕地收割，监督他们养蚕织布，我们这些小民把早餐晚饭都停下来，忙着慰劳差吏还来不及，又怎么能够让我们的生计得以蕃息，并且使我们的天性安然无扰呢？所以生活困苦，精神懈怠，主要都是因为这些啊！’” 这是柳宗元文章中深含哲理的作品。

庚子日（二十九日），李光颜向朝廷奏报在临颍打败淮西军队。

田弘正派遣他的儿子田布率领三千兵马帮助严绶讨伐吴元济。

甲辰日（三月无此日），李光颜又向朝廷奏报说在南顿大破淮西军。

吴元济派使者到恒、郓请求援助；王承宗、李师道屡次上表请求赦免吴元济的罪，宪宗不肯答应他们的请求。这时，朝廷征调各道兵马讨伐吴元济，还没有涉及淄青，李师道派大将率领二千人赶往寿春，声称帮助官兵讨伐吴元济，实际上却是打算做吴元济的援兵。

李师道平时豢养着刺客和奸人几十人，用丰厚的资财供给他们，其中有人劝李师道说："打仗最急需的，没有比粮食储备更重要的了。现在江、淮的赋税都积存在河阴的转运院，请允许我暗中前去焚烧河阴转运院。再招募几百名东都的顽劣少年，抢劫都市中百姓的财物，焚烧宫阙，这样一来，朝廷就没有讨伐蔡州的余暇，却要首先援救自己的核心地区。这也算是救助蔡州的一个奇计。"李师道听从这个建议。从此以后，各地都有盗贼暗中活动。辛亥日（三月无此日）的夜晚，几十名盗贼攻进河阴转运院，杀伤十多人，烧掉钱财三十多万贯，布帛三十多万匹，谷子三万多斛，于是人们感到恐慌不安。多数臣子请求停止用兵，宪宗不肯应允此事。

各军长时间讨伐淮西，很久都没有立下战功，五月，宪宗李纯派遣中丞裴度前往行营宣达慰问之意，并察看用兵作战的情况。裴度回到京城，陈述淮西肯定能够攻取的情况，而且说："我观察各位将军，只有李光颜勇敢懂得义理，必定能建立功勋。"宪宗听了这些情况，非常高兴。

考功郎中、知制诰韩愈向宪宗上奏，认为："淮西只有申、光、蔡三个小州，在残灭破败、困顿艰难之后，而且面临着天下全部的兵力，他们的毁灭指日可待。然而我们所不知道的，是陛下有没有决心。"于是韩愈一条条列出用兵的各种利害，认为："现在诸道各出兵两三千人，势单力薄，寄居在异地他乡，不熟悉敌军的实际情况，以致一看到敌军的势头就害怕。将帅因为他们是外来军队，对待他们很刻薄，又极力使唤他们；有时有些士兵的队伍被拆散重编，士兵与将领被分隔开，士兵们心中感到孤单畏怯，打起仗来很难立功。再者，将士们所在本军需要分别发运给养，道路遥远，人力与财力的消耗加倍繁多。听说陈、许、安、唐、汝、寿等州与贼人相连的地方，村落中的百姓都有武器，熟习作战的方法，了解贼人的情形，虽然近来朝廷对这些百姓没有做出安排，但他们仍然愿意备办衣服与口粮，保卫自己的家乡。

假如派人招募这些百姓，立即就能够组成军队。贼人平定后，也很容易让他们回到农村从事农业生产。请求陛下停止向各道派遣军队，招募当地的人来代替各道军队。”韩愈还说：“蔡州士卒都是国家的百姓，如果等到吴元济势力竭尽，不能作恶，也不应该过分杀戮蔡州士卒。”

丙申日（二十六日），李光颜向宪宗奏报在时曲打败淮西兵。淮西兵在早晨紧紧逼迫李光颜的营垒，结成阵列，李光颜出不去，无法出兵，于是把自己本军周围的营栅毁掉，派骑兵向淮西军进攻。李光颜亲自率领几个骑兵冲到敌人的阵营里去，在阵里进出数次，敌人都认识他，箭像刺猬毛般密集地向他身上射去。他的儿子拉着他的马缰绳想制止他，李光颜举起兵器，呵斥他走开。于是战士们争着拼命，淮西兵马大规模溃散，被杀死几千人。宪宗由此认为裴度善于识别人才。

自从李吉甫去世，宪宗李纯把采取军事行动的事情全部交托给武元衡。李师道豢养的宾客规劝他，说：“天子之所以一心一意攻打蔡州，都是因为武元衡在旁边辅佐，请让我秘密前去刺杀武元衡。一旦武元衡死去，其他宰相就不敢再主持攻蔡计划，会争着劝说天子停止用兵。”李师道认为他说得很有道理，当即发给他盘资，派他前去刺杀武元衡。

王承宗派牙将尹少卿入朝奏报事情，替吴元济游说说情。吴少卿到中书省，言辞意旨很不谦恭，武元衡便将他呵斥出去；王承宗又上书恶意诬蔑武元衡。

六月，癸卯日（初三日），天还没亮，武元衡前往朝廷，从他居住的靖安坊东门出来。突然，有贼人从暗中跑出来用箭射他，随从都跑散，贼人牵着武元衡的马匹走出十多步后，把他杀死，砍下头颅带走。贼人又进入通化坊刺杀裴度，使他头部受伤，跌落在水沟中。由于裴度戴的毡帽很厚实，因而得以不死；侍从王义从后面抱住贼人大声呼叫，贼人砍断王义的手臂，得以逃脱。事情发生后，京城的人们都非常惊骇，于是宪宗李纯下令，宰相进出，派金吾骑士张弓露刃加以保护，在需要经过的坊市门前喝呼搜索，很是严密。朝廷的士大夫们天没亮不敢出门。有时候宪宗到大殿等了许久，朝班中的官员仍然没有到齐。

贼人在金吾卫与兆府万年、长安两县留下字条说：“不要忙着捉拿我，否则，我先把你杀死。”所以负责捉拿贼人的人不敢太急。兵部侍郎许孟容进见宪宗，说：“自古以来，从来没有宰相横尸路旁而抓不到刺客的，这是朝廷的耻辱啊！”说完，他便哭泣起来。许孟容又到中书省去流着眼泪说：“请求中书省申奏起用裴中丞为宰相，大规模搜索贼党，查清他们作恶的根源。”戊申日（初八日），宪宗下诏书命令京城内外各地搜捕，将贼人拿获的人，奖赏一万贯钱，赐给五品官位；胆敢包庇隐藏贼人的人，诛杀他的整个宗族。于是京城大事搜索，公卿家里有夹墙、复屋的，都被搜索到了。

成德军在进奏院中有恒州兵张晏等几个人，举动行为不良，众人多怀疑他们就是贼人。庚戌日（初十日），神策将军王士则等告发王承宗派遣张晏等人杀死武元衡。吏人捉拿到张晏等八人，宪宗命令京兆尹裴武、监察御史陈中师审讯他们。癸亥日（二十三日），宪宗下诏把王承宗前后三次呈递的上表拿出来给百官看，议定他应受的罪罚。

裴度创口不愈，卧病二十天，宪宗颁诏命令卫兵住在他的家中，前去问候的中使接连不断。有人请求罢免裴度的官职以使恒州王承宗、郓州李师道放下心来，宪宗发怒说：“假如免除裴度的官职，那就等于是使奸人的计划成功，朝廷不再有法度可言。我任用一个裴度，足够打败王承宗和李师道两个敌人。”甲子日（二十四日），宪宗下旨召裴度入朝奏对。乙丑日（二十五日），宪宗任命裴度担任中书侍郎、同平章事。裴度向宪宗上奏说：“淮西是朝廷的腹心之疾，不能不予根除。而且，朝廷已经讨伐淮西，河南、河北骄横强暴的藩镇，都打算按照此战，来决定对朝廷的态度，因此，陛下讨伐吴元济之事不能半途而废。”宪宗认为裴度说得很对，把采取军事行动的事务完全托付给他，对吴元济的讨伐十分急切。起初，德宗喜欢猜忌臣子，朝廷的士大夫们有互相来往的，都派金吾卫监视并把情形禀告给他，弄得宰相不敢在私人宅第会见客人。裴度向宪宗上奏：“现在盗寇没有平定，宰相应当招揽延引各地德才兼备的人才参与谋划商议。”于是，裴度初次请求在自己家里会见宾客，宪宗准许他的请求。

陈中师拷问审讯张晏等人，他们都承认杀死武元衡一事；张弘靖怀疑他们的话不属实，于是屡次向宪宗进言，宪宗不听从他的建议。戊辰日（二十八日），宪宗颁召斩杀张晏等五人以及张晏的同党十四人；李师道派来的刺客却躲在暗中，悄悄逃走。

秋季，七月，庚午朔日（初一日），灵武节度使李光进去世。李光进和弟弟李光颜感情很好，李光颜先娶妻，他们的母亲将家中事务都交给李光颜的妻子。母亲去世后，李光进才娶了妻子，李光颜让自己的妻子捧着锁钥，登录好家中的财物，交给她的嫂子。李光进把锁钥、账簿又退还给弟弟并对他说：“弟妇赶上事奉已故的婆婆，婆婆命令她主持家事，这是不能随便改变的。”接着，兄弟俩握着手痛哭起来。

甲戌日（初五日），宪宗李纯下诏数说王承宗的罪恶，不许他入朝进贡，说：“希望他幡然改过，自己主动投案。进攻讨伐他的日期，再等以后的命令。”

八月，己亥朔日（初一日），天空出现日食。

李师道在东都设置留后院，他那一道的人杂乱地在院里来来往往，官吏不敢查问。当时淮西侵犯东都周围的地区，防御他们的军队全都在伊阙驻扎；李师道暗地里将军队隐藏在留后院中，人数达到几十上百，打算放火烧宫阙，放纵兵马连杀带抢，已经事先烹煮牛肉，对将士们进行犒赏。第二天，当他准备发动兵马，有一个小卒前往留守吕元膺处告发这一事变，吕元膺赶忙追回驻扎在伊阙的防御士兵围困李师道的留后院；那些贼人突围而出，吕元膺的防御使的兵马跟在后面，不敢接近，贼人出了长夏门，逃到山里去。这时都城里的人震惊恐惧，留守的兵马又少又弱；吕元膺坐镇皇城门，指挥调度，神态从容，都城中的人们仰赖着他才放下心来。

东都洛阳西南面与邓州和虢州接壤，那里都是高山深林，百姓不从事农业生产，专以狩猎为生，人人都很勇敢，身手矫捷，被称为“山棚”。吕元膺悬重赏捕贼。过了几天，有一个山棚在卖鹿，贼人遇到了他就将他的鹿夺走。于是山棚跑去召集同伴，而且带领官兵一同把他们围在山谷中，将他们全部捉获。经过审讯核实，查问出贼首，原来是中岳寺的和尚圆净；圆净过去担任史思明的大将，勇猛强悍，超过常人，他替李师道谋划，多在伊阙、陆浑之间多多购买田地，让山棚居住，供给他们衣服与食品。有名叫訾嘉珍、门察的人，暗地里带领山棚归属圆净，圆净用李师道拨发的一千万钱，假装修治佛光寺，暗地里却集结同党，制定计谋，邀结并命令訾嘉珍等暗地在城中发动事变，圆净在山中举火为信号，集合伊阙、陆浑两县的山棚前往洛阳城中援助他们。圆净当时八十多岁，捕者捉到了他，用锤猛打他的小腿，并不能将他的小腿打断。圆净骂道：“鼠辈，连人的小腿都打不断，还敢自称健儿吗？”于是他自己将小腿安放好，教那个官兵打断。临刑时，圆净叹息说：“你们误了我的大事，不能血洗洛阳城了。”被处死的圆净党羽总共有好几千人。二个留守及防御兵的将领及八个驿卒都接受了李师道的官职，为圆净刺探消息。

吕元膺审讯訾嘉珍和门察后，才知道杀死武元衡的主谋是李师道。吕元膺秘密将此事上奏天子，并用囚车将二人送往京师。宪宗已经宣布讨伐王承宗，不再彻底处治此事。吕元膺向宪宗上奏：“近来藩镇骄横强暴，没有尽到作为臣子的礼数，还有能够宽容的地方。至于李师道，计划血洗都城，焚烧宫殿，悖乱忤逆，特别严重，不能够不诛杀。”宪宗认为他说得很有道理。可是当时朝廷正在讨伐吴元济，又与王承宗关系破裂，所以没有余暇处治李师道等人。

乙丑日（二十七日），李光颜在时曲打了败仗。

起初，宪宗李纯因为严绶在河东时所派副将有许多人立了战功，所以派严绶镇守襄阳，督导各军讨伐吴元济。严绶没有别的才能，到达军中之日，用尽府库里的钱财，来赏赐士兵，多年的积蓄，一天就花光；他又大力贿赂宦官，与他们互相援助，他掌握着襄、邓、唐、随、均、房、郢、复八州兵众一万多人，驻扎在边境，将营垒关闭，整年没有出兵作战，没有立下一点战功。裴度屡次说他治军无善政。

九月，癸酉日（二十九日），宪宗任命韩弘为淮西各军的都统。韩弘喜欢专断独行，打算借助敌军来加重自己的地位，不愿意迅速将淮西平定。李光颜在诸将中作战最努力，韩弘想博得他的欢心，于是命人在大梁城里找到一个美女，教给她唱歌跳舞，弹奏乐器，用珠宝玉石、金银翡翠将她打扮起来，这些东西总价值达到数百万钱，然后派遣使者把她赠送给李光颜。使者先送一封书信给李光颜。李光颜正在大举犒劳将士，使者将歌伎进献上来，歌伎的容貌姿色冠绝当代，使座上的人都大吃一惊。李光颜对使者说："韩相公怜悯我客居他乡，赏赐给我漂亮的歌伎，我蒙受韩相公的恩德确实深厚。然而我手下的几万名战士，都是抛弃家室从远方而来，在白晃晃的兵器中间冲撞，难道我能够忍心单独用娇声美色娱乐自己吗？"随即李光颜流下眼泪，座上的人也都跟着哭泣。李光颜便在席上赠送给使者许多缯帛，并连同这个歌伎一并退还给他，对使者说："请替我多谢韩相公，光颜以身许国，立誓不肯与忤逆的贼人共存于世间，除了效死，别无二心。"

冬季，十月，庚子日（初三日），朝廷开始将山南东道分成两个节度军府，任命户部侍郎李逊为襄、复、郢、均、房节度使；右羽林大将军高霞寓为唐、随、邓节度使。朝士们商议认为唐州和蔡州接壤，所以让高霞寓专门从事攻伐接战，而李逊负责征调五州赋税以供应军粮。

辛丑日（初四日），刑部侍郎权德舆向宪宗上奏："自开元二十五年修撰《格式律令事类》后，到现在的《长行敕》，最近删定为三十卷的新书，请陛下颁行。”宪宗依从他的建议。

宪宗虽然不准王承宗向朝廷进贡，但并没有颁下诏书讨伐他。魏博节度使田弘正在王承宗的边境上驻扎兵马，而王承宗屡次打败田弘正的军队；田弘正很生气，向朝廷上表请求攻打王承宗，宪宗不肯答应他的请求。田弘正接连十次上表，宪宗才准许他前往贝州。丙午日（初九日），田弘正的军队进驻贝州。

庚戌日（十三日），东都洛阳向宪宗奏称强盗焚烧柏崖仓。

十一月，寿州刺史李文通上奏朝廷称打败淮西军队。

壬申日（初五日），韩弘向宪宗李纯请求命令各军联合攻打淮西，宪宗依从他的建议。

李光颜、乌重胤在小溵水打败淮西军队，攻取小溵水的城池。

乙亥日（初八日），宪宗任命严绶为太子少保。

盗贼焚毁襄州佛寺内的军事储备。于是朝廷把京城中堆积的干草全部迁移到四周的郊区，以防备火灾

丁丑日（初十日），李文通在固始打败淮西军队。

戊寅日（十一日），盗贼焚毁唐高祖李渊献陵的后殿和长巷。

宪宗下诏征调振武二千军队，会合义武军，前去讨伐王承宗的兵马。

己丑日（二十二日），吐蕃与陇州通好，吐蕃向朝廷请求互相进行贸易往来，宪宗李纯准许他们的请求。

起初，吴少阳听说信州人吴武陵很有名声，便邀请他做自己的宾客和朋友，吴武陵没有答应他的邀请。等到吴元济造反，吴武陵给吴元济写了一封书信开导他说：“您可不要以为您的部下不会欺骗您，人们的心理与您是一样的。您既然反叛天子，那么别人也会反叛您。如果您能够换到他们的位置上去看待这个问题，那么人们的心理你就非常清楚了。”

丁酉日（三十日），武宁节度使李愿向朝廷启奏说打败李师道的军队。当时李师道屡次派遣军队攻打徐州，打败了萧、沛等好几个

县，李愿将自己的步兵、骑兵全部交给都押牙温人王智兴，王智兴率领军队打败李师道的军队。十二月，甲辰日（初七日），王智兴又率军打败李师道的军队，斩首两千多级，追赶败走的敌军，一直追到平阴才回来。李愿是李晟的儿子。

东都防御使吕元膺请求招募山棚来保卫宫城，宪宗听从这一建议。

乙丑日（二十八日），河东节度使王锷去世。

王承宗放纵士兵四处掳掠，幽州、沧州、定州三个军镇都被搅扰得困苦不堪，他们争相向宪宗上表请求讨伐王承宗。宪宗想答应他们的请求，中书侍郎、同平章事张弘靖认为："如果朝廷同时讨伐吴元济与王承宗，恐怕国家的力量难以支撑，请合力平定淮西，然后再去征讨恒冀。"宪宗不肯因此停止征讨王承宗，于是张弘靖向宪宗请求辞官。

元和十一年（丙申，公元816年）

春季，正月，己巳日（初三日），宪宗任命张弘靖为同平章事，充任河东节度使。

幽州节度使刘总向宪宗上奏打败成德的军队，攻占武强，斩首一千余级。

庚辰日（十四日），翰林学士、中书舍人钱徽，驾部郎中、知制诰萧俛，分别解除现任职务，守任原来的官职。当时群臣请求停止用兵的人很多，宪宗很厌恶他们，所以将钱徽与萧俛贬官，以警告其余的人。钱徽是吴地人。

癸未日（十七日），宪宗下制书免去王承宗的官爵，命令河东、幽州、义武、横海、魏博、昭义六道率领兵马前去征讨王承宗。韦贯之屡次上表向宪宗请求先攻取吴元济，然后再讨伐王承宗，说："陛下没有看到德宗李适建中年间的事情吗？德宗开始时要讨伐魏博田悦和淄青李纳，但是，申蔡李希烈、卢龙朱滔、恒冀王武俊都响应田悦与李纳，最终导致叛乱，这都是德宗不能忍受几年的愤怒悒郁，想要快速建立太平之功的缘故啊！”宪宗没有听从他的建议。

甲申日（十八日），强盗砍断肃宗李亨建陵的四十七支门戟。

二月，西川向朝廷奏报吐蕃的赞普去世，新赞普可黎可足即位。

乙巳日（初九日），宪宗任命中书舍人李逢吉为门下侍郎、同平章事。李逢吉是李玄道的曾孙。

乙卯日（十九日），昭义节度使郗士美向宪宗奏报打败成德军队，砍下敌军一千多个首级。

南诏劝龙晟荒淫暴虐无道，不施德政，官员乃至百姓都对他怨恨不满，弄栋节度王嵯巅就把他杀掉，改立劝龙晟的弟弟劝利。劝利感激王嵯巅对自己的恩德，给他赐姓蒙氏，称他“大容”。容，蛮语就是哥哥的意思。

己未日（二十三日），刘总打败成德军队，砍下敌军一千多个首级。

荆南节度使袁滋由于父亲与祖父的坟墓立在蔡州朗山县，请求进入京城朝见天子，想劝说宪宗停止用兵。袁滋走到邓州，听说萧俛、钱徽已被宪宗贬官；等到面见宪宗后，他反而劝说宪宗一定要采用武力制服淮西，然后便返回荆南。

辛酉日（二十五日），魏博向宪宗奏报打败成德军队，攻克成德的固城；乙丑日（二十九日），魏博又向宪宗奏报攻占鸦城。

三月，庚午日（初四日），太后王氏驾崩。辛未日（初五日），宪宗李纯颁布敕书说，因为遭逢国丧，各司的公事姑且听候中书、门下处理，不设置代理冢宰。

寿州团练使李文通向朝廷奏报在固始打败淮西军队，攻占𫚭山。己卯日（十三日），唐邓节度使高霞寓向朝廷奏报在朗山打败淮西军队，并砍下敌军一千多个首级，焚毁敌人两处栅垒。

幽州节度使刘总围困乐寿。

夏季，四月，庚子日（初五日），李光颜、乌重胤向宪宗李纯奏报在陵云栅打败淮西军队，斩杀敌人首级三千个。

辛亥日（十六日），司农卿皇甫镈因兼任中丞而暂时代理判度支。皇甫镈从此凭借搜刮聚敛财货而得到宪宗的宠幸。

乙卯日（二十日），刘总向朝廷奏报在深州打败成德军队，砍下敌军二千五百个首级。乙丑日（三十日），义武节度使浑镐向朝廷奏报在九门打败成德军队，杀死一千多敌军。浑镐是浑瑊的儿子。

宥州的军队发生变乱，他们赶走刺史骆怡。夏州节度使田进前去讨伐叛军，将变乱平定。

五月，壬申日（初七日），李光颜、乌重胤向朝廷奏报在陵云栅打败淮西军队，砍下敌军二千多个首级。

六月，甲辰日（初十日），高霞寓在铁城打了大败仗，仅仅自己逃脱免于一死。当时讨伐淮西的诸位将领，打了胜仗便凭空夸大杀伤俘获的数额，打了败仗便将实情隐瞒下来；到这时，大败的消息不能隐瞒，这才把情况上奏给宪宗李纯，朝廷内外都非常震惊。宰相入朝进见宪宗，要劝宪宗停止用兵，宪宗说："胜败是兵家常事，现在只应该讨论使用兵力的策略，查清不能够胜任职位的将帅，把他们撤换下来，发现哪里军粮不充足，便去帮助哪里，难道能因为一个将领打仗失利，朝廷就急忙商议停止用兵吗？"于是宪宗只采用裴度的进言，其他主张停止用兵的官员也渐渐停止不说。己酉日（十五日），高霞寓退兵防守唐州。

宪宗责备高霞寓打了败仗，高霞寓说是因为李逊的粮饷没有按时供应。秋季，七月，宪宗贬高霞寓为归州刺史；李逊也被宪宗贬官为恩王傅。同时宪宗任命河南尹郑权为山南东道节度使，任命荆南节度使袁滋为彰义节度使和申、光、蔡、唐、随、邓观察使，以唐州为州府所在地。

壬午日（十八日），宣武军向朝廷奏报打败郾城二万军队，杀死敌兵二千多人，俘虏一千多人。

田弘正向朝廷奏报在南宫打败成德军队，杀死二千多敌军。

中书侍郎、同平章事韦贯之，生性清高孤傲，喜欢鉴别官员们的类别，他又屡次向宪宗李纯请求停止用兵；左补阙张宿在宪宗面前毁谤他，说韦贯之和人结成朋党。八月，壬寅日（初九日），韦贯之被宪宗贬为吏部侍郎。

讨伐王承宗的各路军队互相观望，不肯前进，只有昭义节度使郗士美率领精锐兵马迫近成德的边境。己未日（二十六日），郗士美向朝廷奏报在柏乡大败承宗的兵马，杀死一千多敌军，投降的敌军也有这个数目；已经建起三处营垒，将柏乡围绕起来。

庚申日（二十七日），宪宗将庄宪皇后安葬在丰陵。

九月，乙亥日（十三日），右拾遗独孤朗因为请求停止用兵，被宪宗贬为兴元府仓曹。独孤朗是独孤及的儿子。

饶州发生严重水灾，淹没并冲散四千七百户人家。

丙子日（十四日），宪宗任命韦贯之担任湖南观察使，这仍然是对他之前请求停止用兵的惩罚。辛巳日（十九日），宪宗任用吏部侍郎韦顗、考功员外郎韦处厚等人都做远方各州的刺史，这是由于张宿在宪宗面前诋毁他们，说他们是韦贯之的党羽。韦顗是韦见素的孙子；韦处厚是韦夐的九世孙。

乙酉日（二十三日），李光颜、乌重胤向朝廷奏报攻占吴元济的陵云栅，丁亥日（二十五日），李光颜再一次向朝廷奏称攻占石、越二栅垒，寿州向朝廷奏称打败殷城的兵马，攻克敌军六处栅垒。

冬季，十一月，壬戌朔日（初一日），容管向朝廷奏报黄洞蛮人侵扰地方。乙丑日（初四日），邕管向朝廷奏报攻击黄洞蛮人，并且打退他们，收复宾州和蛮州等州。

丙寅日（初五日），宪宗加封幽州节度使刘总为同平章事。

李师道听闻官军攻克陵云栅，非常恐惧，于是假装向朝廷请求归附。宪宗李纯因为征讨他的力量尚不具备，就接受李师道的诚意，加封他为检校司空。

王锷家有两个奴仆，告发王锷的儿子王稷篡改父亲死前留下的表章，将准备献给宪宗的家财藏起来。宪宗命令在内仗审讯王稷，派遣中使前往洛阳核查王锷家中的资财。裴度向宪宗劝谏说："王锷已经去世，他进献的财物已经不少了。现在又因奴仆告状而搜检他的家财，我恐怕诸位将帅听见这个消息，都要为自己去世后的事情担心。"宪宗连忙阻止使者前往搜检。己巳日（初八），宪宗把告状的两个奴仆交给京兆衙门，将他们杖打而死。

庚午日（十一月无此日），宪宗任命给事中柳公绰为京兆尹。柳公绰上任去公府途中，有一个神策军的下级将官跃马横冲开路的仪仗，柳公绰停下坐骑，命人将他杖打而死。第二天，柳公绰到延英殿回答宪宗的问话，宪宗满面怒色，责问柳公绰擅自杀人的情形，柳公绰回答说："陛下不认为臣不贤，让我担任京兆尹一职。京兆是京师的表率，一个下级军官竟敢如此横冲直撞，这是轻视陛下的诏命，并不只是轻慢了我。我只知道用杖打死了一个不知礼数的人，不知道他是神策军的将领。"宪宗说："为什么不将此事上奏？"柳公绰回答说："臣的职责应当是用杖打死他，不是奏报这事。"宪宗说："谁应当上奏这件事呢？"公绰回答说："遭受杖打的人所属的部队应当上奏。如果此人死在街道上，金吾街使应当上奏；如果死在坊内，左右巡使应当上奏。"宪宗没有办法治他的罪，退朝后，对周围的人们说："你们须当心此人，连朕也畏惧他呢。"

讨伐淮西的各路军队将近九万人，宪宗恼怒各将领长时间不能取得成功，辛巳日（二十日），命令知枢密梁守谦去宣达慰问之意，让他留下来监督各军，还交给他五百份空着姓名的委任官职的文凭及金帛，用以勉励将士为国效死。庚寅日（二十九日），宪宗先加封李光颜等人为检校官，然后宪宗又在诏书中严厉责备他们，向他们表示，如果不能取得成功，一定要遭受惩处。

辛卯日（三十日），李文通向朝廷奏报在固始打败淮西军队，斩首一千余级。

十二月，壬寅日（十一日），程执恭向朝廷奏报在长河打败成德军队，斩首一千余级。

义武节度使浑镐与王承宗交战，屡次取得胜利，于是浑镐率领全军进驻成德边境，在距离恒州三十里处驻扎。王承宗害怕，暗地派军队到浑镐的境内，去烧、抢城邑，浑镐的军队因人心顾念家乡而意志发生动摇。刚好有中使监督作战，浑镐率领军队逼近恒州，和王承宗作战，被打得大败，便逃回定州。丙午日（十五日），宪宗下诏书任命易州刺史陈楚为义武节度使，军中将士得知这一消息，抢劫浑镐及其家人的衣服，以至他们赤身露体。陈楚很快骑马到达定州，镇压了作乱的人，收回军中将士抢去的衣服，交还给浑镐，派遣护卫送浑镐回朝。陈楚是定州人，他是张茂昭的外甥。

丁未日（十六日），宪宗任命翰林学士王涯为中书侍郎、同平章事。

袁滋到唐州，撤除岗哨，不让他的士兵侵犯吴元济的疆境。吴元济围困袁滋的新兴栅，袁滋用谦虚的言辞请求他撤退，吴元济从此不再把袁滋放在心上。朝廷知道这一消息，甲寅日（二十三日），宪宗任命太子詹事李愬为唐、随、邓节度使。李愬是李听的哥哥。

朝廷初次设置淮、颍水运使。杨子院的粮米从淮阴上溯淮水进入颍水，到项城入溵河，运到郾城，供应讨伐淮西各军的粮食，节省汴水漕运费用七万多缗。

己未日（二十八日），容管向朝廷上奏黄洞蛮人血洗岩州。

资治通鉴卷第二百四十　唐纪五十六

起丁酉（公元817年），止己亥（公元819年）正月，共二年一个月。

【题解】本卷记录了公元817年至819年正月的历史，共两年零一个月。为唐宪宗元和十二年到元和十四年一月。此时唐宪宗仍在讨伐不听朝命的藩镇。高霞寓和袁滋率领的两路官军被淮西军队击败，朝堂兴起停战之声。唐宪宗不为所动，任用智勇双全的李愬代替袁滋。李愬抚慰士卒，连战皆捷，振奋官军士气。李愬不杀俘虏，用大义和恩信诱降淮西将领丁士良、吴秀琳。唐宪宗增兵李愬，调拨讨伐河北的士兵增援淮西，裴度亲自督师，罢除中使监军，诸将能自行决断军事，连战皆捷。淮西惊恐，李愬雪夜进军，智破蔡州，擒获吴元济，平定淮西。李师道、王承宗震惧，上表请罪。唐宪宗恢复王承宗的官爵，集中全力讨伐淄青，李师道覆灭只在朝夕。此时宪宗开始猜忌功臣，以朋党为名打压朝官，任用奸邪皇甫镈为相，信任宦官，使五坊使作威作福。宪宗还服食金丹，求神拜佛，大做佛教公德，迎佛骨入京。韩愈上表谏迎佛骨，被贬潮州。

宪宗昭文章武大圣至神孝皇帝中之下

元和十二年（丁酉，公元817年）

春季，正月，甲申日（二十四日），宪宗贬袁滋为抚州刺史。

李愬到唐州后，唐州军队在经受死丧败亡后，将士们都害怕作战，李愬也了解这种情况，有些人出来迎接他，李愬对他们说："陛下知道我柔软懦弱，能忍受耻辱，所以派我来安抚你们。至于采取军事行动，那不是我的事情。"众人相信他所说的，都安了心。

李愬亲自去看望将士们，慰问抚恤受伤和生病的人，不摆威严的架子。有人向他进言说军中政事不够整肃。李愬说："我不是不知道这种情况。袁滋袁尚书专门用恩惠安抚敌人，敌人轻视他，现在听说我来了，必定增加防备的兵力，所以我故意让敌人看到我军不够整肃，他们肯定以为我是懦弱而又懒惰的人从而松懈防备，这样才能设法对付他们。"淮西人自以为曾经打败高霞寓和袁滋的两个主帅，又因为李愬的名望与官位向来卑微而轻视他，于是不再对李愬加以防备。

朝廷派遣盐铁副使程异到江、淮督理资财与赋税。

回鹘屡次请求娶公主为妻，有关部门计算公主外嫁要花费将近五百万贯钱，而当时中原地区正在用兵打仗，所以宪宗李纯没有答应回鹘的请求。二月，辛卯朔日（初一日），宪宗打发回鹘的摩尼教僧人回国，命令宗正少卿李诚出使回鹘，晓示朝廷的用意，以便延缓通婚的日期。

李愬计划偷袭蔡州，向朝廷上表请求增加军队数目。宪宗下诏把昭义、河中、鄜坊的步兵和骑兵两千人拨给他。丁酉日（初七日），李愬派十将（十将，军中小校）马少良率领十多个骑兵巡逻侦察，马少良遇见吴元济的捉生虞候丁士良，就跟他交战，活捉了丁士良。丁士良是吴元济手下骁勇善战的将领，经常危害东部的唐州、邓州等地；众将士请求挖他的心，李愬答应了。不久，李愬命人把丁士良叫来，当面责问他，丁士良没有一点恐惧的神色。李愬说："真是一个大丈夫啊！"于是李愬命令解开捆缚丁士良的绳子。丁士良说："我原来不是淮西的官兵，贞元年间我隶属安州，与吴氏作战，被吴氏擒获，自忖就要被处死，吴氏却释放了我并且任用我，我因吴氏的恩惠而得以重生，所以我为吴氏父子尽力效命。昨天力量不够，又被您捉住，我也料想这次要被处死，现在您又让我存活下来，请让我竭尽死力来报答您的恩德。"于是李愬给他衣服、武器，任命他为捉生将。

己亥日（初九日），淮西行营向朝廷上奏攻克蔡州的古葛伯城。

丁士良向李愬进言说："吴秀琳带领三千人，占据有文城栅，犹如敌人的左臂，官军不敢靠近他的原因，是有陈光洽做他的谋士。陈光洽勇敢善战，但是不够稳重，他喜欢亲自出来接战，请让我替您捉住陈光洽，那吴秀琳自然就跟着投降。”戊申日（十八日），丁士良把陈光洽活捉回来。

鄂岳观察使李道古率领军队由穆陵关进发；甲寅日（二十四日），进攻申州，攻克外郭，又进攻内城。城中守卫的将领夜间派兵攻打李道古，李道古的军队惊惶散乱，死的人很多。李道古是李皋的儿子。

淮西遭受战争好几年，只得竭尽粮仓的储备来奉养参战的士兵，许多百姓没有饭吃，便去寻找菱角、芡实、鱼鳖、鸟兽来吃，但也都采完捕完，百姓聚在一起归附官军的先后有五千多户。吴元济也担心百姓消耗粮食，不再禁止他们逃跑。庚申日（三十日），宪宗下敕书设置行县来安顿淮西降附的百姓，为他们选择县令，体恤并赡养他们，并派军队保护他们。

三月，乙丑日（初五日），李愬从唐州移兵到宜阳栅驻扎。

郗士美在柏乡战败，撤除营垒而回，士兵死了一千多人。

戊辰日（初八日），宪宗给程执恭赐名，叫他程权。

戊寅日（十八日），王承宗派遣二万军队进入东光县，切断白桥的通路；程权不能抵御，率领人马返回沧州。

吴秀琳率领文城栅的兵马向李愬投降。戊子日（二十八日），李愬率领军队到文城栅西边五里的地方，派唐州刺史李进诚率领八千武装军队到城下，召唤吴秀琳，城中的箭石像雨点一样密集地落下来，大家无法往前冲。李进诚回来报告李愬说：“敌人假装投降，我们不能够相信。”李愬说：“这是在等待我前去呢。”李愬当即来到城下，吴秀琳收起兵器，一头伏卧在李愬的马前；李愬抚摸着他的脊背，好言安慰他，收降了吴秀琳的三千人马。吴秀琳的部将李宪有才干又勇敢，李愬替他改名为李忠义，并且任用他。李愬还把文城栅的妇女全部迁到唐州，占据唐州。于是唐州与邓州的士气又振作起来，人人都有打仗的心意。从敌方来投降的人在道路上一个接着一个，李愬便根据他们的具体情况，一一做出安置。得知归降者家中有父母需要照料的，就送给他们一些粮食和布帛，然后打发他们回家，李愬对他们说："你们都是天子的百姓，不要抛弃亲戚。"众人都感动得流下眼泪。

官军与淮西军隔着溵水驻扎下来，官军的各支军队相互踌躇观望，没有哪支军队有胆量渡过溵水。陈许兵马使王沛先率领五千军队渡过溵水，占据重要的地方为城，于是河阳、宣武、河东、魏博等军接着都渡过河，往前逼近郾城。丁亥日（二十七日），李光颜在郾城打败三万淮西士兵，淮西将军张伯良败走，杀掉淮西将士十分之二三。

己丑日（二十九日），李愬派遣山河十将董少玢等人分别出兵攻打各处栅垒。当天，董少玢攻下马鞍山，占据路口栅。夏季，四月，辛卯日（初二日），山河十将马少良攻下嵖岈山，捉住淮西将军柳子野。

吴元济任命蔡州人董昌龄为郾城县令，把他的母亲杨氏作为人质。杨氏对董昌龄说："顺承朝廷而死胜于叛逆朝廷而生。你摆脱叛逆而我死了，你也是我孝顺的儿子；你跟随叛逆，就算我活着，也等同于你杀了我。"适逢官军围困青陵，断绝郾城的归路，郾城守将邓怀金和董昌龄商量，董昌龄规劝他归顺朝廷。于是，邓怀金向李光颜请求投降说："郾城将士的父母、妻子、儿女都在蔡州，请您来攻郾城，我举烽火向蔡州求救，等援救的兵马来到郾城，您便迎击他们，蔡州的兵马必定失败，然后我再投降，这样郾城将士的父母、妻子、儿女大约能够免于死亡。"李光颜按照他的话做了。乙未日（初六日），董昌龄、邓怀金率领将士投降，李光颜带兵进城驻守郾城。吴元济听说郾城失守，非常害怕。这时，董重质率领骡军在洄曲防守，吴元济将亲信将士以及守城士兵全部派往董重质处，联合力量抗拒官军。

李愬的山河十将妫雅、田智荣攻克冶炉城。丙申日（初七日），十将阎士荣攻取白狗、汶港二栅。癸卯日（十四日），妫雅、田智荣攻破西平。丙午日（十七日），游弈兵马使王义攻破楚城。

五月，辛酉日（初二日），李愬派遣柳子野、李忠义偷袭朗山，擒获守将梁希果。

讨伐王承宗的河东、幽州、义武、横海、魏博、昭义六藩镇，拥有兵马十多万人，蜿蜒数千里，既没有统帅，彼此距离又遥远，约定的日期难以统一，因此经过两年都没有什么建树，运输物资的路程长达千里，死去的牛和驴有十分之四五。刘总已得到武强，带兵走出本道疆境才五里，就留驻在那里不肯前进，每月朝廷要拨给他十五万贯钱的开支。李逢吉以及朝中百官多次进言说："应当合力平定淮西，等候淮西平定，乘得胜的声势，再回头平定恒冀，就像拾取芥子一样容易。"宪宗李纯犹豫不决，过了好久才决定听从大家的建议。丙子日（十七日），朝廷撤销河北行营，使六镇兵马各自返回本镇。

丁丑日（十八日），李愬派遣方城镇遏使李荣宗攻打青喜城，一举攻克。

李愬每次得到投降的士兵，必定亲自询问淮西的详细情形，这样一来敌人哪里危险，哪里容易攻，地方的远近，兵力的虚实就完全知道。李愬对待吴秀琳非常好，和他商量攻蔡州的事情。吴秀琳说："您想攻取蔡州，非得到李祐不可，我是无能为力的。"李祐是淮西的骑兵将军，勇敢有谋略，防守兴桥栅，常常欺凌官军。庚辰日（二十一日），李祐率领士兵在张柴村收割麦子，李愬叫来厢虞候史用诚，告诫他说："你带领骑兵三百人在那片树林中埋伏下来，再让人在前面摇动旗帜，做出将要焚烧他们的麦堆的样子。李祐向来轻视官军，必定派轻骑追赶你们。这时你就出动伏兵袭击他们，必定可以捉住他。"史用诚按照李愬的吩咐前往，活捉李祐，回到军营。由于李祐昔日杀害了许多官军，将士们争着请求把他杀掉；李愬没有答应他们的要求，反而解开李祐的捆缚，用对待宾客的礼节招待他。

当时李愬准备偷袭蔡州，他的谋划更为隐秘。他单独叫来李祐和李忠义，屏退其他人之后才进行交谈，有时他们的谈话一直持续到半夜，别人都不能够参与商议。诸将担心李祐叛变，都劝谏李愬，而李愬对待李祐更加亲密。士兵也不高兴，诸军每天有文书送来声称李祐是敌人的内应，而且说捉到敌人的间谍都说了李祐做内应的事。李愬担心诽谤之事先传到朝廷，自己来不及搭救李祐，便握着李祐的手哭泣着说："难道是上天不想平定敌人吗？为什么我们两人相知这样深而不能够制服众人的议论呢？"因而李愬对大家说："诸君既然怀疑李祐，请让他到天子那里接受死刑吧。"于是李愬给李祐加上刑具，命人送到京师，先秘密上表说明与李祐谋划袭击蔡州的情形，而且说："如果杀了李祐，就无法取得成功。"宪宗李纯颁诏释放李祐，将他送还给李愬。李愬看见李祐很高兴，握住他的手说："你得以保全性命，这是社稷的威灵有知啊！"于是任命他暂时代理散兵马使的职务，让他佩刀巡视警戒，在自己的帐中往来。有时，李愬与他一同就寝，秘密交谈，直到透出曙色也不入睡，有人在帐外暗中偷听，只能听到李祐感动的哭泣声。当时唐州、随州节度使的牙队有三千人，叫作六院兵马，都是山南东道精悍勇锐的军队。李愬又任用李祐为六院兵马使。

原先的军令规定，对留宿敌方间谍的人，要屠杀他的全家。李愬废除这条军令，让人们优待敌人的奸细，奸细反而将实情报告李愬，李愬越发了解敌人的情况。乙酉日（二十六日），李愬派军队攻打朗山，淮西军前来救援，官军居于不利地位；众人又惆怅，又恼恨，只有李愬高兴地说："这是我的计划呀！"于是李愬募集敢死之士三千人，号称"突将"，天天亲自教练他们，让他们经常做好出发的准备。适逢久雨，到处都是积水，这一计划没有成功。

闰月，己亥日（初十日），程异从江淮地区回朝，得到供应军队开支的一百八十五万贯钱。

谏议大夫韦绶兼任太子侍读，常常拿珍贵的饮食请太子吃，又用诙谐的谈话取悦太子。宪宗李纯得知这一消息，丁未日（十八日），罢免韦绶侍读的官职，不久，又把他派出去担任虔州刺史。韦绶是京兆人。

吴元济看到部下屡次背叛自己，军事形势一天天越来越紧迫，六月，壬戌日（初四日），他上表谢罪，表示愿意亲自回朝投案。宪宗派中使赐给他诏书，答应不杀他；而吴元济被自己的亲信和大将董重质等人控制，无法离开蔡州。

秋季，七月，发生严重的水灾，有的地方平地而起的洪水有二丈深。

起初，国子祭酒孔戣担任华州刺史，明州每年上贡蚶、蛤、淡菜等，水陆长途转运的人夫既劳苦，又多有耗费，孔戣向宪宗奏请免除这项进贡。甲辰日（十七日），岭南节度使崔咏去世，宰相向朝廷上奏拟定的几个代替崔咏的人选，宪宗都不任用，说："不久前有一个劝阻进献蚶、蛤、淡菜的是谁？可找到那人，把这个职位给他。"庚戌日（二十三日），朝廷任命孔戣为岭南节度使。

诸军讨伐淮西、蔡州，历时四年，都没有攻克，运送粮食的人马都疲惫不堪，以至于有些百姓不得不用驴来耕种田地。宪宗李纯对此也很苦恼，拿这件事情来询问宰相。李逢吉等争着说军中士气低落，财物消耗已尽，想停止作战；只有裴度没有说话，宪宗询问他，裴度回答说："臣请求亲自前去督战。"乙卯日（二十八日），宪宗又对裴度说："你果真能够为朕走一遭吗？"裴度回答说："臣发誓不和敌人一同活着。臣最近看吴元济的上表，他面临的形势确实已经窘困紧迫到极点，但是各将领心不齐，没有合力逼迫他，所以他还没有投降。如果臣亲自到行营，各位将领唯恐我夺去他们的功劳，必定争着前去攻打敌人。"宪宗听了这些话很高兴，丙戌日（七月无此日），任命裴度为门下侍郎、同平章事兼彰义节度使，依旧代理淮西宣慰招讨处置使。宪宗又任命户部侍郎崔群为中书侍郎、同平章事。制书颁下，裴度认为韩弘已做都统，不愿再做招讨使，请求只称宣慰处置使；他还奏请由刑部侍郎马总担任宣慰副使，右庶子韩愈担任彰义行军司马，判官、书记等职都由朝廷选派，宪宗全部依从他的请求。裴度将要启程的时候，对宪宗说："臣如果能消灭敌人，我不久就会前来朝见陛下；如果敌人还在，我永远不回朝廷。”宪宗听到这些话，感动得流下眼泪。

八月，庚申日（初三日），裴度启程到淮西，宪宗驾临通化门为他送行。右神武将军张茂和是张茂昭的弟弟，他曾经向裴度炫耀自己有胆识才略，裴度向朝廷上表推荐他做都押牙；张茂和以身染疾病作为理由拒绝，裴度上奏请求杀他。宪宗说：“此人出于忠心顺命的人家，朕为你把他贬到远方去就行了。”辛酉日（初四日），宪宗贬张茂和为永州司马，任命嘉王傅高承简为都押牙。高承简是高崇文的儿子。

李逢吉不想讨伐蔡州，翰林学士令狐楚和李逢吉交好，裴度害怕他们联合朝廷内外的势力来阻止军事行动，于是便请求在制书上改动几个字，并且说令狐楚起草制书言辞失当；壬戌日（初五日），罢免令狐楚翰林学士的官职，任命为中书舍人。

李光颜、乌重胤与淮西军队作战；癸亥日（初六日），二人在贾店战败。

裴度经过襄城南方的白草原，淮西军派出骁勇的骑兵七百人前来截击他。镇将楚丘人曹华事先得到这一消息，做好准备，打退他们。裴度虽然辞去招讨使的官职，但是实际上是行使元帅的职事，他把郾城作为自己的官署。甲申日（二十七日），裴度到达郾城。起先，各道都有中使监督军阵，军队行动不由主将做主。如果打了胜仗，中使率先让人向朝廷报捷；如果作战失利，中使便对将帅百般凌辱。裴度向朝廷上奏将各处监督战阵的中使全部罢除，诸将才得以专力办理军中事务，在作战中经常取胜。

九月，庚子日（十四日），淮西军队攻打溵水镇，杀死三个大将，烧毁草料而去。

起初，宪宗李纯做广陵王的时候，平民张宿因能言善辩得到他的宠爱；等到宪宗即位后，张宿历经升迁，做到比部员外郎。张宿还在外面招揽权力，收受贿赂，门下侍郎、同平章事李逢吉很讨厌他。

宪宗想任用张宿为谏议大夫，李逢吉进言说："谏议大夫是很重要的官职，必须是能够裁断朝廷政务的人，才适合担当这一职务。张宿是一个势利小人，怎能盗窃贤能之士的官位？如果陛下一定要任用张宿，请先罢去我的职务。"宪宗因而很不高兴。李逢吉又和裴度持有不同的意见，宪宗此时正倚靠裴度平定蔡州。丁未日（二十一日），宪宗罢免李逢吉的官职，派他去做东川节度使。

甲寅日（二十八日），李愬准备攻打吴房县。诸将领都对他说："今天是往亡日（阴阳家之说，八月以白露后十八日为往亡，九月以寒露后第二十七日为往亡）。"李愬说："我们的兵马少，正面作战，兵力不够用，我们适于采取出其不意的行动。敌人认为今天是往亡日而不防备我们，这时我们正好前去攻打他们。"于是李愬率军前往攻打，攻克吴房县的外城，砍下一千多个首级。剩下的士兵防守内城，不敢出来迎战。李愬带兵退回引诱敌人来追，淮西大将孙献忠果然带了五百名骁勇的骑兵在背后追击；大家惊慌失措，正要逃跑，李愬下马靠在胡床上，下令说："胆敢后退的，一概斩杀！"大家又回头拼死作战，孙献忠战死，淮西兵才撤退。有人劝说李愬乘胜攻打吴房县的内城，认为那里能够攻克。李愬说："这不在我的计划之中。"于是李愬带兵返回营地。

李祐对李愬说："蔡州的精锐兵马全都被派往洄曲及四周的边境上，在那里防御守备。防守蔡州城的士兵都是老弱残兵，可以乘蔡州空虚之时，直接抵达蔡州城，等贼将知道这一消息，吴元济已经被我们捉住。"李愬认为有道理。冬季，十月，甲子日（初八日），李愬派掌书记郑澥到达郾城，秘密报告裴度这一计划。裴度说："作战非出奇兵不能致胜，李常侍提出一个很好的计划啊。"

宪宗李纯最终任用张宿做谏议大夫，崔群、王涯坚决劝谏此事，宪宗都不听从；于是他们便请求任命张宿为权知谏议大夫，宪宗答应他们这一请求。张宿因而怨恨执掌政务的官员和品行正直的士大夫，和皇甫镈互相勾结，诬陷这些人，把他们赶出朝廷。

裴度率领属下官员在沱口观看修筑城墙，董重质率领骑兵从五沟出发，拦截他们，大叫着往前冲，搭着弓弩，拔出兵器，兵锋将要危及裴度。李光颜和田布拼力作战，抵御董重质，裴度才得以进入沱口城。敌人撤退，田布扼守敌军在沟中的退路，敌人下马翻越沟堑，坠入沟中摔死压死的有一千多人。

辛未日（十五日），李愬命令马步都虞候、随州刺史史旻留在文城镇守，命令李祐与李忠义率领由敢死之士组成的突将三千人作为前导，自己与监军率领三千人作为中军，命令李进诚率领三千人殿后。军队出发，还不知道是往哪里开进。李愬说："只要向东走就行。"走了六十里，晚上到了张柴村，将屯戍村中的淮西士兵和守候烽火的人员全部杀死，占领敌军的栅垒。李愬命令士兵稍事休息，食用干粮，整理好战马的装备，留下五百义成军镇守张柴村，切断洄曲和各条通路的桥梁。李愬又连夜率领兵马走出张柴村的栅门。诸将请问进军目标，李愬说："到蔡州捉吴元济。"诸将脸色都变了。监军哭着说："果然陷进李祐的奸计中了。"当时风雪大作，旗帜破裂，冻死的战士与马匹到处可见。加之天色阴暗，自张柴村以东的道路，都是官兵没有走过的，人人都以为这一去一定会死，然而畏惧李愬，不敢违抗命令。到半夜，雪下得更大，官军走了七十里，到达蔡州城；有一处喂养鹅鸭的池塘，李愬命人哄打鹅鸭，使它们乱叫，以便遮掩军队行走的声音。

自从吴少诚抗拒天子命令，官军已有三十多年不曾到蔡州城下，所以蔡州人不设防备。壬申日（十六日），四更的时候，李愬到达城下，敌军没有一人知道这一情况。李祐、李忠义用锄头在城墙上掘出坑坎，率先登城，强壮的士兵便跟在他们身后；看守蔡州城门的士兵正在熟睡，李祐等人把他们全部杀了，留下打更的，教他依然如故敲打木梆。于是李祐等人打开城门，让大军进来。到里城，也是采用这种办法，城中的人们都没有发觉官军。鸡叫时雪也停了，李愬已经进入吴元济的外宅。有人向吴元济报告说："官军到了。"吴元济还在睡觉，笑着说：“那不过是被俘的囚徒在做盗窃行径罢了！天亮后我会把他们通通杀了。”又有人来报告他说：“州城已经沦陷。”吴元济说：“这必定是洄曲的子弟要求发放冬季服装。”吴元济站起身来，走到院子中向外聆听，在庭院中听见李愬发布号令时说：“常侍传话。”响应号令的有将近上万人。吴元济这时才开始害怕，说：“这是个什么样的常侍，竟然能够到此地来呢？”于是率领亲信，登上牙城与官军抵抗。

当时董重质拥有一万多精兵，占据着洄曲。李愬说：“吴元济期盼的事情，只是董重质前来援救罢了。”于是李愬寻找并拜访董重质的家属，用丰厚的财物安抚他们，派遣董重质的儿子董传道拿着书信前去规劝董重质；于是董重质就独自骑马向李愬投降。

李愬派李进诚攻牙城，打毁外门，找到兵库，取出兵器。癸酉日（十七日），李进诚再次攻打牙城，火烧牙城的南门，百姓都争着背来柴草帮助官军，射向城上的箭像刺猬毛一样密集。等到申时，城门就被毁坏，吴元济在城上请罪，李进诚用梯子扶他下来。甲戌日（十八日），李愬用囚车送吴元济到京师，并且将这一情况报告给裴度。当天，申、光两州及诸镇兵二万余人相继投降。

自从吴元济投降后，李愬没有杀过一个人，凡是吴元济的官吏、帐下甚至厨房、马房里的兵丁，李愬都恢复他们原来的职位，使他们没有疑虑。然后李愬便在鞠球场上驻扎兵马，等候裴度前来。

宪宗李纯任命淮南节度使李鄘为门下侍郎、同平章事。

己卯日（二十三日），淮西行营向朝廷上奏俘虏吴元济，光禄少卿杨元卿向宪宗李存进言说：“淮西有许多珍宝，臣知道在哪里，让我前去寻取，必定能拿到这些珍宝。”宪宗说：“朕讨伐淮西，是为人民除害，不是寻求那里的珍宝啊。”

当董重质离开洄曲军队时，李光颜奔进他的营垒，将他的兵马全部招降。庚辰日（二十四日），裴度派马总先到蔡州慰抚将士。辛巳日（二十五日），裴度竖起彰义军的旗子和符节，率领投降的士兵一万多人进入蔡州。李愬全副武装，出来迎接他，在道路左侧向裴度行礼。裴度准备避开李愬的跪拜礼，李愬说："蔡州人冥顽叛逆，不懂得长官与下属的名分，已经几十年了，希望您做给他们看，让他们知道朝廷的尊严。"裴度这才接受李愬的跪拜之礼。

李愬的军队回到文城，诸将请教说："起初您在朗山战败，却并不因此发愁；在吴房战胜，却并不攻取吴房；冒着大风暴雪，却不肯停止行军；带着孤立无援的军队深入敌境，却没有丝毫畏惧。然而，您最终因这些策略获得成功，这都是我们不明白的事情，请问其中的缘由是什么呢？"李愬说："在朗山战败，敌人就会轻视我而不加防备。要是我们攻占吴房，那里的军队就会逃到蔡州，合力固守，所以留下吴房分散他们的兵力。起风下雪，天气阴暗，能见度低，便不能够用烽火取得联系，敌人就不会知道我们已经到来。孤军深入，人人都会拼命，打起仗来自然就会加倍出力。眼光看得远的人不顾近处，考虑大事的人不能详细计较小处，如果夸耀小小的胜利，顾惜小小的失败，首先就把自己搅乱，哪里还有空余时间建立功劳呢？"众人都很佩服他。李愬生活很节俭，但是对待士兵的供养却很优厚，知道某人是贤人就信任他绝不怀疑，看见事情应该如此，就能当机立断，这就是他能成功的原因。

裴度用蔡州兵做帐下的衙兵，有人劝谏说："蔡州反复不定的人为数还很多，不能不加以防备。"裴度笑着说："我做彰义节度使，元凶已经捉到，蔡州人就是我的人民，我还怀疑什么呢？"蔡州百姓听见这些话，感激得流下眼泪。起先，吴少阳、吴元济父子拥兵淮西，禁止人们在道路上互相私语，不准许在夜间点燃灯烛，如果有人以酒饭相互往来，便要对其处以死罪。裴度上任后，下令只禁止盗贼，其余都不过问，人们来往，不限定昼夜，蔡州人才感受到做百姓的乐趣。

甲申日（二十八日），宪宗下诏命令韩弘与裴度逐条罗列平定蔡州将士的立功情况，以及归降了的蔡州将士情况，一概区别等级，上报朝廷。淮西州县的百姓，免税两年，邻近淮西的陈、许、颍、唐四州，免去下一年的夏税。战死的官兵，全部予以收殓安葬，供给他们的家属五年的衣服和粮食；那些因作战受伤残废的官兵，不可停止衣服口粮的供应。

十一月，宪宗亲自驾临兴安门接受献俘，将吴元济献祭宗庙社稷，将他在独柳下斩杀。

起初，淮西的人民受到李希烈、吴少诚虐政的威压虐待，不能自己解脱出来，时间一久，老年人衰弱，幼年人长大，他们在悖乱忤逆的环境中心安理得，不知道还有朝廷在上。自吴少诚以来，派诸将出兵，一概不用法令制度约束他们，将领们见机行事，各自为战，所以都能施展才华。韩全义在溵水打败仗的时候，吴少诚在他的帐幕里得到朝廷权贵写给他的相互问候的书信，吴少诚将书信捆成一束给众人看，说："这些都是公卿给韩全义的信，说攻下蔡州的时候，要得到一位将士的妻子或女儿作为婢女姬妾。"这样一来，众人都非常愤怒，誓死为叛军效力；虽然住在中原的土地上，但民间的风尚猛悍暴戾超过异族。所以凭着蔡、光、申三州的人众作乱，朝廷就动用天下的军队，围着攻打，经过四年，才将他们制服。

当官军准备攻克吴元济的时候，李师道招募人员出使蔡州，察看蔡州发展的趋势，牙前虞候刘晏平应募，取道汴州与宋州，潜行到蔡州。吴元济非常高兴，以厚礼送他回返郓州。刘晏平回到郓州，李师道屏退左右的人问他蔡州的情形。刘晏平说："吴元济把好几万军队暴露在外，面临如此危难的局面，却还整天与仆从姬妾在城内游戏下棋，没有一点忧愁的神色。我看他不久一定会败亡。"李师道一向依靠淮西作为救援力量，听见刘晏平的话，又惊慌又气愤。不久，李师道诬称刘晏平犯了其他过失，命人用杖把他打死。

戊子日（初三日），宪宗李纯任命李愬为山南东道节度使，赐给他凉国公的爵位；加封韩弘兼任侍中；李光颜、乌重胤各人也分别晋升官职各有等次。

按照旧制，应当用两名监察御史掌管驿站；壬辰日（初七日），宪宗李纯颁下诏以宦官为馆驿使。左补阙裴潾劝谏说:"宫内的臣子和外间的事情,职务和名分各不相同,最重要的是阻止侵犯官职的根源,断绝逾越官位的开端。遇到一些办理失宜的事情,一定要在最初便引起警惕;如果颁布的命令有所妨碍,不必非要事关重大才予以纠正。"宪宗没有听从他的建议。

甲午日(初九日),恩王李连去世。

辛丑日(十六日),宪宗任命唐、随兵马使李祐为神武将军,掌管军事。

裴度任用马总为彰义留后;癸丑日(二十八日),裴度从蔡州出发上任。宪宗下令赐给梁守谦两把剑,让他用来杀吴元济的旧将;裴度到郾城,遇见梁守谦,和他一同进入蔡州,衡量罪过的轻重来施刑,并没有完全执行诏书的旨意,还进献奏疏陈述自己的处理意见。

十二月,壬戌日(初七日),宪宗李纯赐给裴度晋国公的爵位,又让他入朝掌管政事。任命马总为淮西节度使。

起初,吐突承璀显贵得宠掌权的时候,担任淮南监军;李鄘做淮南节度使,性情刚正严厉,和吐突承璀互相敬畏,所以从来没有发生摩擦。吐突承璀回朝后,便引荐李鄘做宰相。李鄘认为由宦官推荐升官是很丢脸的事情,等到属下将佐为他饯行的时候,音乐演奏起来,李鄘流下眼泪说:"我老了,已经安心在外面的军镇上任职,宰相可不是我所能胜任的啊。"戊寅日(二十三日),李鄘到达京师,以生病辞相位,不肯入朝见天子,也不任职办事,百官到家中看望他,都拒绝不见。

庚辰日(二十五日),宪宗把淮西的投诚将领董重质贬为春州司户。董重质是吴元济的主要谋士,屡次打败官军;宪宗想杀掉他,李愬奏称他事先已经应许董重质不会将他处死。

元和十三年(戊戌,公元818年)

春季,正月,乙酉朔日(初一日),宪宗李纯大赦天下。

起初,李师道策划叛逆,判官高沐与同僚郭旿、李公度屡次劝谏他。判官李文会、孔目官林英一向被李师道亲近信任。他们哭泣着向李师道进言说："我等竭尽心力为您操持家中事务，反而遭到高沐等人的嫉恨，您怎么能够不爱惜淄青十二州的土地，反而要成就高沐等人的功劳与名声呢？"李师道从此疏远高沐等人，派出高沐管理莱州。适逢林英到朝廷陈奏事情，便让呈递奏疏的吏人暗中报告李师道说："高沐暗地里向朝廷表示情意。"李文会借此设计陷害高沐，于是李师道杀了高沐，囚禁郭昈，军中凡是劝说李师道效命朝廷的，李文会都指为高沐的同党而加以囚禁。

等到朝廷平定淮西，李师道又担忧又害怕，不知道该怎么办。李公度及牙将李英昙乘着李师道内心恐惧来劝说他，教他向朝廷纳人质献土地来赎罪。李师道听从他们的建议，派使者捧着奏表到长安，请求让他的长子入朝侍卫，并且献出沂、密、海三州，宪宗应允他的请求。乙巳日（二十一日），宪宗派遣左常侍李逊到郓州宣达慰问之意。

宪宗命令六军整饰麟德殿。右龙武统军张奉国、大将军李文悦认为刚刚平定淮西贼寇，营造缮修太多，便禀告宰相，希望宰相能够陈论劝阻。裴度在奏事的时候就劝说了这件事。宪宗非常生气。二月，丁卯日（十三日），宪宗任命张奉国为鸿胪卿，壬申日（十八日），宪宗任命李文悦为右武卫大将军，代理威远营使。于是清理龙首池，兴建承晖殿，土木工程逐渐兴起。

李愬上奏请朝廷任命征讨淮西有功的人员为判官，大将以下的官，总共一百五十人；宪宗很不高兴，便对裴度说："李愬诚然立下奇功，可是上奏请求任命的官员太多。如果他立下李晟、浑瑊那样的功劳，又该怎么办呢？"于是宪宗李纯将奏表留在宫中，不下达中书省。

李鄘坚决辞去相位，戊戌日（二月无此日），宪宗任命李愬为户部尚书。同时任命御史大夫李夷简为门下侍郎、同平章事。

起初，渤海僖王大言义去世，他弟弟简王大明忠即位，改年号为太始；一年后简王大明忠去世，叔父大仁秀即位，改年号为建兴。乙巳日(二月无此日),大仁秀派遣使者前来通报丧事。

横海节度使程权自己认为世代承袭沧景节度使的职务,和河朔三镇没有分别,心里感到不安。己酉日(二月无此日),派使者上表,请求全族入京朝见,宪宗李纯答应他的请求。横海将士喜欢专断自为,不让程权到长安去,掌书记林蕴向大家讲明祸福道理,程权才得以离开。宪宗下诏书任命林蕴为礼部员外郎。

裴度在淮西的时候,平民柏耆向韩愈献计说:"吴元济已被擒,王承宗吓破了胆,我希望能带着丞相的信去游说王承宗,可以不用烦劳兵马便让他归服朝廷。"韩愈将情况禀告裴度,裴度于是写了一封书信,派柏耆前往游说。王承宗心里很害怕,向田弘正哀求,请求派自己的两个儿子做人质,并向朝廷进献德、棣两州,向朝廷缴税,请求任命官吏。田弘正代他上奏疏请求,宪宗李纯起初不肯答应;田弘正便一次接一次地上表,宪宗不愿意违背田弘正的心意,便答应了他。夏季,四月,甲寅朔日(初一日),魏博派遣使者把王承宗的儿子王知感和王知信以及德、棣两州的版图与印符送到京城。

幽州大将谭忠劝刘总说:"自从宪宗元和年间,刘辟、李锜、田季安、卢从史、吴元济,依靠兵力及地势,自以为根深蒂固,天下不能危害。然而,正在他们得意地左顾右盼时,却身败家亡,还全然不知道事情是怎样发生的。这不是个人的力量所能够做到的,恐怕是上天要诛戮他们吧。何况当今的天子神圣威武,苦心思虑,节衣缩食,以供养战士,天子有这种志向,怎么会有片刻忘记天下呢?现在官军很快就开到北方,王承宗已经向朝廷献上十二座城邑,我是深切为公担忧啊!"刘总哭泣着下拜说:"听了先生这番话,我的主意定了。"于是一心一意归顺朝廷。

戊辰日(十五日),内廷拿出废置印符两方,赐给了左、右三军辟仗使。按照旧制,任用宦官为六军辟仗使,作用犹如节度使的监军使,没有印信。等到张奉国获罪,才颁赐印信,辟仗使可以举发并惩处军政过失,事务可以直接向皇上奏报。

庚戌日（四月无此日），宪宗李纯下诏洗雪王承宗及成德将士的罪名，恢复他们的官爵。

李师道愚昧懦弱，军府中的大事，只和妻子魏氏、奴仆胡惟堪、杨自温，婢子蒲氏、袁氏及孔目官王再升商量，大将以及幕府的僚属都不能参与议事。魏氏不愿意她的儿子到朝廷做人质，和蒲氏、袁氏对李师道说：“从我们已故的司徒李纳以来，李氏便占据这十二个州，怎么能够毫无缘由地进献给朝廷呢？现在算来淄青境内的兵力不少于数十万，不进献沂、密、海三州，朝廷只不过会派军队前来讨伐。如果我们尽力迎战还不能够取胜的话，那时再进献上三州也不算太迟。”李师道于是非常后悔，想要杀李公度，幕僚贾直言对掌权的奴仆说：“现在大祸快要临头，难道不是高沐的冤魂造成的吗？如果又杀死李公度，军府恐怕就危险了！”于是李师道便将李公度囚禁起来，将李英昙贬至莱州。李英昙还没有到任，就被勒死。

李逊抵达郓州，李师道陈列盛大军容迎接他。李逊神色严肃，向他陈说祸福之事，责令他明确表白，准备禀报宪宗。李师道回去后，与他的一党商议此事，同党们都说：“尽管答应他，以后只要麻烦一纸书表来排解纷乱。”于是李师道向李逊表达歉意说：“先前我因父子私情，而且迫于将士情谊，所以耽搁下来没有送质子到长安。现在又劳烦使者前来，我怎敢再做反复无常的事情呢？”李逊观察李师道不是真心诚意，回到朝廷后，他对宪宗说：“李师道冥顽愚昧，心意反复不定，恐怕必须出兵对付他。”不久，李师道向朝廷上表陈述军中情形，说将士们不肯让他交送人质，割让土地。宪宗非常生气，决心讨伐李师道。

贾直言冒着被杀害的危险劝谏师道两次，抬着棺材向李师道劝谏了一次，还画一幅李师道被绑在囚车里、妻子儿女都被缚结着的图画献上去警告他；李师道非常生气，把贾直言囚禁起来。

五月，丙申日（十三日），宪宗李纯任命忠武节度使李光颜为义成节度使，谋划讨伐李师道。宪宗任命淮西节度使马总为忠武节度使，陈、许、溵、蔡州观察使。以申州隶属于鄂岳，光州隶属于淮南。

辛丑日（十八日），宪宗李纯任命掌管渤海国务的大仁秀为渤海王。

宪宗任命河阳都知兵马使曹华为棣州刺史，降诏命令河阳兵马将他护送到棣州的滴河县。适逢该县被平卢兵攻陷，曹华将平卢兵马击退，杀死两千多人，收复该县，上报朝廷。宪宗颁诏加封曹华为横海节度副使。

六月，癸丑朔日（初一日），天空出现日食。

丁丑日（二十五日），宪宗又任命乌重胤兼管怀州刺史，镇守河阳。

秋季，七月，癸未朔日（初一日），宪宗将李愬改任为武宁节度使。

乙酉日（初三日），宪宗颁布制书罗列李师道的罪状，命令宣武、魏博、义成、武宁、横海的兵马共同讨伐他，任命宣歙观察使王遂为供军使。王遂是王方庆的孙子。

宪宗李纯把行军打仗之事委托给裴度，门下侍郎、同平章事李夷简认为自己的才能不如裴度，便要求出任节度使。辛丑日（十九日），宪宗任命李夷简为同平章事，兼任淮南节度使。

八月，壬子朔日（初一日），宪宗免去中书侍郎、同平章事王涯的官职，任用他为兵部侍郎。

吴元济被平定后，韩弘心怀恐惧。九月，韩弘亲自率领军队攻打李师道，包围曹州。

淮西被平定后，宪宗李纯逐渐骄傲奢侈起来。户部侍郎判度支皇甫镈和卫尉卿、盐铁转运使程异明白宪宗的心思，屡次进献额外税收，供给宪宗花销，因此两人都得到宪宗的宠爱。皇甫镈又用丰厚的贿赂结交吐突承璀。甲辰日（二十三日），皇甫镈以本官户部侍郎判度支、程异以工部侍郎做了同平章事，兼任的职位照旧。制书颁布后，朝廷与民间都感到惊异，连市肆中担货贩卖的人也在嗤笑他们。

裴度、崔群极力陈述任命二人极不恰当，宪宗不听从他们的建议。裴度很羞愧与小人同列，上表请求自行引退，宪宗却不答应。裴度又上疏，以为："皇甫镈、程异都是掌管钱财与谷物的官吏，是奸诈机巧的小人，陛下突然把他们安置在宰相的职位上，朝廷内外没有人不惊异、不嘲笑的。何况皇甫镈是度支，专门以多收少给为能事，朝廷内外凡是靠度支拨给粮饷的人没有不想吃他的肉的；最近减少淮西官员的禄粮，惹得将士们愤怨不满。正赶上我到淮西行营开导、劝慰和勉励他们，才没有发生将士溃散作乱的事情。现在这些旧将旧兵都开到淄青讨伐李师道，听说皇甫镈入朝做宰相，必定都又惊怪又忧虑，知道将来他再克扣粮饷，就没有可诉苦的地方。程异虽然人品平庸低下，但是考虑事情心平气和，可以让他处理繁杂的事务，但他不适合出任宰相之职。至于皇甫镈，此人天性狡猾诡诈，天下没有人不知道，唯独能够迷惑明察善断的陛下，这足以看出他奸佞邪恶到了极点。如果我此时不肯引退，天下之人便要议论我不知廉耻；如果我不发表看法，天下之人就会说我辜负陛下的恩宠。现在陛下您既然不许我引退，我的建议您又不肯听从，我心里真有如烈火在燃烧，我身上如万箭丛集。可惜的是，淮西平定，河北也安宁，王承宗拱手割地，韩弘扶病登车讨伐李师道，难道是朝廷的力量能够控制他们吗？只是因为处置恰当，能使他们心服罢了！陛下建立天下太平的基业，已经达到了十分之八九，怎么能够忍心再自行毁坏，使各地百姓心灰意冷呢？"宪宗认为裴度结了党派，不看他的奏疏。

皇甫镈知道众人不赞成他，更加巧言谄媚以巩固自己的地位，奏请削减朝廷内外官员的薪俸来资助国家的用度；给事中崔植将诏书封合退还，经过极力论说，才没有实行皇甫镈的建议。崔植是崔祐甫弟弟的儿子。

内廷拿出积存多年的丝帛交付度支出卖，皇甫镈全部用高价买来，供给边境上的军队使用。那些缯帛都朽坏了，手一碰就破裂，边军把它堆在一起放火烧了。裴度借奏报事情的机会谈到此事，皇甫镈在宪宗面前伸出他的脚说："这个靴子所用的缯帛也是内库拿出来的，臣用两千钱买下，非常坚固结实，可以穿很久。裴度说的话并不可信。"宪宗认为皇甫镈说得有道理。从此以后，皇甫镈更加无所忌惮。程异也知道自己不合众人的心意，但是他能够廉洁谨慎，谦逊自抑，做了一个多月的宰相，不敢掌管相印，执笔批公文，所以最终能免祸。

五坊使杨朝汶胡乱捉拿囚禁百姓，刑讯拷打，索取利钱，使他们相互诬告牵连，被拘禁的将近有一千人。中丞萧俛上奏弹劾他的罪状，裴度、崔群也就此事进言。宪宗李纯说："朕姑且和你们谈一谈用兵作战的大事吧，这种小事朕自会处理。"裴度说："用兵的事情才是小事，让人担忧的不过是崤山以东罢了。而五坊使如此强暴蛮横，恐怕会扰乱京城。"宪宗听了很不高兴。退朝后，宪宗召杨朝汶，责骂他说："因为你，我不好意思见宰相！"冬季，十月，宪宗下旨赐杨朝汶自裁，并下令将囚禁的人全部释放。

宪宗李纯晚年喜欢神仙长生不老术，下诏命令在全国各地寻求方士。宗正卿李道古起先做鄂岳观察使，以贪污暴虐无道出名，担心终究要被治罪，寻求向宪宗献媚的办法，于是通过皇甫镈推荐山人柳泌给宪宗，说是能制造长生不死药。甲戌日（二十四日），宪宗颁诏让柳泌住在兴唐观中炼制药物。

十一月，辛巳朔日（初一日），盐州向朝廷上奏吐蕃侵犯河曲、夏州。灵武向朝廷上奏在吐蕃长乐州打败敌军，攻取长乐州的外城。

柳泌向宪宗李纯进言说："天台山是神仙聚居的地方，有很多灵草，虽然我能够识别，但是没有力量将它们弄到手，如能做那里的地方官，就有希望找到。"宪宗相信他说的话。丁亥日（初七日），宪宗任命柳泌代理台州刺史，还赐给他金鱼袋和紫色的朝服。谏官争着上奏认为："君主喜欢方士，但是还没有让方士治理百姓、处理政务的先例。"宪宗说："劳烦一州的力量而能为君主求得长生，做臣子的又有什么可吝惜的呢？"自此，群臣不敢再谈论此事。

甲午日（十四日），盐州向朝廷上奏吐蕃逃去。

壬寅日（二十二日），宪宗任命河阳节度使乌重胤为横海节度使。丁未日（二十七日），宪宗任命华州刺史令狐楚为河阳节度使。乌重胤率领河阳的三千精兵前往横海，河阳士兵不愿意远离家乡，于是在中途溃散，纷纷返回河阳，他们又不敢进城，便在城北驻扎，准备大肆抢劫。正在此时令狐楚赶到这里，便单枪匹马出城，前去慰问安抚他们，带他们一同回河阳城。

之前，田弘正请求从黎阳渡过黄河，会合义成节度使李光颜讨伐李师道。裴度说："魏博的军队渡过黄河后，就不能够再撤退，必须立刻进军出击，才能取得成功。魏博的军队到达滑州后，就要靠度支拨给他们各项费用，朝廷空有供给军饷的烦劳，魏博军却会重新产生观望的态势。田弘正或许还会与李光颜相互猜疑，就越发导致战机拖延。与其渡过黄河而不进击敌军，还不如在黄河以北蓄养声威。应该教他们喂饱马匹磨利兵器，做好战斗准备，等霜降水落的时候，从杨刘渡过黄河，直指郓州，到阳谷才能设营，这样一来，军队的声势自然就会变得盛大起来，敌军便会人心动摇。"宪宗李纯依从他的建议。当月，田弘正率领全师从杨刘渡黄河，在距离郓州四十里的地方安营扎寨。敌人非常震惊。

功德使上奏说："凤翔法门寺的塔里有释迦牟尼佛的一节指骨，相传寺塔三十年开放一次，开放时就会年成丰熟，百姓安宁。明年寺塔就应该开放了，请把佛骨迎出来供奉。"十二月，庚戌朔日（初一日），宪宗派遣中使率领僧众迎接佛骨。

戊辰日（十九日），宪宗任命春州司户董重质为试用太子詹事，将他交付武宁军驱遣，这是李愬请求的结果。

戊寅日（二十九日），魏博、义成军解送来俘虏的李师道都知兵马使夏侯澄等四十七人，宪宗把他们全部开释不杀，交给俘获的各个行营驱使，说："如果他们家里有父母想回家，就从优发给盘费，打发他们回家。朕要诛杀的，只有李师道一人。"于是敌方士兵听到这一消息，前来投诚的人连续不断。

起初，李文会和哥哥李元规都在李师古幕下；李师古去世，李师道继位，李元规辞官离去。李文会是李师道的亲党，请求李元规留下。李元规将要离开的时候，对李文会说："我离开，便因抽身引退而获得安全。你留下来，肯定会因地位骤然显贵而遭受祸殃。"等到后来官军四面包围，平卢的兵势一天天困窘，将士喧哗，都说："高沐、郭昈和李存为李师道李司空忠心谋划，而李文会诡诈谄媚，是他杀死高沐，囚禁郭昈和李存，因此招致这一祸患。"李师道被逼无奈，派李文会出去代理登州刺史，召郭昈、李存回到幕府。

宪宗经常告诉宰相们说："人臣应当努力向善，怎么能够喜欢树立朋党集团呢？朕非常憎恨朋党集团。"裴度回答说："持相同见解的人聚在一起，物也以种类不同分类，君子、小人志趣相同，必定情投意合。君子结成一群，叫作同德，小人结成一群，叫作朋党；表面上虽然相互近似，实质上却是相差很远。这就要依靠圣明的君主辨别他们做的事情是邪恶的还是正直的了。"

武宁节度使李愬与平卢兵马打了十一次仗，都取得胜利。乙卯晦日（乙卯当作己卯，三十日），李愬又进军攻打并攻克金乡。李师道生性怯懦，自从官军讨伐他，只要得知有些小的失败以及失去城镇邑县的消息，总是恐惧惊吓得生一场病，因此他的亲信都隐瞒战争情况，不把实际情况禀告给他。金乡是兖州重要的地方，已经失守，兖州刺史的驿骑前来报告紧急消息，左右不给通报，李师道一直到死竟然都不知道金乡失陷。

元和十四年（己亥，公元819年）春季，正月，辛巳日（初二日），韩弘攻占考城，杀死二千余人。

丙戌日（初七日），李师道任用的沭阳令梁洞率领全县向楚州刺史李听投诚。

吐蕃派使者论短立藏等人来修好，还没有回去，吐蕃就派兵攻打河曲。宪宗说："他们的国家失去信用，派来的使者有什么罪过？"庚寅日(十一日),宪宗下诏让他们回国。

壬辰日(十三日),武宁节度使李愬攻取鱼台。

中使把佛骨迎到京师,宪宗让佛骨在宫禁中停留三天,才遍送各寺。上自王公,下至士子庶民,人人瞻仰供奉,施舍钱财,唯恐不能赶上,有的人用尽家产来施舍,有的人在手臂及头顶上燃香供佛。

刑部侍郎韩愈上表急切地劝谏,认为:“佛教,是夷狄的一种法术。从黄帝以来到夏禹、商汤、周文王、周武王,都年高寿长,百姓生活安宁愉快。在那时,世间是没有佛存在的。东汉明帝刘庄时期,才开始出现佛法。从此以后,中原叛乱危亡的事连续不断,朝廷的命运与福气都不是很长久。宋、齐、梁、陈、北魏以后,对佛的尊奉渐渐地恭敬起来,可是这些朝代存在的时间都特别短暂。只有梁武帝萧衍在位四十八年,他曾前后三次舍身去当寺院的家奴,最终却遭受侯景的逼迫,在台城饿死,不久以后他建立的国家也随之灭亡。事奉佛是为了祈求福缘,可是梁武帝却反而因此招致祸殃。从这里来看,佛不值得相信是可以知道的了!百姓愚昧,容易迷惑,很难明白事理,看见陛下如此敬佛,都说:‘天子尚且一心一意地敬佛信佛,我们这些老百姓身份卑微低下,对待佛难道还能顾惜性命吗?’佛本是夷狄之人,口中不讲先代帝王遗留下来的合乎礼法的言论,身上不穿先代帝王规定下来的标准的中原服装,不懂得君臣之间的大义,不明白父子之间的恩情。假如佛还活着,奉国家的命令来京师朝见天子,陛下宽容而接见他,不过在宣政殿见一面,在礼宾院设宴招待他一次,赐给他一套衣服,派兵保护他送出境而已,不教他迷惑众人。何况他已死了很久,枯朽的骨头,不应该迎到宫禁里。古代的诸侯在国内举行吊唁时,还要先让巫师用桃树与笤帚去驱除不祥的鬼魂,现在陛下无缘无故拿腐朽污秽的东西亲自观看,事先也不安排巫师降神祈福,不用桃树与笤帚除凶去秽,朝堂群臣不议论这种做法的错误,御史也不纠举这种做法的过错,我确实为这件事感到羞耻!请将这根骨头交给官吏,将它丢到水里火里消灭掉,永远消除根本,断绝天下人的疑惑和后代的迷惑，使天下人知道伟大圣人的作为，是超出寻常人千万倍的，这不是很有意义的事吗？佛如果有灵，能作祸福，所有的灾殃罪过，都加在我的身上好了。”

宪宗李纯接到韩愈的上表，非常生气，把奏疏拿给宰相看，准备用最严厉的刑罚处治韩愈。裴度、崔群为韩愈辩护说：“韩愈虽然狂放，但是他的意见也是出自对陛下的一番忠诚，应该宽容他开通进言之路。”癸巳日（十四日），宪宗贬韩愈为潮州刺史。

从战国时代开始，老子、庄子与儒家较量胜负，相互议论我是你非。到汉朝末年，又增加了佛家，但是喜好佛家的人还是很少。晋、宋以来，佛教一天天兴盛起来，由帝王以至士子庶民，没有不尊崇信奉佛教的。平庸的人们害怕获罪，羡慕福缘，清高的人们谈论空泛，诘难实有。只有韩愈痛恨佛教伤财惑众，尽力排斥，他的言论往往过于偏激。只有《送文畅师序》最能把握要点，文中说：“鸟低下头啄食，抬起头来向四边看，野兽深居简出，这都是害怕有人会伤害它，这么小心尚且不能免祸。弱者的肉是强者的食物，现在我和文畅安然地居住，悠闲地饮食，自由自在地生或死，与飞禽走兽面临的境状不同，怎么能够不知道这是从哪里得来的呢？”

丙申日（十七日），田弘正向朝廷上奏在东阿打败淄青兵，杀死一万多人。

沧州刺史李宗奭和横海节度使郑权不和，不肯接受郑权的调度管束；郑权把这事奏报宪宗。宪宗李纯派遣中使调李宗奭回朝，李宗奭让军中将士挽留自己，又上表声称害怕造成叛乱，不敢离开沧州。宪宗下诏任命乌重胤代替郑权，将士官吏害怕，便驱逐李宗奭，李宗奭只好逃回京师，辛丑日（二十二日），李宗奭在独柳之下被处死。

丙午日（二十七日），田弘正向朝廷上奏在阳谷打败平卢兵。

资治通鉴卷第二百四十一　唐纪五十七

起己亥（公元819年）二月，止辛丑（公元821年）六月，共二年五个月。

【题解】本卷记录了公元819年二月至821年六月的历史，共两年零四个月。为唐宪宗元和十四年二月至唐穆宗长庆元年六月。唐宪宗元和十四年，宦官杀李师道，朝廷收复淄青，横海节度使陈权请求入朝，幽州节度使刘总上表归顺，成德节度使王承宗上表自新，藩镇割据基本被消灭，全国统一，唐宪宗进尊号，赦天下，唐朝出现中兴。但唐宪宗不采纳李翱上奏，不修德政，不信朝官信宦官，排斥裴度，致使权归宦官。宪宗服仙丹中毒，性情乖张，被宦官陈弘志等人毒杀。朝官不敢追问，梁守谦、王守澄等拥立穆宗，杀澧王李恽，朝臣也无人敢过问。穆宗玩乐嬉戏，宦官掌控朝权，唐朝衰落不可避免。

宪宗昭文章武大圣至神孝皇帝下

元和十四年（己亥，公元819年）

二月，李听出兵袭击海州，攻克东海、朐山、怀仁等县。

李愬率领军队在沂州击败平卢兵，占据丞县。淄青节度使李师道听说官军日益逼近，于是征发民夫修治郓州城池，加强防守，他甚至征发妇女，百姓更加害怕怨恨。

都知兵马使刘悟是肃宗朝平卢节度使刘正臣的孙子，李师道派他率领一万多人驻扎在阳谷抗拒官军。刘悟治军宽容仁厚，士卒比较自由，并不加以约束，军中将士称誉他为“刘父”。等到田弘正渡过黄河进攻淄青，刘悟的军队对此没有防备，作战又屡次打败仗。有人对李师道说：“刘悟不修整军法，专意收买人心，恐怕有其他的想法，您应该早点防备。”于是李师道托言召刘悟前来商量事情，召刘悟来郓州，想借机会杀掉他。有人劝谏说：“现在官军四面包围淄青，刘悟还没有造反的事实，听信一人的言论就把他杀死，诸将中谁还肯为您效力？这是自己除去爪牙啊。”李师道认为这些话有道理，留刘悟在郓州待了十日，命令他仍回阳谷，并赠送给他大批金帛加以安抚。刘悟知道李师道想杀自己，回营后，暗地里做防备。李师道因为刘悟在外头带兵作战，就把刘悟的儿子刘从谏任用为门下别奏。刘从谏和李师道的奴仆每天在一起游玩，知道李师道很多阴谋，他都秘密地写信告诉自己的父亲。

又有人向李师道进言说：“刘悟最终会给我们带来祸患，不如早早地除掉他。”丙辰日（初八日），李师道暗中派两个亲信带手令前往阳谷，命行营兵马副使张暹杀掉刘悟，并割下他的头送往郓州查验，然后由张暹代领行营兵马的职务。当时刘悟正在距离行营二三里的高丘上张设帐幕，摆酒宴饮。两个使者到行营，秘密把文书交给张暹。张暹向来和刘悟交好，便假意和使者商议说：“刘悟从郓州节度使府回来后，已经有所防备，这件事不可匆忙。请先让我前去报告刘悟，假称：‘李师道派人来慰问将士，带来大批赏赐的物品，请都头迅速返回军营，一同接受李师道的指令。’这样，刘悟必然不会怀疑，然后我们就可乘机下手。”两个使者同意了。于是张暹把李师道的手令藏在怀中去见刘悟，到了刘悟饮宴处，命令随从都退下，把李师道手令交给刘悟观看。刘悟得知李师道的阴谋后，暗中派人捉住那两个使者，杀死他们。

这时已到傍晚，刘悟骑在马上慢慢回到行营，坐在帐下，派兵在四周戒严保卫自己。召诸将前来，严厉地对他们说：“我和你们大家不顾死活抗击官军，的确对得起李师道了。现在李师道听信小人谗言，派人来杀我。如果我死了，你们随后也将会被杀掉。如今当朝天子派遣军队围攻淄青，声明只杀李师道一人。我军形势日渐窘迫，我们这些人为什么还要跟随李师道一同被灭族呢？现在我和大家商议，我打算和诸公卷起旗子收好甲兵，袭击郓州，奉行天子的命令，杀李师道，岂止是可以免除危亡，还可以求富贵呢！诸公以为怎么样？”兵马使赵垂棘站在众人前面，过了好久，才回答说：“不知此事能否成功？”刘悟应声骂道：“难道你要与李师道同谋吗？”命人立刻杀他。刘悟一一询问其余的人，把稍微迟疑没有回答的，全部杀掉，并斩杀军中向来为众将憎恶的人，共杀死三十多人，尸体摆在帐前。其余的人都吓得两腿发抖，说：“我们都听都头的命令，愿尽死力跟随都头。”

于是刘悟下达出兵命令，对士卒们说：“诸位攻入郓州，每人赏钱一百缗。除军库外，节度使所有的住宅及其他叛党的家财，允许你们随意掠夺拿取，有仇的许可你们去报仇。”接着，命士卒们饱食一顿，每人携带兵器，到了半夜，听三声鼓声后出发，将士们嘴里衔枚，将马嘴绑住，防止喧哗的声音；凡是路上遇到行人，都抓住留在军中，以防他们走漏了消息。军队行军所至，当地百姓都不知道。距离郓州还有几里的时候，天还没亮，刘悟命令将士原地待命；城头上巡逻的木梆声停止后，刘悟派遣十人首先抵达城下，向城上的守卫谎称“刘都头奉节度使手令入城”。守卫的士兵请大家稍稍等待，他们正打算写书简向李师道回报这件事时，这十人突然拔出刀想要杀死他们，守门的士兵都吓得纷纷逃散。随后刘悟率领军队也赶到这里。城中的人听说有军队偷袭，开始喧哗吵嚷，混乱不堪。等到刘悟率领军队进入城内，内城已经被前面的士兵攻破，只有李师道所住的牙城还在抵抗坚守。刘悟于是下令放火焚烧牙城，并且命人用斧头把城门劈开，士兵一起冲进牙城。城中的亲兵不足百人，开始时，他们中还有人射箭抗拒，到了后来，他们知道寡不敌众，就都把弓箭扔到地上投降了。

刘悟率将士入淄青节度使府，派人搜捕李师道。李师道和他的两个儿子伏藏在厕所，最终被搜到，刘悟命令把他们押到节度使府门外的空地上，派人对李师道说：“刘悟刘都头奉天子密诏要送司空到京城面见皇上，然而司空还有什么脸再见皇上呢？”此时李师道还有侥幸偷生之意，他的儿子李弘方抬头对他说：“事情已到这个地步，还是盼求快死为幸！”不久父子三人都被斩首。自卯时至午时，刘悟命令两都虞候巡行街市，禁止抢掠，到了下午，城内很快就安定。刘悟在球场大规模集合兵民，亲自骑马绕着巡行，安慰他们。下令斩杀与李师道一起叛乱的人，共二十余家，文武将吏目睹叛乱者被杀的场面，又害怕又窃喜。刘悟与李公度再次相见，紧握双手哭泣；刘悟又派人把贾直言从狱中放出来，安置在幕府中任用。

刘悟从阳谷率领军队前往郓州的时候，曾经暗中派人把行动的计划告诉田弘正，约定：“事情成功，我会举烽火告诉你；万一城中有防备攻不进去，希望您率领军队前往帮忙。如果能够成功，功劳都归你，刘悟不敢据有。”而且请求田弘正率军进据阳谷营地。田弘正看见烽火，知道郓州已被刘悟攻克，便派使者前往祝贺。刘悟用匣子装李师道父子的三颗人头，派使者送到田弘正的营中，田弘正非常高兴，立刻写告捷文书奏报天子。至此淄、青等十二州都被平定。

田弘正刚刚得到李师道的首级，怀疑不是真的，召夏侯澄来辨认。夏侯澄仔细看了看那张脸，大声痛哭倒在地上，晕过去好久，接着将李师道的人头捧起，用舌尖舐净眼睛中的泥土，然后又放声大哭。田弘正感动得动容，认为夏侯澄很讲义气，没有责备他。

壬戌日（十四日），田弘正的奏捷文告送到京城。乙丑日（十七日），宪宗李纯任命户部侍郎杨於陵为淄青宣抚使。己巳日（二十一日），装有李师道首级的匣子送到京师。自从唐代宗广德元年（763年）以来，将近六十年，藩镇在河南、河北三十余州割据跋扈，自命官吏，不向朝廷上供赋税，到这时才完全遵守朝廷的法令。

宪宗李纯命令杨於陵把李师道的土地分开，杨於陵按照地图，看土地的远近，计算士兵马匹的多少，比较仓库的虚实，把淄青分成三道，使各方面情况比较均衡：以郓州、曹州、濮州为一道；淄州、青州、齐州、登州、莱州为一道；兖州、海州、沂州、密州为一道。宪宗依从他的建议。

刘悟根据起初发布的讨伐李师道诏书所说的："部将有能够杀死李师道、带领军队投降的，李师道的官爵全部给他。"以为自己应该为淄青节度使，尽得淄青十二州，于是擅自任命文武将吏，更换州县长官；他对下属说："军府的行政，一切照旧。从今以后，我和大家抱子弄孙，长享富贵，还有什么好担忧的？"

宪宗李纯想把刘悟迁到别的镇去，担心刘悟不肯接受代换的命令，又必须用兵，于是秘密下诏书给田弘正，教他观察刘悟的情形，看他是否可能拒绝诏令。田弘正接到宪宗的密诏后，每天都命人前往郓州，表面上与刘悟友好往来，实际上是暗中窥伺他的言行。刘悟力气特别大，喜欢徒手搏斗，得到郓州三天，就教军中壮士徒手搏斗，与魏博的使者在庭中观看，刘悟一边观看，一边挽袖捋臂，有时还离座呐喊助威。田弘正听见这种情形，笑着说："像他这个样子，如果调动的诏书下达，肯定会立刻前去赴任，不可能有什么作为的！"庚午日（二十二日），宪宗李纯任命刘悟为义成节度使。刘悟听见制书下来，惊慌得手脚失措，第二天，就出发上任了。这天，田弘正率领众将送刘悟离开，抵达郓州城西二里时，在驿站与刘悟见面，刘悟立即接受了节度使旌旗符节，赶往滑州，并保举李公度、李存、郭旼、贾直言跟随自己为幕僚赶赴滑州上任。

刘悟平素和李文会交情很好，攻下郓州后，曾派人到登州请李文会。此时李文会尚未到郓州。听说刘悟要调往他地，郭旼、李存商量说："李文会是一个巧言令色的人，因为他败乱了淄青之地，使李司空族灭，他是万人所同恨的！如果我们不趁这个时候杀死他，等田弘正到达这里，一切宽大为怀，将怎样来报三齐的仇恨呢？"于是假造刘悟的文书，派使者到李文会所在的地方，取他的头来。使者在齐州东南方向的丰齐驿碰到李文会，把他杀死后，返回郓州。等使者回来回话，刘悟及郭旼、李存已经前往滑州，使者没有办法复命。李文会的两个儿子，一个逃走，一个死在狱里，家里的钱财全被人劫掠一空，田地和房屋被朝廷没收。

宪宗李纯下诏任命淄青行营副使张暹为戎州刺史。

癸酉日（二十五日），宪宗李纯加封田弘正为检校司徒、同平章事。

此前，李师道在覆亡前的几个月，听到风吹鸟飞的声音，心里就怀疑有变故要发生，于是下令禁止郓州人在一起相聚饮宴，以及在路上窃窃私语，如有人胆敢违犯，就严惩不贷。田弘正进入郓州后，把这些苛暴的禁令完全废除，放任人民玩乐，寒食有七昼夜不禁止路人行走。有人劝谏说："郓州人跟随李师道多年，一直与朝廷作对，现在，虽然这里已被朝廷平定，人心还不是很安定，一定要多加防备啊。"田弘正说："现在暴虐无道的人已经除掉，应该加给人民宽大的恩惠，如果仍以严酷的刑罚为政，那就好比是用夏桀来代替夏桀，对百姓来说又有什么改善呢？"

先前，在元和十年，朝廷派遣几万官军攻打淮西吴元济，叛贼曾经多次派人潜入潼关，并把皇陵门戟砍断，将官仓储藏的粮食焚烧，甚至把恐吓信用箭射入京城，制造混乱局面，借此恐吓朝廷和百姓，从而阻挠官军的攻打。因此，有关官吏督察十分严格，守潼关的官吏甚至打开行人的行李袋、箱子来检查，然而还是不能禁绝这类不测事件的发生。等到田弘正到郓州，看了李师道的记录文簿，有对杀害宰相武元衡的刺客王士元等人进行赏赐的记录，以及赏赐潼关、蒲津官吏、士卒的案卷，才知道从前都是吏卒接受了贼人的钱财，容纳他们做坏事。

裴度把蔡州、郓州用兵以来，宪宗如何忧心勤劳的机宜方略写下来，趁侍候宪宗李纯宴饮时呈献上去，并奏请宪宗在上面加盖大印，然后将它交付给史官。宪宗对他说："如果这样做，就会让史官们有一种错觉，他们都会认为是朕命你编纂的这些内容，实际上这并不是朕的本意啊。"于是宪宗没有准许裴度的请求。

三月，戊子日（初十日），宪宗李纯任命华州刺史马总为郓、曹、濮等州节度使。己丑日（十一日），宪宗任命义成节度使薛平为平卢节度、淄青齐登莱等州观察使。同时，任命淄青四面行营供军使王遂为沂、海、兖、密等州观察使。

横海节度使乌重胤向宪宗上奏："河朔藩镇能够长期不接受朝廷的诏令，割据六十余年，是因为他们在各州设置镇将掌握军政大权，把刺史和县令的权力剥夺，自己作威作福。如果从前刺史能各自行使自己的职权，那么即使有像安禄山、史思明一样的奸雄，必定不能以一州之地有能力独自叛乱。臣所兼管的德、棣、景三州，已下令各州镇将把军权归还刺史，各州的州兵都由刺史统辖。"夏季，四月，丙寅日（十九日），宪宗李纯下诏命令各道节度、都团练、都防御、经略等使统率的属郡兵马，全部交给刺史管理。自从唐肃宗至德元年以来，节度使的权势一天天加重，他们在各自管辖的州郡设置镇兵，派大将掌管军务，专横跋扈，因此乌重胤向宪宗李纯上奏时谈到此事。以后河北各镇，只有横海最顺从朝廷的命令，这都是乌重胤处置适宜的缘故。

辛未日（二十四日），工部侍郎、同平章事程异去世。

裴度在相位时知无不言，皇甫镈的党羽暗地里不断地排挤他。丙子日（二十九日），宪宗李纯颁下诏书任命裴度带门下侍郎、同平章事的荣誉官衔，充任河东节度使。

皇甫镈专门聚敛钱财取得宪宗的宠悦，朝中臣子没有人敢说话，只有谏议大夫武儒衡向宪宗上奏，指斥皇甫镈的罪行。皇甫镈于是向宪宗李纯上奏申诉，表示自己清白无辜。宪宗说："你是因为武儒衡向朕上奏，想要报复他吗？"皇甫镈这才不敢说话。武儒衡是武元衡的堂弟。

史馆修撰李翱向宪宗李纯上奏，认为："平定祸乱凭借的是武力，开创太平大业则凭借文治和贤德。如今陛下已经使用武力平定天下，不如接着就革除政治上的弊端，恢复高祖李渊、太宗李世民创立的规章制度，任用忠心耿耿的正直之臣，不要随意怀疑他们，贬斥奸邪小人，不要亲近他们；改革赋税制度，把从前收钱币的方法改成缴纳实物；杜绝地方官吏向朝廷进献财物，减免百姓租税；加强边防建设，抵御边境戎狄入侵；经常探访寻求待制官员，倾听他们的建议，以沟通君臣上下的意见。这六项，是为政的根本，建立太平盛世的方法。陛下既然能做到最难办的事情，为什么不接着去做些容易的事情呢？以陛下的天资和圣明，如能不受左右亲信悦耳言辞的迷惑，任用正直的人，和他一同兴建政治教化，那么天下达到大治，陛下完全可以不必躬身辛劳啊。如果不从事这方面的努力，臣恐怕在建立大功之后，贪图安逸享受的欲望就容易滋生，臣下左右开始阿谀谄媚；那么进言的人一定会说：'天下已经被平定，陛下可以高枕无忧自求安逸。'如果陛下真的照他们所说的那样贪图享乐，那么天下太平就不可预期了。"

秋季，七月，丁丑朔日（初一日），田弘正解送杀死武元衡的凶手王士元等十六人入京，宪宗下诏任命内京兆府、御史台对他们逐个详加审讯，王士元等人都招供认罪。但当京兆尹崔元略问他们，武元衡遇难时穿的是什么颜色的衣服时，王士元等人的说法就不一致了。崔元略追问他们其中的缘故，王士元等人回答说："成德王承宗和淄青李师道商议并策划派遣刺客暗杀武元衡，我们受李师道的派遣奔赴京城，不料想我们来晚一步，延误约定的日期，听说成德人已经把武元德杀死。于是我们就趁机把这一功劳据为己有，目的是回去邀功请赏。如今我们私下都认为所犯罪行和暗杀者的罪行相当，最终难逃一死，所以我们也就招供认罪了。"宪宗李纯也不想再对此事加以分辨，把他们全杀了。

戊寅日（初二日），宣武节度使韩弘才入京朝见宪宗，宪宗李纯以隆重的礼节接待韩弘。韩弘进献三千匹马，五千匹绢，杂缯三万匹，金银器皿上千件，除此之外他的宣武库房还有钱百余万缗，丝绢百万余匹，战马七千匹，粮食三百万斛。

己丑日（十三日），群臣给宪宗加上尊号称作元和圣文神武法天应道皇帝；宪宗下诏大赦天下。

兖、海、沂、密观察使王遂，本来是管钱谷的官吏，性情急躁，没有远见。当时观察使府刚刚创建，人心还没有安定下来，王遂却专门用严刑酷法对待士兵，所用的杖比常用的粗得多；每次叱骂将兵，总是侮辱他们为“反虏”；又在盛夏役使士兵为自己建造观察使府的房舍，督责很严很急；将士又愤怒又怨恨。

辛卯日（十五日），做工的士兵王弁和同伴四人在沂水中洗澡，秘密筹划叛乱，说：“现在做工犯罪是死，挺身建立一番功业也是死，如果死于建功立业，难道不比服役犯罪而死更胜一筹吗？明天常侍和监军、副使有宴会，军将都告假，值日的卫兵都休息，我们趁着这个机会出其不意地攻击他们，可以说是个万全之策。”四人都认为这是好计划，相约事成后推王弁为观察留后，代行王遂的职务。

壬辰日（十六日），王遂正在宴饮，过了正午，王弁等五人突然冲进来，直接冲向卫兵值班房夺取弓箭和刀枪，然后，他们向前把弓箭射向观察副使张敦实，张敦实被杀死。王遂和监军狼狈起身逃跑，王弁捉住王遂，列数王遂上任以来在盛夏征发劳役，以及对士兵和百姓残酷处罚的罪行，立刻杀死他。接着，王弁传话不要惊扰监军，随即自称留后，升堂发布号令，和监军分庭抗礼，召集将吏来参见他，向他道贺，众人不敢不从。监军把这些情形都用文书向宪宗李纯进行报告。

甲午日（十八日），韩弘又向朝廷进献绢二十五万匹，粗帛三万匹，银器二百七十件；左右军中尉各献钱一万贯。自从元和九年朝廷对淮西用兵作战以来，度支使、盐铁使以及各地藩镇争相向朝廷进献钱财和实物，这种行为被称为“助军”；平定淮西等地后又进献钱财和实物，被称为“贺礼”；他们再向朝廷进奉钱财和实物，被称为“助赏”；宪宗加尊号时他们又进献钱物，也称为“贺礼”。

丁酉日（二十一日），宪宗李纯任命河阳节度使令狐楚为中书侍郎、同平章事。令狐楚和皇甫镈是同一年考中进士的，所以皇甫镈引荐令狐楚担任宰相。

朝廷听到沂州军队叛乱造反的消息，甲辰日（二十八日），宪宗李纯任命棣州刺史曹华为沂、海、兖、密观察使。

韩弘屡次上表请求留在京师。八月，己酉日（初三日），宪宗李纯任命韩弘为司徒兼中书令。癸丑日（初七日），宪宗任命吏部尚书张弘靖为同平章事，兼任宣武节度使。张弘靖是唐德宗时宰相张延赏的儿子，他从小就有美好的声名，在朝为官清简练达、沉默多才。河东、宣武两镇恰好缺任一位节度使，朝廷认为张弘靖向来地位声望突出，便任命他前往镇守。河东前节度使王锷一味搜刮百姓聚敛资财，宣武前节度使韩弘又对军民实行严刑苛政，所以张弘靖赴任后，两镇的将士和百姓喜爱他为官清廉慎重、宽容无私，所以军民都非常安定。

己未日（十三日），田弘正入京朝见宪宗，宪宗以特别隆重的礼节接待他。

戊辰日（二十二日），陈许节度使郗士美去世，宪宗李纯任命库部员外郎李渤为吊祭使。李渤向宪宗上奏说："臣经过渭南，听说长源乡从前有四百户人家，现在才有一百多户，阌乡县从前有三千户人家，现在只有一千户；其他州县户口耗减情况与这里大致相似。户口耗减如此严重，探究其中的缘故，都是州县官吏把逃户所欠的税款分派给他们的邻居，邻居又不能承受如此巨大的负担，最终导致这些人被迫和逃户一样逃亡异地。这都是那些贪官污吏侵夺百姓财物而向他们的上级官员邀宠谄媚，只想全部搜刮，却没有考虑以后还有没有鱼可捕捞的缘故。臣请求陛下颁下诏书，杜绝分摊逃税的弊政，同时建议把逃户的全部财产用来抵作赋税，如果他们的财产还不足够用来抵偿逃税，就请求陛下对他们的逃税予以免除。这样过不了几年，百姓就又会回来耕田。"宰相皇甫镈看到李渤的这篇奏章，憎恨他毁谤朝政，对他的奏疏置之不理。李渤就以生病为借口辞去官职，回到东都。

癸酉日（二十七日），吐蕃侵略庆州，在方渠扎营。

朝廷商议兴兵讨伐王弁，担心青、郓两州互相煽动跟着叛变，于是宪宗李纯任命王弁为开州刺史，派中使赐给他告身（任命状）。中使见到王弁，欺骗他说："开州已经事先派人在路旁迎接您，您接到任命书后，应该赶快赴任啊。"于是王弁当天就从沂州出发，他前面引路的士兵和随从人员还有一百多人，等到他们进入徐州境内，王弁的随从就渐渐减少，他的手下也有逃走的。于是中使命人给王弁上了枷锁，然后乘驴进关。九月，戊寅日（初三日），在东市将王弁腰斩。

先前，朝廷平定淄青，把淄青分为三个镇，李师道在郓州的士兵被分配到郓、青、沂三个藩镇。等到沂州观察使王遂被王弁杀害，朝廷认为李师道的余党仍然在造反，凶悍骄横的本性没有一点改变，于是宪宗李纯命令曹华带着棣州兵马到沂州讨伐他们，将李师道分配到沂州的士兵全部斩除。曹华率兵抵达沂州城后，对沂州欢迎他的将士，都用好言好语加以安抚，教他们先进城，去安慰其余的人，大家都没有怀疑有其他情况。曹华上任三天，大宴士卒，在幕下埋伏披甲持枪的士兵一千人，将士到齐后，曹华召集众人告诉他们说："天子认为郓州人迁徙沂州，旅途劳顿，十分辛苦。因此对你们特别加以赏赐，郓州将士坐在左边，沂州将士坐在右边。"等大家坐定，教沂州将士都出去，随即关上门，对郓州将士说："王常侍奉天子之命到这里担任观察使，你们都是他的部下，怎么敢造反，随意杀了他呢？"话音未落，外面埋伏的甲兵一齐冲出，把郓州的将士团团包围住，一阵乱刀斩杀后，郓州的一千二百位将士全部被杀死，无一人幸免，在大门和墙壁间萦绕飘浮的血雾，达一丈多高，这红色的雾气很久才逐渐消散。

◆臣司马光说："《春秋》里记载楚子虔在申诱杀蔡侯般的事，他们都是诸侯国，孔子还深深地贬责他，因为孔子痛恨楚子虔使用诱杀这种不仁德的手段杀死自己的政敌。诸侯国之间相互诱骗杀人尚且是不仁德的，更何况身为天子却诱骗杀死自己的将士呢？"

王遂凭借擅长搜刮百姓财物的才能，被宪宗任命镇守刚刚被官军平定收复的沂州，因为用政苛刻暴虐而导致发生变乱。而王弁只不过是一个见识粗浅鄙陋的士兵，他趁着将士对王遂不满之际，才得以发动叛乱。如果沂州有合适的人作为主帅，要杀死王弁比杀只猪狗还容易，何必以天子的诏书作为诱饵呢？况且作乱者只有王弁等五人，可是宪宗却命令曹华设下圈套，结果屠杀一千多个跟此事毫无关系的士兵，不也太滥杀无辜了吗？既然如此，那么从今以后士卒有谁不猜疑自己的将帅，将帅又怎么指挥命令手下士兵呢？上下互相仇视，就好像敌人住在一起，找到机会就互相残杀，成与败，胜与负，就看谁先动手。这样下去，祸乱什么时候才能停止呢？

可惜啊！唐宪宗平定地方藩镇叛乱，几乎已经使天下达到太平，可是他孜孜追求的美好事业之所以没有达到善终，都是因为他只追求眼前小的利益，而不讲求大的诚信啊！”◆

甲辰日（二十九日），宪宗任命田弘正兼任侍中，依旧做魏博节度使。田弘正三次向宪宗上表请求留在京师，宪宗李纯没有答应他的请求。田弘正常常担心自己一旦死亡，魏博的将吏仍然按照以往的惯例，拥戴自己的亲人，所以让他的兄弟子侄都在朝廷做官。宪宗都提拔他们在高位，满门都是穿朱、紫色官服的人，当时的人们都认为是荣耀。

乙巳日（三十日），宪宗李纯问宰相：“玄宗李隆基的政事，起先治理得很好，以后就发生叛乱，这是什么缘故呢？”崔群回答说：“玄宗用姚崇、宋璟、卢怀慎、苏颋、韩休、张九龄等人，天下就治理得很好，用宇文融、李林甫、杨国忠就发生叛乱。所以用人的得失，关系非常重大。一般人都认为天宝十四年安禄山造反是动乱的开始，只有我认为开元二十四年罢免张九龄的宰相之位，专用李林甫，是治乱的分界线。臣只希望陛下效法玄宗开元初年的政策，把天宝末年的祸事作为借鉴，如果陛下能这样做，那就是国家长治久安的福分啊！”皇甫镈知道自己是靠谄媚天子的手段才被提拔为宰相，所以他听到这番话，非常痛恨崔群。

冬季，十月，壬戌日（十七日），容管经略使向宪宗奏称，安南叛贼杨清发动军队，攻克都护府交州城，把都护李象古和他的妻子儿女都杀死，还杀死下属官吏、随从士兵一千多人。李象古就是前鄂岳观察使李道古的哥哥，因为贪财，为政苛刻残酷而失去民心。杨清世代做蛮人的酋长，李象古召见杨清，让他担任牙将，杨清因此郁闷不已，很不得志。后来李象古命令杨清率领三千军队讨伐黄洞蛮，杨清趁着人心怨恨李象古的机会，率领军队在半夜擅自返回交州，偷袭府城，把交州城攻陷。

起初，自德宗李适贞元年间以来，蛮贼黄少卿反复无常，有时归附，有时反叛，桂管观察使裴行立、容管经略使阳旻怀着侥幸立功的意图，争相向宪宗请求前去讨伐黄少卿；宪宗依从他们的请求。岭南节度使孔戣屡次劝谏说："那些蛮人都如禽兽一般，我们只应当考虑朝廷的利害得失，不必和他们争论是非曲直。"宪宗不听他的建议，大举征发江淮、荆湖的军队，命令他们联合容管、桂管的军队，一起征讨黄洞蛮，结果，士卒遇到瘴疠之气，死的人不计其数。安南牙将杨清趁此机会袭击都护府所在地交州城，杀死都护李象古。裴行立、阳旻最终也没立下半点功劳，桂管、容管因此民生凋敝，只有孔戣统辖的地方安然无事。

丙寅日（二十一日），宪宗李纯任命唐州刺史桂仲武为安南都护；赦免杨清，任命他为琼州刺史。

这一年，吐蕃节度使论三摩等人率领十五万人包围盐州，党项也派遣军队帮助他，辅助攻城。盐州刺史李文悦竭尽全力拼死守城共计二十七天，吐蕃没有能够攻克盐州。灵武牙将史奉敬请求朔方节度使杜叔良拨给自己三千兵马，然后带着三十天的干粮，深入吐蕃境内，进击敌人后方，逼迫吐蕃大军解除对盐州的围攻。杜叔良准允史奉敬的请求，把二千五百兵马拨给他。史奉敬率军前去，十多天没有任何消息，朔方人都认为他已经全军覆没。不久，史奉敬从另外一条路深入吐蕃背后，吐蕃得知腹背受敌，大惊失色，纷纷溃散而去。史奉敬奋力追击敌军，打得吐蕃大败，杀死的敌虏不计其数。史奉敬与凤翔将领野诗良辅、泾原将领郝玼都凭借勇敢在边境上闻名，吐蕃非常惧怕他们。

柳泌到台州后，驱赶当地的官吏带着百姓上天台山，为宪宗李纯采摘药草，过了一年多，什么也没有采摘到，柳泌害怕招致欺君之罪，就带着全家老小逃到深山。浙东观察使派人逮捕柳泌，把他押送到京师。皇甫镈、李道古保护他，为他开脱罪名，于是宪宗又听信二人的话，依旧任命柳泌待诏翰林院；宪宗吃了柳泌的丹药，一天比一天暴躁、焦渴。

起居舍人裴潾向宪宗上书，认为："能为天下除去祸害的人，才能享受天下的利益，能与天下同乐的人，才能享有天下的福祉。从黄帝一直到周文王、周武王，他们都能享受国家的利益，他们的寿命和称王时间之所以很长，都是因为遵循这种道理。从去年以来，各地都推荐方士，陛下对他们辗转提拔，次数逐渐增多。假如天下真的有神仙存在，他们一定躲藏在深山密林之中，恐怕被人发现。所以说，凡是想和当朝权贵交往勾结，说些夸大之词来炫耀自己的奇技，让世人惊异的人，肯定都是些急功好利的不法之徒，怎么可以相信他们的话而吃那些药呢？药是用来治疗疾病的，不是可以早晚常吃的食物；何况金石之类的药物药性酷烈有毒，增加火热之气，恐怕不是人的五脏能忍受的啊！古代的时候，所有君主要饮用的药物，都由臣子首先试尝，确信真的没有问题，然后才呈给君主食用。因此臣请求陛下颁下诏令，让献药的那些方士自己先吃上一年，然后自然就可以辨识他们进献的丹药是真是假了。"宪宗李纯听到这些话非常生气，十一月，己亥日（二十五日），贬裴潾为江陵令。

起初，群臣商议给宪宗上尊号，皇甫镈想增加"孝德"二字，中书侍郎、同平章事崔群说："有圣字，孝就包含在里面了。"皇甫镈在宪宗李纯面前诋毁崔群说："崔群对陛下吝惜'孝德'二字。"宪宗听后很气愤。当时皇甫镈供给边军的衣食及赏赐之物，经常不按时下发，所有供给的衣粮物品，又往往破旧腐烂，根本没有办法使用，士兵对此充满埋怨愤怒，有传言说这些士兵打算发动兵变。邠宁节度使李光颜心急如焚，十分忧虑，甚至一度想自杀；他派人将此情况向宪宗汇报，宪宗不相信他说的事情。京城上下听说边境将士要发动兵变的消息，也都惊恐不已，崔群就把京城内外人心惶恐的情形禀告宪宗。皇甫镈秘密对宪宗说："朝廷供给边军的衣粮赏赐物品，都是按从前的规定下发，而现在军心忽然如此，我看都是因为崔群在那里故意煽动，他想以此来获取声名，好让士卒痛恨陛下。"宪宗李纯认为皇甫镈说得很对。十二月，乙卯日（十一日），宪宗任命崔群为湖南观察使，于是朝廷内外都对皇甫镈痛恨得咬牙切齿。

中书舍人武儒衡，做官有节操，喜欢直言进谏，宪宗很器重他，对待他很优厚，人们都说他快要做宰相。令狐楚很妒忌武儒衡，想找人阻止武儒衡被任命为宰相，于是令狐楚向宪宗李纯推荐山南东道节度推官狄兼谟，认为他才学品行都好。癸亥日（十九日），宪宗升狄兼谟为左拾遗内供奉。狄兼谟是狄仁杰的同族曾孙。令狐楚亲自起草任命狄兼谟的诏书，诏书夸大其词地说："天后武则天窃取帝位，奸臣执掌政权，依赖狄仁杰，中宗李显继承皇位，最终恢复李唐王朝。"武儒衡哭泣着向宪宗陈述，认为令狐楚这番话是影射自己的祖先，而且他说："臣的曾祖父武平一，在天后武则天朝，辞去荣华，住在嵩山，尊崇佛教，终老嵩山。"宪宗从此鄙薄令狐楚的为人。

元和十五年（庚子，公元820年）

春季，正月，沂、海、兖、密观察使曹华请求把州府所在地迁到兖州，宪宗批准他的请求。

义成节度使刘悟入京朝见天子。

起初，左军中尉吐突承璀计划立澧王李恽为太子，宪宗李纯没有答应。等到宪宗卧病在床，吐突承璀的计划仍然在暗中进行。太子李恒听到这个消息，十分担忧，秘密派人向司农卿郭钊询问应对这件事的办法，郭钊说："殿下只要对陛下竭尽您的孝顺之心，顺其自然等待事情的发展，不要担忧其他事情。”郭钊是太子李恒的舅舅。

宪宗吃了金丹后，常常暴躁发怒，左右的宦官常被怪罪责骂挨打，甚至有人被打死，因此人人害怕恐惧。庚子日（二十七日），宪宗在中和殿暴毙。当时的人都说宪宗李纯是被内常侍陈弘志杀死的，陈弘志的同党都是内宫官员，为了替他隐瞒真相，他们都不敢追究凶手，只是说宪宗吃金丹后药性发作死去，宫外的人都无法辨明事情的真假。

中尉梁守谦和宦官马进潭、刘承偕、韦元素、王守澄等共同拥立太子李恒继承皇位，杀死吐突承璀及澧王李恽，赐给左、右神策军士每人五十贯钱，六军、威远军每人三十贯钱，左、右金吾每人十五贯钱。

闰月，丙午日（初三日），穆宗李恒在太极殿东厢房中即位。这一天，穆宗在思政殿召见翰林学士段文昌等人，以及兵部郎中薛放、驾部员外郎丁公著问话。薛放是薛戎的弟弟；丁公著是苏州人。他们都是穆宗即位前的太子侍读。穆宗这时正为宪宗李纯服丧，还没有亲掌大权，薛放、丁公著常在宫中侍候穆宗，参与商量机密大事，穆宗李恒想任用他们做宰相，二人坚决拒绝。

丁未日（初四日），唐穆宗李恒在西宫早晚哭丧，在月华门外召见百官。随后穆宗下诏，贬皇甫镈为崖州司户；市井中的百姓都拍手称好，庆贺一大祸害被除掉。

穆宗李恒与群臣商量任命宰相一事，令狐楚推荐御史中丞萧俛。辛亥日（初八日），穆宗任命萧俛及段文昌同为中书侍郎、同平章事。令狐楚、萧俛和皇甫镈都是同年登科的进士。穆宗痛恨皇甫镈和吐突承璀暗中谋划拥立澧王李恽为太子，因此打算诛杀皇甫镈，萧俛和宦官都劝阻穆宗，所以他才能免于一死。

壬子日（初九日），穆宗李恒下令杖杀柳泌和僧人大通，其余方士都流放到岭南；贬左金吾将军李道古为循州司马。

癸丑日（初十日），穆宗李恒任命薛放为工部侍郎，丁公著为给事中。

乙卯日（十二日），穆宗尊郭贵妃为皇太后。

丁卯日（二十四日），穆宗李恒和群臣百官服丧期满，都脱去丧服，穿上平时的服装。

二月，丁丑日（初五日），穆宗李恒驾临丹凤门楼，大赦天下。事情完毕，在城楼上举行乐舞和杂戏表演，穆宗在门里观看欣赏。丁亥日（十五日），穆宗李恒亲临左神策军，观看摔跤和杂戏表演。

庚寅日（十八日），监察御史杨虞卿向穆宗上疏，认为："陛下应当接见群臣百官，一个个地前去征求他们对朝政的意见，给他们温和的态度，使臣下就如同奔向利益一般进献忠言，像倾诉自己冤屈一样议论政事，这样还不能使天下太平，是从来没有的事。"衡山人赵知微也上疏劝谏穆宗李恒，不要没有限度地玩乐和外出打猎。穆宗虽然不能按照他们说的那样去做，但是也没有加罪他们。

壬辰日（二十日），穆宗下令废除邕管经略使，命令容管经略使阳旻兼管邕管。

安南都护桂仲武抵达安南，杨清抗拒朝廷下达的命令，不让他进入境内。杨清对部下用刑残酷，他的同党因而和他离心离德；桂仲武派人劝说他手下的酋长豪强归顺朝廷，几个月之间，归降的蛮人连续不断，共计得到士卒七千多人。而朝廷得知桂仲武还没有前去赴任，认为他故意停留徘徊不前，甲午日（二十二日），穆宗李恒任命桂管观察使裴行立为安南都护。乙未日（二十三日），穆宗任命太仆卿杜式方为桂管观察使。丙申日（二十四日），穆宗贬桂仲武为安州刺史。

丹王李逾去世。

吐蕃出兵侵犯灵武。

唐宪宗李纯末年，回鹘派大臣合达干来唐朝请求通婚，他们的请求十分急迫，宪宗就答应了他们的求婚请求。三月，癸卯朔日（初一日），穆宗命合达干回国。

穆宗李恒看到夏州观察判官柳公权写的书法墨迹，非常喜欢。辛酉日（十九日），穆宗任命柳公权为右拾遗、翰林侍书学士。穆宗询问柳公权："你的书法怎么写得这么好？"柳公权回答说："写字运笔关键在于用心专一，心端正，笔就端正。"穆宗听后默不作声，神色都变了，知道柳公权是以写字运笔来劝谏自己。柳公权是柳公绰的弟弟。

辛未日（二十九日），安南将士开城迎接桂仲武，将杨清抓捕，把他斩首。裴行立抵达海门镇时去世；穆宗又任用桂仲武为安南都护。

吐蕃派出军队侵犯盐州。

起初，膳部员外郎元稹做江陵士曹，和监军崔潭峻交情很好。穆宗李恒为太子的时候，听到宫人吟诵元稹的诗歌，十分喜欢。等到穆宗继位做了皇帝，崔潭峻就回到京城，向穆宗进献元稹的一百多篇诗歌。于是穆宗问崔潭峻道："元稹现在在哪里呢？"潭峻回答说："他现在担任散郎。"夏季，五月，庚戌日（初九日），穆宗李恒任命元稹为祠部郎中、知制诰。百官听说元稹是因为宦官推荐才被提拔，都瞧不起他。一天，恰巧中书省的官员们在一起吃瓜，有一群青蝇飞到瓜上，中书舍人武儒衡一边用扇子扇苍蝇一边说道："你们从哪里来，忽然停留在这里干什么？"同僚们都听出他是用苍蝇来暗讽元稹，都神色大变；武儒衡却面不改色，神态如常。

庚申日（十九日），穆宗葬神圣章武孝皇帝李纯于景陵，庙号宪宗。

六月，穆宗李恒任命湖南观察使崔群为吏部侍郎，在别殿召他问话。穆宗说："朕当年被册立为太子，知道你也有辅助的功劳。"崔群回答说："这全仰仗先帝的圣明，我又有什么功劳呢？"

皇太后居住在兴庆宫，每月初一、十五，穆宗便率领百官到宫中问候。穆宗为皇太后敬酒祝寿。穆宗本性奢侈无度，所以奉养皇太后特别奢华浪费。

秋季，七月，乙巳日（初五日），穆宗李恒颁下诏命称郓、曹、濮节度号为“天平军”。

门下侍郎、同平章事令狐楚任职山陵使时，他的部下官吏偷盗国家财物，而且令狐楚拒不支付工匠的工钱，还搜刮十五万缗作为陵墓工程的节余，将这些钱财进献给朝廷，工匠们无比气愤，路上到处是怨恨和诉苦之声。丁卯日（二十七日），穆宗李恒免去令狐楚的官职，让他担任宣、歙、池州观察使。

八月，癸巳日（二十四日），穆宗李恒派遣二千神策兵前去疏浚鱼藻池。

戊戌日（二十九日），穆宗李恒任命御史中丞崔植为中书侍郎、同平章事。

己亥日（三十日），穆宗再贬令狐楚为衡州刺史。

穆宗刚过公除日（除去丧服之日），就游乐打猎，沉湎女色，对臣子的赏赐一点也没有节制。九月，穆宗李恒打算在重阳节举行盛大的宴会。拾遗李珏率领同僚呈上奏疏说：“陛下即位还不到一年，年号还没有更改，先帝的陵墓现在还是崭新的。虽然陛下采取以日易月的丧期，顺应臣民的愿望，但是依据《礼经》服丧三年的制度，陛下还应当在内心继续哀悼。邻国前来吊丧的使者才离开京城，朝廷赴各国告丧的使者还没有回来复命。解除奏乐的各种禁令，是为百姓，而在后宫寻欢作乐，这种事恐怕不妥当吧。”穆宗不听从他的建议。

戊午日（十九日），穆宗加封邠宁节度使李光颜、武宁节度使李愬同为同平章事。

冬季，十月，王承宗去世；他的下属隐瞒此事，没有公开举丧，王承宗的儿子王知感、王知信都在朝内做人质，诸将想从成德管辖的诸州选取一人为元帅。参谋崔燧根据王承宗的祖母凉国夫人的命令，告诉诸将及亲兵，拥立王承宗的弟弟观察支使王承元继承节度使的职位。

王承元当时二十岁，将士向他下拜行礼，王承元不接受，哭泣着回拜；诸将坚决请他继任节度使的职位，王承元说：“天子派中使做监军，有事情应当和他商量。”等到监军到来，也劝王承元继任。王承元说：“大家没有忘记我的祖辈在成德做节度使时对大家的恩德，也没有认为我年少无知，打算让我暂时掌管军务，我请求你们答应我首先向朝廷竭尽忠诚，以便能够遵循我祖父对朝廷效忠的遗志，你们愿意听从我的这番话吗？”众人都同意了。于是王承元才到都将厅堂办公，命令身边的人不许叫自己留后，把一切事务交付给参军及僚佐处理，然后他秘密地上表给朝廷请求由朝廷任命节度使。

庚辰日（十一日），监军向穆宗李恒上奏王承宗病重，他的弟弟王承元暂时掌管留后职务，并把王承元请求任命节度使的奏表呈报给朝廷。

党项再次诱引吐蕃攻打泾州，驻扎的军营首尾相连达五十里。

辛巳日（十二日），穆宗派起居舍人柏耆到成德安抚慰问将士。

壬午日（十三日），群臣到便殿朝见穆宗。谏议大夫郑覃、崔郾等五人劝谏说：“陛下游乐和宴会的次数太多，打猎游玩没有节制。现在胡寇压境，如果边防忽然有紧急情况上奏，都不知道天子车驾在哪里。陛下还整日整夜与乐舞唱戏的优人在一起亲近嬉戏，对他们的赏赐太丰厚了。所有的金银布帛都是百姓辛苦所得，如果他们没有立下功劳，是不可随便赏赐的。虽然国库的财物还有剩余，希望陛下爱惜，一旦四方有战争，就可动用国库中的财物，这样就可以不再让官吏向百姓征收重税。”当时谏官已经很久没有在内殿启奏朝政，穆宗李恒听到郑覃等人的进言后，开始还很惊讶，就对宰相说：“这些是什么人呢？”宰相回答说：“他们都是谏官。”穆宗于是派人去安抚慰劳他们说：“我会依照你们的话去做。”宰相都对穆宗虚心纳谏的态度表示庆贺。然而穆宗并没有接受郑覃等人的劝谏。郑覃是郑珣瑜的儿子。

穆宗曾对给事中丁公著说：“听说朝外士大夫们经常宴饮游玩，这真是天下太平，国泰民安的景象，让人欣慰啊。”丁公著回答说：“这种现象并不是好事，恐怕以后要发生有劳陛下圣虑的事情。”穆宗说："为什么这么说呢？"丁公著回答说："自从玄宗李隆基天宝年间以来，公卿大夫争相游宴，日夜沉迷其中，男女混杂在一起游宴跳舞，不以之为羞耻。如果这样下去的话，必然导致朝廷政事废弛，陛下对此能不担忧吗？希望陛下对这样的事情稍微加以禁止，这才是天下之福啊。"

癸未日（十四日），泾州向朝廷上奏吐蕃进犯，军营离州城仅三十里，向朝廷告急求救。穆宗李恒任命右军中尉梁守谦为左右神策、京西北行营都监，率领四千军队，同时征发神策京畿八镇的全部军队前往救援，赏赐将士行装钱二万缗。穆宗任命郯王府长史邵同为太府少卿兼御史中丞，充任答吐蕃请和好使。

起初，秘书少监田洎到吐蕃去做吊祭使，吐蕃请求和唐朝在长武城下订立盟约，田洎担心吐蕃把自己扣留，于是对他们的要求满口答应。不久，吐蕃因为党项的勾引入侵唐朝边境，把田洎答应会盟的事情作为借口，说："田洎曾经许诺我国率领兵马前来参加会盟。"于是穆宗李恒贬田洎为郴州司户。

成德军这时才向朝廷奏报王承宗去世。乙酉日（十六日），穆宗李恒任命魏博节度使田弘正为成德节度使，任命王承元为义成节度使，任命刘悟为昭义节度使，任命李愬为魏博节度使。又任命左金吾将军田布为河阳节度使。

渭州刺史郝玭屡次率领兵马偷袭吐蕃军营，杀死很多敌军。李光颜派邠宁的军队前去救援泾州。邠宁的军队因为神策军受到的赏赐比较丰厚，而他们什么也没得到，都气愤地说："有的军人获得五十缗钱的赏赐却不参加战斗，他们是哪一等人呢？有的军人连应当得到的衣服和粮食都不给予，却要冒死向前冲锋陷阵，这又是哪一等人呢？"兵士吵闹不休。李光颜亲自对士兵们晓以大义，开导他们，声泪俱下，军士受到感动，愤怒的情绪才渐渐平息，于是兵士都出发上路。将要到达泾州，吐蕃畏惧邠宁的军队而纷纷撤退。丙戌日（十七日），穆宗下令撤销梁守谦率领的神策行营。

西川向朝廷奏报吐蕃攻打雅州。辛卯日（二十二日），盐州向朝廷奏报吐蕃在乌池、白池扎营，不久也都撤退。

十一月，癸卯日（初五日），穆宗李恒派遣谏议大夫郑覃赶赴镇州安抚慰问军民，赏赐将士一百万缗钱。王承元请求朝廷任命成德节度使，他的部将和邻近的藩镇都争着拿过去成德世袭的旧制劝谏他，王承元全都没有听从。等到朝廷任命他担任义成节度使后，将士们仍然喧嚷不止，都不服从朝廷的任命。王承元和柏耆召集各位将领，拿朝廷下达的委任诏书劝说大家，各位将领都失声痛哭，但仍旧不听从朝廷的任命。王承元被逼无奈，于是拿出家里的财物，散发给各位将士，并且把那些曾经立有战功的将士提拔升迁，然后对他们说："各位将士因为我的先辈在成德世代做节度使，不希望朝廷让我离开这里，你们对我的深情十分深厚。可是要让我违抗天子的诏令，这样的罪名对我来说就太大了。从前李师道叛乱尚未失败的时候，朝廷曾赦免他的罪，李师道本打算入京朝见，他的部将却执意挽留他，不让他前去；后来杀死李师道的也是他的部将。诸将不要让我王承元和李师道一样，我也就算是幸运的了。"说着已是哭泣不止，而且还向诸将下拜，请求让自己成行。牙将李寂等十几人再次强留王承元，王承元不得已杀了他们以警示众人，军中这才安定下来。丁未日（初九日），王承元到滑州上任。有的将吏想让他把成德的公用器物和财物一起带走，王承元命令他们把这些全部留下。

穆宗李恒将驾临华清宫，戊午日（十五日），宰相率领中书、门下两省的供奉官到延英门，三次向穆宗上表恳切劝谏，并且说："如果陛下一定要去华清宫，臣等人应当跟随前去。"宰相请求面见穆宗，穆宗根本不听从他们的劝谏。谏官都拜伏在延英门下，一直到傍晚才退下。己未日（十六日），天还没亮，穆宗从复道出城，前往华清宫，只有公主、驸马、中尉、神策六军使率领禁兵一千多人随从，下午申时才回宫。

十二月，己巳朔日（初一日），盐州向朝廷奏报：吐蕃国派遣一千多人攻打乌池、白池。

庚辰日（十二日），西川向朝廷奏报南诏两万人进入唐境，请求讨伐吐蕃。

癸未日（十五日），容管向朝廷奏报打败黄少卿一万多人，攻取营栅三十六座。当时黄少卿叛乱很长时间，没有被朝廷平定。国子祭酒韩愈向穆宗上奏说："臣去年贬谪到岭外，对黄家贼的事情知道得很清楚。那些贼人没有城郭可住，依靠山中险要之地，自称为洞主，平常也各自经营生计，紧急时就聚集在一起互相防守。近来因为邕管经略使大多不称职，没有施行德政来安抚蛮人，也没有足够的声威让蛮人畏惧顺服，他们甚至还经常侵扰、欺骗以致掳掠蛮人，导致蛮人心生怨恨，所以蛮人才发动军队攻打劫掠州县，侵扰凌辱百姓。蛮人有时是为报私人的仇恨，有时是贪图财物，临时聚集起来，事情办成之后，他们又各自散去，这还不足以造成很大的危害。近年来征讨蛮人，本从裴行立、阳旻二人开始，这两个人本来就没有什么深谋远虑，他们征讨的目的只在于邀功请赏。他们只看到蛮人还没聚集起来的时候，认为蛮人势力单薄，因而极力向陛下献计，请求征讨蛮人。自从他们率领兵马征讨以来，已经过去了两年，前后向朝廷奏报杀死、俘虏的人数，总共不少于二万人，如果都不是虚报，贼人已经快要被杀绝。可是到现在贼人依旧存在，足以证明他们是在欺骗朝廷。邕管、容管经过战争的破坏，杀伤疾病的摧残，已经十室九空，这样不停地打下去，臣担心岭南道没有安宁的时候。自从南征以来，蛮人也死伤不少，按情理推测，蛮人也必定深深厌恶战争。况且蛮人都住在荒凉僻远的地方，如果把蛮人全杀光，全部占领这些地区，这样对于国家来说也没有什么利益可言。因此不如借着国家改年号大加庆祝的时机，赦免蛮人的罪行，派使者去宣布命令开导他们，必定会让他们望风投降。朝廷再为当地选择有威信的人作为经略使，如果陛下处置得宜，那么以后自然永远不会再发生叛乱的事情。"穆宗李恒没有采用韩愈的建议。

穆宗睿圣文惠孝皇帝上

长庆元年(辛丑,公元821年)

春季,正月,辛丑日(初四日),穆宗李恒前往圜丘祭天;大赦天下,改年号为长庆。命令河北各藩镇勘定两税税额。

门下侍郎、同平章事萧俛,性情耿直,疾恶如仇,他做宰相后,非常爱惜官职,很少向朝廷推荐提拔官吏。西川节度使王播大肆向朝廷进献财物,而且用财物结交宦官,请求让他做宰相,段文昌又在朝中为他活动;于是穆宗李恒下诏征召王播进入京师。萧俛屡次在延英殿竭力劝阻此事,他说:"王播卑鄙奸邪,陛下下达诏书命他进京,朝廷群臣议论纷纷,陛下不可以让这样的人来玷辱朝廷的官职。"穆宗不听从他的建议。于是萧俛就请辞去宰相之位。己未日(二十二日),王播抵达京师。壬戌日(二十五日),穆宗免去萧俛宰相之位,让他担任右仆射。萧俛坚决辞去仆射的官职,二月,癸酉日(初六日),穆宗又改任他为吏部尚书。

卢龙节度使刘总杀死自己的父亲和兄弟后,心中常常怀疑不安,多次梦见父亲和兄弟变为厉鬼伤害自己。刘总经常在节度使府的一个房间款待几百名僧人吃饭,让他们整日整夜地为自己做法事。他每次办公后就住在这里,如果偶尔有一次住在别的地方,他就会惊吓得整晚睡不着觉。刘总到了晚年,内心更加恐惧不安;又看见河南、河北的藩镇都归顺朝廷,己卯日(十二日),刘总向朝廷上奏请求辞官为僧;又请求朝廷赐一百万缗钱,用来赏赐将士。

穆宗李恒当面告诉西川节度使王播,命令他回到本镇,王播屡次上表请求留在京师。适逢中书侍郎、同平章事段文昌请求辞去官职,壬申日(初五日),穆宗任命段文昌带同平章事的官衔,充任西川节度使;任命翰林学士杜元颖为户部侍郎、同平章事;任命王播为刑部尚书,充任盐铁转运使。杜元颖是唐太宗时宰相杜淹的第六代孙。

回鹘保义可汗去世。

三月，癸丑日（十七日），穆宗任命刘总兼任侍中，充任天平节度使；任命宣武节度使张弘靖为卢龙节度使。

乙卯日（十九日），穆宗任命代理京兆尹卢士玫为瀛莫观察使。

丁巳日（二十一日），穆宗李恒下诏：刘总的兄弟子侄全部都授予官职，大将和僚佐也都予以破格提拔，百姓免除一年赋税，士兵赏赐一百万缗钱。

戊午日（二十二日），穆宗李恒立自己的弟弟李憬为鄜王，李悦为琼王，李惇为沔王，李怿为婺王，李愔为茂王，李怡为光王，李协为淄王，李憺为衢王，李惋为澶王；皇子李湛为景王，李涵为江王，李凑为漳王，李溶为安王，李瀍为颍王。

刘总向穆宗李恒上奏，恳求穆宗批准自己出家为僧，并且把自己的私人住宅建成佛寺。穆宗下诏赐给刘总法名为大觉，佛寺的名称为报恩寺，派遣宦官带着紫色的僧服以及天平节度使的符节和侍中的任命书，把这些授予刘总，听任他的选择。

诏书还未到达幽州，刘总已剃发做了和尚；将士想拦路留他，他便杀死为首的十几个将士。当天晚上，他把节度使的大印和符节授予留后张玘，自己逃走。等到天亮时，军中将士才知道刘总逃亡的消息。张玘向穆宗上奏说不知道刘总去了哪里。癸亥日（二十七日），刘总死于定州境内。

翰林学士李德裕是李吉甫的儿子，因中书舍人李宗闵曾经在元和三年科举考试的对策中嘲讽他的父亲，所以李德裕十分痛恨李宗闵。李宗闵又和翰林学士元稹争取官职有了嫌隙。这一年，右补阙杨汝士和礼部侍郎钱徽二人主持进士考试。西川节度使段文昌、翰林学士李绅分别给钱徽写了一封书信，内容是推荐他们自己亲近的考生。等到发榜后，段文昌和李绅推荐的考生都没有在皇榜之内。考中的郑朗是郑覃的弟弟；裴撰是裴度的儿子；苏巢是李宗闵的女婿；杨殷士是杨汝士的弟弟。

段文昌对穆宗李恒说:“今年礼部选拔人才非常不公平,录取的进士都是公卿子弟,没有才艺,靠行贿和托人情才考中。”穆宗问各学士,李德裕、元稹、李绅都说:“确实像段文昌说的这样。”穆宗于是命令中书舍人王起等人举行复试。夏季,四月,丁丑日(十一日),穆宗下诏免去郑朗等十人的进士资格;贬钱徽为江州刺史,李宗闵为剑州刺史,杨汝士为开江令。

有人劝说钱徽把段文昌、李绅请托人情的信呈奏给穆宗,穆宗必定会明白事情的原委,就会收回贬谪诏书。钱徽说:“只要我问心无愧,无论我被提拔还是遭受贬黜,都没什么,为什么一定要去揭发别人的私人信件呢?这难道就是士大夫和君子应该干的事情吗?”于是钱徽拿出那些信来都烧掉,当时的人都称赞他有君子风度。李绅是李敬玄的曾孙;王起是王播的弟弟。从此以后,李德裕、李宗闵各分党派,互相倾轧,近四十年。

丙戌日(二十日),穆宗李恒册封回鹘继位之君为登啰羽录没密施句主毗伽崇德可汗。

五月,丙申朔日(初一日),回鹘派都督、宰相等五百多人来唐迎娶公主。

壬子日(十七日),盐铁使王播向穆宗李恒上奏:国家茶叶专卖的税收数额,大约每一百钱增加五十钱。右拾遗李珏等上疏,以为:“茶叶专卖起于德宗李适贞元年间,正值朝廷多难的时期,如今天下已经太平,陛下应当减少征敛赋税的数目,可是现在却反而增加赋税的名目,百姓什么时候才能减轻负担呢?”穆宗不听从他的建议。

丙辰日(二十一日),建王李恪去世。

癸亥日(二十八日),穆宗李恒颁下诏令,把太和长公主嫁到回鹘。太和长公主是穆宗的妹妹。吐蕃听到唐与回鹘通婚的消息,六月,辛未日(初七日),出兵侵犯青寨堡,盐州刺史李文悦率领军队击退吐蕃军队。戊寅日(十四日),回鹘向朝廷上奏:“我国已经派出一万名骑兵抵达北庭,一万名骑兵抵达安西,抗击吐蕃的侵犯,以便迎娶公主。”

起初，刘总向朝廷上奏建议把幽州所管辖的州县分为三道：幽、涿、营三州为一道，请求任命张弘靖为节度使；平、蓟、妫、檀四州为一道，请求任用平卢节度使薛平为节度使；瀛、莫二州为一道，请求任用代理京兆尹卢士玫为观察使。

张弘靖之前在河东，因为对部下宽容清简，而得到将士的拥护。刘总和他相邻，听见他的风声威望，考虑到幽州人倔强不驯服已有很长时间，于是向朝廷推荐张弘靖代替自己的职位，以便更好地安抚士兵。薛平是唐代宗李豫时期相卫节度使薛嵩的儿子，他熟悉河朔地区的风土人情，所以刘总向朝廷推荐他来幽州任职。卢士玫是刘总妻子家族的亲戚。

刘总又把像都知兵马使朱克融那样强横又难以管理的将士全都挑选出来，把他们全部送往京城，请求朝廷对他们进行奖励和提拔，以此让幽州人都产生羡慕朝廷官爵俸禄的想法。刘总又向朝廷进献一万五千匹战马。然后刘总就削发为僧，抛弃一切离开幽州。朱克融是唐德宗李适时期幽州节度使朱滔的孙子。

这时穆宗李恒正沉湎于酒色玩乐，不关心天下政事，崔植、杜元颖缺乏长远的思虑，没有考虑朝政局势，只是一味尊崇张弘靖的官位，只是把瀛州、莫州从幽州节度使管辖的地区中分割出来，由卢士玫管理，其余各州，都由张弘靖来统领。朱克融等长久留在京师，甚至困窘到借衣讨食的地步，每天到中书省请求授予官职，崔植、杜元颖对他也不理会。等到朝廷正式任命张弘靖为幽州节度使，命令朱克融等人回到本军接受张弘靖的指使，朱克融等人都非常愤怒怨恨。

先前，河北的节度使都亲自冒着严寒酷暑，与士卒同甘共苦。等到张弘靖上任，仪态雍容，身份骄贵，在众人之中乘轿而行，幽州人很看不惯这些行为，对此十分惊讶。张弘靖庄重静默，自尊自大，每十天才到节度使府处理一次军政事务，他的幕僚和部下将吏很难听到他说什么话，因此他与部下的关系特别不融洽，日常政务大多委派他的幕僚处理。他任命的判官韦雍等人大多都是年少轻狂的人，喜好饮酒，奢侈过度，行为放纵，进出官府时，随从传叫呼喊，有时晚上回家火把满街，这些都是幽州人不习惯的。穆宗李恒下诏赐给将士一百万贯钱，张弘靖留下二十万贯作为军府杂用，韦雍这些人又裁减克扣军士的粮饷赏赐，用法令制裁将士，并常用“反叛的囚虏”来嘲笑责骂将士，对军士说：“现在天下太平，你们虽然能拉开两石的强弓，却不如认识一个字。”因此军中将士都十分怨恨愤怒。

资治通鉴卷第二百四十二　唐纪五十八

起辛丑（公元821年）七月，止壬寅（公元822年），共一年六个月。

【题解】本卷记录了公元821年七月至822年的历史，共一年零六个月。为唐穆宗长庆元年至二年。河北三镇归服，形势大好。但穆宗只知吃喝玩乐，游宴无度，宦官恣意妄为，逐走贤相裴度，政治形势急转直下。幽州、成德、相州、武宁、宣武相继兵变，穆宗发兵讨成德，虽然任用裴度为招讨使，名将乌重胤、李光颜助阵，但朝政不肃、宰相寡才、中使监军，裴度及各镇主将多受牵制，十五万官军征讨一万多叛军，围攻多年，财竭力尽，屡战不胜，无法成功。白居易上奏靖乱良策，穆宗不纳，而是采取姑息政策，授朱克融与王庭凑节度使，朝廷失去河朔，直到唐朝灭亡。兵部侍郎韩愈宣慰成德，有礼有节，不辱使命。

穆宗睿圣文惠孝皇帝中

长庆元年（辛丑，公元821年）

秋季，七月，甲辰日（初十日），韦雍外出，碰到一个小将骑马冲撞了他的仪仗前导，韦雍命令把小将从马上拖下来，想在街道中间杖责他。河朔的军士不习惯受杖责，他拒不服从惩罚。韦雍将此事报告张弘靖，张弘靖命令军虞候把这个小将抓捕治罪。当天傍晚，将士连营呼叫叛乱，将校都控制不住局面，于是将士们就冲入节度使府舍，掠夺张弘靖的财产，抢走他的妻妾，把张弘靖关押在蓟门馆，杀死他的幕僚韦雍、张宗元、崔仲卿、郑埙、都虞候刘操、押牙张抱元等人。第二天，这些将士渐渐对自己的所作所为有些后悔，都到蓟门馆向张弘靖谢罪，请求改过自新，仍然效命于他，请求多次，张弘靖都没有回应他们。于是将士一起商议说："张相公闭口不说话，这是不愿赦免我们啊。军队中怎么可以一天没有元帅？"于是他们共同迎接幽州老将朱洄，拥戴他做留后。朱洄是朱克融的父亲，当时身患疾病，在家卧床休养，因为年老多病，拒绝众人的请求，他请求让朱克融做留后；将士答应了他的请求。将士因为判官张彻年长而没有杀他。张彻骂道："你们怎敢反叛朝廷，会被灭族的！"将士一拥而上杀了他。

壬子日（十八日），群臣给穆宗李恒加上"文武孝德皇帝"的尊号；穆宗颁下诏令，大赦天下。

甲寅日（二十日），幽州监军向朝廷奏报将士作乱。丁巳日（二十三日），穆宗下旨贬张弘靖为太子宾客，分司东都；己未日（二十五日），穆宗再贬张弘靖为吉州刺史。庚申日（二十六日），穆宗任命昭义节度使刘悟为卢龙节度使。刘悟因为朱克融势力强盛，上奏朝廷请求"暂且给予朱克融节度使的旌节和斧钺，再慢慢想办法除掉他"。于是穆宗又任用刘悟为昭义节度使。

辛酉日（二十七日），太和公主从长安出发，前往回鹘。

起初，田弘正被任命为成德节度使，他认为之前长期与成德人打仗，与他们有父兄的仇恨，于是田弘正带着魏地的士兵二千人跟随他到镇州，以便保护自己，并向朝廷上奏请求供给这二千人的军饷。户部侍郎、判度支崔倰，性情刚强，心胸狭窄，缺乏深思熟虑，认为魏博、成德各有军队，恐怕此事开了先例，因此不肯供给他们军饷。田弘正四次上表朝廷，崔倰都不理会；不得已，田弘正只好把魏博的士兵遣返回镇。崔倰是崔沔的孙子。

田弘正对待骨肉情谊深厚，居住在东、西两都的兄弟子侄几十人，生活非常奢侈，每天的开销大约二十万钱，田弘正把魏博、成德两镇的财货运去供他们使用，运财货的车辆在路上连续不断，幽州的将士对此事很不满意。穆宗李恒颁下诏命赐给成德军一百万贯钱，度支却没有按时送达，将士们更加不高兴。

都知兵马使王庭凑，本是回鹘阿布思族的后裔，性情果敢狡诈，暗地里谋划作乱，常常挑些小毛病来激怒士兵，只是因为魏博的二千军队还在，他不敢贸然行动。等到魏博二千军队被遣返回镇，壬戌日（二十八日）的晚上，王庭凑纠集牙兵，在节度使府作乱，杀死田弘正以及僚佐、随从将吏和他们的家属三百多人。王庭凑自称留后，逼迫监军宋惟澄向天子上奏为他授予节度使的符节。八月，癸巳日（三十日），宋惟澄把这些事全部上奏天子，朝廷震惊。崔倰是崔植同曾祖父的哥哥，所以朝官没有谁敢抨击他的罪行。

起初，朝廷调换魏博、成德节度使和僚佐，左金吾将军杨元卿向穆宗李恒上奏，认为这样做很不适宜，又去拜见宰相，深刻地向宰相陈述利害关系；等到镇州发生叛乱，穆宗赐给杨元卿一条白玉带。辛未日（初八日），穆宗任命杨元卿为泾原节度使。

瀛州和莫州的将士家属大多留居幽州，壬申日（初九日），莫州都虞候张良佐暗中勾结朱克融的军队冲进幽州城，刺史吴晖不知所终。

癸酉日（初十日），王庭凑派人杀死冀州刺史王进岌，分兵占据冀州。

魏博节度使李愬听说田弘正遇害，穿着丧服命令将士说：“魏博人能够得到天子的教化，至今生活安定富足，这都是田公的功劳啊。现在成德人做下大逆不道的事，竟然敢把田公无故杀害，这是瞧不起我们魏博，认为我们魏博没有杰出的人啊。各位都曾经受过田公的恩惠，现在你们应当如何报答他呢？”将士们听了这些话都痛哭失声。深州刺史牛元翼是成德的一员良将，李愬派人把自己的宝剑和玉带送给他，说：“从前我的祖先用这把宝剑建立大的功业，我又用它平定蔡州吴元济的叛乱，现在我把它送给你，希望你能努力剪灭王庭凑的兵马。”牛元翼带着剑和玉带在军中环绕一周，然后回来报告说：“愿拼死效命。”李愬正要出兵讨伐王庭凑，刚好此时疾病发作，不能出兵。牛元翼是赵州人。

乙亥日（十二日），穆宗李恒起用正在为父亲田弘正服丧的前任泾原节度使田布做魏博节度使，命令他乘驿车上任。田布坚决推辞而未被允许，于是与妻子宾客诀别说："我这一去就不打算活着回来。"田布下令撤除全部的节度使旌节和所有前导随行人员，然后就出发赴任，走到距离魏州三十里的地方，披散头发，赤脚步行，大声哭着走到魏州，住在没有装饰的房子里，为父亲服丧。他每月应得一千缗俸禄，但他一文也不要，却把自己留在魏博的产业全部卖掉，得到十几万缗现钱，全部用来犒赏士卒，对父亲原来的魏博部将和年长的将吏，他都看作兄长来事奉。

丙子日（十三日），瀛州军队作乱，士卒捉住观察使卢士玫及监军幕僚佐吏，把他们送到幽州，囚禁在客馆。

王庭凑派遣部将王立攻打深州，没有攻取成功。

丁丑日（十四日），穆宗李恒颁下诏书命令魏博、横海、昭义、河东、义武诸军派兵，兵临成德边境，如果王庭凑执迷不改，抗拒朝廷，就立刻进兵讨伐。成德大将王俭等五人密谋暗杀王庭凑，不料事情泄露，他们和部下三千兵马都被王庭凑杀死。

己卯日（十六日），穆宗李恒任命深州刺史牛元翼为深冀节度使。

丁亥日（二十四日），穆宗任命殿中侍御史温造为起居舍人，充任镇州四面各军的宣慰使，经过泽潞、河东、魏博、横海、深冀、易定等道，向他们传达进兵日期。温造是唐高祖李渊时黄门侍郎温大雅的第五代孙子。己丑日（二十六日），穆宗任命裴度为幽州、镇州两道招抚使。

癸巳日（三十日），王庭凑带领幽州兵马围攻深州。

九月，乙巳日（十二日），相州军队作乱，刺史邢楚被杀死。

吐蕃派礼部尚书论讷罗来唐朝请求缔结会盟条约。庚戌日（十七日），穆宗李恒派遣大理卿刘元鼎为吐蕃会盟使。

壬子日（十九日），朱克融出兵焚烧掠夺易州、涞水、遂城、满城。

自从德宗李适建中元年制定两税法以来，钱一天天地增值，可是实物却一天天地贬值，百姓实际上缴实物的数额比建中元年高出三倍多，穆宗诏令百官商议如何革除这种弊端。户部尚书杨於陵认为："钱是用来衡量百货的价值的东西，天下商人贩运商品，做买卖，钱无处不在，所以钱也要在各地流通，不应当都积聚在一个地方。现在征收的百姓的税钱，都藏在官府中；另外，唐玄宗开元年间天下铸了七十多炉钱，每年的税收是一百万，可是现在才铸十几炉钱，每年的税收才十五万，那些钱又大多聚积在商贾之家，以及流入四方夷狄之国。还有，唐代宗李豫大历年以前，淄青、太原、魏博商品交易兼用钱和铅、铁，岭南兼用金、银、丹砂、象牙，现在都统一用钱。如此来看，钱怎能不增值，实物怎能不贬值呢？现在陛下应该让天下缴纳赋税的人都缴纳粮食和布帛，增加铸钱，禁止铜钱蓄积以及流入塞外，这样一来，钱的数量就会一天天多了。"朝廷采纳了杨於陵的建议，开始命令两税都缴纳布、丝、棉；只有盐、酒税征收钱。

冬季，十月，丙寅日（初三日），穆宗李恒任命盐铁转运使、刑部尚书王播为中书侍郎、同平章事，仍兼盐铁转运使。王播担任宰相，专门阿谀迎合穆宗，很少谈及有关朝廷安危的事情。

穆宗任命裴度为镇州四面行营都招讨使。左领军大将军杜叔良，因善于巴结当朝权贵而得以升官；当时幽州、镇州的兵势正强盛，诸道派遣的征讨军队都不敢贸然前进。穆宗又想尽快看到战争的胜利，宦官又向穆宗推荐了杜叔良，所以穆宗任用杜叔良为深州各道行营节度使。穆宗又任命牛元翼为成德节度使。

癸酉日（初十日），穆宗李恒命令宰相及大臣共十七人，和吐蕃论讷罗在城西会盟；派刘元鼎与论讷罗到吐蕃，也和吐蕃国宰相及大臣会盟。

乙亥日（十二日），穆宗李恒任命沂州刺史王智兴为武宁节度副使。之前，藩镇节度副使都任用文官，穆宗听说王智兴有勇有谋，打算调派他到河北前线，所以对他特别恩宠。

丁丑日（十四日），裴度亲自率领军队经由原承天军的驻地娘子关到达河北，讨伐王庭凑。

朱克融派遣军队攻打蔚州。

戊寅日（十五日），王庭凑派遣兵马攻打贝州。

己卯日（十六日），易州刺史柳公济在白石岭打败幽州军队，杀死一千多人。

庚辰日（十七日），横海军节度使乌重胤向朝廷奏报在饶阳打败成德军队。

辛巳日（十八日），魏博节度使田布率领全部军队三万人讨伐王庭凑，驻扎在南宫的南面，攻取王庭凑两个营栅。

翰林学士元稹和知枢密魏弘简结交，友情深厚，元稹请求做宰相，因魏弘简得到穆宗的宠爱，每件事穆宗都要询问他。元稹和裴度仇怨，但是因为裴度在他得到重用前就有很高的威望，元稹害怕他又立功得到重用，妨害自己升迁，所以，凡是裴度向穆宗上奏的军事谋划，他就经常和魏弘简加以阻挠，使裴度的谋划不能实施。于是裴度向穆宗上表极力陈述元稹和魏弘简朋比为奸的情形，认为："逆竖（指王庭凑）造反，震惊山东；奸臣朋比为党，阻挠败坏国政。陛下如果想平定幽州、镇州叛乱，应当首先肃清朝廷内部的奸党。为什么这样说呢？因为祸患有大小，考虑事情有次序的先后。河朔的逆贼，只扰乱山东；宫中的奸臣，必定祸乱天下；如此看来，对国家来说，河朔的叛臣危害小，而宫中的奸臣却危害很大。小的祸患臣和诸将必定能够剪灭，可是朝廷内部的奸臣，如果陛下自己不觉醒，断然无法驱除。现在文武百官，中外万民，凡是对朝廷有心尽忠的人，对奸臣的所作所为无不愤怒，能够开口讲话的人无不叹息，只因为陛下正重用他们，所以不敢冒犯他们，他们担心事情还没有实行而祸患已加到自己身上，这并不是他们不为国家考虑，而是担心自己会受牵连的缘故。臣自从率领军队作战，向陛下呈递的奏疏，事情都是很重要急切的，但臣接到的朝廷诏书，却指令不一，我蒙受陛下托付，指挥诸军讨伐叛贼，责任确实不轻，但遭到奸臣抑制贬损的事情也不少。臣素来和佞幸之人没有仇恨，只是因为臣前次请求乘驿车到京城，当面陈奏军事，奸臣最害怕的，就是我向陛下揭发他们的罪过，所以百般阻挠我进京朝见陛下。我又向朝廷上奏，请求陛下准许我率领军队和诸军一同进攻，随机应变，讨伐叛贼。奸臣害怕臣成功，想尽办法加以阻止，牵延时间；进退都受到控制，意见全遭蒙蔽阻碍。他们这样做，就是要让我出兵不利，不能讨贼成功，对于国家治乱，山东前线的胜负大局，他们却全然不顾及。做臣子的事奉君王，他们竟然这样做！如果陛下把朝中的奸臣完全摒除，那么河朔的逆贼不讨自平；如果朝中的奸臣还在，那么纵然逆贼被平定，对于朝廷也没有什么好处。陛下如果不相信臣的话，请把我的奏章公布，让百官一同讨论，如果奸臣不遭受百官的谴责，臣自当伏罪。”裴度连上三道奏表，穆宗虽然不高兴，可考虑到裴度是朝廷中很有威望的大臣，逼不得已，还是做出让步。癸未日（二十日），穆宗李恒任命魏弘简为弓箭库使，元稹为工部侍郎。元稹虽然被解除翰林学士的职务，但受到穆宗的宠信仍和原来一样。

宿州刺史李直臣犯贪污罪，根据法律应当判处死刑，宦官接受他的贿赂，为他请求减罪，御史中丞牛僧孺向穆宗坚决请求杀死李直臣。穆宗李恒说：“李直臣很有才华，杀了他太可惜！”牛僧孺回答说：“那些没才华的人，整天思考的不过是如何吃饱穿暖，满足妻子儿女的要求，国家对这些人又有什么顾虑呢？国家设定法令的本意，就是用来控制那些有才华的人。安禄山、朱泚都是才智超越常人的人，只是由于法律未能约束他们，才胆敢发动叛乱的。”穆宗听从了他的建议。

横海节度使乌重胤率领全部军队救援深州，诸军依靠乌重胤独自抵挡幽州、镇州东南面，乌重胤是作战经验丰富的老将，知道贼人无法一时被击破，于是按兵不动，观望敌人是否有机可乘。穆宗李恒大怒，任命杜叔良为横海节度使，调乌重胤为山南西道节度使。

灵武节度使李进诚向朝廷奏报在大石山下打败吐蕃三千骑兵。

十一月，辛酉日（二十八日），淄青节度使薛平向朝廷奏报突将马廷崟叛乱被杀。当时，幽州和镇州派遣军队攻打棣州，薛平派遣大将李叔佐率领军队救援。棣州刺史王稷供给的军需物资稍微少了些，军士对他愤怒怨恨，于是趁着晚上溃逃。军士们推举马廷崟为主将，他们一边溃逃，一边招收兵马，共计军士有七千多人，他们一路向青州逼近。青州城中士兵很少，不能抵抗他们的进攻，于是薛平把府库中的钱财及自己家中财物全都拿出来招募士卒，最终招募到二千精兵，薛平率这二千军士迎战叛军，把叛军打得大败，杀了马廷崟，叛军也死亡几千人。

横海节度使杜叔良率领各道军队与镇州人作战，每次战斗都打败仗；镇州人知道他为人胆怯，没有胆量，常常率先向他发起攻击。十二月，庚午日（初八日），监军谢良通向朝廷奏报杜叔良在博野打了一个大败仗，损失七千多军士。杜叔良脱身逃回军营，但丢失了节度使的旌节。

丁丑日（十五日），义武节度使陈楚向朝廷奏报，在望都及北平打败朱克融的军队，杀死以及俘虏的士兵有一万多人。

戊寅日（十六日），穆宗李恒任命凤翔节度使李光颜为忠武节度使兼深州行营节度使，代替杜叔良。

自从宪宗李纯征伐四方，国家的财用已经非常空虚；唐穆宗李恒即位后，赏赐左右和禁卫诸军没有一点节制，等到朝廷对幽州、镇州两地大举用兵，对峙时间很长却没有立下什么战功，国库因战争而空竭，难以继续维持开销。在这种情况下，当政大臣向穆宗建议说：“王庭凑杀害田弘正，而朱克融还能保全张弘靖的性命，二人虽然都有罪，但罪行各有轻重，请求陛下赦免朱克融之罪，全力以赴前去讨伐王庭凑。”穆宗依从他们的建议。乙酉日（二十三日），穆宗李恒任命朱克融为平卢节度使。

戊子日（二十六日），义武向朝廷奏报，攻取莫州清源等三栅，杀死及俘虏敌军一千多人。

长庆二年（壬寅，公元822年）

春季，正月，丁酉日（初五日），幽州兵马攻陷弓高县城。先前，弓高的防守很严，有一个中使出使弓高，半夜时候才到达这里，把守将士根据军法条例的规定，坚决不放他进城。天亮后，中使方才被允许进城。中使很生气，大声责骂守将。幽州的间谍得知这件事后，报告给自己的主将。没过多久，幽州派人装扮成中使，在晚上来到城下，守城将士立即打开城门让他进来；幽州兵随后赶到，因而弓高沦陷。他们又围攻下博。中书舍人白居易向穆宗李恒上奏，认为："自从幽、镇州违抗命令以来，朝廷征各道的军队，总计有十七八万，四面围攻，已经过了半年，但是官军至今没有什么进展，敌军兵势却依旧强盛。自从弓高沦陷后，通往前线的运粮道路也无法通行，下博和深州两地的将士，已经饥饿困乏，情况一天天地更加危急。这都是前线节度将领太多，反而造成军心不齐，他们谁都不肯首先进军，只是相互观望对方的缘故。另外朝廷对将士的赏罚，近来也没有有效地实行，没有立功的将士有的已经授予官衔，已经打败仗折损军队的将领却没有听见被朝廷惩罚。由于朝廷赏罚不分明，因而将士们也都拖延观望不肯冲锋效力。如果朝廷不能改弦更张，那么官军打胜仗就没有什么指望。请求陛下下旨让李光颜率领各道的精锐部队三四万人从东面迅速进军，打通到弓高县城的运粮之路，从而解除敌军对深州的重重包围，然后和牛元翼的军队汇聚一处。然后命令裴度仍兼招讨使的职务，率领太原所有的军队，从西面逼压镇州，观察敌军动静，如果看见有机可乘就立刻令两支兵马同力讨伐攻打，消灭敌人；如果官军节节取胜，敌军困窘不堪，陛下也应当答应前线将士接受敌军投降的诚意。如果这样的话，各方夹攻分散敌人的力量，招抚晓谕动摇他们的心意，在敌军还没有被平定之前，他们内部必定会发生变故。再请陛下下诏，命令李光颜从前线各道将士中挑选精锐之人留下来，其余老弱病残的士兵都遣送回本道，让他们各自守卫故土。因为兵多则不精，不仅耗费国家的衣物钱粮，而且也会削弱官军的士气，导致战斗失败啊！现在只留下李光颜、裴度两支兵马，请陛下再各设置都监一人，其他诸道监军同时罢除。这样才能众人同心，军令统一，最后官军必定取得胜利。此外，朝廷本来任用田布为魏博节度使的本意，是让他报杀父之仇，命令他率领全部军队出境讨伐敌人，由度支供应开销。但是几个月以来，田布都不进兵讨贼，这并不是田布按兵不动，而是他有难以言说的苦衷。听说魏博军队接受朝廷多次丰厚的赏赐，兵士骄纵狂横，将领特别富有，反而都不愿打仗。况且那支军队一个月的费用，用钱计算有二十八万贯，如果再拖延时间，朝廷用什么来供给他们呢？仅就这个原因而言，陛下也应该早日下令让魏博退军。如果两道总共只留六万军队，花费不多，容易支持，自然物资充足。现在前线战事越来越紧迫，中间是否发生变故也是难以预料。如果将士的数目不减少，导致军费浩大，粮食不充足，将士怎么能够安心作战呢？在不安的状况中，随时都可能发生意外的变故！况且度支被供应军需所迫，想出各种办法征税，如果不准征收，军需就会匮乏，如果准许征收，那么人心就会动摇。自古以来国家的安危都维系在这里，请求陛下详细了解，多加考虑，为天下着想。”奏疏呈递上去后，穆宗李恒没有理睬这些建议。

己亥日（初七日），度支供给沧州军粮车六百辆，运行至下博县时，全部遭到成德军劫掠。那时官军诸道都物资缺乏，供军院运送的衣粮，往往运不到行营供军院，在半路就会被诸道官军哄抢，那些孤军深入敌境的官军，都挨饿受冻，得不到衣食供给。

起初，田布跟随他的父亲田弘正在魏博，对待牙将史宪诚很好，多次向田弘正称赞举荐他，以至史宪诚被提拔担任要职；等田布做了节度使，把史宪诚看作自己的心腹，让他做先锋兵马使，军中的精锐士兵，都委托他统辖。史宪诚的祖先是奚族人，世代做魏将；魏和幽、镇二州互为表里，等到幽州和成德叛乱以后，魏博的人心已经动摇。田布率领魏博军队讨伐镇州，驻扎在南宫县，穆宗李恒屡次派中使督战，而魏军的将士骄傲懒散，没有斗志，这时正赶上天下大雪，度支运送的粮食难以接续。田布命令征收魏博六州的租赋来供应军需，将士们很不高兴，说："按照旧例，军队出境，都是由朝廷供给一切需要。现在尚书搜刮六州的民脂民膏供应军队，虽然是克己奉国的行为，但六州百姓为什么要遭受这样的罪呢？"史宪诚暗地里有篡夺节度使的野心，于是趁此机会挑拨煽动将士的不满情绪。恰好有诏令把魏博的军队分给李光颜指挥，前往救援深州，庚子日（初八日），田布率领的军队大败而散，许多人投到史宪诚手下；田布独自和中军八千人返回魏州，壬寅日（初十日），到达魏州。

癸卯日（十一日），田布又召集诸将商议出兵的事，各位将士更加傲慢，说："如果田尚书能按照以前河朔割据的旧例办，我们就会舍生忘死跟随您；但是如果要让我们出战，我们肯定不能服从！"田布拿他们也没有办法，叹息说："我报效国家建立功业的愿望无法实现了。"当天，田布写好遗表，把将士的情况向穆宗李恒报告，大意是说："臣观察众人的意图，终究还是会背叛朝廷，最终辜负陛下的恩德；臣既然没有建立功业，怎敢忘记赴死。希望陛下尽快派遣军队救援李光颜、牛元翼，不然的话，这里的忠臣义士都将被河朔叛党杀害！"他手捧遗书放声痛哭，跪拜着交给幕僚李石，让他呈递给朝廷。然后田布入内，在父亲的灵座前禀告，接着抽出刀来说："我用死对上向陛下和父亲表示我没能立功报国的罪责；对下向三军将士表示我忠君爱国的决心。"于是就刺心而死。史宪诚听说田布已死，于是向众将士宣布，他将遵循河朔的旧例，实行割据。众将士都很高兴，簇拥着史宪诚返回魏州，尊他为留后。戊申日（十六日），魏州向朝廷奏报田布已经自杀。己酉日（十七日），穆宗李恒任命史宪诚为魏博节度使。史宪诚虽然很高兴得到节度使的旌节，表面上遵奉朝廷，可是暗地里却和幽州、镇州相互勾结。

庚戌日（十八日），穆宗李恒任命德州刺史王日简为横海节度使。王日简本来是成德的牙将。壬子日（二十日），穆宗贬杜叔良为归州刺史。

王庭凑把牛元翼围困在深州，官军从东、北、西三个方向前去救援，都因缺少粮草而无法继续前进。即使是名将李光颜也只是关闭军营自守。军士自己去砍柴割草，每日的供给不过一勺陈米（百分之一升）。这时深州被叛军围攻，形势日益危急，朝廷迫不得已，二月，甲子日（初二日），穆宗李恒任命王庭凑为成德节度使，军中将士都恢复旧日的官爵；任命兵部侍郎韩愈为宣慰使。

穆宗李恒刚刚即位的时候，河南、河北的叛乱藩镇都已经被平定，萧俛、段文昌认为“天下已经太平，应该逐渐裁减国家的军事武装。请陛下命各地秘密下达诏令，凡是有士兵驻扎的军镇，每年允许每百名士兵中有八人逃走和死亡，注销他们的军籍”。此时穆宗正沉迷于游乐饮宴，不把国家政事放在心上，于是就准许他们的奏请。被除去军籍的军士很多，他们都聚集在深山、江湖中成为盗贼。等到朱克融、王庭凑叛乱的时候，一呼百应，这些逃亡的兵士都投奔到他们的麾下谋生。穆宗下诏征召各道的军队前去讨伐叛贼，各道的士兵数目既少，又都是临时招募的乌合之众。另外，朝廷在各道已经设置监军，对于他们部将管辖的军队也派中使临时监阵，导致主将不能独自掌控军权，打了一个小胜仗监军就飞书向朝廷奏捷，认为是自己的功劳，打不了胜仗就逼迫威胁主将，把罪责加到主将头上。监军还把军中勇猛的将士全部挑选出来保护自己；其余老弱病残的兵士，就被派遣攻战，所以每次打仗都失败。凡是作战，军队的一举一动，都由朝廷授予作战方略，朝令夕改，将士都不知所措；而监军又不衡量事情能不能实行，只监督责令将士遵照执行，教他们迅速作战。道路上的中使来往如织，驿马不够，抢路上行人的马来补充，以致行人都不敢从驿路行走。所以虽然动用各道十五万的军队，裴度是久有名望的大臣，乌重胤、李光颜都是当时的名将，讨伐幽州、成德一万多人，屯守一年多的时间，竟然没有任何结果，还把国家弄得财竭力尽。

崔植、杜元颖、王播担任宰相，都是没有远见卓识的平庸之辈。史宪诚逼迫田布自杀后，朝廷没有能力征讨他，于是就将他和朱克融、王庭凑三人，都任命为节度使。从此朝廷又失去河朔地区，一直到唐朝灭亡，都没能再收复。

朱克融被任命为幽州节度使后，才放出张弘靖及卢士玫。

丙寅日（初四日），穆宗李恒任命牛元翼为山南东道节度使，任命左神策行营乐寿镇兵马使清河人傅良弼为沂州刺史，任命瀛州博野镇遏使李寰为忻州刺史。傅良弼、李寰所戍守之地在幽、镇之间，朱克融、王庭凑交相引诱胁迫，二人拒不服从，各自率领士兵坚守驻地，叛贼最终也没能够攻取他们的戍地，所以朝廷奖赏他们，给他们加官进爵，表彰他们对朝廷的忠诚。

丙子日（十四日），穆宗赐给横海节度使王日简姓名为李全略。

辛巳日（十九日），穆宗李恒免去中书侍郎、同平章事崔植的官职，任命他为刑部尚书，任用工部侍郎元稹为同平章事。

癸未日（二十一日），穆宗加封李光颜横海节度使、沧景观察使，他原来的忠武、深州行营节度的官职照旧。穆宗李恒派横海节度使李全略为德棣节度使。当时朝廷因为李光颜孤军深入敌境，军需供给的道路很难打通，所以分割横海的沧、景二州隶属于他去管理。

王庭凑虽然被任命为成德节度使，但是仍然不解除围困深州的军队。丙戌日（二十四日），穆宗李恒派知制诰东阳人冯宿为山南东道节度副使，暂时代理留后，督促牛元翼赶赴山南东道上任。裴度也写信给幽州、镇州两道，责备朱克融和王庭凑仍然围攻深州，抗拒朝廷命令，并用忠君爱国的大道理劝说二人撤退军队。朱克融立刻解围撤军而去；王庭凑虽然带兵稍微后撤，但还是守在那里不撤军。

元稹怨恨裴度，想让穆宗解除他的兵权，所以劝说穆宗赦免王庭凑的罪，停止对幽州、成德继续用兵。丁亥日（二十五日），穆宗李恒任命裴度为司空、东都留守，依旧带同平章事的荣誉官衔。谏官争相向穆宗上奏：“朝廷对河朔藩镇的战争还未平息，裴度是做将相的全才，不应该放在闲散的职位上。”穆宗于是下诏令裴度入朝，然后再赴东都上任。穆宗任命灵武节度使李听为河东节度使。起初，李听担任羽林将军，得到一匹好马，穆宗那时还是太子，派身边的人暗示李听把马献给自己，李听因为职务是总领保卫天子的羽林军，所以不敢进献。恰好河东缺少节度使，于是穆宗说："李听起初没有把那匹好马献给我，刚直不阿，这人必定可以任用。"就下达诏书任用他。

昭义监军刘承偕倚仗拥立穆宗的功劳，欺压节度使刘悟，多次当着将士的面侮辱他，又纵容自己的部下败坏法纪。他还暗地里和磁州刺史张汶谋划把刘悟捆绑送到京都，让张汶代替他的职务。刘悟得知刘承偕的阴谋，暗示部下兵士作乱，杀死张汶。他们包围刘承偕，想杀了他，幕僚贾进来直言，责备刘悟说："你这么做，想效法李师道吗？在这个军中您怎么能知道没有像您一样的人，也效法您当年杀李师道那样而谋害您呢？假使李司空还有知觉，能不在地下嘲笑您吗？"刘悟于是向贾直言谢罪，说自己做得不对，把刘承偕救出来，并把他囚禁在府舍中。

起初，穆宗在东宫为太子的时候，听说天下百姓对宪宗李纯用兵作战非常厌恶愁苦，所以穆宗李恒即位后，对待将士尽量宽容优赏，以求相安无事。三月，壬辰日（初一日），穆宗颁下诏书："神策六军使和南牙常参武官，将得官的原因，所经历的职位、功绩，用公文送到中书，适当加以奖励提拔。各道大将任职已久及有功者，也都向朝廷报告，授予官职。各地军队，都由本道遵照之前已规定的士兵数额，不得随便裁减人员。"诏书下达后，一些商贾、管文书的小吏，争相贿赂藩镇节度使、观察使，希望由藩镇授予一个军将的职务，再推荐到朝廷，那么立刻就有朝廷的官衔。各道的奏章成批地堆积在中书省内，士大夫都扼腕叹息授官太滥。

武宁节度副使王智兴率领军中三千精兵讨伐幽州、镇州，节度使崔群忌惮王智兴，向朝廷上奏请命王智兴为节度使，否则就把他召到京师，授给别的官职。朝廷还没有答复，王智兴也有些怀疑；适逢有诏命赦免王庭凑的罪，各道参加讨伐的军队都已停止作战。王智兴率领军队先行一步，返回到武宁。崔群听说王智兴已率兵入境，很是恐惧，派使者迎接慰劳，并且教军士解除武装再入城；王智兴不依从。乙巳日（十四日），王智兴率领军队直入徐州城，徐人开城门等待他，王智兴杀了十几个不赞同他的人，才进节度使府牙，见崔群及监军，下拜伏在地上说："这都是将士们的意思，我没有一点办法！"他为崔群和判官以及随行人员准备护送的人员、马匹和行装，全都是早就办好的，派兵保卫崔群前往京城，送到埇桥才折回。埇桥有朝廷设置的盐铁院仓库，王智兴放纵士兵大肆掠夺盐铁院储藏的钱币和布帛，还抢占诸道向朝廷进奉经过汴河中的船只和商人、行人在船上的财物，全拿了三分之二。

丙午日（十五日），穆宗李恒加封朱克融、王庭凑为检校工部尚书。穆宗听说朱克融和王庭凑已经撤除包围深州的军队，所以褒奖他们，然而王庭凑的军队实际上还在深州城下。

韩愈被穆宗任命为宣慰使，即将出发，百官都忧虑他的个人安危。穆宗李恒下诏命韩愈到成德边境后，先观察那里的形势变化，不要急于进入境内，以防止难以预测的事情发生。韩愈说："陛下阻止我，这是出于陛下的仁义关怀我的安危；不畏惧死亡去执行陛下的任命，则是我作为臣子应该尽的义务。"说完就毅然前往。到镇州后，王庭凑刀出鞘、箭上弦来迎接他，韩愈到馆舍，武装士兵手执兵器排列在庭院中。王庭凑对韩愈说："境内之所以纷乱蠢动，都是这些将士干的，并不是我的本意。"韩愈厉声呵斥他说："陛下因为尚书有将帅之才，所以才赐你为节度使，却想不到你竟然还指挥不动这些士卒！"有一个士兵手执兵器上前几步说："先太师（王武俊）为国家打跑朱滔，他的血衣还在，本军哪里对不起朝廷，竟然把我们当作叛贼讨伐！"韩愈说："你们能记得先太师就很好。他开始时叛乱朝廷，后来归顺朝廷，朝廷给他加官进爵。所以违背和顺从朝廷造成的祸福，例子难道很远吗？自安禄山、史思明以来，到吴元济、李师道，他们的子孙现在还有存活做官的吗？田令公举魏博归顺朝廷，田家的子孙虽是小孩子，但都被授予高官；王承元以成德归顺朝廷，才二十岁就做了节度使；刘悟、李祐起初跟随李师道、吴元济叛乱，后来也都投降朝廷，现在都是节度使，这些你们也听过吧？”王庭凑害怕众人听了韩愈的话，心中动摇，指挥众人出去；对韩愈说：“侍郎到这里来，想教我怎么做？”韩愈说：“神策六军的将领，像牛元翼这样的不在少数，但是朝廷顾全大局，不能把他抛弃不管。尚书为什么把他们包围着不放呢？”王庭凑说：“我立刻放他们出来。”随即和韩愈宴饮，很有礼貌地送他回去。过了不久，牛元翼率领十骑突围而出，深州大将臧平等以城投降，王庭凑指责臧平等人一直坚守抗拒，杀死臧平等将吏一百八十多人。

戊申日（十七日），裴度返回长安，拜见穆宗李恒，对自己率军讨伐幽州、成德而没能取胜向穆宗请罪。先前，穆宗以诏书命令刘悟把刘承偕押送到京师，刘悟以军情紧急为借口，不立即遵奉穆宗的诏命。穆宗询问裴度：“朕应该如何处置？”裴度回答说：“刘承偕在昭义，骄纵不守法令，臣完全知道，刘悟出兵在行营时，曾给臣写了一封信，报告过这些情况。当时有中使赵弘亮在军中，把刘悟的信拿去，说：‘我要亲自向皇上禀报。’不知道他向陛下奏呈了没有？”穆宗说：“朕根本就不知道此事，再说刘悟是大臣，为什么不自己上奏？”裴度回答说：“刘悟是武臣，不懂得事情的体制。现在事情议论纷纷，我和其他人向陛下当面陈述说明，陛下仍然不能做出决断，更何况刘悟当时也只是一面之词，又怎么能说动陛下呢？”穆宗说：“从前的事不谈，只说现在要如何处置？”裴度回答说：“如果陛下能下定决心收取天下人心的话，只要下达一纸诏书，指斥刘承偕骄横放纵的罪行，然后命令刘悟集合将士，当众把他杀了就可以。不只是一个刘悟！全国各个藩镇的节度使都会认为陛下执法如山，谁不想为陛下效命？”穆宗低下头沉默了好一会儿，说：“我是不会爱惜刘承偕的，可是太后认他做养子，现在把他关起来，都没敢让皇太后知道，更何况要杀掉他呢？你再想想其他办法吧！”于是裴度和王播等向穆宗上奏，请求“把刘承偕流放到远州，刘悟必定会放他出来”。穆宗听从他们的建议。一个多月后，刘悟才释放刘承偕。

李光颜率领的许州士兵得知天子已经下诏停罢诸道在河朔前线的军队，而他们还要留守沧州和景州，都大声喧哗扰攘，都要向西奔走，回到许州。李光颜不能制止他们，因此惊恐生病。己酉日（十八日），李光颜向朝廷上奏，坚决辞去横海节度使的职位，请求回许州；穆宗准许他的请求。

壬子日（二十一日），穆宗任命裴度为淮南节度使，仍兼任原来的其他职务。

穆宗加封刘悟为检校司徒，仍兼任原来的其他职务。从此，刘悟渐渐骄纵起来，想效法河朔三镇，实行割据，他开始聚集各地不得志的狂放之徒，上奏朝廷的表章也多出言不逊。

当裴度讨伐幽州和成德时，回鹘请求派军队参战，朝廷商议后，认为这件事不可以，于是派中使前去阻止。回鹘派臣子李义节率领三千人已到丰州北面，中使命李义节返回，李义节不听他的命令；穆宗李恒下诏拿出缯帛七万匹赐给他，甲寅日（二十三日），李义节才返回回鹘。

王智兴派遣二千轻兵偷袭濠州；丙辰日（二十五日），濠州刺史侯弘度弃城逃奔寿州。

所有向朝廷上奏的臣僚都认为裴度不应该被调到外地任职，应该留在朝廷为官，穆宗也很看重裴度。戊午日（二十七日），穆宗下制书留裴度在朝廷辅佐政治；任命中书侍郎、同平章事王播带同平章事的荣誉官衔，代替裴度出任淮南节度使，仍兼诸道盐铁转运使。

李寰率领三千人从博野城突围而出，王庭凑派遣军队前去追赶；李寰和他们交战，杀死三百多人，王庭凑的士兵才返回去，不再追击；李寰剩下的二千多人仍然固守博野。

朝廷考虑到刚刚对幽州、成德停止讨伐，没有能力再讨伐王智兴率领的叛军，己未日（二十八日），穆宗李恒任命王智兴为武宁节度使。

穆宗又任命德棣节度使李全略为横海节度使。

夏季，四月，辛酉朔日（初一日），天空出现日食。

甲戌日（十四日），穆宗李恒任命傅良弼、李寰为神策都知兵马使。

户部侍郎、判度支张平叔向穆宗上奏说："由官府自己卖盐，朝廷每年可以获得一倍的利润。"又建议"命各道掌管食盐专卖的官吏把盐送到村里进行交易"；又建议"命宰相兼任盐铁使"；又建议"各道以卖盐多少作为考察刺史、县令政绩优劣的依据"；又请求"要求各地核查实际户口，根据各户人口的多少，若干户组织在一起，给一年的盐，使他们按四季缴纳价款"；又说"实行这些政策后，如果那些有钱的大商人用财物行贿，或者出于不满喧哗闹事，或者向上申诉，为首的就地用杖打死，联名告状的人都给予打背脊骨的惩罚"。穆宗下诏令百官商议他这一建议是否可以实施。

兵部侍郎韩愈向穆宗上奏，认为："在城市以外的地方，人们很少有用现钱买盐的，多半用杂物交换。盐商随便什么东西都要，或者先赊账以后再慢慢偿还。这样的交易方式，对买卖双方都很方便。现在朝廷下令让官吏坐在铺子里卖盐，官吏们一定只要现钱，其他杂物肯定不敢接受。这样一来，手头没钱的穷人就无法得到盐，国家自然凭空失去经常的税收，怎么会有反而增加一倍的收益？其次如果教官吏把盐挨家挨户地贩卖，必定会借接待为名，乘机勒索百姓，这样对百姓的骚扰很多。再者，刺史、县令的职责在于分担天子的忧虑，岂能只以卖盐所得利益的多少，作为升官降职的依据，而不再考虑他们的政绩呢？最后，穷人家盐吃得非常少，有的甚至十天半月淡食，如果按户给盐，按时收钱，官吏恐怕会不能按时把盐钱收上来而被上司怪罪，必定会对百姓用严刑，我担心因此各地可能产生骚乱而不能安定，这是他的建议不可行的最重要一点。"

中书舍人韦处厚议论，认为："宰相的职责就是商议国家的大政方针，如果宰相兼管盐业专卖这类具体的事务，臣认为确实是不适当的。窦参、皇甫镈都是兼管钱谷的宰相，由于两方面事务难以同时考虑周全，以致出了问题而被罢免。同时，要想用严刑峻法禁止百姓拦路告状，也是不可能的。所有勉强别人去做他们做不到的事情，这种事情必定不能成功；凡是制定人们一定会违犯的法律，这种法律就必定难以贯彻执行。”张平叔的建议于是被搁置没能实行。

张平叔又向穆宗李恒上奏征收百姓多年的欠税。江州刺史李渤向穆宗上奏：“度支征收本州贞元二年逃税户所欠的钱四千多贯，本州今年闹旱灾，农作物损失十分之九。陛下为什么要在大旱之年征收三十六年前百姓所欠的赋税呢？”于是穆宗下诏书把欠税完全免除。

邕州人不愿意隶属容管经略使统领，刺史李元宗把吏民的奏状呈递给御史，请他将奏状上奏朝廷。容管经略使严公素知道这件事后，派遣官吏前去审查李元宗擅自把罗阳县归还给黄洞蛮酋长黄少度的问题。五月，壬寅日（十二日），李元宗带了一百个士兵，携带州印投奔黄洞蛮。

王庭凑围困牛元翼的时候，和王李绮的师傅于方想出一个奇妙的计策以求升迁，于方向元稹请求说：“请派遣说客王昭、于友明二人去游说王庭凑的部下， 以此来达到放牛元翼出城的目的。再贿赂兵部、吏部的令史，请求他们给予文官和武官的假任命书二十张，让王昭、于友明二人游说时随时寻找机会授予对方。”元稹答应了他的请求。有一个叫李赏的人，知道了他们的计划，悄悄告诉裴度，说于方为元稹结交刺客，阴谋杀害裴度，裴度听后，将此事埋在心底，没有发作。李赏就到左神策报告此事。丁巳日（二十七日），穆宗李恒下诏左仆射韩皋等就此事审问于方。

戊午日（二十八日），幽州节度使朱克融声称向朝廷进献一万匹马，十万头羊，但他呈递的奏章上却说，先请朝廷支付这些马和羊的价钱作为对手下将士的犒赏，然后才能将马和羊进献给朝廷。

韩皋主持刑部、大理寺和御史台会审于方阴谋杀害裴度的案件，没有找到什么证据。六月，甲子日（初五日），穆宗罢免裴度和元稹的宰相之位，命裴度担任右仆射，元稹担任同州刺史；任命兵部尚书李逢吉为门下侍郎、同平章事。

党项族部落侵扰灵州、渭北，抢劫牧场上的朝廷战马。

谏官向穆宗上奏："裴度没有犯罪，不应当被罢免宰相职务。而元稹和于方一起策划奸谋，对他们的处置太轻。"穆宗迫不得已，壬申日（十三日），免去元稹长春宫使的官职。

吐蕃攻打灵武。

庚辰日（二十一日），盐州向朝廷上奏党项都督拔跋万诚请求投降。

壬午日（二十三日），吐蕃出兵侵犯盐州。

戊子日（二十九日），唐穆宗下令重新设置邕管经略使。

起初，张弘靖担任宣武节度使，常常赏赐财物取悦军士，致使府库空虚。李愿继任宣武节度使，喜好奢侈之风，对军士赏赐犒劳的东西比张弘靖时候赏赐的东西少，又施用严刑峻法，军士很不喜欢他。李愿任用他的妻弟窦瑗掌管护卫亲兵，窦瑗骄横贪财，军中将士很憎恨他。于是牙将李臣则等人趁机作乱，秋季，七月，壬辰日（初四日）的晚上，李臣则等人就在军帐中把窦瑗杀死，随即大声呼喊，府里各处都响应。李愿和一个儿子翻过城墙逃到郑州；乱兵就杀死李愿的妻子，军士共同推举都押牙李㝏做留后。

丙申日（初八日），宋王李结去世。

戊戌日（初十日），宣武监军向朝廷奏报军队作乱。庚子日（十二日），李㝏自己向朝廷上奏已暂时代理留后。

乙巳日（十七日），穆宗下诏中书、门下、尚书三省长官和宰相商议如何处置宣武镇的叛乱问题，参加会议的官员大多数都认为应该按照河北藩镇的旧例，授予李㝏节度使的职位。李逢吉说："河北藩镇割据，迫于无奈。现在如果连宣武也一并放弃，恐怕江淮以南的广大地区都将不属于朝廷。"杜元颖、张平叔和他争辩说："为什么要爱惜几尺长的节度使符节，却不爱惜宣武一方百姓的性命呢？"议论还没有决断时，正赶上宣武镇管辖的宋州、亳州、颍州三州各自向朝廷上奏疏，请求穆宗另外任命节度使。穆宗李恒非常高兴，认为李逢吉的意见是对的，派遣中使到三州去宣达慰问之意。李逢吉接着向穆宗请求“用将军的职位征召李㝏到朝廷来，派义成节度使韩充镇守宣武。韩充就是前宣武节度使韩弘的弟弟，一向以宽容仁德深得将士爱戴。如果李㝏恃众抗拒，陛下就命令武宁和忠武两支军队前去攻击宣武镇的左右两翼，命义成军队从北面进逼宣武边境，韩充肯定能够率领军队进入宣武”。穆宗听从了这个建议。

丙午日（十八日），穆宗李恒贬李愿为随州刺史，派遣韩充担任宣武节度使兼义成节度使。穆宗又征召李㝏为右金吾将军，李㝏拒不执行朝廷诏令。宋州刺史高承简杀了李㝏的使者，于是李㝏派二千兵马前去攻打他，攻陷宁陵、襄邑二县。宋州有三座城，李齐已攻陷南城，高承简率兵坚守北边的两座城，和叛贼大战十多次。癸丑日（二十五日），忠武节度使李光颜率领二万五千人讨伐李㝏，驻扎在尉氏。兖海节度使曹华听说李㝏作乱，不待朝廷下诏，就主动出兵讨伐。李㝏派遣三千兵马攻打宋州，人马刚到城下，丙辰日（二十八日），曹华迎头痛击，打败了他。丁巳日（二十九日），李光颜在尉氏打败宣武军队，斩首和俘虏二千多人。

八月，辛酉日（初三日），大理卿刘元鼎出使吐蕃国会盟，返回京城。

甲子日（初六日），韩充率兵进入汴州，军队驻扎在千塔。武宁节度使王智兴和宋州刺史高承简联合打败宣武军队，斩首一千多人，其余敌兵逃亡。壬申日（十四日），韩充在郭桥打败宣武军队，率兵乘胜进军万胜镇。

起初，李㝏做了宣武留后后，把都知兵马使李质作为自己的心腹，等到李㝏被朝廷任命为右金吾将军的时候，李㝏拒不执行朝廷对他的任命，李质就多次劝谏他接受任命，但李㝏不听劝谏。恰好李㝏头上长了恶疮，他派李臣则等人率兵前往尉氏县抵抗李光颜的忠武军队。没过多久，官兵就从四面向宣武包围过来，宣武军队屡次战败，李岕的毒疮也越来越严重。李岕就把军事的指挥权都交托给李质，自己在家卧病休养。丙子日（十八日），李质和监军姚文寿活捉李岕，并杀死他；他们又假造李岕的文书，派人追回李臣则等人。李臣则等人回到汴州后，都被斩杀；李质和姚文寿又捉住李岕的四个儿子，把他们都押送到京师。

韩充还没有抵达汴州，李质暂时掌管宣武军务，当时府衙有三千牙兵，每天要供给酒食，宣武的财力已难以继续供给他们。李质说："如果韩充刚来宣武赴任，就罢除对牙兵的优待，肯定会大失军心！我不能遗留这个弊病让我们新任的节度使来处理。"李质立刻命令罢除对牙兵的优厚供给，然后迎接韩充。丁丑日（十九日），韩充抵达汴州。

癸未日（二十五日），穆宗李恒任命韩充专任宣武节度使，曹华为义成节度使，高承简为兖、海、沂、密等州节度使，穆宗又加封李光颜兼任侍中，任用李质为右金吾将军。

韩充到宣武就任后，人心稍稍安定下来。韩充于是开始秘密调查登记军中一贯作恶多端的将士，共一千多人。一天，韩充下令将这些人和他们的父母妻子完全驱逐出境，说："敢在宣武境内略作逗留的，一律斩首。"于是军政大治。

九月，戊子朔日（初一日），浙西观察使京兆人窦易直向朝廷上奏大将王国清叛乱，已被斩杀。起初，窦易直听说宣武军队叛乱，十分害怕，打算从库房拿出金银布帛来赏赐将士，有人对他说："没有名义就赏赐他们金银布帛，恐怕更让他们疑心。"窦易直才打消这个念头，可是外面已有人知道了这个消息，所以王国清乘人心不定率领军士起来作乱；窦易直讨伐并捉住他，还杀了他的党羽共二百多人。

德州刺史王稷，继承父亲王锷的财产，家里很富有；横海节度使李景略（李景略当作李全略）贪图他的家产，丙申日（初九日），李景略秘密指使军士暗中杀害王稷和他的家人，又强娶他的女儿为妾，向朝廷奏报称军队作乱。

朝廷讨伐李㝏的时候，派司门郎中韦文恪前去安抚魏博，史宪诚向穆宗李恒上表请求授予李㝏宣武节度使的职位，史宪诚又在黄河北岸的黎阳县建筑码头，做出要渡河援助李㝏的样子，史宪诚见了韦文恪，言辞和礼节都很傲慢；等到史宪诚听说李㝏已被杀死，对李文恪的言辞和礼节立刻变得谦恭。他还自嘲说："我是胡人，就像家中的狗一样，虽然被鞭打，最终不会离开主人。"

冬季，十一月，庚午日（十四日），皇太后驾临华清宫。辛未日（十五日），穆宗李恒从复道出京到华清宫，趁机在骊山打猎游乐，当天回宫。皇太后过了很多天才返回京城。

丙子日（二十日），集王李缃去世。

庚辰日（二十四日），穆宗李恒和宦官在宫中打球，有一个宦官不小心从马上掉下来，穆宗受到惊吓，得了手足麻木的疾病，不能下地行走，从此百官都不了解穆宗的日常活动和行踪。宰相屡次请求入见，都得不到回复。裴度也多次上疏请求穆宗立太子，并请求入宫面见穆宗。十二月，辛卯日（初五日），穆宗在紫宸殿接见群臣，坐在大绳床上，完全屏退左右禁卫，只留下十几个宦官在旁边侍候，人心渐渐安定下来。李逢吉劝谏穆宗说："景王李湛如今已经长大成人，请陛下立景王为太子。"裴度也请求穆宗尽快颁下诏书立太子，以便符合天下臣民的心愿。穆宗李恒没有说话。不久中书、门下两省的官员也陆续有请求立太子。癸巳日（初七日），穆宗李恒下诏立景王李湛为太子。穆宗的病也逐渐痊愈。

这年，全国开始行用《宣明历》。

资治通鉴卷第二百四十三　唐纪五十九

起癸卯（公元823年），止戊申（公元828年），共六年。

【题解】本卷记录了公元823年至828年的历史，共六年。为唐穆宗长庆三年至唐文宗太和二年。六年间历经穆宗、敬宗、文宗三朝。穆宗、敬宗昏庸，只追求奢侈放纵的生活，不关心朝政，成为宦官的傀儡。穆宗知晓李逢吉奸猾，却因畏惧而重用；敬宗明白李绅含冤，却容忍李逢吉排挤李绅出朝。裴度再度入相，巧谏敬宗，敬宗罢游东都。惩治宦官扰乱市井的县令崔发被下狱，牛僧孺畏惧宦官自离相位。穆宗服用丹药驾崩，敬宗竟被宦官刘克明等人杀害。枢密使王守澄等四贵拥立文宗即位，杀害接见过朝官的绛王李悟，朝官不敢言语。八二八年，名士刘蕡应贤良方正科，对策公开反对宦官，主考官不敢录取，刘蕡落第。

穆宗睿圣文惠孝皇帝下

长庆三年（癸卯，公元823年）

春季，正月，癸未日（二十七日），穆宗李恒赐钱给左、右两军中尉以下的官员。二月，辛卯日（初六日），穆宗赐给统军、军使等人绵（绵当作锦）彩、银器，并根据他们的职务高低来分等级颁给。

户部侍郎牛僧孺一向为穆宗李恒喜爱、器重。起初，宣武节度使韩弘的儿子、右骁卫将军韩公武，为了巩固父亲的地位，就对朝廷内外很多执掌大权的官员进行贿赂。等到韩公武去世，韩弘也去世了，而韩弘的小孙子韩绍宗就继承祖上家业。韩绍宗家里掌管储藏的家仆和宣武的官吏、御史台等向朝廷起诉韩公武向权臣行贿的事情。穆宗哀怜韩绍宗，就把韩弘的账簿全部拿来亲自查看，发现有权柄的朝廷内外官员，大多接受过韩弘的贿赂，登记簿上只有一处用红笔小字写着："某年月日，送给户部牛侍郎一千万钱，拒不接受。"穆宗非常高兴，拿给身边的人看，说："果然不出我所料，我不会看错人！"三月，壬戌日（初七日），穆宗任命牛僧孺为中书侍郎、同平章事。

当时牛僧孺和李德裕都有升迁为宰相的希望；但是李德裕被派出京城做浙西观察使，八年没有得到升迁，他认为李逢吉为了排斥自己，而向穆宗引荐牛僧孺做宰相。从此，牛僧孺、李德裕之间的仇怨就越来越深。

夏季，四月，甲午日（初十日），安南都护府向朝廷奏报陆州的獠人攻打抢劫本道州县。

丙申日（十二日），穆宗李恒赐钱给宣徽院供奉官，凡身着紫色官服的赐给一百二十贯，下至承旨官，都根据他们各自的官品高低分等级颁给。

起初，翼城人郑注，虽然身材瘦弱，眼睛近视，但为人善于巧言谄媚，善于揣摩人心，他凭借医术游行四方，常常羁旅他乡，生活很贫穷。郑注曾凭借医术请求拜见徐州牙将，牙将很喜欢他，于是把他推荐给节度使李愬。李愬吃了他的药很有效果，因而非常宠爱他，还任命他为牙推，后来郑注渐渐参与军政，胡作非为，节度使府的官员对他的作为都很担忧。监军王守澄把众人对郑注的反映报告李愬，请求李愬除掉他，李愬说："郑注虽然这样，但他是奇才，请和他试着见一面，如果你觉得他真是一无是处，那时再驱除他也还不晚啊。"于是李愬教郑注去拜见王守澄，王守澄起初有些为难，不得已才接见他，和郑注坐着谈话没多长时间，郑注说得王守澄非常高兴，于是王守澄又把郑注引到中堂，两人促膝而坐，说说笑笑，相见恨晚。第二天，王守澄对李愬说："郑先生的确如你所说的那样好。"从此郑注又得到王守澄的宠爱，权势更大，李愬又任命郑注做巡官，让他做自己的重要幕僚。郑注在掌握一定权力后，担心原来推荐自己的牙将泄露了他的底细，于是秘密地以其他罪名在李愬面前诬告牙将，李愬就把牙将杀了。等到王守澄被穆宗召入朝廷，任命为知枢密，王守澄就把郑注也带到京城，给他建造府邸，供给他财物使用，又把他推荐给穆宗，穆宗李恒对郑注也很器重。

穆宗生病后，王守澄专掌国事，权势倾动朝野；郑注出入王守澄家特别频繁，和他商议谋划事情，常常商量整个晚上。二人还相互串通收受他人贿赂，外人都没有办法窥探他们的行踪。刚开始的时候，还只是一些身份卑微却又善于钻营趋炎附势的官吏，通过贿赂郑注而得以升迁；几年之后，达官贵戚们也都争着和郑注交往，以致郑注家门前经常挤满车马。工部尚书郑权，家里有很多姬妾，但因俸禄微薄难以供养，于是通过郑注向王守澄推荐他，请求让他担任节度使。己酉日（二十五日），穆宗李恒任命郑权为岭南节度使。

五月，壬申日（十八日），穆宗任命尚书左丞柳公绰为山南东道节度使。柳公绰经过邓县，发现两个官吏犯法：一个因为贪受钱财，一个因为擅自篡改法文。众人都认为柳公绰肯定要杀那个贪污钱财的官吏。柳公绰却判决说："贪污的官吏虽然违反法律，但法律还是存在；而篡改法文的官吏扰乱了国家的法律，法律对他来说，已经形同虚设。"最后柳公绰判决杀了篡改法文的奸吏。

丙子日（二十二日），唐穆宗李恒下诏以晋、慈二州为保义军，任命观察使李寰为节度使。

六月，己丑日（初六日），穆宗任命吏部侍郎韩愈为京兆尹；禁军将士都不敢触犯法律，他们在私下里相互说："他连佛骨都敢焚烧，我们怎么还敢触犯法律？"

秋季，七月，癸亥日（十一日），岭南向朝廷上奏，黄洞蛮攻打邕州，攻取左江镇。丙寅日（十四日），邕州向朝廷上奏，黄洞蛮攻下钦州的千金镇，刺史杨屿逃到石南砦。

南诏国王劝利去世，南诏人向唐朝上奏请求立劝利的弟弟丰祐为国王。丰祐勇敢而且善于任用贤才，他很仰慕唐朝的礼仪和文化，从他以后，南诏国王不再父辈连名。

八月，癸巳日（十一日），邕管向朝廷上奏攻破黄洞蛮。

丙申日（十四日），穆宗李恒从复道到兴庆宫，走到通化门楼，穆宗向山里的僧人施舍二百匹绢。穆宗这种滥施赏赐的行为，一点没有节制，像这一类事情，实在太多，根本无法一一记载。

癸卯日（二十一日），穆宗任命左仆射裴度为司空、山南西道节度使，不再兼任平章事。李逢吉怨恨裴度，右补阙张又新等人亲附李逢吉，竞相用流言蜚语诋毁中伤裴度，最终把裴度排挤出朝廷，放逐京外任命他为外地的节度使。张又新是张荐的儿子。

九月，丙辰日（初五日），穆宗加封昭义节度使刘悟为同平章事。

李逢吉担任宰相时，在朝内和掌管枢密的王守澄勾结在一起，权势倾动朝野。只有翰林学士李绅每次接受穆宗的问话，常排斥压抑他们，李逢吉把推荐官员的拟状呈奏给穆宗后，穆宗就把它拿到翰林院听取臣子的建议，李绅对李逢吉的拟状有很多批评。李逢吉对此十分担忧，但由于穆宗特别信任李绅，李逢吉没有办法向穆宗进谗言使穆宗疏远李绅。恰在此时御史中丞空缺，李逢吉便向穆宗推荐李绅，说他是清高正直的官员，适合担任监察工作；穆宗因为御史中丞也是次对官（在宰相之后，能面见皇上回答问题），未加怀疑而同意了这一建议。适逢此时李绅和京兆尹、御史大夫韩愈，为京兆尹到任是否到御史台向御史行参谒之礼发生争执，二人奏章往来，言辞多有不逊。于是李逢吉向穆宗上奏称李绅、韩愈二人关系不合。冬季，十月，丙戌日（初五日），穆宗任命韩愈为兵部侍郎，任命李绅为江西观察使。

己丑日（初八日），穆宗任命中书侍郎、同平章事杜元颖为同平章事、充任西川节度使。

辛卯日（初十日），安南向朝廷上奏，黄洞蛮侵扰。

韩愈、李绅进入京城向穆宗李恒感谢赐予新任职务，穆宗教他们各自陈述争论的经过，这时才明白事情的原因。壬辰日（十一日），穆宗又任命韩愈为吏部侍郎，任命李绅为户部侍郎。

长庆四年（甲辰，公元824年）

春季，正月，辛亥朔日（初一日），自即位以来，穆宗李恒首次亲临含元殿举行大朝会。

起初，柳泌等人被杀死后，方士又逐渐通过穆宗的身边侍从进入宫中，穆宗服用他们炼制的金石药物。有一个叫张皋的处士（有学行而隐居没有做官的人）向穆宗上疏，认为："大凡性情恬淡的人就会血气相协，身体健康；而欲求强烈的人则容易招致疾病。药物是用来行医治病的，如果没有患病就不要轻易去吃那些药物。从前孙思邈说过：'药物对人的身体各个器官的作用是有所偏重的，经常食用会导致人的五脏元气不平，即使是有病用药治疗，也必须非常谨慎小心。'百姓尚且如此，更何况是天子呢？昔日先帝相信方士的胡言乱语，服用金丹导致疾病，这是陛下很了解的事情，怎能重蹈覆辙呢？现在朝廷内外私下纷纷议论此事，都是害怕违背陛下的旨意，所以没有人敢说话。臣是自幼生长在草野之中的隐士，整天和麋鹿在一起，没有什么追求，但也约略知道一些忠义的道理，上书朝廷的原因，只是希望对陛下有些许帮助罢了。"穆宗认为他说得很有道理，派人去访求张皋，最终也没有找到。

丁卯日（十七日），岭南向朝廷奏报黄洞蛮侵扰钦州，杀死将士和官吏。

庚午日（二十日），穆宗的疾病又发作。壬申日（二十二日），病情渐渐严重，穆宗于是任命太子李湛代理朝政。宦官想请郭太后临朝行使皇权，郭太后对他们说："之前武皇后称帝，几乎使江山社稷倾覆，我祖上世世代代恪守忠孝仁义，这绝不是武氏所能相比的。太子李湛虽然年幼，如果身边有贤德的宰相辅助他，你们也不干涉朝政，还用得着担心国家不安定吗？从古至今，哪里有女子做天下之主，而能达到唐尧、虞舜的太平盛世的呢？"说完，郭太后拿起宦官拟定的制书亲手撕碎。太后的哥哥太常卿郭钊听说宦官的建议，就秘密给太后送上一封书信说："假如真顺从宦官的请求，臣请求先率领儿子们交出官衔和爵位，回到乡下。”太后哭泣着说：“祖先应该庆幸有我哥哥这样的好后代。”当天傍晚，穆宗在寝宫驾崩。癸酉日（二十三日），朝廷任命李逢吉兼任冢宰，主持穆宗的治丧等相关的事宜。丙子日（二十六日），敬宗李湛在太极殿东厢即位。

起初，穆宗李恒即位的时候，神策军士每人赐给五十千钱，宰相商议，认为陛下赏赐太丰厚，难以继续实行，于是穆宗下诏说：“根据禁军将士宿卫的功劳，确实应当给他们丰厚的赏赐。只是近年来各地多次出现旱灾，很多地方庄稼都歉收，国家府库空虚，戍守边地的士兵到现在还没有春衣供给。朝廷对将士的恩泽应该尽量做到平均，神策军士每人赏赐绢十匹、钱十千，京畿神策诸镇军士每人又减少五千钱。将内库中的绫拿出二百万匹交给度支，作为边地戍兵的春衣。”当时的人都称赞陛下的这次赏赐比较公允。

从戊寅日（二十八日）到庚辰日（三十日），唐敬宗李湛赐给宦官官服以及很多锦彩、金银，或今日赐给他们六品、七品的绿色官服，明日赐给他们四品、五品的红色官服。

起初，穆宗李恒留下李绅在朝廷任职，李逢吉更加忌恨他。李绅的族子李虞因文章博学而知名，他自称不喜欢做官，因此隐居华阳川。等到从父（伯父或叔父）李耆担任左拾遗后，李虞写信给李耆请求把他推荐给天子，不料这封信误送到李绅手里；李绅就写了一封书信嘲讽他，并把这件事在众人面前宣扬。因此李虞就很怨恨李绅，于是前去拜见李逢吉，把李绅平日暗地里议论李逢吉的话全部都告诉他。李逢吉听了这些更生气了，让李虞和补阙张又新，以及侄子前河阳掌书记李仲言等人随时监视李绅的过失，把这些事在士大夫之间传扬开来；而且说：“李绅暗里观察士大夫，看到有人聚集在一起议论，就将他们指斥为朋党，还向皇上告状。”从此，士大夫也都怨恨李绅。

等到唐敬宗李湛即位后，李逢吉和他的党羽因李绅失势而拍手称快，又担心敬宗再次任用他，于是他们日夜密谋，商量陷害李绅的办法。楚州刺史苏遇对李逢吉的同党说：“陛下刚刚上朝听政，必定要开延英殿询问百官，而李绅的官职是次对官，就应该在这时防备李绅被陛下重新重用。”李逢吉的同党认为此话很有道理，赶紧把这些情况禀告给李逢吉，并说：“事情很紧迫，如果等到陛下驾临延英殿听政再做防备，我们后悔都来不及。”于是李逢吉教王守澄对敬宗说：“陛下所以能被立为太子，臣全都知道，主要是李逢吉的功劳。像杜元颖、李绅那些人，都想立深王李察。”度支员外郎李续之等跟着上奏章说这些话。敬宗当时十六岁，有些怀疑他们的话所以没有相信，恰好李逢吉也有奏章，说：“李绅不忠于陛下，请陛下贬谪他的官职。”敬宗还反复地问情况是否属实，然后才依从他的建议。二月，癸未日（初三日），敬宗贬李绅为端州司马。李逢吉因而率领百官上表道贺，退朝后，百官又到中书省道贺，正逢李逢吉、张又新两人在中书省交谈，百官被守门人拒之门外。百官等待很久后，才看见张又新一边擦汗一边走出来，他向百官作揖行礼，然后说：“李绅被贬谪端州一事，我不能再退让。”百官听了这话，都特别吃惊，纷纷退下，很惧怕张又新。只有右拾遗内供奉吴思没有向李逢吉道贺，李逢吉非常生气，于是派吴思做吐蕃告哀使。丙戌日（初六日），敬宗李湛贬翰林学士庞严为信州刺史，蒋防为汀州刺史。庞严是寿州人。他和蒋防都是被李绅引荐而受重用。给事中于敖，平时和庞严特别友好，他把贬谪二人的敕书封还朝廷，百官都认为他要为这两人辩解，因此都替他忧虑，说：“于给事替庞严、蒋防申冤，触犯宰相，确实难能可贵啊。”等到后来于敖向敬宗上奏辩驳时，反而说对这两人贬官太轻。李逢吉因此嘉奖他。

张又新等还是忌恨李绅，每天上书说李绅贬得太轻，于是敬宗答应他们杀掉李绅；朝廷的大臣没有谁敢说话，只有翰林侍读学士韦处厚向敬宗呈上奏疏，指明说：“李绅是被李逢吉及其同党陷害而遭贬谪，人们对他的无辜被贬都很震惊，叹息不已。李绅是由先帝提拔重用的大臣，就算是他真的有罪，陛下也应该本着对父亲尽孝三年的精神，对他给以宽容，更何况李绅根本就没有犯罪！”于是敬宗渐渐醒悟。恰逢敬宗阅读宫中的文书，发现有一小箱穆宗李恒亲手封存的文书，打开后，看到其中一件是裴度、杜元颖、李绅所上的奏疏，内容是请求立皇上为太子，敬宗这才叹息不已，把朝臣所上的毁谤李绅的奏疏全部烧毁。虽然敬宗还没有立即把李绅从端州召回来，但以后有人说李绅坏话，敬宗就不再听了。

己亥日（十九日），敬宗李湛尊郭太后为太皇太后。

乙巳日（二十五日），敬宗李湛尊自己的母亲王妃为皇太后。皇太后是越州人。

丁未日（二十七日），敬宗李湛到中和殿打球，从此常常游乐、打球、奏乐，赏赐宦官、乐人财物。这些事情多得难以全部记载。

三月，壬子日（初三日），敬宗李湛大赦天下；命令诸道在规定进献的数额以外，不准再向朝廷进奉财物。

甲寅日（初五日），敬宗开始在延英殿召见宰相问话，商议朝政大事。

起初，牛元翼镇守襄阳，多次拿财物贿赂成德节度使王庭凑，请求他把自己的家眷释放送回，但王庭凑坚决不释放他的家人；后来王庭凑听说牛元翼死了，甲子日（十五日），就把他的家人全部杀掉。

敬宗李湛每次上朝都很晚，戊辰日（十九日），太阳已经很高，还没有坐朝，百官排列在紫宸门外等待见驾，年老生病的大臣几乎双腿麻木要跌倒。谏议大夫李渤告诉宰相说："昨天我上疏议论陛下坐朝太晚，不料今天早晨陛下上朝更晚，请允许我在金吾仗前等候陛下治罪吧。"等敬宗上朝结束，百官退朝，左拾遗刘栖楚独自留下，对敬宗说："宪宗和先帝都是成年之后才即位，但各地仍然多有叛乱。而陛下正当盛年，又刚刚即位，应当早起勤于政事，治理好天下。可是您却沉溺声乐女色之中，嗜睡晚起不早朝。如今先帝的灵柩还没有下葬，鼓吹奏乐的声音，天天喧腾，而陛下勤政美好的声誉没有显著，不孝的恶名却已远近皆知。臣担心国家的命运不会长久，请让微臣在台阶上碰死，来作为对我作为谏官失职罪责的惩罚吧。"说完就用额头往龙阶上碰去，结果流血不止，叩撞声就连宫殿之外都能听得见。李逢吉宣布敬宗的旨意说：“刘栖楚不要再叩头，等待皇上的处分吧。”刘栖楚捧着头起来，又向敬宗上奏宦官专权的问题。敬宗听得很不耐烦，连连挥手让他出去。刘栖楚说：“如果陛下不采用臣的建议，那就让臣死在陛下的面前吧。”牛僧孺又宣布敬宗李湛的旨意说：“所奏的事皇上已经知道，到门外等待皇上的处分！”刘栖楚这才退出去，在金吾仗前等待惩罚，这时宰相都赞成刘栖楚的建议。于是敬宗李湛命令中使到金吾仗前慰问刘栖楚和李渤，命令二人回家。不久，敬宗提拔刘栖楚为起居舍人，并赐予他五品的红色官服。刘栖楚以生病为由没有接受，回东都去了。

庚午日（二十一日），敬宗李湛赏赐内教坊一万缗钱，作为外出巡行的资费。

夏季，四月，甲午日（十五日），敬宗罢免淮南节度使王播盐铁转运使的职务。

乙未日（十六日），敬宗任用平民姜洽为补阙，试用大理评事陆洿、平民李虞、刘坚为拾遗。此时，李逢吉把持大权，他亲信重用的人有张又新、李仲言、李续之、李虞、刘栖楚、姜洽和拾遗张权舆、程昔范，还有一些顺从亲附他们的士人。当时憎恨李逢吉的人，都把他们称为八关十六子（由张至程，八人都担任重要职位，依附的又有八人）。

占卜术士苏玄明和朝廷染坊的供役人张韶交好，苏玄明私下对张韶说：“我为你占卜一卦，你将来应该能进宫升殿做皇帝，和我坐在一起用餐。现在皇上白天黑夜踢球游猎，大多数时间都不在宫中，我们可以趁此机会谋划大事。”张韶认为他说得很有道理，于是就和苏玄明在暗地里勾结一百多名染坊工匠和奸刁的无赖。丙申日（十七日），他们把兵器都藏在柴草中，然后装在车上，打算运进银台门，趁着夜黑之时作乱。还到达目的地，就有人因车载的分量太重而对他们产生怀疑，然后对他们加以盘问，张韶着急了，立刻杀死盘问的人，和他的手下换了衣服，然后挥动兵器，大叫着冲向宫中。

当时敬宗李湛正在清思殿打球，那些宦官看见众人挥动兵器冲进来，急忙冲进去关闭宫门，然后跑去向敬宗报告发生的情况；很快，张韶等人就攻破宫门，向宫中冲杀过来。从前，右神策中尉梁守谦很受敬宗宠爱，每当左、右神策军比试武艺的时候，敬宗常常偏袒右军。到现在情况危急之时，敬宗狼狈不堪，想到右神策军营躲避大难，身边的侍从说："右军距离远，恐怕我们在半路就遭遇盗贼，不如到左军路途近。"敬宗听从这个建议。左神策中尉河中人马存亮听说敬宗驾临，急忙跑出军营前去迎接，捧着敬宗的脚哭泣，亲自背敬宗到军中，然后派大将康艺全率领骑兵入宫讨伐作乱的人。敬宗李湛担忧太皇太后和皇太后被隔离在宫中会有危险，马存亮又派遣五百骑兵把两位太后接到军中。

张韶登上清思殿，坐在御榻上，和苏玄明共同吃东西，说："果然像你说的一样啊。"苏玄明很吃惊，说："难道你所追求的就是吃喝吗？"张韶听了这话很害怕想要逃走。恰好康艺全和右军兵马使尚国忠率领军队赶到，他们合力攻打，杀死张韶、苏玄明和他们的党羽，尸体狼藉遍地，直到天黑才安定。张韶的余党还有一些散藏在禁苑中；第二天，也全部被擒。

当时大明宫的各个大门都已经关闭，敬宗住在左神策军营中，朝廷内外都不知敬宗去了哪里，大臣们又害怕又惊慌。丁酉日（十八日），敬宗李湛回到皇宫，宰相率领百官到延英门道贺，前来的朝官不超过几十人。根据法律规定，凡是张韶和他的党羽所经过的宫门，三十五个监门宦官因为失职应该被判处死刑；己亥日（二十日），敬宗下诏用刑杖惩罚宦官，但并没有变动他们的职务。壬寅日（二十三日），敬宗重赏左、右两军立功的将士。

五月，乙卯日（初七日），敬宗李湛任命吏部侍郎李程、户部侍郎兼判度支窦易直同做同平章事。敬宗询问李逢吉，朝中官员谁能做宰相，李逢吉按资历、功勋和声望高低，一一列在表章上向敬宗上奏。

李程排在第一位，所以敬宗就任命李程担任宰相。敬宗很喜欢修筑宫室，打算再修建一座别殿，别殿设计的规模很大。李程上表就此事劝阻敬宗，请求敬宗将准备好的木材和石料用来修筑穆宗的陵墓，敬宗立刻答应他的请求。

六月，己卯朔日（初一日），敬宗任命左神策大将军康艺全为鄜坊节度使。

敬宗李湛听说王庭凑杀害牛元翼全家，叹息辅政大臣没有治国的才能，导致贼人如此放肆，嚣张残暴。翰林学士韦处厚就此事向敬宗上疏说：“裴度的功勋国人皆知，声望四方远扬，如果陛下把他召回朝廷，委派他主持朝政大事，河北、山东的割据藩镇必定会顺从朝廷的命令。管仲说：‘如果一个人拒绝听取别人的建议，那就会变得愚昧；如果乐于听取别人的建议，那才会变得聪明。’治乱的根本，并没有别的方法，只要顺从人心，自然就会天下昌平，而背离人心就必然会天下混乱。现在陛下正处在用人之际，却对现状叹息不已，为朝廷中没有像萧何、曹参那样德才兼备的宰相而深深遗憾，如今有贤臣裴度却不能留在朝中委以重用，这就和汉代的冯唐所说汉文帝刘恒就是得到廉颇、李牧那样优秀的将领却不能任用的道理是一样的啊。任用宰相，应当把事情交付给他，信任他，亲近他，礼遇他，做事没有功效，于国没有功劳，就调到闲散的官职，或者流放到荒远的州郡，给以惩罚。这样一来，处于宰相职位的人就必定会竭尽心力工作，而想获取宰相职务的人也就不敢有丝毫懈怠，又怎能得过且过呢？臣和李逢吉向来没有私人矛盾，却曾经无辜地被裴度贬过官职。现在陈述的，只是为了对上报答陛下对臣的信任，对下转达群臣的建议罢了。”后来敬宗看见裴度的奏状上没有平章事的官衔，问韦处厚是怎么回事。韦处厚把李逢吉排挤裴度的情况做了详细的汇报。敬宗说：“怎么会到这地步？”李程也劝敬宗礼遇裴度。丙申日（十八日），敬宗加封裴度为同平章事。

张韶之乱被平定后，左神策军护军中尉马存亮取得的功劳最大，但马存亮并没有夸耀自己的功劳，反而放弃兵权，请求出任地方职务；秋季，七月，敬宗下诏让马存亮担任淮南监军使。

夏绥节度使李祐入朝担任左金吾大将军，壬申日（二十五日），李祐向朝廷进献一百五十匹马；敬宗拒绝他的请求。甲戌日（二十七日），侍御史温造在紫宸殿弹劾李祐违反法令进奉马匹，请求敬宗按法律规定治李祐的罪，敬宗下诏释免李祐的罪。李祐对人说："当年我半夜进入蔡州城活捉吴元济，都没有胆战心惊过，今天遇到温御史竟教我魂飞胆破。"

八月，丁卯朔日（丁卯当作丁丑，初一日），安南向朝廷上奏遭到黄洞蛮的侵扰。

龙州刺史尉迟锐向敬宗李湛上奏说："州内江油县的牛心山素来被人称为神奇怪异的地方，现在牛心山上有一处山脉被人挖断，请求朝廷批准征派民夫堵塞填补。"敬宗听从这一建议。当地被征发的民夫有一万多人，他们在高山险要的地方作业，整个东川都因为这件事而使百姓疲敝不堪。

九月，丁未日（初一日），波斯大商人李苏沙向朝廷进献可以做亭子的沉香木。左拾遗李汉向敬宗李湛上奏说："这和瑶台、琼室有什么不同？"敬宗虽然很生气，但仍然还是宽容了他。李汉是李道明的六世孙。

冬季，十月，戊戌日（二十三日），翰林学士韦处厚劝谏敬宗宴游说："先帝因为过度沉溺酒色而导致疾病，损耗寿命。当时我没有冒死劝谏先帝，只是考虑到陛下已经十五岁，长大成人了。如今陛下的儿子才一岁，我怎么敢因贪生怕死就不规劝陛下呢？"敬宗听从他的建议，非常感动，赐给韦处厚一百匹锦缎、四件银器。

十一月，戊午日（十三日），安南向敬宗李湛上奏，黄洞蛮与环王合兵攻陷陆州，杀死刺史葛维。

庚申日（十五日），朝廷在光陵埋葬睿圣文惠孝皇帝李桓，庙号穆宗。

淮南节度使王播用十万贯钱贿赂王守澄，请求让他再担任盐铁转运使，十二月，癸未日（初九日），谏议大夫独孤朗、张仲方，起居郎柳公权、起居舍人宋申锡，拾遗李景让、薛廷老请求开延英殿，向敬宗李恒当面揭发王播的奸邪之事。敬宗问："上次在朝堂之上以死劝谏朕的刘栖楚不在你们中间吗？"当天，敬宗授予刘栖楚谏议大夫的职务。李景让是李憕的曾孙；薛廷老是河中人。

十二月，庚寅日（十六日），敬宗加封天平节度使乌重胤为同平章事。

乙未日（二十一日），徐泗观察使王智兴为庆祝敬宗的生日，请求在泗州设置戒坛，剃度僧尼为敬宗祈福，敬宗批准他的请求。自宪宗李纯元和年间以来，朝廷禁止各地设戒坛剃度僧尼的弊政，王智兴企图凭借这件事积聚钱财，所以首先破例请求设置戒坛，于是四方百姓云集而来，以江、淮地区的百姓最多。王智兴的家财因此事而达到几万。浙西观察使李德裕向敬宗上奏："如果朝廷不赶快制止此事，等到陛下生日才停止，估计下来，两浙、福建会损失六十万壮丁。"他的奏折被送到朝廷的当天，敬宗就下令王智兴停止这种做法。

这一年，回鹘崇德可汗去世，他的弟弟曷萨特勒即位。

敬宗睿武昭愍孝皇帝

宝历元年（乙巳，公元825年）

春季，正月，辛亥日（初七日），敬宗李湛驾临南郊祭祀；回宫后，敬宗御临丹凤楼，颁旨大赦天下，改年号为宝历。

起先，鄠县县令崔发有一次听到门外有喧嚣吵嚷的声音，就询问身边人发生了什么事，手下人回答说："是五坊的宦官殴打百姓。"崔发听说后非常气愤，命令把五坊的宦官抓起来，拖到庭院中。当时天已昏黑，过了好久才开始询问，原来是宫中派出的使臣。敬宗知道这件事后非常生气，下令把崔发抓起来，关押在御史台的监狱里。敬宗大赦天下的当天，崔发与即将被赦免的罪犯都站立在丹凤楼下的金鸡旁，等待被赦免回家；忽然有几十个宦官拿着木棍冲出来，他们照着崔发劈头盖脸打过来，结果崔发被打得血流满面，牙齿断裂，一下子昏死过去，宦官见此情形，这才离去。过了好半天，崔发苏醒过来，这时又有宦官跑来要打崔发，御史台的官吏急忙用席子把他遮盖起来，崔发才逃过一死。敬宗又命令把崔发重新关在御史台的监狱，而把其他的囚犯释放。

中书侍郎、同平章事牛僧孺因为敬宗荒淫奢侈，身旁的亲信小人把持朝政大权，又怕因自己进言而被敬宗怪罪，所以不敢直言劝谏敬宗，因此，他多次向敬宗上奏请求辞去职位，出任地方官职。乙卯日（十一日），敬宗提拔鄂岳为武昌军，任命牛僧孺为同平章事、代理武昌节度使的职务。

敬宗又任命王播兼任盐铁转运使；谏官屡次向敬宗劝谏此事，敬宗都不接受他们的建议。

牛僧孺经过襄阳，山南东道节度使柳公绰背着弓衣箭袋在驿馆恭恭敬敬地迎候牛僧孺。他的部将和幕僚劝阻他说："我们襄阳的地位就本来高于武昌，您用这样隆重的礼节迎接他有些过分。"柳公绰对他们说："牛僧孺刚刚离开宰相的职位，各地藩镇重视宰相，我这样做就是表示我对朝廷的尊重。"最终柳公绰用这种礼节来迎接牛僧孺。

敬宗李湛游玩没有节制，亲近身边的小人，每个月上朝听政不超过两三次，即使大臣也很少能见着他。二月，壬午日（初八日），浙西观察使李德裕向敬宗进献《丹扆六箴》：一叫《宵衣》，用来讽谏敬宗听朝少、时间晚；二叫《正服》，用来讽谏敬宗服饰色彩繁杂，不合乎法度；三曰《罢献》，用来讽谏敬宗向地方征求珍宝古玩；四曰《纳诲》，用来劝谏敬宗轻视或不虚心接受群臣进谏；五曰《辨邪》，用来劝谏敬宗分辨忠正与奸邪，不要重用身边的小人；六曰《防微》，用来劝谏敬宗提高警惕，不要轻易就出外游玩作乐。其中的《纳诲》箴大意是说："汉成帝刘骜流连沉湎酒色；魏明帝曹睿骄纵奢华，修建高出云霄的宫阙。他们虽然不拒绝忠臣的意见，但也没有从善如流。如果一定要把臣子善意劝谏当作塞耳朵的装饰之物，那就是皇帝自我堵塞了臣子的言路，拒绝让自己变得耳聪目明。”《防微》箴说：“自古以来乱臣贼子暗中谋划叛乱的事数都数不清。汉宣帝刘询时，霍光的外曾孙任章趁着黑夜不辨服色的时机，身穿黑衣混进禁军侍从的行列，谋划暗杀汉宣帝而没有成功。汉侍中仆射马何罗暗中密谋行刺汉武帝刘彻，却不慎撞到皇宫中的宝瑟摔倒在地而被活捉。汉武帝曾穿着便服到柏谷巡访，豺狼野猪堵塞道路，一个村妇看武帝面貌非凡，因而献上食物。这些事确实是应当引以为戒的。”敬宗下诏用委婉的言辞答复他。

敬宗李湛下令把崔发重新关押御史台监狱后，给事中李渤向敬宗上奏说：“县令不应该拖扯中人，中人也不应当随意去殴打御史台监狱的囚犯，他们两方面犯的罪是一样的。然而县令犯的罪，是在陛下大赦天下以前，中人所犯的罪是在陛下大赦天下之后。中人的横行霸道，已经到了目无朝廷诏令的程度。如果此时陛下对中人不及时加以制裁，我担心各地藩镇知道这件事后，都会萌发瞧不起朝廷的心理。”谏议大夫张仲方向敬宗上奏，大意是说：“陛下大赦天下，德行遍布四方，但陛下的恩德却不能在您的御驾前实行，陛下的恩泽遍及昆虫，却单单遗漏了崔发一人。”其他谏官上奏议论此事的也有很多，敬宗都没有采纳他们的建议。戊子日（十四日），李逢吉等臣子语气和缓地对敬宗李湛说：“崔发擅自拖扯中人，确实是对陛下犯下了大不敬的罪，然而他的母亲，是原来宰相韦贯之的姐姐，年纪快八十岁了，自从崔发下狱，她已积忧成疾。陛下正以孝治理天下，对于崔发母亲的情况，陛下应当给以哀怜。”敬宗于是怜悯地说：“近来谏官向朕上奏，只一直强调说崔发冤枉，都没有说他对朕不敬，也不曾说他家有老母。按照你所说的情况，朕怎么能不赦免崔发的罪行呢？”敬宗即刻命令中使释放崔发，派人送他回家，顺便安慰他的母亲。崔发回到家后，他的母亲当着中使，打了崔发四十棍，表示对他的惩罚。

三月，辛酉日（十七日），敬宗派司门郎中于人文册封回鹘曷萨特勒为爱登里罗汨没密施合毗伽昭礼可汗。

夏季，四月，癸巳日（二十日），群臣给敬宗李湛奉上“文武大圣广孝皇帝”的尊号；敬宗下诏大赦天下。对于因犯罪而被贬谪的官吏，赦文上只是说：“凡是因获罪而被贬到荒远偏僻之地的官吏，已经酌情迁往近处任职的，应该再酌情迁移任职。”赦文中却没有提及未曾酌情迁往近处任职的官吏。翰林学士韦处厚向敬宗上奏说：“李逢吉害怕李绅迁移任职，因此拟定赦文时才有这种处置。如果按照诏书的规定执行，近年来所有因罪被流贬的官，都因李绅一个人的缘故而不能酌情迁调到近处任职。”敬宗立刻命人把赦文追回，并加以修改。李绅因此才能从端州移任江州长史。

秋季，七月，甲辰日（初二日），盐铁使王播以节余的名义向朝廷进奉绢一百万匹。王播掌管盐铁，严苛地向百姓征求财物，征求时又特别急切，因此朝廷规定的盐铁专卖收入往往征收不足，而他却以节余为名向朝廷连续不断地进献财物。

己未日（十七日），敬宗李湛下诏命令王播建造用来游乐比赛用的二十艘竞渡龙舟，运材料到京师来建造，总计费用相当于盐铁转运半年的费用。谏议大夫张仲方等人尽力劝谏敬宗，敬宗才下令只建造十艘竞渡龙舟。

谏官向敬宗进言说，京兆尹崔元略用事奉伯叔父的礼节来事奉内常侍崔潭峻；丁卯日（二十五日），敬宗调崔元略担任户部侍郎。

昭义节度使刘悟离开郓州的时候，带领郓州二千士兵作为自己的随从亲兵。八月，庚戌日（初十日），刘悟患急病去世，他的儿子将作监主簿刘从谏隐瞒父亲去世的消息，不向朝廷汇报。刘从谏和大将刘武德及亲兵暗中策划，打算以父亲的遗书向朝廷上奏，请求朝廷任命自己为留后。司马贾直言责备刘从谏说：“你父亲当年杀死李师道，率领淄青十二州归顺朝廷，功劳很大，只是因为他擅自杀死磁州刺史张汶，自认为背上恶名，最终才羞悔而死。你现在不过是个年纪轻轻的后生，怎敢如此大胆欺瞒朝廷？你父亲死了还不赶快吊丧哭泣，以后你还有脸做人吗？”刘从谏害怕惶恐得无法应对，于是公开父亲的丧事，为父亲治丧。

起初，陈留人武昭被免去石州刺史的职务，担任袁王府长史，心中郁郁不得志，怨恨朝廷当权的大臣。李逢吉和李程关系不和睦，水部郎中李仍叔是李程的同族，他趁机激怒武昭说：“李程本来建议皇上授予您官职，但因为李逢吉阻挡而没有实现。”一次，武昭饮酒到兴头时，醉沉沉地对左金吾兵曹茅汇说“我想刺杀李逢吉”，这件事被人告发了。九月，庚辰日（初十日），敬宗李湛命令御史台、刑部、大理寺三司共同审问他。前任河阳掌书记李仲言对曹茅汇说：“如果你能证明武昭刺杀李逢吉是与李程共同谋划，你还能保住性命；否则，你就难免一死。”曹茅汇说：“我心甘情愿被冤枉！但要我诬告别人来保全自己的性命，我是绝对不会这样做的！” 三司审判就结束了。冬季，十月，甲子日（二十五日），武昭被用杖打死，李仍叔被贬为道州司马，李仲言被流放象州，曹茅汇被流放崖州。

敬宗李湛打算到骊山温泉游玩，左仆射李绛、谏议大夫张仲方等屡次劝谏，敬宗都不听他们的建议，拾遗张权舆伏在紫宸殿下向敬宗叩头劝谏说：“以前周幽王到骊山巡行游玩时，被犬戎杀死；秦始皇出游后，病死被埋葬在骊山，秦王朝也覆灭；唐玄宗李隆基大兴土木，在骊山建造宫殿，结果导致安禄山叛乱；先帝也由于到骊山游乐，导致寿命不长。”敬宗李湛说：“骊山真像这样不吉利吗？朕应该去证明一下那些话是否灵验。”十一月，庚寅日（二十一日），敬宗驾临温泉，当天回到皇宫，对左右侍从说：“那个叩头的人说的话，哪里值得相信呢？”

丙申日（二十七日），敬宗李湛册立皇子李普为晋王。

朝廷收到刘悟的遗表，群臣商议，多数人认为上党（昭义）一直以来都是朝廷的内镇，与应朔藩镇长期割据的情况不一样，朝廷不应答应刘从谏承继父位担任留后。左仆射李绛向敬宗上疏，认为：“用兵的关键是军事行动迅速，建立权威的关键是对出现的任何情况能做出正确的判断。只有人心还没有统一的时候，才可以通过谋略控制敌人，取得胜利。刘悟已经去世几个月，朝廷对他留下的职位还没有做出安排，朝廷内外的意见，都是对朝廷没有能够把握住解决昭义问题的最佳时机而深感痛惜。如今昭义的士兵，一定不会都和刘从谏共同谋划，即使有一半士兵和他同心协力谋划，也还有一半的士兵会为朝廷效命。何况刘从谏也一直没有掌握军权，对将士来说，他也没有什么恩惠和应该有的权威，将士们怎么可能都和他一起作乱呢？另外，昭义这一道素来地瘠人穷，在时机不当的时候，刘从谏必定不会给将士优厚的赏赐。现在只要朝廷赶快从靠近泽潞的藩镇选拔一员大将，任命为昭义节度使，命令他日夜赶路，前往昭义赴任。刘从谏还没来得及安排部署军队，新任节度使已到潞州上任，所谓‘先发制人，就可摧折敌人的士气’。新节度使上任，军心自然有所安定；刘从谏没有得到朝廷的任命，就没有资格对将士发号施令，假使他打算阻挠朝廷的命令，那些将士必定不肯听从。现在朝廷很长时间没有安排部署昭义的人事情况，军中将士不知道朝廷的想法，有的将士想效命朝廷又担心朝廷忽然把节度使的职位授予刘从谏，有的将士想和他同流合污又担心朝廷把节度使的职务授予别人，在这军心浮动不定的时候，假如有奸人给刘从谏出谋划策，对外宣称赏赐将士们若干钱财，将士贪图钱财，到了那种情况，朝廷再任命节度使前往昭义赴任，新任命的节度使就很难在那里指挥自如。希望陛下赶快做出决断，首先请陛下公开下诏，向昭义将士明确宣布，昭义的军队从李抱真担任节度使以来，一直效忠朝廷，赏给新节度使五十万匹缯，命他去行赏，以便稳定军心；然后再授予刘从谏一个刺史的职位。刘从谏既然略有所得，必然选择有利的事去做，万万没有违抗朝命的道理。假使刘从谏不顺从朝廷的任命，臣也认为不必立即发兵讨伐，为什么呢？臣听说刘从谏已禁止太行山东部三州的军士私自储藏兵器，这足以证明军心不一致，刘从谏的麾下亲兵中有杀死刘从谏然后归顺朝廷，以求得朝廷的赏赐的人，我看这种情形是必定会出现的。考虑各方面的利害得失，陛下没有任命刘从谏为昭义留后的任何缘由。”当时，李逢吉、王守澄已商议好这件事，最终没有采用李绛等人的计划。十二月，辛丑日（初三日），敬宗李湛任命刘从谏为昭义留后。刘悟担任昭义节度使时，常常对部下烦扰苛刻，刘从谏以宽厚的政策治理昭义来进行补救，将士们渐渐依附他。

李绛议论朝政，喜欢直言进谏，李逢吉很怨恨他。按照旧例，仆射上朝时，宰相要为他送行，百官排成行列，御史中丞站立在廷中迎接，各部尚书以下的官员每月要前往仆射的府衙上参拜。宪宗元和年间，伊慎担任仆射，太常博士韦谦上奏说对仆射的礼仪过于崇重，唐宪宗接受他的建议，同意消除这些礼仪。御史中丞王播仰仗李逢吉的权势，和李绛在路上相遇，也不回避。李绛引用旧规矩上奏朝廷：“尚书仆射这个官职在建国初期是正宰相，在礼仪上非常崇重的，如果朝廷认为臣不称职的话，就应当另外任命德才兼备的人来担任这一职务；如果朝廷仍然任用臣担任这一官职，那怎么会让人任意违法乱纪呢？请求陛下将我的建议交给百官，让他们详细地加以讨论，然后给以裁定。”商议的大臣都赞成李绛的意见。敬宗李湛听从他们的建议，又开始遵行旧礼仪。甲子日（二十六日），因为李绛患有脚病，敬宗授予他太子少师、分司东都的官职。

谏官都称赞裴度很贤德，认为朝廷不应该将他弃置在藩镇。敬宗屡次派使者到兴元慰问裴度，向他秘密转告即将被召回朝廷重新重用的日期。裴度因此要求入朝觐见敬宗，而李逢吉和他的党羽听到这一消息非常恐慌。

宝历二年（丙午，公元826年）

春季，正月，壬辰日（二十四日），裴度从兴元入京朝见敬宗李湛，李逢吉及其同党想尽各种办法去毁谤他。之前，民间已有民谣说：“绯衣小儿坦其腹，天上有口被驱逐。”（绯衣，裴度的字；天上有口，吴字。意思是说裴度当年指挥官军抓获淮西的叛将吴元济，他的才能应当得到朝廷的重用。）另外，长安城里有横亘着的六条高坡，好像是乾卦的六爻，裴度的住宅偶然处在第五条高坡上。张权舆向敬宗上奏说："裴度的名字应验歌谣中的谶语，住宅选择在第五个高坡，现在，他等不及朝廷召唤，就擅自来京，他的意图可想而知。"敬宗虽然年轻，但也洞察到张权舆对裴度的诬陷和诽谤，反而对裴度更加亲近信任。

裴度刚刚抵达京师，百官纷纷前往看望，甚至到了人满为患的程度，裴度留百官饮酒。京兆尹刘栖楚附在裴度耳边说话，侍御史崔咸举杯罚裴度说："丞相不应允许京兆尹在耳旁低声说悄悄话。"裴度笑着喝了罚酒。刘栖楚自己却感到不安，赶紧离开。

二月，丁未日（初九日），敬宗任命裴度为司空、同平章事。裴度在中书门下办公的时候，身边的官吏忽然向他报告说，中书门下的大印丢失。听到这一消息的官员都吓得脸色大变，裴度却还是照样喝酒；过了一会儿，身边的官吏又向裴度报告说，在原来的地方找到大印，裴度好像没听见，闭口不答。有人问他，这是什么缘故。裴度说："大印丢失，肯定是官吏偷偷拿走，私下里印制文书。如果我逼迫追踪得急切，他就会把大印丢在水火中，相反，如果我不动声色，他必然会把大印放回原处。"属下官员对他的见识器度非常佩服。

敬宗李湛即位以来，想到东都洛阳巡行，宰相和朝廷的臣子劝谏的很多，敬宗都不听从他们的建议，决意必定前去，并已经下诏度支员外郎卢贞前往巡察，修建洛阳的宫阙和长安到洛阳途中的行宫。裴度从容地对敬宗说："国家设有两都，本来就是用来准备天子巡察，自从安史之乱以来，这件事就废止了。现在宫阙、军队驻扎的营垒、百官的公廨及房舍都已经荒废，陛下如果真想前去巡游，应该首先命令有关部门在较长的时间中慢慢修建好，然后才可以前去巡游。"敬宗说："从来谏官都说朕不应当去洛阳巡行，若按照你这样所说，我倒也可以真的不去洛阳巡行。"恰巧此时朱克融、王庭凑都向敬宗请求本道出士兵和工匠帮助朝廷修补洛阳的宫阙。三月，丁亥日

（二十日），敬宗下敕书以修建东都劳烦骚扰众多为由，命令停止修建，召卢贞回京。

先前，朝廷派中使赐给朱克融当季的春装，朱克融认为朝廷所给春衣质地粗糙，把中使拘留下来；又向朝廷上奏说："今年本道将士的春衣不够，请求度支给衣料三十万匹。"又上奏说："想带兵马和工匠五千人帮助修建东都洛阳的宫阙。"敬宗担心朱克融发兵叛乱，拿这件事询问宰相，说自己打算派一位有威望的大臣前往幽州抚慰朱克融，同时让他归还中使。裴度回答说："朱克融对朝廷太无礼，必会自取灭亡的！这就好比是猛兽，自己在山林中咆哮跳跃，时间一久必定疲困，不敢随便离开巢穴。臣希望陛下不要派遣官员去幽州安抚，也不要索回中使，十天以后，慢慢赐给朱克融诏书，就说：'朕听说中使到幽州，举止有违背礼节的地方，等他回来，朕自有处分。朝廷赐予你的春衣，有关部门制造时非常不严格，朕也很想了解一些真实的情况，现在朕已经下令命人调查此事。将士的春衣，从来不是由朝廷征收发给，都是各道自行安排。朕并不是爱惜几十万匹物资，只是朝廷向来没有这样的先例，不能只给幽州物资。'至于朱克融上奏声称要帮助朝廷修建东都洛阳的宫阙，其实都是假话、空话，如果陛下想直接挫败他的奸谋，应该在敕文中说：'工匠应迅速派来，朕已下诏命令沿途各地安排接待。'如此一来，朱克融接到诏书，在匆促中必定不知怎么办才好。如果陛下对朱克融的跋扈无礼表示宽容的话，就说：'修建宫阙的事有司已计划妥当，不必劳驾幽州的工匠远地而来。'这样一来就足以解决所有的问题，不必再劳陛下忧虑。"敬宗李湛听了这些建议很高兴，依从裴度的想法。

敬宗李湛册立才人郭氏为贵妃。郭贵妃是晋王李普的母亲。

横海节度使李全略去世了，他的儿子副大使李同捷擅自兼任留后，并用重金贿赂邻近藩镇，以便达到承继父亲的官职的目的。

夏季，四月，戊申日（十一日），敬宗李湛任命昭义留后刘从谏为节度使。

五月，幽州的军队发生叛乱，将士杀死朱克融和他的儿子朱延龄，军中拥立朱克融的小儿子朱延嗣主持军务。

六月，甲子日（二十八日），唐敬宗李湛亲自驾临三殿，命令左右神策军、教坊、内园栽接使的军士和官吏踢球、摔跤、玩杂戏。游戏到兴头，有人折断手臂、有人打破头，一直到夜深游戏才停止。

己卯日（六月无此日），敬宗李湛驾临兴福寺，观看僧人文溆用俗语讲佛学教义。

癸未日（六月无此日），衡王李绚去世。

壬辰日（六月无此日），敬宗宣旨，索取现银十万两，黄金七千两，储备在皇帝的内藏库，以便随时供自己赏赐。

道士赵归真用神仙之道向敬宗李湛宣传游说，僧人惟贞、齐贤、正简拿佛教的祈祷求福理论游说敬宗，他们都在皇宫中进进出出，致使敬宗听信他们的宣传游说。占卜算命的隐士杜景先向敬宗李湛请求历遍各州，为敬宗求访有特殊才能的人。有一个叫周息元的润州人，自称年纪有数百岁，敬宗特意派中使去把他迎入宫中。八月，乙巳日（初十日），周息元抵达京师，敬宗让他住在宫里山池间的亭子中。

朱克融的小儿子朱延嗣被将士推举为幽州留后后，对自己的部下和百姓特别残暴严苛；都知兵马使李载义和他的弟弟牙内兵马使李载宁一起商议谋划，最终把朱延嗣杀死，同时还屠杀朱延嗣的三百余口家眷。李载义暂时管理留后的职务，九月，李载义列举朱延嗣的罪行，并向朝廷奏报。李载义是唐太宗的长子李承乾的后代。

庚申日（二十五日），魏博节度使史宪诚欺瞒朝廷说，李同捷已经被横海将士驱逐，逃到魏博，请求自戴刑具，归顺朝廷；不久史宪诚又奏报，李同捷回到横海的治所沧州。

壬申日（八月无此日），敬宗李湛任命中书侍郎、同平章事李程同平章事、代理河东节度使。

冬季，十月，己亥日（初五日），敬宗任命李载义为卢龙节度使。

十一月，甲申日（二十一日），敬宗任命门下侍郎、同平章事李逢吉为同平章事、代理山南东道节度使。

敬宗游玩没有节制，和一群小人亲近，他还擅长踢球，喜爱摔跤，禁军和各道藩镇争相向朝廷进献大力士，供敬宗玩乐；敬宗李湛又拿出一万缗钱给内园栽接使，叫他们招募大力士，这些大力士陪同敬宗摔跤，日夜不离身旁。此外，敬宗还喜欢在深夜亲自捉狐狸。他性情又狭隘急躁，有的大力士倚仗皇恩出言不逊，常被敬宗流放到边远之地，登记并没收他的家产；宦官犯了一点小错，动不动就要遭到一顿鞭打，他们对敬宗都既怨恨又害怕。十二月，辛丑日（初八日），敬宗晚上打猎回宫，和宦官刘克明、田务澄、许文端及打球军将苏佐明、王嘉宪、石从宽、阎惟直等二十八人在一起喝酒。敬宗酒兴正浓，到房中换衣，这时候，大殿里的风忽然把烛火熄灭，苏佐明等人趁此机会在房中杀死敬宗。刘克明等人假称敬宗的旨意，命令翰林学士路隋写下遗诏，任命绛王李悟（宪宗子）暂时掌管军国事务。壬寅日（初九日），宣布遗诏，绛王在紫宸殿的外廊接见宰相和百官朝拜。

刘克明等撤换内侍省掌权的内侍。消息传出，枢密使王守澄、杨承和，神策中尉魏从简、梁守谦决定，派十二卫士兵迎接江王李涵（穆宗子）入宫，派出左右神策军、飞龙兵讨伐杀害敬宗的贼党，并把他们全部斩首。刘克明躲藏到井里，也被禁军搜出来杀死。绛王李悟也被乱兵所杀。

当时诛讨贼党的事情决定得特别仓促，王守澄因翰林学士韦处厚博通古今，一夜间所有的决定，都和他商量。王守澄等人想要对朝廷内外发号施令，思虑用什么借口来措辞。韦处厚说：“名正言顺地讨伐罪人，是合乎道义的，怎么还犹豫不决，有所避讳呢？” 王守澄等人又问：“江王李涵应该采取什么方式即位呢？”韦处厚说：“明天早晨，百官上朝时，应当首先以江王教令的名义宣告天下，说明已平定宫廷内部叛乱。然后群臣多次上表劝谏江王即位，用太皇太后的命令，赐给江王册书，正式册命江王即皇帝位。”当时王守澄等人都依从韦处厚的建议行事，也无暇询问有关部门做得是否正确。江王即位的种种仪式和法规，都出自韦处厚之手，没有不适合的。

癸卯日（初十日），朝廷任命裴度兼任冢相，主持敬宗的治丧事宜。百官在紫宸殿外廊朝见江王李涵，江王身着丧服，哭泣流泪。甲辰日（十一日），江王在少阳院接见禁军各军使。赵归真那些方士和敬宗李湛在位时奸佞而得宠的人，都被放逐到岭南或边疆荒凉之地。

乙巳日（十二日），文宗即皇帝位，改名为李昂。戊申日（十五日），文宗李昂尊母亲萧氏为皇太后，尊王太后为宝历太后。这时，穆宗的母亲郭太后在兴庆宫居住，王太后在义安殿居住，萧太后在太极宫居住。文宗生性孝顺，行事小心谨慎，事奉三位太后都特别周到，对待她们如同一人，每次文宗得到珍贵奇异的食品，首先用来祭天以及供奉祖庙，其次进献给三位太后食用，最后剩下的才自己吃。萧太后是闽人。

庚戌日（十七日），文宗李昂任命翰林学士韦处厚为中书侍郎、同平章事。

唐文宗被封为亲王后，深深了解穆宗李恒、敬宗李湛两朝的弊端，等到即位后，励精求治，摒弃奢靡之气，厉行节俭。文宗下诏，凡是未担任后宫职务的宫女全部让她们出宫，总共放出三千多人。五坊所养的鹰和猎狗，按照宪宗李纯元和年间制定的旧例，酌量留一些打猎，其余的一律放出。度支、盐铁、户部和州府每年供应宫中的日常用品，一切依照唐德宗李适贞元年间规定的数额供给，不得随意增加。裁减教坊、翰林院和宫苑总监所辖的一千二百多闲散人员，停止唐敬宗李湛对内诸司所辖宦官增加的衣粮方面的待遇。御马坊、球场及近年另外存的钱谷、占用的田地，完全归之于有关部门。先前敬宗下诏征集的各地按规定进献朝廷的数额之外的绣缎、雕镂等物，一律禁止。敬宗时代，每月不过上朝一两次，文宗重新恢复旧制，单日从来没有不上朝，向宰相和群臣百官访询政事，很晚才罢朝。过去朝廷虽然也设置待制官，但不曾召集咨询问题，这时，他们才多次被文宗召集顾问。此外，凡是因为对大臣去世表示哀悼等事而辍朝，以及因酷暑或雨雪天气而放朝，也都尽量安排在双日。朝廷内外一致互相道贺，认为天下太平有希望了。

文宗元圣昭献孝皇帝上之上

太和元年（丁未，公元827年）

春季，二月，乙巳日（十三日），文宗李昂大赦天下，改年号为太和。

李同捷擅自担任横海留后，割据沧景将近一年时间，而朝廷对此事不闻不问。李同捷寄希望于文宗登基后会宽容自己的行为。三月，壬戌朔日（初一日），李同捷派遣掌书记崔从长带着奏表和他的弟弟李同志、李同巽一同入京朝见文宗，请求遵守朝廷的旨意。

文宗李昂虽然虚心接受百官的建议，但临事时又常常犹豫，不能决断，和宰相商量决定的事情，不久又中途改变做法。夏季，四月，丙辰日（二十五日），韦处厚在延英殿尽力劝谏文宗这种做法的弊端，又因此事请求让位；文宗再三慰劳他。

忠武节度使王沛去世。庚申日（二十九日），文宗李昂任命太仆卿高瑀为忠武节度使。

自从代宗李豫大历年间以来，藩镇节度使大多从禁军将领中选出，资历较高的禁军大将，都愿意拿出多倍的利息向富人借钱，用这些钱来贿赂神策军的护军中尉，请求他们让自己被授予节度使的职位。他们贿赂的钱财动辄超过数万，这样才能得到想要的官职。他们被授予官职从来都不是由宰相推荐；等到他们赴任，就收重税层层压榨百姓，以便偿还欠下的本息。等到王沛去世，裴度、韦处厚才向文宗上奏请求派高瑀替代王沛担任忠武节度使。朝廷内外官员都相互道贺说："从现在起，'欠债的元帅'少了啊。"

五月，丙子日（十五日），文宗李昂任命天平节度使乌重胤为横海节度使，任命前任横海节度副使李同捷为兖海节度使。朝廷仍然忧虑河南、河北的藩镇节度使会怂恿煽动李同捷，让他违抗朝廷诏命，文宗又加封魏博节度使史宪诚同平章事的荣誉职务。丁丑日（十六日），文宗加封卢龙的李载义、平卢的康志睦、成德的王庭凑为检校官。

盐铁使王播从淮南进入京城朝见文宗李昂，企图得到朝廷的重用，因而他所献的银器以千来计算，绫绢以十万来计算。六月，癸巳日（初三日），文宗任命王播为左仆射、同平章事。

秋季，七月，癸酉日（十三日），朝廷举行葬礼，在庄陵埋葬睿武昭愍孝皇帝；庙号敬宗。

李同捷向朝廷谎称被将士强留，拒不接受朝廷诏令；乙酉日（二十五日），武宁节度使王智兴向文宗上奏，请求率领本军三万人，自备五个月的粮饷，前去讨伐李同捷，文宗准许他的请求。八月，庚子日（十一日），文宗革除李同捷的官爵，下诏乌重胤、王智兴、康志睦、史宪诚、李载义与义成节度使李听、义武节度使张播各自率领本部军队前去讨伐李同捷。

李同捷派遣他的儿子和侄子用珍玩器物、歌伎舞女去向河北各藩镇行贿。戊午日（二十九日），幽州节度使李载义擒获李同捷的侄子，把他以及他所行贿的物品一起进献给文宗。

魏博节度使史宪诚与李同捷的父亲李全略是儿女亲家，李同捷背叛朝廷后，史宪诚偷偷派人运送粮食，前去援助李同捷。裴度不知道史宪诚已经与李同捷暗中勾结，还认为他对朝廷没有二心。史宪诚派亲信官吏到中书门下奏请公事，韦处厚对他说："裴晋公在皇上面前用他全族上百口人为你的主人作保，认为他对朝廷忠心耿耿；我韦处厚却不以为然，史宪诚对朝廷是否忠心，要看他怎么做了，朝廷自有法律制裁他。"史宪诚听了这些话很害怕，不敢再和李同捷勾结。

成德节度使王庭凑向朝廷上奏，请求让李同捷担任横海节度使，文宗李昂没有批准他的请求，于是王庭凑协助李同捷叛乱，往边境上派遣军队阻挠魏博讨伐李同捷的军队；他又派使者给沙陀酋长朱邪执宜送去很贵重的财物，想和他联合军队，朱邪执宜拒绝他的拉拢，不接受他的财物。

冬季，十月，天平、横海节度使乌重胤攻打李同捷，屡次打败李同捷的军队。十一月，丙寅日（初八日），乌重胤去世。庚辰日（二十二日），唐文宗李昂根据王智兴的建议，任命保义节度使李寰为横海节度使。

十二月，庚戌日（二十三日），文宗加封王智兴为同平章事。

太和二年（戊申，公元828年）

春季，三月，己卯日（二十三日），王智兴攻打棣州，焚烧三个城门。

自宪宗李纯元和末年以来，宦官越来越骄横跋扈，皇帝的废立都由他们掌控，权力威势远在皇帝之上，百官敢怒而不敢言。文宗李昂亲自主持科举考试，选拔人才，贤良方正的科考生，昌平人刘蕡回答文宗的对策，尽力说明宦官的危害，他的大意是说："陛下应该先忧虑的是，宫中将发生变故，国家将出现危难，天下即将灭亡，海内将有祸乱。"又说："如果陛下真想杜绝皇位被篡夺的情况，就应当端正自己的一言一行，亲近信任百官，远离宦官，任用正直忠诚的大臣担任宰相，主持朝中政事，使朝廷各个部门都尽忠职守。为何陛下却放任身边的五六个宦官把持朝政呢？如果这样下去，祸害将会在宫廷之内酝酿成熟，奸邪之事将产生在帷帐之中，我恐怕汉桓帝刘志时期宦官曹节、侯览专权的祸事可能会在如今重新上演啊。"又说："忠臣贤臣得不到皇上的亲近信任，宦官把持着废立皇帝的大权，他们让敬宗皇帝惨遭杀害，不能寿终正寝，而如今陛下又被宦官拥立即位，也不能正大光明地亲自处理政事。"又说："如今，皇帝的权力威势衰败，各地藩镇的节度使骄横跋扈。在这种情况下，如果有不懂儒家臣子礼义的猛将，就可能以安定皇位为借口，首先率领军队作乱；而不明白孔子《春秋》中微言大义的节度使，也可能把清君侧作为旗号，率领军队发动内战。这样的话，朝廷的方针政策就不能由陛下做主，征战讨伐都出于藩镇节度使的好恶。"又说："陛下为什么不下决心杜绝奸邪小人往上爬的门路，斥退宦官，抑制他们侵凌胁迫的野心，恢复他们打扫门户的差使，使他们警戒应该警戒的工作，担忧应该忧虑的事情！既然陛下不能在先前把它做好，就应当在以后把它做好；陛下没能在登基之初就开始亲政，就应当在今后正大光明地执掌朝政；这样就可以恭敬地遵奉古圣先贤的告诫，继承祖上开创的事业。从前秦朝灭亡是由于皇帝强横残暴，汉朝灭亡是由于皇帝软弱无能。如果皇帝强横残暴则贼臣害怕被杀死而害死皇帝，如果皇帝软弱无能则奸臣窃夺政权而震慑皇帝。臣看见敬宗皇帝不忧虑秦朝灭亡的祸患，不剪除祸患的征兆。因此，陛下应当深刻总结汉朝灭亡的经验教训，截断朝政大权可能落入他人之手的根源。这样一来，陛下不仅能够真正继承祖上开创的基业，并赶上三皇、五帝开创的圣贤大德。”又说：“臣听说从前汉元帝刘奭刚即位的时候，就大刀阔斧革除朝廷弊政七十多件，内心特别虔诚，在当时获得很好的美誉，可是之后国家的纲纪一天天紊乱，国运一天天衰危，奸邪的势力一天天强大，百姓一天天困苦，是因为他没有选拔德才兼备的臣子委以重任，以致朝政大权落到奸臣手中。”又说：“陛下真能把国家的政权交给宰相，把兵权交给武将，那么陛下励精图治的愿望就会全部实现，陛下颁布的诏令就会全部得到贯彻执行。”又说：“朝廷执法应当内外统一，设官任职应当名正言顺。现在分外官、中官两部分，成立南司、北司的官局，有人在南司犯法就逃命到北司，外官明正典刑，而中官能违背法令包容他，法令不一致，人民不知道要怎么做，实在是兵制崩溃，兵农分离，因而中官、外官法律不统一的缘故啊！”又说：“现在兵部尚书不掌管军人簿籍，仅仅上朝时充数装装样子，禁卫六军大将不能统率军队，只是靠勋爵领取俸禄。而由宦官担任的军容使却又手握重权，藩镇军将都对由宦官担任的监军多加亲附。而宦官一旦穿上军装，就如仇敌一般对待文官，脚刚踏进军队，就把农夫看成草芥一般。他们的智谋不足以讨伐叛乱，而奸诈却足以作威作福；他们的勇敢不足以保卫国家，残暴却足以侵害乡里。他们在地方对节度使控制欺侮，在朝廷就对宰相百般凌辱，使国家法度纲常败坏，搅得朝政混乱不堪。他们凭借军权在握的威势，在朝廷挟制皇帝，又假借皇上的诏令，对下掌控百官和藩镇节度使，居心不良，蠢蠢欲动，却没有一点为国家赴难而死的节义。这难道是古代的圣王所倡导的用文武功治理天下的本意吗？”又说：“臣并不是不知道话说出来祸患就跟着来到，就算皇上采纳臣的建议，臣也难免被迫害的命运。只是因为痛惜国家面临的危机，百姓身处水深火热之中，臣怎么忍心姑息宦官专权而窃取陛下授给我一命之官的恩宠呢？”

闰月，丙戌朔日（初一日），史宪诚向文宗李昂上奏，他已经派遣儿子、魏博节度副大使史唐，都知兵马使亓志绍率领二万五千兵马前往德州讨伐李同捷。当时史宪诚想帮助李同捷，史唐哭着劝谏，并且请求父亲遵循朝廷诏命，派兵讨伐；史宪诚不能违背儿子的意愿，只好同意。

甲午日（初九日），参加贤良方正科考试的考生裴休、李郃、李甘、杜牧、马植、崔玙、王式、崔慎由等二十二人通过考试予以录取，朝廷都授予他们官职。考官左散骑常侍冯宿等人看见刘蕡的策书，十分佩服他的才能和胆识，但是因为惧怕宦官的威势，不敢录取刘蕡。朝廷录取的诏书颁下后，舆论哗然，朝中官员都为刘蕡叫屈。谏官、御史台打算向文宗李昂上奏议论此事，宰相阻止了他们。李郃说：“刘蕡落第，我们却登科，能不感到厚颜无耻吗？”于是他向文宗上疏，认为：“刘蕡对策的水平，从汉和魏以来，没有人能够和他相比。现在考官考虑到刘蕡的对策抨击陛下身边的亲信宦官，不敢将他的对策报告天子听闻，恐怕这样一来，正直贤德的读书人今后入仕为官再没有什么指望，朝廷的法纪到现在也形同虚设。况且臣所对答的策书远远赶不上刘蕡，请求陛下把授予臣的官职授给刘蕡，以表彰他的忠直。”文宗李昂没有理会他的建议。刘蕡因此不能在朝廷做官，一直做节度使幕府的御史。杜牧是杜佑的孙子；马植是马勋的儿子；王式是王起的儿子；崔慎由是崔融的玄孙。

夏季，六月，晋王李普去世；辛酉日（初七日），朝廷追赠悼怀太子的谥号。

起初，唐文宗李昂的母亲萧太后从小离开家乡，她还有一个弟弟；等到文宗即位，命令福建观察使寻找，福建观察使报告说，没有找到，不知道在哪里。有一个叫萧洪的运茶工人，自称有一个姐姐流落他乡，不知漂泊到哪里，商人赵缜带萧洪见萧太后的亲戚吕璋的妻子，她也认不出此人是不是萧太后的弟弟，就带他一同去面见太后。文宗便自认为萧洪就是自己的亲舅舅，甲子日（初十日），文宗任命萧洪担任太子洗马。

峰州刺史王升朝叛乱；庚辰日（二十六日），安南都护武陵人韩约前去讨伐并把王升朝斩首。

王庭凑暗中援助李同捷兵器、食盐和粮食，文宗李昂打算派兵马讨伐他；秋季，七月，甲辰日（二十日），文宗下诏命令中书省召集百官商议这件事。宰相以下的官员都不敢违背文宗的意思，只有卫尉卿殷侑认为："王庭凑虽然亲附凶徒，但还不太明显，应该暂且包容他，当务之急是集中兵力讨伐李同捷。"己巳日（七月无此日），文宗下诏书公布王庭凑的罪状，命令邻近成德的各道各自严兵防守，等待王庭凑改过自新。

九月，丁亥日（初四日），王智兴向文宗上奏攻取棣州。

新任横海节度使李寰从晋州率兵马前往横海赴任，沿途没有约束士兵，一路上听任手下士兵做劫掠百姓的事；到达前线后，李寰又止步不前，只是一味向朝廷索求军粮馈饷。庚寅日（初七日），文宗任命李寰为夏绥节度使。

甲午日（十一日），文宗下诏撤销王庭凑成德节度使的职务以及爵位，命令各军从四面进兵讨伐他。

文宗任命王智兴暂守司徒，任命前任夏绥节度使傅良弼为横海节度使。

岳王李绲去世。

庚戌日（二十七日），容管向朝廷上奏安南的军队发生叛乱，将士把都护韩约驱逐。

冬季，十月，洋王李忻去世。

魏博军队在平原打败横海军队，又攻占了平原。

十一月，癸未朔日（初一日），易定节度使柳公济向文宗上奏进攻李同捷的坚固寨，夺取了坚固寨；又在寨东打败李同捷的军队。当时河南、河北各军讨伐李同捷，一直没有大的战功，每当他们取得一点胜利，就向朝廷虚报斩获敌军的数目，以便获取朝廷丰厚的赏赐。朝廷竭尽财力供给诸军粮饷，以致江、淮地区百姓虚耗疲敝，不堪重负。

傅良弼赶赴横海就任，走到陕州时就去世了。乙酉日（初三日），文宗李昂任命左金吾大将军李祐为横海节度使。

甲辰日（二十二日），宫中昭德寺失火，火势蔓延到宫女居住地，烧死几百人。

十二月，丁巳日（初六日），王智兴向文宗李昂上奏兵马使李君谋率领军队渡过黄河，攻破无棣。

壬申日（二十一日），中书侍郎、同平章事韦处厚去世。

在官军的四面进攻下，李同捷军队的形势一天天困窘起来，王庭凑也没有办法援助他，于是李同捷派人游说魏博大将亓志绍，教他杀了史宪诚父子夺取魏博；亓志绍因他的挑拨而叛乱，带着部下二万人回头进击魏州。丁丑日（二十六日），文宗李昂命令谏议大夫柏耆前去安抚慰问魏博，并且派出义成、河阳的军队前去讨伐亓志绍。

戊寅日（二十七日），文宗李昂任命翰林学士路隋为中书侍郎、同平章事。

辛巳日（三十日），史宪诚向朝廷上奏亓志绍的军队已经在永济驻扎，并告称军情紧急，请求援助；文宗李昂下诏义成节度使李听率领沧州行营的各军前去讨伐亓志绍。

资治通鉴卷第二百四十四　唐纪六十

起己酉（公元829年），止癸丑（公元833年），共五年。

【题解】本卷记录了公元829年至833年的历史，共五年。为唐文宗太和三年至七年，是唐文宗执政的前期，牛李党争已成为朝廷一大害。太和三年，文宗召浙西观察使李德裕入朝任职，不到二十天就被排挤出朝，李德裕有才干，西疆稳固。李宗闵、牛僧孺妒忌李德裕建功，迫使李德裕送还吐蕃降人，致使数千名吐蕃降人遭屠。李宗闵、牛僧孺还勾结宦官，文宗深恶痛绝。太和六年牛僧孺被罢相，李德裕回朝任职，太和七年任相，排挤李宗闵出朝。太和五年，文宗任命宋申锡为相，想谋诛宦官，宋申锡办事不密，宦官王守澄派人诬告宋申锡，文宗信以为真，朝官力争，宋申锡才免于一死。文宗虽平定沧景节度使李同捷叛乱，但姑息强镇，河朔三镇变乱，受到司马光批评。杜牧上奏《罪言》《原十六卫》《守论》等政论，针砭时弊。

文宗元圣昭献孝皇帝上之下

太和三年（己酉，公元829年）

春季，正月，亓志绍与成德联合兵马抢劫贝州。

义成行营参与讨伐李同捷的三千士兵先在齐州驻扎，之后奉命调防禹城，他们走在半路就溃散叛变；横海节度使李祐前去讨伐他们，把他们全部杀死。

李听、史唐联合军队进攻亓志绍，把亓志绍打败；亓志绍率领部下五千士兵逃往镇州。

李载义向朝廷上奏进攻沧州长芦，攻取了长芦。

甲辰日（二十三日），昭义向朝廷上奏，亓志绍剩余的部众一万五千人前来本道请降，已经把他们安置在洺州。

二月，横海节度使李祐率领各道行营的兵马攻打李同捷，把李同捷打败，又前去攻打德州。

武宁的捉生兵马使石雄，打仗英勇，关爱手下士兵；而节度使王智兴却对部下残暴狠毒，军中将士打算把王智兴驱逐，拥立石雄为节度使。王智兴得知这一消息后，趁石雄在前线作战立功的机会，向朝廷上奏请求授予石雄刺史的职位。丙辰日（初六日），文宗李昂任命石雄为壁州刺史。

史宪诚听说沧景（横海）快要被平定的消息，非常害怕，他的儿子史唐趁机劝他前往京城朝拜，归顺朝廷。丙寅日（十六日），史宪诚派史唐携带上奏朝廷的表章入京城朝拜文宗，请求朝廷准许自己入朝参拜，请求自己管辖的魏博六州听从朝廷的诏令。

石雄离去后，武宁节度使王智兴把军中和石雄交好的一百多人全部杀掉。夏季，四月，戊午日（初九日），王智兴向朝廷上奏石雄动摇军心，请求朝廷杀了他。文宗知道石雄并没有罪，下诏免去石雄的死刑，长久流放白州。

戊辰日（十九日），李载义向朝廷上奏攻打李同捷的治所沧州，已经攻进外城。李祐攻占德州，城中三千多将士都逃到镇州。李同捷写信给李祐请求投降，李祐把李同捷的书信都上奏给文宗，文宗命谏议大夫柏耆前去宣达自己的慰问安抚之意，柏耆喜好炫耀自己的声威，想凭借自己的威严控制诸将，各位大将对他早已怨恨至极。等到李同捷向李祐请求投降，李祐派大将万洪代守沧州；柏耆怀疑李同捷诈降，亲自率领几百骑兵跑到沧州，寻找了一个借口杀死万洪，把李同捷和他的家属全都带往京城。乙亥日（二十六日），柏耆走到德州将陵县，有人说王庭凑想用奇兵篡取李同捷，于是柏耆命人斩下李同捷的首级，送到京师，到此时沧景才完全平定。五月，庚寅日（十二日），文宗李昂加封李载义为同平章事。朝廷征发诸道军队攻打李同捷，用了三年，才逼迫他投降，而柏耆直接进城，抓获李同捷就据为自己的功劳，诸将都很怨恨他，争相上表列举他的罪状。辛卯日（十三日），文宗贬柏耆为循州司户。李祐不久就去世了。

壬寅日（二十四日），暂代魏博节度副使史唐向朝廷奏称，改名为史孝章。

六月，丙辰日（初八日），文宗李昂下诏："四面行营各道兵马，各自返回本道养精蓄锐，力求保卫边境安全就可以了，一定不要互相有所往来。只有王庭凑上奏表示愿意归顺朝廷的时候，才可以为他传达上奏朝廷的奏疏，其余命令全部不要接受。"

辛酉日（十三日），文宗李昂任命史宪诚为兼侍中、河中节度使；任命李听兼任魏博节度使。下令把魏博管辖的相、卫、澶三州分割出来，任命史孝章为节度使。

起初，李祐听闻柏耆杀死万洪，非常震惊，于是病情加重。文宗说："李祐如果病死，那也是柏耆害死的。"癸酉日（二十五日），文宗赐柏耆自杀。

河东节度使李程向朝廷上奏接到王庭凑给朝廷的书信，王庭凑请求进献景州给朝廷；李程又奏报说，亓志绍已经自缢而死。

文宗李昂派中使授予史宪诚河中节度使的旌节，癸酉日（二十五日），中使到达魏州。当时李听率领军队从贝州返回，走到魏州以北的馆陶县，犹豫不定不再进军，史宪诚竭尽府库的钱财为自己置办行装，将士们大怒。甲戌日（二十六日），军队变乱，杀死史宪诚，尊奉牙内都知兵马使灵武人何进滔掌管留后职务。李听率领军队抵达魏州城下，遭到何进滔的抗击，进不了城。秋季，七月，何进滔派遣军队攻打李听；李听事先没有防备，结果被打得大败，士兵纷纷溃散逃走。他们日夜兼行，一直奔逃到馆陶县浅口镇，士兵损失逃亡的超过大半，辎重兵器全都丢弃。昭义的军队前来援助他，李听仅仅免于一死，返回滑台。

从文宗李昂太和元年朝廷出兵征讨横海李同捷以来，长期在河北地区派出军队攻打叛军，军需运输一直难以为继，朝廷对这种情况十分厌烦痛苦，不希望再生事端。八月，壬子日（初五日），文宗任命何进滔为魏博节度使，又把相、卫、澶三州分属于他。

横海的治所沧州经过多年战乱，遍地骸骨，城镇乡野都非常空旷，户口留下的不到十分之三四。癸丑日（初六日），文宗李昂任命卫尉卿殷侑为齐、德、沧、景节度使。殷侑到镇上，和士卒同甘共苦，招抚百姓，鼓励百姓耕田植桑，使流散在他乡的百姓渐渐回乡恢复生产。此前，本军三万人都靠度支供给物资养活，殷侑到镇一年，依靠当地租税收入，已经能供给一半的军需；等到两年以后，已经能够全部自给自足，于是向朝廷请求度支停止供给；等到三年后，户口增多，仓库充盈。

王庭凑借助邻近藩镇向朝廷透露自己愿意归顺朝廷的想法；壬申日（二十五日），文宗李昂赦免王庭凑和他的将士的罪行，恢复他们的官职和爵位。

文宗征召浙西观察使李德裕为兵部侍郎，裴度向文宗推荐他担任宰相。恰逢吏部侍郎李宗闵得到宦官的帮助，甲戌日（二十七日），文宗任命李宗闵为同平章事。

文宗生性节俭朴素，九月，辛巳日（初四日），文宗李昂命令神策中尉以下的官员不准穿纱縠绫罗；文宗在处理朝政之外的空闲时间，只把读书观史作为爱好，对于美色、声乐和外出打猎游玩之事从来不放在心上。驸马韦处仁曾戴夹罗巾，文宗对他说："朕敬慕你家门第清高素雅，所以才选你和公主婚配。像这样贵重的头巾，让其他的贵戚去戴，你不要如此。"

壬辰日（十五日），文宗李昂任命李德裕为义成节度使。李宗闵憎恨李德裕威胁到自己的职位，所以建议文宗把他调到外地。

冬季，十月，丙辰日（初九日），文宗李昂任命李听做太子少师。

路隋对文宗说："宰相的责任很重，对钱、谷之类的琐碎事情不宜监管。过去杨国忠、元载、皇甫镈担任宰相，都兼管朝廷财政，可是他们都是奸臣，不值得效法。"文宗认为他说得有道理。于是宰相裴度向文宗请求辞去兼任的度支使的职务；文宗准许他的请求。

十一月，甲午日（十八日），文宗亲临圜丘祭祀；大赦天下。文宗还下诏杜绝各地进献制作特别精巧的东西，所有的细密华美的布帛一律不能生产，织造这类物品的纺织机也一律焚毁。

丙申日（二十日），西川节度使杜元颖向朝廷上奏南诏前来侵扰。杜元颖因为过去曾担任宰相，自认为文才高雅，自夸清高。他不懂得军政大事，却一意孤行为自己积蓄财产，削减士卒的衣食供给。西南戍边的士卒衣食不够，就都偷偷跑到南诏国境内劫掠盗取，以便自给自足，南诏国还赠送他们一些衣物和粮食，因此西川的动静虚实，南诏国都能了如指掌。南诏从嵯巅执掌朝政以来，就大规模入侵西川，西南的边防州郡屡次向杜元颖反映，可是杜元颖一概不相信；嵯巅的将兵到了边城，边防的城池竟然一点防备都没有。南诏军队以西川降卒为向导，偷袭占据巂、戎二州。甲辰日（二十八日），杜元颖派兵马和他们在邛州南面交战，西川士兵大败；南诏乘胜占据邛州。

武宁节度使王智兴入京朝见文宗。

文宗李昂下诏征发剑南东川、兴元、荆南三道的兵马前去援救西川；十二月，丁未朔日（初一日），又征发鄂岳、襄邓、陈许等道的兵马继续支援。

文宗李昂任命王智兴为忠武节度使。

己酉日（初三日），文宗任命东川节度使郭钊为西川节度使，暂时代理东川节度使。

嵯巅从邛州率兵攻打，径直抵达成都城下，庚戌日（初四日），攻陷成都的外城。杜元颖率领部众退守牙城，抵抗南诏军队，杜元颖多次想离城逃跑。壬子日（初六日），文宗贬杜元颖为邵州刺史。

己未日（十三日），文宗李昂任命右领军大将军董重质为神策、诸道西川行营节度使，又征调太原、凤翔的军队进驻西川。南诏的军队又对东川进行侵犯，已经攻取东川节度使驻地梓州的西城。郭钊的军队实力寡弱，没有能力坚守驻地，于是写了一封书信斥责嵯巅入侵，嵯巅回复书信说："杜元颖侵扰我国边境，我国一定要派遣军队报复你们。"嵯巅和郭钊和好后率兵撤退。

南诏军队驻留成都西城十天，开始的时候还能安抚蜀人，因此街市上的店铺安居乐业；只是要撤退的时候，才大肆劫掠妇女和各种工匠几万人，还有各种珍宝奇货撤退而去。西川百姓非常害怕，往往跳江而逃，水面的浮尸塞满长江往下流去。嵯巅亲自为军队殿后，走到大渡河，嵯巅对他们掳掠来的西川人说："从这里往南走，就进入我国境内。准许你们哭别故乡。"众人都痛哭流涕，跳水而死的人数以千计。从此南诏工人的手艺和蜀中一样好。

嵯巅派使者向文宗李昂上表，说："近年来，我国一直向贵国称臣交纳贡物，怎么敢擅自侵犯贵国边境？只是因为杜元颖不体恤本道士卒，士卒非常怨恨他，他们才争相来做我的向导，请求我派遣军队诛杀杜元颖。我没能杀死杜元颖，不能安慰蜀地军士的心，实现自己的诺言，希望陛下把杜元颖杀掉。"丁卯日（二十一日），文宗再贬杜元颖为循州司马。文宗下诏董重质及各道把增援西川的兵马都退回去。新任西川节度使郭钊抵达成都后，和南诏订立盟约，规定两国互不侵犯。文宗又下诏命令中使携带朝廷信件前往南诏国，递交给嵯巅。

太和四年（庚戌，公元830年）

春季，正月，辛巳日（初六日），武昌节度使牛僧孺入京朝见天子。

戊子日（十三日），文宗李昂册立皇子李永为鲁王。

宰相李宗闵向文宗推荐牛僧孺；辛卯日（十六日），文宗任命牛僧孺为兵部尚书、同平章事。牛僧孺、李宗闵二人一起排斥李德裕的党羽，逐渐把他们从朝廷中贬逐出去。

南诏攻打成都的时候，文宗下诏山南西道派兵前去救援，山南西道驻地兴元府的兵力太少，节度使李绛招募新兵一千人前往救援，他们还没有到达西川，南诏兵马已经撤走，新兵于是又返回兴元。

兴元府的兵力编制向来有严格的规定，朝廷诏命新招募的士兵一律遣返回家。二月，乙卯（初十日），李绛将新兵召集在一起，向他们传达朝廷的诏令，赏赐每人一些麦子，命令他们回家乡。新兵都闷闷不乐地退散，又前去与监军杨叔元辞别，杨叔元一向痛恨李绛不遵奉自己的命令，于是就以赏赐给新兵的麦子太少为由，故意煽动新兵，使他们对李绛不满。士兵都大怒，大声喧嚣吵嚷，然后抢夺仓库中的兵器，直向节度使衙门冲去。李绛正和自己的幕僚在一起饮酒宴乐，毫无防备，于是慌忙向北城跑去。有人劝说李绛从城上悬垂绳子缒下逃走，李绛对他说："我是节度使，怎能这样逃走呢？"命令推官赵存约赶快撤离。赵存约说："我之前受到您的赏识和重用，现在岂可自己苟且偷生，独自逃离呢？"牙将王景延和叛贼拼命厮杀而死，李绛、赵存约及观察判官薛齐都被乱兵所害；叛贼又杀死李绛全家。

戊午日（十三日），杨叔元向朝廷上奏说，李绛擅自收取招募新兵用的财物，因此导致新兵叛乱。庚申日（十五日），文宗李昂任命尚书右丞温造为山南西道节度使。这时，中书省、门下省、尚书省三省的官员一同上疏申诉李绛的冤屈；谏议大夫孔敏行把杨叔元激怒新兵从而使新兵作乱的事实经过详细地呈奏文宗，文宗这时才了解李绛被害的真相。

三月，乙亥朔日（初一日），文宗李昂任命刑部尚书柳公绰为河东节度使。之前，回鹘进献特产或进行商品交易时，凡是他们经过的地方，朝廷都担心回鹘兵士作乱，所以经常准备军队迎送防卫他们。柳公绰到镇赴任后，回鹘派梅录李畅带一万匹马来交易，柳公绰只派遣一名牙将骑马到边境上迎接慰问。梅录李畅抵达太原后，柳公绰命令士兵大开节度使衙门，接受梅录李畅的拜见。柳公绰的信任让李畅感动得哭泣，李畅警诫自己的属下，在沿途不准驰骋打猎，回鹘此行交易一点也没有侵扰百姓。

陉岭之北的沙陀人向来勇猛，九姓回鹘和六州胡人都被沙陀的骁勇折服。柳公绰向朝廷上奏，请求任命他们的酋长朱邪执宜为阴山都督、代北行营招抚使，批准他们迁居到云州、朔州的边塞，保卫河东的北方边境。朱邪执宜和沙陀的诸位酋长前来太原拜访柳公绰，柳公绰设宴招待他们。朱邪执宜神情严肃，进退很有礼貌，柳公绰对幕僚佐吏说："朱邪执宜外表看上去很严肃，可是内心宽容大度，言谈缓慢，但却言之成理，真是一个有福禄的人啊。"朱邪执宜的母亲妻子进入谒见，柳公绰让自己的夫人陪她们一起饮酒，赠送给她们一些礼物。朱邪执宜非常感激柳公绰对他的恩遇，表示愿意竭尽全力为他效劳。云州和朔州有过去残留的十一座废弃营栅，朱邪执宜命人把它们修好，分派他的部众三千人防守，从此在边境上游牧的退浑、回鹘、鞑靼、奚、室韦等蛮族部落都不敢轻易侵犯边塞。

温造前往山南西道赴任，走到褒城，遇见兴元都将卫志忠征讨蛮人回来，温造和卫志忠秘密商议诛讨叛乱的新兵，把卫志忠率领的八百部下作为牙队，另外五百人作为先锋，他们抵达兴元后，就进入节度使衙门，派士兵分别守住各道门。己卯日（初五日），温造上任办事，在牙门用酒肉犒劳众位将士，温造对他们说："我想问问新军要走还是要留，应该把他们全部召集前来。"温造慰劳新兵后，命令大家都坐下，然后请他们喝酒。卫志忠悄悄派遣牙兵把新兵包围，包围完成后，他大喊一声："杀！"八百多名新兵全部被杀死。杨叔元站起来，抱着温造的腿求饶，温造命令把他囚禁起来。那些亲手杀死李绛的人，都被斩成一百段，其余的新兵，也都被杀死，尸体被抛入汉江。温造下令取一百个新兵的首级来祭奠李绛，用三十个新兵的首级来祭奠因这次事变死去的人。温造又把这里发生的全部情况呈报文宗李昂。己丑日（十五日），唐文宗下令把杨叔元流放到康州。

癸卯日（二十九日），文宗李昂加封淮南节度使段文昌为同平章事，担任荆南节度使。

奚族人侵扰幽州。夏季，四月，丁未日（初三日），卢龙节度使李载义打败他们；辛酉日（十七日），李载义活捉奚王茹羯并献给文宗。

裴度因为年纪大身体多病，诚恳请求文宗批准自己辞去宰相职务。六月，丁未日（初五日），文宗任命裴度为司徒、平章军国重事，等他病稍好转，可三天或五天到中书门下办公一次。

文宗李昂担心宦官权势日益强盛，杀害唐宪宗、唐敬宗的宦官，还有服侍在文宗身边的；神策中尉王守澄尤其专横，招揽权势，接受贿赂，文宗根本没有办法控制他。文宗李昂曾秘密地和翰林学士宋申锡说到宦官专权这件事，宋申锡请求逐渐剪除他们的权势。文宗李昂认为宋申锡稳重忠实谨慎，可以依赖信任，于是提拔他为尚书右丞；七月，癸未日（十一日），文宗又任命宋申锡同平章事。

起初，裴度率领军队征讨淮西吴元济叛乱时，向文宗奏请让李宗闵担任幕府的观察判官，从此李宗闵逐渐被提拔重用。到这时，李宗闵埋怨裴度向朝廷推荐李德裕，李宗闵趁着裴度因患病而提出辞职的机会，九月，壬午日（十一日），让文宗任命裴度兼任侍中、代山南东道节度使。

西川节度使郭钊因为身体有病，向朝廷请求派其他官员代替自己的职位，冬季，十月，戊申日（初七），文宗任命义成节度使李德裕为西川节度使。

西川自从遭受南诏侵犯劫掠，建筑残破，民生凋敝。郭钊因为身体多病，还没来得及对这里完治修补。李德裕到此地上任，派人修建筹边楼，绘制西川地形图，地形图南到南诏，西到吐蕃。李德裕每天召集在军中时间久、熟习边境事务的士兵，即使是士卒或夷人、蛮人也没有隔阂，向他们询问山川的形势、城邑的位置、道路的危险和宽窄远近等情况，不到一个月，就对此地了如指掌，他对每个地方熟悉得好像亲身去跋涉经历过一样。

文宗李昂命令李德裕修建清溪关以便切断南诏入侵的道路，如果没有土，就用石头堆积。李德裕向文宗上奏说："通到南诏那里的道路很多，没有办法全都堵塞，只有派遣重兵镇守此地，才能保证没有忧虑；只要朝廷从黎州、雅州招募一万人，从成都招募二万人，对他们加强训练，那么南诏必然不敢轻举妄动。镇守边塞的军队不适宜太多，关键是能够驾驭他们，使他们听从指挥。崔旰杀死郭英乂，张朏赶走张延赏，依靠的都是边防戍守的军队。”这时北方各道援救西川的兵马大多都返回本道，只有河中、陈许的三千军队还在成都，朝廷颁下诏书命令他们明年三月也要撤回本道，因此西川人都非常害怕，心里不安，担心各道兵马一旦撤走，南诏会再次乘虚进犯西川。李德裕向朝廷上奏请求留郑滑五百人、陈许一千人，继续镇守西川；并且说：“蜀兵生性怯懦，新近又被南诏打败，都吓破了胆，不能够让他们再担任征战戍防的工作。如果北方的军队全部撤回本道，那就和杜元颖担任西川节度使时一样，那么西川肯定难以保住。我忧虑朝廷可能有人议论，自从西川遭受南诏侵犯后，本道已经增派了兵力。直到南诏已经逼近西川，杜元颖才开始招募这里的市民为兵，总共招募三千多人，仅仅是有些数目罢了，他们实际上没有丝毫作战经验。郭钊又招募北方人，把他们充作士兵，结果只招募到一百多人，臣又招募到二百多人，除此之外，都是杜元颖的旧兵。臣担心议论的人又听过一夫当关、万夫莫开的话，认为清溪关可以阻隔南诏进攻，臣问过西川的老将，清溪关的旁边，有三条大路，其余的小径还有无数，这都是东蛮为南诏临时开通的道路。如果认为只要堵塞清溪关，就能阻挡南诏的侵扰，那就是欺骗朝廷。关键是应当在大渡河的北面再修筑一座城，蜿蜒接连到黎州，派遣重兵驻守，才可能阻挡南诏的侵犯。况且臣听说南诏把抢去的二千西川人以及金帛赠送给吐蕃，如果二虏（指南诏和吐蕃）知道了西川的虚实，联合军队前来侵扰，这确实令人担忧。那些说话的朝廷大臣，因为祸患不会加到他们的身上，臣希望朝廷责令他们把建议写成状子，留在政事堂存档，如果将来出了问题，有存档可查，不能让臣一个人来承担罪责。”文宗李昂完全依照他的请求。于是李德裕开始训练士兵，修建城堡亭鄣，积存粮食以备边防，西川百姓心里稍微安定一些。

这一年，渤海宣王大仁秀去世，他的儿子大新德早年死亡，他的孙子大彝震即位，改年号为咸和。

太和五年（辛亥，公元831年）

春季，正月，丁巳日（十八日），文宗李昂赐沧、齐、德节度使为义昌军节度使。

庚申日（二十一日），卢龙监军向文宗李昂上奏，节度使李载义在球场后院摆设酒宴招待朝廷派来的敕使，副兵马使杨志诚趁着这个机会与他的党羽喧嚷作乱，李载义就和他的儿子李正元逃奔易州。杨志诚又杀死莫州刺史张庆初。文宗召集宰相商量应对这件事的办法，牛僧孺说："幽州自从安禄山、史思明以来，一直割据一方，飞扬跋扈，实际上已不隶属朝廷管辖；穆宗李恒在位时，幽州节度使刘总暂时把那块土地进献给朝廷，朝廷花费了八十万贯钱却没有丝毫收获。如今杨志诚占领幽州，与上次李载义占据幽州一样，不如趁着这个机会朝廷派人前去安抚杨志诚，让他防守北方边境，防备奚、契丹对边境的侵犯，不要去计较他们对朝廷的态度。"文宗李昂依从这一建议。李载义从易州抵达京师，文宗因为李载义曾出兵协助平定横海李同捷叛乱，立下战功，事奉朝廷也很恭敬顺从，二月，壬辰日（二十三日），任命李载义为太保，仍兼任同平章事。任命杨志诚为卢龙留后。

◆臣司马光说："从前圣人顺从天理、了解人情，知道人民不能互相管理，所以才设置官吏统治百姓；了解群臣之间不能相互指使，所以建置诸侯控制他们；懂得诸侯国之间不能相互服从听命，所以设立天子去管理它们。天子对于天下的诸侯国来说，能褒扬有善行的人而罢黜作恶多端的人，压抑豪强而帮助弱小，抚慰顺服的人而惩罚叛乱的人，禁止暴虐的行为而诛杀作乱的人，然后发号施令，四海之内没有不顺从的。《诗经》上说："我们圣明智慧的天子，勤勉不懈，都是为了治理好国家。"李载义是保卫国土的大臣，对国家有功劳，没有犯罪而被杨志诚无缘无故驱逐，杨志诚这种图谋不轨的行为，文宗应当严惩不贷。如果对此事一点也不加以责问，反而将幽州节度使的职位授予他，藩镇节度使废立的生杀大权就都出于士卒之手，天子虽然高高在上，又起到了什么作用呢？

国家之所以设置藩镇，难道就是让各地节度使擅自占有当地的财赋吗？像牛僧孺那样的处置藩镇事务的办法，不过是姑息偷安的方法，哪里是宰相辅佐天子治理天下的大道呢？”◆

新罗王金彦升去世，他的儿子金景徽即位。

文宗李昂和宋申锡计划诛杀宦官，宋申锡推荐吏部侍郎王璠为京兆尹，把文宗打算诛杀宦官的意图透露给他。王璠泄露了他们的计划，郑注、王守澄知道这一消息后，暗地里做好了防备工作。

文宗李昂的弟弟漳王李凑德才兼备，很有声望。郑注教神策都虞候豆卢著向文宗诬告宋申锡暗中谋划拥立漳王李凑为天子。戊戌日（二十九日），王守澄把这件事向文宗上奏，文宗以为这件事是真的，非常恼怒。王守澄要立即派遣二百个骑兵前去杀掉宋申锡家族的所有人，飞龙使马存亮竭力劝谏说："这样一来，京城必然会大乱！最好还是召集宰相一起来商议这件事。"王守澄这才作罢。

这天，是十日休假，文宗李昂派宦官召集所有宰相到中书省东门。宰相到中书省东门后，宦官说："陛下所召的人中没有宋申锡的名字。"宋申锡知道自己被人诬陷，遥望着延英殿，手执笏板磕头后退下离去。其他宰相前往延英殿，文宗把王守澄的奏疏拿给他们看，大家都用惊愕的眼光互视。文宗命令王守澄逮捕豆卢著奏告的十六宅宫市品官晏敬则以及宋申锡的亲事（常在左右的人）王师文等，将他们羁押在宫中接受审问；王师文听闻消息逃跑了。三月，庚子日（初二日），文宗罢免宋申锡的官职，任用他为右庶子。从宰相到大臣，几乎没有人敢上书为宋申锡辩冤，只有京兆尹崔琯、大理卿王正雅接连向文宗李昂上疏，请求将宫中审讯的结果交付御史台复核，因此审问才进行得稍微缓慢些。王正雅是王翊的儿子。晏敬则等承认豆卢著诬告的事情都是事实，声称宋申锡派王师文前去向漳王李凑传达他的想法，将来有一天会拥立漳王为皇帝。

审讯结束后，壬寅日（初四日），文宗李昂把太师、太保以下及台、省、府、寺的大臣全部召来当面询问。刚到午，左常侍崔玄亮、给事中李固言、谏议大夫王质、补阙卢钧、舒元褒、蒋系、裴休、韦温等再次请求在延英殿面见文宗，请求把审讯结果交付御史台复审。文宗说："我已和朝廷大臣商议过了。"好几次叫他们退下，他们都不肯退下。崔玄亮一边磕头，一边哭着说："杀掉一个百姓尚且要慎重，更何况是宰相呢？"文宗的怒气稍微消解一点，说："我会再和宰相商量。"于是又召宰相入宫前往延英殿，牛僧孺说："人臣的禄位，最高不过宰相，如今宋申锡已经做了宰相，假如他真的拥立漳王谋反，除了再给他宰相之位，他还能求些什么呢？ 臣认为宋申锡绝不会愚笨到这种地步！"郑注担心重审会暴露他们的欺诈行为，于是劝说王守澄奏请文宗尽快贬黜宋申锡。癸卯日（初五日），文宗贬漳王李凑为巢县公，贬宋申锡为开州司马。飞龙使马存亮清楚宋申锡含冤遭贬，可是自己没有能力替他申冤，同时也憎恨王守澄专横嚣张的气焰，就在当日向文宗请求退休回家。崔玄亮是磁州人；王质是王通的五世孙；蒋系是蒋乂的儿子；舒元褒是江州人。晏敬则等近百人因这个案子受到牵连而被判处死刑或被流放他乡，宋申锡最后在贬谪之地去世。

夏季，四月，己丑日（二十一日），文宗李昂任命李载义为山南西道节度使，杨志诚为幽州节度使。

五月，辛丑日（初四日），文宗李昂因为太庙的两间房子破损漏雨，一年多还没有修补完，罚将作监、度支判官、宗正卿的薪俸；文宗又紧急诏令暂时停止宫中修建，由宦官带着工匠，用宫中修建用的材料去修整太庙。左补阙韦温向文宗劝谏，认为："国家设置百官，各有执掌，如果他们之中有人失职的话，应当对他撤职，另外挑选有才能的官员替代他。如今陛下对失职的官员仅仅是罚减俸禄，而太庙漏雨的事情却委任宦官去带人进行修补，陛下这样做，就是把太庙当作自己的私人财产，朝廷百官都只是形同虚设。"文宗认为他说得有道理，于是立刻命人把宦官追回，仍旧命令有关部门负责修补太庙。

丙辰日（十九日），西川节度使李德裕向文宗李昂上奏，本道派遣使者前往南诏索要南诏国劫掠的西川百姓，总计索回四千人。

秋季，八月，戊寅日（十三日），文宗任命陕虢观察使崔郾为鄂岳观察使。鄂岳群山连绵，长江从这里流过，处在百越、巴、蜀、荆、汉会聚的地点，地方上有很多盗贼，抢劫来往行人的船只，无论老人还是儿童，只要被抓住，必定全部杀死。崔郾到任后，训练军队，制造兵器和战船，分派士兵前去追击讨伐盗贼，不到一年的时间，就将盗贼全部剿灭。崔郾在陕州，以宽大仁爱治民，有时一个月都不会鞭打责罚一人，等崔郾到鄂州上任，却用严刑酷法治民。有人询问这是什么缘故。崔郾说："陕州土瘠民贫，百姓生活穷困，我整天安抚慰问都怕来不及，唯恐惊扰了百姓；而鄂州地势险要，居民人种复杂，夷人的风俗崇尚剽掠狡诈，不对他们用重刑，就很难治理这里。为政贵在变通，说的就是这个道理。"

西川节度使李德裕向文宗上奏："西川对那些老弱病残的士兵，向来是到死都不进行裁减淘汰，臣命令立五尺五寸的标准，淘汰四千四百多人，又以这个标准招募一千名壮丁来安慰西川百姓的心。又在北方各道招募一千五百名士兵，和西川士兵掺杂在一起，对他们进行训练，军士一天比一天精良。西川工匠制造的兵器，只是讲究华丽的装饰而不能使用；臣现在在其他藩镇招募工匠制造兵器，这些兵器没有不坚韧锋利的。"

九月，吐蕃维州副使悉怛谋向朝廷请求投降，率领所有部下投奔成都；李德裕派遣代理维州刺史虞藏俭率领军队进入维州城驻守。庚申日（二十五日），李德裕把这些情形上奏朝廷，并且说："臣打算派遣三千未开化的羌族人，焚烧十三桥，随后派遣军队直捣吐蕃的心脏，从而洗刷安史之乱以来吐蕃侵占我朝边防疆域的耻辱，这也是前西川前节度使韦皋一生都在努力却没有实现的愿望。"文宗李昂将李德裕的奏折交给尚书省，然后召集百官前来商议此事，百官都向文宗请求准许李德裕的建议。牛僧孺说："吐蕃疆域辽阔，四面边境各达万里，就算损失维州，也不能削减它的势力。近来唐与吐蕃修好，双方已经约定共同削减边防戍守士兵，朝廷对戎夷族的外交策略，一向是信誉为先。如果陛下准许李德裕的建议，吐蕃就必然派人来责问说：‘为什么不讲信义呢？’他们就会在原州的蔚茹川蓄养战马，派遣军队直趋平凉原，调派一万骑兵驻守回中，怒气冲冲地斥责我朝，可能不到三天时间，他们就会抵达咸阳桥头。这时就算在西南几千里外得到一百个维州又有什么用呢？如果按照李德裕的建议去做，只能让我国背弃信义，真是有百害而无一利呀。这是普通人也不会去做的事情，何况是陛下您呢？”文宗认为他说得有道理，于是下诏命令李德裕将维州归还吐蕃，把悉怛谋以及随同他一起降唐的人员全部逮捕送还吐蕃。吐蕃在边境上把悉怛谋等人全部杀了，手段极其残酷。李德裕从此更加憎恨牛僧孺。

冬季，十月，戊寅日（十四日），李德裕向朝廷上奏，南诏侵扰嶲州，攻占三县。

太和六年（壬子，公元832年）

春季，正月，壬子日（十八日），文宗李昂下诏，鉴于各地水旱灾害特别严重，对所有监狱中关押的囚犯，全部予以减刑。群臣给文宗加上“太和文武至德皇帝”的尊号；右补阙韦温向文宗上疏，认为：“现在水旱造成灾害，恐怕不是推崇美饰陛下美好名声的时候。”文宗认为他说的建议很好，于是就推辞了尊号不接受。

三月，辛丑日（初八日），文宗任命武宁节度使王智兴兼任侍中，充任忠武节度使；文宗任命邠宁节度使李听为武宁节度使。

回鹘昭礼可汗被属下杀害，可汗的侄子胡特勒被拥立为可汗。

李听从前担任武宁节度使的时候，提拔自己的一个家奴担任牙将；到这时，李听接到任命，先派自己亲近信任的官吏到徐州慰劳将士，李听的这个家奴不希望他再回来担任武宁节度使，于是他就游说军士，杀死李听派来的官吏，残酷地把尸体切成碎块吃掉。李听听说这件事，非常害怕，以身体有病为借口，坚决请求辞去武宁节度使的职位。辛酉日（二十八日），文宗李昂任命前任忠武节度使高瑀为武宁节度使。

夏季，五月，甲辰日（十二日），李德裕向文宗李昂上奏本道修补邛崃关，同时把州刺史的驻地迁移到台登城。

秋季，七月，原王李逵去世。

冬季，十月，甲子日（初五日），文宗立鲁王李永为太子。起初，文宗认为晋王李普是敬宗的长子，性情谨慎诚实，打算册立他为太子；不巧李普去世，文宗十分悲痛惋惜，很长时间没有再商议册立储君的事情，到现在才册立李永为太子。

十一月，乙卯日（二十七日），文宗李昂任命荆南节度使段文昌担任西川节度使。西川监军王践言进入京师担任枢密使，他多次向文宗进谏说："朝廷命令西川把吐蕃降将悉怛谋用绳索捆绑起来送归，这让吐蕃国特别痛快，但是以后恐怕没有人敢来归降我朝。"文宗对此事也很后悔，埋怨中书侍郎、同平章事牛僧孺对这件事的处理失策。亲附李德裕的官员趁此机会向文宗进言说："牛僧孺和李德裕之间有嫌隙，牛僧孺故意妨害李德裕立下功劳。"文宗听后更加疏远牛僧孺。牛僧孺心里感到不安。一天，正巧赶上文宗驾临延英殿，对宰相说："天下何时才太平，你们是否也有意图往这方面努力呢？"牛僧孺回答说："天下太平没有固定的标准。如今朝廷周边夷蛮之族还不至于侵犯我朝边境，国内百姓也不至于流离失所，无家可归，虽然现在没有达到天下大治的盛景，但是也可称得上是小康。如果陛下还不满足现在的形势，还想追求太平盛世，那就不是我们的能力所能达到的了。"牛僧孺退朝后，就对同事们说："君王如此责备抱怨我们，我们怎能久居此宰相之位呢？"因此他接连向文宗上表请求辞去宰相之位。十二月，乙丑日（初七日），文宗任命牛僧孺为同平章事，充任淮南节度使。

◆臣司马光说："国君圣明并且臣子正直，上司颁布命令而下司服从命令；德才兼备的官员被朝廷委以重任，而奸邪作恶的小人被罢黜贬谪流放；国家制定的礼乐制度官员都能够严格地遵守执行，刑罚清明，政令公正；一些犯上叛乱的行为都被朝廷清除干净，国家的兵器放入府库，战马放归南山，地方诸侯也没有不服从朝廷诏令，边境的夷族都被朝廷安抚而顺从归服，百姓能够自给、富足，这就是太平盛世的景象。而现在宦官掌握大权，在宫中威胁君王，君王却不能够黜贬流放他们。藩镇节度使叛乱，在朝廷外欺凌天子，朝廷却未能讨伐制服他们；士兵或杀死或驱逐节度使，抗拒朝廷之命而自立为节度使，朝廷不能过问苛责他们；每年都发生战争，征收赋税日益急迫，原野上遍地尸骨，村子里织布机空自腐朽，而牛僧孺却认为这就是天下太平，难道不是在公然欺骗朝廷吗？当文宗李昂不知疲倦地奋发图强的时候，牛僧孺作为宰相，升职就苟且偷安，阿谀谄媚迎合皇帝，以此来获得宰相的职位，当他请求辞官时又欺骗天子，诬蔑时事以便盗取美好的名声，他的罪行确实是很大了！◆

珍王李诚去世。

乙亥日（十七日），昭义节度使刘从谏入京朝见文宗。

丁未日（十二月无此日），文宗李昂任命前任西川节度使李德裕为兵部尚书。

起初，李宗闵和李德裕有嫌隙，等到李德裕从西川返回京城，文宗对他非常关心，急于任命他为宰相，李宗闵千方百计阻止却没能够成功。京兆尹杜悰是李宗闵的同党，曾去拜见李宗闵，看见他面露忧愁之色，就说："是不是担心大戎（兵部掌管戎政，尚书是长官。故杜悰用隐语把李德裕叫作大戎）即将被任命为宰相？"李宗闵说："是的。但又有什么办法能够阻止他呢？"杜悰说："我有一个办法，可以平息旧怨，只是担心您不能采用。"李宗闵说："是什么办法呢？"杜悰说："李德裕很擅长文学，但没有通过科举考试而获得进士出身，因此经常感到遗憾，如果能让他掌管科举考试，他必定非常高兴。"李宗闵沉默了一会儿，说："再想想其他办法吧。"杜悰说："如果您不希望他掌管科举考试，就任命他为御史大夫。"李宗闵说："任命他为御史大夫可以实行。"杜悰再三和他约定，不能泄露消息，然后才去拜见李德裕。李德裕连忙作揖迎接说："您为什么会来看我这个寂寞的人呢？"杜悰说："靖安相公（李宗闵居住在靖安坊，因而用来称呼他）叫我转达他的意思。”就把要任命李德裕为御史大夫的事情告诉了他。李德裕高兴地流下眼泪，说：“御史大夫是朝廷举行大礼时在宫门纠察百官班列的重要职务，作为晚辈，我怎么敢担当如此重任呢？”一再请他转达对李宗闵的感谢。李宗闵又和给事中杨虞卿商议这件事，事情又半途停止。杨虞卿是杨汝士的堂弟。

太和七年（癸丑，公元833年）

春季，正月，甲午日（初六日），文宗加封昭义节度使刘从谏为同平章事，教他返回藩镇。起初，刘从谏自命为忠义之士，入京朝见天子，想向朝廷请求调到别的藩镇；抵达京城后，他发现朝廷政事权柄不一，士大夫大多通过行贿做官升职，心里非常轻视朝廷，所以刘从谏返回后更加骄傲。

王智兴担任武宁节度使后，士卒骄横无礼，新任节度使高瑀没有办法控制那里，文宗李昂对此事十分忧虑。甲寅日（二十六日），文宗任命岭南节度使崔珙为武宁节度使。崔珙抵达武宁，处理问题宽大严厉恰到好处，武宁人心渐渐安定。崔珙是崔琯的弟弟。

二月，癸亥日（初五日），文宗李昂加封卢龙节度使、检校工部尚书杨志诚为检校吏部尚书。进奏官徐迪拜见宰相说：“军中不知道朝廷制度，只知道尚书改仆射是迁调，不知道工部改吏部也是升官，如果朝廷派往幽州宣达任命的敕使抵达，我担心会被囚禁起来。”徐迪言辞高傲无礼，宰相却没有放在心上。

丙戌日（二十八日），文宗李昂任命兵部尚书李德裕为同平章事。李德裕入朝谢恩，文宗和他谈论朋党的事情，李德裕回答说：“当今朝廷的士大夫有三分之一是朋党。”当时给事中杨虞卿和堂兄中书舍人杨汝士、弟弟户部郎中杨汉公、中书舍人张元夫、给事中萧瀚等相互结交，关系密切；他们依附有权势的人，向上干涉宰相处理政事，向下阻挠有司工作，为读书人求取官职以及科举考试中榜及第等事情，没有不达到目的的，文宗李昂听见这些事很讨厌他们，所以文宗和李德裕谈论时，李德裕首先提到这方面的事。李德裕因而能够排除他不喜欢的人。起初，左散骑常侍张仲方曾经驳斥朝廷礼官给李德裕父亲李吉甫拟定的谥号太优，等到李德裕担任宰相，张仲方借口身体有病不上朝。三月，壬辰日（初五日），文宗任命张仲方为太子宾客分司东都。

杨志诚没有得到仆射的官职，非常愤怒，拘留朝廷派来的官告使魏宝义和春衣使焦奉鸾以及送奚、契丹两番的使者尹士恭等人；甲午日（初七日），杨志诚派遣牙将王文颖来京师拜谢并辞让朝廷授予的吏部尚书的官职。丙申日（初九日），文宗李昂将吏部尚书的任命书和对杨志诚辞职的批答授予王文颖，王文颖没有接受就离开京城返还幽州。

和王李绮去世。

庚戌日（二十三日），文宗李昂任命杨虞卿为常州刺史，张元夫为汝州刺史。过了几天，文宗又谈到朋党之事，李宗闵说："臣素来知道朝廷中究竟哪些人朋比为党，所以杨虞卿这些人都不授予美好的官职。"李德裕说："他们在这以前担任的给事中、中书舍人不是美好的官职是什么？这又是谁授予他们的官职呢？是谁在结成朋党呢？"李宗闵听出李德裕借机讽刺自己，顿时脸色都变了。丁巳日（三十日），文宗任命萧浣为郑州刺史。

夏季，四月，丙戌日（二十九日），文宗册封回鹘新可汗为爱登里罗汩没密施合句禄毗伽彰信可汗。

六月，乙巳日（六月无此日），文宗李昂任命山南西道节度使李载义为河东节度使。先前，回鹘每次向朝廷进贡，所经过的地方，都放纵士兵对百姓残酷掠夺，州县官吏都不敢责问他们，只是组织兵力，加强防备。李载义到河东后，适逢回鹘使者李畅前来进贡，李载义对他说："可汗派将军来进贡以巩固舅甥情谊，不是派将军来欺凌蹂躏我国，将军不约束部下，放纵他们侵夺百姓，我只好派出军队诛杀他们，不要以为大唐的法律可以随意轻视而不需要遵守。"于是，李载义下令撤除所有防卫兵，只派两个士兵把守在门口。李畅对他非常敬畏，不敢再违犯唐朝的法令。

壬申日（十六日），文宗李昂任命工部尚书郑覃为御史大夫。起初，李宗闵痛恨郑覃在宫中多次与文宗交谈朝政的得失，奏请文宗罢免郑覃侍卫学士的职务。文宗从容地对宰相说："殷侑精通经学，他的水平与郑覃相差无几。"李宗闵回答说："诚然郑覃、殷侑的经术水平很高，然而他们议论朝政却不值得听取。"李德裕说："郑覃、殷侑的议论，别人不想听，只有陛下想听。"十天后，文宗的宣命下达，任命郑覃为御史大夫。李宗闵对枢密使崔潭峻说："朝廷对官员的任命都由陛下直接决策，还要中书门下有什么用呢？" 崔潭峻说："陛下已经做了八年天子，任他自己去决策事情也可以。"李宗闵听后神色忧惧，马上停止不再说话。

乙亥日（十九日），文宗李昂任命中书侍郎、同平章事李宗闵为同平章事、充任山南西道节度使。

秋季，七月，壬寅日（十七日），文宗任命右仆射王涯同平章事兼度支、盐铁转运使。

宣武节度使杨元卿身体有病，朝廷商议派官员代替他的职务，李德裕建议任命昭义节度使刘从谏为宣武节度使，就可以把刘从谏从昭义调出来，以避免他和崤山以东的割据藩镇勾结；文宗认为这样做不可行。癸丑日（二十八日），文宗任命左仆射李程为宣武节度使。

文宗忧虑近代文人不通经术，李德裕向文宗李昂请求依照杨绾的建议，进士只考策论，不再考诗赋。李德裕又说："从前玄宗李隆基凭借临淄王的身份平定内乱，玄宗即位后，对皇族子弟有疑心，还猜忌他们，不准许他们出宫担任中央和地方的职务；天下的议论都以为，天子这样做是囚禁自己的骨肉至亲，损害了儒家关于父子有亲的伦理准则。假使从前天宝末年、建中初年，宗室分散在四方州郡，虽然不一定能辅佐皇室安定太平，但是至少可以保全各自的性命；宗室之所以全部被安禄山、朱泚残害，就是因为聚居在一个宫中啊。陛下确实应当利用册立太子之际，下诏让皇族子弟中年纪已大而且亲属关系疏远的人出宫，任命他们为各州僚佐，让他们带着自己的家眷，离开宫廷，各自结婚成家立业；这样从玄宗以来沿袭了近百年的弊法，陛下一朝就给革除，天下无论是谁都会感到欢欣鼓舞！”文宗李昂说：“这事朕很早就知道不合理，当今十六宅宫诸王中怎能没有德才兼备的人？只是没有机会施用罢了！”八月，庚寅日（初七日），文宗册封太子，趁此机会颁下制书：十六宅宫诸王从今以后按照辈分高低依次出宫，授予紧和望一级的州刺史、僚佐，十六宅宫的县主，也根据她们的年龄大小，出宫嫁人；进士停止考诗赋。诸王出宫的事，最终因朝廷在商议任命他们职务时意见不一致而作罢。

壬寅日（十九日），文宗李昂加封幽州节度使杨志诚为检校右仆射；另外派使者去慰劳晓谕他。

杜牧对河朔的幽州、成德、魏博藩镇节度使桀骜不驯深感气愤，而朝廷商议对付他们的办法时，总是把应付迁就作为唯一策略。于是杜牧就撰写了一篇文章，名叫《罪言》，文章大意认为：“国家自玄宗李隆基天宝年间盗贼兴起，河北一百多座城池没有剩下尺寸之地，人们看待那里，就好像是回鹘、吐蕃一样，没有人敢窥探并希望收复那里。淄青、宣武、淮西也受他们不良习气的熏染，纷纷与朝廷对抗，割据叛乱。从那时开始到现在，征伐不断，长达七十多年，几乎不出五年就要发生一次战争。现在朝廷打算收复河朔三镇，上策是整治朝廷内部，中策是率领军队攻打魏博，最下策就是草率出兵征讨，不顾虑地势是否对我军有利，不谨慎地制定进攻防守的方针策略。”

杜牧又哀伤府兵制度败坏，作《原十六卫》，认为：“国家在建立之初沿袭隋朝的府兵制度，设置十六卫，统率府兵，从现在来看，设置官职而最没有意义的，恐怕就是十六卫府了！推求事情的本源，它其实是国家安身立命的根本。贞观年间，太宗李世民在朝廷设置十六卫在内用来蓄养武臣，在外开设五百七十四座折冲、果毅府，用来储备兵卒。一旦边防发生战争，那么武臣率领军队在外面征战，如果没有发生战争，那么就解散军队，让他们住在卫府。当他们居住在卫府的时候，国家授予他们的俸禄和官爵，足够用来奉养家眷，他们统率的兵马也就散归各折冲、果毅府中。折冲、果毅府又分为三个等级，上等不超过一千二百人，春、夏、秋三季让士卒从事农耕生产，冬季让他们进行军事训练。这样一来，士卒的兵籍由折冲、果毅府来管理，他们平时散居农田之间，分散力量，必然人人珍惜生命。所以这时候，就算让蚩尤当统帅带领他们造反，他们也不可能跟随叛乱。等他们统兵出征，因统领的士卒收到檄文才前来，士兵一方面对朝廷军法的惩治深感恐惧，另一方面又受到朝廷加官进爵封赏的激励，两方面因素相互制约，相互影响，即使是蚩尤担任统帅，他们也不可能叛乱。从太宗贞观年间到玄宗开元年间的一百三十里，武臣兵卒从来没有叛逆篡夺，这是大圣人太宗能够恰当地运用皇权，平衡内外的军事力量，谋划神机妙算的缘故啊！到开元末年，有愚笨的儒者向天子上奏章说：'天下已经太平，请求废除府兵制。'武将向天子上奏章说：'天下武力很强，请求讨伐四周夷族，开拓疆域。'于是朝廷就废除府兵制，大力扩充边兵，朝廷的武将和士兵，都被派往边防，而内地就空虚。导致尾大不掉，军事上外重内轻，安禄山就是因此在幽州把持重兵，天下翻动，旧势力死灰复燃。从肃宗李亨以来一直到敬宗李湛，都因这种情况而日夜忧思难安。可是这个时候，再想讨伐他们，也毫无可能了。由此可知，对于武将和士兵，朝廷怎么能让他们有一日脱离朝廷的控制呢？国家不能缺少军队，而军队在外又容易发生叛变，在朝廷又容易受小人利用来篡夺皇位。要使得他们在外不叛变朝廷，在内不篡皇权，从古至今，最好的方法，恐怕就是建立府兵制度。近年来，朝廷任命节度使的弊端更为严重，商人及平民，只要他们能用重金向当权的宦官进行贿赂，就能得到朝廷任命；可是他们一点也不懂父兄礼义的教化，也没有慷慨激昂的义气。一百座城池，上千里的土地，一朝得到，那些强悍凶残违法悖乱的节度使，就会大肆搅扰朝廷法制，为了不受朝廷束缚，他们毫不在意地杀害正直贤德的幕僚；为了使自己的愿望实现，他们随意称兵叛乱，与朝廷对抗；那些阴险狡猾的节度使，还会对百姓施加重税，残酷盘剥，他们委派自己的亲信，向朝廷的权贵进行贿赂。这样一来，他们不断得到升迁，他们有的由卿大夫被提拔做国公，有的由一般的州郡被提拔到重要的都城。在管辖的地方，就像住在自家的府邸般逍遥快活。倘若他们中有一人活很长时间，那里的百姓就会被他随意宰割，从而流毒无穷啊。所以，天下至今战争不断，百姓穷困不堪，都是由此导致啊。唉！当年太宗文皇帝设立十六卫的意思，现在究竟还有谁能真正理解并重新恢复它呢？”

杜牧又撰写了一篇《战论》，认为：“河北之于天下，就像珠玑一样；天下之于河北，就像四肢一样，相互联系而不可分割。河北风俗淳厚朴实，人们擅长打仗和耕种，河北藩镇只要打仗，往往大败敌军；而平时他们耕作劳动，生活也很富庶，不需要谋夺其他地方的物产，就可以供给自己。这就好比一个农家大户，虽然没有珠宝，还是生活富足。国家失去河北的话，就失去精良的盔甲、精锐的士兵、锋利的刀剑、优良的弓箭和矫健的战马，对于朝廷来说，这是第一肢，损失兵力。朝廷在河东、盟津、滑台、大梁、彭城、东平各地，全部驻扎重兵防止河北藩镇的叛乱，而不能派去做其他的工作，这是第二肢，军队没有了。六镇的军队，每年耗费三亿钱财，士卒什么也不做，只盼着朝廷运输衣食，淮河以北，黄河以南，东到海，西至洛，搜刮尽这片土地上的财物，才能供应耗费，这是第三肢，钱财没有了。国家在咸阳的西北巩固边防，也同样驻扎屯守重兵，为防备吐蕃的侵扰，朝廷把吴、越、荆、楚等地的赋税，全都用到这些地方作为军饷，这是第四肢，钱财耗尽了。天下的四肢全都去掉了，只剩下头和身子，难道靠这两者还能保有生命吗？现在朝廷真能够治好五种失败的弊端，那么一战就能安定天下，生长四肢。天下太平无事的时候，身负国家重任的大臣苟且偷安，只顾自己的利益，战士离散沦落，兵器不锋利，盔甲破损。这是朝廷没有注重军事训练的缘故，也是导致官军溃败的第一个原因。官军中作战的人只有一百，但是花名册上一千个士兵在领军饷，无论大将还是小兵，都公然聚敛公饷，吃掉空出的军饷；他们为了从中牟利，总是因为敌人的强大而高兴，而把官军的失败作为娱乐，所以，现在军中真正能上战场打仗的士兵很少，而虚耗军饷的士兵却非常多。这是朝廷没有查看军饷供给情形的缘故，也是导致军队出征败北的第二个原因。军队出战稍微取得一点胜利便大肆宣扬，向朝廷快速回报，虚报取得的战绩，请求朝廷丰厚的赏赐，有时朝廷一天赏赐两次，有时朝廷仅仅一个月里就赏赐两个官职，官军还没有胜利回转，而将士们的官阶已经被升迁得很高了，爵位也被升迁很高，田产住宅也在不断扩大，金银珍宝也堆积如山，甚至子孙后代的爵位都被授予，谁还再肯出生入死为朝廷效力呢？这是赏赐太丰厚的缘故，也是军队败北的第三个原因。军将出征讨伐失败，死伤大批士兵，丧失重要的城镇，可是他们逃回京城，朝廷却仅仅把他们贬为州刺史；他们对于国法军法，一点也不在意，神态自若，不超过一年半载，他们往往又被朝廷官复原职。这就是朝廷对败将惩处太轻的缘故，也是军队出征败北的第四个原因。朝廷派军队出征，大将无法独自行使兵权，朝廷派遣出使前线的宦官和监军轮番指手画脚，他们有的亲自率领军队，有的在前线亲自擂鼓督战，有的让主帅摆偃月阵，有的让主帅布下鱼丽阵，常常为作战部署争吵不断；这样一来，三军将士也不知该怎么做，官军常常在犹豫慌乱之中，被敌军骑兵趁机攻击，官军最终大败而归。这就是朝廷不能集中兵权的缘故，也是军队出征败北的第五个原因。现在朝廷真想派遣军队，洗刷过去的耻辱，但又依旧沿袭过去的弊政，那就跟目标在南方却又不断往北走是一个道理啊，根本没有可能达到预期目的的呀。”

杜牧又撰写了《守论》，认为：“如今，上奏朝廷的官员都说：‘朝廷应当派遣精兵良将去震慑藩镇骄横跋扈的节度使，加封他们高官厚禄，让他们心里舒畅，不违反法律，让他们有自主权，不至于过分谨慎。就如同驯养虎狼一样，只要不违背它们的天性去驯教，它们就不会咆哮着胡乱伤人；这就是代宗李豫大历、德宗李适贞元年间朝廷安抚藩镇节度使，保持国家稳定的方法，又何必一定要通过武力来解决问题，让百姓受尽煎熬，然后才觉得快慰呢？我认为：大历、贞元之间，朝廷正是由于奉行这种方针而造成祸害。在那时候，管辖几十个城池、拥有几千个士兵的节度使，朝廷就对他们特别恩遇，犯了法也不用法律制裁他们。于是这些人目中无人，大言不惭，自建一家，破坏制度，修改刑法，以尊贵奢侈互相竞争，天子看着他们的势力一天天增大而不敢过问，有关部门为了一方安定，也不斥责他们。他们没有功劳而朝廷却超越等级授予王侯等通显的爵位，他们不主动到京城朝拜天子，朝廷还要赏赐给他们几杖，对他们加以抚慰。尤其是对长期割据的河北三镇，朝廷不仅不对其征讨，反而把公主嫁给他们的子孙，陪送的嫁妆也极尽豪华奢靡，没有不准备周全的。因为朝廷对藩镇节度使如此姑息迁就，所以他们的地盘逐渐扩展，军队实力一天天强大，节度使的骄横跋扈也越来越厉害，骄奢淫逸之心逐渐增长，国家的土地和爵位、法制几乎都被他们分割破坏，可是他们仍然一点也不满足，认为还没有达到自己的目标。以致有超越的名号出现，有的称帝，有的称王，随后他们又互相缔结盟约宣称独立，对朝廷的措施一点都不害怕，还派出军队四处侵略，以便满足他们的欲望。因此，赵、魏、燕、齐卓然而起，倡导于前，梁、蔡、吴、蜀，跟着响应；其余藩镇混杂在一起，高举兵器喧嚣。想要效法他们的节度使，到处都是。到宪宗孝武帝李纯时，宪宗早晚都没有忘记这事，和前后的英雄豪杰，晚上思考，早上商量，所以才能把势力大的节度使杀死铲除，对势力小的节度使施加恩惠使他归顺。不然，从京城长安到东都洛阳，差一点也要遭到劫掠啊！大概人一生来就有很多欲望，欲望一旦得不到满足就会愤怒气恼，一旦愤怒气恼，那么战争也就来了，因此一家一户要有教育和处罚后代子孙的方法，朝廷也要有对付藩镇的刑法和措施，天子治理国家，就应当征讨天下反叛之徒。这些措施和刑法，都是为了对付有欲望的人，阻止战乱才产生的。大历、贞元之间，完全违反这个道理，拿着小小的朝廷爵命，想阻止无穷的纷争，因此弄得首尾四肢，几乎不能互相指挥。现在朝廷中一些官员不仅不对这些情况进行批判，反而对这些奉若经典。我认为这样下去，恐怕割据的藩镇就不仅仅限于河北三镇了。呜呼！大历、贞元年间对藩镇姑息迁就的治国方针，要永远避免呀！”

杜牧又为《孙子》作注解，撰写了一篇序，认为：“甲兵是刑法；刑法就是政事；孔子的门徒，实际上只有仲由和冉有真正理解他的这种思想。不知道从哪一代开始，不知什么人，把本来同一的事物分为两途，叫作文、武，分道并行，因而文官不敢再谈论军事，甚至把谈论军政大事当作耻辱，如果有人谈论这些，其他的人就把他视为粗鄙无知之人，不愿再和他接近。呜呼！如今朝廷最大的问题，莫过于此！《礼记》上说：‘四郊有许多军营堡垒，是卿大夫的耻辱。’自古以来，建国、灭国，从来没有不用甲兵。主持兵政的必定是圣贤、有才干、博学多闻的人才能有功劳，群臣应该在朝廷充分商议有关军事方面的问题，把战略方针商议好，然后再任命大将出征执行。汉高祖刘邦说‘指示野兽踪迹的是人，猎获兔子的是狗’，就是这个意思。如今有些宰相说：‘军事与我没有关系，我不需要懂得。’君子就应当说：‘你如果不懂军事，就不要担任宰相之职！’”

前任邠宁行军司马郑注，依靠王守澄，权势熏人，文宗非常讨厌他们。九月，丙寅日（十三日），侍御史李款在紫宸殿上奏弹劾郑注：“郑注在宫中勾结宦官，在南衙勾结百官，他在两地往来奔走，接受他人贿赂，窥测朝廷动向，窃取朝政大权，人们对他的行为都敢怒而不敢言。请求朝廷准许把他交付御史台审查并予以治罪。”十天之中，他连续向文宗呈递几十封奏章。于是王守澄便把郑注藏匿在右神策军中，左神策军中尉韦元素、枢密使杨承和、王践言都憎恨郑注。左军将李弘楚劝谏韦元素说：“郑注为人奸诈狡猾，天下无双；如果不趁着他还在卵壳的时候及时把他除掉，一旦等到他羽翼丰满，必定会成为国家的心腹大患。现在因为有御史弹劾他，他被迫躲藏在右神策军中。请求让我以您的名义去拜见郑注，借口说您身体有病，请他前来为您诊治，等他来了以后，中尉请他就座，我在旁边陪侍，一旦看到您用眼睛示意我，我就立刻把他抓出去杀掉。中尉随即进谏陛下，向陛下叩头请罪，把他之前的奸恶罪行一一向陛下禀告，届时，枢密使杨承和、王践言肯定会帮助您进言。更何况中尉您在宪宗元和末年还有拥立穆宗的功劳，怎么会因除奸而获罪呢？”韦元素认为他说的话很有道理，于是按李弘楚的计策召郑注前来。郑注到了后，态度非常谦卑，谄媚的话像泉水一样涌出来；韦元素听得入迷，不知不觉间亲切地拉住他的手，全神贯注，不知疲倦。李弘楚在一旁再三暗示韦元素动手，韦元素没有看他，还送给郑注许多金帛，然后让郑注回去。李弘楚发怒说：“中尉您今天失去杀死郑注的机会，将来必然难免遭受他的陷害啊。”因此李弘楚毅然辞去军中职务离开；过了不久，李弘楚后背上长恶疮去世。王涯之所以能做宰相，是因为郑注出力帮忙，王涯畏惧王守澄的权势，因而把李款弹劾郑注的奏章压下来，没有交上去在朝廷上讨论。王守澄在文宗李昂面前替郑注辩护；文宗就赦免郑注。不久王守澄又奏请朝廷任命郑注为侍御史，充任右神策军判官。朝廷内外对此无不惊讶叹息。

甲寅日（初一日），文宗李昂任命前任忠武节度使王智兴为河中节度使。

文宗即位八年，还没有接受尊号；冬季，十二月，甲午日（十二日），群臣给文宗加上“太和文武仁圣皇帝”的尊号。恰好五坊中使薛季棱从同州、华州回京，向文宗禀告民生凋敝。文宗叹息说：“关中稍有丰收，百姓尚且如此，何况江、淮连年大水，百姓生活可想而知啊！我没有方法救他们，岂敢崇尚虚名？”于是赏赐薛季棱一条通天犀带。群臣共上四次表让文宗加上尊号，文宗最终没有接受。

庚子日（十八日），文宗李昂中风，不能开口说话。于是王守澄向文宗推荐昭义行军司马郑注，说他擅长医术；文宗召郑注到京师，吃了他开的药非常有效，于是，郑注开始受到文宗的宠爱。